NCHM JEE

होटल मैनेजमेंट एंड कैटरिंग टेक्नोलॉजी

नवीनतम संस्करण

अभ्यास किट

26 टेस्ट्स

08 मॉक टेस्ट्स

03 गतवर्षीय प्रश्न पत्र

15 सेक्शनल टेस्ट्स

वास्तविक परीक्षा प्रारूप पर आधारित टेस्ट

✓ पूर्णतः संशोधित और अद्यतन

✓ उत्तर कुंजी के साथ नमूना पत्र

शीर्षक	: NCHM JEE होटल मैनेजमेंट एंड कैटरिंग टेक्नोलॉजी
लेखक का नाम	: Mr. Rohit Manglik
प्रकाशक	: EduGorilla Community Pvt. Ltd.
प्रकाशक का पता	: 12/651 प्रथम तल, अरविन्दो पार्क के सामने, निकट जामा मस्जिद, इंदिरा नगर लखनऊ, उत्तर प्रदेश, 226016, भारत।

कॉपीराइट EduGorilla

ISBN : 978-93-91464-74-5

द्वितीय संस्करण

अस्वीकरण EduGorilla

Compiled and created by EduGorilla Community Pvt. Ltd

EduGorilla Community Pvt. Ltd. द्वारा मुद्रित

रोहित मांगलिक
सीईओ, EduGorilla

प्रिय छात्रों,
एक बहुत ही प्रचलित कहावत है कि "सफलता उन्हीं को मिलती है जो उसके लिए कड़ी मेहनत करते हैं।" लेकिन मैंने लोगों को उनकी परीक्षाओं के लिए दिन-रात एक करके मेहनत करते हुए देखा है, पर फिर भी वे सफल नहीं हो पाते। तो वहीं दूसरी ओर, कुछ लोग बस आधी मेहनत करके परीक्षा में सफलता प्राप्त करते हैं। तो, क्या वे किस्मत वाले हैं? नहीं मेरा मानना है, कि ऐसा इसलिए है क्योंकि वे सिर्फ कड़ी नहीं बल्कि कुशल तरीके से अपनी तैयारी करते हैं। इसी तरह आपको भी अपनी परीक्षाओं की तैयारी के लिए अपनी योजना बनानी चाहिए, ताकि आपकी भी सफलता की संभावना बढ़ सके। तो तैयार हो जाइये EduGorilla के साथ अपनी परीक्षा में चयन होने की संभावना को 16 गुना बढ़ाने के लिए।

EduGorilla आपको न केवल कड़ी मेहनत करने में मदद करता है, बल्कि एक स्मार्ट और योजनाबद्ध तरीके से तैयारी करने में भी सहायता प्रदान करता है। EduGorilla की तैयारी पैकेज के साथ आप अपने परीक्षा में चयन होने के रास्ते को सहज और मनोरंजक बना सकते हैं। अपनी तैयारी के लिए सही रास्ता खोजना मुश्किल हो सकता है, यदि आप ये नहीं जानते कि आपको किस दिशा में जाना है। चिंता न करें हम आपके साथ खड़े हैं! EduGorilla आपकी सफलता में आपका मार्गदर्शक बनेगा। हमारे तैयारी पैकेज के साथ आप रणनीतिक रूप से तैयारी कर, अपनी परीक्षा में सिर्फ एक ही प्रयास में सफल हो सकते हैं।
EduGorilla के तैयारी पैकेज में शामिल हैं-

- टेस्ट सीरीज़
- किताबें

हमारे तैयारी पैकेज को सभी तरह के नये बदलवों, विशेषज्ञों की राय एवं छात्रों के प्रतिक्रिया के अनुसार तैयार किया गया है। जो आपको परीक्षा के प्रत्येक चरण की चयन प्रक्रिया को पार करने के योग्य बनाता है।

हमारी किताबें शिक्षकों और विशेषज्ञों द्वारा आपकी परीक्षा के लिए तैयार की गई हैं, 150+ वर्षों के अनुभव के साथ; ताकि आपको आसान, कुशल और प्रभावी शिक्षण प्रदान किया जा सके। हमारी स्मार्ट किताबें न सिर्फ आपको प्रश्नों के उत्तर देने की समझ देती हैं, अपितु आपके अभ्यास के लिए समान रूप के प्रश्न भी प्रदान करती हैं।

EduGorilla की सक्षम टेस्ट सीरीज आपको वास्तविक अनुभव और आत्मविश्वास प्रदान करती हैं, जिसके माध्यम से आप केवल एक प्रयास में अपनी ऑफलाइन अथवा ऑनलाइन परीक्षा पास कर सकते हैं। वर्तमान में हम 83,000+ मॉक टेस्ट्स और 1,440+ प्रतियोगी एवं शैक्षणिक परीक्षाओं की तैयारी कराते हैं।

अर्थात, EduGorilla आपकी तैयारी में आपकी सहायता करने का कोई भी मौका नहीं छोड़ता है और परीक्षा के सभी चरणों को कवर करता है, ताकि परीक्षा की तैयारी के लिए आपको कहीं और भटकना ना पड़े।

हम आपको डिफेन्स, बैंकिंग, टीचिंग और अन्य राष्ट्रीय एवं राज्य स्तरीय परीक्षाओं के लिए सम्पूर्ण तैयारी पैकेज प्रदान करते हैं। अतः इससे कोई फर्क नहीं पड़ता कि आप किस परीक्षा के लिए तैयारी कर रहे हैं, क्योंकि आप सफलता हासिल करेंगे।

आपको परीक्षा की शुभकामनाएं!

रोहित मांगलिक,
संस्थापक और मुख्य कार्यकारी अधिकारी, EduGorilla

संपादक की कलम से

प्रस्तावना

EduGorilla छात्रों को उनकी परीक्षा में सफल होने के लिए मार्गदर्शन प्रदान करता है। जिसको ध्यान में रखते हुए हमारे कुल 150+ वर्षों का अनुभव रखने वाले प्रतिष्ठित विशेषज्ञों ने कड़े प्रयासों के द्वारा "NCHM JEE : होटल मैनेजमेंट एंड कैटरिंग टेक्नोलॉजी" को तैयार किया है। इस किताब के प्रश्नों को हाल ही में परीक्षा के पाठ्यक्रम और पैटर्न में हुए सभी बदलावों को ध्यान में रखकर बनाया गया है। वो प्रश्न जिनकी NCHM JEE परीक्षा में आने कि संभवना काफी प्रबल है, उनको इस किताब मे रखा गया है। आप EduGorilla की "NCHM JEE : होटल मैनेजमेंट एंड कैटरिंग टेक्नोलॉजी" के माध्यम से अपनी सफलता की संभावना को 16 गुना बढ़ा सकते हैं।

EduGorilla ये अपनी संपूर्ण तैयारी पैकेज के माध्यम से साकार करता है। इस किट में आपको प्रश्न अच्छी तरह अवधारित एवं संरचित रूप मे मिलेंगे जिन्हे आपकी जरूरतों के अनुसार बनाया गया है। इसके माध्यम से आपको स्मार्ट तरीके से परीक्षा के लिए अभ्यास करने में मदद मिलेगी। साथ ही आपको स्मार्ट उत्तर पत्रिका भी प्रदान की जायेंगी। जिससे आप अपना मूल्यांकन स्वयं कर सकते हैं। आप स्वयं की समीक्षा कर, उन सभी बिन्दुओं पर खुद को बेहतर तरीके से तैयार कर सकते हैं।

EduGorilla आपको अपनी परीक्षा में सफ़लता दिलाने और आपके लक्ष्य को हासिल करने में आपकी सहायता करने का वादा करता हैं। हम अपने प्रतिभागियों पर पूरा भरोसा करते हैं और उन्हें मेरिट सूची के शीर्ष पर देखते हैं। शीर्ष स्थान की ओर आपका पहला कदम है हमारे साथ तैयारी शुरू करना। EduGorilla की "NCHM JEE : होटल मैनेजमेंट एंड कैटरिंग टेक्नोलॉजी" की विशेषताएं कुछ इस प्रकार हैं।

➤ अच्छी तरह से शोध किया हुआ पाठ्यक्रम

➤ उच्च गुणवत्ता

➤ स्मार्ट उत्तर पत्रिका

➤ परीक्षा सुसंगत प्रश्न

इस प्रकार EduGorilla आपकी तैयारी को मजबूत और आपको परीक्षा में सफल होने के योग्य बनाता है।

NCHM JEE
परीक्षा की योग्यता, परीक्षा पैटर्न, विषय को जानने के लिए QR कोड को स्कैन करें।

Book ID: 0788

विषय-सूची

मॉक टेस्ट 1-132

मॉक टेस्ट - 1 1-17

मॉक टेस्ट - 2 18-35

मॉक टेस्ट - 3 36-51

मॉक टेस्ट - 4 52-69

मॉक टेस्ट - 5 70-84

मॉक टेस्ट - 6 85-99

मॉक टेस्ट - 7 100-117

मॉक टेस्ट - 8 118-132

अनुभागीय टेस्ट 133-193

सामान्य ज्ञान और करंट अफेयर्स टेस्ट - 1 133-135

सामान्य ज्ञान और करंट अफेयर्स टेस्ट - 2 136-138

सामान्य ज्ञान और करंट अफेयर्स टेस्ट - 3 139-141

सेवा क्षेत्र की योग्यता टेस्ट - 1 142-146

सेवा क्षेत्र की योग्यता टेस्ट - 2	147-151
सेवा क्षेत्र की योग्यता टेस्ट - 3	152-156
English Language Test - 1	157-162
English Language Test - 2	163-167
English Language Test - 3	168-172
संख्यात्मक क्षमता और विश्लेषणात्मक योग्यता टेस्ट - 1	173-175
संख्यात्मक क्षमता और विश्लेषणात्मक योग्यता टेस्ट - 2	176-178
संख्यात्मक क्षमता और विश्लेषणात्मक योग्यता टेस्ट - 3	179-181
रीजनिंग और लॉजिकल डिडक्शन टेस्ट - 1	182-185
रीजनिंग और लॉजिकल डिडक्शन टेस्ट - 2	186-189
रीजनिंग और लॉजिकल डिडक्शन टेस्ट - 3	190-193
विगत वर्षीय प्रश्नपत्र	**194-239**
NCHM JEE - 2016	194-209
NCHM JEE - 2018	210-224
NCHM JEE - 2019	225-239

मॉक टेस्ट 01

Numerical Ability and Analytical Aptitude

Q.1 एक राशि साधारण ब्याज पर 8 वर्ष में स्वयं की पांच गुना हो जाती है। प्रति वर्ष ब्याज दर क्या है?

A. 37.5% **B.** 25% **C.** 62.5% **D.** 50%

Q.2 घनाभ की लम्बाई, चौड़ाई और ऊँचाई 4: 3: 2 के अनुपात में है। यदि घनाभ का आयतन 1536 सेमी है, तो घनाभ का कुल क्षेत्रफल क्या होगा?

A. 868 सेमी² **B.** 416 सेमी² **C.** 624 सेमी² **D.** 832 सेमी²

Q.3 एक ठोस घनाभ की लंबाई, चौड़ाई और ऊंचाई क्रमशः 20 सेमी, 16 सेमी और 12 सेमी है। यदि घनाभ को 4 सेंटीमीटर के समान घनों को बनाने के लिए पिघलाया जाता है, तो समान घनों की संख्या क्या होगी?

A. 56 **B.** 72 **C.** 90 **D.** 60

Q.4 एक मोटरसाइकिल 16 घंटे में 56 किमी/घंटा की गति से एक निश्चित दूरी तय करती है। 64 किमी/घंटा की गति से समान दूरी तय करने में कितना समय लगेगा?

A. 14 घंटे **B.** 18 घंटे **C.** 16 घंटे **D.** 12 घंटे

Q.5 $(3 \times 1500 \div 40 + 5 \div 70$ का $\frac{2}{7})$ का मान क्या है?

A. $\frac{433}{4}$ **B.** $\frac{435}{4}$ **C.** $\frac{451}{4}$ **D.** $\frac{473}{4}$

Q.6 एक बेलन का वक्र सतह क्षेत्रफल 110 सेमी² है। यदि बेलन की ऊंचाई 5 सेमी है, तो इसके आधार का व्यास क्या होगा?

A. 21 सेमी **B.** 7 सेमी **C.** 10.5 सेमी **D.** 15 सेमी

Q.7 मोहित और सुमित क्रमशः 74000 रुपये और 96000 रुपये के निवेश के साथ एक व्यवसाय शुरू करते हैं। यदि वर्ष के अंत में वे 5 : 8 के अनुपात में लाभ कमाते हैं, तो उस समय अवधि का अनुपात क्या होगा जिसके लिए वे अपने पैसे का निवेश करते हैं?

A. 37 : 32 **B.** 13 : 18 **C.** 25 : 32 **D.** 30 : 37

Q.8 पहली वस्तु पर 18% की छूट का मान दूसरी वस्तु पर 13% की छूट के मान के बराबर है। दोनों वस्तुओं के अंकित मूल्य का अनुपात क्या है?

A. 17 : 24 **B.** 39 : 50 **C.** 13 : 18 **D.** 13 : 19

Q.9 5, 10 और 20 का महत्तम समापवर्तक क्या होगा?

A. 5 **B.** 10 **C.** 1 **D.** 15

Q.10 12 बक्सों का औसत वजन 63 किलोग्राम है। यदि 70 किलो वजन वाले चार बक्सों को हटा दिया जाता है, तो शेष बचे बक्सों का नया औसत वजन क्या होगा?

A. 60 किग्रा **B.** 59 किग्रा
C. 60.5 किग्रा **D.** 59.5 किग्रा

Q.11 F अकेले 24 दिनों में एक कार्य पूरा कर सकता है और G अकेले उसी कार्य को 32 दिनों में पूरा कर सकता है। F और G एक साथ कार्य शुरू करते हैं लेकिन G कार्य पूरा होने से 8 दिन पहले कार्य को छोड़ देता है। कुल कार्य कितने दिनों में पूरा होगा?

A. $\frac{130}{5}$ दिन **B.** $\frac{106}{7}$ दिन **C.** $\frac{114}{7}$ दिन **D.** $\frac{120}{7}$ दिन

Q.12 एक दिन में 2 घंटे कार्य करके, P 10 दिनों में एक कार्य पूरा कर सकता है और एक दिन में 5 घंटे कार्य करके, Q उसी कार्य को 6 दिनों में पूरा कर सकता है। एक दिन में 3 घंटे कार्य करके, P और Q दोनों एक साथ समान कार्य कितने दिनों में पूरा कर सकते हैं?

A. 3 दिन **B.** 6 दिन **C.** 4 दिन **D.** 5 दिन

Q.13 मोहित 3 रूपए प्रति अंडे की दर से अंडे खरीदता है और उन्हें 5 रूपए प्रति अंडे की दर से बेचता है। 35 अंडे बेचने पर, लाभ प्रतिशत क्या होगा?

A. 33.33% **B.** 40% **C.** 60% **D.** 66.66%

Q.14 एक थैले में सफेद और पीले रंग की गेंदे क्रमशः 7 : 11 के अनुपात में है। यदि गेंदों की कुल संख्या 108 है, तो कितनी गेंदें पीली हैं?

A. 66 **B.** 44 **C.** 64 **D.** 77

Q.15 वरुण 3150 रूपए में 75 वस्तुएं खरीदता है और उन्हें 15 वस्तुओं की लागत मूल्य के बराबर लाभ पर बेचता है। एक वस्तु का विक्रय मूल्य क्या होगा?

A. 42 **B.** 51.5 **C.** 50.4 **D.** 46.5

Q.16 छात्रों की औसत आयु A है और शिक्षकों की औसत आयु B है। छात्रों की संख्या शिक्षकों की संख्या से 45 गुना है। एक साथ छात्रों और शिक्षकों की औसत आयु क्या है?

A. $\frac{(45A + 8B)}{7}$ **B.** $\frac{(45A + B)}{46}$
C. $\frac{(45A + B)}{8}$ **D.** $\frac{(45A + 4B)}{23}$

Q.17 राम, सीता और सलमा ने व्यवसाय शुरू करने के लिए क्रमशः 16000 रु., 22000 रु. और 18000 रु. का निवेश करा। यदि वर्ष के अंत में लाभ 26600 रु. है, तो राम का हिस्सा क्या है?

A. 10450 रु. **B.** 8550 रु. **C.** 9650 रु. **D.** 7600 रु.

Q.18 एक छात्र को एक परीक्षा में 24% अंक मिले और वह 56 अंकों से अनुत्तीर्ण हो गया। यदि उसे 60% अंक मिले हैं, तो उसके अंक न्यूनतम उत्तीर्ण अंकों से 70 अधिक हैं। परीक्षा के लिए अधिकतम अंक क्या है?

A. 350 **B.** 260 **C.** 380 **D.** 280

Q.19 $\triangle ABC$ में, AC = 8.4 सेमी और BC = 14 सेमी, AB पर एक बिंदु P इस प्रकार है कि CP = 11.2 सेमी और $\angle ACP = \angle B$. BP की लंबाई (सेमी में) क्या है?

A. 3.6 **B.** 3.78 **C.** 4.12 **D.** 2.8

Q.20 यदि A अपने घर से 3 किमी / घंटा की गति से अपने विद्यालय की यात्रा करता है, तो वह 5 मिनट देरी से विद्यालय पहुँचता है। यदि वह 4 किमी / घंटा की गति से यात्रा करता है, तो वह स्कूल समय से 5 मिनट पहले स्कूल पहुंचता है। उसके घर से उसके स्कूल की दूरी है:

A. 8 किमी **B.** 2 किमी **C.** 4 किमी **D.** 6 किमी

Q.21 एक वर्ष में एक राशि पर प्राप्त चक्रवृद्धि ब्याज 1200 रूपए (सालाना ब्याज चक्रवृद्धि है) है। यदि ब्याज की दर 22.5% प्रति वर्ष है, तो छठे वर्ष में ब्याज क्या होगा?

A. ₹ 3310 **B.** ₹ 2706 **C.** ₹ 2984 **D.** ₹ 2778

Q.22 यदि $12x^2 - 21x + 1 = 0$ है, तो $9x^2 + (16x^2)^{-1}$ का मान क्या है?

A. $\frac{429}{8}$ **B.** $\frac{417}{16}$ **C.** $\frac{453}{8}$ **D.** $\frac{465}{16}$

Q.23 200 से 800 तक ऐसी कितनी संख्याएँ हैं जो ना तो 5 और ना ही 7 से विभाज्य हैं?

A. 411 **B.** 410 **C.** 407 **D.** 413

Q.24 यदि x + y + z = 3 और $x^2 + y^2 + z^2 = 101$ है, तो $\sqrt{x^3 + y^3 + z^3 - 3xyz}$ का मान क्या है?

A. 24 **B.** 21 **C.** 19 **D.** 28

Q.25 $-2x^2 + y^2 + 8z^2 - 2\sqrt{2}xy + 4\sqrt{2}yz - 8xz$ गुणनखंड कीजिए।

A. $(-\sqrt{2}x + y + 2\sqrt{2}z)$

B. $(-\sqrt{3}x + y + 4\sqrt{2}z)$

C. $(-\sqrt{4}x + y + 3\sqrt{2}z)$

D. $(-\sqrt{2}x + y + 5\sqrt{2}z)$

Ques (26-30):निर्देश: नीचे दिये पाई चार्ट में एक परिवार के अप्रैल माह के खर्चों को (डिग्री में) प्रदर्शित किया गया है । अप्रैल माह में खर्च की गयी कुल रकम रु. 60,000 है । चार्ट का अध्ययन करें तथा नीचे दिये गये प्रश्न का उत्तर दें।

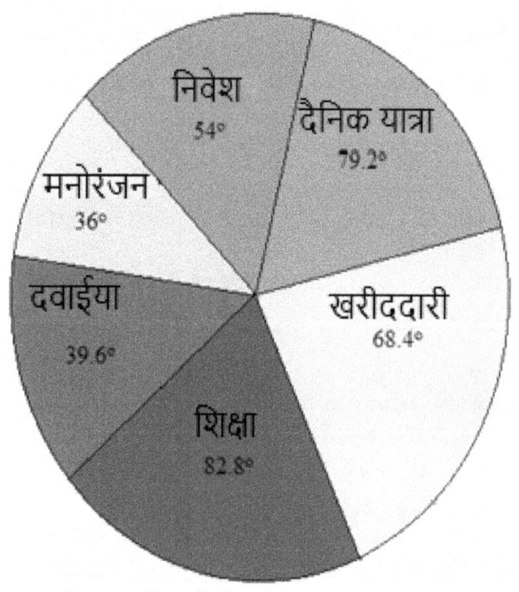

अप्रैल माह में खर्च की गयी कुल रकम = 60,000 रु.

Q.26 परिवार दैनिक यात्रा पर कितना व्यय करता है?

A. 10600 रुपये **B.** 13200 रुपये
C. 15700 रुपये **D.** 17500 रुपये

Q.27 परिवार द्वारा दवाईयों तथा शिक्षा पर व्यय किए गए धन का अनुपात क्या है?

A. 2 : 3 **B.** 3 : 5 **C.** 7 : 15 **D.** 11 : 23

Q.28 मनोरंजन तथा खरीददारी पर परिवार द्वारा कुल किया गया व्यय कितना है?

A. 16300 रुपये **B.** 17400 रुपये
C. 20500 रुपये **D.** 23400 रुपये

Q.29 परिवार द्वारा निवेश में किया गया कुल धन, शिक्षा तथा खरीददारी का कितना प्रतिशत है?

A. 25.8% **B.** 32.6% **C.** 35.7% **D.** 39.4%

Q.30 ऐसे कितने आइटम हैं, जिन पर परिवार ने रु. 10,000 से कम खर्च किया?

A. 1 **B.** 2 **C.** 3 **D.** 4

Reasoning and Logical Deduction

Q.31 निर्देश: नीचे दी गई श्रृंखला में अगला पद ज्ञात कीजिए।

6, 11, 21, 36, 56, ____

A. 51 **B.** 91 **C.** 42 **D.** 81

Q.32 निर्देश: नीचे दिए गए कथनों के बाद I और II से अंकित दो निष्कर्ष दिए गए हैं। यह मानते हुए कि कथनों में दी गई जानकारी सत्य है, भले ही यह आम तौर पर स्थापित तथ्यों से भिन्न प्रतीत होती हो, यह तय कीजिए कि कौन सा निष्कर्ष कथनों में दी गई जानकारी से तार्किक और निश्चित रूप से अनुसरण करता है।

कथन:

1) सभी उल्लू घोड़े हैं।

2) कुछ घोड़े खरगोश हैं।

निष्कर्ष:

I. कुछ उल्लू खरगोश हैं।

II. कुछ खरगोश घोड़े हैं।

A. केवल निष्कर्ष II अनुसरण करता है

B. न तो निष्कर्ष I और न ही निष्कर्ष II अनुसरण करता है

C. दोनों निष्कर्ष अनुसरण करते हैं

D. केवल निष्कर्ष I अनुसरण करता है

Q.33 उस विकल्प का चयन कीजिए, जो श्रृंखला में प्रश्न चिह्न (?) को पूर्ण रूप से प्रतिस्थापित करेगा।

13, 25, 42, 69, ?

A. 111 **B.** 105 **C.** 95 **D.** 125

Q.34 यदि DATE को 5183 के रूप में और GOES को 9734 के रूप में कोडित किया जाता है, तो TASTE को कोडित किया जाता है

A. 81438 **B.** 81483 **C.** 84738 **D.** 83872

Q.35 निर्देश: नीचे दिए गए कथनों के बाद I और II से अंकित दो निष्कर्ष दिए गए हैं। यह मानते हुए कि कथनों में दी गई जानकारी सत्य है, भले ही यह आम तौर पर स्थापित तथ्यों से भिन्न प्रतीत होती हो, यह तय कीजिए कि कौन सा निष्कर्ष कथनों में दी गई जानकारी से तार्किक और निश्चित रूप से अनुसरण करता है।

कथन:

1.) सभी कलम मेंढक हैं।

2.) कुछ कौवे मेंढक हैं।

निष्कर्ष:

I. कोई कलम कौवा नहीं है।

II. कुछ कलम कौवे हैं।

A. या तो निष्कर्ष I या निष्कर्ष II अनुसरण करता है

B. केवल निष्कर्ष II अनुसरण करता है

C. दोनों निष्कर्ष अनुसरण करते हैं

D. केवल निष्कर्ष I अनुसरण करता है

Q.36 दो महिलाएं एक समान बिंदु से चलना शुरू करती हैं। महिला A 3 किमी पश्चिम दिशा की ओर चलती है। फिर वह बायीं तरफ मुड़कर 10 किमी चलती है, फिर वह पुनः अपने बायीं ओर मुड़कर 9 किमी चलती है। ठीक उसी समय, B ने 6 किमी पूर्व की दिशा में चली है, इसके बाद वह अपने दायीं ओर मुड़कर 2 किमी चलती है। अब A के सन्दर्भ में B का स्थान क्या है?

A. B, A के उत्तर में 12 किमी है

B. B, A के उत्तर में 8 किमी है

C. B, A के दक्षिण में 8 किमी है

D. B, A के दक्षिण में 12 किमी है

Q.37 निर्देश: उस विकल्प का चयन कीजिए, जो श्रृंखला में प्रश्न चिह्न (?) को पूर्ण रूप से प्रतिस्थापित करेगा।

112, 108, 92, 56, ?

A. -8 **B.** -7 **C.** -6 **D.** 7

Q.38 उस विकल्प का चयन कीजिए, जिसमें आकृति 'X' सन्निहित है। (घूर्णन की अनुमति नहीं है)

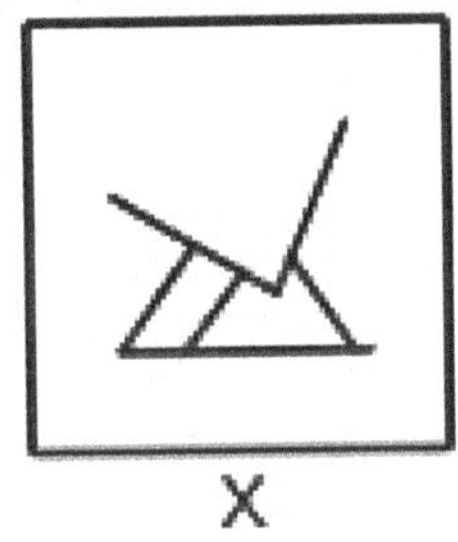

X

[SSC Constable (GD), 2019]

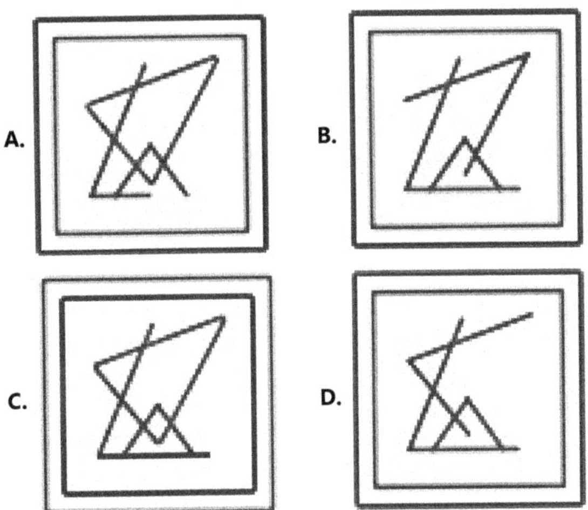

Q.39 दिए गए विकल्पों में से विषम को चुनिए।

A. CEM **B.** BHI **C.** DFH **D.** CFI

Q.40 उस विकल्प का चयन कीजिए जो दी गई श्रृंखला में प्रश्न चिह्न (?) को पूर्ण रूप से प्रतिस्थापित करेगा।

SHO, QJN, OLM, ?

A. LWV **B.** LWL **C.** MNL **D.** MML

Q.41 चार विकल्पों में से उस आकृति का चयन कीजिए जो आकृति X के रिक्त स्थान (?) में रखे जाने पर स्वरूप को पूर्ण करेगी। (घूर्णन की अनुमति नहीं है)।

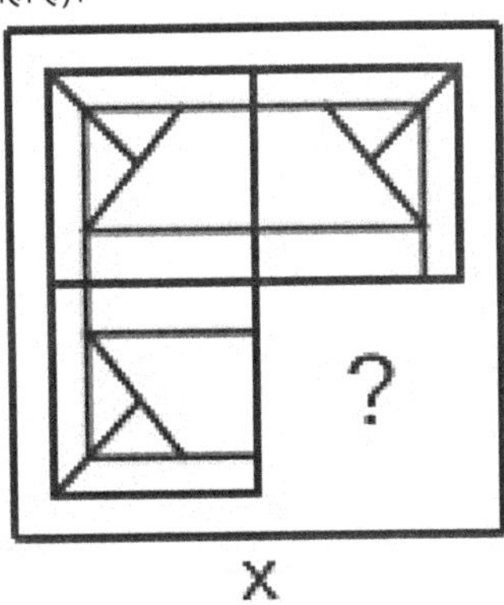

X

[SSC Constable (GD), 2019]

A.
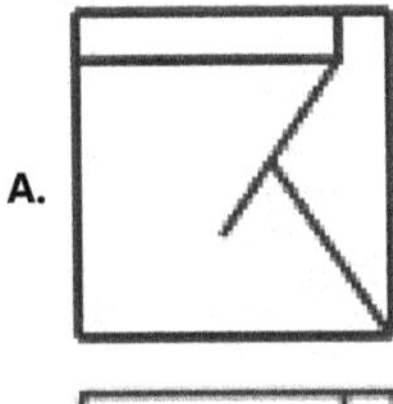

B.
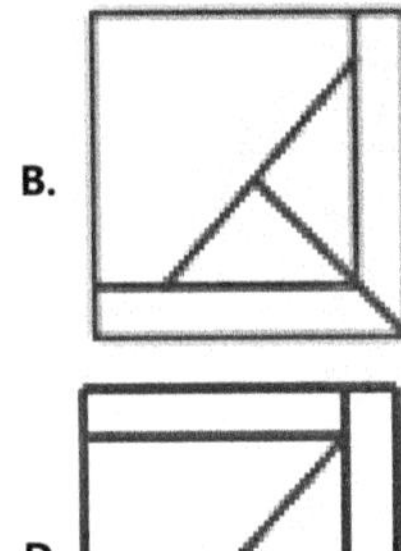

C.
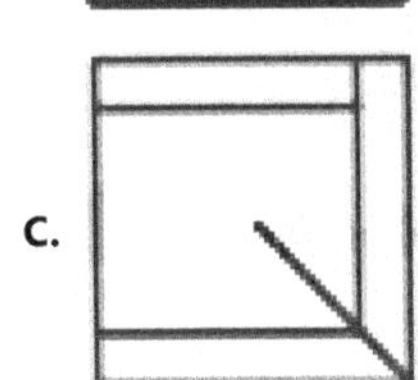

D.

Q.42 उस विकल्प का चयन कीजिए जो तीसरी संख्या से उसी प्रकार संबंधित है, जिस प्रकार दूसरी संख्या, पहली संख्या से संबंधित है।

22 : 88 : : 37 : ?

A. 221 **B.** 144 **C.** 169 **D.** 370

Q.43 आठ मित्र- A, B, C, D, E, F, G और H दोपहर के भोजन के लिए एक वृत्ताकार मेज के चारों ओर एक-दूसरे के सम्मुख बैठे हैं। A, D के सामने बैठा है और B के दाएं से तीसरे स्थान पर बैठा है। G, A और F के बीच में बैठा है। H, A के दाएं बैठा है। E, C और D के बीच में बैठा है। B और E के बीच में कौन बैठा है?

A. D **B.** E **C.** F **D.** C

Q.44 सात मित्र- O, P, Q, R, S, T और U एक पंक्ति में बैठकर फिल्म देख रहे हैं। P एक छोर पर बैठा है। Q, S के निकटतम बाएं बैठा है। P, T के दाएं से दूसरे स्थान पर बैठा है। U किसी भी छोर पर नहीं बैठा है। O, R और T के ठीक बीच में बैठा है। Q और R के बीच में कौन बैठा है?

A. Q **B.** T **C.** R **D.** S

Q.45 उस विकल्प का चयन कीजिए जो तीसरे पद से उसी प्रकार संबंधित है, जिस प्रकार दूसरा पद, पहले पद से संबंधित है।

मत्स्य विज्ञान : मछलियाँ :: मृदा विज्ञान : ?

A. शंख **B.** नाम **C.** मृदा **D.** चंद्रमा

Q.46 उस विकल्प का चयन कीजिए, जो दिए गए स्वरूप में प्रश्न चिह्न (?) को पूर्ण रूप से प्रतिस्थापित करेगा।

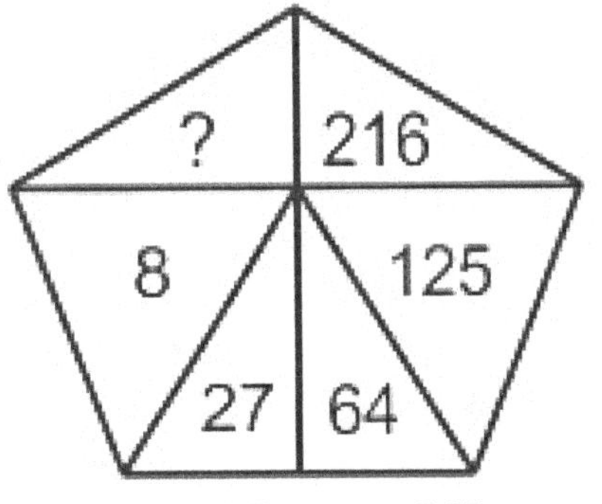

A. 343 **B.** 7 **C.** 37 **D.** 49

Q.47 उस विकल्प का चयन कीजिए जो दी गई आकृति श्रृंखला में अगले स्थान पर आएगा।

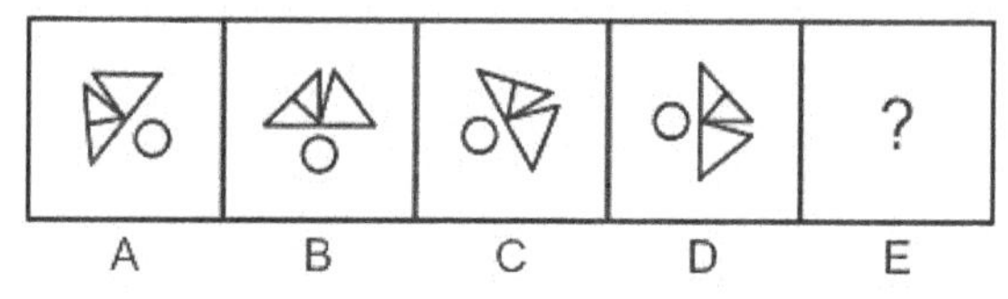

[SSC Constable (GD), 2019]

A.

B. 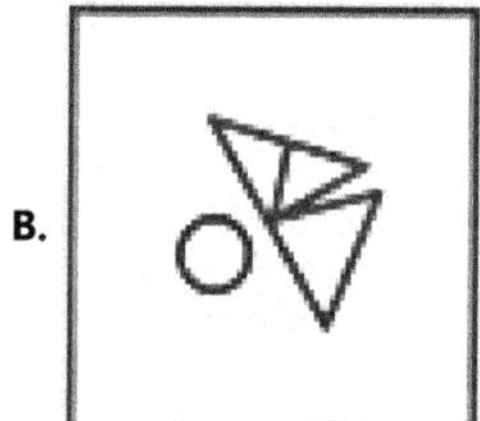

C. 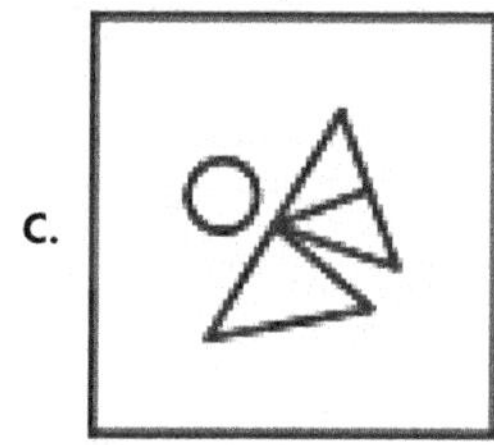

D. 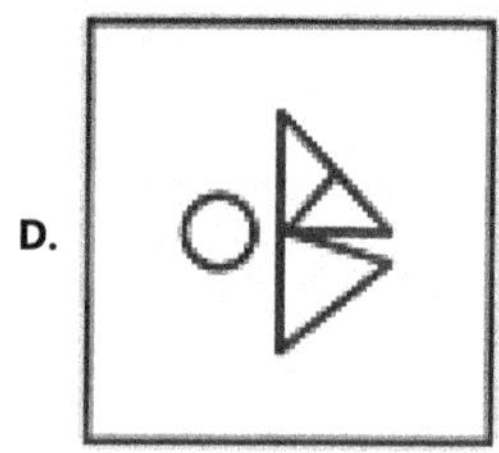

Q.48 निर्देश: नीचे दिए गए प्रश्न के बाद दो निष्कर्ष I और II दिए गए हैं। आपको यह तय करना है कि कथन मे दिया गया डाटा प्रश्न का उत्तर देने के लिए पर्याप्त है या नहीं।

'walk' को एक कोड भाषा में कैसे लिखा जाता है?

I. 'morning walk is good' को उस कोड भाषा में 'la na sa da' के रूप में लिखा जाता है |

II. 'wish you good morning' को उस कोड भाषा में 'la na sa da' के रूप में लिखा जाता है |

A. कथन I अकेले प्रश्न का उत्तर देने के लिए पर्याप्त है, जबकि कथन II अकेले प्रश्न का उत्तर देने के लिए पर्याप्त नहीं है।

B. कथन II अकेले प्रश्न का उत्तर देने के लिए पर्याप्त है, जबकि कथन I अकेले प्रश्न का उत्तर देने के लिए पर्याप्त नहीं है।

C. या तो कथन I या कथन II अकेले प्रश्न का उत्तर देने के लिए पर्याप्त है।

D. I और II दोनों कथन प्रश्न का उत्तर देने के लिए पर्याप्त नहीं हैं।

Q.49 निर्देश: निम्नलिखित एक प्रश्न दिया गया है, जिसके बाद दो कथन I और II दिए गए हैं। आपको कथनों का सावधानीपूर्वक अध्ययन करना है और तय करना है कि प्रश्न का उत्तर देने के लिए कौन सा/से कथन पर्याप्त/आवश्यक है/हैं। तदनुसार अपना उत्तर चिह्नित करें।

छह व्यक्ति अर्थात् A, B, C, D, E और F एक वृत्तीय मेज के चारो ओर बैठे हैं। A के तत्काल बाएँ कौन है?

कथन:

I. B, C के विपरीत बैठा है, और D, E के विपरीत बैठा है।

II. F, B के तत्काल बाएँ बैठा है और B, E के तत्काल बाएँ बैठा है।

A. कथन I केवल पर्याप्त है, लेकिन कथन II केवल पर्याप्त नहीं है।

B. केवल कथन II ही पर्याप्त है, लेकिन केवल कथन I ही पर्याप्त नहीं है।

C. दोनों कथन I और II एक साथ पर्याप्त हैं, लेकिन दोनों में से कोई भी कथन पर्याप्त नहीं है।

D. या तो कथन I अकेले या कथन II अकेले पर्याप्त हैं।

Q.50 J, K L, M, N और O छह शिक्षक हैं। प्रत्येक व्यक्ति अलग-अलग विषय पढाता है, अर्थात- हिंदी, अंग्रेजी, गणित, विज्ञान, सामाजिक विज्ञान और कला, लेकिन आवश्यक नहीं कि इसी क्रम में हों। उनमें से प्रत्येक सोमवार से शनिवार तक केवल एक दिन पढ़ाता है, लेकिन आवश्यक नहीं कि इसी क्रम में हों। J बुधवार को विज्ञान पढ़ाता है। O, J के बाद दूसरे दिन गणित पढ़ाता है। K सप्ताह के पहले दिन पढ़ाता है, लेकिन न तो हिंदी और न ही अंग्रेजी पढ़ाता है। M, N से पहले अंग्रेजी पढ़ाता है और L, J से पहले कला पढ़ाता है। मंगलवार को कौन पढ़ाता है?

A. M **B.** K **C.** L **D.** N

Q.51 उस विकल्प का चयन कीजिए जो दी गई आकृति के दर्पण प्रतिबिंब से निकटता से मेल खाता है, जब दर्पण को आकृति के दाएं रखा जाता है।

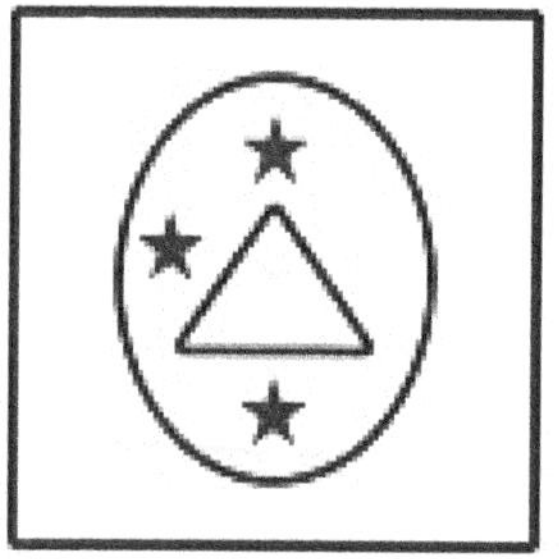

A. 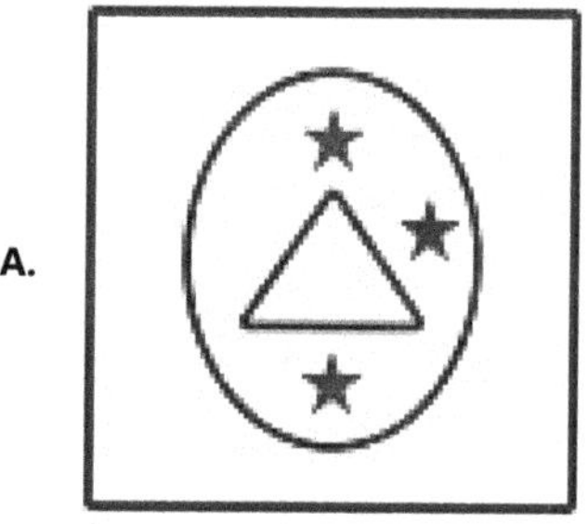

B. 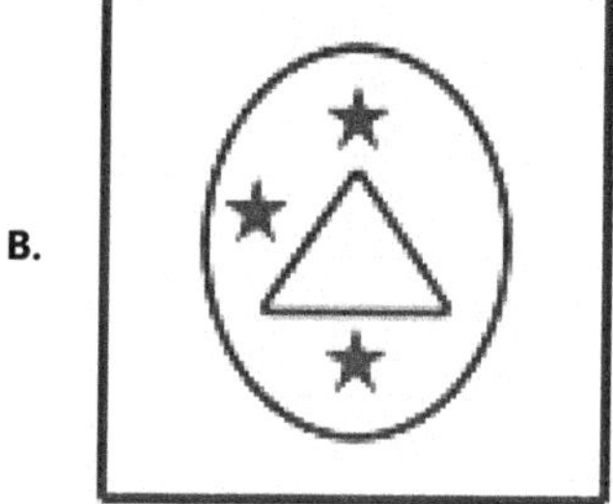

C. 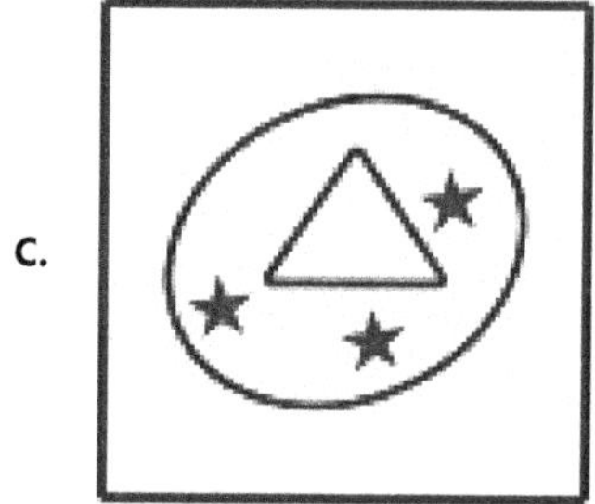

D. 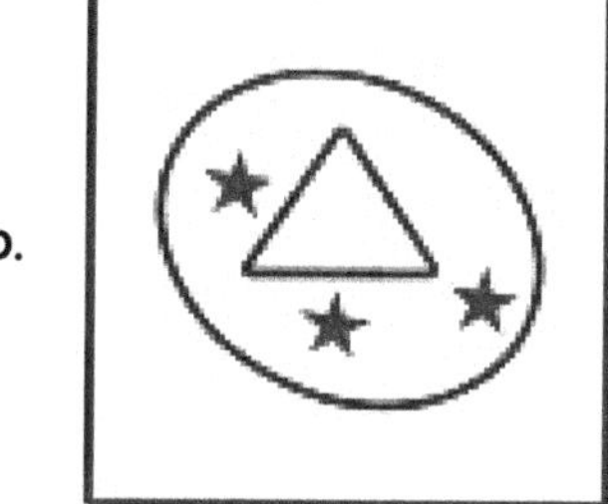

Q.52 निर्देश: एक कथन के बाद दो अनुमानों । और ॥ दिए गए हैं। एक धारणा कुछ माना जाता है या दी गई है। आपको कथन पर विचार करना है और निम्नलिखित मान्यताओं में से यह तय करना है कि कथन में कौन सी धारणाएँ निहित हैं / हैं।

कथन: क्राबी द्वीपों तक तेज़ी से पहुंचने के लिए बस के बजाय एक नौका या नाव लें।

धारणाएँ:

।. दूरस्थ स्थान पर स्थित द्वीप आसानी से सुलभ नहीं हैं।

॥. क्रावी द्वीपों की यात्रा के लिए घाट और नौकाएँ उपलब्ध हैं।

A. केवल धारणा । निहित है
B. केवल धारणा ॥ निहित है
C. या तो धारणा । या धारणा ॥ निहित है
D. न तो धारणा । और न ही अनुमान ॥ निहित है

Q.53 निर्देश: नीचे दिए हुए प्रश्न में एक कथन के बाद दो मान्यताएँ । और ॥ दी गयी हैं। आपको मान्यता को सत्य मानना है। आपको कथन तथा मान्यताओं पर विचार कर निर्णय लेना है कि कौन-सी मान्यताएँ, कथन में अंतर्निहित हैं।

कथन: संगठन के प्रमुख ने उन कर्मचारियों को पुरस्कृत करने का फैसला किया है जो नवीन तकनीकों का सुझाव देकर खर्च को कम करने में मदद करेंगे।

धारणाएँ:

।. कर्मचारी नवीन विचारों के साथ आने में सक्षम हो सकते हैं।

॥. कर्मचारियों को पुरस्कार अर्जित करने के लिए अपना दिमाग लगाने के लिए प्रोत्साहित किया जा सकता है।

A. केवल धारणा मैं निहित है।
B. केवल धारणा ॥ निहित है।
C. या तो धारणा । या ॥ निहित है।
D. । और ॥ दोनों धारणाएं निहित हैं।

Q.54 एक विशिष्ट कूट में, POTATO को AOOPTT के रूप में लिखा जाता है। उस कूट में BARBER को किस प्रकार लिखा जाएगा?

A. ABBERR **B.** ABBRER
C. ARBERB **D.** ABRBER

Q.55 दिए गए विकल्पों में से भिन्न संख्या को चुनिए।

A. 97 **B.** 89 **C.** 83 **D.** 63

Q.56 उस वेन आरेख का चयन कीजिए जो दिए गए वर्गों का सबसे अच्छा प्रतिनिधित्व करता है।

गेहूं, फसलें, किसान

A.
B.

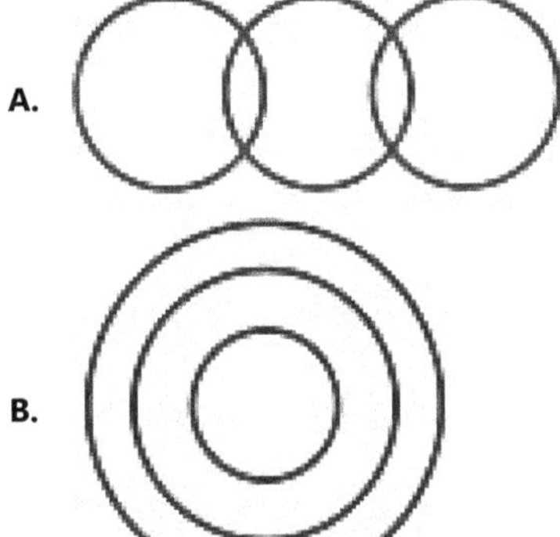

C.
D.

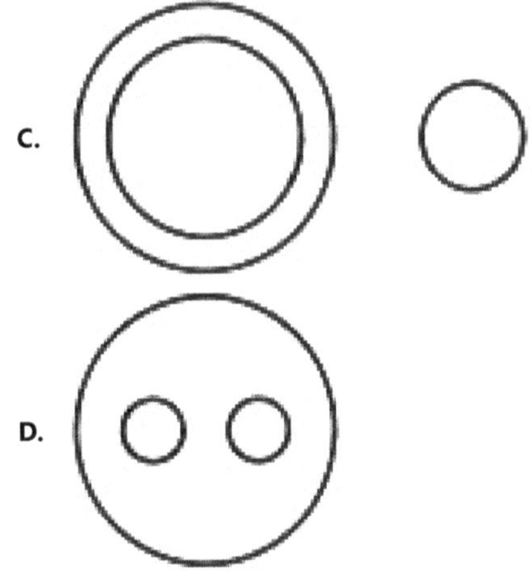

Q.57 दिए गए विकल्पों में से भिन्न को चुनिए।

A. पीला **B.** गुलाबी **C.** बैंगनी **D.** नारंगी

Q.58 उस विकल्प का चयन कीजिए जो तीसरे पद से उसी प्रकार संबंधित है, जिस प्रकार दूसरा पद, पहले पद से संबंधित है।

प्राप्त करना : अनुत्तीर्ण होना :: विषादपूर्ण : ?

A. चाक **B.** मंत्र
C. पीछा करना **D.** प्रसन्नचित्त

Q.59 उस विकल्प का चयन कीजिए जो तीसरे पद से उसी प्रकार संबंधित है, जिस प्रकार दूसरा पद, पहले पद से संबंधित है।

BFH : DHJ :: GKM : ?

A. MKI **B.** IMO **C.** KMG **D.** MKG

Q.60 एक निश्चित कूट में, SAW को 38 के रूप में लिखा जाता है। उस कूट में FEED को किस प्रकार लिखा जाएगा?

A. 70 **B.** 45 **C.** 88 **D.** 30

General Knowledge & Current Affairs

Q.61 2022 में संयुक्त राष्ट्र महिला कोर बजट में भारत का क्या योगदान है?

[Delhi Forest Guard, 2021], [HSSC Canal Patwari, 2021]

A. यूएसडी 10,000 **B.** यूएसडी 50,000
C. यूएसडी 100,000 **D.** यूएसडी 500,000

Q.62 सॉफ़्ट बैंक, __________ और फॉक्सकॉन टेक्नोलॉजी ग्रुप ने एक संयुक्त उपक्रम SBG क्लीनटेक बनाया है, जो ग्रीन एनर्जी प्रोजेक्टों में 10 वर्षों में लगभग $20 बिलियन का निवेश करेगा।

A. भारती एन्टरप्राइजेज़ **B.** अडानी लिमिटेड
C. टाटा ग्रुप **D.** रिलायन्स इण्डस्ट्रीज़

Q.63 महिला और बाल विकास मंत्रालय ने पीएम केयर्स फॉर चिल्ड्रन योजना को 28 __________ तक बढ़ा दिया था।

A. फरवरी 2022 **B.** मार्च 2022
C. फरवरी 2022 **D.** दिसंबर 2022

Q.64 2020 में टूर डे फ्रांस किसने जीता?

[SSC MTS, 2021]

A. सेप कुस (Sepp Kuss)
B. रूडी मोलार्ड (Rudy Molard)
C. रोमैन सिकार्ड (Romain Sicard)

D. तडज पोगाकर (Tadej Pogacar)

Q.65 1 जून 2022 को किस केंद्रीय मंत्रालय ने 2 महीने लंबे 'हर घर दस्तक अभियान 2.0' की शुरुआत की है?

A. श्रम और रोजगार मंत्रालय
B. अल्पसंख्यक मामलों के मंत्रालय
C. पंचायती राज मंत्रालय
D. स्वास्थ्य मंत्रालय

Q.66 विश्व प्रतिस्पर्धात्मक सूचकांक 2022 में भारत की रैंक क्या है?

A. 37वां **B.** 41वां **C.** 45वां **D.** 49वां

Q.67 घग्गर नदी बिहार के किस स्थान पर गंगा नदी में मिलती है?

A. सोनपुर **B.** छपरा **C.** गोपालगंज **D.** खगड़िया

Q.68 1975 में तीसरी बार भारत में आपातकाल लगाए जाने के समय भारत का राष्ट्रपति कौन था?

A. ज्ञानी जैल सिंह **B.** बसप्पा दासप्पा जट्टी
C. फखरुद्दीन अली अहमद **D.** जाकिर हुसैन खान

Q.69 ग्यारहवीं अंटार्कटिक अभियान के दौरान नवंबर 1991 / मार्च 1992 में ___ स्थापित किया गया था।

A. SODAR (सोनिक डिटेक्शन एंड रेंजिंग)
B. दूसरा स्थायी स्टेशन 'मैत्री'
C. पहला स्थायी स्टेशन 'दक्षिण गंगोत्री'
D. इनमे से कोई भी नहीं

Q.70 पृथ्वी से सबसे निकटतम तारा कौन है?

A. ध्रुव तारा **B.** सूर्य **C.** डॉग तारा **D.** सिरियस

Q.71 भारत में फिल्म और टीवी संस्थान स्थित है:

A. पुणे (महाराष्ट्र) **B.** राजकोट (गुजरात)
C. पिंपरी (महाराष्ट्र) **D.** पेरम्बूर (तमिलनाडु)

Q.72 भारतीय संविधान के किस अनुच्छेद में शोषण के खिलाफ मौलिक अधिकार आता है?

A. अनुच्छेद 29-30 **B.** अनुच्छेद 19-22
C. अनुच्छेद 14-18 **D.** अनुच्छेद 23-24

Q.73 सचिन तेंदुलकर ने अपना 100वां शतक किस देश के खिलाफ बनाया था?

A. पर्थ स्टेडियम, वेस्ट इंडीज के खिलाफ
B. शेरे बांग्ला स्टेडियम, बांग्लादेश के खिलाफ
C. ईडन पार्क, न्यूजीलैंड के खिलाफ
D. सिडनी क्रिकेट ग्राउंड,ऑस्ट्रेलिया के खिलाफ

Q.74 गुरु गोविंद सिंह थे?

A. सिखों के 10 वें गुरु
B. 1699 में सिखों की आंतरिक परिषद खालसा के संस्थापक
C. दशम ग्रंथ के लेखक
D. उपर्युक्त सभी

Q.75 इनमें से किस व्यक्तित्व को 'भारतीय फिल्म उद्योग के पिता' के रूप में जाना जाता है?

A. अमिताभ बच्चन **B.** दादा साहब फाल्के
C. देव आनंद **D.** राजेश खन्ना

Q.76 हरमन शेहर (जर्मनी) को 1999 में राइट लाइवलीहुड अवार्ड मिला।

A. दुनिया भर में सौर ऊर्जा की उपयोगिता के लिए उनका अप्रत्यक्ष कार्य
B. तानाशाहों की अदूरदर्शिता को समाप्त करने के लिए उनके लंबे समय के प्रयास
C. यह दर्शाता है कि जैविक कृषि पर्यावरणीय स्थिरता और खाद्य सुरक्षा दोनों के लिए महत्वपूर्ण है
D. इनमे से कोई भी नहीं

Q.77 संविधान में निम्नलिखित में से किस निकाय का उल्लेख नहीं है?

A. राष्ट्रीय मानवाधिकार आयोग
B. राष्ट्रीय अनुसूचित जनजाति आयोग
C. वित्त आयोग
D. संघ लोक सेवा आयोग

Q.78 चौरी चौरा की घटना आधुनिक राज्य में हुई थी:

A. उत्तर प्रदेश **B.** दिल्ली
C. केरल **D.** मध्य प्रदेश

Q.79 नागर शैली का दशावतार मंदिर निम्नलिखित में से किस स्थान पर स्थित है?

A. बद्रीनाथ **B.** गोरखपुर **C.** देवगढ़ **D.** ललितपुर

Q.80 निम्नलिखित में से कौन सी दाब की SI इकाई है?

A. पारसेक **B.** लुमेन **C.** कंडेला **D.** पास्कल

Q.81 प्रथम एंटीबायोटिक 'पेनिसिलिन' की खोज किसने की थी?

A. जेम्स वाटसन **B.** अलेक्जेंडर फ्लेमिंग
C. फ्रांसिस क्रिक **D.** हेनरी मोसेली

Q.82 जलगैस एक मिश्रण है:

A. कार्बन मोनोऑक्साइड और हाइड्रोजन
B. कार्बन डाइऑक्साइड और मीथेन
C. कार्बन डाइऑक्साइड और हाइड्रोजन
D. कार्बन मोनोऑक्साइड और नाइट्रोजन

Q.83 पुडुचेरी केंद्र शासित प्रदेश निम्नलिखित में किन किन राज्यों के साथ अपनी सीमाएँ साझा करता हैं?

A. कर्नाटक और आंध्र प्रदेश
B. केरल और तमिलनाडु
C. आंध्र प्रदेश, केरल और तमिलनाडु
D. कर्नाटक, केरल और तमिलनाडु

Q.84 एक प्रतिरोधक तार में उत्पन्न ऊष्मा होती है:

A. विद्युत धारा के समय के वर्ग के आनुपातिक
B. तार में बहने वाली विद्युत धारा के वर्ग के आनुपातिक
C. तार के प्रतिरोध के वर्ग के आनुपातिक
D. तार के प्रतिरोध के घन के आनुपातिक

Q.85 मुहम्मद बिन तुगलक ने अपनी राजधानी को दिल्ली से ____ बदल दिया था।

A. लाहौर **B.** मुंगेर **C.** आगरा **D.** दौलताबाद

Q.86 कौन सा स्टार्ट अप यूरोपीय स्पेस एजेंसी द्वारा प्रस्तुत 'स्पेस ऑस्कर' पुरस्कार जीतने वाला पहला भारतीय स्टार्ट अप बन गया है?

A. हैशेबल **B.** आईरोबोट
C. क्लाउड स्नैप **D.** ब्लू स्काई एनालिटिक्स

Q.87 जूनियर नेशनल इक्वेस्ट्रियन चैंपियनशिप 2019 कहाँ आयोजित की गई थी?

A. दिल्ली **B.** पुणे **C.** चंडीगढ़ **D.** बेंगलुरु

Q.88 'माइंड मास्टर' के नाम से अपनी आत्मकथा किसने लॉन्च की थी?

A. चेतन भगत **B.** युवराज सिंह
C. राहुल द्रविड़ **D.** विश्वनाथन आनंद

Q.89 मड़ई त्यौहार किस राज्य में मनाया जाता है?

A. झारखण्ड **B.** छत्तीसगढ
C. जम्मू और कश्मीर **D.** ओडिशा

Q.90 किसने 'सती' प्रथा को समाप्त किया?

A. लॉर्ड डलहौजी **B.** लॉर्ड कर्जन
C. लॉर्ड विलियम बेंटिक **D.** लॉर्ड कैनिंग

English Language

Q.91 Direction: Select the segment of the sentence that contains the grammatical error. If there is no error, mark 'No error' as your answer.

You have rightly said that it is no use to cry over (a)/ the spilt milk and wasting time in (b)/ doing something which has no importance at all. (c)/ no error (d)

A. (a) **B.** (b) **C.** (C) **D.** (d)

Q.92 Direction: Select the segment of the sentence that contains the grammatical error. If there is no error, mark 'No error' as your answer.

Seldom or ever A)/ has Rahul visited his grandparents B)/ despite their illness. C)/ No error D)

A. (A) **B.** (B) **C.** (C) **D.** (D)

Q.93 Direction: Find out which part of the sentence has an error and select the appropriate option. If a sentence is free from error, select 'No Error'.

The Ganga river is in a flurry (A)/ and it has overflown (B)/ its banks. (C)/ No error (D)/

A. The Ganga river is in a flurry
B. And it has overflown
C. Its banks
D. No error

Q.94 Direction: Select the segment of the sentence that contains the grammatical error. If there is no error, mark 'No error' as your answer.

He was not able A)/ to be put up in hospital B)/ because it was getting very late. C)/ No error D)

A. (A) **B.** (B) **C.** (C) **D.** (D)

Q.95 Direction: Select the segment of the sentence that contains a grammatical error. If there is no error, mark 'No error' as your answer.

Her lawyer is enough witted to (a)/ wriggle her out of the unexpected (b)/ situation which has arisen somehow (c)/ no error (d).

A. (a) **B.** (b) **C.** (c) **D.** (d)

Ques (96-98):Direction: Select the correct one word for the given group of words:

Q.96 A person sharing responsibility for a political party's discipline and tactics.

[Territorial Army Officer, 2017]

A. Statesman **B.** Diplomat
C. Whip **D.** Defector

Q.97 A short amusing story about some real person or event.

A. Anecdote **B.** Antidote
C. Tale **D.** Allegory

Q.98 A person who makes money by starting or running a business-

A. Antraprenour **B.** Andrapreneur
C. Entrapranour **D.** Entrepreneur

Q.99 Direction: Select the correct one word for the given group of words:

Government by an inexperienced person/group is called-

A. Panarchy **B.** Oligarchy
C. Neocracy **D.** Ochlocracy

Q.100 Direction: Select the word which means the same as the group of words given.

A false or assumed identity

A. Annals **B.** Alien **C.** Archive **D.** Alias

Q.101 Direction: Select the option that means the same as the given idiom.

To sail close to the wind:

[Territorial Army Officer, 2017]

A. To take risk
B. To manage the situation
C. To work hard
D. To be regular

Q.102 Direction: Select the option that means the same as the given idiom.

To hang together:

A. To be over telephone with a friend
B. To keep holding on to something
C. To take a swing in a garden
D. To be connected with each other

Ques (103-104):Direction: Select the option that means the same as the given idiom.

Q.103 To hold your horses:

A. To be ready **B.** To be patient
C. To be eager **D.** To be impatient

Q.104 To be under the harrow:

A. To work hard
B. To be awarded for honesty
C. To be in good health
D. To be in distress

Q.105 Direction: Select the option that means the same as the given idiom.

Harp on

A. To comment **B.** To criticize
C. To keep on talking **D.** To keep on insulting

Q.106 Select the wrongly spelt word.

A. Acquaintence **B.** Acquiesce
C. Acquisition **D.** Acquit

Q.107 Select the wrongly spelt word.

A. Rudiment **B.** Compliment
C. Suppliment **D.** Independent

Q.108 Select the correctly spelt word.

A. Yeild **B.** Consolidate
C. Conceede **D.** Caunsolidate

Q.109 Select the correctly spelt word.

A. Associassion **B.** Asociation
C. Associasion **D.** Association

Q.110 Select the wrongly spelt word.

A. Leuitenant **B.** License
C. Liberate **D.** Literature

Ques (111-115):Direction: In the following question, sentences of a paragraph have been jumbled and labelled as A, B, C and D. You are required to rearrange the jumbled sentences of the paragraph and mark your response accordingly by selecting the correct option.

Q.111 A: The children were asking their aunt embarrassing questions.

B: The occupants of my compartment among others were a woman with her niece and nephew who were children.

C: Luckily an ice cream vendor came, she bought some cups of ice cream to keep them busy.

D: The train I was traveling in was running late and the next station was nearly an hour away.

A. DBAC **B.** ABCD **C.** BDCA **D.** CDBA

Q.112 A: Soon, the boy's health was restored.

B: There, he discovered that the child was an orphan who had fallen into the lowest state of poverty and disease.

C: John was a very caring soul—once when he found a poor, homeless child lying on the street, he took him back to his house.

D: So, he decided to let him stay at his house so that he could take care of him.

A. ABCD **B.** DCBA **C.** CBDA **D.** BADC

Q.113 A: We, as a human stopped to see the good side of anyone.

B: Instead, it is created by humans when they want to change what is not under their control.

C: Ravi said that Sin is not created by God.

D: As a consequence, we only observe the part filled with evil and negativity.

A. DCBA **B.** DACB **C.** BADC **D.** CBAD

Q.114 A: At last, the waiter moved to complete my order.

B: I thanked him with a rigid smiled and then turned away.

C: I shook my head and ordered Biryani.

D: Before I even had the opportunity to order Biryani, a waiter came and asked for the order.

A. DCBA **B.** DACB **C.** BADC **D.** CBAD

Q.115 A: Moments of affection changed with the emulation of wars, where the silk ribbon was used as an imaginary sword.

B: Across their belly, all men wore a silk ribbon which was symbolizing their muscularity.

C: Men were dressed in Kurta Paijamas and women wore Sarees.

D: All men and women were painted in red color.

A. DCBA **B.** DACB **C.** BADC **D.** CBAD

Q.116 Direction: Fill in the blanks with the correct word.

This book has many interesting pictures ____ I like very much.

A. So **B.** These **C.** Whose **D.** Which

Q.117 Direction: In the following question, the sentence is given with a blank to be filled in with an appropriate word. Select the correct alternative out of the four and indicate it by selecting the appropriate option.

About an hour ago I saw a fellow ______ our bungalow.

A. Hanging about **B.** Hanging out
C. Hanging in **D.** Hanging towards

Q.118 Direction: Fill in the blanks with the correct word.

The guests arrived ______ she was getting ready at the parlor.

A. Before **B.** By **C.** While **D.** However

Q.119 Direction: In the following question, the sentence is given with a blank to be filled in with an appropriate word. Select the correct alternative out of the four and indicate it by selecting the appropriate option.

A friend of Damocles eventually ______ the ruler of a small city.

A. Becomes **B.** Will become
C. Became **D.** Become

Q.120 Direction: Choose an appropriate word from the options to suitably fill the blank in the sentence below so that the sentence makes sense, both grammatically and contextually.

If your mother ______ here she would punish you on seeing the condition of this room.

A. Was **B.** Is **C.** Were **D.** There

Ques (121-126):Direction: Read the paragraph and answer the question.

Adolescence is a period of rapid growth and development bridging childhood and adulthood. Practicing healthy eating behavior is one of the most important factors to meet the nutritional needs of adolescents. Proper eating behaviors that are learned in early life are maintained in adulthood thus reducing the risk of major chronic disease. Physical and psychological changes occurring during this period usually significantly influence their dietary behaviors. As teens become more independent, they make more of their own food choices. However, being influenced by a massive amount of factors (biological, social, physical, economic, psychological beliefs, and knowledge about food) and changing of lifestyle may affect their dietary choices and eating behavior, thus making them fail to adhere to healthy eating practices. Peer pressure in colleges leads adolescents to eat non-nutritional foods like pizzas and burgers. Due to irregular college schedules, intake of caffeinated drinks increases and water intake reduces. Poor nutrition can lead to reduced concentration in studies, low stamina, depression, or poor posture.

Q.121 As per the author, how does dietary behavior in adolescence affect health in adulthood?

A. Major chronic diseases are transferred from the early stages to adulthood
B. The seed of ill health in adulthood is sown by diet in the early stages
C. Dietary habits of adolescence are carried out in adulthood
D. Dietary habits are maintained throughout life

Q.122 What is the meaning of dietary behavior?

A. Taking different types of diets
B. Taking caffeinated drinks
C. Knowledge of different types of diets
D. Making choices about diet

Q.123 The author marks adolescence as bridging childhood and adulthood because it is a:

A. Period of independence in making dietary choices
B. Period of physical and psychological changes
C. Period of changing lifestyle
D. Period of peer pressure

Q.124 Reduced concentration in studies is because of:

A. Nature of Adolescent period
B. Not bring able to meet nutritional needs
C. Influence of factors like biological and psychological
D. Eating of foods like pizzas and burgers

Q.125 Unhealthy dietary habits mean:

A. Eating pizzas and burgers
B. Caffeinated drinks
C. Poor nutritional diet
D. Drinking less water

Q.126 Adolescents succumb to unhealthy dietary habits due to:

A. Physical and psychological changes
B. Independence in making food choices
C. Changing lifestyle
D. Peer pressure in colleges

Ques (127-131):Direction: Read the following text and answer the question.

Television was, towards the end of the war in Vietnam, the main source of information for most Americans, and the images on the screen, in black and white, changed war reporting forever. Morley Safer's expose of American soldiers burning a village had a huge impact on viewers at home and added to the military's distrust of reporters. In Vietnam, correspondents were made honorary majors (World War II reporters had the momentary rank of captain) and could travel anywhere on military transport if space were available. The only condition: that they could not betray troop movements, a request that was respected. The press battles were over misleading briefings which ran contrary to what the reporters could see for themselves in the field.

To this day, some military men glumly insist that television and the press lost the war in Vietnam by demoralizing the home front. The U.S. military would never again allow such access to its operations as it did in Vietnam.

The tension between the military and the press will never cease because both need each other but cannot grant the other what it really wants.

Q.127 During the Vietnam war, the military started doubting the press because of:

A. The availability of TV for covering the war
B. The video cassettes on the war
C. The war images telecast by American television companies
D. The television images being black and white

Q.128 What was the major difference between war reporters of World War II and those of the Vietnam war?

The Vietnam war reporters:

A. Could go to all war fronts
B. Had a higher rank and more facilities
C. Respected their promise
D. Had more disagreements with military authorities

Q.129 The press battles were the result of:

A. The difference between the versions of military authority and the war reporters
B. The different thinking and reporting of different reporters
C. The press reporters' different views on troop movement
D. The different press reports of various newspapers

Q.130 Some military men still believe that America lost the Vietnam war because:

A. The press reporters betrayed the cause
B. The mass media made people cry against the war
C. The television images on war were improper
D. The civilians became demoralized

Q.131 The tension between the military and the press will continue because:

A. Both of them want to emerge superior
B. The press oppose the military
C. The press serves the people and the military is faithful to the state
D. The press pursues truth in all situations

Ques (132-135):Direction: Read the following passage and answer the question given below.

From the very beginning man has attempted what has seemed impossible. Man is different from the rest of the creation in this respect. He has an eternal thirst for adventure. This has led to countless new discoveries and inventions. Human curiosity is limitless. It is responsible for space flights and moon landings.

The desire to know what lies beyond the visible world takes many forms. The Everest hero Tenzing and the hero of the seven Seas, Mihir Sen, were inspired by the same restless spirit. Astronaut Armstrong and his colleagues, who were the first humans to set foot on the soil of the mood, have proved beyond doubt that man shall not rest until he has conquered the entire universe.

Now the question arises: Is it enough to know master nature? To answer it one should first answer a more basic question: which is more important-knowing and understanding the world around you or knowing and understanding yourself? Everyone will agree that in the absence of self-knowledge even the most advanced knowledge of the universe will no only useless but also dangerous.

Q.132 It is responsible for space flights and moon landings.
Here 'It' means:

A. Man's desire for adventure
B. Man's curiosity
C. Man's attempting the impossible
D. Man and the rest creation

Q.133 _____ that man shall not rest until he has conquered the entire universe.
Here 'rest' means:

A. Sleep **B.** Sit and read
C. Stop **D.** Lie down

Q.134 He has an eternal thirst for adventure.
Here 'eternal' means:

A. Great
B. Old
C. Without beginning or end
D. That which cannot be satisfied

Q.135 Man is different from the rest of the creation in this respect.
Here 'Man' means:

A. A particular man
B. Tenzing and Mihir Sen
C. Armstrong
D. All mankind

Ques (136-140):Direction: Choose the appropriate antonym of the underlined word.

Q.136 She was in terrible agony after breaking her leg.
A. Distress **B.** Grief **C.** Comfort **D.** Torture

Q.137 A judge still needs to validate the election.
A. Confirm **B.** Revoke **C.** Verify **D.** Prove

Q.138 He would never frighten anyone or cause them any harm.
A. Startle **B.** Scare **C.** Shock **D.** Soothe

Q.139 As the firing commenced the crowd began to disperse.
A. Collect **B.** Spread
C. Scatter **D.** Distribute

Q.140 Keep away from that dog, he can be vicious.
A. Cruel **B.** Gentle **C.** Evil **D.** Wicked

Ques (141-143):Direction: Select the most appropriate SYNONYM of the given word.

Q.141 VERISIMILITUDE
A. Fantastic **B.** Authenticity
C. Grotesque **D.** Festive

Q.142 Equanimity
A. Equal **B.** Self-control
C. Loyalty **D.** Spend-thrift

Q.143 ABSTRUSE
A. Clear **B.** Lucid **C.** Esoteric **D.** Concrete

Ques (144-145):Direction: A sentence with an underlined word is given below. Select the most appropriate SYNONYM for the underlined word from the given options.

Q.144 The evolution of man from a selfish gene to a human filled with munificence is awe-inspiring.
A. Grasping **B.** Anomalous
C. Jaunty **D.** Liberality

Q.145 The Rothschild family had a very lavish childhood.
A. Impoverished **B.** Uncivilized
C. Luxurious **D.** Reliable

Ques (146-149):Direction: In the following sentence, a part of the sentence is underlined. Below are given alternatives to the underlined part, which may improve the sentence. Choose the correct alternative. In case no improvement is needed, choose the option 'No improvement'.

Q.146 Highlighting that the India-Philippines trade has risen to nearly $2.5 billion, he said that the economic engagement between the two countries in terms of investment and presence of Indian companies in the Philippines is on the upswing.
A. Are on **B.** Are for
C. Is for **D.** No improvement

Q.147 POSHAN Abhiyaan or the National Nutrition Mission is playing a major role in improving nutrition indicators under India.
A. Along India **B.** Overall India
C. Across India **D.** All in India

Q.148 While every fifth child under the age of five is vitamin A deficient, one in every third baby has vitamin B12 deficiency, and two out of every five children is anemic.
A. Are anemic **B.** Is anemia
C. Are anemia **D.** has anemia

Q.149 In its report, The State of the World's Children 2019, UNICEF said that every second child in that age group is affected by some form of malnutrition.
A. Are affected **B.** Is effected
C. Are effected **D.** No improvement

Q.150 Direction: Select the most appropriate option to substitute the underlined segment in the given sentence. If there is no need to substitute it, select No improvement.

Nowadays rent for a two-room house can run as high to Rs. 40,000/ in Mumbai.
A. So high so **B.** So high to
C. As high as **D.** No improvement

Aptitude for Service Sector

Q.151 जब आप एक सेवा उद्योग की नौकरी के लिए एक उम्मीदवार का चयन करते हैं तो आप किन गुणों की तलाश में होंगे?

A. उसे जिम्मेदार होना चाहिए
B. उसे अंतर्मुखी और शांत होना चाहिए
C. उसे अत्यधिक सामाजिक और ईमानदार होना चाहिए
D. उसे अकादमिक दृष्टि से अत्यधिक बुद्धिमान होना चाहिए

Q.152 विभिन्न समूहों के बीच एक निश्चित बहुविकल्पीय प्रश्न परीक्षण पर समूहों को व्यवस्थित रूप से भिन्न अंक प्राप्त करने का कारण यह है कि-

A. प्रश्नों में नकारात्मक अंकन हो सकता है
B. परीक्षण की सामग्री अलग हो सकती है
C. एक उत्तर पर पहुंचने के लिए विभिन्न तरीकों का इस्तेमाल किया जा सकता है
D. इनमे से कोई भी नहीं

Q.153 निम्नलिखित में से कौन एक प्रबंधक की जिम्मेदारियां हैं?

A. आयोजन, योजना, स्टाफिंग, नियंत्रण और नेतृत्व
B. डिजाइनिंग, पूर्वानुमान, संचालन, खरीद और नियंत्रण
C. डिजाइनिंग, पूर्वानुमान, स्टाफिंग, खरीद और नियंत्रण
D. योजना, पूर्वानुमान, संचालन, खरीद और नियंत्रण

Q.154 यदि हम अच्छा प्रदर्शन करते हैं, तो हमारी सफलता के लिए किसे जिम्मेदार ठहराया जा रहा है?

A. काम के दौरान हमें जो परिस्थितियाँ मिलीं
B. किसी विशेष सदस्य की विशेषताएँ
C. हमारे सहयोगियों का रवैया
D. समूह के सदस्यों का व्यक्तित्व

Q.155 एक सेवा प्रबंधक की भूमिकाएँ क्या हैं?

A. योजना और सेवा
B. ग्राहकों की आवश्यकता, और पहचान करना
C. उत्पाद की गुणवत्ता और ग्राहकों को बेहतर सेवा
D. कार्य निर्धारण

Q.156 राकेश एक एमएनसी में शीर्ष स्तर के पद पर कार्यरत थे। हालांकि, कुछ व्यक्तिगत समस्याओं के कारण, उन्होंने काम में रुचि खोनी शुरू कर दी और धीरे-धीरे, उनके काम और प्रदर्शन पर इसका असर पड़ा। कंपनी के निदेशक राकेश से नाखुश हैं और लाभ के आंकड़े में गिरावट के लिए उन्हें जिम्मेदार ठहराते हैं। आपकी राय में राकेश को क्या करना चाहिए?

A. राकेश को निर्देशक से बात करनी चाहिए और उसे अपने काम को किसी अन्य योग्य प्रबंधक को सौंपने का अनुरोध करना चाहिए।
B. राकेश को लाभ में गिरावट के कारणों के रूप में बाहरी पर्यावरणीय कारकों को दोष देकर निर्दोषता को प्रभावित करना चाहिए।
C. खराब प्रदर्शन के लिए राकेश को अपनी टीम के सदस्यों पर सारा दोष डालना चाहिए।
D. राकेश को अपने काम पर ध्यान केंद्रित करने का संकल्प करना चाहिए क्योंकि वह पाता है कि उसकी अनुपस्थित मानसिकता ने कंपनी के मुनाफे को डुबो दिया है।

Q.157 किन भूमिकाओं को हासिल करने के लिए कहा जाता है?

A. ऐसी भूमिकाएँ जिन्हें स्वेच्छा से प्राप्त नहीं किया जाता है
B. स्वेच्छा से प्राप्त होने वाली भूमिकाएँ
C. जिन भूमिकाओं को अनोखे ढंग से निभाया जा सकता है
D. सभी भूमिकाओं को हासिल करने के लिए कहा जाता है

Q.158 बस में यात्रा करते समय आप पॉकिट चोर को पकड़ते हैं। वह पहनावे से अच्छा दिखता है लेकिन उसे पैसे की बहुत ही जरूरत है। उस समय आप क्या करेंगे?

A. उसे बताएं कि आप उसे उसकी कार्रवाई के लिए चेतावनी दिए बिना तुरंत पुलिस को सौंप देंगे
B. उसे कुछ पैसे दो और उसे ऐसा अपराध न दोहराने की चेतावनी दो
C. पुलिस को बुलाओ और उसे उनके हवाले करो
D. कंडक्टर से उसे बस से बाहर निकालने या बस को पुलिस स्टेशन ले जाने की मांग की

Q.159 आपके सहपाठियों में से एक को एक गंभीर बीमारी का सामना करना पड़ा, जिसके कारण वह कक्षा में ठीक से उपस्थित नहीं हो सका और इसलिए उसे अपनी पढ़ाई में कठिनाई का सामना करना पड़ा। अब वह दोबारा क्लास अटेंड करने को तैयार नहीं है, क्योंकि उसे शर्मिंदगी महसूस होने का डर है। आपकी कार्रवाई का क्या तरीका होगा?

A. उसका समर्थन करें और सुनिश्चित करें कि उसके सभी सहपाठी उसकी पढ़ाई में उसकी मदद करेंगे
B. स्थिति को अनदेखा करें क्योंकि वह किसी की नहीं सुन सकती
C. शिक्षकों को सूचित करें और उन्हें फिर से कक्षा में बुलाने के लिए कहें
D. इतनी बचकानी होने के लिए उसका मजाक उड़ाओ

Q.160 आपकी माँ वेस्टर्न पोशाक पहनकर फिर से युवा और आकर्षक दिखने की इच्छा रखती है, लेकिन वह इस बात से चिंतित रहती है कि क्या दूसरे उसका मजाक उड़ाएंगे। आप अपनी माँ की मदद कैसे कर सकते हैं?

A. अपनी मां को बताएं कि वह अपनी उम्र से परे सोच रही है
B. अपनी मां के साथ चर्चा करें कि वह अपने वर्तमान संगठन के साथ किन मुद्दों पर सामना कर रही है
C. उन्हें कुछ कपड़े दिलवाएँ जो आकर्षक लगें और उसे आरामदायक महसूस कराएँ
D. अपनी मां को बताएं कि वह अपने वर्तमान आउटफिट पहने हुए ठीक लग रही है और इसके बारे में बुरा महसूस नहीं कर रही है

Q.161 आपका छोटा भाई बाहर का खाना खाने को तैयार है, लेकिन डॉक्टर ने उसे जंक फूड न खाने की सलाह दी क्योंकि उसके पेट में दर्द है। आप स्थिति को कैसे संभालेंगे?

A. उसे समझाएं कि ठीक होने के बाद आप उसे भोजन दिलवाएंगे
B. उसे इतना बचकाना और अडिग रहने के लिए डांटें
C. जैसा कि आप उससे प्यार करते हैं, उसे अन्य ज्ञान के बिना बाहर का खाना खाने दें
D. आपको उसके आराध्य के माता-पिता को बताएं और उनके हस्तक्षेप की मांग करें

Q.162 किसी भी चीज़ या किसी के खिलाफ मौन विरोध की व्यवस्था करने से पहले, यह आवश्यक है कि:

A. अपने क्षेत्र में संबंधित प्राधिकरण के खिलाफ नारे तैयार करें और नारे लगाएं
B. एक बड़ी भीड़ इकट्ठा करें और उचित बैनर के साथ कार्यक्रम स्थल की ओर चलें
C. विरोध की तारीख, समय और स्थल के बारे में पुलिस को सूचित करें और उनकी अनुमति लें
D. राजनेताओं और आस-पास के संघों का समर्थन लें

Q.163 आप अपने कुछ कनिष्ठों को कंपनी के महत्वपूर्ण नीतिगत बदलाव के बारे में सूचित करने जा रहे हैं। आप संचार के लिए कौन सा माध्यम चुनना पसंद करेंगे?

A. लिखित संचार के बाद मौखिक संचार
B. केवल मौखिक संचार
C. केवल लिखित संचार
D. मौखिक संचार के बाद लिखित संचार

Q.164 सामंजस्य का आयाम किस कारक पर निर्भर करता है?

A. दबाव का स्तर
B. एक समूह के बीच आकर्षण का स्तर
C. जिम्मेदारी संभालने की सामर्थ्य
D. इनमे से कोई भी नहीं

Q.165 हाल ही में आपने एक नया हैंडसेट खरीदा था। इसे इस्तेमाल करने के कुछ दिनों के बाद, आप पाते हैं कि इसकी बैटरी बहुत जल्द खत्म होने लगती है। आप स्थानीय स्टोर पर समस्या के बारे में शिकायत करते हैं, लेकिन कोई प्रतिक्रिया नहीं है। आपकी अगली कार्रवाई क्या होगी?

A. हैंडसेट फेंकें और एक नया खरीदें
B. किसी अन्य स्टोर पर एक नया हैंडसेट मांगें
C. मांग करें कि आपका पैसा वापस किया जाए और आपको चोट लगे
D. मुद्दे की शिकायत वहां के उच्च अधिकारियों से करें

Q.166 आप ध्यान दें कि आपका पड़ोसी लगातार आपके पिछले आंगन में अपना कचरा डालता है। यह अधिनियम आपको उद्वेलित करता है। आप क्या करेंगे?

A. आप नजरअंदाज करेंगे और चुप रहेंगे
B. आप अपने पड़ोसी को फोन करेंगे और समस्या को हल करने का प्रयास करेंगे
C. आप समाज के सचिव के पास लिखित शिकायत दर्ज कराएंगे
D. आप समाज के अन्य सदस्यों को इकट्ठा करेंगे और उन्हें अपने पड़ोसी के आचरण के बारे में बताएंगे

Q.167 आपको सड़क किनारे एक घायल अवस्था में एक पक्षी पड़ा मिला। यह उड़ने में सक्षम नहीं था। इस स्थिति में आप क्या करेंगे?

A. इसे वहां छोड़ दें क्योंकि यह आपको ऐसे रोगग्रस्त प्राणियों के कारण एलर्जी हो सकती है
B. इसे नजदीकी पशु चिकित्सक के पास ले जाएं
C. बस इसे दूर से देखें और दूसरों को सूचित करें
D. इसे अनदेखा करें क्योंकि आपकी मदद से पक्षी को अधिक नुकसान हो सकता है

Q.168 यदि आप एक लंबे अंतराल के बाद अचानक कॉलेज से अपने पुराने दोस्त से मिलेंगे तो आप कैसे प्रतिक्रिया देंगे?

A. उससे बचने के लिए आप उसे पहचानें नहीं
B. जब तक वह बातचीत करने की पहल नहीं करती तब तक प्रतीक्षा करें
C. उसका अभिवादन करें और उसके बारे में पूछताछ करें
D. उसे एक औपचारिक मुस्कान दें और अपने रास्ते पर आगे बढ़ें

Q.169 यदि आपको किसी विषय पर गुस्सा आ रहा है और आप आशुक्रोधी स्वभाव के व्यक्ति हैं तो आप क्या करेंगे?

A. विषय के बारे में सोचेंगे फिर प्रतिक्रिया देंगे
B. विषय पर अपना गुस्सा व्यक्त करेंगे
C. विषय पर ध्यान नहीं देंगे
D. इनमें से कोई नहीं

Q.170 आप अपने दोस्तों के साथ स्कूल पिकनिक के लिए बाहर हैं। किसी तरह आपने अपना रास्ता खो दिया और अपने किसी दोस्त या शिक्षक को नहीं पाया। आपका प्रारंभिक कदम क्या होगा?

A. आप गली और दुकानों में घूमेंगे
B. आप किसी से दिशा-निर्देश मांगेंगे
C. आप दिशाओं को पूछने के लिए घर फोन करेंगे
D. आप अपने दोस्तों को शाप देंगे और गाली देंगे

Q.171 आपको क्या लगता है, निम्नलिखित में से, महिलाओं के खिलाफ अपराधों से निर्णायक रूप से निपटने के लिए प्रशासन की विफलता का कारण है:

A. मैगज़ीन और फ़िल्में जो यौन रूप से स्पष्ट सामग्री दिखाती हैं
B. महिलाओं के खिलाफ हिंसा दिखाने वाली पत्रिकाएं और फिल्में
C. समाज में महिलाओं के सम्मान में कमी
D. महिलाओं में व्यापक अशिक्षा

Q.172 आप उड़ान भरने के लिए जाते हैं लेकिन इसमें एक घंटे की देरी हो जाती है। आप अजनबियों के बीच बैठे वेटिंग रूम में इंतजार कर रहे हैं। आप करेंगे

A. चुपचाप बैठा रहा कि जल्द ही समय बीत जाएगा
B. उस व्यक्ति के साथ बातचीत शुरू करें जो आपके बगल में है
C. एक अखबार खरीदें और उसे पढ़ना शुरू करें
D. अपने मोबाइल पर अपनी पसंदीदा फिल्म देखें

Q.173 आप एक नई कंपनी में भर्ती हैं। अपने पहले दिन, आप पाते हैं कि वे काफी मित्रतापूर्ण और मददगार हैं। आप उनके साथ कैसे बातचीत करना शुरू करेंगे?

A. जैसा कि यह आपका पहला दिन है, आपको औपचारिक तरीके से व्यवहार करना चाहिए
B. अपने आप को केवल काम से संबंधित वार्तालापों में शामिल करें
C. सभी से बेतरतीब ढंग से बात करना शुरू करें
D. मुस्कुराहट से सबका अभिवादन करें

Q.174 आप अपनी भतीजी और उसके दोस्तों को बाल दिवस मनाने के लिए एक पार्क में ले गए हैं। अचानक, आप पाते हैं कि बच्चों में से एक ट्रेस करने योग्य नहीं है। आप क्या करेंगे-

A. पार्क में उसकी तलाश शुरू करें
B. पार्क सुरक्षा कर्मचारियों को सूचित करें
C. समझ में नहीं आता कि क्या करें और आतंकित हो जाएं
D. धैर्यपूर्वक बच्चों को संभालें और अधिकारियों को शांति से रिपोर्ट करें

Q.175 परीक्षा हॉल में परीक्षा लिखते समय आपकी कलम रुक जाती है। तो आप अपने मित्र से दूसरी कलम मांगे। आपका पर्यवेक्षक यह देखता है और सोचता है कि आप धोखा दे रहे हैं। वह इस पेपर में आपके अंक काट देता है। आप

A. अब बाकी परीक्षा पर ध्यान केंद्रित नहीं कर पाएंगे
B. तुरंत विरोध करना शुरू करें और साबित करें कि आप धोखेबाज़ नहीं हैं
C. पूरी परीक्षा लिखें और इसे समाप्त करने के बाद, आप अपनी निर्दोषता को स्पष्ट करेंगे
D. परीक्षा के दौरान चिंता में रहें, लेकिन इसे पूरा करेंगे

Q.176 आप एक नए क्षेत्र में स्थानांतरित हो गए हैं। आप अपने घर के पीछे झुग्गी बस्तियों का एक विशाल विस्तार पाते हैं। आपके दिमाग में सबसे पहले क्या बात आती है?

A. आप उनकी अनदेखा करेंगे
B. झुग्गी-झोपड़ियों में रहने वालों को अच्छा आश्रय दिया जाना चाहिए
C. झुग्गी बस्तियाँ देश की सुंदरता को बर्बाद करती हैं
D. झुग्गी-झोपड़ी वालों को इस जगह से बहुत दूर भेजा जाना चाहिए

Q.177 जब आपके परिवार के सदस्य या मित्र आपसे किसी मुद्दे पर आपकी सलाह मांगते हैं, तो आप

A. उन्हें अपने मन की कोई भी बात बताएं
B. आप उन्हें कूटनीतिक रूप से नहीं बल्कि सीधे तरीके से जवाब देते हैं
C. आप उनका उत्तर उसी हिसाब से देंगे, जैसा वे सुनना चाहते हैं
D. आप उन्हें कोई दृश्य नहीं दे पा रहे हैं

Q.178 आप इस बहस में क्या निष्कर्ष निकाल सकते हैं कि टीवी बच्चों के दिमाग को कैसे प्रभावित करता है?

A. अगर वे ज्यादा टीवी देखते हैं तो वे अपने जीवन में बाद में आक्रामक हो जाएंगे
B. बच्चों का सामाजिक व्यवहार टीवी द्वारा बढ़ाया जाता है
C. बच्चे टीवी की वजह से ज्यादा समझदार बनेंगे
D. बच्चे टीवी से ज्यादा प्रभावित नहीं होते हैं

Q.179 जब आप किसी सड़क पर रहने वाले भिखारी को भीख मांगते हुए देखते हैं, तो आपको कैसा लगता है?

A. आपको लगता है कि वे एक राष्ट्रीय कलंक हैं
B. आपको लगता है कि आपको उनके लिए कुछ करने की जरूरत है
C. आपको लगता है कि सरकार को उनके कल्याण के लिए कुछ करने की जरूरत है
D. आप चाहते हैं कि उन्हें सरकार द्वारा सड़कों से हटा दिया जाए

Q.180 आप अपने सबसे अच्छे दोस्त के रूप में किसे चुनेंगे?

A. जो चालाक और होशियार हो
B. जो ईमानदार और निष्ठावान हो
C. जो चतुर, स्मार्ट और निष्पक्ष हो
D. जो अमीर और मददगार हो

Q.181 आप एक ट्रेन में यात्रा कर रहे हैं। एक यात्री आता है और कहता है कि आप उसकी बर्थ पर बैठे हैं। आपको एहसास होता है कि आप गलत बर्थ पर हैं। तुम क्या करोगे?

A. बर्थ खाली करो और माफी मांगें
B. बिना कुछ कहे बर्थ खाली कर दें
C. यात्री को बताएं कि उसे ज्यादा प्रतिक्रिया नहीं देनी चाहिए और कुछ भी बड़ा नहीं हुआ है
D. यात्री को बताएं कि अगर आपको दूसरी बर्थ मिलती है, तो वह उसे खाली कर देगा

Q.182 आप एक प्रदर्शनी का दौरा करने जाते हैं जो बहुत भीड़ है। आपको एक बूढ़ी औरत देखने को मिलती है जो अपने बेटे से बिछड़ जाती है और खो जाती है। ऐसी स्थिति में आप क्या करते हैं?

A. दूसरों से उसकी मदद करने और आगे बढ़ने के लिए कहें
B. उसके परिवार के सदस्यों का पता लगाकर उसकी मदद करें
C. पुलिस को बुलाये और उस महिला के परिवार को खोजने में मदद करने के लिए कहें
D. प्रदर्शनी का आनंद लें और उसकी नज़र अंदाज़ करें

Q.183 आप अपने कार्यालय की ओर चल रहे हैं और देर से चल रहे हैं, लेकिन आप एक विकलांग व्यक्ति को सड़क पार करने की कोशिश करते हुए देखते हैं। आप करेंगे

A. उसकी मदद तभी करें जब वह आपसे मदद मांगे
B. अपने आसपास के किसी व्यक्ति से उसकी मदद करने को कहें
C. उसे सहायता की आवश्यकता है
D. ऑफिस पहुंचना उससे ज्यादा जरूरी है

Q.184 आप अपने घर के रास्ते पर हैं और आपके सामने एक सड़क दुर्घटना होती है। तुम क्या करोगे?

A. दृश्य को अनदेखा करें और आगे बढ़ें
B. घायलों को प्राथमिक उपचार दें
C. घायल व्यक्ति के रिश्तेदारों को बुलाओ
D. पुलिस को बुलाओ

Q.185 किसी मुद्दे पर गुस्सा आने पर आपकी कार्रवाई क्या नहीं होनी चाहिए?

A. आपको स्थिति को नियंत्रित करने के लिए अपना गुस्सा दिखाने के लिए चिल्लाना चाहिए
B. आपको अपनी प्रतिक्रिया में देरी के लिए कुछ कारण देने की कोशिश करनी चाहिए
C. आपको स्थिति से बचना चाहिए
D. आपको स्थिति से अपना ध्यान भटकाने की कोशिश करनी चाहिए

Q.186 आपने कुछ मूर्खतापूर्ण गलतियाँ की हैं जो आपके सहकर्मी ने आपको बताई हैं। आप क्या करेंगे?

A. हसी में उड़ा देंगे
B. गुस्सा हो जाएंगे
C. दुखी हो जाएंगे
D. आभार व्यक्त करेंगे

Q.187 आपका मित्र और आप एक नया व्यवसाय शुरू करने की सोच रहे हैं, लेकिन आप दोनों के पास व्यवसाय में निवेश करने के लिए पर्याप्त धन नहीं है। इसके अलावा, आप चिंतित हैं कि क्या आपके माता-पिता आपकी मदद कर पाएंगे। अब, इस व्यावसायिक विचार को आगे बढ़ाने के लिए आपकी कार्रवाई क्या होगी?

A. स्थानीय बैंक से चोरी करें और अपने व्यवसाय के लिए धन का उपयोग करें
B. अपने विचार के बारे में अपने माता-पिता से चर्चा करें और उन्हें समझाने की कोशिश करें
C. अपने माता-पिता से झूठ बोलें कि आपका दोस्त मुश्किल में है और उनसे एक बड़ी रकम उधार लें
D. अपने दोस्तों से आपकी मदद करने के लिए कहें ताकि आप अपना व्यवसाय शुरू कर सकें और बाद में उन्हें पैसे वापस कर सकें

Q.188 आपके बॉस ने आपको क्लाइंट्स के सामने प्रेजेंटेशन देने के लिए कहा है, लेकिन वह आपको बीच में रोक देता है और अंत में आपके परफॉर्मेंस का खराब रिव्यू देता है। आप कैसे प्रतिक्रिया देंगे?

A. लड़ो और अपने मालिक पर चिल्लाओ
B. उसे यह समझने की कोशिश करें कि उसे बीच में नहीं आना चाहिए
C. तुरंत बहुत निराश हो जाना
D. अपनी गलती को स्वीकार करें, लेकिन यह भी महसूस करें कि उसने मुलाकात के बाद आपको बीच में परेशान कर दिया था

Q.189 निम्नलिखित में से कौन, आपातकाल के दौरान किसी व्यक्ति की सहायता प्रकृति को हतोत्साहित करता है?

A. बहुत कम मदद लागत
B. सामाजिक दूरी की अनुपस्थिति
C. संज्ञानात्मक असहमति का डर
D. मदद के लिए उपलब्ध व्यक्तियों की एक बड़ी संख्या

Q.190 हर सुबह आप कुछ फल और दूध दान करने के लिए पास के मंदिर में जाते थे। एक सुबह आपको मंदिर की सीढ़ियों पर एक बच्चा बैठा दिखाई दिया। उसका दावा है कि उसने कई दिनों तक भोजन नहीं किया। वह आपसे पैसे मांगता है। इस समय आपको क्या करना चाहिए?

A. उसे डांटे और उससे छुटकारा पाएं
B. उससे कहो कि किसी और से पैसे मांगे
C. उसे अनदेखा करें और मंदिर में प्रवेश करें
D. उसे आपके द्वारा खरीदे गए सभी फल और दूध दें

Q.191 आपके कॉलेज में, आपको कल के लिए तैयार होने के लिए एक प्रोजेक्ट रिपोर्ट दी जाती है और दूसरे विषय के शिक्षक ने कल के लिए एक परीक्षा दी है। आप कैसे योजना बनायेंगे?

A. आप रोना शुरू कर देंगे और किसी भी विषय के लिए काम नहीं करेंगे
B. आप एक ही समय में दोनों की तैयारी करने की कोशिश करेंगे
C. आप उन्हें पूरा करने के लिए काम को अनिवार्य रूप से करेंगे
D. एक टाइम टेबल तैयार करें और एक बार में एक ही काम करें

Q.192 आप एक टीम के सदस्य हैं। आप अपनी टीम को किसी भी निर्णय पर पहुंचने में कैसे मदद करेंगे?

A. आप निर्णय लेंगे जिसे लागू करने के लिए कम से कम प्रयास की आवश्यकता है
B. आप टीम को आपस में तय करने देंगे
C. अपना फैसला खुद लें और दूसरों को बाद में बताएं
D. आप सभी सदस्यों के साथ बात करेंगे और फिर निर्णय लेंगे जिसके साथ अधिकांश सदस्य सहमत हो

Q.193 आपकी सहेली जिद कर रही है कि आप उसके साथ शॉपिंग पर जाएं और अपने कॉलेज के लेक्चर को छोड़ दें। आप करेंगे

A. उसे नहीं जाने के लिए मनाने की कोशिश करें

B. उसे बताएं कि वह गलत कर रही है
C. उसके साथ खुशी से जाओ और आनंद लो
D. उसे चतुराई से यह बताने की कोशिश करें कि यह एक गलत कार्य है

Q.194 आपके पास एक बहुत ही कुशल जूनियर काम कर रहा है। पिछले कुछ दिनों से, वह उन्हें सौंपे गए कार्यों में अच्छा प्रदर्शन नहीं कर रहा है। तुम क्या करोगे?
A. उसकी समस्या को नजरअंदाज करें और उसे समय दें
B. उसे व्यक्तिगत रूप से बुलाएं और उसके खराब प्रदर्शन के लिए उसे डांटे
C. उसके साथ बात करें, उसकी सलाह लें या उसकी मदद करें
D. अपने बॉस को उसके खिलाफ कार्रवाई करने के लिए कहें

Q.195 आप एक कंपनी में नए जूनियर स्टाफ के रूप में काम करना शुरू करते हैं। आप पाते हैं और आश्वस्त हैं कि कंपनी का ऑफिस बॉय, जो पिछले 10 वर्षों से काम कर रहा है, किसी की जानकारी के बिना ऑफिस की स्टेशनरी चुराता है। क्या कार्रवाई करेंगे?
A. मैनेजर के पास मामला लाओ
B. उसे रंगे हाथ पकड़ने का फैसला करो
C. आप लापरवाही से बैठेंगे, बिना कुछ किए, जैसा कि आप पाते हैं कि यह आपकी चिंता का विषय नहीं है
D. आप कार्यालय के लड़के से भिड़ते हैं और उसके साथ चर्चा करते हैं

Q.196 एक पार्टी से लौटते समय, आपने एक शराबी बूढ़े शराबी को मारा। वह इतना घायल है कि उसे तत्काल उपचार की आवश्यकता है। तुम क्या करोगे?
A. उसे अपने साथ अस्पताल ले जाएं
B. उसे वहां सड़क किनारे अकेला छोड़ दो
C. पुलिस के सामने आत्मसमर्पण कर देगें।
D. दूसरे लोगों से मदद की गुहार करें

Q.197 आपका एक विषय शिक्षक है जिसने आपको दिए गए असाइनमेंट के लिए गंभीर रूप से आलोचना की है। वह फिर आपको अपना असाइनमेंट तैयार करने का दूसरा मौका देती है। तुम्हे क्या करना चाहिए?
A. आलोचना को सकारात्मक रूप से निधारित कार्य करने के लिए अपना सर्वश्रेष्ठ प्रयास करें
B. दूसरा असाइनमेंट करने से मना कर दें क्योंकि आप अभी भी आलोचना से डरते हैं
C. पिछले प्रदर्शन को बेहतर बनाने की कोशिश करें ताकि पिछली गलतियों को दोहराया न जाए
D. दूसरा कार्य करने की कोशिश करें, लेकिन आत्मविश्वास खो दिया है

Q.198 अगर आपके सहकर्मी को काम में समस्या आ रही है, तो आपकी कार्रवाई क्या होगी?
A. आप उसके मामलों में लिप्त नहीं होंगे
B. आप उसकी समस्याओं को सुलझाने में उसकी मदद करेंगे और उसका समर्थन करेंगे
C. आप केवल उसे सलाह देंगे
D. जब आप पूछेंगे तो आप उसकी समस्याओं में लिप्त होंगे

Q.199 एक दिन आपने अपने बेटे को अपने पति की जेब से पैसे चुराते हुए देखा। जब आप उससे इस बारे में पूछते हैं, तो वह असन्तोषजनक बहाना बनाता है। हालांकि, बाद में, आपको पता चलता है कि वह झूठ बोल रहा था और वास्तव में गलत कारणों के लिए धन का उपयोग कर रहा है। आपका अगला कदम क्या होगा?
A. अपने पति को उसी के बारे में बताएं और उसके हस्तक्षेप की तलाश करें
B. अपने बेटे को इस तरह का व्यवहार न करने के लिए कहें और उसे बताएं कि ईमानदारी हमेशा सबसे अच्छी नीति है
C. अपने पति की जेब से सारे पैसे निकाल दें, ताकि आपका बेटा और चोरी न कर सके
D. घर में सबके सामने उसे डांटे और कड़ी सजा दी

Q.200 एक शाम, शहर के केंद्रीय पार्क में घूमते हुए, आप एक किशोर लड़के को पार्क के एक कोने में 5 साल की लड़की के साथ दुर्व्यवहार करने की कोशिश करते हुए देखते हैं। आसपास कोई नहीं है। आप स्थिति को कैसे संभालेंगे?
A. ध्यान न दें और तुरंत घर लौट आएं क्योंकि आप लड़की को व्यक्तिगत रूप से नहीं जानते हैं
B. पुलिस को बुलाओ क्योंकि वे लड़के के खिलाफ कार्रवाई करने में सक्षम होंगे
C. पार्क के अन्य लोगों को लड़के के बारे में सूचित करें
D. लड़के को ऐसी बातें न करने की चेतावनी दें और लड़की को उसके घर पर सुरक्षित रूप से छोड़ दें

// स्मार्ट उत्तर पुस्तिका //

सही उत्तर — उन छात्रों के प्रतिशत को इंगित करता है जिन्होंने प्रश्नों का सही उत्तर दिया था।

छोड़ दिया — उन छात्रों के प्रतिशत को इंगित करता है जिन्होंने प्रश्नों को छोड़ दिया था।

प्रश्न संख्या	उत्तर	सही उत्तर	छोड़ दिया
1	D	80.57 %	17.8 %
2	D	13.1 %	72.04 %
3	D	59.12 %	35.49 %
4	A	63.23 %	36.41 %
5	C	80.11 %	18.78 %
6	B	63.18 %	34.04 %
7	D	10.7 %	85.57 %
8	C	79.16 %	15.6 %
9	A	76.36 %	12.52 %
10	D	52.59 %	37.71 %
11	D	12.39 %	68.43 %
12	C	66.78 %	32.34 %
13	D	66.0 %	32.52 %
14	A	78.22 %	21.26 %
15	C	54.98 %	41.3 %
16	B	85.8 %	10.02 %
17	D	56.06 %	36.48 %
18	A	40.11 %	53.29 %
19	B	13.31 %	76.77 %
20	B	43.56 %	51.1 %
21	A	31.05 %	68.16 %
22	B	41.64 %	48.14 %
23	A	27.24 %	69.3 %
24	B	15.51 %	77.28 %
25	A	50.25 %	33.5 %
26	B	52.47 %	38.79 %
27	D	57.18 %	34.48 %
28	B	51.74 %	36.62 %
29	C	53.95 %	36.72 %
30	C	60.17 %	33.2 %
31	D	62.89 %	31.43 %
32	A	51.02 %	35.33 %
33	A	19.46 %	78.36 %
34	B	82.06 %	12.86 %
35	A	22.78 %	74.19 %
36	B	53.01 %	30.23 %
37	A	22.54 %	69.88 %
38	C	89.44 %	10.29 %
39	C	77.34 %	21.9 %
40	C	50.69 %	49.27 %
41	D	63.41 %	33.73 %
42	D	46.14 %	31.08 %
43	A	25.66 %	67.69 %
44	D	40.74 %	33.03 %
45	C	45.53 %	50.85 %
46	A	27.05 %	67.84 %
47	C	83.5 %	14.84 %
48	D	24.74 %	71.36 %
49	C	32.71 %	67.03 %
50	C	26.82 %	72.94 %
51	A	88.94 %	10.14 %
52	B	20.11 %	68.06 %
53	D	42.96 %	32.45 %
54	A	52.29 %	45.41 %
55	D	67.48 %	30.15 %
56	C	41.4 %	30.61 %
57	B	76.93 %	18.05 %
58	D	11.08 %	76.52 %
59	B	53.56 %	35.72 %
60	C	27.54 %	69.14 %
61	D	86.27 %	13.67 %
62	A	25.78 %	71.49 %
63	A	55.55 %	38.79 %
64	D	29.57 %	67.65 %
65	D	28.39 %	70.38 %
66	A	25.09 %	71.73 %
67	B	25.31 %	71.92 %
68	C	53.95 %	44.3 %
69	A	11.83 %	77.28 %
70	B	54.44 %	35.02 %
71	A	67.69 %	30.84 %
72	D	69.9 %	30.07 %
73	B	59.96 %	31.82 %
74	D	16.01 %	79.29 %
75	B	66.31 %	30.66 %
76	A	29.09 %	67.73 %
77	A	21.96 %	68.16 %
78	A	79.71 %	13.99 %
79	C	41.65 %	58.02 %
80	D	82.84 %	14.55 %

प्रश्न संख्या	उत्तर	सही उत्तर	छोड़ दिया
81	B	64.22 %	34.51 %
82	A	27.92 %	67.35 %
83	C	82.62 %	17.08 %
84	B	47.73 %	51.78 %
85	D	68.19 %	30.03 %
86	D	24.12 %	72.2 %
87	D	66.64 %	32.07 %
88	D	30.0 %	68.19 %
89	B	22.45 %	68.26 %
90	C	31.94 %	67.63 %
91	A	43.27 %	33.1 %
92	A	28.62 %	68.2 %
93	B	69.85 %	30.03 %
94	B	64.3 %	31.78 %
95	A	24.52 %	68.86 %
96	C	17.07 %	78.47 %

प्रश्न संख्या	उत्तर	सही उत्तर	छोड़ दिया
97	A	43.9 %	45.94 %
98	D	58.29 %	37.59 %
99	C	18.95 %	79.45 %
100	D	51.91 %	46.84 %
101	A	87.91 %	11.45 %
102	D	49.91 %	35.28 %
103	B	78.51 %	18.81 %
104	D	40.82 %	40.13 %
105	C	89.44 %	10.13 %
106	A	48.03 %	43.25 %
107	C	55.85 %	32.3 %
108	B	82.73 %	11.96 %
109	D	55.36 %	30.25 %
110	A	14.72 %	75.85 %
111	A	28.06 %	71.24 %
112	C	56.15 %	31.89 %

प्रश्न संख्या	उत्तर	सही उत्तर	छोड़ दिया
113	D	48.2 %	40.6 %
114	A	86.83 %	10.67 %
115	A	22.93 %	71.08 %
116	D	85.14 %	13.88 %
117	A	18.86 %	76.03 %
118	C	58.02 %	34.0 %
119	C	76.17 %	10.08 %
120	C	32.93 %	67.02 %
121	B	64.8 %	31.5 %
122	A	47.17 %	45.02 %
123	B	42.77 %	41.58 %
124	B	57.79 %	31.53 %
125	A	47.53 %	45.45 %
126	C	42.99 %	32.74 %
127	C	16.7 %	83.23 %
128	B	29.99 %	69.25 %

प्रश्न संख्या	उत्तर	सही उत्तर	छोड़ दिया
129	A	15.81 %	80.51 %
130	D	30.8 %	68.12 %
131	A	19.8 %	77.19 %
132	B	48.14 %	42.1 %
133	C	63.87 %	31.37 %
134	D	41.54 %	49.86 %
135	D	52.74 %	43.01 %
136	C	53.9 %	33.49 %
137	B	13.84 %	78.29 %
138	D	54.01 %	36.44 %
139	A	11.54 %	78.41 %
140	B	86.44 %	13.38 %
141	B	31.58 %	67.26 %
142	B	89.73 %	10.23 %
143	C	11.34 %	74.45 %
144	D	12.51 %	77.82 %

प्रश्न संख्या	उत्तर	सही उत्तर	छोड़ दिया
145	C	66.41 %	32.14 %
146	D	12.9 %	68.25 %
147	C	80.19 %	17.77 %
148	A	10.12 %	83.75 %
149	D	48.66 %	33.49 %
150	C	10.63 %	67.41 %
151	C	42.47 %	36.05 %
152	D	62.98 %	33.06 %
153	A	81.14 %	12.87 %
154	C	88.74 %	10.44 %
155	C	59.83 %	37.55 %
156	D	78.53 %	19.44 %
157	B	21.3 %	76.8 %
158	B	21.54 %	73.98 %
159	A	60.35 %	38.93 %
160	C	32.68 %	67.16 %

प्रश्न संख्या	उत्तर	सही उत्तर / छोड़ दिया
161	A	44.43 % / 31.77 %
162	C	89.67 % / 10.02 %
163	A	68.52 % / 30.43 %
164	B	48.37 % / 41.33 %
165	D	14.79 % / 69.58 %
166	B	14.29 % / 83.53 %
167	B	82.71 % / 13.5 %
168	C	28.56 % / 70.9 %

प्रश्न संख्या	उत्तर	सही उत्तर / छोड़ दिया
169	C	64.95 % / 30.26 %
170	B	52.96 % / 33.88 %
171	B	23.79 % / 74.67 %
172	C	51.02 % / 31.46 %
173	D	22.17 % / 76.32 %
174	D	54.38 % / 32.36 %
175	C	12.29 % / 81.13 %
176	B	22.79 % / 67.19 %

प्रश्न संख्या	उत्तर	सही उत्तर / छोड़ दिया
177	B	52.97 % / 42.76 %
178	A	15.84 % / 67.91 %
179	B	52.76 % / 42.57 %
180	B	65.85 % / 32.37 %
181	A	22.31 % / 77.39 %
182	B	54.02 % / 45.87 %
183	C	48.59 % / 41.4 %
184	B	54.75 % / 30.78 %

प्रश्न संख्या	उत्तर	सही उत्तर / छोड़ दिया
185	A	29.66 % / 68.38 %
186	D	85.94 % / 13.53 %
187	B	69.75 % / 30.16 %
188	D	30.88 % / 68.49 %
189	D	84.47 % / 15.16 %
190	D	25.84 % / 69.51 %
191	D	12.1 % / 83.96 %
192	D	88.97 % / 10.25 %

प्रश्न संख्या	उत्तर	सही उत्तर / छोड़ दिया
193	D	81.49 % / 16.31 %
194	C	18.58 % / 69.1 %
195	A	58.27 % / 38.42 %
196	A	29.86 % / 69.35 %
197	A	27.29 % / 67.31 %
198	B	41.5 % / 55.97 %
199	B	12.25 % / 72.79 %
200	D	87.68 % / 10.28 %

कार्य विश्लेषण	
औसत अंक (%)	39.88%
टॉपर्स स्कोर (%)	56.0%
आपका स्कोर	

मॉक टेस्ट 02

Numerical Ability and Analytical Aptitude

Ques (1-5):निर्देश: निम्नलिखित जानकारी का ध्यानपूर्वक अध्ययन कर दिए गए प्रश्न का उत्तर दीजिये।

6 अलग-अलग क्लबों में सदस्यों की कुल संख्या 12000 है । लोगों की कुल संख्या में पुरुष महिला अनुपात 7 : 5 है । निम्नलिखित पाई-चार्ट में, पहला चार्ट सदस्यों की कुल संख्या का प्रतिशत वितरण दर्शाता है और दूसरा चार्ट इन क्लबों में महिला सदस्यों की कुल संख्या का प्रतिशत वितरण दर्शाता है।

पाई-चार्ट I:

सदस्यों का प्रतिशत वितरण

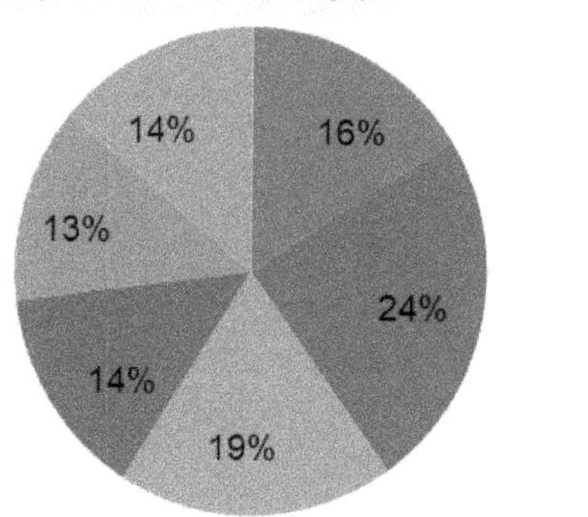

A B C D E F

पाई-चार्ट II:

महिला सदस्यों का प्रतिशत वितरण

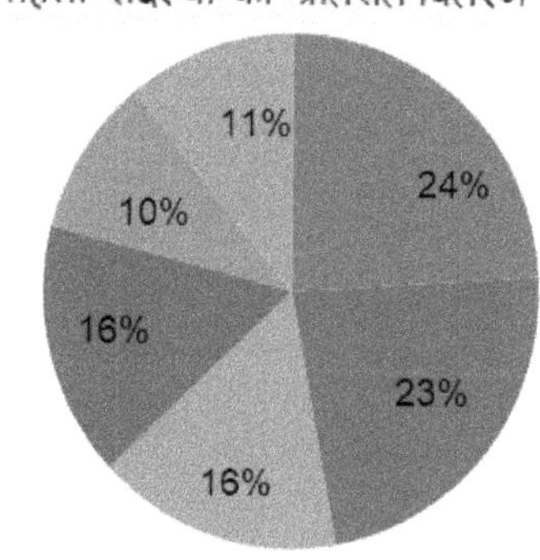

A B C D E F

Q.1
क्लब A में पुरुष सदस्यों की कुल संख्या क्या है?

A. 720 **B.** 740 **C.** 760 **D.** 820

Q.2
क्लब B में पुरुष सदस्यों और महिला सदस्यों की कुल संख्या के बीच क्या अंतर है?

A. 448 **B.** 496 **C.** 512 **D.** 580

Q.3
क्लब F में पुरुष सदस्यों की कुल संख्या, एक साथ सभी छह क्लबों में महिला सदस्यों की कुल संख्या का लगभग कितने प्रतिशत है?

A. 19% **B.** 21.5% **C.** 22.6% **D.** 26%

Q.4
क्लब D में महिला सदस्यों की कुल संख्या, क्लब E में महिला सदस्यों की कुल संख्या से लगभग कितने प्रतिशत अधिक है?

A. 42% **B.** 48% **C.** 54% **D.** 60%

Q.5
क्लब C में पुरुष सदस्यों की कुल संख्या, एक साथ सभी छह क्लबों में सदस्यों की कुल संख्या का कितने प्रतिशत है?

A. 14.86% **B.** 12.33% **C.** 16.25% **D.** 18.66%

Q.6 जब कोई व्यक्ति 10 किमी/घंटा की गति से अपने घर से अपने कार्यालय जाता है, तो उसे 20 मिनट की देरी हो जाती है। जब वह 15 किमी/घंटा की गति के साथ जाता है, तो उसे 5 मिनट की देरी होती है। उसके कार्यालय और घर के बीच की दूरी (किमी में) क्या है?

[SSC Constable (GD), 2019]

A. 8 **B.** 7.5 **C.** 7 **D.** 8.5

Q.7 $\left[1\frac{3}{8} \text{ का } \frac{5}{7} - \frac{6}{7} \text{ का } \frac{5}{8}\right] \div \left[1 - \frac{1}{7} \times \left(\frac{5}{12} + \frac{1}{3}\right)\right] \times \frac{\left(\frac{1}{7}-\frac{1}{9}\right)}{\left(\frac{1}{7}+\frac{1}{9}\right)}$ का मान है:

A. $\frac{1}{4}$ **B.** 8 **C.** 4 **D.** $\frac{1}{16}$

Q.8 उस सबसे छोटी संख्या के अंकों का योग क्या है जिसे 21, 28, 30 और 35 से विभाजित करने पर प्रत्येक स्थिति में 10 शेष बचता है लेकिन 17 से विभाज्य है?

[SSC Constable (GD), 2019]

A. 11 **B.** 13 **C.** 14 **D.** 10

Q.9 एक पार्क एक आयत के आकार में है। इसकी लंबाई और चौड़ाई क्रमशः 240 मीटर और 100 मीटर है। पार्क के केंद्र में, एक वृत्ताकार लॉन है। पार्क का क्षेत्रफल, लॉन को हटाकर, 3904 वर्ग मीटर है। लॉन की परिधि (मीटर में) क्या है?

A. 502.4 **B.** 516.2 **C.** 508.6 **D.** 512.8

Q.10 $1.25 - [1 \div \{3 + (2 - 0.4 \times 2.5)\}]$ का मान है:

A. 2 **B.** 1 **C.** 0 **D.** $\frac{1}{2}$

Q.11 35 आमों को बेचने पर अर्जित लाभ, 7 आमों के क्रय मूल्य के बराबर है। लाभ प्रतिशत क्या है?

[SSC Constable (GD), 2019]

A. $33\frac{1}{3}$ **B.** 20 **C.** 25 **D.** $16\frac{2}{3}$

Q.12 एक ट्रेन 360 किमी की यात्रा के लिए 3 घंटे कम समय लेती है, यदि इसकी गति, अपनी सामान्य गति से 10 किमी/घंटा बढ़ जाती है। तो, इसकी बढ़ी हुई गति (किमी/घंटा में) क्या है?

[SSC Constable (GD), 2019]

A. 40 **B.** 42 **C.** 36 **D.** 30

Q.13 एक वस्तु के अंकित मूल्य पर $12\frac{1}{2}\%$ की छूट देने के बाद, इसे 700 रुपये में बेचा जाता है। यदि छूट नहीं दी गई होती, तो लाभ 60% होता। वस्तु का क्रय मूल्य है:

A. 500 रुपये **B.** 540 रुपये **C.** 600 रुपये **D.** 480 रुपये

Q.14 तीन धनात्मक संख्याएं दी गई हैं। यदि उनमें से किन्हीं दो के औसत को तीसरी संख्या में जोड़ा जाता है, तो प्राप्त योग 172, 216 और 180 है। दी गई तीनों संख्याओं का औसत क्या है?

A. 93 **B.** $95\frac{1}{3}$ **C.** $94\frac{2}{3}$ **D.** 96

Q.15 एक वस्तु का विक्रय मूल्य इसके क्रय मूल्य का 84% है। यदि क्रय मूल्य में 20% की वृद्धि होती है और विक्रय मूल्य में 25% की वृद्धि होती है, तो पहले की हानि के संबंध में हानि में वृद्धि/कमी प्रतिशत क्या है?

[SSC Constable (GD), 2019]

A. 21.87 % कमी **B.** 20.12 % कमी
C. 22.12 % वृद्धि **D.** 20.12 % वृद्धि

Q.16 4 सेमी त्रिज्या के एक धातु के गोले को पिघलाया जाता है और छोटी गोलाकार गेंदों में ढ़ाला जाता है, प्रत्येक का व्यास 0.4 सेमी है। छोटी गेंदों की संख्या कितनी होगी?

[SSC Constable (GD), 2019]

A. 1000 **B.** 8000 **C.** 4000 **D.** 2000

Q.17 ₹14460 की राशि A, B, C और D के बीच इस प्रकार विभाजित की जाती है, कि A और B के हिस्सों का अनुपात 3 : 5 है, B और C का अनुपात 6 : 7 है और C और D का अनुपात 14 : 15 है। A और C के हिस्सों में कितना अंतर है?

[SSC Constable (GD), 2019]

A. ₹1440 **B.** ₹1500 **C.** ₹2100 **D.** ₹2040

Q.18 रेणु अपनी आय का 30% बचाती है। यदि उसकी बचत में 30% की वृद्धि होती है और व्यय में 25% की वृद्धि होती है, तो उसकी आय में प्रतिशत वृद्धि है:

[SSC Constable (GD), 2019]

A. 30 **B.** 25.8 **C.** 26.5 **D.** 15

Q.19 16% प्रति वर्ष की दर से, $2\frac{3}{4}$ वर्ष के लिए ₹15625 की राशि पर वार्षिक चक्रवृद्धि ब्याज है.

A. ₹6661 **B.** ₹5400 **C.** ₹7932 **D.** ₹7923

Q.20 A और B दो शंकु हैं। A का वक्र पृष्ठीय क्षेत्रफल B से दोगुना है। B की तिर्यक ऊंचाई A से दोगुनी है। B से A की त्रिज्या का अनुपात क्या है?

[SSC Constable (GD), 2019]

A. 3 : 2 **B.** 1 : 4 **C.** 4 : 1 **D.** 2 : 1

Q.21 दो संख्याएँ 3 : 5 के अनुपात में हैं। यदि 9 को प्रत्येक से घटाया जाता है, तो प्राप्त संख्याएँ 12 : 23 के अनुपात में होती हैं। यदि 3 को छोटी संख्या में जोड़ा जाता है और 7 को दूसरी संख्या से घटाया जाता है, तो संख्याओं का अनुपात ज्ञात करें।

[SSC Constable (GD), 2019]

A. 5 : 6 **B.** 4 : 5 **C.** 3 : 4 **D.** 5 : 8

Q.22 $3\frac{1}{4}$ वर्षों के लिए प्रति वर्ष 14% की दर से किसी राशि पर साधारण ब्याज ₹3731 है। पहले की दर से आधी दर पर $5\frac{1}{2}$ वर्षों के लिए उसी राशि पर प्राप्त मिश्रधन क्या होगा?

A. ₹11931 **B.** ₹11913 **C.** ₹11537 **D.** ₹11357

Q.23 एक समूह में एक निश्चित संख्या में व्यक्तियों की औसत लंबाई 155.5 सेमी है। बाद में, 154.6 सेमी, 158.4 सेमी, 152.2 सेमी और 153.8 सेमी की लंबाई के 4 व्यक्तियों ने समूह छोड़ दिया। परिणामस्वरूप शेष व्यक्तियों की औसत लंबाई में 0.15 सेमी की वृद्धि हो जाती है। समूह में प्रारंभ में व्यक्तियों की संख्या कितनी थी?

[SSC Constable (GD), 2019]

A. 18 **B.** 20 **C.** 22 **D.** 24

Q.24 यदि $\log 2 = 0.3010$ और $\log 3 = 0.4771,$ तो, $\log_5 512$ का मान होगा:

A. 2.870 **B.** 2.967 **C.** 3.876 **D.** 3.912

Q.25 $\frac{\log\sqrt{8}}{\log 8}$ का मान होगा:

A. $\frac{1}{6}$ **B.** $\frac{1}{4}$ **C.** $\frac{1}{2}$ **D.** $\frac{1}{8}$

Q.26 यदि $\log 27 = 1.431,$ तो, $\log 9$ का मान होगा:

A. 0.934 **B.** 0.954 **C.** 0.945 **D.** 0.958

Q.27 A, B और C ने 1800 रु में एक काम पूरा किया। A ने 6 दिन, B ने 4 दिन और C ने 9 दिन काम किया। यदि उनकी दैनिक मजदूरी 5 : 6 : 4 के अनुपात में है, तो A को कितनी राशि मिलेगी?

A. 600 रु **B.** 750 रु **C.** 800 रु **D.** 900 रु

Q.28 A काम को 18 दिनों में पूरा कर सकता है और B वही काम 15 दिनों में कर सकता है। B ने 10 दिनों तक काम किया और काम छोड़ दिया। A अकेला शेष कार्य कितने दिनों में पूरा कर सकता है?

A. 5 **B.** $5\frac{1}{2}$ **C.** 6 **D.** 8

Q.29 यदि $a = 0.1039$ तो, $\sqrt{4a^2 - 4a + 1} + 3a$ का मान होगा:

A. 0.1039 **B.** 0.2078 **C.** 1.1039 **D.** 2.1039

Q.30 समीकरण $\frac{4050}{\sqrt{x}} = 450,$ में x का मान क्या है?

A. 81 **B.** 49 **C.** 9 **D.** 100

Reasoning and Logical Deduction

Q.31 वर्गाकार पारदर्शी शीट 'X' पर दिया गया स्वरूप बिंदीदार रेखा पर शीट को मोड़े जाने पर किस प्रकार दिखाई देगा?

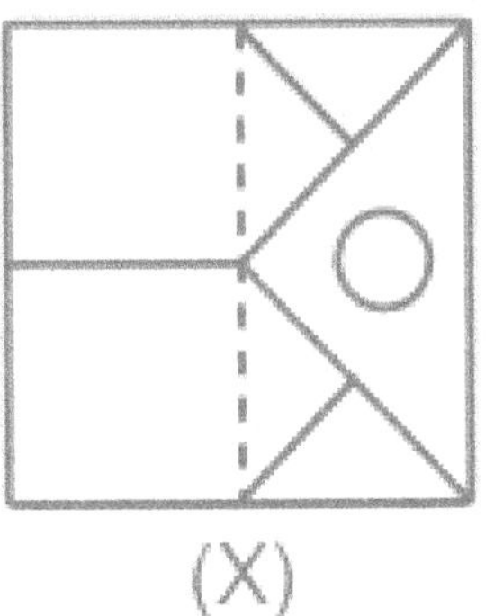

(X)

[SSC Constable (GD), 2019]

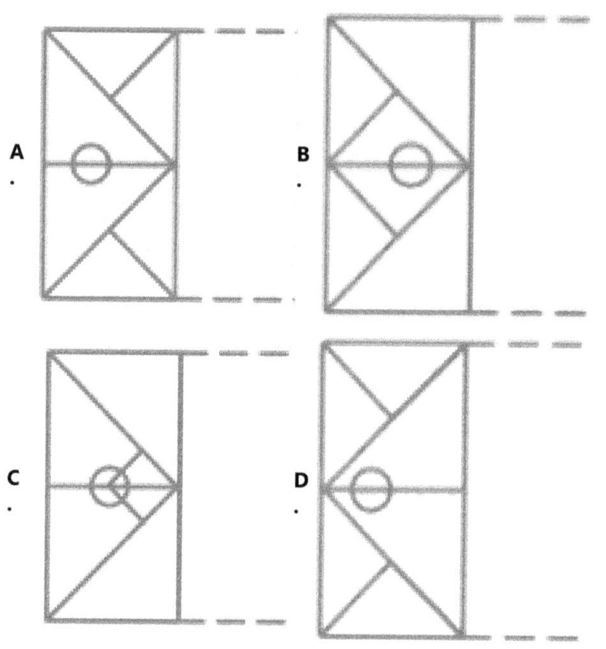

Q.32 चार शब्द दिए गए हैं, जिनमें से तीन किसी तरह से समान हैं, जबकि एक अलग है। विषम का चयन कीजिए।

[SSC Constable (GD), 2019]

A. हर्ष **B.** भय **C.** क्रोध **D.** शांत

Q.33 नीचे दिए गए प्रश्न में, दो कथन और उसके बाद I और II से अंकित दो निष्कर्ष दिए गए हैं। आपको दिए गए कथनों को सत्य मानना है भले ही वे ज्ञात तथ्यों से अलग प्रतीत होते हों। निर्णय कीजिए कि कौन-सा निष्कर्ष ज्ञात तथ्यों को नजरंदाज करने पर कथनों का तार्किक रूप से अनुसरण करता है।

कथन:

1. कुछ पुष्प सफेद हैं।
2. कुछ सफेद गोल हैं।

निष्कर्ष:

I. कुछ पुष्प गोल हैं।

II. प्रत्येक गोल या तो सफ़ेद है या पुष्प है।

A. केवल निष्कर्ष II अनुसरण करता है

B. दोनों निष्कर्ष I और II अनुसरण करते हैं

C. केवल निष्कर्ष I अनुसरण करता है

D. न तो निष्कर्ष I और न ही II अनुसरण करता है

Q.34 यदि एक कूट भाषा में, HEAD = 4158 और PASTE = 52019116 है, तब TRICK = ?

[SSC Constable (GD), 2019]

A. 11391820 **B.** 31191820

C. 11391718 **D.** 11932018

Q.35 भोर, सांझ से उसी प्रकार संबंधित है, जैसे उद्घाटन संबंधित है:

[SSC Constable (GD), 2019]

A. मिलना **B.** विदाई **C.** निष्कर्ष **D.** निमंत्रण

Q.36 छह घर A, B, C, D, E और F दो पंक्तियों में एक दूसरे के सम्मुख हैं और प्रत्येक पंक्ति में तीन घर हैं। F, C के विपरीत है, जो E के बाएं हैं। D, A के दाएं है। B के सम्मुख कौन-सा घर है?

[SSC Constable (GD), 2019]

A. D **B.** A **C.** C **D.** E

Q.37 निम्न आकृति की सही दर्पण छवि का चयन कीजिए जब दर्पण को दाईं ओर रखा जाता है।

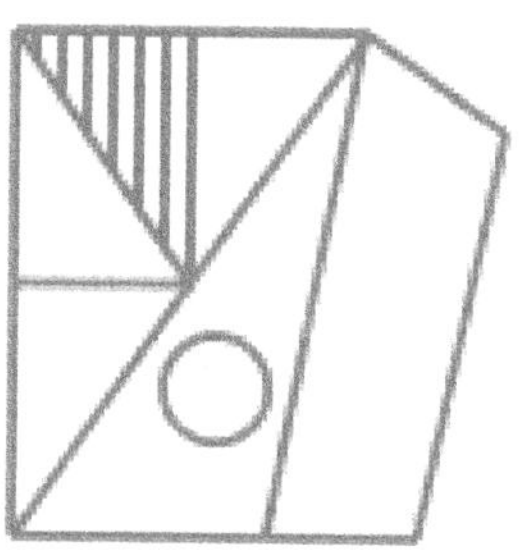

[SSC Constable (GD), 2019]

A.

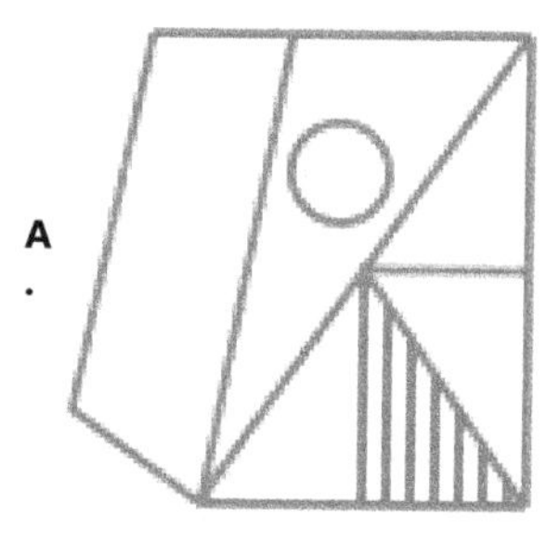

B.

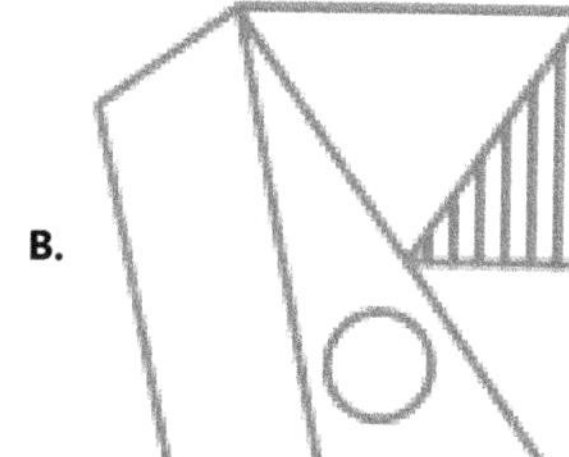

C.

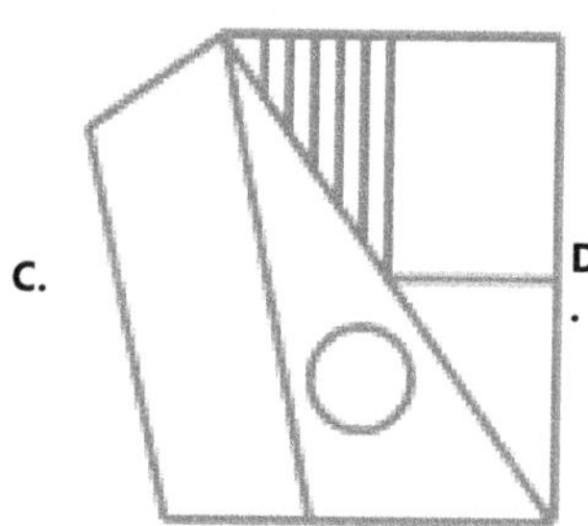

D.

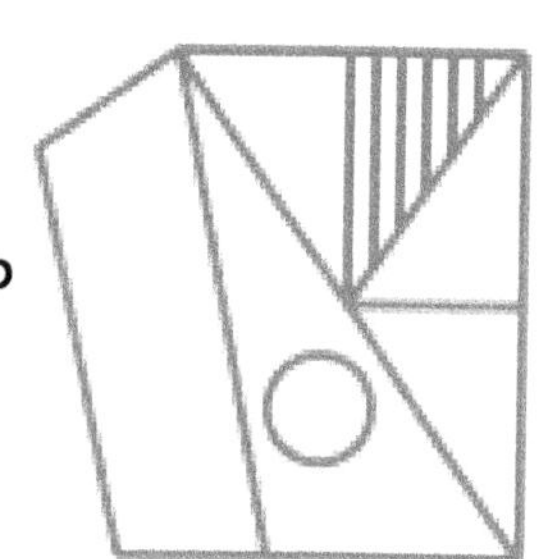

Q.38 उस सही विकल्प का चयन कीजिए जो रिक्त स्थान को भरेगा और श्रृंखला को पूर्ण करेगा।

2, 3, 4, 8, 16, 25, 52, ___

[SSC Constable (GD), 2019]

A. 114 **B.** 85 **C.** 68 **D.** 79

Q.39 विकल्पों में से उस आकृति का चयन कीजिए जो दी गई श्रृंखला में अगली आएगी।

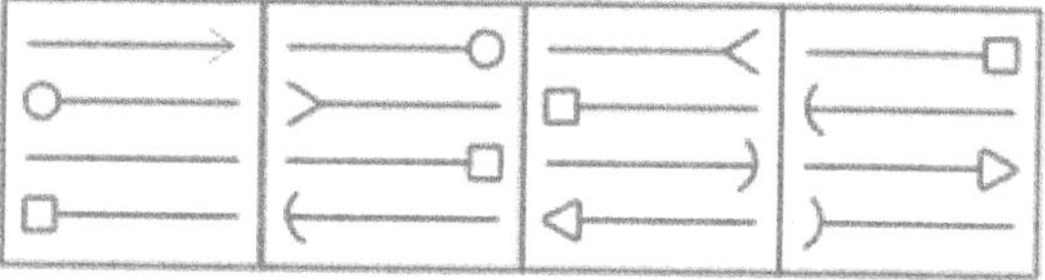

[SSC Constable (GD), 2019]

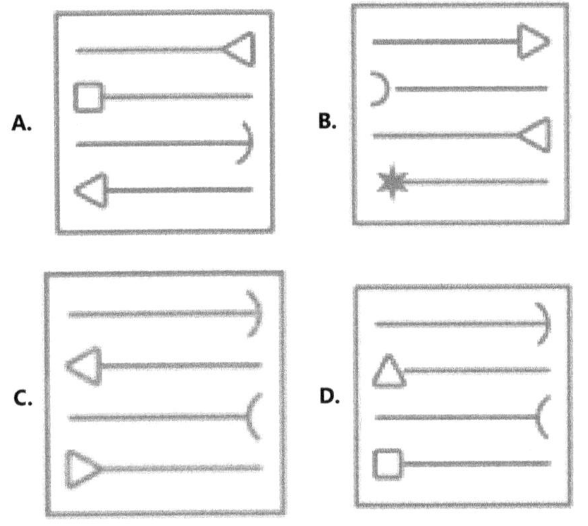

D.

Q.40 उस विकल्प का चयन कीजिए जो तीसरे पद से उसी प्रकार संबंधित है जिस प्रकार दूसरा पद पहले पद से संबंधित है।

BDFH : AFCL : : FHJL : ?

[SSC Constable (GD), 2019]

A. EIGP **B.** EJFO **C.** HFGN **D.** EJGP

Q.41 निम्न में से कौन-सा वेन आरेख वर्गों के बीच संबंधों का सही प्रतिनिधित्व करता है:

शिक्षित, माताएं, कार्यरत

[SSC Constable (GD), 2019]

A.

B.

C.

Q.42 चार संख्याएं दी गई हैं, जिनमें से तीन किसी तरह से समान हैं, जबकि एक अलग है। विषम का चयन कीजिए।

[SSC Constable (GD), 2019]

A. 84 **B.** 91 **C.** 42 **D.** 55

Q.43 यदि एक कूट भाषा में SYMPHONY को ZOPIQNZT के रूप में कूटबद्ध किया जाता है, तब THURSDAY को किस प्रकार कूटबद्ध किया जाएगा?

[SSC Constable (GD), 2019]

A. UIVSTEBZ **B.** ZBETSIVU
C. XZCRQTGS **D.** ZBETSVIU

Q.44 उस सही विकल्प का चयन कीजिए जो रिक्त स्थान को भरेगा और श्रृंखला को पूर्ण करेगा।

2, 5, 7, 12, ___, 31, 50

[SSC Constable (GD), 2019]

A. 18 **B.** 19 **C.** 25 **D.** 21

Q.45 नीचे दिए गए प्रश्न में, दो कथन और उसके बाद I, II और III से अंकित तीन निष्कर्ष दिए गए हैं। आपको दिए गए कथनों को सत्य मानना है भले ही वे ज्ञात तथ्यों से अलग प्रतीत होते हों। निर्णय कीजिए कि कौन-सा निष्कर्ष ज्ञात तथ्यों को नजरंदाज करने पर कथनों का तार्किक रूप से अनुसरण करता है।

कथन:

1. कुछ आम फल हैं।
2. सभी फल मिठाई हैं।

निष्कर्ष:

I. कुछ मिठाई आम हैं।
II. सभी मिठाई फल हैं।
III. कुछ आम न तो फल हैं और न ही मिठाई हैं।

A. केवल निष्कर्ष I और III अनुसरण करते हैं
B. केवल निष्कर्ष II और III अनुसरण करते हैं
C. केवल निष्कर्ष I और II अनुसरण करते हैं
D. केवल निष्कर्ष I अनुसरण करता है

Q.46 उस विकल्प का चयन कीजिए जो तीसरे पद से उसी प्रकार संबंधित है जिस प्रकार दूसरा पद पहले पद से संबंधित है।

यातना : क्रूरता : : क्षमा : ?

[SSC Constable (GD), 2019]

A. शिष्टता **B.** उदारता **C.** आभार **D.** बहाना

Q.47 विकल्पों में से उस आकृति का चयन कीजिए जिसमें आकृति 'X' निहित है।

[SSC Constable (GD), 2019]

A. 

B. 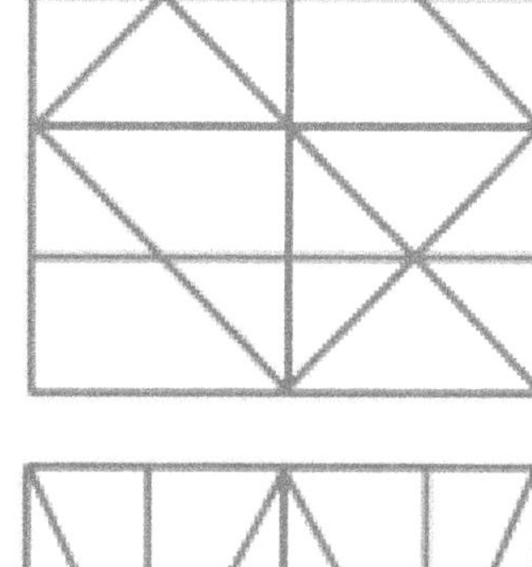

C. 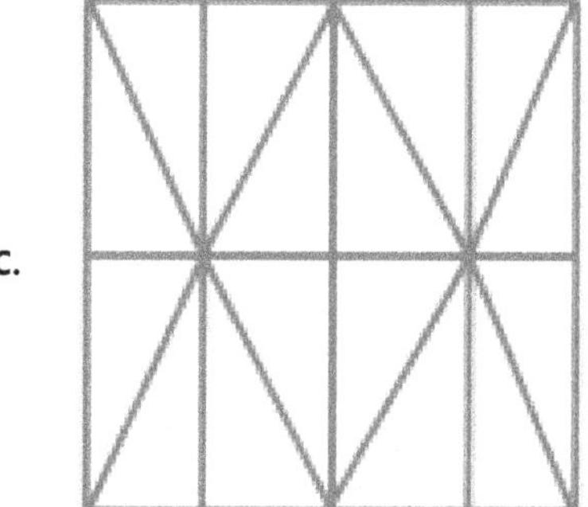

D. 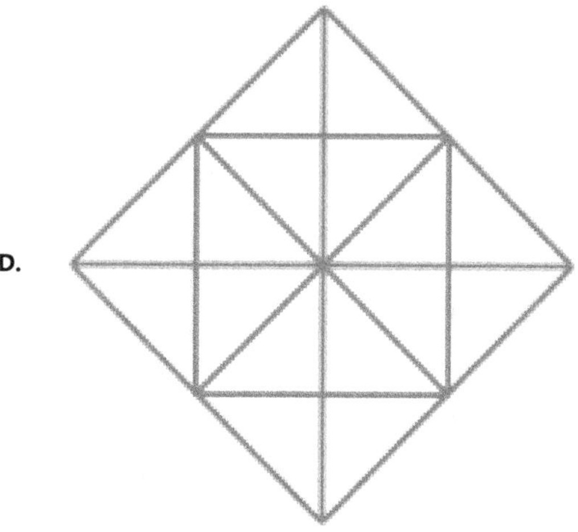

Q.48 विषम जोड़ी का चयन कीजिए।

[SSC Constable (GD), 2019]

A. 14 - 41 **B.** 17 - 52 **C.** 23 - 32 **D.** 12 - 21

Q.49 V, X, Y और Z पत्ते खेल रहे हैं। X, Y के बाएं है और V, Z के दाएं है। यदि X पश्चिम के सम्मुख है, तो V किस दिशा के सम्मुख है?

[SSC Constable (GD), 2019]

A. उत्तर **B.** दक्षिण **C.** पश्चिम **D.** पूर्व

Q.50 निम्नलिखित समीकरण को सही बनाने के लिए किन दो चिन्हों को परस्पर बदलना चाहिए?

12 + 16 ÷ 8 × 4 - 8 = 24

[SSC Constable (GD), 2019]

A. + और × **B.** × और - **C.** ÷ और × **D.** - और ÷

Q.51 निम्नलिखित चार अक्षर-समूहों में से कौन-सा एक समूह से संबंधित नहीं है?

[SSC Constable (GD), 2019]

A. CXWD **B.** FUSG **C.** DWTG **D.** BYWD

Q.52 उस सही विकल्प का चयन कीजिए जो रिक्त स्थान को भरेगा और श्रृंखला को पूर्ण करेगा।

cab, gef, ljk, rpq, ____

[SSC Constable (GD), 2019]

A. ywx **B.** yxw **C.** zxy **D.** wvu

Q.53 उस आकृति का चयन कीजिए जिसे आकृति 'X' के रिक्त स्थान में रखने पर वह स्वरूप को पूर्ण करेगी।

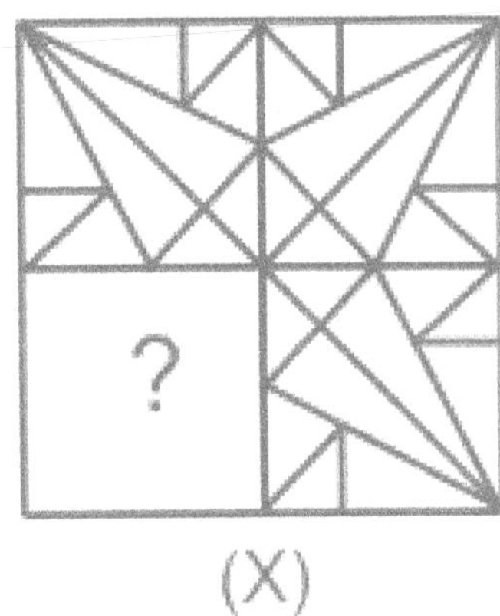

(X)

[SSC Constable (GD), 2019]

A. 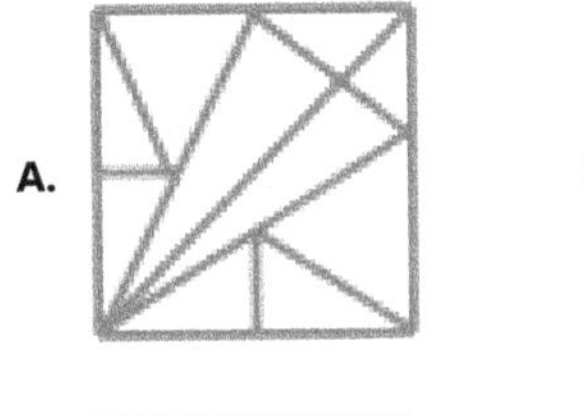

B. 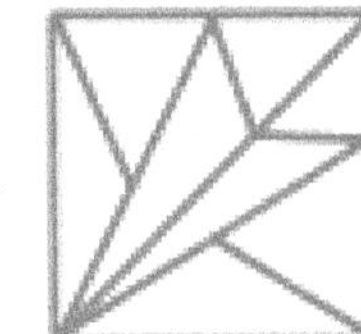

C. 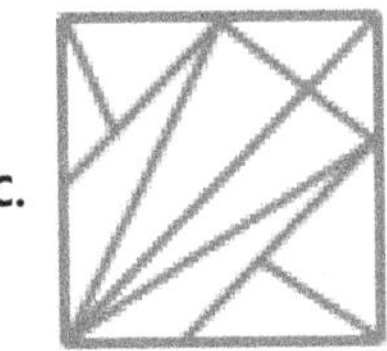

D. 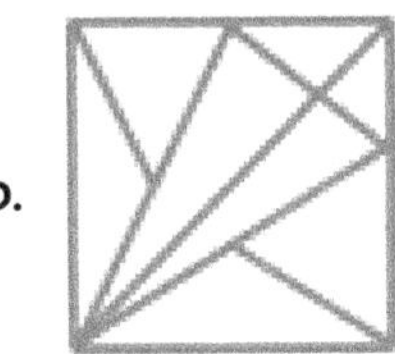

Q.54 छह वस्तुओं P, Q, R, S, T और U में, Q, R से भारी है लेकिन T से हल्की है। S, T से हल्की है लेकिन U से भारी है। P, Q से हल्की है लेकिन S से भारी है। दूसरी सबसे भारी वस्तु कौन-सी है?

[SSC Constable (GD), 2019]

A. Q **B.** T **C.** P **D.** S

Q.55 निम्नलिखित समूह में संख्याएं एक निश्चित तरीके से संबंधित हैं। उस समूह का चयन कीजिए जो निम्न समूह के समान है।

{6, 10, 8}

[SSC Constable (GD), 2019]

A. {8, 12, 9} **B.** {5, 13, 12}
C. {13, 17, 16} **D.** {3, 6, 4}

Q.56 यदि X, आमिर की माँ की बहन का पति है, तो X, आमिर से कैसे संबंधित है?

A. पिता **B.** भाई **C.** मामा **D.** भांजा

Q.57 एक लड़की की तस्वीर की ओर इशारा करते हुए नीता ने कहा, "वह मेरे पिता की इकलौती बेटी की बेटी है।" नीता लड़की से कैसे संबंधित है?

A. चाची **B.** कज़िन **C.** बहन **D.** मां

Q.58 निम्नलिखित प्रश्न में, एक कथन और उसके बाद दो धारणाएं दी गयी हैं। तय करें कि क्या धारणाएं निहित हैं या नहीं।

कथन: 5 वर्ष की आयु में बच्चे को स्कूल में रखना वांछनीय है।

धारणाएं:

I. उस उम्र में, बच्चा विकास के एक उचित स्तर तक पहुँच जाता है और सीखने के लिए तैयार होता है।

II. स्कूल छह साल की उम्र के बाद बच्चों को प्रवेश नहीं देते हैं।

A. केवल धारणा I निहित है
B. केवल धारणा II निहित है
C. या तो I या II निहित है
D. I और II दोनों निहित हैं

Q.59 दी गई श्रृंखला में लुप्त पद ज्ञात कीजिए।

1, 4, 27, 16, ?, 36, 343

A. 30 **B.** 49 **C.** 125 **D.** 81

Q.60 वह पद ज्ञात कीजिये, जो प्रश्न चिह्न के स्थान में रखने से निम्नलिखित श्रृंखला को पूरा करेगा।

CG1, DH2, EI3, FJ4, GK5, ?

A. HL6 **B.** HI6 **C.** HK6 **D.** KH6

General Knowledge & Current Affairs

Q.61 मानव विकास सूचकांक - 2016 में भारत को कितने अंकप्राप्त हुए हैं?

[UPPSC Staff Nurse, 2017], [UPSSSC Rajasva Lekhpal, 2015]

A. 0.623 **B.** 0.624 **C.** 0.625 **D.** 0.626

Q.62 अप्रैल 2022 में, संघ लोक सेवा आयोग (UPSC) के अध्यक्ष के रूप में किसे नियुक्त किया गया है?

A. विक्रम सिंह मेहता **B.** डॉ. मनोज सोनी
C. गोपाल शर्मा **D.** संजय शर्मा

Q.63 वर्ष 2022 में, रेलवे सुरक्षा बल (RPF) ने किस अभियान के तहत कथित टिकट कालाबाज़ारी करने वालों के खिलाफ एक अखिल भारतीय अभियान चलाया है?

A. ऑपरेशन उपलब्ध **B.** ऑपरेशन ताकत
C. ऑपरेशन नजर **D.** ऑपरेशन हमसफर

Q.64 किस संस्थान ने 'इंडिया डिजिटल समिट 2022' की शुरुआत की?

[UPSSSC Rajasva Lekhpal, 2015]

A. इंटरनेट एंड मोबाइल एसोसिएशन ऑफ इंडिया (आईएएमएआई)
B. भारतीय उद्योग परिसंघ (सीआईआई)
C. इलेक्ट्रॉनिक्स और आईटी मंत्रालय
D. नीति आयोग

Q.65 निम्नलिखित में से 2020 में साहित्य के लिए नोबेल पुरस्कार से सम्मानित किया गया है?

A. रिचर्ड सिकेन **B.** जोरी ग्राहम
C. शेरोन ओल्ड्स **D.** लुईस ग्लूक

Q.66 भारत के निम्नलिखित केंद्रीय मंत्रियों में से किसे वर्ष 2020 के लिए वातायन लाइफटाइम अचीवमेंट अवार्ड से सम्मानित किया गया है?

A. रमेश पोखरियाल निशंक **B.** राजनाथ सिंह
C. अमित शाह **D.** पीयूष गोयल

Q.67 'COVID क्रूसेडर अवार्ड - 2020' पाने वाला पहला भारतीय कौन है?

A. इकबाल सिंह चहल **B.** आदित्य कुमार आनंद
C. संदीप सिंह **D.** भुवन गुप्ता

Q.68 भारत रत्न के प्रथम प्राप्तकर्ता कौन थे?

A. डॉ. भगवान दास **B.** सी. राजगोपालाचारी
C. पं. जवाहर लाल नेहरू **D.** डॉ. राजेंद्र प्रसाद

Q.69 किस वैज्ञानिक/वैज्ञानिकों ने सापेक्षता का सिद्धांत प्रस्तुत किया था?

A. वॉटसन और क्रिक B. अल्बर्ट आइंस्टीन
C. चार्ल्स डार्विन D. जॉन डाल्टन

Q.70 डीएनए फिंगरप्रिंटिंग के जनक कौन थे?
A. जेम्स वाटसन B. हरगोबिंद खुराना
C. एलेक जेफ्रेयस D. निरेनबर्ग

Q.71 "लाइफ ऑफ पाई" के लेखक कौन हैं?
A. एलेनोर कैटोन B. अरविंद अडिगा
C. यॅन मार्टेल D. किरण देसाई

Q.72 "प्लेयिंग इट माय वे" निम्नलिखित में से किस व्यक्ति की आत्मकथा है?
A. युवराज सिंह
B. डा. ए. पी. जे. अब्दुल कलाम
C. नरेंद्र मोदी
D. सचिन तेंदुलकर

Q.73 "इंडिया एंड द फर्स्ट वर्ल्ड वॉर" निम्नलिखित व्यक्तियों में से किसने लिखी है?
A. जयराम रमेश B. अल्लाह सिले
C. वैदिका कांत D. मायावती

Q.74 मानव निर्मित आपदा का एक उदाहरण है:
[MPTET Paper I - Varg 3, 2012]
A. भूकंप B. सुनामी
C. रासायनिक आपदा D. भूस्खलन

Q.75 समताप मंडल में ओजोन अणुओं की कमी _______ के कारण होता है।
A. क्लोरीन यौगिक B. फ्लोरीन यौगिक
C. हलोजन यौगिक D. इनमें से कोई नहीं

Q.76 निम्नलिखित में से कौन सी बीमारी पानी के दूषित होने के कारण नहीं होता है?
A. टाइफाइड B. हेपेटाइटिस बी
C. पीलिया D. हैजा

Q.77 निम्नलिखित में से कौन पारिस्थितिक तंत्र का एक जैविक घटक नहीं है?
A. वायु B. पौधे C. जीवाणु D. जानवरों

Q.78 शाहजहाँ का सबसे बड़ा पुत्र कौन था?
A. दारा शिकोह B. औरंगजेब
C. मुराद बख्श D. शाह शुजा

Q.79 निम्नलिखित में से किस ग्रह का कोई उपग्रह नहीं है?
A. बुध B. शुक्र
C. शनि D. (A) और (B) दोनों

Q.80 निम्नलिखित ग्रहों पर विचार कीजिए।
1. शुक्र
2. बुध
3. मंगल
4. बृहस्पति

उपरोक्त में से कौन सा/से जोवियन ग्रह है/हैं?
A. केवल 1 और 2 B. केवल 2 और 4
C. केवल 4 D. केवल 2 और 3

Q.81 _____ एशियाई खेलों के लिए पहला शुभंकर था।
A. याया B. लुलु C. अप्पू D. काका

Q.82 हिमा दास किस खेल से संबंधित हैं?
A. जिमनास्टिक्स B. दौड़
C. टेबल टेनिस D. हॉकी

Q.83 किस वंश ने खजुराहो का मंदिर बनवाया था?
A. मौर्य वंश B. चंदेल वंश C. शुंग वंश D. गुप्त वंश

Q.84 इनमें से कौन भारत में प्रिंटिंग प्रेस लाया?
A. मुगल B. निज़ाम C. अंग्रेज D. पुर्तगाली

Q.85 निम्नलिखित में से किस अनुच्छेद में, समान नागरिक संहिता के प्रावधान का उल्लेख किया गया है?
A. अनुच्छेद 41 B. अनुच्छेद 44
C. अनुच्छेद 46 D. अनुच्छेद 49

Q.86 निम्नलिखित में से कौन सा भारत के संविधान के तहत एक मौलिक अधिकार नहीं है?
A. समानता का अधिकार
B. स्वतंत्रता का अधिकार
C. नागरिकता का अधिकार
D. शोषण के विरुद्ध अधिकार

Q.87 नवीन क्वांज़ा ________ की मुद्रा है।
A. क्यूबा B. अंगोला C. बहमास D. चाड

Q.88 'मोना लिसा' का प्रसिद्ध आधा लंबाई वाला चित्र ______ द्वारा एक चित्रकारी है।
A. लियोनार्डो दा विंची B. विन्सेंट वैन गो
C. एडवर्ड मंच D. पब्लो पिकासो

Q.89 रक्त का सेवन करने वाले जानवरों को कहा जाता है:
A. सर्व-भक्षक B. तृणभक्षी
C. रुधिरा आहारी D. मांसभक्षी

Q.90 इनमें से किस जानवर को रेगिस्तान के जहाज के रूप में भी जाना जाता है?
A. ऊंट B. गाय C. सिंह D. छिपकली

English Language

Ques (91-95):Direction: Read the given passage carefully and answer the question that follows.

In a letter dated April 11, more than 150 senior military veterans, including several former service chiefs, wrote a letter to the President expressing their anguish over the 'politicization' of the military. They requested him 'to take all necessary steps to urgently direct all political parties that they must forthwith desist from using the military, military uniforms or symbols, and any actions by military formations or personnel, for political purposes or to further their political agendas. Furthermore, they **castigated** political leaders for taking credit for military operations such as cross-border strikes, terming it a 'totally unacceptable practice'. The senior veterans singled out Uttar Pradesh Chief Minister Yogi Adityanath's statement calling the military 'Modi ki Sena' for special condemnation.

Using military achievements for electoral gains is dangerous. Even then-Prime Minister Indira Gandhi desisted from going down this route after the 1971 war. She did not take excessive credit for that victory despite the fact that she and her advisers' astute political and diplomatic strategies contributed **profoundly** to creating an international environment that made the victory possible.

The current political atmosphere is already vitiated by the use of communally polarising tactics, including the juxtaposition by Mr. Adityanath of 'Ali' with 'Bajrang Bali'. Exploiting India's military, so far a remarkably politically neutral force, for partisan ends adds to the already morally degraded political environment in which the elections are taking place.

Q.91 Which of the following is a suitable title for the passage?

A. Religion and politics
B. The military and Religion
C. Politics and the military
D. Respecting our political leaders

Q.92 Which of the following words is the most similar in meaning to the word 'castigated' as given in the passage?

A. Propensity **B.** Admonish
C. Impunity **D.** Vitiated

Q.93 Which of the following words is the most opposite in meaning to the word 'profoundly' as given in the passage?

A. Excessively **B.** Heaved
C. Emanate **D.** Superficially

Q.94 Which of the following can be inferred from the passage?

A. Mixing the two areas, i.e., politics and the military, does bode well for Indian democracy
B. The current political atmosphere is enhanced by the use of communally polarising tactics
C. The Indian military does not want to be exploited in the hands of politicians, adding already to the morally degraded political environment
D. Using political and military achievements for electoral gains is dangerous

Q.95 The practice of taking credit for military operations by political leaders was rebuked by ______.

A. The Indian military
B. Senior military veterans
C. Uttar Pradesh Chief Minister Yogi Adityanath
D. Indira Gandhi

Ques (96-100):Direction: Read the given passage carefully and answer the question that follows.

The Affordable Care Act (ACA), of 2010, or Obamacare, was the most monumental change in US health care policy since the passage of Medicaid and Medicare in 1965. Since its enactment, numerous claims have been made on both sides of the aisle regarding the ACA's success or failure; these views are often **colored** by political persuasion.

The ACA had 3 primary goals: increasing the number of the insured, improving the quality of care, and reducing the costs of health care. One point often lost in the discussion is the distinction between affordability and access. Health insurance is a financial mechanism for paying for health care, while access refers to the process of actually obtaining that health care. The ACA has widened the gap between providing patients the mechanism of paying for healthcare and actually receiving it.

The ACA is applauded for increasing the number of insured, quite appropriately as that has occurred for over 20 million people. Less frequently mentioned are the 6 million who have lost their insurance. Further, in terms of how health insurance is been provided, the majority of the expansion was based on Medicaid expansion, with an increase of 13 million. Consequently, the ACA hasn't worked well for the working and middle class who receive much less support, particularly those who earn more than 400% of the federal poverty level, who constitute 40% of the population and don't receive any help. As a result, exchange enrollment has been a disappointment and the percentage of workers obtaining their health benefits from their employer has decreased steadily. Access to health care has been uneven, with those on Medicaid hampered by narrow networks, while those on the exchanges or getting employer benefits have faced high out-of-pocket costs.

The second category relates to cost containment. President Obama claimed that the ACA provided significant cost containment, in that costs would have been even much higher if the ACA was not enacted. Further, he attributed cost reductions generally to the ACA, not taking into account factors such as the recession, increased out-of-pocket costs, increasing drug prices, and reduced coverage by insurers.

The final goal was the improvement in quality. The effort to improve quality has led to the creation of dozens of new agencies, boards, commissions, and other government entities. In turn, practice management and regulatory compliance costs have increased. Structurally, solo and independent practices, which lack the capability to manage these new regulatory demands, have declined. Hospital employment, with its associated increased costs, has been soaring. Despite a focus on preventive services in the management of chronic disease, only 3% of health care expenditures have been spent on preventive services while the costs of managing chronic disease continue to escalate.

The ACA is the most consequential and comprehensive health care reform enacted since Medicare. The ACA has gained a net increase in the number of individuals with insurance, primarily through Medicaid expansion. The reduction in costs is an arguable achievement, while the quality of care has seemingly not improved. Finally, access seems to have diminished.

Q.96 What is the general tone of the author in the given passage?

A. Neutral **B.** Laudatory
C. Critical **D.** Satirical

Q.97 Why did President Obama claim that the ACA provided significant cost containment while disregarding other potential factors responsible for it?

A. The ACA was the major factor that led to cost containment, the other factors were minor contributors
B. He wanted to tout ACA as a successful Act
C. He presented distorted facts to portray ACA as cost containing
D. He was obliged to do so as ACA was his brainchild

Q.98 Which of the following sums up the author's view on improvement in quality of care through ACA?

A. Its goal backfired and yielded more negative results than positive

B. The goal yielded desired results

C. The quality of care deteriorated dramatically after the enactment of the ACA

D. Though the quality of care did not improve significantly, the ACA astonishingly increased the access to health care by threefold

Q.99 Which of the following statements are not true with respect to the given passage?

A. The ACA is the most insignificant health care reform enacted since Medicare

B. The ACA has been pretty beneficial for the working and middle class

C. The ACA has bridged the gap between affordability and access

D. All of these

Q.100 Which of the following comes closest in meaning to the word 'colored' as used in the passage?

A. Interrogated **B.** Dyed

C. Interpreted **D.** Influenced

Ques (101-105):Direction: Read the given passage carefully and answer the question that follows.

After years of arguing over whether Pluto is a planet, in 2006 the International Astronomical Union (IAU) voted to remove Pluto's planetary status. Now some researchers are challenging this decision, citing the manner in which scientific tradition has dealt with the taxonomy of planets. The IAU, in 2006, designated Pluto a 'dwarf planet' along with Ceres in the asteroid belt and Xena, an object in the Kuiper belt, which is an icy ring of frozen objects that circle the solar system beyond Neptune's orbit. It was a bid to overcome sentiment and go by the scientific rationale. The meeting defined three conditions for a celestial object to be called a planet: one, it must orbit the Sun; two, it should be massive enough to acquire an approximately spherical shape; three, it has to 'clear its orbit', that is, be the object that exerts the maximum gravitational pull within its orbit. Owing to this third property, if an object ventures close to a planet's orbit, it will either collide with it and be accreted, or be ejected out. However, Pluto is affected by Neptune's gravity. It also shares its orbit with the frozen objects in the Kuiper belt. Based on this, the IAU deemed that Pluto did not 'clear its orbit'. Dwarf planets, on the other hand, need only satisfy the first two conditions.

This rationale has been questioned by Philip Metzger, a planetary physicist who has worked with the U.S. National Aeronautics and Space Administration, and others who have studied the history of classifying planets and come up with several exceptions to the third rule. In a paper published in the journal Icarus, they point out that the only work in history that used this rule to classify planets was an article by William Herschel in 1802. They also argue that this work was based on reasoning and observations that have since been disproved. However, the last argument does not build up a strong enough case to give up what is, in fact, a sensible rule. Physics has many examples where an idea was once discarded for being incorrect, and much later emerged in a different form and gained acceptance — the concept of photons, for instance. And then again, if Pluto were to be re-designated a planet, many more complications would arise. For one thing, Charon, Pluto's moon, is much too large to be called a satellite. Judging by this, the Charon-Pluto system should then rightly be called a binary planet system. This would then lead to classifying several other sets of bodies as binary planets. Recent research shows that both the Kuiper Belt and the Oort cloud, a shell of objects that surrounds the entire solar system far beyond the Kuiper belt, contain objects that can then be called planets, thereby complicating the issue. Denying planetary status to Pluto is then nothing less than a sweep of Occam's razor, and Pluto remains a dwarf planet, **albeit** an exceptional one.

Q.101 According to the passage, which of the following conditions do dwarf planets satisfy?

A. It must orbit the Sun

B. It should be massive enough to acquire an approximately spherical shape

C. It has to 'clear its orbit'

A. Both (A) and (B) **B.** Both (A) and (C)

C. (A) alone **D.** (B) alone

Q.102 Owing to which of the following reasons was the planetary status of Pluto was removed?

A. The planet is not spherical in shape.

B. The planet is affected by the gravitational forces of Jupiter.

C. It does not exert the maximum gravitational pull within its orbit.

A. Both (A) and (B) **B.** Both (B) and (C)

C. Only (B) **D.** Only (C)

Q.103 Which of the following can replace the word albeit used in the passage, keeping the context and grammar intact?

A. Wherever **B.** Whatever

C. Although **D.** Surprisingly

Q.104 Which one of the following is not one of the complications that would arise if Pluto were to be re-designated a planet?

A. The planet Neptune's gravitational force has to be reassessed

B. Kuiper Belt and the Oort cloud contain objects that can then be called planets

C. The definition of dwarf planets has to be modified

D. Both (A) and (C)

Q.105 Let's say that the author gives the title of this passage as Celestial Misfit. Which of the following words is a close synonym of the word misfit?

A. Eccentric **B.** Exorbitant

C. Empirical **D.** Rancid

Ques (106-110):Direction: Select the most appropriate option to substitute the underlined segment in the given sentence. If there is no need to substitute it, select No improvement

Q.106 It's very necessary <u>for</u> children to play outdoors because only mental development is not an overall development.

A. From B. To
C. Them D. No improvement

Q.107 Every year billions of Tulips are cultivated, a majority of which are grown and to export from Holland.

A. Have exported B. Export
C. Exported D. Had exported

Q.108 He is of the opinion that education should be made more accessible to differently abled students.

A. For the opinion B. With the opinion
C. By the opinion D. No improvement

Q.109 Reporters say that Ajith had been a genius from childhood.

A. Since B. Though C. To D. For

Q.110 Experts had say that people (adults) need at least 6 hours of sleep every night.

A. Have been saying B. Say
C. Saying D. Have say

Q.111 Select the correctly spelt word.

A. Indespensable B. Indispansable
C. Indispensable D. Indespansable

Q.112 Select the correctly spelt word.

A. Padritician B. Pediatrician
C. Pidiatrician D. Pedaitrician

Q.113 Select the correctly spelt word.

A. Ilogical B. Irreplaceable
C. Appearence D. Grammer

Q.114 Select the correctly spelt word.

A. Buraucracy B. Bureaucrasy
C. Bureucracy D. Bureaucracy

Q.115 Select the correctly spelt word.

[SSC Constable (GD), 2019]

A. Allteration B. Altaration
C. Alteration D. Alterashion

Ques (116-120):Direction: Choose the segment of the sentence that contains a grammatical error. If there is no error, mark 'No error' as your answer.

Q.116 Even though our team took the field (A)/ with great confidence, the opposition (B)/ made them eat the humble pie. (C)/ No error (D)

A. A B. B C. C D. D

Q.117 Until you begin to make better use of your time (A)/ I shall not stop (B)/ finding fault in you. (C)/ No error (D)

A. A B. B C. C D. D

Q.118 The media of films have been accepted by all (A)/ as the most powerful force (B)/ that influences the younger generation. (C)/ No error (D)

A. A B. B C. C D. D

Q.119 The scientist was seemed (A)/ to be excited (B)/ over the result of his experiment. (C)/ No error (D)

A. A B. B C. C D. D

Q.120 The universe is still (A)/ a mystery to our scientists because (B)/ it is fairly too big to explore. (C)/ No error (D)

A. A B. B C. C D. D

Ques (121-125):Direction: Select the option that conveys the meaning of the given idiom most appropriately.

Q.121 To be at one's finger's end

[Territorial Army Officer, 2017]

A. To be hopeless
B. To be highly perplexed
C. To be completely conversant with
D. To count things

Q.122 Elbow room

A. Opportunity for reconsideration
B. To give enough space to move or work in
C. Special room for the guest
D. To add a new room to the house

Q.123 Play it safe

A. Play a game peacefully
B. Play indoors
C. Play for pleasure
D. Avoid risks

Q.124 A feast for the eyes

A. A pleasing visual experience
B. A remedy for good eyesight
C. A lavish spread of food
D. A well presented but tasteless dish

Q.125 Take the high ground

A. To show arrogance
B. To act morally
C. To ridicule the lowly
D. To behave childishly

Ques (126-130):Direction: Select the most appropriate word for the given group of words.

Q.126 To try to achieve something is difficult circumstances despite setbacks

A. Persuade B. Persevere
C. Picturesque D. Perspective

Q.127 A person who forsakes religion

[Territorial Army Officer, 2017]

A. Renegade B. Apostle
C. Charlatan D. Apotheosis

Q.128 Incapable of being wiped out or effaced

A. Irrevocable B. Ineligible
C. Indelible D. Invincible

Q.129 Strong and settled dislike between two persons

A. Hatred B. Antipathy

C. Animosity
D. None of these

Q.130 Act of killing one's wife

A. Avicide
B. Uxoricide
C. Genocide
D. Canicide

Ques (131-135):Direction: In the following question, sentences of a paragraph have been jumbled and labeled as A, B, C and D. You are required to rearrange the jumbled sentences of the paragraph and mark your response accordingly by selecting the correct option.

Q.131 A: This is where their senses of touch and smell come in.

B: The sense of smell is located in the antennae or feelers which are always moving.

C: Many kinds of ants are blind, so how they find their way home?

D: These senses are of big help to them.

A. ABCD **B.** DCBA **C.** CADB **D.** BDAC

Q.132 A: Wars always give rise to patriotic feelings, however, in times of peace, they lie dormant.

B: They, rather, covertly urge society to work.

C: This does not mean they are absent.

D: After all, a good economy is also a deterrent to detrimental foreign forces so we should focus our energies on the holistic development of our nation.

A. CABD **B.** DABC **C.** BDCA **D.** ACBD

Q.133 A: When we wish to do a great thing, we cannot expect success right away.

B: The Taj Mahal in Agra did not achieve its glory all of a sudden—it took several years to be recognized as a world heritage site.

C: We should carry on our work with patience and perseverance and the recognition and appreciation will follow soon.

D: The same is true of any great achievement.

A. ABCD **B.** BDAC **C.** DCBA **D.** CABD

Q.134 A: It was a Sunday morning and, like every other Sunday, Rose Kunis was headed to work.

B: She worked as a pastor at a local church.

C: After reaching the church, she hunted for an empty spot to park her car.

D: But that was not the only thing that made her unique—she was the only female pastor in the entire country.

A. ABDC **B.** DBCA **C.** BADC **D.** ADBC

Q.135 A: Some of them have entrances decorated with flowers and trees.

B: Others have painted the interiors with soft colors.

C: Nowadays many have started to install special lights so that the customers can click wonderful pictures.

D: In order to attract and keep their customers, restaurants have tried to look as pleasing as possible.

A. DABC **B.** ACDB **C.** BDCA **D.** CABD

Ques (136-140):Direction: Fill in the blanks with the most suitable option.

Q.136 _________ infants start their first few days of life, they are able to imitate facial expressions.

A. As far as
B. As soon as
C. Through
D. As well as

Q.137 ______ part of a short-lived and laughable health kick, I had invested in a Fitbit in spring 2016.

A. At **B.** If **C.** As **D.** To

Q.138 The stadium was ______ which was good news for the organizers.

A. Packed
B. Packed in
C. Packed out
D. Packed up

Q.139 I might have come to your house ______ it was raining, but some friends dropped in, and I had to entertain them.

A. In spite
B. Even though
C. Because
D. While

Q.140 ________ you try, you will never know.

A. Unless
B. Although
C. While
D. If

Ques (141-145):Direction: A sentence with an underlined word is given below. Select the most appropriate SYNONYM for the underlined word from the given options.

Q.141 She has the habit of using <u>hackneyed</u> and redundant examples from her past even while dealing with the future generation.

A. Indifferent
B. Imaginative
C. Cliched
D. Impressive

Q.142 The <u>fundamental</u> character of an individual defines his entire life.

A. Productive
B. Essential
C. Successful
D. Effective

Q.143 Various projects for constructing new schools are under <u>implementation</u> in the region.

A. Prohibition
B. Execution
C. Discard
D. Rejection

Q.144 She is an <u>immaculate</u> soul whose presence makes all the difference.

A. Spotless
B. Excited
C. Extraordinary
D. Unparalleled

Q.145 There is a large limestone <u>quarry</u> within the borough limits.

A. Denounce
B. Victim
C. Quake
D. Excavate

Ques (146-150):Direction: A sentence with an underlined word is given below. Select the most appropriate ANTONYM for the underlined word from the given options.

Q.146 The best grades of tea are <u>expensive</u>.

A. Costly
B. High-priced
C. Cheap
D. Healthy

Q.147 They made a <u>generous</u> donation to charity.

A. Kind **B.** Meagre **C.** Plenty **D.** Comfort

Q.148 She is very sensitive to other people's feelings.

A. Feelings **B.** Serve
C. Careful **D.** Heartless

Q.149 Be humble enough to learn from your mistakes.

A. Proud **B.** Simple **C.** Plain **D.** Modest

Q.150 There were hilarious scenes when the pig ran into the shop.

A. Joyful **B.** Merry
C. Sorrowful **D.** Funny

Aptitude for Service Sector

Q.151 आप अक्सर नियुक्तियों और घटनाओं को भूल जाते हैं जो आपके लिए महत्वपूर्ण हैं। इस समस्या को ठीक करने के लिए आप निम्नलिखित में से किस उपकरण का उपयोग करेंगे?

A. कैलेंडर **B.** अलार्म घड़ी
C. कैमरा **D.** टू-डू लिस्ट

Q.152 बाजार से लौटते समय, एक व्यक्ति आपका बैग लेकर भाग जाता है। आप क्या करेंगे?

A. व्यक्ति का पीछा करने की कोशिश
B. पुलिस हेल्पलाइन पर कॉल
C. व्यक्ति के सामान्य विवरण को जानने का प्रयास
D. उपरोक्त सभी

Q.153 आपके अधीनस्थों में से एक बहाने पर छुट्टी मांगता है जिस पर आपको संदेह है। आप क्या करेंगे?

A. मामले की जांच करेंगे
B. व्यक्ति के खिलाफ अनुशासनात्मक कार्रवाई करेंगे
C. उसे छोड़ देंगे
D. उसका सामना करेंगे

Q.154 आपको अपना कार्य पूरा करने में पहले ही देर हो चुकी है। आपका सहकर्मी आपको मामले में मदद करने की पेशकश करता है। आप क्या करेंगे?

A. उसे अस्वीकार करेंगे और उसे नीचा दिखाने का प्रयास करेंगे
B. उसे स्वीकार करेंगे और उससे सीखने की कोशिश करेंगे
C. विनम्रता से अस्वीकार करेंगे
D. इस शर्त पर स्वीकार करेंगे कि उसे किसी के सामने प्रकट नहीं करनी है

Q.155 पिकनिक से वापस आते समय आप अपने समूह से अलग हो जाते हैं। अंधेरा हो रहा है और चारों ओर घना जंगल है। आप क्या करेंगे?

A. तेजी से दौड़ेंगे और जल्द से जल्द अपना रास्ता खोजने की कोशिश करेंगे
B. एक पेड़ पर चढेगे और आसपास के क्षेत्र का सर्वेक्षण करेंगे
C. ज़ोर से आवाज़ लगाएगे ताकि कोई आपको सुन सके
D. शांत रहेंगे और एक रात के लिए वहाँ रहने की तैयारी करेंगे

Q.156 यदि आपका बॉस आपके विचारों से सहमत नहीं है, तो आप क्या करेंगे?

A. इसे छोड़ देंगे क्योंकि वह आपके विचार सुनने में दिलचस्पी नहीं ले रहा
B. अपनी बात को और अधिक सुदृण बनाने के लिए समीक्षा करेंगे
C. उसे बताएगें कि इससे आपको कोई फर्क नहीं पड़ता
D. माफी मांगेंगे और बात करना बंद कर देंगे

Q.157 निम्नलिखित में से, सबसे महत्वपूर्ण बात है:

A. विशेषज्ञता **B.** आज्ञाकारिता
C. ईमानदारी **D.** निरंतर प्रयास

Q.158 आपको अपने बॉस से एक निश्चित कार्य करने का आदेश मिला, लेकिन आपको लगता है कि आपके बॉस का दृष्टिकोण गलत है। आप क्या करेंगे?

A. सौंपे गए काम को पूरा करेंगे
B. अपनी बात को विनम्रता से व्यक्त करने की कोशिश करेंगे
C. इसके बारे में अपने सहकर्मी से चर्चा करेंगे
D. (B) और (C) दोनों

Q.159 वित्तीय कठिनाइयों के कारण, आपके माता-पिता को आपको आगे की शिक्षा प्रायोजित करना थोड़ा मुश्किल लगता है। आप क्या करेंगे?

A. दिन के दौरान अंशकालिक नौकरी लेंगे और शाम की कक्षाओं में अध्ययन करेंगे
B. पूर्णकालिक नौकरी लेंगे और अपने माता-पिता को वित्तीय सहायता देंगे
C. उन्हें बैंक से कुछ ऋण लेने के लिए कहेंगे
D. उन्हें खर्च कम करने के लिए कहेंगे

Q.160 जब आप सड़क पर चल रहे होते हैं, तो एक बुजुर्ग अपनी साइकिल से गिर जाता है और उसका एक पैर जख्मी हो जाता है। आप क्या करेंगे?

A. पुलिस को फोन करेंगे
B. उसके रिश्तेदारों के टेलीफोन नंबर प्राप्त करेंगे
C. प्राथमिक चिकित्सा दवा और अस्पताल में भर्ती की व्यवस्था करेंगे
D. (B) और (C) दोनों

Q.161 आपको लगता है कि आप वर्तमान में जिस काम में लगे हुए हैं वह बेकार है। आप क्या करेंगे?

A. नौकरी में रुचि विकसित करने का प्रयास करेंगे
B. कुछ वीडियो गेम खेलेंगे
C. अपनी दिनचर्या बदलेंगे
D. कुछ नहीं करेंगे

Q.162 आपका दोस्त अपनी नौकरी खो देता है और वित्तीय कठिनाइयों में पड़ जाता है। आप क्या करेंगे?

A. उसे कुछ पैसे देंगे
B. उसे बार में ले जाएंगे
C. उसे खुश रहने की सलाह देंगे
D. उसे बेरोजगार लोगों की स्थितियों के बारे में बताएंगे

Q.163 एक चर्चा के दौरान, आपको एहसास होता है कि आप अपने प्रतिद्वंद्वी के समक्ष कमजोर पड़ रहे हैं। आप क्या करेंगे?

A. हार मान लेंगे
B. विषय से विचलित करेंगे
C. दृष्टिकोण में तार्किक रहेंगे
D. उसकी कमजोरियों को इंगित करेंगे

Q.164 अपनी रिपोर्ट पर काम करते हुए, आप पाते हैं कि आपने इसमें एक बड़ी गलती की है। अगली सुबह, आपको अपने कॉलेज के प्रोफेसर को रिपोर्ट जमा करनी है। आप क्या करेंगे?

A. बिना परेशानी लिए सोएंगे
B. सुधार के लिए सुबह तक छोड़ देंगे
C. रात में सुधार कर लेंगे
D. घबराना शुरू कर देंगे

Q.165 आप शुरुआत में ही अपनी कार्य योजना को विफल होते देख रहे हैं। आप क्या करेंगे?

A. हतोत्साहित नहीं होंगे और इसे किसी तरह बनाए रखेंगे
B. फिर से एक विस्तृत योजना बनाएंगे
C. इसे अपने भाग्य के रूप में स्वीकार करेंगे

D. एक विजेता की तरह कार्य करेंगे

Q.166 घर लौटते समय, आप सड़क के किनारे एक मोबाइल फोन देखते हैं जो लगातार बज रहा है। आप क्या करेंगे?

A. इसे वापस सड़क पर रख देंगे
B. कॉल उठा लेंगे
C. फोन को स्विच ऑफ कर देंगे
D. पुलिस को सूचित करेंगे

Q.167 एक मॉल की पार्किंग में, आप एक आदमी को एक बाइक पर आते देखते हैं परन्तु उसे दूसरी बाइक से निकलते देखते हैं। आपका पहला कदम क्या होगा?

A. उसकी तस्वीर लेंगे
B. ट्रैफिक पुलिस को सूचित करेंगे
C. आदमी का पीछा करेंगे
D. पार्किंग के गार्ड को सूचित करेंगे

Q.168 आपका दोस्त आपको फोन करता है और आपको बताता है कि वह अपने कार्यालय जाने के रास्ते में एक मामूली स्कूटर दुर्घटना का शिकार हो गया है जिसमें उसका स्कूटर थोड़ा क्षतिग्रस्त हो गया है। आप उसे क्या सलाह देंगे?

A. दुर्घटना की चिंता न करें और भविष्य में सावधान रहें
B. एम्बुलेंस को कॉल करने और कहीं से प्राथमिक उपचार प्राप्त करने के लिए
C. जल्द से जल्द स्कूटर की मरम्मत के लिए
D. घर वापस जाना क्योंकि यह एक बुरा शगुन है

Q.169 अपनी गली में क्रिकेट खेलते समय, आपकी गेंद गली में खड़ी कार की खिड़की से टकरा जाती है जिससे खिड़की टूट जाती है। आप क्या करेंगे?

A. क्षति का भुगतान करने के लिए पूरी टीम से पैसा इकट्ठा करेंगे
B. मौके से भाग लेंगे
C. खिड़की को बदलने के लिए सहमति देते हुए माफी मांगेंगे
D. अपने माता-पिता से खिड़की के शीशे को तोड़ने के लिए पैसे देने का अनुरोध करेंगे

Q.170 बस में यात्रा करते समय, आपको अपनी सीट के नीचे एक लावारिस सूटकेस मिलता है। आप क्या करेंगे?

A. कंडक्टर को सूचित करेंगे
B. इसे वही छोड़ देंगे
C. उसमे रखे सामान की जांच करेंगे
D. सह यात्रियों को सूचित करेंगे

Q.171 एक आदमी अचानक सड़क पर नीचे गिर जाता है, जब आप काम पर जा रहे होते हैं। जब आप उस तक पहुंचते हैं तब आपको पता चलता है कि व दिल का मरीज है। आप क्या करेंगे?

A. व्यक्ति को तुरंत अस्पताल ले जाएंगे
B. एम्बुलेंस को बुलाएंगे
C. उनके रिश्तेदारों के फोन नंबर उनसे लेने की कोशिश करेंगे
D. उसके रिश्तेदारों को बुलाएंगे और अपने काम पर चले जाएंगे

Q.172 आपकी बहन की शादी तय हो गई है, लेकिन वह उस व्यक्ति से शादी करने के लिए खुश नहीं है जो उसकी पसंद का नहीं है। आप क्या करेंगे?

A. अपनी बहन को बलिदान करने के लिए मनाएंगे
B. अपनी बहन की पसंद को अपने माता-पिता को समझाएंगे
C. उसे भाग जाने के लिए प्रोत्साहित करेंगे
D. उसे बताएंगे कि कोई भी उत्तम नहीं है, इसलिए उसे कोई और अच्छा नहीं मिल सकता

Q.173 आपको पता चलता है कि आपका सबसे अच्छा दोस्त कुछ समय से आपको धोखा दे रहा है। आपकी प्रतिक्रिया क्या होगी?

A. अपने अन्य दोस्तों को इस बारे में बताएंगे
B. उसी के समान व्यवहार करेंगे
C. उसके साथ सभी संबंधों ख़त्म कर देंगे
D. उसे बताएंगे कि आप यह बात जानते हैं

Q.174 आप जन्मदिन की पार्टी में जाते हैं, और आप एक बच्चे को जलती हुई मोमबत्ती को छूने की कोशिश करते हुए देखते हैं। आप क्या करेंगे?

A. उसके माता-पिता या अभिभावक को बताएंगे
B. उसे रोकेंगे
C. उस पर चिल्लाएंगे
D. उसे बुलाने के लिए आस पास के लोगों से उसका नाम पूछेंगे

Q.175 आपका एक मित्र आपको उसके विवाह समारोह में आमंत्रित करना भूल गया। आपको बात का बुरा लगा। आपकी प्रतिक्रिया क्या होगी?

A. उसे अपनी शुभकामनाएं भेजेंगे
B. इसकी उपेक्षा करेंगे और भूल जाएंगे और इसे एक मुद्दा नहीं बनाएंगे
C. उसे उचित समय पर निमंत्रण न भेजने का कारण पूछेंगे
D. उसके साथ सभी संबंधों को तोड़ देंगे और उससे दोबारा बात नहीं करेंगे

Q.176 ड्राइविंग करते समय, गलती से, आपने सड़क के किनारे एक सब्जी के ठेले को टक्कर मार दी। विक्रेता को भारी नुकसान होता है क्योंकि उसकी सब्जियां खराब हो जाती हैं। आप क्या करेंगे?

A. विक्रेता को बताएंगे कि जो कुछ भी हुआ वह जानबूझकर नहीं किया गया था
B. विक्रेता को डांटेंगे कि सड़क के किनारे ठेला लगाना नगरपालिका के नियमों के खिलाफ है
C. वहां से भाग जाएंगे
D. रुकेंगे और विक्रेता को उसके नुक्सान का मुआवजा देंगे

Q.177 आप एक कोर्स करने के लिए एक अकादमी में शामिल होते हैं, और कुछ दिनों के बाद, कोचिंग अधिकारी आपको बताते हैं कि कोर्स को समाप्त कर दिया गया है और आपसे अनुरोध है कि आप किसी अन्य कोर्स की सदस्यता लें। आप क्या करेंगे?

A. फैसले को अस्वीकार करेंगे और मुआवजे की मांग करेंगे
B. नए कोर्स को स्वीकार करेंगे और उसमें रुचि विकसित करने का प्रयास करेंगे
C. अनिच्छा से निर्णय को स्वीकार करेंगे
D. उपभोक्ता फोरम में शिकायत दर्ज कराएंगे

Q.178 आप एक महत्वपूर्ण परीक्षा दे रहे हैं। आपने 100 में से 99 प्रश्नों के उत्तर दिए हैं, लेकिन आप अंतिम प्रश्न नहीं हल कर पा रहे हैं। आप क्या करेंगे?

A. अपने बगल में बैठे छात्र से मदद लेंगे
B. अनुमान लगाएंगे
C. चुपचाप बैठे रहेंगे और अपने बगल में बैठे छात्र की उत्तरपुस्तिका में झाँकने का प्रयास करेंगे
D. आपके बगल में बैठे छात्र की मदद करेंगे क्योंकि वह किसी अन्य प्रश्न पर अटक गया है और बदले में प्रश्न का उत्तर मांगेंगे

Q.179 एक नदी में स्नान करते समय, आपने देखा कि आसपास के कारखानों द्वारा भारी मात्रा में अपशिष्ट उत्पादों को नदी में बहा दिया गया है। आप क्या करेंगे?

A. शहर के प्रदूषण नियंत्रण बोर्ड को शिकायत करेंगे
B. सभी को नदी में स्नान न करने की सलाह देंगे
C. प्रदूषण फैलाने वाली फैक्ट्रियों के खिलाफ विरोध प्रदर्शन के लिए एक एनजीओ को सूचित करेंगे
D. आसपास के इलाकों में रहने वाले लोगों को जिलाधिकारी से शिकायत

करने के लिए इकट्ठा करेंगे

Q.180 आपके घर में काम करते समय, एक तकनीशियन गलती से एक जीवित नग्न तार को छूता है और इससे छुटकारा पाने में असमर्थ है। आप क्या करेंगे?

A. चिकित्सक को बुलाएंगे
B. प्लास्टिक या लकड़ी से बनी किसी भी चीज से तार को हटाने का प्रयास करेंगे
C. तुरंत उसे दूर खींचने का प्रयास करेंगे
D. रबर की चप्पल पहनकर उसे खीचेंगे

Q.181 आप एक छात्रावास में रह रहे हैं और आपको पता लगता है कि आपके मेस के कार्यकर्ता भोजन बनाने के लिए गुणवत्ता वाली सामग्री का उपयोग नहीं कर रहे हैं। इस कारण से कई छात्र बीमार हो चुके हैं। आप क्या करेंगे?

A. मेस से खाना लेना बंद कर देंगे भुगतान किया जाएगा
B. इसे अपने माता-पिता के साथ साझा करेंगे
C. अपने हॉस्टल वार्डन से शिकायत करेंगे
D. जो भी आपको मिल रहा है उसे खाएंगे

Q.182 स्कूल से अपने घर लौटते समय, आपको एक नाम और पते के साथ एक सील लिफाफा दिखाई देता है और ऐसा लगता है कि इसमें स्नातक की डिग्री या पासपोर्ट हो सकता है। आप क्या करेंगे?

A. पते पर बताए गए नंबर पर कॉल करेंगे
B. इसे फाड़ देंगे ताकि कोई और इसका इस्तेमाल न कर सके
C. अपने साथ ले जाएंगे
D. इसे उसी जगह पर छोड़ देंगे

Q.183 एक मॉल में, आप एक लिफ्ट में फंस जाते हैं क्योंकि यह विद्युत दोष के कारण रुक जाती है। आप क्या करेंगे?

A. आपातकालीन नंबर डायल करने के लिए लिफ्ट में रखे फोन का उपयोग करेंगे
B. उपलब्ध फोन से यादृच्छिक संख्या डायल करेंगे
C. लिफ्ट में सभी बटन दबाना शुरू करेंगे
D. वहां शांति से प्रतीक्षा करेंगे

Q.184 आपने अपना 2 बीएचके फ्लैट एक परिवार को किराए पर दिया है, लेकिन आपको पता चलता है कि वे वहां कुछ अवैध गतिविधियों में लिप्त हैं। आप क्या करेंगे?

A. उनसे सख्ती से बात करंगे
B. उन्हें तुरंत परिसर खाली करने के लिए कहेंगे
C. किराया बढ़ा देंगे
D. पुलिस को सूचित करेंगे

Q.185 ट्रेन से यात्रा करते समय, आप एक आदमी को ट्रेन के दरवाजे से बाहर कूदने के लिए तैयार देखते हैं। आप क्या करेंगे?

A. अन्य लोगों को इसके बारे में बताएंगे
B. चुपचाप दृश्य का आनंद लेंगे
C. उसे तुरंत वापस खीचेंगे
D. रेलवे सुरक्षा बल को तुरंत बुलाएंगे

Q.186 बस से यात्रा करते समय, आपको लगता है कि आपके पीछे एक आदमी लगातार आपके करीब आने की कोशिश कर रहा है। आप क्या करेंगे?

A. उसे दूरी बनाए रखने के लिए कहेंगे
B. कंडक्टर को बताएंगे
C. उसे बस से निकालने के लिए दूसरों से कहेंगे
D. अपने क़ीमती सामान को कवर करेंगे

Q.187 आप बस से कहीं जा रहे हैं और आपको बस के अंदर इधर-उधर दौड़ते हुए एक बच्चा दिखाई दे रहा है। चूंकि सड़क बहुत उबड़-खाबड़ है, इसलिए आपको लगता है कि वह गिर सकता है और घायल हो सकता है। आप क्या करेंगे?

A. कंडक्टर को सूचित करेंगे
B. चुपचाप उसे अपने साथ बैठाएंगे
C. जब तक भीड़ व्यवस्थित नहीं हो जाती तब तक प्रतीक्षा करेंगे
D. उसके माता-पिता को जिम्मेदारी की भावना दिखाने के लिए कहेंगे

Q.188 दिवाली पर पटाखे फोड़ते समय आपके भाई का हाथ जल जाता है। आपकी तत्काल प्रतिक्रिया क्या होगी?

A. उसका हाथ पानी में डालेंगे
B. उसके हाथ पर बैंड-ऐड लगाएंगे
C. अपनी मां को बुलाएंगे
D. उसे अस्पताल ले जाएंगे

Q.189 साइकिल पर अपने शहर के पार्क के चारों ओर चक्कर लगाते समय, आपको झाड़ियों में 100 रुपये का नोट दिखाई देता है। आप क्या करेंगे?

A. इसे गरीब बच्चों को दे देंगे
B. पार्क में दूसरों से पूछेंगे कि क्या यह उनका है
C. इसे पार्क की सुरक्षाकर्मी को सौंप देंगे
D. अपने पास रख लेंगे

Q.190 आप अपने बाथरूम का नल लीक करते हुए पाते हैं और एक प्लम्बर को बुलाने के लिए रात में बहुत देर हो चुकी होती है। आप क्या करेंगे?

A. इसे स्वयं ठीक करने का प्रयास करेंगे
B. मुख्य जल आपूर्ति वाल्व बंद करेंगे
C. इसके नीचे एक बाल्टी रखेंगे
D. उस बाथरूम का उपयोग नहीं करेंगे

Q.191 सड़क पर चलते समय, आप देखते हैं कि आगे एक महिला ने गलती से अपना पर्स गिरा दिया है। आप क्या करेंगे?

A. भागेंगे और उसे इस बात की सूचना देंगे
B. उसे उठाकर अपनी जेब में रख लेंगे
C. कैश निकाल लेंगे और खाली पर्स वापस कर देंगे
D. उसे वही छोड़ देंगे

Q.192 आप अपने छात्रावास से घर जा रहे हैं और ट्रैफिक जाम में फंस गए हैं। इसके अलावा, आपके फोन की बैटरी खत्म हो चुकी है। आप क्या करेंगे?

A. एक अन्य यात्री से अनुरोध करेंगे कि वह आपको एक कॉल करने दे
B. निकटतम सामान की दुकान से एक नया चार्जर खरीदेंगे
C. अपने छात्रावास में लौट आऐंगे
D. प्रतीक्षा करेंगे और अपना समय पास करेंगे जब तक जाम साफ नहीं हो जाता

Q.193 परीक्षा देते समय, आप पाते हैं कि प्रश्नपत्र बहुत कठिन है और आप अधिक प्रश्नों का उत्तर देने में असमर्थ हैं। आप क्या करेंगे?

A. बगल में बैठे व्यक्ति से मदद मांगेंगे
B. अपना पेपर जमा करेंगे और परीक्षा हॉल छोड़ देंगे
C. आपको आने वाले प्रश्नों का ठीक से करने का प्रयास करेंगे
D. निरीक्षक से सहायता मांगेगे

Q.194 आप अपनी नोटबुक को कक्षा में लाना भूल जाते हैं और आपका शिक्षक उन छात्रों को दंडित करना शुरू कर देता है जो अपनी नोटबुक लाना भूल गए हैं। आप क्या करेंगे?

A. पीछे के दरवाजे से बाहर निकल लेंगे
B. अपने दोस्त की नोटबुक उधार ले लेंगे

C. बहाना बनाएँगे
D. अपनी गलती के लिए माफी मांग लेंगे

Q.195 बस से जाते समय, आपको बहुत प्यास लगी, लेकिन आप अपनी बोतल लाना भूल गए हैं। आप क्या करेंगे?
A. तब तक रुके रहेंगे जब तक आपका स्टॉप नहीं आ जाता
B. किसी और से कुछ पीने के लिए मांगेंगे
C. कंडक्टर को बस रोकने के लिए कहेंगे जहां आप पीने के लिए कुछ खरीद सकते हैं
D. प्यास भुझाने के लिए कुछ खा लेंगे

Q.196 आप अपने दोस्त के जन्मदिन की पार्टी में जा रहे हैं और आपके पास उसके लिए एक महंगा उपहार खरीदने के लिए पैसे नहीं हैं। आप क्या करेंगे?
A. फूल उपहार में देंगे
B. पार्टी में नहीं जाएंगे
C. अपने दोस्त से एक बहाना बना देंगे की आप पार्टी में नहीं आ सकते हैं
D. अपने दोस्त को बताएंगे कि आपने एक उपहार खरीदा था, लेकिन लाना भूल गए

Q.197 आप एक साझेदारी फर्म XYZ में हैं; आपको संदेह है कि आपका एक साथी प्रतिद्वंद्वी कंपनी के साथ कंपनी के रहस्यों को साझा कर रहा है। सहकर्मियों में से एक इस सूचना पर आपके पास पहुंचा। आप कैसे प्रतिक्रिया देंगे?
A. मुद्दे की जांच करेंगे
B. अन्य साथियों से शिकायत करेंगे
C. उसे दोषी साबित करेंगे
D. आप फर्म छोड़ देंगे

Q.198 आपने सार्वजनिक क्षेत्र के बैंक में नौकरी के लिए बैंक पीओ के लिए लिखित परीक्षा पास की है। अंतिम साक्षात्कार में, साक्षात्कारकर्ता आपसे चयन के लिए रिश्वत मांगता है। आप क्या करेंगे?
A. रिश्वत दे देंगे, क्योंकि यह एक सरकारी काम है और यह हमेशा होता है
B. व्यक्ति से बात करने इसे भाग्य के रूप में स्वीकार करेंगे और प्रस्ताव को छोड़ देंगेकी कोशिश करें और जानें कि क्या हुआ।
C. पक्षपात की शिकायत करेंगे
D. सोशल मीडिया पर पोस्ट करेंगे और वायरल करेंगे

Q.199 आप कार्यालय में काम करने में असहज महसूस करते हैं क्योंकि कार्यालय का भौतिक सेटअप उचित नहीं है। आप क्या करेंगे?
A. ऑफिस बॉयज की मदद से फिजिकल सेट अप बदलेंगे
B. इसे अनिच्छा के साथ एक तथ्य के रूप में स्वीकार करेंगे
C. इसको अपनी दैनिक बैठकों में टीम की कम उत्पादकता के एक प्रमुख कारण के रूप साझा करेंगे
D. अपने तत्काल पर्यवेक्षक के साथ अपनी चिंता साझा करेंगे

Q.200 आप एक क्रिकेट मैच देखना चाहते थे, लेकिन आपको किसी कारण से कार्यक्रम रद्द करना होगा। आप टिकट पहले ही खरीद चुके हैं। अब आप उनके साथ क्या करेंगे?
A. उन्हें ऑनलाइन नीलाम करेंगे
B. उन्हें किसी को बेच देंगे
C. उन्हें रद्द करवाएंगे
D. उन्हें फाड़ देंगे

// स्मार्ट उत्तर पुस्तिका //

सही उत्तर — उन छात्रों के प्रतिशत को इंगित करता है जिन्होंने प्रश्नों का सही उत्तर दिया था।

छोड़ दिया — उन छात्रों के प्रतिशत को इंगित करता है जिन्होंने प्रश्नों को छोड़ दिया था।

प्रश्न संख्या	उत्तर	सही उत्तर	छोड़ दिया
1	A	81.75 %	11.94 %
2	D	76.99 %	21.91 %
3	C	44.26 %	49.92 %
4	D	63.14 %	33.17 %
5	B	59.43 %	33.75 %
6	B	87.52 %	11.14 %
7	D	89.22 %	10.51 %
8	B	59.77 %	32.92 %
9	A	51.5 %	38.76 %
10	B	87.29 %	11.56 %
11	B	65.86 %	31.58 %
12	A	56.86 %	35.13 %
13	A	49.85 %	44.02 %
14	C	57.09 %	42.24 %
15	A	64.52 %	30.87 %
16	B	28.49 %	68.43 %

प्रश्न संख्या	उत्तर	सही उत्तर	छोड़ दिया
17	D	64.03 %	33.92 %
18	C	44.44 %	49.29 %
19	D	62.55 %	30.35 %
20	C	68.22 %	31.23 %
21	C	44.82 %	46.57 %
22	D	53.1 %	42.79 %
23	D	28.71 %	67.98 %
24	C	40.49 %	44.81 %
25	C	79.58 %	14.4 %
26	B	89.0 %	10.81 %
27	A	58.42 %	30.93 %
28	C	51.73 %	35.58 %
29	C	59.05 %	40.03 %
30	A	83.95 %	13.32 %
31	A	78.34 %	12.9 %
32	D	55.24 %	37.37 %

प्रश्न संख्या	उत्तर	सही उत्तर	छोड़ दिया
33	D	69.56 %	30.25 %
34	A	55.81 %	31.02 %
35	B	65.13 %	30.92 %
36	B	67.35 %	32.53 %
37	D	76.17 %	15.95 %
38	C	46.16 %	48.15 %
39	C	40.92 %	30.13 %
40	D	53.47 %	37.93 %
41	D	85.26 %	11.0 %
42	D	59.06 %	32.02 %
43	D	63.79 %	33.55 %
44	B	89.72 %	10.12 %
45	D	66.1 %	33.12 %
46	B	45.09 %	35.65 %
47	C	79.07 %	11.57 %
48	B	82.96 %	15.9 %

प्रश्न संख्या	उत्तर	सही उत्तर	छोड़ दिया
49	A	41.12 %	37.16 %
50	D	61.5 %	33.81 %
51	B	67.58 %	30.35 %
52	A	43.02 %	43.01 %
53	A	87.35 %	12.0 %
54	A	41.17 %	58.77 %
55	B	46.55 %	39.46 %
56	C	88.69 %	10.55 %
57	D	78.27 %	11.6 %
58	A	56.96 %	40.2 %
59	C	55.38 %	32.6 %
60	A	79.88 %	16.31 %
61	B	16.1 %	75.7 %
62	B	45.32 %	30.47 %
63	A	25.34 %	74.5 %
64	A	14.83 %	76.69 %

प्रश्न संख्या	उत्तर	सही उत्तर	छोड़ दिया
65	D	60.92 %	30.15 %
66	A	69.66 %	30.06 %
67	A	67.54 %	31.57 %
68	B	67.58 %	30.33 %
69	B	81.41 %	16.82 %
70	C	57.88 %	41.22 %
71	C	56.25 %	36.62 %
72	D	55.75 %	41.57 %
73	C	19.88 %	79.28 %
74	C	79.44 %	15.52 %
75	C	65.32 %	30.32 %
76	B	69.83 %	30.14 %
77	A	85.66 %	13.6 %
78	A	55.28 %	32.93 %
79	D	80.85 %	14.18 %
80	C	58.68 %	37.01 %

प्रश्न संख्या	उत्तर	सही उत्तर	छोड़ दिया
81	C	12.13 %	68.97 %
82	B	76.41 %	16.05 %
83	B	50.76 %	36.04 %
84	D	48.01 %	47.64 %
85	B	55.6 %	34.75 %
86	C	48.76 %	33.22 %
87	B	49.38 %	37.75 %
88	B	82.77 %	11.6 %
89	C	44.9 %	31.85 %
90	A	88.3 %	10.56 %
91	C	45.16 %	40.83 %
92	B	11.57 %	69.36 %
93	D	65.92 %	31.98 %
94	C	15.68 %	67.39 %
95	B	59.42 %	33.77 %
96	C	50.9 %	41.68 %

प्रश्न संख्या	उत्तर	सही उत्तर	छोड़ दिया
97	B	48.82 %	48.02 %
98	A	44.03 %	42.05 %
99	D	67.36 %	30.11 %
100	D	41.13 %	54.96 %
101	A	67.91 %	32.01 %
102	D	53.65 %	34.89 %
103	C	59.88 %	38.68 %
104	D	51.5 %	36.51 %
105	A	40.76 %	50.97 %
106	D	41.23 %	52.52 %
107	C	44.38 %	50.47 %
108	D	50.97 %	44.47 %
109	A	85.88 %	14.0 %
110	B	58.35 %	38.42 %
111	C	86.08 %	12.42 %
112	B	85.28 %	11.14 %

प्रश्न संख्या	उत्तर	सही उत्तर	छोड़ दिया
113	B	50.01 %	41.39 %
114	D	76.22 %	18.19 %
115	C	88.03 %	10.16 %
116	C	40.64 %	31.33 %
117	C	56.94 %	36.54 %
118	C	50.24 %	35.58 %
119	A	88.58 %	11.04 %
120	C	32.62 %	67.36 %
121	C	19.66 %	76.78 %
122	B	52.61 %	43.61 %
123	D	86.55 %	12.07 %
124	A	78.08 %	15.11 %
125	B	62.46 %	36.01 %
126	B	54.6 %	36.49 %
127	A	49.48 %	37.53 %
128	C	45.13 %	38.75 %

प्रश्न संख्या	उत्तर	सही उत्तर	छोड़ दिया
129	B	51.81 %	34.1 %
130	B	68.82 %	30.2 %
131	C	50.13 %	30.78 %
132	D	55.49 %	44.17 %
133	B	53.37 %	41.09 %
134	A	47.56 %	36.12 %
135	A	58.21 %	40.85 %
136	B	77.05 %	15.6 %
137	C	87.8 %	11.36 %
138	C	61.42 %	31.68 %
139	B	49.41 %	50.28 %
140	C	87.8 %	11.16 %
141	C	61.86 %	33.78 %
142	B	55.13 %	33.01 %
143	B	88.8 %	10.23 %
144	A	55.11 %	34.51 %

प्रश्न संख्या	उत्तर	सही उत्तर	छोड़ दिया
145	D	62.87 %	31.08 %
146	C	87.29 %	10.0 %
147	B	81.9 %	15.81 %
148	D	89.17 %	10.45 %
149	A	46.63 %	52.72 %
150	C	89.02 %	10.91 %
151	A	52.6 %	31.63 %
152	D	51.64 %	39.98 %
153	D	48.8 %	37.7 %
154	B	55.18 %	39.3 %
155	B	46.0 %	53.56 %
156	B	56.29 %	37.25 %
157	C	64.76 %	34.94 %
158	B	69.04 %	30.51 %
159	A	41.96 %	37.24 %
160	D	46.46 %	50.31 %

प्रश्न संख्या	उत्तर	सही उत्तर	छोड़ दिया
161	C	63.06 %	36.39 %
162	A	61.72 %	33.87 %
163	C	65.27 %	31.72 %
164	C	82.59 %	13.11 %
165	B	54.08 %	32.71 %
166	B	55.33 %	44.12 %
167	D	52.23 %	45.7 %
168	A	57.59 %	36.3 %

प्रश्न संख्या	उत्तर	सही उत्तर	छोड़ दिया
169	C	54.67 %	32.05 %
170	A	49.29 %	49.9 %
171	A	41.75 %	56.14 %
172	B	64.62 %	33.84 %
173	D	40.33 %	55.3 %
174	B	45.02 %	51.33 %
175	A	62.91 %	30.43 %
176	D	51.61 %	34.67 %

प्रश्न संख्या	उत्तर	सही उत्तर	छोड़ दिया
177	A	41.75 %	30.66 %
178	B	40.38 %	51.18 %
179	A	56.11 %	39.92 %
180	B	49.49 %	34.99 %
181	C	46.13 %	45.19 %
182	A	57.18 %	31.39 %
183	A	66.52 %	31.8 %
184	B	67.85 %	31.99 %

प्रश्न संख्या	उत्तर	सही उत्तर	छोड़ दिया
185	C	58.25 %	35.96 %
186	A	68.5 %	31.3 %
187	A	55.19 %	42.91 %
188	A	53.9 %	33.34 %
189	C	52.35 %	40.93 %
190	B	46.88 %	52.45 %
191	A	41.17 %	47.58 %
192	A	68.1 %	30.34 %

प्रश्न संख्या	उत्तर	सही उत्तर	छोड़ दिया
193	C	42.45 %	48.99 %
194	D	63.77 %	34.59 %
195	C	41.93 %	40.26 %
196	A	44.64 %	40.81 %
197	A	69.02 %	30.42 %
198	C	49.7 %	35.19 %
199	A	64.94 %	33.65 %
200	C	61.43 %	37.05 %

कार्य विश्लेषण	
औसत अंक (%)	38.62%
टॉपर्स स्कोर (%)	56.0%
आपका स्कोर	

मॉक टेस्ट 03

Numerical Ability and Analytical Aptitude

Q.1 कई आदमी अपने पालतू कुत्तों और बिल्लियों के साथ डॉग शो में भाग ले रहे हैं। यदि शो में क्रमशः सिर और पैर की संख्या 320 और 1120 है, तो कितने पालतू जानवर शो में हैं?

A. 210 **B.** 200 **C.** 240 **D.** 230

Q.2 दो अंकों की संख्या पर विचार कीजिये। संख्या और संख्या के अंकों के स्थान बदलने पर प्राप्त संख्या के बीच का अंतर 27 है। यदि दी गई संख्या के अंकों का योग 9 है, तो संख्या और संख्या के अंकों के स्थान बदलने से प्राप्त संख्या का म. स. प. ज्ञात कीजिये।

A. 6 **B.** 4 **C.** 9 **D.** 5

Q.3 दो संख्याओं का गुणनफल 4056 है और उनका अनुपात $\frac{2}{3}$ है। उनका अंतर ज्ञात कीजिए।

A. 28 **B.** 24 **C.** 22 **D.** 26

Q.4 मीरा अपनी निरंतर 9 पारियों में कुछ रन बनाती है। वह अपनी 10वीं पारी में 50 रन बनाती है और इस प्रकार उसके औसत में 4 रनों की कमी आती है। 10वीं पारी के अंत में औसत रन क्या थे?

A. 80 **B.** 94 **C.** 90 **D.** 86

Q.5 दो संख्याओं का गुणनफल 2028 है और उनका म. स. प.13 है, ऐसे युग्मों की संख्या _____ है।

A. 1 **B.** 2 **C.** 3 **D.** 4

Q.6 सीसे के एक शंक्वाकार टुकड़े की त्रिज्या 5.25 सेमी और ऊंचाई 8 सेमी है। यदि सीसे के टुकड़े को 2 सेमी ऊंचाई और 1.75 सेमी व्यास के साथ छोटे शंकु में पुनर्गठित किया जाता है, तो शंकुधारी सीसे के टुकड़े से ऐसे कितने शंकु बनाए जा सकते हैं?

A. 144 **B.** 149 **C.** 151 **D.** 154

Q.7 A और B क्रमशः 10 दिनों और 20 दिनों में एक कार्य कर सकते हैं। यदि वे वैकल्पिक दिनों में कार्य करते हैं, तो कार्य कितने दिनों में पूरा हो जाएगा।

A. 13 **B.** 14 **C.** 12 **D.** 18

Q.8 दो कारों की गति का अनुपात 4 : 3 है। यदि पहली कार 4 घंटे में 320 किमी की यात्रा करती है, तो दूसरी कार 5 घंटे में कितनी दूरी तय करेगी?

A. 400 **B.** 500 **C.** 300 **D.** 450

Q.9 यदि एक शर्ट को 30% की जगह 40% की छूट पर ख़रीदा जाता है, तो ग्राहक 15 रुपये की बचत करता है। यदि इसे 50% की छूट पर बेचा जाता है तो शर्ट का विक्रय मूल्य ज्ञात कीजिये।

A. 80 रुपये **B.** 100 रुपये **C.** 150 रुपये **D.** 75 रुपये

Q.10 एक सर्वेक्षण में, शामिल लोगों में से 70% के पास एक कार थी और सर्वेक्षण में शामिल लोगों में से 75% के पास एक टीवी था। यदि 55% के पास कार और टीवी दोनों हैं, तो उन सर्वेक्षणों में से कितने प्रतिशत के पास न तो कार है और न ही टीवी?

A. 25% **B.** 20% **C.** 10% **D.** 5%

Q.11 दूध और पानी का अनुपात 3 : 2 है। यदि 10 लीटर पानी इसमें और मिलाया जाए, तो अनुपात 4 : 3 हो जाता है। मिश्रण में दूध की मात्रा कितनी है?

A. 60 लीटर **B.** 80 लीटर **C.** 100 लीटर **D.** 120 लीटर

Q.12 रचिता द्वारा 12,000 रुपये की कुल राशि को 5% की दर से तीन साल के लिए सालाना चक्रवृद्धि पर निवेश किया गया है। तीन साल बाद उसे कितनी राशि मिलेगी?

A. रु. 10,881.50 **B.** रु. 11,981.50
C. रु. 12,881.50 **D.** रु. 13,891.50

Q.13 एक टैंक A और B पाइप द्वारा 12 मिनट और 16 मिनट क्रमशः में भरा जा सकता है. जब टैंक भरा होता है, यह केवल 8 मिनट में एक तीसरे पाइप सी द्वारा ख़ाली किया जा सकता है. यदि सभी पाइप एक ही समय में खोल दिए जाते हैं, तो टैंक कितने समय में भरा जाएगा?

A. 20 मिनट **B.** 24 मिनट **C.** 36 मिनट **D.** 48 मिनट

Q.14 एक छात्रावास में 100 छात्र हैं। उनके पास 20 दिनों के लिए पर्याप्त भोजन है। यदि 25 और छात्र समूह में शामिल होते हैं, तो भोजन कितने समय तक चलेगा?

A. 24 दिन **B.** 16 दिन **C.** 25 दिन **D.** 15 दिन

Q.15 24 सेमी × 15 सेमी × 9 सेमी विमाओं वाले एक घनाभाकार ब्लॉक को घनों की एक सटीक संख्या में काट कर रखा गया है। समान घनों की कम से कम संभव संख्या ज्ञात करें।

A. 135 **B.** 108 **C.** 120 **D.** 81

Q.16 54 किमी प्रति घंटे की रफ्तार से चलने वाली ट्रेन 14 सेकंड में एक पोल को पार करती है। 7 किमी प्रति घंटे की गति से चलने वाला आदमी स्थिर होने पर उसी ट्रेन को पार करने में कितना समय लेगा?

A. 102 सेकंड **B.** 112 सेकंड
C. 126 सेकंड **D.** 108 सेकंड

Q.17 एक नाव की गति स्थिर पानी में 9 किमी / घंटा है और धारा की गति 3 किमी / घंटा है। नाव एक ऐसी जगह पर जाती है जो 47 किमी दूर है और उसी रास्ते से लौटती है। पूरी यात्रा के दौरान नाव की औसत गति ज्ञात कीजिए।

A. 6 किमी / घंटा **B.** 12 किमी / घंटा
C. 5 किमी / घंटा **D.** 8 किमी / घंटा

Q.18 रवि, राकेश और अमित की वर्तमान औसत आयु 24 वर्ष है । 2 वर्ष पहले रवि और राकेश की औसत आयु 23 वर्ष थी और 4 वर्ष पहले रवि और अमित की औसत आयु 26 वर्ष थी । रवि की वर्तमान आयु ज्ञात करें।

A. 28 वर्ष **B.** 34 वर्ष **C.** 38 वर्ष **D.** 42 वर्ष

Q.19 चार साल पहले, चार दोस्तों की औसत आयु 21 साल थी। अब, पांचवे दोस्त के समूह में शामिल होने से, उनकी औसत आयु 24 साल हो गई। नए दोस्त की वर्तमान आयु क्या है?

A. 20 साल **B.** 16 साल **C.** 25 साल **D.** 19 साल

Q.20 एक व्यक्ति 10 किमी / घंटा की गति से $\frac{1}{4}$वीं दूरी तय करता है, अगली $\frac{1}{4}$ दूरी 20 किमी / घंटा की गति से, अगली $\frac{1}{4}$ दूरी 40 किमी / घंटा की गति से और शेष दूरी 8 किमी / घंटा की गति से तय करता है। पूरी यात्रा में व्यक्ति की औसत गति क्या है?

A. $\frac{40}{7}$ किमी / घंटा **B.** $\frac{40}{3}$ किमी / घंटा
C. $\frac{53}{5}$ किमी / घंटा **D.** $\frac{71}{3}$ किमी / घंटा

Q.21 रागिनी और राघव एक कालीन को दोनों के एकसाथ काम करने पर लिए गए समय से क्रमशः 3 दिन और 12 दिन अधिक समय में बना सकते हैं। रागिनी अकेले कालीन को कितने दिनों में बना सकती है?

A. 7 **B.** 10 **C.** 9 **D.** 18

Q.22 219 दिनों के लिए 2500 की राशि पर साधारण ब्याज ज्ञात करें यदि ब्याज की दर 5% प्रति वर्ष है।

A. 25 **B.** 50 **C.** 75 **D.** 37.5

Q.23 एक आयत की लंबाई और चौड़ाई का अनुपात 6 : 5 है और इसका क्षेत्रफल 6,750 सेमी² है। आयत की चौड़ाई और क्षेत्रफल का अनुपात ज्ञात कीजिए।

[UP Police Constable, 2019]

A. 1: 80 **B.** 1: 84 **C.** 1: 100 **D.** 1: 90

Q.24 A, B और C एक वृत्त पर तीन बिंदु इस प्रकार है कि जीवा AB और AC द्वारा केंद्र O बना आंतरिक कोणक्रमशः 110° और 130° हैं। ∠BAC का मान है:

A. 75° **B.** 70° **C.** 60° **D.** 65°

Q.25 x, y और z का औसत y, z और w के औसत से 22 अधिक है। x और w के बीच अंतर ज्ञात कीजिए।

A. 44 **B.** 88 **C.** 22 **D.** 66

Ques (26-30):निर्देश: निम्नलिखित पाई चार्ट छह अलग-अलग गांवों में घरेलू पशुओं का वितरण दर्शाता है। पाई चार्ट का अध्ययन कीजिये और दिये गये प्रश्न का उत्तर दीजिये।

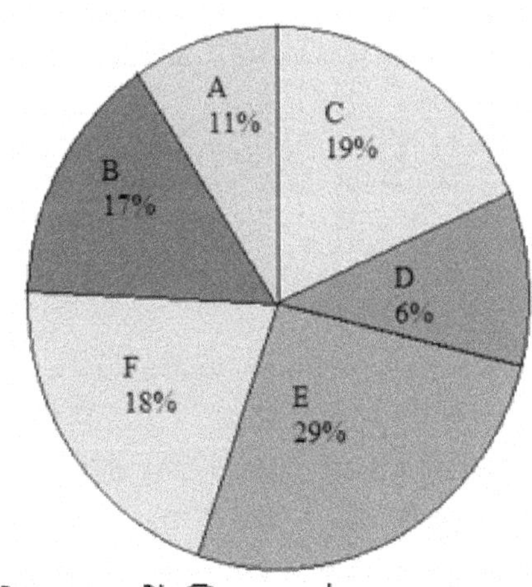

Q.26 यदि गांव F के घरेलू पशुओं की संख्या का $\frac{1}{36}$ गायें हैं और यदि प्रत्येक गाय की किमत 9600 रुपये है, तो गांव F के सभी गायों की कुल कीमत क्या होगी?

A. रु. 5.46 लाख **B.** रु. 6.14 लाख
C. रु. 6.82 लाख **D.** रु. 61.4 लाख

Q.27
गांव A, B व C के घरेलू पशुओं की कुल संख्या और गांव D, E व F के घरेलू पशुओं की कुल संख्या के बीच अंतर, किस गांव के घरेलू पशुओं की संख्या के बराबर है?

A. B **B.** C **C.** D **D.** E

Q.28
गांव A, B, D और E में घरेलू पशुओं का औसत क्या है?

A. 1824 **B.** 1960 **C.** 2016 **D.** 2134

Q.29
गांव B में घरेलू पशुओं की संख्या गांव D और E को एक-साथ मिलाकर घरेलू पशुओं की कुल संख्या का लगभग कितने प्रतिशत है?

A. 45% **B.** 49% **C.** 54% **D.** 61%

Q.30
यदि गांव C में 25% घरेलू पशुओं को दिया जाता हैं, तो गांव C में कितने घरेलू पशु शेष रहेंगे?

A. 1756 **B.** 1788 **C.** 1824 **D.** 1856

Reasoning and Logical Deduction

Ques (31-32):निर्देश: दी गई संख्या श्रृंखला में लुप्त संख्या ज्ञात कीजिए।

Q.31 101, 100, ____, 87, 71, 46

A. 88 **B.** 92 **C.** 96 **D.** 98

Q.32 16, 34, 66, 134, 266, ?

A. 530 **B.** 538 **C.** 536 **D.** 534

Q.33 यदि किसी कूट भाषा में PARTNER को 7412851 के रूप में लिखा जाता है तथा RACE को 1435 के रूप में लिखा जाता है तब उस कूट भाषा में ACCEPT को कैसे लिखा जायेगा?

A. 433572 **B.** 533572 **C.** 455572 **D.** 233574

Q.34 एक निश्चित कूट भाषा में यदि ROMANCE को PNKZLBC के रूप में लिखा जाता है तो MOUSE को किस प्रकार लिखा जायेगा?

A. KSNRC **B.** KNSCR **C.** NKSRC **D.** KNSRC

Ques (35-36):निर्देश: नीचे दिए गए प्रश्न में तीन कथन दिए गए हैं, उसके बाद दो निष्कर्ष I और II दिए गए हैं। आपको दिए गए कथनों को सत्य मानना है, भले ही वे सामान्यतः ज्ञात तथ्यों से भिन्न प्रतीत होते हों। सभी निष्कर्षों को पढ़ें और फिर तय करें कि दिए गए कथनों में से कौन-से निष्कर्ष सामान्यतः ज्ञात तथ्यों की अवहेलना करते हुए दिए गए कथनों से तार्किक रूप से अनुसरण करते हैं।

Q.35
कथन:
कुछ बॉक्स पैकेट हैं।
कुछ पैकेट टब हैं।
सभी टब डेस्क हैं।
निष्कर्ष:
I. कुछ डेस्क पैकेट हैं।
II. कुछ डेस्क बॉक्स हैं।

A. केवल निष्कर्ष I अनुसरण करता है।
B. केवल निष्कर्ष II अनुसरण करता है।
C. या तो निष्कर्ष I या II अनुसरण करता है।
D. न तो निष्कर्ष I और न ही II अनुसरण करता है।

Q.36
कथन:
सभी कुर्सियाँ कमरे हैं।
कुछ कमरे टायर हैं।
सभी टायर पहिए हैं।

निष्कर्ष:

I. कुछ पहिए कमरे हैं।

II. कुछ कमरे कुर्सियाँ हैं।

A. न तो निष्कर्ष I और न ही II अनुसरण करता है।

B. दोनों निष्कर्ष I और II अनुसरण करते हैं।

C. या तो निष्कर्ष I या II अनुसरण करता है।

D. केवल निष्कर्ष II अनुसरण करता है।

Q.37

नीचे दिए गए समीकरण में Ys को प्रतिस्थापित करने के लिए गणितीय संकेतों के सही संयोजन का चयन करें और इसे संतुलित करके।

16 Y 2 Y 3 Y 6 Y 4

A. ÷, ×, =, - **B.** ×, ÷, =, -

C. ÷, ×, =, × **D.** ×, =, -, ÷

Q.38 एक पंक्ति में, P बाईं ओर से 11वें स्थान पर खड़ा है। P और Q के बीच बारह व्यक्ति खड़े हैं। यदि पंक्ति में खड़े व्यक्तियों की संख्या P के बाईं ओर खड़े व्यक्तियों की संख्या से तीन गुना है, तो पंक्ति में दाईं ओर से Q की स्थिति क्या है?

A. 5वीं **B.** 6वीं **C.** 7वीं **D.** 9वीं

Q.39 एक पंक्ति में, तेरह लोग रश्मी के दाएँ खड़े हैं। विक्रम, रश्मि के बाएँ छठे स्थान पर खड़ा है। यदि विक्रम के बाएँ दस लोग खड़े हैं, तो पंक्ति में खड़े लोगों की कुल संख्या क्या है?

A. 28 **B.** 29 **C.** 30 **D.** 32

Q.40 निर्देश: दिए गए विकल्पों में से संबंधित शब्द का चयन कीजिए।

तस्वीर खाना : अकबर :: दहसला : ?

A. टोडरमल **B.** शेर शाह सूरी

C. जहाँगीर **D.** बाबर

Q.41 निर्देश: उस विकल्प का चयन करें जो तीसरे नंबर से उसी तरह से संबंधित है जैसे दूसरी संख्या पहले नंबर से संबंधित है।

97: 63 :: 57:?

A. 36 **B.** 12 **C.** 35 **D.** 70

Q.42 रेशमा (महिला) की ओर इशारा करते हुए ऋषि (पुरुष) ने कहा, "वह मेरे पिता के इकलौते बेटे की मां है। ऋषि का रेशमा से क्या सम्बन्ध है?

A. पुत्र **B.** पति **C.** भाई **D.** चचेरा

Q.43 दिए गए आंकड़े की सही दर्पण छवि का चयन करें जब दर्पण को आंकड़ा के दाईं ओर रखा जाता है।

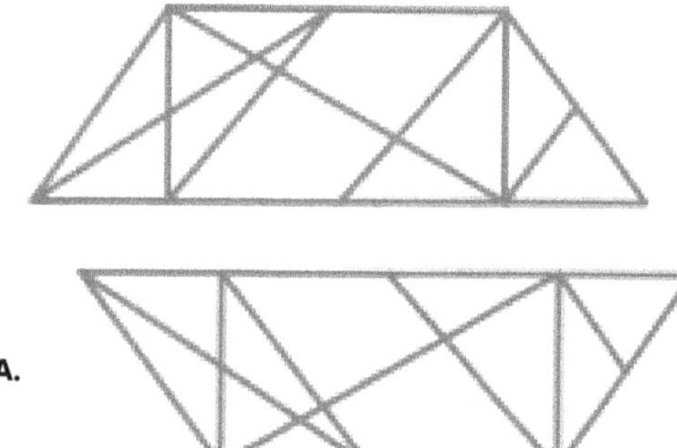

A.

B. 

C. 

D. 

Q.44 उस विकल्प का चयन करें जिसमें दिया गया आंकड़ा X एम्बेडेड / छिपा हुआ है।

A. 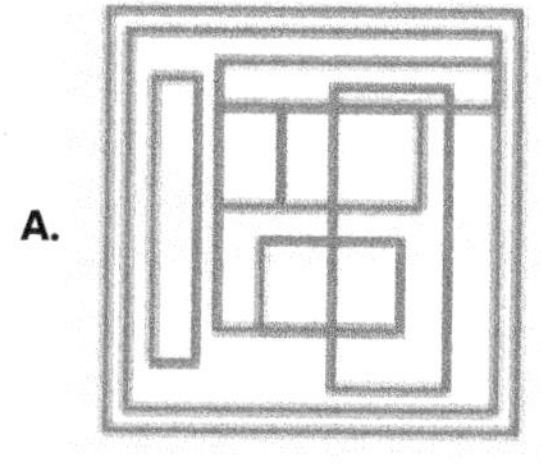

B. 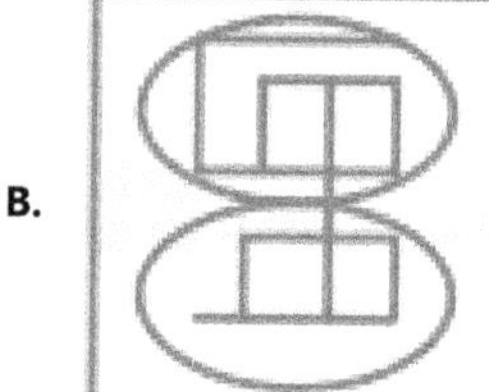

C. 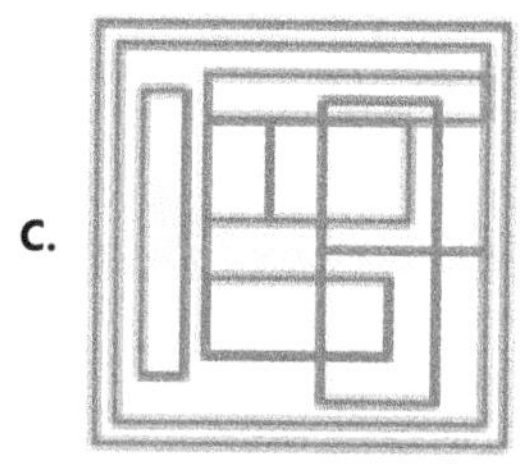

D. 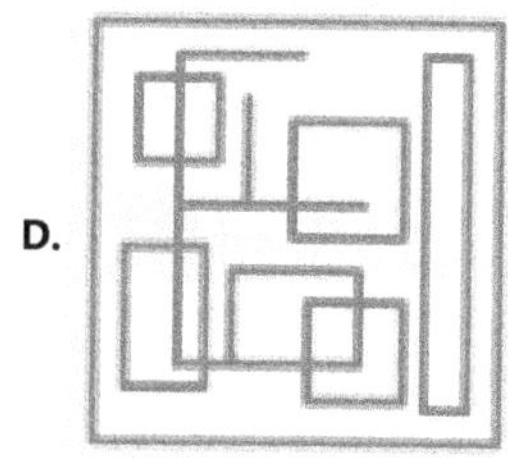

Q.45 यदि 8 × 8 × 8 = 8, 9 × 8 × 2 = 36, तो 7 × 8 × 4 = ?

A. 12 **B.** 13 **C.** 15 **D.** 14

Q.46 दिए गये विकल्पों में से बेजोड़ संख्या का चयन कीजिये।

A. (324, 18) **B.** (441, 72) **C.** (117, 81) **D.** (186, 14)

Q.47 दी गई आकृति में कितने त्रिभुज हैं?

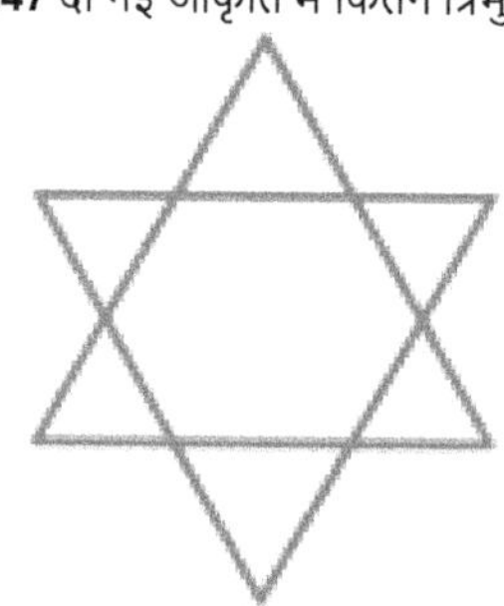

[SSC CGL, 2021]

A. 7 **B.** 8 **C.** 9 **D.** 6

Q.48 निम्न श्रृंखला एक लुप्त पद के साथ दी गई है। दिए गए विकल्पों में से सही विकल्प का चयन करके श्रृंखला को पूरा कीजिये।

C, F, J, O, U, ?

A. A **B.** F **C.** B **D.** J

Q.49 अक्षरों के संयोजन का चयन कीजिए जो कि दिए गए अक्षर श्रृंखला में क्रमानुसार अंतरालों में रखे जाने पर श्रृंखला को पूरा करेंगे।

S _ VVU _ SU _ V _ S

A. SUSV **B.** USVU **C.** USUS **D.** VSUU

Ques (50-51):निर्देश: नीचे दिए हुए प्रश्न में एक कथन के बाद दो मान्यताएँ I और II दी गयी हैं। आपको मान्यता को सत्य मानना है | आपको कथन तथा मान्यताओं पर विचार कर निर्णय लेना है कि कौन-सी मान्यताएँ, कथन में अंतर्निहित हैं |

Q.50 कथन: सरकार को सभी सूखा प्रभावित क्षेत्रों में खाद्य कार्यक्रम के लिए काम शुरू करने का निर्णय लिया गया है।

मान्यताएँ:

I. सरकार के पास सभी सूखा प्रभावित क्षेत्रों में भोजन के लिए कार्य कार्यक्रम को लागू करने की मशीनरी है।

II. कार्यक्रम को सफलतापूर्वक लागू करने के लिए स्टॉक में पर्याप्त भोजन है।

A. केवल मान्यता I अंतर्निहित है
B. केवल मान्यता II अंतर्निहित है
C. या तो मान्यता I या II अंतर्निहित है
D. दोनों मान्यताएँ I और II अंतर्निहित हैं

Q.51 कथन: कर्मचारियों द्वारा हड़ताल पर चल रहे कथन के ध्यान में रखते हुए, सरकार एक प्रभावी सामाजिक सुरक्षा कार्यक्रम में काम करने के लिए सहमत हुई है।

मान्यताएँ:

I. हड़ताली कर्मचारी घोषणा के साथ संतुष्ट नहीं हो सकता है और आंदोलन जारी रखेगा।

II. हड़ताली कर्मचारियों को तत्काल प्रभाव से अपने आंदोलन को वापस लेना चाहिए और काम शुरू करना चाहिए।

A. केवल मान्यता I अंतर्निहित है
B. केवल मान्यता II अंतर्निहित है
C. या तो मान्यता I या II अंतर्निहित है
D. न तो मान्यता I न ही II अंतर्निहित है

Q.52 अमित के पिता की माँ, संजय की माँ है और संजय की पत्नी, अक्षय के पिता की माँ की पुत्र - वधू है। अक्षय एवं अमित के बीच क्या संबंध संभावित है?

A. कजिन **B.** चाचा
C. पिता **D.** कोई संबंध नही

Q.53 अमीषा पूर्व की ओर 5 किमी चली, फिर वह दाएं मुड़ी और 5 किमी चली, उसने फिर से वह दाएं मुड़ी और 2 किमी चली। अब, वह किस दिशा में सामना कर रही है?

A. उत्तर **B.** पश्चिम **C.** दक्षिण **D.** पूर्व

Q.54 अमित उत्तर की ओर 5 किमी चला, फिर वह दाहिनी मुड़ता है और 5 किमी चला, फिर उसने दूसरा दाहिना मोड़ लिया और 3 किमी चला। अब वह किस दिशा में सामना कर रहा है?

A. दक्षिण **B.** उत्तर **C.** पश्चिम **D.** पूर्व

Q.55 निर्देश: प्रश्न आकृति की पहली इकाई के पहले चित्र का दूसरे चित्र के साथ कुछ सम्बन्ध है। इसी तरह उत्तर आकृति के एक चित्र का प्रश्न आकृति के दूसरी इकाई के दूसरे चित्र के साथ उसी तरह का सम्बन्ध है। आपको उस चित्र का पता लगाना है जो प्रश्न चिन्ह '?' के स्थान पर आएगा।

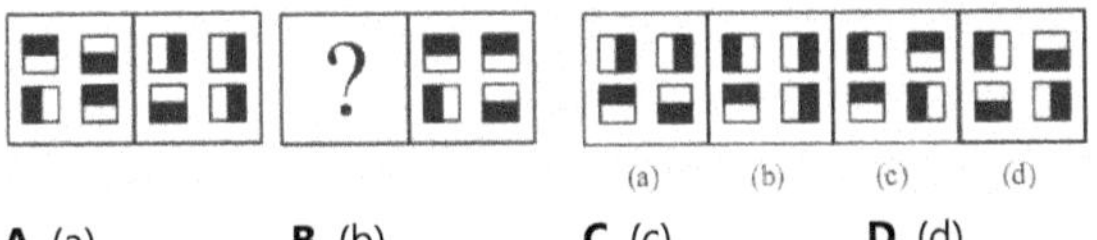

A. (a) **B.** (b) **C.** (c) **D.** (d)

Q.56 निर्देश:दिए गए चार चित्रों में से तीन किसी तरह से समान हैं तथा एक समूह बनाते हैं, जबकि एक चित्र बाकी तीन की तरह समान नहीं हैं | निम्न में से कौनसा चित्र इस समूह से सम्बंधित नहीं है?

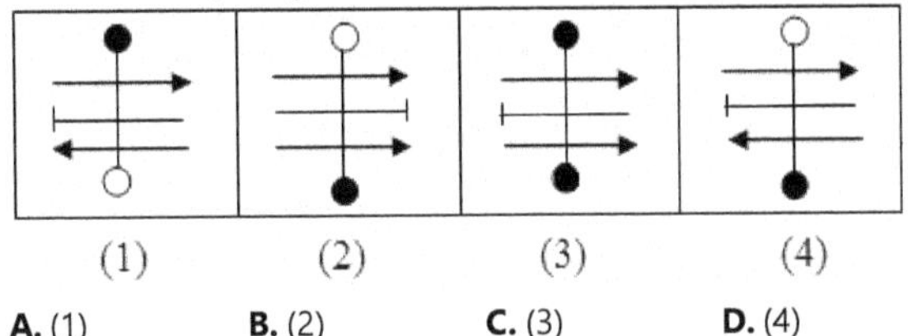

A. (1) **B.** (2) **C.** (3) **D.** (4)

Q.57 निम्नलिखित प्रश्न में, दिए गए विकल्पों में से लुप्त आकृति का पता लगाएं।

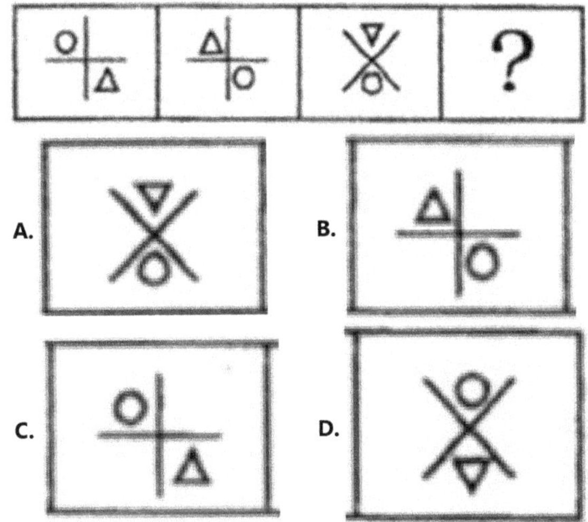

Ques (58-60):निर्देश: निम्नलिखित जानकारी को ध्यानपूर्वक पढ़ें और नीचे दिए गए प्रश्न का उत्तर दें।

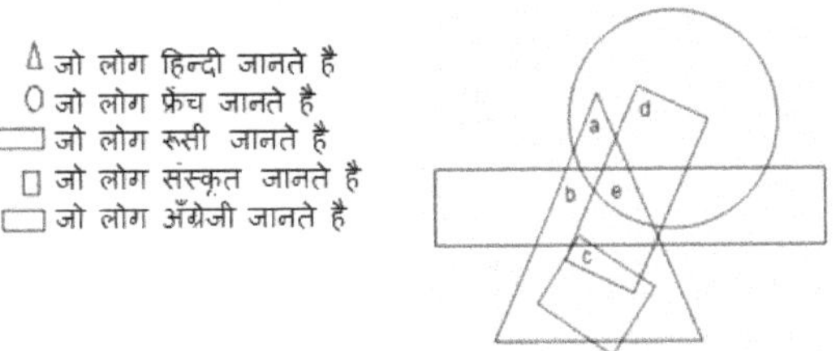

Q.58 अनुभाग 'b' उन लोगों का प्रतिनिधित्व करता है जो निम्न में से जानते हैं?

A. रूसी और अंग्रेजी **B.** फ्रेंच और अंग्रेजी
C. अंग्रेजी और हिंदी **D.** रूसी और हिन्दी

Q.59 इनमें से सच क्या है?

A. जो लोग अंग्रेजी और फ्रेंच जानते हैं, वे भी संस्कृत जानते हैं।
B. संस्कृत जानने वाले सभी लोग भी हिंदी जानते हैं।
C. जो लोग रूसी जानते हैं वे केवल दो और भाषाओं को जानते हैं।
D. जो लोग फ्रेंच और संस्कृत जानते हैं वे रूसी भी जानते हैं।

Q.60 'e' किसका प्रतिनिधित्व करता है?

A. लोग जो रूसी और फ्रेंच जानते हैं।
B. लोग जो रूसी और अंग्रेजी जानते हैं।
C. लोग जो सभी भाषाएं जानते हैं।
D. लोग जो संस्कृत को छोड़कर सभी भाषाएं जानते हैं।

General Knowledge & Current Affairs

Q.61 चैपियंस लीग 2022 के लिए सेंट पीटर्सबर्ग के प्रतिस्थापन के रूप में यूनियन ऑफ यूरोपियन फुटबॉल एसोसिएशन (यूईएफए) द्वारा किस शहर को चुना गया है?

[Delhi Forest Guard, 2021]

A. पेरिस B. ब्रसेल्स C. लंदन D. म्यूनिख

Q.62 तरकारी एक्सप्रेस बिहार के निम्नलिखित में से किस शहर से शुरू की गई थी?

A. दरभंगा B. पटना C. गया D. मुंगेर

Q.63 अंतर्राष्ट्रीय वित्तीय सेवा केंद्र प्राधिकरण (IFSCA) और __________ ने अप्रैल 2022 में एक समझौता ज्ञापन पर हस्ताक्षर किए हैं।

A. बजाज फाइनेंस लिमिटेड
B. आदित्य बिड़ला फाइनेंस लिमिटेड
C. मुथूट फाइनेंस लिमिटेड
D. GVFL लिमिटेड

Q.64 निम्नलिखित में से किसे जुलाई 2022 में भारत के 15वें राष्ट्रपति के रूप में चुना गया है?

A. निर्मला सीतारमण B. स्वाति पीरामली
C. हिमा कोहली D. द्रौपदी मुर्मू

Q.65 चाँदनी पडवो त्यौहार मुख्य रूप से कहाँ मनाया जाता है?

A. महाराष्ट्र B. गुजरात C. पंजाब D. केरल

Q.66 2020 संयुक्त राष्ट्र जनसंख्या पुरस्कार के लिए व्यक्तिगत पुरस्कार विजेता के रूप में किसे घोषित किया गया था?

A. ग्यालियम संगे चोडेन वांगचुक
B. दोरजी वांग्मो
C. सोनम देचेन वांगचुक
D. दशो जिग्मे दोरजी वांगचुक

Q.67 निम्नलिखित में से भारत अमेरिकी आपदा राहत अभ्यास का नाम है?

A. टाइगर ट्रंफ B. शक्ति
C. सिटमेक्स D. इंद्रा

Q.68 ग्लोबल इकोनॉमिक प्रॉस्पेक्ट्स _______ द्वारा प्रकाशित की जाती है।

A. विश्व आर्थिक मंच
B. अंतरराष्ट्रीय मुद्रा कोष
C. विश्व बैंक
D. संयुक्त राष्ट्र विकास कार्यक्रम

Q.69 "सभी मनुष्य मेरे बच्चे हैं", अशोक ने निम्नलिखित में से किस शिलालेख में यह प्रसिद्ध घोषणा की है?

A. पृथक कलिंग शिला प्रज्ञापक।
B. लुम्बिनी स्तंभ प्रज्ञापक
C. स्तम्भ प्रज्ञापक VII
D. लघु शिला प्रज्ञापक (अहरौरा)

Q.70 बाबर ने पश्चिम से पहली बार भारत में कहाँ प्रवेश किया?

[Territorial Army Officer, 2017]

A. कश्मीर B. सिंध C. पंजाब D. राजस्थान

Q.71 180° देशांतर को ______कहते हैं।

A. प्रधान मध्याह्न B. मानक समानताएं
C. अंतर्राष्ट्रीय तिथि रेखा D. ग्रीनविच मीन टाइम

Q.72 निम्नलिखित में से कौन-सा एक अवसादी शैल है?

A. एन्थ्रेसाइट B. ग्रेनाइट
C. क्वार्टजाइट D. इनमे से कोई नहीं

Q.73 शून्यकाल क्या है?

A. 1 a.m.
B. निद्रा के बाद उठने का समय
C. निद्रा का समय
D. संसद में प्रश्नकाल के ठीक बाद का समय

Q.74 वायरलेस टेलीग्राफी के आविष्कार / खोज से कौन जुड़ा है?

A. गुल्येल्मो मार्कोनी B. सर जोसेफ स्वान
C. विलम हरबत्त D. चार्ल्स गुडइयर

Q.75 भारत को 'आत्मनिर्भर' और 'स्व-उत्पादक' अर्थव्यवस्था बनाने के लिए किस पंचवर्षीय योजना का प्रस्ताव है?

A. दूसरी पंचवर्षीय योजना B. तीसरी पंचवर्षीय योजना
C. छठी पंचवर्षीय योजना D. सातवीं पंचवर्षीय योजना

Q.76 संयुक्त अरब अमीरात की मुद्रा क्या है?

A. दिर्हाम B. यूरो C. येन D. रूबल

Q.77 श्वसन-शोथ __________ की बीमारी है।

A. रक्त B. यकृत C. आंत D. श्वसन तंत्र

Q.78 पादप कोशिका भित्ति किससे बनी होती है?

A. सेल्यूलोज B. प्रोटीन C. काइटिन D. केराटिन

Q.79 निम्नलिखित में से कौन सा एक दृष्टिभ्रम है?

A. इंद्रधनुष B. प्रभामंडल C. मृगतृष्णा D. चांदनी

Q.80 विद्युत मोटर में:

A. ऊष्मा को विद्युत ऊर्जा में परिवर्तित किया जाता है।
B. विद्युत ऊर्जा को ऊष्मा में परिवर्तित किया जाता है।
C. विद्युत ऊर्जा को यांत्रिक ऊर्जा में परिवर्तित किया जाता है।
D. यांत्रिक ऊर्जा को विद्युत ऊर्जा में परिवर्तित किया जाता है।

Q.81 चींटी के डंक में कौन सा अम्ल होता है?

A. मेथेनोइक अम्ल B. ऑक्सालिक अम्ल
C. लैक्टिक अम्ल D. सिट्रिक अम्ल

Q.82 _______ एक वास्तविक समुद्री मछली है।

A. जेलिफ़िश B. स्टारफिश
C. सिल्वरफिश D. डॉगफ़िश

Q.83 अल्मा अता किसकी राजधानी थी?

A. कजाकिस्तान B. उज़्बेकिस्तान
C. तुर्कमेनिस्तान D. मंगोलिया

Q.84 किस फुटबॉल खिलाड़ी ने एक खेल में सबसे अधिक गोल किए हैं?

A. आर्ची थॉम्पसन B. लॉयनल मैसी
C. क्रिस्टियानो रोनाल्डो D. इनमे से कोई भी नहीं

Q.85 डॉ. ध्रुबज्योति घोष ________ से जुड़े हैं।

A. खगोल-विज्ञान B. बंगाली साहित्य
C. परिस्थितिकी D. राजनीति

Q.86 निम्नलिखित राष्ट्रीय उद्यान में से कौन सा पूरी तरह से समशीतोष्ण अल्पाइन क्षेत्र में स्थित है?

A. साइलेंट वैली राष्ट्रीय उद्यान
B. हेमिस राष्ट्रीय उद्यान
C. काजीरंगा राष्ट्रीय उद्यान
D. बनेरघट्टा राष्ट्रीय उद्यान

Q.87 निम्नलिखित में से किसने अपने अंतरराष्ट्रीय करियर में सबसे तेज 22,000 रन पूरे किए हैं?

A. विराट कोहली **B.** के.एल. राहुल
C. रोहित शर्मा **D.** सुरेश रैना

Q.88 आईसीएओ परिषद के अध्यक्ष कौन हैं?

A. अरविन्द सिंह
B. साल्वाटोर स्कियाचेतानो
C. अरुण कुमार
D. डॉ. फेंग लियू

Q.89 शासन के बढ़ते स्तर के आधार पर निम्नलिखित में से कौन सा क्रम सही है?

I. पंचायत समिति
II. जिला परिषद
III. ग्राम सभा

A. I < II < III **B.** III < I < II
C. I < III < II **D.** II < I < III

Q.90 राज्य के महाधिवक्ता को _______ द्वारा नियुक्त किया जाता है।

A. भारत के राष्ट्रपति
B. उस राज्य के राज्यपाल
C. उस राज्य के उच्च न्यायालय के मुख्य न्यायाधीश
D. उस राज्य के मुख्यमंत्री

English Language

Ques (91-95):Direction: Select the word that most closely defines the word given in bold letters.

Q.91 ABYSMAL

A. Superb **B.** Appalling
C. Mild **D.** Energetic

Q.92 KNELL

A. Kneeling cushion **B.** Tolling of bell
C. Worship **D.** Despair

Q.93 MOOT

A. Indisputable **B.** Ugly
C. Debatable **D.** Spiritless

Q.94 JAGGED

A. Notched **B.** Smooth
C. Placid **D.** Unwrinkled

Q.95 LABYRINTH

A. Maze **B.** Tunnel **C.** Temple **D.** Tomb

Ques (96-100):Direction: Select the word that is antonymous to the word given in bold letters.

Q.96 MEASLY

A. Healthy **B.** Abundant
C. Serious **D.** Creative

Q.97 LANGUID

A. Earnest **B.** Unhurried
C. Laconic **D.** Exuberant

Q.98 SACRILEGE

A. Sanctitude **B.** Kibosh
C. Impiety **D.** Profanity

Q.99 SUBLIME

A. Lofty **B.** Lowly **C.** Insolent **D.** Prodigal

Q.100 PLASTICITY

A. Solidity **B.** Contiguity
C. Stasis **D.** Rigidity

Ques (101-105):Direction: Read the sentence to find out whether there is any grammatical error in it. The error, if any, will be in one part of the sentence. The number of that part is the answer. If there is no error, the answer is (D).

Q.101 All were doing (A) their work, as I went to (B) the market by myself. (C) No error (D)

A. (A) **B.** (B) **C.** (C) **D.** (D)

Q.102 Rose, like other flowers (A) that have medicinal qualities, (B) are also useful for making perfumes. (C) No error (D)

A. (A) **B.** (B) **C.** (C) **D.** (D)

Q.103 The highest we go (A) the cooler it is (B) at the hill stations. (C) No error (D)

A. (A) **B.** (B) **C.** (C) **D.** (D)

Q.104 All the good dancers (A) has participated in (B) the cheer leading squad. (C) No error (D)

A. (A) **B.** (B) **C.** (C) **D.** (D)

Q.105 The stars shine during (A) the day also, but we cannot (B) see them with the naked eye. (C) No error (D)

A. (A) **B.** (B) **C.** (C) **D.** (D)

Ques (106-110):Direction: Select the best meaning of the given phrase/idiom.

Q.106 Out of the frying pan into the fire

A. Fruitless search
B. A nuisance
C. From bad position to worse
D. None of these

Q.107 A bone of contention

A. Evil-mannered **B.** Delay
C. Very slow **D.** An issue of quarrel

Q.108 As dead as a dodo

A. Exhausted **B.** Very old
C. Obsolete **D.** Behind time

Q.109 To chew the cud

A. To cut the end
B. To think deeply

C. To be annoyed
D. To start something new

Q.110 To take the bull by the horns
A. To punish a person severely for his arrogance
B. To grapple courageously with a difficulty that lies in one's way
C. To escape from a fierce attack
D. To bypass the legal process and take action according to one's own whims

Ques (111-115):Direction: Sentences of a paragraph are given below in jumbled order. Arrange the sentences in the right order to form a meaningful and coherent paragraph.

Q.111 A. While the leaders of an oligarchy need not be rich to command control.

B. Thus, plutocracies are always oligarchies, but oligarchies are not always plutocracies.

C. The terms oligarchy and plutocracy are often confused.

D. The leaders of plutocracy are always wealthy.

A. DCAB **B.** CDAB **C.** ADCB **D.** CBAD

Q.112 A. It is seen as a solution for over-burdened shelters that cannot provide individual attention to rescued and vulnerable animals.

B. Fostering is becoming increasingly popular across the world.

C. Thus, Foster parents provide space for the vulnerable animal in their homes and administer special care if necessary.

D. It's also an opportunity for a person to enjoy all the benefits of keeping a companion animal when he/she is not in a position to adopt one.

A. BADC **B.** ABDC **C.** DABC **D.** ADBC

Q.113 A: Terrace farming is a method of farming that consists of different "steps" or terraces that were developed in various places around the world.

B: This method of farming uses "steps" that are built into the side of a mountain or hill.

C: On each level, various crops are planted.

D: When it rains, instead of washing away all of the nutrients in the soil, the nutrients are carried down to the next level.

A. ABCD **B.** ACDB **C.** ABDC **D.** DCAB

Q.114 A: His grandson Shah Jahan renamed the entire city "Allahabad".

B: The city was known as Prayag before 16th-century Mughal emperor Akbar built a fort near the confluence of the Ganga and the Yamuna and named it "Allahabad".

C: The matter had caused an uproar, with the Congress and the Samajwadi Party opposing the proposal.

D: Allahabad was renamed Prayagraj in October 2018, after the state Cabinet passed a resolution.

A. BCDA **B.** BACD **C.** DBAC **D.** DCBA

Q.115 A: National Common Mobility Card (NCMC), is an inter-operable transport card conceived by the Ministry of Housing and Urban Affairs of the Government of India.

B: The transport card enables the user to pay for travel, toll duties (toll tax), retail shopping, and withdrawal money.

C: It was launched on 4 March 2019.

D: Thus, this card is beneficial for the users in every aspect.

A. ADBC **B.** ACBD **C.** ABCD **D.** BADC

Q.116 Direction: n the following question, out of the four alternatives, select the alternative which will improve the underlined part of the sentence. In case no improvement is needed, select "No improvement".

Shagun had to choose among a bicycle, a train set, and a new backpack for her birthday present.

A. between **B.** amongst
C. into **D.** No improvement

Ques (117-121):Direction: Read the passage given below and answer the questions that follow by selecting the most appropriate option.

Once upon a time, there was a good Spirit who worked selflessly for his master and mistress. With time, he got very attached to them. He loved them so much that he decided to stay with them much longer. Jealous of him, the other spirits provoked their Chief against him. The mischievous Chief ordered the Spirit to go and serve in a house in far-off Norway. Before leaving, the Spirit spoke to his Master, "I do not know for what fault I am being sent away, but to leave this place is in my destiny. However, I can fulfill three wishes of yours before I go." Without losing any time, the Master wished for riches and wealth. It was promptly fulfilled. The wealth brought along the fear of thieves, beggars, and taxes by the King. The Master lost his peace and was always worried, ill-tempered, and unhealthy. He then made his second wish, to be a simple, ordinary man again. The Spirit made him ordinary, again. The Master finally made his last wish and asked for wisdom, peace of mind, and a life free of worries.

Q.117 The other spirits were jealous of the good spirit because he:
A. was selfless
B. was happy
C. was loved by the chief
D. was the best

Q.118 The spirit thought that he had to leave the place of his master because:
A. they were angry with him
B. it was in his destiny
C. the chief had told him
D. he was selfish

Q.119 The master lost his peace after the fulfillment of his first wish because:
A. he had become rich
B. he had lost the spirit forever
C. monotony that is life
D. he had become the wealthiest person

Q.120 The master wished "peace of mind and a life free of worries" because he had understood that:
A. he could make another wish
B. a peaceful life was better than having wealth

C. he was the wealthiest
D. he wanted to live a simple life

Q.121 The word opposite in meaning to 'Provoked' is:

A. Encouraged **B.** Increased
C. Deterred **D.** Pinched

Ques (122-126):Direction: Read the passage given below and then answer the questions given below the passage.

The wisdom of Birbal was unparalleled during the reign of Emperor Akbar. But Akbar's brother-in-law was extremely jealous of him. He asked the Emperor to dispense with Birbal's services and appoint him in his place. He gave ample assurance that he would prove to be more efficient and capable than Birbal. Before Akbar could take a decision on this matter, this news reached Birbal. Being the loyal servant that he was, Birbal resigned and left. Akbar's brother-in-law was made the minister in place of Birbal. Akbar decided to test the new minister. He gave three hundred gold coins to him and said, "Spend these gold coins such that, I get a hundred gold coins here in this life; a hundred gold coins in the other world and another hundred gold coins neither here nor there."

The minister found the entire situation to be a maze of confusion and hopelessness. He spent sleepless nights worrying about how he would get himself out of this mess. Thinking in circles was making him go crazy. Eventually, on the advice of his wife, he sought Birbal's help. Birbal said, "Just give me the gold coins. I shall handle the rest." Birbal walked the streets of the city holding the bag of gold coins in his hand. He noticed a rich merchant celebrating his son's wedding. Birbal gave a hundred gold coins to him and bowed courteously saying, "Emperor Akbar sends you his good wishes and blessings for the wedding of your son. Please accept the gift he has sent." The merchant felt honored that the king had sent a special messenger with such a precious gift. He honored Birbal and gave him a large number of expensive gifts and a bag of gold coins as a return gift for the king.

Next, Birbal went to the area of the city where the poor people lived. There he bought food and clothing in exchange for a hundred gold coins and distributed them in the name of the Emperor. When he came back to town he organized a concert of music and dance. He spent a hundred gold coins on it. The next day Birbal entered Akbar's darbar and announced that he had done all that the king had asked his brother-in-law to do. The Emperor wanted to know how he had done it. Birbal repeated the sequences of all the events and then said, "The money I gave to the merchant for the wedding of his son – you have got back while on this earth. The money I spent on buying food and clothing for the poor – you will get it in the other world. The money I spent on the musical concert – you will get neither here nor there." Akbar's brother-in-law understood his mistake and resigned. Birbal got his place back.

Q.122 The word 'ample' in the passage can be best substituted by:

A. Certain **B.** Abundant
C. Stern **D.** Desperate

Q.123 Which of the following sayings aptly fits in the context?

A. A stitch in time saves nine.
B. Charity begins at home.
C. Don't unnecessarily challenge people superior to you.
D. What I keep, I lose. What I give, I get.

Q.124 Which quality of Birbal is evident from the fact that he helped a person who had tried to get him sent out?

A. Tranquility **B.** Jealousy
C. Magnanimity **D.** Repugnance

Q.125 Why did Birbal resign?

A. He was angry at the news he had heard.
B. He did not want Akbar to have to make difficult decisions.
C. He wanted to show that he was indispensable to Akbar.
D. He was hurt.

Q.126 Why did Akbar give his new minister 300 gold coins?

A. To send him on a mission
B. To tell him that it was a tough job
C. To gauge him
D. Both (A) and (C)

Ques (127-131):Direction: Read the passage and answer the following questions.

Born to Vladimir Aksyonovich Tereshkova, a sergeant in the Soviet Army, and Yelena Fyodorovna Tereshkova in Yaroslavl Oblast, Russia, on March 6, 1937, Valentina Tereshkova was the second among three children. Tereshkova's father died in the Finnish Winter War during World War II, when she was two years old. After that, her mother moved the family to Yaroslavl, seeking better employment opportunity and took up a job at the Krasny Perekop cotton mill.

Tereshkova enrolled at school in 1945 at the age of eight. In 1953, she left school and began working but continued education by correspondence courses. Later, she lived with her grandmother in Yaroslavl and worked as a trainee in a tire factory. In 1955, to help her family further, she started working as a loom operator in a nearby textile mill. During that time, she graduated from the Light Industry Technical School. Tereshkova developed an interest in parachuting quite early and trained in skydiving at the local aeroclub, making her first jump at age 22, on May 21, 1959.

While still working as a textile worker, she trained as a competitive parachutist. She also joined the local Komsomol (a Communist Youth League) in Yaroslavl and serving as its secretary in 1960 as well as in 1961. She became a member of the Communist Party in 1962. Thanks to her training in parachuting, Tereshkova was among the five women who were selected for the cosmonaut programme in 1961. After Yuri Gagarin's historic space trip, the Soviet government was keen to send women to space. Tereshkova fitted the bill despite the lack of any training for the space programme. In 1963, Tereshkova was part of a second double flight which involved handling spacecraft like Vostok 5 and Vostok 6. She attended an extensive 18-month programme wherein the candidates learned the nuances of space travel. She was chosen to pilot Vostok 6. Cosmonaut Valery Bykovsky took off on Vostok 5 on June 14, 1963, and two days later, Tereshkova too blasted off.

She logged more than 70 hours in space and made 48 orbits of the Earth. On June 19, 1963, Tereshkova's spacecraft re-entered the Earth's atmosphere and she successfully parachuted for 20,000 feet. After her tryst with space, she studied at Zhukovsky Air Force Academy. She graduated as a cosmonaut engineer and earned a doctorate in engineering. From 1966 and 1991, she remained an active member of the USSR Supreme Soviet. Tereshkova worked for Soviet Women's Committee for many years and then was a member of Supreme Soviet Presidium.

Tereshkova was honoured with the titles Hero of the Soviet Union, Order of Lenin and the Gold Star Medal. She received the United Nations Gold Medal of Peace and was made the honorary citizen of many countries.

Q.127 According to the passage, the word 'honored' refers to:

A. paid no attention to or ignored someone
B. regarded with great respect
C. a state of shame or disgrace
D. received what one deserves

Q.128 What events occurred after Tereshkova's father died?

1. her mother moved the family to Yaroslavl
2. her mother sought better employment opportunities
3. her mother took up a job at the Krasny Perekop cotton mill
4. her mother passed away soon after
5. her mother remarried

A. 1, 2 and 5 **B.** 4, 5 and 2
C. 2, 3 and 4 **D.** 1, 2 and 3

Q.129 What did Tereshkova do while living with her grandmother?

1. worked as a trainee in a tire factory
2. left her studies and started working
3. started working as a loom operator in a nearby textile mill
4. graduated from the Light Industry Technical School
5. handled spacecraft like Vostok 5 and Vostok 6

A. 2, 4 and 1 **B.** 1, 3 and 4
C. 3, 4 and 5 **D.** 3, 4 and 2

Q.130 What were some of the honours that Tereshkova received?

1. Hero of the Soviet Union Title
2. Order of Lenin
3. Nobel Prize for Aerospace
4. Silver Star Medal
5. United Nations Gold Medal of Peace

A. 3, 4 and 5 **B.** 4, 5 and 2
C. 1, 2 and 5 **D.** 2, 3 and 1

Q.131 What was the Soviet keen about after Yuri Gagarin's space trip?

A. sending women to space
B. sending animals to space
C. exploring the surface of the moon
D. setting up space stations

Ques (132-136):Direction: Choose the appropriate word that can substitute the sentence or phrase given below.

Q.132 Refrain from indulging

A. Abstain **B.** Abduct **C.** Abscond **D.** Abhor

Q.133 Growth or increase by accumulation

A. Restoration **B.** Deference
C. Detestation **D.** Accretion

Q.134 A layer of dirt at the top of the liquid

A. Scanty **B.** Scrimmage
C. Scum **D.** Scuffle

Q.135 Conduct or speech inciting to rebellion

A. Sedative **B.** Sedition
C. Sermon **D.** Seclusion

Q.136 To stay with to the end

A. See through
B. See about
C. See a person through
D. Set about

Ques (137-141):Direction: Choose the appropriate word for the blank so as to make the sentence grammatically correct.

Q.137 There _______ some people left in the areas which have been destroyed by the Tsunami attacks.

A. is **B.** has been **C.** are **D.** have

Q.138 Saurabh Ganguly, together with his team, _______ a formidable opponent on the cricket ground.

A. while present **B.** presents
C. present **D.** are presenting

Q.139 A high percentage of the population _______ supporting the policies made by the newly elected government body.

A. is **B.** are
C. have been **D.** is being

Q.140 It was a difficult task, but we brought it _______.

A. out **B.** off **C.** past **D.** up

Q.141 A crisis brings _______ the best in her.

A. out **B.** off **C.** past **D.** up

Ques (142-145):Direction: In the following question, out of the four alternatives, select the alternative which will improve the underlined part of the sentence. In case no improvement is needed, select "No improvement".

Q.142 The weather this summer is <u>as bad that</u> last year because it hasn't stopped raining for weeks.

A. as bad as **B.** as worse as
C. as worst as **D.** No improvement

Q.143 Those nets were <u>larger enough</u> to hold a good-sized salmon.

A. more large enough **B.** largest enough
C. large enough **D.** No improvement

Q.144 My brother is allergic to dogs, <u>so</u> I'm a dog lover.

A. and **B.** as well as
C. whereas **D.** No improvement

Q.145 If you <u>have warned me</u>, I would not have told your mother about that party.

A. had warn **B.** warned
C. had warned **D.** No improvement

Q.146 Choose the correctly spelled word.

A. Simanticist **B.** Semanticist
C. Simenticist **D.** Symanticist

Q.147 Choose the correctly spelled word.

A. Vaccillate **B.** Vacellete
C. Vacillate **D.** Veceeliate

Q.148 Choose the correctly spelled word.

A. Writh **B.** Writhe **C.** Writhal **D.** Wrythe

Q.149 Choose the correctly spelled word.

A. Stoicism **B.** Stoiccism
C. Stocicism **D.** Stoicesm

Q.150 Choose the correctly spelled word.

A. Acordion **B.** Aecordion
C. Accordion **D.** Acorrdion

Aptitude for Service Sector

Q.151 कंपनी में अपने अधीनस्थों के व्यवहार में आवश्यक कुछ बदलाव लाने के लिए आप क्या करेंगे?

A. उन्हें उचित तरीके से सलाह देंगे।
B. कंपनी में नए नियमों और विनियमों का प्रस्ताव रखेंगे।
C. उन्हें कंपनी से निष्कासित करेंगे।
D. इनमें से कोई नहीं

Q.152 आपके दो कर्मचारी संघर्ष-विराम में शामिल हैं और उनमें से एक ने इस्तीफा दे दिया है। इसके अलावा, वह एक सक्षम कार्मिक है। तो आप क्या करोगे?

A. आप तब तक देखभाल नहीं करेंगे जब तक कि यह आपके वेतनमान को प्रभावित न करे।
B. अन्य कर्मचारियों के दृष्टिकोण और राय का सम्मान करेंगे।
C. दोनों को बुलाकर मसले को सुलझाने की कोशिश करेंगे।
D. आप दूसरों पर काम का बोझ बढ़ाएंगे, ताकि आप संगठन के उत्पादन को बनाए रख सकें।

Q.153 आपका सबसे अच्छा दोस्त अक्सर अन्य दोस्तों के सामने आपके भारी शरीर का मज़ाक उड़ाता है। आप:

A. अपने दोस्त को अपने खुद के काम से काम रखने के लिए कहेंगे।
B. अपने दोस्त को इतना घमंडी होने के लिए डाटेंगे और उसे वापस चिढ़ाएंगे।
C. विनम्रता से अपने दोस्त को अपनी भावनाओं को चोट न पहुंचाने के लिए कहेंगे क्योंकि इससे आपको बुरा लगता है।
D. अपनी दोस्ती को खत्म करेंगे और उसे अनदेखा करना शुरू करेंगे।

Q.154 आपको ऐसे उपक्रम सौंपे गए हैं जो पूरी तरह से समयबद्ध हैं। उस बिंदु पर, आप मानते हैं कि?

A. वे आपके मन में तनाव पैदा करेंगे।
B. इस प्रकार के कार्यों को करते समय गलतियों की संभावना होती है।
C. कोई कठिनाई नहीं होगी।
D. इससे जिम्मेदारी बढ़ेगी।

Q.155 आप एक समूह के टीम लीडर हैं। आपको पता चला कि आपके समूह के दो सदस्यों के बीच कुछ समस्याएं हैं और इसलिए, समूह की गतिविधियों में ठीक से योगदान नहीं कर रहे हैं। आप करेंगे?

A. उन्हें पूरक कार्य दें, जिसमें दोनों को एक साथ काम करना होगा।
B. समूह गतिविधियों में उनके व्यवहार के लिए उन्हें दंडित करें।
C. हाथ मिलाने में उनकी मदद करने के लिए एक स्पष्ट प्रयास करें।
D. दूसरों के द्वारा किए गए कार्यों के अनुसार ठीक रहें।

Q.156 आपको एक आदर्श नेता माना जाता है। आप अपने समूह के साथ कैसे बातचीत करेंगे?

A. अपने समूह के सदस्यों को शीघ्र और स्पष्ट निर्देश दें।
B. अन्य कर्मचारियों के दृष्टिकोण और राय का सम्मान करें।
C. अधिकार के उपयोग से बचें।
D. अपनी कार्यशैली का अभ्यास करते रहें और दूसरों की राय का सम्मान न करें।

Q.157 बोर्ड ने आपके संगठन में एक हार्ड-हार्टेड सीईओ को नियुक्त किया है, जो बहुत ही अनियंत्रित है, और लोगों को उपहास करता है, और श्रमिकों को बिना किसी कारण के कार्यकर्ताओं को फटकार लगाता है। लोग घबराहट महसूस करते हैं कि वे ठीक से काम नहीं कर पा रहे हैं। वरिष्ठ एचआर के रूप में, आप करेंगे?

A. बंद दरवाजों के पीछे लोगों को अपनी कुंठाओं को बाहर निकालने की अनुमति दें।
B. सीईओ के मोर्चे का ख्याल रखें और लोगों को समझाएं कि इस सब के नीचे, वह सिर्फ संगठन के लिए सर्वश्रेष्ठ चाहते हैं।
C. स्थिति को संभालना और नौकरी बदलने का निर्णय लेना अपने लिए मुश्किल लगता है।
D. बिना किसी रुकावट के उन्हें सुनकर लोगों को शांत करने में मदद करें और समाधान के लिए आने की कोशिश करें।

Q.158 आप अपनी टीम के साथ बैठक में होते हैं जब कोई करीबी रिश्तेदार आपको अपने मोबाइल फोन पर कॉल करता रहता है। आप?

A. विनम्रता से अपने बॉस को बताएं कि आप कॉल में शामिल होंगे और कुछ मिनटों में वापस आ जाएंगे
B. कॉल डिस्कनेक्ट करते रहें और चिढ़ जाएं
C. मीटिंग चालू होने पर कॉल अटेंड करें
D. मीटिंग खत्म होने तक कॉल से बचने के लिए अपने मोबाइल को स्विच ऑफ कर दें

Q.159 आपका दोस्त अचानक इस धारणा पर चिल्लाता है कि आपने उसकी भावनाओं को आहत किया है, जबकि आप वास्तव में निर्दोष हैं। आप क्या करेंगे?

A. उसे अपना सच्चा समझें और गलतफहमी को दूर करें
B. उससे कहो कि इतना असभ्य होने के लिए वह दूर हो जाए
C. उससे दूर रहो
D. अपने दोस्तों को बताएं कि वह पागल होना चाहिए

Q.160 आप सार्वजनिक व्यवहार के क्षेत्र में एक संगठन में काम कर रहे हैं। आपकी कंपनी आपको अच्छी तरह से भुगतान करती है, लेकिन अगर यह सामाजिक रूप से सम्मानित नहीं है तो क्या होगा?

A. आप छोड़ देंगे
B. आप जारी रखेंगे
C. आप जारी रखेंगे, लेकिन दूसरों को अपने काम की प्रकृति नहीं बताएंगे।
D. आप अपने परिचितों को समझाएंगे कि यह एक अच्छा काम है।

Q.161 योजना बनाना, बिलों का भुगतान करना और संपत्ति का रिकॉर्ड बनाना आदि से जुड़े अभ्यास हैं?

A. प्रबंधन क्षमता
B. नियंत्रण क्षमता

C. वित्त और लेखा क्षमता
D. उत्पादन और संचालन क्षमता

Q.162 किसी मुद्दे पर अपने अधीनस्थ से बात करते समय, आप करेंगे?
A. उसकी बात सुनो और परवाह नहीं
B. उसकी बात मानें और उसकी सलाह को गंभीरता से लें
C. उसे चुप कराएं और उसे आपसे सीखने की सलाह दें
D. उसका मूल्यांकन करने का प्रयास करें

Q.163 यदि आपकी कंपनी में आपके कुछ सहकर्मी नियोक्ता को मना करते हैं, तो आप करेंगे?
A. अलग बने
B. वास्तविक सच्चाई का पता लगाने की कोशिश करें
C. उन्हें समझाएं कि यह अच्छा नहीं है
D. अपने नियोक्ता को तुरंत सूचित करें

Q.164 आप एक संगठन में एक कर्मचारी हैं। आप करेंगे?
A. बैठकों में बातचीत शुरू करें
B. संपर्क होने की प्रतीक्षा करें
C. आप बैठकों में भाग लेना पसंद नहीं करते
D. पूरे दिन अपने डेस्क पर बैठे रहना पसंद करते हैं

Q.165 आपको पता चला कि आपके कार्यालय के कुछ कर्मचारियों के पास पर्याप्त काम नहीं है। आप करेंगे?
A. उनसे किसी तरह छुटकारा पाएं
B. उन्हें प्रशिक्षित करें और उच्च ग्रेड के लिए उन्हें बढ़ावा दें
C. उन्हें आवश्यक स्थानों पर शिफ्ट करें
D. कोई कार्रवाई नहीं

Q.166 एक सुबह, आपका अखबार हॉकर निर्धारित समय पर नहीं आ सका; इसलिए, आप अखबार पढ़े बिना ऑफिस के लिए निकल गए। आप करेंगे?
A. उसे समय पर अखबार वितरित करने के लिए कहें
B. अगले दिन से अखबार देने से उसे रोकें
C. उसे समय पर भुगतान नहीं करेंगे
D. उसे अपनी समस्या से अवगत कराना चाहिए

Q.167 आपको एक महत्वपूर्ण परियोजना के लिए काम करना है, लेकिन आपके साथी टीम के सदस्य आपके साथ काम करने के लिए इच्छुक नहीं हैं। तुम क्या करोगे?
A. उससे बात करना बंद करें क्योंकि वह आपको पसंद नहीं करती है
B. आप जैसे हैं, उसे अपने साथ रहने के लिए मना लें
C. उसे बताएं कि समस्या पर चर्चा करके सभी समस्याओं का समाधान किया जा सकता है
D. आप के साथ काम करने से इनकार करने के लिए उसके साथ लड़ें

Q.168 आपको पता चल गया कि आपकी कंपनी में, आपके सहयोगी, जो आपके बाद संगठन में शामिल हो गए हैं, बिना किसी जानकारी के आपसे पहले पदोन्नत हो गए। आप?
A. समाचार के साथ अटक जाते हैं और स्थिति के बारे में दुखी रहते हैं
B. संभावित कारणों के बारे में जानकारी एकत्र करें और उसके अनुसार काम करें
C. इस स्थिति में प्रतिक्रिया न करें और पहले की तरह काम करें
D. कंपनी छोड़ें और कुछ और नौकरी खोजें

Q.169 आप बहुत थके हुए हैं और कुछ महत्वपूर्ण चीजें खत्म करनी हैं। आप?
A. यह सोचते रहिए कि आप कार्य पूरा नहीं कर पाएंगे
B. अपने सभी प्रयासों और दिल लगाकर काम करें
C. इसे पूरा करने का प्रयास भी नहीं करेगा
D. संभव त्रुटियों पर ध्यान दिए बिना इसे समाप्त करें

Q.170 आपकी राय में, आप समाज में अपनी स्थिति बनाए रख सकते हैं?
A. समाज द्वारा अपेक्षित व्यवहार करना
B. किसी भी राजनीतिक दल में शामिल होना
C. राजनीतिक दलों से बचना
D. किसी भी सामाजिक संगठन में अधिकारी बनना

Q.171 आप कुछ दिनों के लिए छुट्टी चाहते हैं। आप करेंगे?
A. नियोक्ता को वास्तविक कारण बताएं
B. उसे वास्तविक कारण कभी नहीं बताएं
C. उसे एक कारण बताएं जो उचित लगता है
D. उसे एक कारण बताएं जो उसे बिना किसी विकल्प के साथ छोड़ देता है

Q.172 आप एक दवा और दवा कंपनी के मालिक हैं। एक महामारी के संकट के दौरान, कई लोग एक दर्दनाक बीमारी से पीड़ित हैं जो आपके उत्पादों में से एक द्वारा ठीक किया जा सकता है। स्थिति यह है कि लोगों के पास दवाओं को खरीदने के लिए पर्याप्त पैसा नहीं है। साथ ही, सरकार ने दवाओं के लिए भुगतान करने से इनकार कर दिया। तुम क्या करोगे?
A. बिना किसी शुल्क के दवा वितरित करें
B. दवा की कीमत कम करें
C. दवा की कीमत में बदलाव नहीं
D. लोगों के लिए एक धन उगाही अभियान शुरू करें

Q.173 आपने अपने कुछ महत्वपूर्ण दस्तावेज एक दोस्त को दिए और उसने उन दस्तावेजों को खो दिया। तुम क्या करोगे?
A. उसे लापरवाही बरतने के लिए दोषी ठहराएं और अपनी दोस्ती को खत्म करें
B. उसकी स्थिति को समझें और उसे बताएं कि इसके बारे में चिंता न करें
C. क्रोधित हो जाओ और प्रतिस्थापन के लिए पूछें
D. गुस्सा महसूस करें, लेकिन प्रतिक्रिया न करें क्योंकि कोई भी गलती कर सकता है, बल्कि उन्हें वापस पाने के लिए कुछ कानूनी तरीके देखें

Q.174 आपके दोस्त शराब पीना पसंद करते हैं और आपसे वही करने को कहते हैं। आप क्या करेंगे?
A. आप उन्हें मना करेंगे और उनसे झूठ बोलेंगे कि आपको अस्थमा है।
B. आप पीएंगे, लेकिन केवल उनकी उपस्थिति में।
C. आप केवल इसलिए पीएंगे क्योंकि आपके दोस्त पी रहे हैं।
D. इसके दुष्प्रभाव बताकर आप पीने से मना कर देंगे।

Q.175 जब आप दोस्त बनाते हैं, तो आपको उनके साथ खुलने में कितना समय लगेगा?
A. आप आसानी से नहीं खुलते।
B. दूसरों के साथ सहज होने में आपको थोड़ा समय लगता है।
C. आप तुरन्त उनके साथ खुल जाएँगे।
D. थोड़े समय के बाद, आप खुल जाते हैं और मैत्रीपूर्ण हो जाते हैं।

Q.176 अगर आप पर गलती से किसी चीज का आरोप लगा है, तो आप क्या करेंगे?
A. आप कुछ भी करने की कोशिश नहीं करेंगे क्योंकि यह किसी काम का नहीं होगा।
B. आप अपनी सरलता से दूसरों को समझाने की कोशिश करेंगे।
C. आप बिना किसी उम्मीद के दूसरों को समझाने की कोशिश करेंगे।
D. आप उन्हें थोड़ी उम्मीद के साथ मनाने की कोशिश करेंगे।

Q.177 समाज के प्रति आपका सबसे अच्छा दृष्टिकोण क्या होगा?
A. अन्य लोगों के साथ कोई संबंध नहीं है।
B. अधिक से अधिक लोगों के साथ अच्छे संबंध रखने की कोशिश करें।
C. कुछ विशिष्ट लोगों के साथ संबंध बनाए रखें।

D. विश्वसनीय और स्थापित व्यक्तियों के साथ ही संबंध बनाए रखें।

Q.178 जब चीजें आपके हिसाब से नहीं होती तो आप थोड़ा निराश हो जाते हैं। तो आप क्या करेंगे?

A. चीजों को वैसे ही छोड़ देंगे।

B. अपनी खुद की शैली में काम करने की कोशिश करेंगे और इसे एक नई शुरुआत देंगे।

C. निराश और उदास महसूस करेंगे।

D. चीजें जिस कारण से हो रहीं हैं उसे समझने की कोशिश करेंगे और तदनुसार नए विचार उत्पन्न करेंगे।

Q.179 एक दिन आपकी नौकरानी काम करने देर से आती है। वह काम पूरा करने के लिए आपकी मदद चाहती है, क्योंकि उसका पति एक अस्पताल में भर्ती है और वह गंभीर स्थिति में है। तो आप क्या करेंगे?

A. उसे फिर से घर न आने और खुद को एक नई नौकरानी बताने के लिए कहेंगे

B. उसे तुरंत काम छोड़ने और अपने पति की देखभाल करने के लिए कहेंगे

C. बस उसकी बात सुनेंगे और उसे कहने के काम पूरा करके जा सकती है

D. किसी अन्य डॉक्टर से उसकी समस्या पर चर्चा करें

Q.180 आप शहर के कमिश्नर हैं, और मतदान के समय आपने अपने लोगों से शहर में स्कूलों और सार्वजनिक वॉशरूम की शुरुआत करके शहर में बदलाव लाने का वादा किया था लेकिन अप्रत्याशित देरी हो रही है। आपका अगला कदम क्या होगा?

A. स्थिति को अनदेखा करें क्योंकि आप अपना सर्वश्रेष्ठ प्रदर्शन कर रहे हैं

B. झूठे वादे करना जारी रखें क्योंकि लोग हमेशा आपको अपना नेता मानते हैं

C. तुरंत, संबंधित डीलरों से बात करेंगे और कार्य को पूरा करने के लिए त्वरित कार्रवाई करेंगे

D. लोगों से वादा करेंगे कि आप अपने सभी शब्दों को जारी रखेंगे

Q.181 आप एक समूह के टीम लीडर हैं और अपने अंदाज में काम करते हैं। समूह के कुछ सदस्य आपकी कार्यशैली को पसंद नहीं करते हैं। आप उन्हें कैसे प्रबंधित करेंगे?

A. आप अपने अंदाज में काम करते रहेंगे।

B. आप समूह के सदस्यों से बात करेंगे और उसी के अनुसार निर्णय लेंगे।

C. आप अपनी कार्यशैली में बदलाव लाएंगे।

D. आप टीम को छोड़ देंगे।

Q.182 एक मूवी थियेटर में, सभी लोग कतार में बिना टिकट के टिकट खरीदने के लिए पागलपन से दौड़ते हैं। आप क्या करेंगे?

A. टिकट जारी होने से पहले भीड़ की क्रमबद्धता सुनिश्चित करने के लिए थियेटर प्रबंधक का समर्थन लेंगे

B. आप भी दूसरों की तरह काउंटर पर दौड़ेंगे क्योंकि यह आपकी पसंदीदा फिल्म है

C. आप थियेटर से दूर चलते हैं क्योंकि आपको भीड़ पसंद नहीं है

D. भीड़ कम होने की प्रतीक्षा करेंगे

Q.183 आपके घर का मालिक आपके पारिवारिक मामले में बहुत अधिक दखल देता है जो आपको और आपके पति को परेशान करता है। आप क्या करेंगे?

A. उस पर चिल्लायेंगे और दखल देने के लिए सख्ती से माना करेंगे

B. उसे सीधे बताएं कि आपको अपने मामलों में उसका दखल देना पसंद नहीं है

C. इतना दयालु होने के लिए और देखभाल करने के लिए उसका धन्यवाद करेंगे क्योंकि वह आपकी समस्याओं को हल करने के लिए हमेशा मौजूद है

D. उसकी चिंता के लिए उसे धन्यवाद देंगे और उसे विश्वास दिलाएंगे कि जब आपको उसकी भागीदारी की आवश्यकता होगी तो आप खुद उससे संपर्क करेंगे

Q.184 आपके पड़ोसी का स्वास्थ्य बहुत गंभीर हो जाता है। तो ऐसे में आप क्या करेंगे?

A. आप उसकी हालत के लिए चिंतित नहीं होंगे।

B. आप उसी क्षण दूसरों को सूचित करेंगे।

C. आप उसे निकटतम संभव चिकित्सक के पास ले जाएंगे।

D. आप सुबह का इंतजार करेंगे और फिर उसके पास जाकर डॉक्टर से संपर्क करेंगे।

Q.185 आप अपने सबसे अच्छे कपड़ों में शादी की पार्टी के लिए जा रहे हैं। इसी दौरान रास्ते में एक कार आपकी ड्रेस पर कीचड़ उछालती है और वह खराब हो जाती है। आप क्या करेंगे?

A. आप पार्टी के लिए नहीं जाएंगे।

B. आप अपने कपड़े बदलेंगे और बाद में पार्टी में शामिल होंगे।

C. आप कार के ड्राइवर से लड़ेंगे।

D. आप बिगड़ी हुई ड्रेस में पार्टी में जाएंगे।

Q.186 जब आपकी अपने परिवार के सदस्यों के साथ बहस हो जाती है, तो ऐसी परिस्तिथि में आप क्या करंगे?

A. क्रोधित हो जाओगे, लेकिन अपना नियंत्रण नहीं खोओगे

B. अपना नियंत्रण खो देंगे

C. घर से दूर हो जाओगे और अपने मन को शांत करने की कोशिश करोगे

D. स्थिति को हल करने का प्रयास करोगे

Q.187 एक व्यक्ति एक ड्रग एडिक्ट है। आप उसकी बुरी आदत से छुटकारा पाने में उसकी मदद कैसे करेंगे?

A. उसे एक अच्छे समाज में रहने लायक बनाओ।

B. ड्रग्स की दुकानों से उसे दूर एक स्थान पर रखेंगे।

C. उसे पुनर्वास केंद्र में भर्ती होने के लिए राजी करेंगे।

D. उसे दवाओं के नुकसान के बारे में बताएंगे।

Q.188 आपकी शिक्षा पूरी होने के बाद, आपको एक अच्छी नौकरी की पेशकश की जाती है, लेकिन आपको उस नौकरी को सुरक्षित करने के लिए कुछ रिश्वत देने के लिए कहा जाता है। तो आप क्या करेंगे?

A. नौकरी का प्रस्ताव ठुकरा देंगे।

B. रिश्वत देकर नौकरी स्वीकार करंगे और खुद को समझाएं कि यह ही व्यवस्था है।

C. एक प्रभावशाली राजनेता के पास जाएँगे जो मदद कर सकता है।

D. रिश्वत देकर नौकरी स्वीकार करंगे और सोचें कि यह आखिरी बार है जब आप रिश्वत दे रहे हैं।

Q.189 आप एक होटल में अपने पुराने स्कूल मित्र से मिलते हैं। आप उससे मिलना चाहते हैं लेकिन आपको एक जरूरी काम भी है, ऐसी परिस्तिथि में आप क्या करंगे?

A. दोस्त को नजरअंदाज करें क्योंकि आपका काम उससे मिलने से ज्यादा महत्वपूर्ण है।

B. उसके साथ एक त्वरित बातचीत करें / संपर्क नंबर प्राप्त करें ताकि आप बाद में मिल सकें।

C. काम को स्थगित करने और अपने दोस्त को बातचीत के लिए आमंत्रित करने का निर्णय लें।

D. आप दिखाएँगे के आप फोन पर व्यस्त हैं और होटल से दूर चले जाएंगे।

Q.190 आपका एक दोस्त जो बहुत घमंडी और शरारती है, वह आपके सहकर्मियों के सामने आपका मज़ाक उड़ाता है। आप क्या करेंगे?

A. चुप रहेंगे और सब कुछ अनदेखा कर देंगे

B. उसे अपनी भावनाओं के बारे में बताएं और उसे आपको अपमानित करना बंद करने के लिए कहें

C. बातचीत के विषय को बदलने की कोशिश करेंगे

D. कुछ भी न कहने के लिए खुद को दोषी ठहराएं

Q.191 आपके क्षेत्र में स्ट्रीट डॉग रात के समय क्षेत्र के निवासियों, विशेष रूप से बीमार लोगों के लिए एक बड़ा खतरा बन रहे हैं। आप क्या करेंगे?

A. लिखित में सभी की स्वीकृति प्राप्त करें और नगर पालिका को एक याचिका प्रस्तुत करें

B. कुत्तों को अपने आप को नुकसान पहुंचाएं क्योंकि वे सिर्फ सड़क के कुत्ते हैं।

C. विचार नहीं करने के लिए नगरपालिका पार्षद के खिलाफ हिंसा का सहारा

D. निवासियों को रात के समय सभी दरवाजे और खिड़कियां बंद रखने के लिए कहें

Q.192 आपकी टीम के कुछ लोग टीम मीटिंग के बारे में भूल जाते हैं और कॉन्फ्रेंस रूम में नहीं पहुंचते हैं। आप:

A. उनके बिना मीटिंग शुरू कर देंगे

B. उनके पास जाएंगे और उन्हें व्याख्यान देंगे

C. वहां बैठकर उनका इंतज़ार करते रहेंगे

D. उन्हें आने के लिए कहेंगे और आप कुछ मिनटों के लिए मीटिंग विलंब करेंगे

Q.193 जब आप सुबह-सुबह अपने दफ्तर की यात्रा कर रहे होते हैं, तो आप सड़क के बीच में एक बिजली के केबल से लटके हुए पास से टकराते हुए चूक जाते हैं। यह धूमिल है और केबल का दूर से पता लगाना कठिन है। अधिकारियों को सूचित करने से पहले आप क्या करेंगे?

A. केबल को वापस उसकी जगह पर रखने की कोशिश करें।

B. अपनी कार के बूट से एक परावर्तक लें और इसे केबल के बीच में बाँध लें।

C. अपने औजारों की मदद से इसे हिस्सों में काटने की कोशिश करें।

D. किसी भी पेड़ की कुछ शाखाएँ ले लो और उन्हें वहाँ रखो ताकि लोग सतर्क रहें।

Q.194 एक कन्वेंशन हॉल में, एक झूमर का एक तार ऐसा दिखता है जैसे वह टूटने वाला है। एक पार्टी चल रही है। आप पहले क्या करेंगे?

A. तत्काल खतरे के किसी भी संकेत के लिए जाँच करें।

B. लोगों को हॉल से बाहर निकलें।

C. लोगों से कहें कि लिफ्ट का इस्तेमाल न करें।

D. उसके नीचे एक बड़ी मेज रखो, ताकि तार टूटने पर वह किसी पर न गिरे।

Q.195 कुछ सुरक्षा समस्या के कारण, सुरक्षा सेवाओं ने आपके कार्यस्थल के हॉल क्षेत्र को बंद कर दिया है। आप अपने दैनिक कार्य समाप्त होने के बाद घर वापस जाने की जल्दी में हैं। आप क्या करेंगे?

A. तत्काल खतरे के किसी भी संकेत के लिए जांचें और जाने के लिए खिड़कियां खोलें।

B. आपको यकीन है कि यह सिर्फ एक ड्रिल है, इसलिए आप पिछले दरवाजे को खोलेंगे जो अंदर से बंद है।

C. शांत रहें और निर्देश पारित करने के लिए उनकी प्रतीक्षा करें।

D. कुछ संगीत डालें और अपने पसंदीदा ट्रैक का आनंद लें।

Q.196 आप अपने एक सहपाठी के साथ एक असामान्य तर्क में शामिल हो गए और पाते हैं कि आपका सबसे अच्छा दोस्त उसकी गलतफहमी को दूर करने की कोशिश कर रहा है। आप क्या करेंगे?

A. बिना किसी स्पष्टीकरण के उस पर विश्वास करें।

B. पूरी बातचीत सुनें और फिर उस पर विश्वास करें।

C. किसी की न सुनें और अपने विचारों के साथ खड़े हों।

D. अपना पक्ष न रखने के लिए अपने सबसे अच्छे दोस्त से शिकायत करें।

Q.197 एक सरकारी स्कूल के छात्रों को सप्ताह के किसी विशेष दिन मध्याह्न भोजन का सेवन करने के बाद बीमार पड़ने की सूचना है। स्वास्थ्य निरीक्षक होने के नाते आपकी कार्रवाई क्या होगी?

A. सप्ताह के उस दिन स्कूल की रसोई में जाएँ और परोसे जाने वाले भोजन की खरीद, तैयारी और संरक्षण का निरीक्षण करें

B. रिपोर्ट की गई घटना पर प्राचार्य की सलाह लें और देखें कि क्या समस्या फोन पर ही हल हो सकती है

C. घटना को अनदेखा करें क्योंकि यह आपको प्रतिकूल परिस्थितियों में ले जा सकती है।

D. माता-पिता को सूचित करें और सभी छात्रों को स्कूल से निकाल दें।

Q.198 एक वरिष्ठ नागरिक अपनी पीएफ राशि के जारी होने के बाद अक्सर पीएफ कार्यालय में उत्पीड़न के अधीन रहता है। आपके विभाग का उसके मामले से कोई लेना-देना नहीं है। आप क्या करेंगे?

A. आप अपनी तरफ से कुछ नहीं कर सकते, इसलिए चुप रहने का फैसला करें।

B. उपयुक्त विभाग से बात करें और वरिष्ठ नागरिक को समय पर भुगतान सुनिश्चित करें

C. वरिष्ठ नागरिक को भुगतान की सूचना मिलने तक प्रतीक्षा करने की सलाह दें

D. वरिष्ठ नागरिक को अधिकारियों के खिलाफ मामला दर्ज करने की सलाह दें।

Q.199 आप अपने कुछ दोस्तों के साथ ऑस्ट्रेलिया और दक्षिण अफ्रीका के बीच एक क्रिकेट मैच देख रहे हैं। आपको ऑस्ट्रेलियाई टीम पसंद है, जबकि आपके दोस्त दक्षिण अफ्रीका का समर्थन कर रहे हैं। आप क्या करेंगे?

A. आप तटस्थ हो जाएंगे।

B. आप ऑस्ट्रेलियाई टीम का समर्थन करने के लिए अपने दोस्तों को समझाने की कोशिश करेंगे।

C. आप दक्षिण अफ्रीकी टीम के लिए खुश होना शुरू कर देंगे।

D. आप ऑस्ट्रेलियाई टीम के लिए चीयर करते रहेंगे।

Q.200 किसी विशेष उदाहरण पर, आप निर्णय लेने में असमर्थ होते हैं। इस स्थिति में, आप सलाह या सुझाव लेना चाहेंगे?

A. आपके माता - पिता

B. आपके निकटतम रिश्तेदार

C. आपके मित्र

D. ऊपर के सभी

// स्मार्ट उत्तर पुस्तिका //

सही उत्तर उन छात्रों के प्रतिशत को इंगित करता है जिन्होंने प्रश्नों का सही उत्तर दिया था।

छोड़ दिया उन छात्रों के प्रतिशत को इंगित करता है जिन्होंने प्रश्नों को छोड़ दिया था।

प्रश्न संख्या	उत्तर	सही उत्तर	छोड़ दिया
1	C	48.37 %	38.67 %
2	C	65.28 %	30.07 %
3	D	62.75 %	37.09 %
4	D	76.74 %	19.37 %
5	B	59.87 %	32.7 %
6	A	67.74 %	30.37 %
7	A	53.89 %	36.92 %
8	C	79.59 %	12.27 %
9	D	45.84 %	46.22 %
10	C	77.48 %	15.18 %
11	D	63.39 %	35.15 %
12	D	63.56 %	32.28 %
13	D	69.06 %	30.23 %
14	B	89.86 %	10.0 %
15	C	54.19 %	44.89 %
16	D	52.34 %	37.63 %
17	D	50.21 %	32.4 %
18	C	26.97 %	72.38 %
19	A	22.46 %	73.83 %
20	B	58.42 %	32.28 %
21	C	56.22 %	30.14 %
22	C	55.97 %	31.33 %
23	D	88.98 %	10.74 %
24	C	41.07 %	52.24 %
25	D	41.85 %	30.13 %
26	B	40.9 %	47.1 %
27	C	80.24 %	16.2 %
28	C	76.49 %	19.82 %
29	B	68.12 %	30.36 %
30	C	62.38 %	33.81 %
31	C	87.26 %	12.41 %
32	D	50.48 %	46.44 %
33	A	63.08 %	34.58 %
34	D	60.64 %	30.61 %
35	A	46.36 %	46.03 %
36	B	63.43 %	33.79 %
37	C	46.5 %	46.12 %
38	C	61.75 %	35.47 %
39	C	51.43 %	31.61 %
40	A	60.49 %	34.81 %
41	C	47.29 %	30.83 %
42	A	63.88 %	35.89 %
43	B	85.71 %	10.15 %
44	A	44.12 %	40.15 %
45	D	43.81 %	52.27 %
46	A	89.19 %	10.12 %
47	B	62.35 %	32.75 %
48	C	79.97 %	17.92 %
49	B	68.09 %	31.69 %
50	D	77.76 %	21.34 %
51	B	53.45 %	36.56 %
52	A	41.4 %	31.7 %
53	B	69.3 %	30.24 %
54	A	40.71 %	55.29 %
55	B	43.68 %	34.36 %
56	C	41.13 %	36.45 %
57	D	88.32 %	11.38 %
58	D	82.8 %	16.1 %
59	B	59.96 %	30.2 %
60	D	48.4 %	34.93 %
61	A	57.25 %	37.32 %
62	B	61.02 %	33.83 %
63	D	59.41 %	40.5 %
64	D	79.68 %	14.42 %
65	B	56.17 %	32.9 %
66	A	45.59 %	52.62 %
67	A	63.22 %	35.6 %
68	C	87.23 %	12.26 %
69	A	28.35 %	70.31 %
70	C	57.46 %	40.48 %
71	C	80.77 %	16.15 %
72	A	81.41 %	18.21 %
73	D	87.13 %	12.64 %
74	A	69.74 %	30.06 %
75	B	46.08 %	34.48 %
76	A	89.62 %	10.12 %
77	D	83.15 %	12.42 %
78	A	80.93 %	12.3 %
79	C	54.61 %	36.1 %
80	C	80.22 %	16.84 %

प्रश्न संख्या	उत्तर	सही उत्तर	छोड़ दिया
81	A	46.6 %	35.07 %
82	D	47.43 %	52.45 %
83	A	59.77 %	35.93 %
84	A	69.63 %	30.3 %
85	C	21.76 %	69.82 %
86	B	21.49 %	72.44 %
87	A	86.94 %	11.37 %
88	B	57.45 %	40.21 %
89	B	45.93 %	52.85 %
90	B	54.53 %	41.1 %
91	B	51.85 %	42.51 %
92	B	87.28 %	12.14 %
93	C	76.03 %	12.84 %
94	A	58.19 %	40.17 %
95	A	83.12 %	10.17 %
96	B	57.48 %	30.58 %
97	D	48.22 %	45.88 %
98	A	88.62 %	10.6 %
99	B	80.36 %	17.97 %
100	D	63.8 %	35.41 %
101	B	67.11 %	30.66 %
102	C	51.35 %	35.85 %
103	A	83.97 %	13.53 %
104	B	87.44 %	12.03 %
105	D	45.35 %	47.21 %
106	C	41.32 %	51.41 %
107	D	79.55 %	19.9 %
108	C	51.48 %	38.06 %
109	B	42.06 %	30.04 %
110	B	77.95 %	10.26 %
111	B	17.47 %	72.35 %
112	B	57.3 %	41.13 %
113	A	53.1 %	37.44 %
114	D	41.74 %	47.87 %
115	B	11.99 %	88.0 %
116	A	76.64 %	14.24 %
117	B	79.54 %	18.56 %
118	B	78.41 %	11.96 %
119	A	85.31 %	13.71 %
120	B	43.82 %	40.94 %
121	C	45.23 %	31.17 %
122	B	58.07 %	35.7 %
123	D	48.27 %	32.29 %
124	C	68.86 %	30.38 %
125	B	55.73 %	34.4 %
126	C	78.63 %	17.39 %
127	B	43.37 %	50.11 %
128	D	54.28 %	40.67 %
129	B	41.39 %	37.92 %
130	C	69.03 %	30.63 %
131	A	67.86 %	31.1 %
132	A	44.76 %	53.98 %
133	D	66.48 %	30.15 %
134	C	46.36 %	41.91 %
135	B	62.16 %	32.64 %
136	A	60.44 %	31.2 %
137	C	85.26 %	13.17 %
138	B	60.31 %	38.37 %
139	A	79.76 %	13.25 %
140	B	56.16 %	30.09 %
141	A	42.59 %	34.14 %
142	A	49.25 %	43.02 %
143	C	78.52 %	11.31 %
144	C	79.64 %	10.71 %
145	C	89.49 %	10.08 %
146	B	57.34 %	36.51 %
147	C	66.17 %	30.89 %
148	B	46.96 %	41.32 %
149	A	65.21 %	33.36 %
150	C	61.25 %	34.96 %
151	A	76.79 %	13.94 %
152	C	83.71 %	10.53 %
153	C	58.46 %	40.0 %
154	D	54.47 %	31.75 %
155	A	57.67 %	38.17 %
156	A	48.84 %	37.54 %
157	D	59.07 %	40.7 %
158	A	79.32 %	15.24 %
159	A	53.61 %	41.44 %
160	D	68.34 %	30.98 %

प्रश्न संख्या	उत्तर	सही उत्तर	छोड़ दिया
161	C	13.34 %	81.06 %
162	B	88.79 %	10.38 %
163	B	51.49 %	33.66 %
164	A	89.37 %	10.37 %
165	C	48.01 %	48.36 %
166	D	61.12 %	30.9 %
167	C	44.23 %	30.64 %
168	B	41.27 %	34.45 %

प्रश्न संख्या	उत्तर	सही उत्तर	छोड़ दिया
169	B	50.77 %	38.78 %
170	A	86.55 %	10.77 %
171	A	76.42 %	17.23 %
172	D	65.91 %	32.98 %
173	D	68.41 %	30.06 %
174	D	82.95 %	16.67 %
175	D	85.13 %	10.6 %
176	B	76.55 %	10.81 %

प्रश्न संख्या	उत्तर	सही उत्तर	छोड़ दिया
177	B	78.27 %	15.34 %
178	D	59.29 %	40.41 %
179	B	40.4 %	57.5 %
180	C	50.9 %	40.16 %
181	B	62.77 %	34.16 %
182	A	57.39 %	38.06 %
183	D	79.05 %	20.35 %
184	C	84.96 %	13.12 %

प्रश्न संख्या	उत्तर	सही उत्तर	छोड़ दिया
185	B	44.84 %	50.86 %
186	D	88.94 %	10.33 %
187	C	56.92 %	36.83 %
188	A	58.33 %	31.31 %
189	B	49.26 %	36.87 %
190	B	87.1 %	11.73 %
191	A	64.98 %	32.99 %
192	D	64.85 %	32.92 %

प्रश्न संख्या	उत्तर	सही उत्तर	छोड़ दिया
193	B	30.45 %	69.47 %
194	A	62.94 %	36.09 %
195	C	43.52 %	47.29 %
196	B	60.58 %	33.11 %
197	A	42.94 %	39.43 %
198	B	12.47 %	77.52 %
199	D	44.97 %	41.74 %
200	D	60.13 %	37.45 %

कार्य विश्लेषण	
औसत अंक (%)	64.12%
टॉपर्स स्कोर (%)	73.0%
आपका स्कोर	

मॉक टेस्ट 04

Numerical Ability and Analytical Aptitude

Q.1 चार अंकों की सबसे बड़ी संख्या कौन सी है, जो 88 से विभाजित हो जाए।

A. 9768 **B.** 9988 **C.** 8888 **D.** 9944

Q.2 सबसे बड़ी संख्या जो 729 और 901 को विभाजित करेगी और क्रमशः 9 और 5 का अवशेष देगी वह है-

A. 15 **B.** 16 **C.** 19 **D.** 20

Q.3 यदि एक संख्या को 11 से विभाजित किया जाता है, तो शेष का 7 गुना भागफल के 5 गुना के बराबर होता है। यदि भागफल 35 है, तो लाभांश है-

A. 405 **B.** 401
C. 310 **D.** इनमें से कोई नहीं

Q.4 40 बच्चों को दी जाने वाली चॉकलेट की औसत संख्या 50 है। अगर बच्चों को दी जाने वाली चॉकलेट्स की औसत संख्या, जिनकी उम्र 5 साल से ज्यादा है, कुल औसत का $\frac{2}{5}$ है तो उन बच्चों को दी जाने वाली चॉकलेट्स की औसत संख्या कितनी है जिनकी उम्र 5 साल से कम है?

A. 15 **B.** 35 **C.** 30 **D.** 25

Q.5 समीना और सुहाना की उम्र क्रमशः 7 : 3 के अनुपात में है। 6 वर्ष के उपरांत, उनकी आयु का अनुपात 5 : 3 होगा। उनकी उम्र मे क्या अंतर है?

A. 6 वर्ष **B.** 8 वर्ष **C.** 10 वर्ष **D.** 2 वर्ष

Q.6 राम ने ऊंचाई 5 मीटर और त्रिज्या 3 मीटर का शंकुल तंबू बनाया है। डेरे का सतही क्षेत्र क्या होगा?

A. 85.8 मी^{2} **B.** 80.2 मी^{2} **C.** 83.2 मी^{2} **D.** 87.2 मी^{2}

Q.7 A और B 6 दिनों में एक कार्य को कर सकते हैं, B और C 8 दिनों में उसी कार्य को कर सकते हैं और A, B और C 4 दिनों में उसी कार्य को पूरा कर सकते हैं. A और C इसी कार्य को कितने दिन में खत्म कर सकते हैं?

A. 2 **B.** 3 **C.** $\frac{24}{5}$ **D.** 5

Q.8 एक आदमी 4 किमी प्रति घंटे की गति से चलते हुए, 2 घंटे 45 मिनट में कुछ निश्चित दूरी को तय करता है। 16.5 किमी प्रति घंटे की गति से चलते हुए, वह आदमी कितने मिनटों में उसी दूरी को तय करेगा?

A. 50 मिनट **B.** 35 मिनट **C.** 40 मिनट **D.** 45 मिनट

Q.9 एक घड़ी की चिह्नित कीमत 720 रुपये थी। एक आदमी ने उसे दो क्रमिक छूट प्राप्त करने के बाद 550.80 रुपये में खरीदा, अगर पहली छूट 10% है। दूसरी छूट की दर क्या है?

A. 18% **B.** 12% **C.** 14% **D.** 15%

Q.10 A की आयु B से 20% अधिक है और C की आयु B से 40% अधिक है। यदि B, C से पाँच साल छोटा है तो A की आयु कितनी है?

A. 10 वर्ष **B.** 12 वर्ष **C.** 15 वर्ष **D.** 16 वर्ष

Q.11 एक मिश्रण के 240 सीसी में पानी और ग्लिसरीन की मात्रा का अनुपात 1: 3 है। पानी की मात्रा (cc में) जिसे मिश्रण में जोड़ा जाना चाहिए ताकि पानी और ग्लिसरीन की मात्रा का नया अनुपात 2: 3 हो जाए-

A. 55 **B.** 60 **C.** 62 **D.** 64

Q.12 जेनी ने दो साल तक एक स्कीम में एक निश्चित रकम का निवेश किया। उसे 756 रुपये का चक्रवृद्धि ब्याज और 720 रुपये साधारण ब्याज मिलता है। ब्याज दर क्या होगी, अगर इस राशि में इस तरह से निवेश किया जाए कि साधारण ब्याज 900 रुपये हो जाए और साल की कुल संख्या दर प्रतिशत प्रति वर्ष के बराबर हो जाए?

A. 8 **B.** 9 **C.** 3 **D.** 5

Q.13 अगर दो पाइप के साथ कार्य करते है, तो वह जलाशय को 12 घंटे में भर सकते है. यदि पहली पाइप जलाशय को दूसरी पाइप की तुलना में 10 घंटे तेजी से भरता है तो दूसरा पाइप जलाशय को भरने में कितने घंटे लगाएगा?

A. 35 **B.** 30 **C.** 28 **D.** 20

Q.14 लाल, नीले और काले रंग के तीन बॉल प्वाइंट पेन हैं। नीले बॉल प्वाइंट पेन का वजन 180 ग्राम है। लाल और नीले रंग के बॉल प्वाइंट पेन के वजन का अनुपात 5 : 6 है, और नीले और काले रंग के पेन के वजन का अनुपात 5 : 4 है। लाल बॉल प्वाइंट पेन का वजन क्या है?

A. 150 ग्राम **B.** 250 ग्राम **C.** 180 ग्राम **D.** 160 ग्राम

Q.15 एक आयताकार बॉक्स जो 2.5 मीटर लंबा, 1.5 मीटर चौड़ा और 75 सेमी गहरा है। इस घनाभ मे कितने छोटे घन रखे जा सकते हैं जिनका प्रत्येक पक्ष 25 सेमी है।

A. 150 **B.** 140 **C.** 180 **D.** 160

Q.16 एक वृत्तीय ट्रैक की परिधि 400 मीटर है। A और B ट्रैक पर क्रमशः 9 किमी प्रति घंटा और 5 किमी प्रति घंटा की गति से दौड़ रहे है। यदि वे एक निश्चित बिंदु से एक ही दिशा में चलना शुरू करे, तो कितने समय के बाद वे एक साथ फिर से पहली बार मिलेगे?

A. 2 मिनट **B.** 4 मिनट **C.** 6 मिनट **D.** 8 मिनट

Q.17 2 किमी/घंटा की दूरी पर बहने वाली नदी में एक नाव 30 किमी ऊपर की यात्रा करती है और डाउनस्ट्रीम से शुरुआती बिंदु पर लौटती है। यदि अभी भी पानी में इसकी गति 6 किमी/घंटा है, तो पूरी यात्रा को कवर करने के लिए समय लगता है।

A. 15 घंटा **B.** 9 घंटा
C. 11.25 घंटा **D.** 10.25 घंटा

Q.18 मोहंती अपनी छोटी बहन क्रांति से 9 वर्ष छोटी है। 9 वर्ष पहले क्रांति की आयु उसके माता-पिता की वर्तमान आयु के बीच के अंतर से तीन गुना थी। क्रांति की माँ 19 वर्ष की थी जब मोहंती का जन्म हुआ था। क्रांति की वर्तमान आयु क्या है, यदि उसके पिता उन सभी में सबसे बड़े है और वह 21 वर्ष के थे जब मोहंती का जन्म हुआ था?

A. 15 वर्ष **B.** 9 वर्ष **C.** 12 वर्ष **D.** 18 वर्ष

Q.19 25 पारियों के बाद एक बल्लेबाज का स्कोर 56 रन प्रति पारी था। यदि 26वीं पारी के बाद, उसका औसत स्कोर दो रन से बढ़ गया, तो 26वीं पारी में उसका स्कोर क्या था?

A. 112 **B.** 108 **C.** 96 **D.** 80

Q.20 60 किमी. प्रति घंटे की गति से चल रही एक ट्रेन, एक सुरंग के अंदर 90 किमी. प्रति घंटे की गति से चल रही दूसरी ट्रेन से मिलती है, और इसे है और इसे 4.5 सेकंड में पूरी तरह पार कर लेती है। सुरंग की लम्बाई पता करें यदि पहली ट्रेन इसे 4 मिनट 37.5 सेकंड में पूरी तरह पार कर लेती है।

A. 3.4 किमी **B.** 4.5 किमी **C.** 5.5 किमी **D.** 6.4 किमी

Q.21 कर्मचारियों का एक समूह एक परियोजना के तहत काम कर रहा हैं। यदि 10 और कर्मचारी शामिल हो जाते हैं, तो परियोजना $\frac{2}{3}$ समय में पूरी हो जाती है। यदि काम को $\frac{1}{3}$ समय में पूरा करना है तो और कितने कर्मचारियों को शामिल करना होगा?

A. 10 **B.** 20 **C.** 40 **D.** 30

Q.22 6000 रूपये को दो हिस्सो में इस तरह बाँटना है कि पहले भाग पर 2 साल के लिए 6% प्रतिवर्ष दर पर ब्याज, 3 साल के लिए दूसरे भाग पर 8% प्रतिवर्ष दर पर साधारण ब्याज (रूपये में) के बराबर हो।

A. 4000, 2000 **B.** 3500, 2500
C. 3800, 2200 **D.** 3600, 2400

Q.23 राम, श्याम और रमेश एक साझेदारी में प्रवेश करते हैं और उनके शेयर $\frac{1}{2}:\frac{1}{3}:\frac{1}{4}$ के अनुपात में हैं। दो महीने के बाद, राम ने अपनी आधी पूंजी निकाल ली। फिर, 10 महीने के बाद, रुपये का लाभ। 756 को उनमें बांटा गया है। श्याम का हिस्सा क्या है?

A. 278 रु **B.** 283 रु **C.** 288 रु **D.** 144 रु

Q.24 एक दुकानदार 7 रुपये प्रति किग्रा. की दर से 50 किग्रा. गेहूँ और 8 रुपये प्रति किग्रा. की दर से 20 किग्रा. गेहूँ खरीदता है। उनको मिलने के बाद वह मिश्रण को 10 रू. प्रति किग्रा. की दर से बेच देता है। लेन-देन में उसका कुल लाभ क्या है?

A. 510 रु **B.** 700 रु **C.** 190 रु **D.** 290 रु

Q.25 सलोनी किसी संख्या का 28% निकालने के स्थान पर, गलती से उसका 82% मान निकाल लेती है। उसका उत्तर वास्तविक उत्तर से 540 अधिक आता है। उसका वास्तविक उत्तर क्या है?

A. 450 **B.** 280 **C.** 100 **D.** 110

Ques (26-30):निर्देश: निम्नलिखित पाई-चार्ट, छह अलग-अलग कंपनियों में शामिल होने वाले लोगों का प्रतिशतवार वितरण दर्शाता है। चार्ट का अध्ययन कीजिये और दिये गये प्रश्न का उत्तर दीजिये।

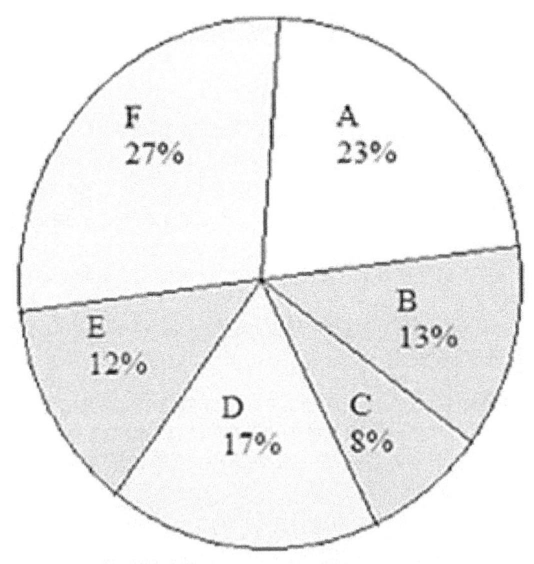

लोगों की कुल संख्या = 2400

Q.26 कंपनी A, E और F में शामिल होने वाले लोगों की कुल संख्या क्या है?

A. 1488 **B.** 1543 **C.** 1658 **D.** 1736

Q.27 यदि कंपनी D में शामिल होने वाले लोगों में $\frac{2}{9}$ महिलाएं हैं, तो कंपनी D में शामिल होने वाले पुरुषों की कुल संख्या, कंपनी A में शामिल होने वाले लोगों की कुल संख्या का लगभग कितने प्रतिशत है?

A. 42% **B.** 48.6% **C.** 57.4% **D.** 62%

Q.28 कंपनी F और D में एक-साथ शामिल होने वाले लोगों की कुल संख्या तथा कंपनी B और E में एक-साथ शामिल होने वाले लोगों की कुल संख्या के बीच क्या अंतर है?

A. 423 **B.** 456 **C.** 495 **D.** 517

Q.29 यदि कंपनी A और E में शामिल होने वाले लोगों में क्रमशः $\frac{3}{6}$ और $\frac{1}{6}$ महिलाएं हैं, तो कंपनी A में शामिल होने वाली महिलाओं की संख्या और कंपनी E में शामिल होने वाले पुरुषों की संख्या का लगभग अनुपात क्या है?

A. 12 : 17 **B.** 15 : 22 **C.** 16 : 25 **D.** 23 : 27

Q.30 यदि कंपनी B में शामिल होने वाले लोगों के प्रतिशत में 50% की वृद्धि हो जाती है और कंपनी C में शामिल होने वाले लोगों के प्रतिशत में 25% की कमी हो जाती है, तो कंपनी B और C में एक-साथ शामिल होने वाले लोगों की कुल संख्या क्या होगी?

A. 468 **B.** 612 **C.** 660 **D.** 708

Reasoning and Logical Deduction

Q.31 निर्देश: नीचे दी गई श्रृंखला में अगली संख्या का पता लगाएं।
1, 1, 4, 8, 9, 27, ...

A. 16, 64 **B.** 25, 125 **C.** 36, 216 **D.** 46, 316

Q.32 दिए गए प्रश्न में चार शब्द दिए गए हैं, उनमें से तीन किसी तरह से समान हैं और एक भिन्न है। बेजोड़ को ज्ञात कीजिए।

A. 555 **B.** 456 **C.** 357 **D.** 457

Q.33 यदि किसी निश्चित कोड में, MILESTONE को LJKFRUNOD के रूप में लिखा गया है, तो उस कोड में POLLUTION को कैसे लिखा जाता है?

A. QPMMVUJPM **B.** ONKKTSHNM
C. OPKMTUHPM **D.** MPKMTUHPO

Q.34 यदि 8514 को HEAD से कोडित किया गया है, तो 31385 के लिए क्या कोड है-

A. CATCH **B.** CLASS **C.** CACHE **D.** COMES

Q.35 निर्देश: निम्नलिखित प्रश्न में, चार कथन व उसके बाद दो निष्कर्ष I और II दिए गए हैं। आपको दिए गए दोनों कथनो को सत्य मानना है, भले ही वे सर्वज्ञात तथ्यों से भिन्न क्यों न हों। सर्वज्ञात तथ्यों की अनदेखी करते हुये सभी निष्कर्षों को पढ़कर तय कीजिये कि, दिये गये कथनों से कौन सा/से निष्कर्ष तार्किक रूप से अनुसरण करता/करते है/हैं।

कथन:

सभी पत्थर खम्भे हैं।
सभी खम्भे डेस्क हैं।
कुछ डेस्क जालियां हैं।
सभी जालियां दिन हैं।

निष्कर्ष:

(I) कुछ जालियां खम्भे हैं।
(II) कुछ डेस्क पत्थर हैं।

A. केवल (II) **B.** (I) और (II) दोनों
C. केवल (I) **D.** या तो (I) या (II)

Q.36 निर्देश: निम्नलिखित प्रश्न में, चार कथन व उसके बाद दो निष्कर्ष। और II दिए गए हैं । आपको दिए गए दोनों कथनो को सत्य मानना है, भले ही वे सर्वज्ञात तथ्यों से भिन्न क्यों न हों । सर्वज्ञात तथ्यों की अनदेखी करते हुये सभी निष्कर्षों को पढ़कर तय कीजिये कि, दिये गये कथनों से कौन सा/से निष्कर्ष तार्किक रूप से अनुसरण करता/करते है/हैं।

कथन:

कुछ महीने सप्ताह हैं।

कुछ सप्ताह वर्ष हैं।

सभी वर्ष बसें हैं।

सभी बसें ट्रेन हैं।

निष्कर्ष:

(I) कुछ ट्रेनें सप्ताह हैं।

(II) कुछ बसें सप्ताह हैं।

A. केवल (I) **B.** केवल (II)
C. या तो (I) या (II) **D.** (I) और (II) दोनों

Q.37 दिए गए प्रश्न में चार शब्द दिए गए हैं, उनमें से तीन किसी तरह से समान हैं और एक भिन्न है। बेजोड़ को ज्ञात कीजिए।

A. जर्मनी **B.** चीन
C. यूनाइटेड किंगडम **D.** फ्रांस

Q.38 दिए गए विकल्पों में से संबंधित शब्द का चयन कीजिए।

GB: TY:: KM: ?

A. PN **B.** TH **C.** WX **D.** YU

Q.39 निर्देश: निम्नलिखित प्रत्येक श्रृंखला में अक्षरों/संख्याओं के क्रम को निर्धारित कीजिए। फिर दिए गए विकल्पों में से उसे चुनिए, जो दी गई श्रृंखला को पूर्ण करेगा।

5, 17, 37, 65, ?, 145

A. 95 **B.** 97 **C.** 99 **D.** 101

Q.40 सोनू यतेंद्र से लंबा है, अमित सोनू से लंबा है। सुभाष अमित से लंबा है। सत्तू सबसे लंबा है। यदि वे अपनी लंबाई के अनुसार खड़े होते हैं जो ठीक मध्य में कौन होगा?

A. सोनू **B.** सुभाष **C.** यतेंद्र **D.** अमित

Q.41 निर्देश: नीचे दिए गए प्रश्न में दो कथन और उसके बाद दो निष्कर्ष। और II दिए गए हैं। आपको दिए गए कथनों को सत्य मानना है, भले ही वे सामान्यतः ज्ञात तथ्यों से भिन्न प्रतीत होते हों। सभी निष्कर्षों को पढ़िए और फिर निर्णय कीजिए कि दिए गए निष्कर्षों में से कौन सा निष्कर्ष सामान्यतः ज्ञात तथ्यों को नजरंदाज करने पर दिए गए कथनों का तार्किक रूप से अनुसरण करता है।

कथन:

कोई भी छड़ी जूता नहीं है।

कुछ जूते काले हैं।

निष्कर्ष:

I. कोई भी छड़ी काली नहीं है।

II. कुछ काली छड़ी हैं।

A. केवल I अनुसरण करता है
B. केवल II अनुसरण करता है
C. न तो I और न ही II अनुसरण करता है
D. या तो I या II अनुसरण करता है

Q.42 निर्देश: नीचे दिए गए प्रश्नों के उत्तर देने के लिए निम्नलिखित जानकारी का ध्यानपूर्वक अध्ययन कीजिए-

पांच व्यक्ति A, G, V, K और C केंद्र के बाहर की ओर मुंह करके एक वृत्ताकार मेज के चारों ओर बैठे हैं, जरूरी नहीं कि वे उसी क्रम में हों। G, K के बाएं से दूसरे स्थान पर बैठा है। C, A के ठीक दाएं बैठा है। A, K का एक निकटतम पड़ोसी है।

G के दाएं दूसरे स्थान पर कौन बैठा है?

A. A **B.** V
C. K **D.** इनमें से कोई नहीं

Q.43 एक तार्किक क्रम में निम्नलिखित शब्दों की व्यवस्था को इंगित करने वाले सही विकल्प का चयन कीजिए।

1. दुनिया
2. एशिया
3. दिल्ली
4. भारत
5. लाल किला

A. 3, 5, 4, 2, 1 **B.** 5, 3, 2, 4, 1
C. 5, 3, 4, 2, 1 **D.** 5, 3, 4, 1, 2

Q.44 निर्देश: निम्नलिखित प्रश्न का उत्तर देने के लिए दी गई जानकारी पढ़ें:

आठ चित्रकार - A, B, C, D, E, F, G, - सफेद धोने के एक पांच मंजिला इमारत हैं। फर्श जमीन से गिने जा रहे हैं, फर्श 1 के साथ शुरू। और भी:

प्रत्येक मंजिल पर या तो एक या दो चित्रकार काम कर रहे हैं।

C या तो ई या F के रूप में एक ही मंजिल पर काम नहीं करता है ।

B A के नीचे बिल्कुल तीन मंजिलों काम करता है, जो C के ऊपर कहीं एक मंजिल पर काम करता है ।

कोई भी H के रूप में एक ही मंजिल पर काम करता है ।

G और B एक ही फ्लोर पर काम करते हैं।

A. D **B.** C **C.** H **D.** A

Q.45 निर्देश: निम्नलिखित समस्या में एक प्रश्न होता है जिसके बाद दो कथनों को गिने गए मैं और II होते हैं। आपको यह तय करना होगा कि बयानों में उपलब्ध कराए गए डेटा प्रश्न का उत्तर देने के लिए पर्याप्त है या नहीं।

तीन दोस्तों A, B और C और उनके व्यवसायों डॉक्टर, वास्तुकार और इंजीनियर (जरूरी नहीं कि एक ही क्रम में) पर विचार करें । इन तीनों में से डॉक्टर कौन है?

I .B एक वास्तुकार है। A इंजीनियर नहीं है।

II. या तो A या B एक डॉक्टर है। या तो A या C एक डॉक्टर है।

A. बयान में डेटा I अकेले सवाल का जवाब देने के लिए पर्याप्त है, जबकि अकेले बयान II में डेटा सवाल का जवाब देने के लिए पर्याप्त नहीं है।
B. या तो बयान I या बयान II अकेले में डेटा सवाल का जवाब देने के लिए पर्याप्त है।
C. I और II दोनों के बयानों में डेटा सवाल का जवाब देने के लिए पर्याप्त नहीं है ।
D. सवाल का जवाब देने के लिए एक साथ दिए गए बयानों I और II दोनों में डेटा जरूरी है।

Q.46 निर्देश: निम्नलिखित समस्या में एक प्रश्न होता है जिसके बाद दो कथनों को गिने गए मैं और II होते हैं। आपको यह तय करना होगा कि बयानों में उपलब्ध कराए गए डेटा प्रश्न का उत्तर देने के लिए पर्याप्त है या नहीं।

चार लोगों के परिवार में कितनी महिलाएं हैं (P,Q ,R और S- जिसमें एक शादीशुदा जोड़े और दो बच्चे शामिल हैं)?

I. P ,S के पिता हैं। S, Q की बहन हैं।

II. R Q की मां है।

A. बयान में डेटा I अकेले सवाल का जवाब देने के लिए पर्याप्त है, जबकि अकेले बयान II में डेटा सवाल का जवाब देने के लिए पर्याप्त नहीं है।
B. या तो बयान I या बयान II अकेले में डेटा सवाल का जवाब देने के लिए पर्याप्त है।

C. । और ॥ दोनों के बयानों में डेटा सवाल का जवाब देने के लिए पर्याप्त नहीं है ।

D. सवाल का जवाब देने के लिए एक साथ दिए गए बयानों । और ॥ दोनों में डेटा जरूरी है।

Q.47 दी गई श्रृंखला में गलत पद ज्ञात कीजिए।

KLN, STV, CDE, OPR, DEG

A. DEG **B.** OPR **C.** CDE **D.** KLN

Q.48 एक कूट भाषा में, 'GOOD' को 7444 और BAD को 214 के रूप में लिखा जाता है। तो 'HINT' को उसी भाषा में किस प्रकार लिखा जाएगा?

A. 831420 **B.** 831417 **C.** 891320 **D.** 991420

Q.49 एक कूट भाषा में, CHILD को 41 के रूप में लिखा जाता है। उस भाषा में CULTURE को किस प्रकार लिखा जाएगा?

A. 107 **B.** 200 **C.** 118 **D.** 100

Q.50 निर्देश: नीचे दिए गए प्रश्न में, एक बयान दो मान्यताओं के बाद दिया जाता है जो मैं और द्वितीय गिने जाते हैं। आपको वक्तव्य और निम्नलिखित मान्यताओं पर विचार करना होगा और यह निर्णय लेना होगा कि वक्तव्य में कौन सी मान्यताएं हैं/निहित हैं।

कथन:

हमारी अनुमति के बिना हमारे सॉफ्टवेयर की नकल न करें - एक नोटिस।

पूर्वधारणा:

I. सॉफ्टवेयर की नकल करना संभव है।

II. ऐसी चेतावनी का कुछ प्रभाव पड़ेगा।

A. केवल पूर्वधारणा I अंतर्निहित है।

B. केवल पूर्वधारणा II अंतर्निहित है।

C. या तो I या II अंतर्निहित है।

D. I और II दोनों अंतर्निहित हैं।

Q.51 रितिका पूर्व के सम्मुख खड़ी है। वह लगातार 3 बार प्रत्येक 135 डिग्री वामावर्त दिशा में घूमती है। अब वह किस दिशा के सम्मुख है?

A. उत्तर पूर्व **B.** पूर्व **C.** दक्षिण पूर्व **D.** पश्चिम

Q.52 निर्देश: नीचे दिए गए प्रश्न में, एक बयान दो मान्यताओं के बाद दिया जाता है जो मैं और द्वितीय गिने जाते हैं। आपको वक्तव्य और निम्नलिखित मान्यताओं पर विचार करना होगा और यह निर्णय लेना होगा कि वक्तव्य में कौन सी मान्यताएं हैं/निहित हैं।

कथन:

विज्ञान अन्य समाचार एजेंसियों के लिए सिद्धांत रूप में तुलनीय समाचार एजेंसी का एक प्रकार है । लेकिन यह समाचार एजेंसी हमें जानकारी देती है, जो सत्यापन की विस्तृत तकनीकों और सदियों तक जीवित रहने की उसकी क्षमता के कारण असाधारण उच्च डिग्री के लिए विश्वसनीय है । इसलिए विज्ञान को उतनी ही रुचि के साथ पढ़ना चाहिए, जितना हम समाचार पढ़ते हैं।

पूर्वधारणा:

I. विज्ञान खोजी भावना को प्रोत्साहित करता है।

II. लोग रुचि से बाहर समाचार पढ़ें ।

A. केवल पूर्वधारणा I अंतर्निहित है।

B. केवल पूर्वधारणा II अंतर्निहित है।

C. या तो I या II अंतर्निहित है।

D. I और II दोनों अंतर्निहित हैं।

Q.53 'राहुल' 'प्रियंका' से कहता है, "तुम्हारी माँ के पति की बहन मेरी बुआ है" तो 'प्रियंका' 'राहुल' से कैसे सम्बंधित है?

A. बेटी **B.** पोती **C.** माँ **D.** बहन

Q.54 निर्देश: नीचे दिए गए प्रश्न में, एक बयान दो मान्यताओं के बाद दिया जाता है जो मैं और द्वितीय गिने जाते हैं। आपको वक्तव्य और निम्नलिखित मान्यताओं पर विचार करना होगा और यह निर्णय लेना होगा कि वक्तव्य में कौन सी मान्यताएं हैं/निहित हैं।

कथन:

देश की आर्थिक स्थिति बद से बदतर हो गई है।

पूर्वधारणा:

I. सरकार आर्थिक समस्याओं से निपटने में विफल रही है।

II लोग सरकार का सहयोग नहीं कर रहे हैं।

A. केवल पूर्वधारणा I अंतर्निहित है।

B. केवल पूर्वधारणा II अंतर्निहित है।

C. या तो I या II अंतर्निहित है।

D. I और II दोनों अंतर्निहित हैं।

Q.55 निर्देश: उत्तर के आकृति के सेट से आकृति चुने जो प्रश्न चिह्न के हस्ताक्षर (?) की जगह लेगा।

प्रश्न आकृति:

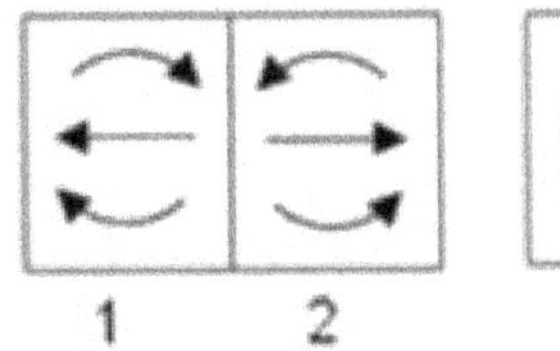

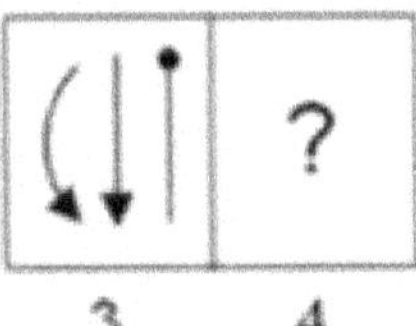

उत्तर आकृति:

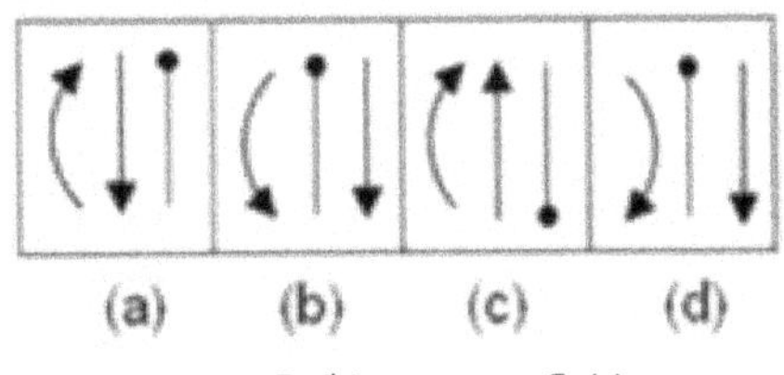

A. (a) **B.** (b) **C.** (c) **D.** (d)

Q.56 निर्देश: उत्तर के आकृति के सेट से आकृति चुने जो प्रश्न चिह्न के स्थान (?) की जगह लेगा।

प्रश्न आकृति

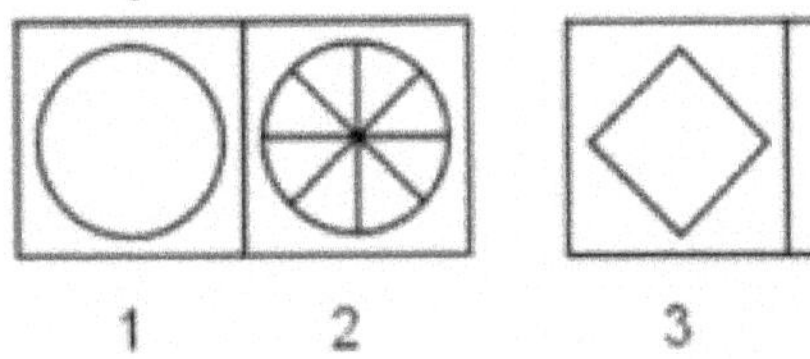

उत्तर आकृति:

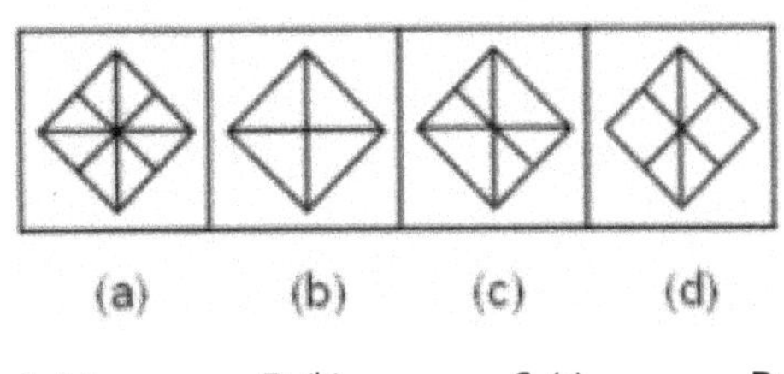

A. (a) **B.** (b) **C.** (c) **D.** (d)

Q.57 निर्देश: उत्तर आकृति के सेट से आकृति चुनें जो प्रश्न चिह्न के हस्ताक्षर (?) की जगह लेगा।

प्रश्न आकृति:

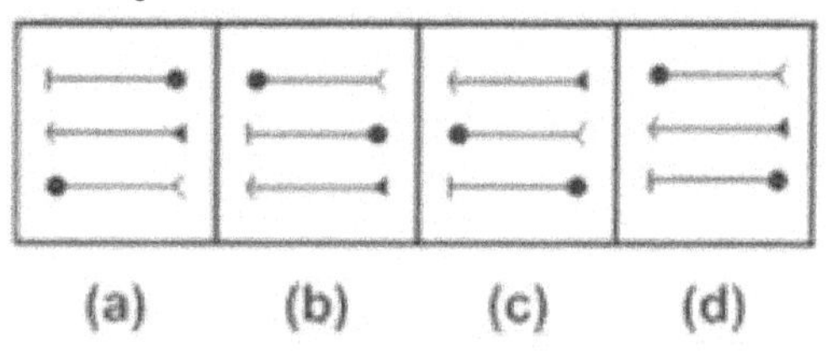

उत्तर आकृति:

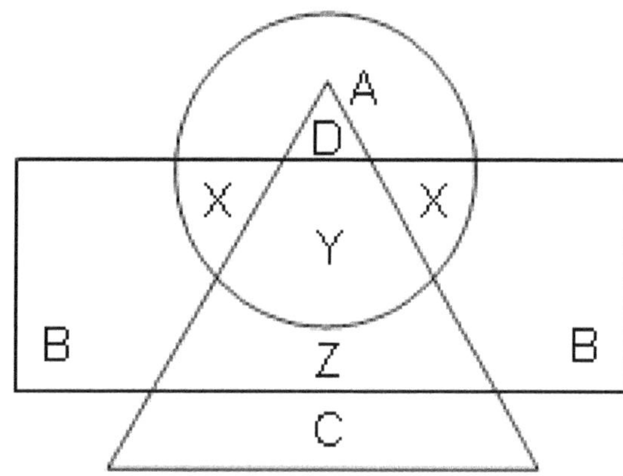

A. (a) **B.** (b) **C.** (c) **D.** (d)

Ques (58-59):निर्देश: निम्न आकृति में वृत्त कालेज के प्रोफेसरों का प्रतिनिधित्व करता है, त्रिभुज शल्य चिकित्सा विशेषज्ञों का प्रतिनिधित्व करता है और आयात चिकित्सा विशेषज्ञों प्रतिनिधित्व करता है।

A
D
X X
Y
B B
Z
C

Q.58 C किसका प्रतिनिधित्व करता है?

A. चिकित्सा विशेषज्ञ
B. कॉलेज विशेषज्ञ
C. सर्जिकल विशेषज्ञ
D. चिकित्सा और शल्य चिकित्सा विशेषज्ञ

Q.59 B क्या प्रदर्शित करता है?

A. प्रोफेसर जो न तो चिकित्सा और न ही शल्य चिकित्सा विशेषज्ञ हैं
B. प्रोफेसर जो सर्जिकल विशेषज्ञ नहीं हैं
C. चिकित्सा विशेषज्ञ जो न तो प्रोफेसर हैं और न ही सर्जिकल विशेषज्ञ
D. प्रोफेसर जो चिकित्सा विशेषज्ञ नहीं हैं

Q.60 एक पंक्ति में, 26 नर और महिला हैं। रामा बाएं से 7वें और कमल बाएं से 18वें नंबर पर हैं। राम बाएं से तीसरे और महिलाओं के बीच दाएं से 9वें नंबर पर हैं । बाएं और दाईं ओर पुरुषों की संख्या कमल के लिए समान है।

पुरुषों के बीच बाएं से कमल की स्थिति क्या है?

A. 5 **B.** 6 **C.** 7 **D.** 8

General Knowledge & Current Affairs

Q.61 निम्नलिखित में से किस राष्ट्रीय उद्यान में आठ अफ्रीकी चीतों को स्थानांतरित किया गया है?

[Delhi Forest Guard, 2020]

A. कुनो पालपुर नेशनल पार्क
B. जिम कॉर्बेट नेशनल पार्क
C. रणथंभौर नेशनल पार्क
D. काजीरंगा नेशनल पार्क

Q.62 मानव विकास सूचकांक, 2018 में भारत का स्थान है:

[Super TET Paper - I, 2019]

A. 128 वाँ **B.** 129 वाँ **C.** 130 वाँ **D.** 131 वाँ

Q.63 अगस्त 2017 में फिल्म प्रमाणन बोर्ड का नया अध्यक्ष किसे नियुक्त किया गया?

[Super TET Paper - I, 2018]

A. अनुपम खेर **B.** शेखर कपूर
C. जावेद अख्तर **D.** प्रसून जोशी

Q.64 दृष्टिबाधित लोगों के लिए देश का पहला रेडियो चैनल, जिसका नाम 'रेडियो अक्ष' है, किस शहर में लॉन्च किया गया है?

[Delhi Forest Guard, 2021]

A. दिल्ली **B.** नागपुर **C.** इलाहाबाद **D.** आगरा

Q.65 शिकायतों, योजनाओं, कार्यक्रमों और नीतियों की निगरानी के लिए किस राज्य के ऊर्जा विभाग ने 'संभव' प्लेटफॉर्म / पोर्टल लॉन्च किया है?

A. राजस्थान **B.** उत्तर प्रदेश
C. मध्य प्रदेश **D.** बिहार

Q.66 ओशन सेवन चैलेंज पूरा करने वाला दुनिया का सबसे युवा और एशिया का पहला तैराक कौन है?

A. श्री चंद बजाज **B.** बिजॉय बर्मन
C. रोहन मोरे **D.** विरधवाल खाडे

Q.67 "हार्ट ऑफ एशिया" निम्नलिखित में से किस देश की एक पहल है?

A. अफगानिस्तान और भारत
B. अफगानिस्तान और संयुक्त राज्य अमेरिका
C. अफगानिस्तान और तुर्की
D. तुर्की और यूरोपीय संघ

Q.68 भारत में सशस्त्र सेना झंडा दिवस कब मनाया जाता है?

A. 4 दिसंबर **B.** 7 दिसंबर **C.** 9 दिसंबर **D.** 11 दिसंबर

Q.69 गांधी सागर बांध मध्य प्रदेश में किस नदी पर बनाया गया है?

A. नर्मदा **B.** चंबल **C.** सोन **D.** ताप्ती

Q.70 निम्नलिखित में से किसे दुनिया के पहले संस्कृत पुरस्कार से सम्मानित किया गया था?

A. आर. वासुदेवन पोट्टी **B.** महा चकरी सिरिनधोर्न
C. रविशंकर मेनन **D.** नरसिंह मूर्थी

Q.71 केंद्र सरकार ने सेला दर्रा के माध्यम से एक सुरंग बनाने की घोषणा की है । सेला दर्रा कहाँ स्थित है?

A. सिक्किम **B.** अरुणाचल प्रदेश
C. मणिपुर **D.** हिमाचल प्रदेश

Q.72 विश्व में सबसे बड़ी मीठे पानी की झील कौन-सी है?

A. वुलर झील **B.** लेक सूपीरियर
C. कैस्पियन सागर **D.** विक्टोरिया झील

Q.73 निम्नलिखित में से किस भौगोलिक / प्राकृतिक क्षेत्र को विश्व विरासत स्थल घोषित किया गया है?

A. स्पीति घाटी **B.** मैकल हिल्स

C. शिवालिक की पहाड़ियाँ D. पश्चिमी घाट

Q.74 अंतर्राष्ट्रीय नागर विमानन दिवस कब मनाया जाता है?
A. 4 दिसंबर **B.** 5 दिसंबर **C.** 6 दिसंबर **D.** 7 दिसंबर

Q.75 क्षेत्र के मामले में भारत का सबसे बड़ा राज्य कौन सा है?
A. महाराष्ट्र **B.** राजस्थान
C. मध्य प्रदेश **D.** उत्तर प्रदेश

Q.76 संविधान सभा द्वारा गठित संविधान समिति संघ का नेतृत्व किसके द्वारा किया गया था
A. सुभाष चंद्र बोस **B.** जवाहरलाल नेहरू
C. सरदार पटेल **D.** राजेंद्र प्रसाद

Q.77 जनवरी 2020 तक, यूनेस्को की विश्व धरोहर सूची में भारत से कितनी सांस्कृतिक धरोहरों को अंकित किया गया था?
A. 25 **B.** 31 **C.** 35 **D.** 30

Q.78 इलेव्हनिल वलारिवन को फिक्की इंडिया स्पोर्ट्स अवार्ड्स में स्पोर्ट्सपर्सन ऑफ द ईयर पुरस्कार से सम्मानित किया गया है। वह किस खेल से संबंधित है?
A. शूटिंग **B.** भाला फेंक **C.** शॉट पुट **D.** तीरंदाज़ी

Q.79 कौन सा भारतीय शहर गंगा के तट पर स्थित नहीं है?
A. पटना **B.** कोलकाता **C.** वाराणसी **D.** आगरा

Q.80 हुटी गोल्ड खदान किस राज्य में स्थित है?
A. कर्नाटक **B.** तमिलनाडु **C.** आंध्र प्रदेश **D.** महाराष्ट्र

Q.81 भारतीय स्वतंत्रता की प्रसिद्ध पुस्तक प्रथम युद्ध किसने लिखी?
A. वी. डी. सावरकर **B.** एस. एन. सेन
C. आर. सी. मजूमदार **D.** टी. आर. होम्स

Q.82 ऐसी स्थिति जहां वास्तविक जीडीपी का संतुलन स्तर संभावित जीडीपी से गिरता है ____ के रूप में जाना जाता है।
[Officers Training Academy (OTA), 2021], [Indian Military Academy (IMA), 2021]
A. मंदी अंतराल **B.** मुद्रास्फीति अंतराल
C. मांग-पक्ष मुद्रास्फीति **D.** आपूर्ति पक्ष मुद्रास्फीति

Q.83 निम्नलिखित में से कौन सा देश भारत के साथ सबसे लंबी अंतर्राष्ट्रीय सीमा साझा करता है?
A. बांग्लादेश **B.** चीन **C.** पकिस्तान **D.** म्यांमार

Q.84 कृष्णा नदी का उद्गम स्थल कौन सा है?
A. अमरकंटक **B.** ताला
C. महाबलेश्वर **D.** मुल्ताई

Q.85 किस गवर्नर के कार्यकाल में सती प्रथा को समाप्त कर दिया गया?
[SSC Sub Inspector (CPO), 2020]
A. लार्ड ऑकलैंड **B.** लार्ड विलियम बेंटिक
C. लार्ड ऐलनबरो **D.** लार्ड मैटकाफ

Q.86 2021 का प्रित्जकर पुरस्कार किसने जीता?
A. ऐनी लैकटॉन और जीन-फिलिप वासल
B. यवोन फैरेल और शेली मैकनामारा
C. अराता इज़ोज़की
D. बी. वी. दोशी

Q.87 निम्नलिखित में से किसने रसायन विज्ञान 2020 में नोबेल पुरस्कार जीता है?
A. रिचर्ड सिकेन और इमैनुएल चार्पेंटियर
B. जोरी ग्राहम और रिचर्ड सिकेन
C. शेरोन ओल्ड्स और जोरी ग्राहम
D. इमैनुएल चार्पेंटियर और जेनिफर ए डौडना

Q.88 विश्व का सबसे बड़ा मोबाइल कारखाना-
A. फ्रांस **B.** जापान
C. दक्षिण कोरिया **D.** भारत

Q.89 राष्ट्रीय विज्ञान दिवस कब मनाया जाता है-
[IDBI Bank Assistant Manager, 2016]
A. 9 फरवरी **B.** 13 फरवरी **C.** 21 फरवरी **D.** 28 फरवरी

Q.90 1983 में क्रिकेट विश्व कप जीतने के लिए भारत ने फाइनल में किसे हराया था?
A. इंगलैंड **B.** दक्षिण अफ्रीका
C. वेस्ट इंडीज **D.** ऑस्ट्रेलिया

English Language

Ques (91-95):Direction: The sentence below has a word in capital letters. Select the synonym of the word as per the context.

Q.91 The BALEFUL effects of the bombing of Hiroshima will continue for decades.
A. Deadly **B.** Noxious **C.** Ruinous **D.** Hurtful

Q.92 Untouchability has been legally ABOLISHED from India forever.
A. Eradicated **B.** Annihilate
C. Destroyed **D.** Revoked

Q.93 You need not ABANDON hope till the result is declared.
A. Abdicate **B.** Desert
C. Give up **D.** Surrender

Q.94 Her intention to run a charitable hospital was ADMIRABLE.
A. Praiseworthy **B.** Dignified
C. Virtuous **D.** Normal

Q.95 Head hunting was a BARBAROUS custom found among some tribes of the East.
A. Cruel **B.** Brutal
C. Ferocious **D.** Ruthless

Ques (96-100):Direction: Select the antonym of the word (occurring in the sentence in capital letters) as per the context.

Q.96 The salesman at the shop was ADEPT at charming customers into buying more than they had planned.
A. Ignorant **B.** Expert
C. Stupid **D.** Incapable

Q.97 My boss is HAUGHTY and considers himself to be above everyone else.
A. Assertive **B.** Timid
C. Humble **D.** Shy

Q.98 In spite of tripping on the carpet during the ceremony, the great actor remained POISED and laughed at his own clumsiness.

A. Confused **B.** Distrustful
C. Confident **D.** Assertive

Q.99 As I have a small budget for the wedding, I will have to be JUDICIOUS about my purchases.

A. Reckless **B.** Unrealistic
C. Idiotic **D.** Prudent

Q.100 He can do only MENIAL jobs as he never completed his graduation from the college.

A. Skilled **B.** Elevated
C. Exciting **D.** Degrading

Q.101 Direction: One of the four sentences given below is grammatically correct. Identify the correct sentence.

A. He is as well acquainted with the matter as I am.
B. He advised his three sons to not quarrel between themselves.
C. If I would have known this earlier, I would not have supported him.
D. Of the two brothers, the eldest one is very quarrelsome.

Q.102 Direction: One of the four sentences given below is grammatically correct. Identify the correct sentence.

A. Neither the size nor the colour of the pullover are right.
B. Found guilty of serious misconduct, the student leader was rusticated.
C. I prefer tea more than coffee.
D. We shifted here only the previous year.

Q.103 Direction: One of the four sentences given below is grammatically correct. Identify the correct sentence.

A. He took his engineers degree abroad.
B. As businessman, he was most successful in his life.
C. The tenant behaves as if he is the owner of the house.
D. Although he is a newly recruited boy, his knowledge of work is quite appreciable.

Q.104 Direction: One of the four sentences given below is grammatically correct. Identify the correct sentence.

A. This pen is hers.
B. These boys are more lazy than those.
C. Simran is a stronger boy.
D. Vishal had any rice for dinner.

Q.105 Direction: One of the four sentences given below is grammatically correct. Identify the correct sentence.

A. The horse stumbled and broke his leg.
B. There has been drizzling for two days.
C. Sita sings better than he does.
D. He was accused with murder by the court.

Ques (106-110):Direction: Choose the option that best expresses the meaning of the idiom which is underlined.

Q.106 Police should prevent the burglary as someone has already tipped them off.

A. Given a call
B. Given an advance warning
C. Galled for help
D. Bribed them

Q.107 Let our deals be fair and square.

A. Real **B.** Beneficial
C. Just **D.** Risky

Q.108 It's the responsibility of journalists to zero in on the key issues of society.

A. Focus on **B.** Ignore **C.** Nullify **D.** Show

Q.109 The arrest of the political leader touched off a riot.

A. Exploded into **B.** Caused
C. Supported **D.** Increased

Q.110 He is a plain, simple and sincere man. He will always call a spade a spade.

A. Say something to be taken seriously
B. Be truthful and straightforward
C. Avoid controversial situations
D. Avoid being outspoken

Ques (111-115):Direction: Identify the correct substitute for the given phrase.

Q.111 Something that is suitable for drinking

A. Edible **B.** Sanitary **C.** Potable **D.** Legible

Q.112 To root out something (an evil or disease)

A. Cancel **B.** Fabricate
C. Ban **D.** Eradicate

Q.113 A person who holds extreme views about his country, religion or faith

A. Caustic **B.** Fanatic **C.** Spiritual **D.** Atheist

Q.114 A post for which no salary is paid

A. Free **B.** Honorary
C. Unpaid **D.** Sinecure

Q.115 The first speech made by a person

A. Primary **B.** Maiden **C.** Prime **D.** Maid

Q.116 Direction: Read the passage carefully and answer the given question.

The ongoing conflict between two mega cola companies is known to all. All carbonated beverages generally lie under the flagship of two champs in this field, Coca Cola Company and PepsiCo. The brand conflict has furthered to a great extent. The lust to dominate does not extend to supermarkets alone. The turmoil extends from control over restaurants to supply of colas to big countries. The rivalry is for global control.

This long battle to sweep the global market has lasted for decades. It seems as legendary as the conflict of good and evil. But the choice depends on consumers' taste buds. The consumer taste criteria adjudge what is 'good' and what is the 'evil'. Both Coca Cola and PepsiCo leave no stone unturned. Despite all the convulsive episodes, and both companies claiming the ball to be in their court, the consumer is still undecided who rules the market.

The steaming competition is forcing the companies to launch new products. The companies are daily remodelling their marketing strategy. Through commercials, promotional campaigns and consumer benefit schemes they want to take the market with a stride but the judgment of the winner lies with the rising sales, profits and consumer loyalty. They are trying to increase the market share in other beverage categories. The war to lead the market goes on. Though Pepsi has often shown the strategy of developing new products, Coke followed the steps and instructed the newly appointed marketing executives to pursue the same technique. Pepsi had innovative advertising ideas, which Coca Cola lacked to an extent but both have tried to find and capture any new market (foreign) that they could. The Coca Cola advertising heads have now tried to capture youth's fancy by using celebrities. Whereas Coke is a leader in sodas, Pepsi banks on its snack business. If Pepsi allures the new genre, Coke also has a way to go with new consumers in its kitty.

What is the impact of competition between the companies mentioned in the passage?

A. It makes them seek customers' preference

B. It forces them use celebrities

C. It forces them hire new marketing executives

D. It makes them launch new products

Q.117 Direction: Read the passage and answer the question that follows.

The United States is becoming an increasingly fatherless society. A generation ago, an American child could reasonably expect to grow up with his or her father. Today, an American child can reasonably expect not to. Fatherlessness is now approaching a rough parity with fatherhood as a defining feature of American childhood.

This astonishing fact is reflected in many statistics, but here are the two most important. Tonight, about 40 percent of American children will go to sleep in homes in which their fathers do not live. Before they reach the age of eighteen, more than half of our nation's children are likely to spend at least a significant portion of their childhood living apart from their fathers. Never before in this country have so many children been voluntarily abandoned by their fathers. Never before have so many children grown up without knowing what it means to have a father.

Fatherlessness is the most harmful demographic trend of this generation. It is the leading cause of declining child well-being in our society. Yet, despite its scale and social consequences, fatherlessness is a problem that is frequently ignored or denied. Especially within our elite discourse, it remains largely a problem with no name.

If this trend continues, fatherlessness is likely to change the shape of our society. It will divide society into two groups that will live fundamentally divergent lives. One group will receive basic benefits - psychological, social, economic, educational, and moral - that are denied to the other group. The primary fault line dividing the two groups will not be race, religion, class, education, or gender. It will be patrimony. One group will consist of those adults who grew up with the daily presence, legacy and provision of fathers. The other group will consist of those who did not.

Surely a crisis of this scale merits a serious debate. Why is fatherhood declining? What can be done about it? Can our society find ways to invigorate effective fatherhood as a norm of male behaviour? Yet, to date, the public discussion on this topic has been remarkably weak and defeatist. There is a prevailing belief that not much can - or even should - be done to reverse the trend.

What does the phrase 'now approaching a rough parity' convey in the passage?

A. A state of oblivion

B. The extent of the problem

C. The need for restoration of equality

D. A comparison of child upbringing

Q.118 Direction: Read the following passage carefully and choose the best answer to the given question out of the four alternatives.

A British electronics manufacturer has built a factory in which quartz crystals can be grown in 3 weeks. The natural growth of quartz takes 3 million years, and very often the crystals are not sufficiently pure to satisfy the precise needs of science. However, the manufactured crystals are exceptionally pure, and this is important because quartz is used in an astonishing number of devices where constant accuracy is required: radio and television transmitters and receivers, space satellites and computers are familiar examples. In order to make artificial quartz, very small pieces of the natural crystal imported from Brazil are placed in long, narrow, steel cylinders. High pressure and high temperature are maintained within the cylinders for 3 weeks; and at the end of this time, the small fragments grow to the required weight of one pound. The quartz is then ready to be made into the tiny transistors that have replaced the much larger thermionic valves.

Purity of quartz crystals is very important because

A. Quartz transistors are used in television transmitters

B. Pure quartz can provide better accuracy

C. Quartz is used in a variety of devices

D. Pure quartz can save a lot of time

Q.119 Direction: Read the following passage and answer the question given after it.

The entire world of advertising is changing. Internet has made a special place. The advertising agencies are targeting the consumers by leaving the traditional methods of advertising in television and newspaper. The consumers read their paper and watch television programmes on the internet nowadays. They watch programmes as per their convenience. It is for this reason that the advertising agencies have to search for newer ways to reach out to the consumers. Now, they take the help of internet and Facebook.

Today the consumer has become very aware. Before buying a commodity, he researches extensively on the internet. He sees what other consumers have to say about the product by going through their reviews.

Today the companies are not concerned about the content of their message to the consumers or how creative the message is. Their concern is to find the right means of reaching the target audience and to utilise it to the fullest.

The consumers are also interested in the image of the companies. Therefore, the companies are constantly improving their image. They want to give out the message that they are conscious of their social responsibilities. These days most of the Indian companies show that they are working for the environment. Others claim that they are working for the education of the poor.

From the passage, it can be inferred that the reason for the change in the style of advertising is

A. The increasing popularity of internet
B. The challenges faced by the newspapers
C. The increasing interest in the traditional methods
D. The facilities provided by television

Ques (120-121):Direction: Read the passage carefully and answer the given question.

A lion becomes a man-eater by force of circumstances. He does not naturally eat human beings any more than he does dogs and hyenas. It is, so to say, an acquired taste. But once he has overcome it and finds how easy it is to kill this feared object, he takes to man eating like a duck to water. An old lion having once made the discovery is able to sustain existence and flourish in a way he could by no other means accomplish. Lions of all ages, which have got into trouble with porcupines are exceptionally dangerous. The broken ends of the needle-like quills work into the pads and other parts of the body, causing festering sores, pulling the animal down in condition and rendering him helpless and wary in catching his natural prey. The same conditions result from a reverse fight with one of his or her own kind or from a hunting accident, when some horned victim has managed to inflict a crippling stab. The lion or lioness so injured, wanders about, picking up the remains of what others leave. One day, hanging about a village, the starving beast encounters a child or a woman, who perhaps runs away. Thus encouraged, the beast makes a rush, which though it would be hopeless against an able bodied animal is sufficient to secure this kind of victim. That is the beginning. Next time if hunger overcomes the animal again, it will repeat the same and specialises in human quarry until it is killed.

Q.120 Lions that have earlier got into trouble with porcupines are

A. Brave
B. Good hunters
C. Dangerous
D. Strong

Q.121 Having once made the &aposbeginning&apos, if the injured animal is overcome by hunger again, it will-

A. Attack human beings
B. Wander
C. Become dangerous
D. Hang about the village

Ques (122-123):Direction: Read the following passage and answer the given question.

Every second of our life keeps passing away much sooner than the tick of the clock and much faster than the speed with which we can realise that another second has been stripped away from our lives. This monotony makes us wonder if we really have experienced something in our lives and if there is something at which we can look back in our lives and stare at and if nature has given us the time to accommodate some fun, excitement and happiness in this jam packed life.

Often, these entities turn out to be the wonderful people we have met, we are meeting and we will continue to meet. Our experiences with them make our life more meaningful. Some of them mirror life and its essence while a few others stand out as an example to show how one shouldn't lead one's life. They break the monotony of life, add milestones that help us keep track of our past and fill our lives with new lessons learnt that help us tackle the upcoming crisis in our lives.

A few of them occupy a permanent residence in our grey matter as per our wish to recollect them and the interaction with them every moment for the birth of hope and love for the future and a few others too occupy the same inerasable area but with memories that keep haunting us and with memories which we wish could be get ridden off soon. These people with their diverse backgrounds, beliefs and habits are the ones that make up the most important part of one's autobiography, either published or secured in the locker and so is it in my case too.

Q.122 The passage is a prelude to recounting of

A. A life story
B. A personal experience
C. Monotony that is life
D. True meaning of life

Q.123 What break(s) the monotony of life?

A. Realisation of time passing by
B. Pleasant experiences
C. Unpleasant experiences
D. Both pleasant and unpleasant experiences

Ques (124-128):Direction: Read the following passage carefully and choose the best answer to the question out of the four given alternatives.

The great advantage of early rising is the head start it gives us in our day's work. The early riser has done a large amount of hard work before other men even get out of bed. In the early morning, the mind is fresh, and there are few sounds or other distractions, so work done at that time is generally well done. In many cases, the early riser also finds time to take some exercise in the fresh morning air, and this exercise supplies him with a reserve of energy that will last until the evening. By beginning so early, he knows that he has plenty of time to do all the work he can be expected to do thoroughly and is not tempted to hurry over any part of it. All his work having been finished in good time, he has a long interval of rest in the evening before the timely hour when he goes to bed. He gets to sleep several hours before midnight at the time when sleep is most refreshing. After a sound night's rest, he rises early next morning in good health and spirits for the labours of a new day.

It is very plain that such a life as his is far more conducive to health than that of the man who shortens his waking hours by rising late. The person who lies in bed late, if he wishes to do a full day's work, goes on working to a corresponding late hour and denies himself the hour or two of evening exercise that he ought to take for the benefit of his health. But in spite of all his efforts, he will probably not produce as good results as the early riser.

Q.124 The effects of early rising on health are

A. Conducive **B.** Unfavourable
C. Negligible **D.** Minimal

Q.125 The great advantage of early rising is

A. That mind becomes fresh
B. That it makes us healthy
C. That we get a head-start in our day&aposs work
D. That we are able to get a good night&aposs sleep

Q.126 The early morning exercise helps the early riser by

A. Keeping his mind fresh
B. Supplying him with a reserve of energy
C. Providing him with good health
D. Helping him to complete his work on time

Q.127 If the early riser completes the work on time,

A. He can do exercise
B. He can rest for long in the evening
C. He will feel fresh
D. He can move out with friends

Q.128 The word 'distraction' means

A. Diversion **B.** Agitation
C. Confusion **D.** Concentration

Ques (129-133):Direction: The pair of words given below has a certain relationship. Select from the given alternatives a pair of words having the same relationship.

Q.129 Impeccable : Flaw : :

A. Intolerable : Defect **B.** Immovable : Choice
C. Infallible : Error **D.** Irreversible : Care

Q.130 Trailer : Picture ::

A. Truck : Cargo
B. Theatre : Play
C. Edition : Novel
D. Commercial : Product

Q.131 Chatter : Talk ::

A. Scurry : Move **B.** Sleep : Drowse
C. Limp : Walk **D.** Shout : Sing

Q.132 Confine : Prisoner ::

A. Trace : Fugitive **B.** Ambush : Sentry
C. Detain : Suspect **D.** Impeach : President

Q.133 Puny : Mammoth : :

A. Large : Untidy **B.** Beautiful : Small
C. Compact : Clumsy **D.** Stable : Wobbly

Ques (134-138):Direction: In the following question, four statements are provided between an opening statement 1 and a closing statement 6. The four statements are jumbled up and form a coherent paragraph when properly arranged. Select the alternative representing the proper and logical sequencing of these six taken together.

Q.134 1. Reagan used simple, direct and forceful language to make his points during his political career.

A. He probably ought to talk about foreign policy.
B. Reagan visited Berlin in 1987.
C. He was to commemorate the city aposs 750th anniversary.
D. One big challenge was speech of Berlin wall.
6. 'That wall has to come down' - Reagan said.

A. BDCA **B.** DBCA **C.** CBDA **D.** CBAD

Q.135 1. Issues of National Security are no longer simple consideration of defence.

A. What appears to be merging is a new kind of warfare.
B. Otherwise, all our aspirations to ensure the prosperity of our people may come to naught.
C. They are closely intertwined with many aspects of trade and commerce, creation and use of knowledge base.
D. A country should learn to master new realities of life.
6. We need to address newer and more sophisticated concepts of protecting our strategic interests.

A. CADB **B.** ADCB **C.** ACDB **D.** DBCA

Q.136 1. By importing non-strategic systems for defence, a nation will not be able to defend both its economic freedom and security.

A. A country&aposs strength to protect its security is dependent on the degree of self-reliance in defence and defence systems.
B. Through our sustained efforts for growth of core-competence and self-reliance in critical technologies, we can transform our nation.
C. This will only perpetuate the dependence on other nations.
D. India&aposs core-competence in certain technological areas and scientific technological manpower has to be harnessed.
6. Technology is the tool that brings faster economic growth and needed inputs for national security.

A. ABCD **B.** ABDC **C.** CADB **D.** DCAB

Q.137 1. In Germany, the battle over the theory of evolution was still bitter.

A. In any case, it was no missing link.
B. Its brain, too small to be a human&aposs, the femur was quite possibly that of a human since no ape could have sustained such a serious injury and lived while it healed.
C. And yet, Virchow conceded, perhaps this was simply the femur of some extinct giant gibbon since gibbons walk erect on the ground.
D. Rudolf Virchow lost no time in declaring that Dubois&aposs marvelous fossil was the skullcap of a very interesting giant gibbon.
6. Virchow&aposs numerous followers rejected Dubois&aposs conclusion out of hand, and all of Ernst Haeckel&aposs

attempts to defend this incarnation of his hypothetical missing link were in vain.

A. ADBC **B.** CABD **C.** DCBA **D.** DBCA

Q.138 1. In the early 1960&aposs came the application of radiometric dating, the field that has rightly been called the &aposoldest profession&apos, to hominid evolution.

A. The intense heat of the eruption rests the 40K/40Ar ratio to zero because all of the Argon that has accumulated so far is released into the atmosphere.

B. When volcanoes erupt, magma from deep within the earth is poured out as lava or coughed up as ashes.

C. Radiometric dating is based on the steady rate of decay of radioactive isotopes into stable, daughter isotopes, such as the transformation of radioactive potassium - 40 (40K) to stable argon - 40(40Ar).

D. Thus, the amount of these isotopes in rocks formed by ancient volcanic eruptions indicates how much time has elapsed since that eruption.

6. Such dating tells us that Homo erectus was alive almost as many as 2 million years ago in Africa.

A. BACD **B.** BADC **C.** ABCD **D.** CBAD

Q.139 Direction: In the following question, four statements are provided. These statements form a coherent paragraph when properly arranged. Select the alternative representing the proper and logical sequencing of these statements.

A. Lacking an ideal, the people will be quickly weary of the sacrifices demanded from them, sacrifices which are generally out of proportion to any practical result they can expect to see.

B. If however, it is a great mistake for a statesman to launch a war solely to assure the victory of a certain ideology; it is nevertheless usually good politics for psychological reasons.

C. History entirely confirms the thesis that wars undertaken solely to bring about the triumph of an ideology never reach the ends at which they are aimed.

D. This is especially true where the war is prolonged, murderous, and costly.

A. ADCB **B.** CDAB **C.** ABCD **D.** CBDA

Ques (140-145):Direction: Choose the appropriate option for the blank so as to make the sentence grammatically correct.

Q.140 He told me that he _______ to my house last Monday.

A. Came **B.** Had come
C. Has came **D.** Would come

Q.141 ________ people know that he belongs to a royal family.

A. A little **B.** The few **C.** Less **D.** Few

Q.142 A high percentage of people ___ still trapped in superstitions.

A. Is **B.** Are
C. Have been **D.** Were

Q.143 It is John, not his friends, who __________ the window pane.

A. Have broken **B.** Has broken
C. Break **D.** Have been breaking

Q.144 No sooner had he heard the news of his father's death, ______ he wept bitterly.

A. When **B.** Then
C. Than **D.** Suddenly

Q.145 He ___________ that he will go abroad for his higher studies.

A. Says **B.** Said
C. Has told **D.** Would say

Q.146 Direction: Choose the word that is incorrectly spelled.

A. Reseptive **B.** Recessive
C. Regressive **D.** Repressive

Q.147 Direction: Choose the word that is incorrectly spelled.

A. Dissect **B.** Dissent
C. Dissimilate **D.** Disscord

Q.148 Direction: Choose the word that is incorrectly spelled.

A. Aggrandise **B.** Aggitator
C. Agonist **D.** Agglomerate

Q.149 Direction: Choose the word that is incorrectly spelled.

A. Avarice **B.** Edifice
C. Enfranchise **D.** Moretise

Q.150 Direction: Choose the word that is incorrectly spelled.

A. Fantasise **B.** Familarise
C. Fictionalise **D.** Feminise

Aptitude for Service Sector

Q.151 लंबे समय तक चलने वाले QA सत्र के बाद, आपको अपने प्रदर्शन के बारे में बहुत खराब टिप्पणियों के साथ एक समीक्षा प्राप्त होती है। फिर, आप-

A. अपने वरिष्ठों के साथ बहस करेंगे
B. बहुत निराश होगे
C. आलोचना का विश्लेषण करेंगे और कुछ सबक लेने की कोशिश करेंगे
D. बहुत गुस्सा होगे

Q.152 यदि आप अपने सहयोगियों के साथ कुछ विशिष्ट काम पूरा करने के लिए सौंपे गए हैं और आपके सहकर्मी कार्य छोड़ने और एक पार्टी में भाग लेने की योजना बना रहे हैं, तो

A. आप भी कार्य छोड़ देंगे
B. आप काम करना शुरू कर देंगे और अपने सहयोगियों को भी ऐसा करने के लिए कहेंगे
C. आप कार्य समाप्त करने के लिए अकेले काम करना शुरू कर देंगे
D. आप अपने वरिष्ठ अधिकारियों के पास जाएंगे और उन्हें बताएंगे कि आप कार्य पूरा नहीं कर सकते

Q.153 अपने कार्यालय डेस्क पर काम करते समय, आपको अपनी टेबल के नीचे एक पैक लिफाफा मिलता है, जिस पर एक पता होता है। आप क्या करेंगे?

A. लिफाफा को फाड़ेंगे और देखेंगे कि अंदर क्या है, और यदि आप इसे पसंद करते हैं तो इसे अपने व्यक्तिगत उपयोग के लिए ले जाएं
B. पूछताछ करेंगे और लिफाफा पोस्ट करेंगे, ताकि यह सही हाथों तक पहुंच जाए
C. लिफाफा खोल कर देखेंगे कि अंदर क्या है और फिर संबंधित व्यक्ति को उसे सामग्री के बारे में बताएंगे
D. उसे कूड़ेदान में फेंक देंगे क्योंकि यह एक अनुचित स्थान पर पड़ा है

Q.154 सार्वजनिक व्यवहार सेवाओं में शामिल व्यक्ति के मुख्य गुण क्या हैं?
A. विनम्र और नरम स्वभाव
B. अच्छी सुनने की गुणवत्ता
C. समयनिष्ठा
D. त्वरित निर्णय लेने की क्षमताओं के साथ लघु प्रतिक्रिया समय

Q.155 यदि आप अपने कुछ सहयोगियों की गलतियों के कारण प्रतिकूल स्थिति का सामना कर रहे हैं, तो आप-
A. उनसे नाराज हो जायेंगे
B. जितना संभव हो उतनी विनम्रता के साथ स्थिति से निपटेंगे
C. सहकर्मियों को उनकी गलतियों के बारे में बताएंगे
D. निराश हो जायेंगे और उनसे बचेंगे

Q.156 जब आपके वरिष्ठ अधिकारी आपको एक नया कार्य असाइन करते हैं जिसमें बहुत सारे विभिन्न स्थानों पर जाना शामिल है, तो आपको चाहिए-
A. अपनी यात्राओं की योजना तैयार करें
B. अपने अधिकारियों से बात करें
C. कार्य में देरी करें
D. किसी को मदद करने के लिए कहें

Q.157 कल्पना कीजिए कि आप अपने स्कूटर पर जा रहे हैं और एक व्यक्ति अचानक आप के पास रुक जाता है और अपने घायल बच्चे को पास के अस्पताल में ले जाने के लिए मदद मांगता है। आप क्या करेंगे?
A. व्यक्ति को नजरअंदाज करेंगे और चले जायेगे
B. पहले पुलिस को बुलाएँगे और उनके आने का इंतजार करेंगे
C. उसे किसी अन्य व्यक्ति से मदद मांगने के लिए कहेंगे
D. तुरंत चिकित्सा सहायता के लिए बच्चे को पास के अस्पताल में ले जायेगे

Q.158 आप एक सोसाइटी पार्क में क्रिकेट खेल रहे हैं और गेंद को इतनी गतिशीलता से मारते हैं कि पास के घर की एक खिड़की टूट जाती है। आप क्या करेंगे?
A. तुरंत दृश्य से भाग जायेंगे क्योंकि आप मुसीबत में नहीं पड़ना चाहते
B. गलती के लिए अपनी क्रिकेट टीम के अन्य सदस्यों को दोष देंगे और भागने की कोशिश करेंगे
C. घर के मालिक से माफी मांगेंगे और उसे आश्वस्त करेंगे कि आप क्षति के लिए राशि का भुगतान करेंगे
D. घर के मालिक से इस आश्वासन के साथ गेंद वापस करने का अनुरोध करेंगे कि आप सोसायटी पार्क में क्रिकेट खेलेंगे।

Q.159 अपनी कार चलाते समय, आप गलती से किसी को चोट पहुँचाते हैं। आप क्या करेंगे?
A. तुरंत घटनास्थल से दूर भागेंगे
B. माफी मांगेंगे और अपनी यात्रा जारी रखेंगे
C. चोट लगने और छोड़ने के लिए थोड़ी सी रकम का भुगतान करेंगे
D. उसे पास के अस्पताल में ले जायेंगे और उसका इलाज कराने के लिए भुगतान करेंगे

Q.160 एक ग्राहक आपको एक समस्या के साथ कॉल करता है जिसे तुरंत हल करने की आवश्यकता है। समस्या को ठीक से हल करने के लिए, आपको कुछ जानकारी एकत्र करने की आवश्यकता है, लेकिन ऐसा करने के लिए बहुत कम समय है। आप सबसे अधिक क्या करेंगे?
A. जानकारी इकट्ठा करने के लिए जो भी समय की आवश्यकता है उसे लेंगे
B. वर्तमान में आप जो जानते हैं उसके आधार पर समस्या को जल्दी से ठीक करेंगे
C. सभी सूचनाओं के बिना समस्या को जल्दी से ठीक करने से जुड़े संभावित मुद्दों की व्याख्या करेंगे
D. मदद के लिए अपने प्रबंधक से संपर्क करेंगे और क्या करना है पर निर्देशों के लिए प्रतीक्षा करेंगे

Q.161 आप किसी नए असाइनमेंट पर प्रेजेंटेशन तैयार कर रहे हैं, जिसे आपने तैयार किया है, लेकिन कुछ सहकर्मी आपके काम को नजरअंदाज कर अपनी बात पर जोर देने की कोशिश कर रहे हैं। आप क्या करेंगे
A. आप उन्हें टालेगे और अपनी प्रस्तुति पर ध्यान केंद्रित करने के लिए प्रयास करेंगे
B. आप उनसे चिढ़ जाते हैं और झगड़ा शुरू कर देते हैं
C. आप उन्हें प्रस्तुति जारी रखने के लिए दृढ़ता और विनम्रता से पूछते हैं
D. आप उन्हें डांटते हैं और उनसे अपना मुंह बंद रखने के लिए कहते हैं

Q.162 आप अपने प्रबंधक के अनुसार काम करने में कठिनाइयों का सामना कर रहे हैं। आप अपनी रणनीतियों को संशोधित करते हैं और अपनी तकनीकों के अनुसार कार्य करना चाहते हैं। आप क्या करेंगे?
A. आप अपने प्रबंधक को मेल करते हैं कि आप अपनी तकनीकों से कार्य करना चाहते हैं
B. आप मैनेजर के पास जाते हैं और उसे अपनी समस्या के बारे में बताते हैं
C. आपको लगता है कि उसे यकीन नहीं होगा
D. आप स्थिति से बचेंगे और आगे बढ़ेंगे

Q.163 बहुत व्यस्त दिन पर, आपको अकेले सभी ग्राहकों को उपस्थित होना होगा। आपको क्या करना चाहिये?
A. आप सिर्फ नौकरी का अपना हिस्सा खत्म करगे
B. आप अपने अधिकतम प्रदर्शन देने के लिए अपने स्तर की पूरी कोशिश करते हैं और सभी ग्राहकों को संतुष्ट करने की कोशिश करते हैं
C. आप छुट्टी के लिए आवेदन करेंते और घर लौटेंते
D. आप अपने प्रबंधक से कुछ मदद करने के लिए कहते हैं

Q.164 आप एक बस डिपो में हैं। आप पाते हैं कि आप जिस बस को पकड़ना चाहते हैं, वह शुरू हो गई है और टिकट लाइन में पहले से ही लंबी कतार लगी हुई है। आप बस को याद करने का जोखिम नहीं उठा सकते क्योंकि आप आपातकालीन यात्रा पर हैं। आप क्या करेंगे?
A. बस में चढ़ेंगे और टिकट और अपनी इमरजेंसी में अपनी असमर्थता के बारे में बस कंडक्टर को सूचित करेंगे
B. दौड़ो और बस में जाओ और दिखाओ जैसे कि आपके पास टिकट है और आप इसे खो चुके हैं।
C. सबसे पहले, बस टिकट खरीदें और फिर अगली बस का इंतजार करें, भले ही इसका मतलब काफी देर से पहुंचे।
D. बस मिस करें और अब न जाने का फैसला करें, यह सोचकर कि इमरजेंसी की स्थिति दूसरों से संभाली जाएगी

Q.165 जब आप अपने काम पर होते हैं तो आपका सबसे महत्वपूर्ण ध्यान क्या होगा?
A. कार्यों और कार्य की गुणवत्ता
B. बाहर से प्रतिरोध
C. आपकी असफलता की टिप्पणी
D. आपकी क्षमताएं

Q.166 आप एक रेलवे स्टेशन पर अपनी ट्रेन की प्रतीक्षा कर रहे हैं। आप अजनबियों में से हैं और प्रतीक्षालय में अकेले बैठे हैं। आप क्या करेंगे?
A. केवल तभी बात करें जब कोई अन्य व्यक्ति बातचीत शुरू करता है
B. एक समाचार पत्र खरीदें और अपने आप को व्यस्त रखें
C. वेटिंग रूम में आने वाले व्यक्ति से बात करना शुरू करें
D. चुपचाप कमरे में बैठ कर समय बीतने का इंतजार करें

Q.167 आप अपने सहयोगियों के साथ एक होटल में एक पार्टी का आनंद ले रहे हैं। अचानक, आप एक व्यक्ति को अपनी ओर आते हुए देखते हैं। स्कूल के दिनों में वह व्यक्ति आपका सबसे अच्छा दोस्त था। आप क्या करेंगे?
A. अपने सहकर्मियों को पीछे छोड़ते हुए अपने स्कूल मित्र से जुड़ेंगे
B. स्कूल के दोस्त से बचें और अपने सहयोगियों के साथ रहेंगे
C. थोड़ी देर के लिए अपने स्कूल के दोस्त के पास जाएंगे और फिर अपने

साथियों के पास लौट आएंगे

D. अपने सहकर्मियों के साथ अपने स्कूल के दोस्त का परिचय देंगे और उसे सहज बनाएंगे

Q.168 आपके पड़ोस में एक परिवार रहता है। एक दिन, आप देखते हैं कि उनके परिवार में झगड़ा हो रहा है। आप क्या करेंगे?

A. झगड़े से बचेंगे और आगे बढ़ेंगे

B. अन्य पड़ोसियों को स्थिति के बारे में बताएं और हस्तक्षेप करने की कोशिश करेंगे, और समस्या को हल करेंगे

C. गुस्से से उन्हें लड़ने और शोर न करने के लिए कहें

D. पुलिस को बुलाएंगे

Q.169 आप एक सख्त शाकाहारी हैं। अपने सबसे अच्छे दोस्त की शादी के लिए, आप सभी सिंगापुर में हैं। आप ज्यादा खा नहीं पाए हैं। आप क्या करेंगे ?

A. एक भारतीय रेस्तरां में बाहर खिसकेंगे और खाएंगे

B. अपने दोस्त को अपनी भविष्यवाणी के बारे में बताएंगे

C. चीखेंगे और रोओगे

D. जो भी उपलब्ध है उसके साथ समायोजित करेंगे

Q.170 आपने अपने काम से संबंधित कुछ महत्वपूर्ण दस्तावेज अपने मित्र को किसी विशिष्ट स्थान पर देने के लिए दिए। दुर्भाग्य से, वह अपने रास्ते पर दस्तावेजों को खो देता है। आप क्या करेंगे?

A. उसे उसकी गलती के लिए दोषी ठहराएं और उससे कभी बात न करें

B. स्थिति के बारे में सहायक बनें और उसे इसके बारे में चिंता न करने के लिए कहें

C. अपना आपा खो दें और दृढ़ता से उसे प्रतिस्थापन के लिए भुगतान करने के लिए कहें

D. अपना आपा खोएं, लेकिन प्रतिक्रिया न करें

Q.171 एक प्रमुख शेफ के रूप में, आपके लिए कौन सा गुण सबसे उपयोगी होगा: संगठन, पाक ज्ञान या दक्षता?

A. संगठन के लिए आवश्यक प्रमुख कौशल होगा

B. एक हेड शेफ को पाक के गहन ज्ञान की आवश्यकता होती है

C. तीनों कौशल

D. दक्षता सफलता सुनिश्चित करेगी

Q.172 आपका एक मित्र आपको अपनी प्रस्तुति तैयार करने में मदद करने के लिए कहता है। यह मित्र भी आपके प्रतियोगियों में से एक है। फिर,

A. आप उसकी प्रस्तुति तैयार करने में उसकी मदद करेंगे

B. आप उसकी प्रस्तुति तैयार करने में उसकी मदद नहीं करेंगे

C. आप उसकी मदद नहीं करेंगे और दूसरों को उसकी मदद करने से मना करेंगे

D. इनमें से कोई नहीं

Q.173 आप एक होटल में हैं जहाँ एक शादी की पार्टी भी हो रही है। आप एक कोने में फर्श पर पड़ी एक कीमती अंगूठी पाते हैं। आप इसे अपनी जेब में डाल लेंते है। तुम्हे करना चाहिए

A. इसे नहीं उठाया चाहिए

B. इसके साथ एक मोहरे की दुकान पर जाना चाहिए और इसे बेचना चाहिए

C. इसे खोया और पाया विभाग मे जमा करें

D. इसे खुद पहनें

Q.174 कुछ दोस्त पार्टी करने बाहर जाते हैं। एक मित्र ने बिना अनुमति के अपनी कार का उपयोग करने के लिए दूसरे के साथ झगड़ा किया। आप जानते हैं कि यह आप ही थे जिन्होंने अपने मित्र को दूसरे मित्र की कार में आपके साथ जाने के लिए उकसाया था। अब, आपको करना चाहिए

A. भड़काने वाले के रूप में अपनी भूमिका स्वीकार करें

B. चुप रहो और कार के मालिक और अपने दोस्त को लड़ने दो

C. चुपचाप बाहर जाओ और कार ईंधन भरपाई करवाओ

D. अपने दोनों दोस्तों को झगड़ा रोकने के लिए कहें

Q.175 अपने आप की कल्पना कीजिए और उसका चुनाव कीजीये जो आप के लिये सबसे सराहनीय है।

A. विश्लेषण करने और पद्धतिविज्ञानी होने की क्षमता

B. अपनाने और बनाने की क्षमता

C. दूसरे के तरीके को व्यवस्थित करने और अपनाने की क्षमता

D. इनमें से कोई नहीं

Q.176 आप अपने जीवन में क्या पसंद करेंगे?

A. कम संपर्क के साथ अधिक दोस्त

B. लंबे समय तक चलने वाली गुणवत्ता वाले मित्र

C. अधिक लंबा संपर्क के साथ कुछ दोस्त

D. कई आकस्मिक दोस्त

Q.177 हाल के दिनों में, स्कूल में अपने दोस्तों में से कुछ अपके डेस्क पर अपना बेकार सामान फेंक दिया करते है आप इससे परेशान है। ये चीजें आपको अत्यधिक परेशान करती हैं। इसलिए, आप

A. प्राचार्य के पास जाकर शिकायत करें

B. अनौपचारिक रूप से अपने दोस्तों के सामने मामलों के बारे में शिकायत

C. उन्हें बात करने और मामले को सुलझाने के लिए बुलाओ

D. उन दोस्तों से बचें

Q.178 आप एक अच्छे खिलाड़ी हैं जो एक टीम में चयनित होने के लिए अपने प्रभाव का उपयोग करते हैं। हालांकि आपकी टीम मुख्य रूप से आपकी वजह से मैच हार जाती है। आपको चाहिए

A. टीम में बने रहना

B. कठिन अभ्यास

C. सार्वजनिक रूप से अपनी गलती स्वीकार करें

D. मुद्दे पर ध्यान न दें और खराब खेलते रहें

Q.179 आप अपने कॉलेज में एक समारोह में भाग लेने के लिए गये थे । माना जाता है कि आपका भाई आपको कॉलेज से घर ले जाएगा। किन्हीं कारणों से वह लेट हो जाता है और आपको लेने नहीं आता। उसके पास सेल फोन नहीं है इसलिए आप उससे संपर्क नहीं कर सकेते। आप क्या करेंगे?

A. आप कॉलेज में उसके लिए इंतजार करते हैं

B. आप अपने दोस्त के साथ उसके घर जाएंगे

C. आप उसे सबक सिखाने के लिए बिना किसी को बताए कहीं और चले जाएंगे

D. आप इंतजार से तंग आ चुके हैं। इसलिए, जब वह आता है, तो आप लड़ना शुरू करते हैं

Q.180 जब आप काम पर हैं, एक सहयोगी जिसे आप विशेष रूप से नापसंद करते हैं, एक अद्भुत प्रस्तुति देता है। आप इसे भी पसंद करते हैं। तुम्हे अवश्य करना चाहिए

A. काम के बारे में स्निड टिप्पणी करें

B. उन्हें बधाई

C. मालिक को बताओ कि वह अपने दम पर यह नहीं किया है

D. कमरे से बाहर चलना

Q.181 आपका दोस्त गलत समझता है और सोचता है कि आप उसकी निजी जिंदगी मे समस्याओं का कारण बन रहे हैं और वह आप पर चिल्लाता हैं। आप क्या करेंगे?

A. अपना आपा खो दें

B. दूसरों को उसके व्यवहार के बारे में बताएं

C. उसे छोड़ दो और भविष्य में उससे बचें

D. गलतफहमी को सुलझाने के लिए पहला कदम ले

Q.182 आप अपने दोस्तों के साथ एक कॉलेज की यात्रा के लिए गये थे। किसी तरह आप उनसे अलग हो गए और आप खो जाते हैं। आप क्या करेंगे?

A. आप दूसरों को दोष देने और कोसने लगते हैं
B. आप अपने भाई को फोन करते है और को ले जाने के लिए कहते है
C. आप एक नक्शा खरीदते हैं और स्थान का पता लगाने का प्रयास करते हैं
D. आप कुछ दुकानों पर जाते है

Q.183 आपका परिवार कुछ दिनों के लिए शहर से बाहर है। आप अपने घर पर अकेले हैं। आपको नियत तिथि पर बिजली बिल का भुगतान करने के लिए कहा जाता है, लेकिन किसी तरह आप बिल खो देते हैं। आप क्या करेंगे?

A. इसे अपने माता-पिता से छिपाएं
B. आप डर जाते हैं और अपने दोस्तों को बुलाते हैं
C. अपने माता-पिता को बुलाओ और विकल्प के लिए पूछें
D. नुकसान के लिए नौकरानी को दोष दे

Q.184 आप अपनी भतीजी और उसके दोस्तों के साथ एक मॉल में जाते हैं। अचानक आपको एहसास होता है कि बच्चों में से एक लापता है। आप क्या करेंगे?

A. बच्चों को शांत रहने के लिए कहेंगे और लापता बच्चे के वापस आने का इंतजार करते रहेंगे
B. संत्रास होंगे और एक शांत जगह में समूह को ले जायेंगे
C. बच्चों को इकट्ठा करें, अधिकारियों के पास जाएंगे और बाकी बच्चों की सुरक्षा सुनिश्चित करते हुए उनकी मदद लेंगे
D. लापता बच्चे का नाम जोर से बुलाना और उसकी खोज करना शुरू करेंगे

Q.185 सेल फोन पर अपने दोस्त के साथ बातचीत करते समय, आपको एहसास होता है कि कोई व्यक्ति आपके पीछे अपना पसंदीदा गाना बजा रहा है। आप क्या करेंगे?

A. अपने दोस्त को बताएंगे कि आप गाना सुन रहे हैं
B. आप यह समझने में सक्षम हैं कि आपका मित्र क्या कह रहा है और बातचीत के साथ-साथ गीत भी सुनते रहेंगे
C. दोनों चीजों को एक साथ करने की कोशिश करेंगे, लेकिन दोनों ही नहीं कर सकते
D. गाने के बारे में भूल जायेंगे और अपने दोस्त की आवाज पर ध्यान केंद्रित करेंगे

Q.186 अपनी परीक्षा के दौरान, आप अपने शिक्षक द्वारा एक दोस्त से बात करते हुए देखा जाता है। स्थिति यह है कि आप कलम की मांग कर रहे हैं, जबकि शिक्षक सोचता है कि आप धोखा दे रहे हैं। इसलिए वह कहता है कि वह आपके अंक काट लेगा। आप

A. परीक्षा के दौरान चिंतित रहते हैं, लेकिन परीक्षा जारी रहेगी
B. परीक्षा समाप्त होने तक उत्तर देना जारी रखें और फिर शिक्षक के पास जाकर उसे सच बताएं
C. एक बार में विरोध शुरू करे और उसे बताओ कि तुम धोखा नहीं कर रहे थे
D. परेशान हो जाएंगे और अपनी परीक्षा पर ध्यान केंद्रित नहीं करेंगे

Q.187 आप अपने मातृ गृह में हैं। आपके मामा का इकलौता बेटा खेलते समय खुद को बुरी तरह से आहत करता है। आप क्या करेंगे?

A. आप घबराएंगे
B. आप पड़ोसियों के पास जाते हैं और कुछ मदद करने वाले हाथों के लिए कहते हैं
C. आप अपने चाचा को एक कॉल करते हैं और उसे जितनी जल्दी हो सके लौटने के लिए कहते हैं
D. आप या तो परिवार के डॉक्टर या किसी अन्य डॉक्टर को फोन कर के आकर बच्चे को देखने को कहते हैं और इस दौरान आप उसके साथ रहते हैं

Q.188 आपके सबसे अच्छे दोस्त ने आपको फोन किया है, और आपको लंच के लिए आने के लिए कहता हैं, लेकिन बाद में आपको पता चल जाता है कि आपके कॉलेज में उस दिन के लिए एक साक्षात्कार तय किया गया है। आप क्या करेंगे?

A. अगली बार के लिए साक्षात्कार को छोड़ देंगे और अपने दोस्त के साथ जाएंगे
B. अपने दोस्त को कॉल करें और पूरी स्थिति के बारे में बताएंगे
C. नौकरी साक्षात्कार को छोड़ देंगे और दोपहर के लंच के लिए जाएंगे
D. आप मन की एक भ्रामक स्थिति में जाएंगे

Q.189 सड़क पर आवारा पिल्लों से आप अपने फ्लैट पर एक प्यारा सा पिल्ला लाते है और उसे एक स्नान देते है। लेकिन वह जानवर फुसफुसाता हैं और कंपकंपी करता हैं। उससे खाना खाया नहीं जाता और उसे मौत से डर लगता है। तुम्हे अवश्य

A. उसे पास के डॉग वेलफेयर एसोसिएशन के पास ले जाना चाहिए
B. इसे अपने परिचित परिवेश में लौटा दें
C. इसे जबरदस्ती गर्म दूध खिलाएं
D. इसे गर्म कपड़ों से ढकना चाहिए

Q.190 आपके पास एक पड़ोसी है जो पूछने पर हमेशा आपकी मदद करता है। एक दिन वह आपसे अपकी कार अपने परिवार के साथ बाहर जाने के लिए मागता है। इसी दिन आपका परिवार भी किसी न किसी स्थान पर घूमना चाहता है। आप क्या करेंगे?

A. सीधे उसे मना कर देगे
B. उसे स्थिति समझाएंगे और उसे वे कारण बताएंगे जिनके कारण आप उसे अपना वाहन नहीं दे सकते
C. उसे अपना वाहन देंगे और अपने परिवार को गुस्सा आने देंगे
D. उसे अपने परिवार के साथ आने के लिए कहेंगे ताकि दोनों परिवारों के पास कुछ मजेदार समय होगा

Q.191 एक बड़ी तारीफ है?

A. वह बहुत तार्किक है
B. वह बहुत भावुक है
C. दोनों बराबर हैं
D. इनमें से कोई नहीं

Q.192 आपके सामने एक सड़क दुर्घटना हुई है, जिसमें एक व्यक्ति गंभीर रूप से घायल हुआ है। आप क्या करेंगे?

A. पुलिस को बुलाएगे
B. घायल व्यक्ति के रिश्तेदारों को बुलाएगे
C. उसे किसी भी तरह प्राथमिक चिकित्सा प्रदान करेंगे और फिर अपने रिश्तेदारों और एम्बुलेंस को कॉल करेंगे
D. दृश्य से बचेंगे और आगे बढ़ेंगे

Q.193 आप बेरोजगार हैं। आप अपनी विवाहित बहन के साथ रहते हैं। न तो आप उसे मौद्रिक सहायता दे सकते हैं और न ही आपको खाना बनाना या सफाई करना जानते हैं। आप मदद करेंगे

A. अपने दोस्तों के साथ बाजार में देर तक बाहर रहने से
B. हर दिन अलग-अलग दोस्तों के घरों पर खाना खाने से
C. पड़ोस के पुस्तकालय में जाकर भोजन के लिए पूरे दिन वहाँ रहने से
D. छोटे-छोटे काम चलाकर और बच्चों की देखभाल करके

Q.194 आपके पास अपने गृहनगर में वृद्ध माता-पिता हैं और आप उनका मुख्य सहारा हैं। आपको विदेश में एक अवसर मिलता है जो बहुत ही आकर्षक है। उसी समय, आपको अपने गृहनगर के पास एक सरकारी नौकरी में शामिल होने के लिए कॉल मिलता है। आप क्या करेंगे?

A. विदेश में आकर्षक पेशकश लेंगे और अपने माता-पिता को अपने साथ ले जाएंगे
B. न तो नौकरी करेंगे और अभी भी बेहतर संभावनाओं की तलाश करेंगे
C. सरकारी नौकरी करेगे लेकिन अपने माता-पिता को अपने साथ नही ले जायेंगे

D. अपने माता-पिता से परामर्श लेंगे

Q.195 आपको अपने मित्र के साथ किसी महत्वपूर्ण कार्य के लिए कहीं जाना होगा। समस्या यह है कि आपको वाहन की आवश्यकता है, लेकिन आपके पास वाहन नहीं है। इस स्थिति में, आप क्या करेंगे?

A. आप अपने मित्र से उसके वाहन के लिए पूछेंगे
B. आप उस विशेष क्षण में यात्रा में देरी करते हैं
C. आप किसी से मदद नहीं मांगते
D. आप स्थिति से बचते हैं और सार्वजनिक परिवहन प्रणाली के साथ प्रबंधन करते हैं

Q.196 आप अपनी वृत्ति के अनुसार निर्णय लेते हैं। यह वाक्य

A. पूरी तरह से आपका है
B. कुछ हद तक आपका है
C. बहुत कम आपका हैं
D. आपका नहीं है

Q.197 आपको एक उच्च स्तरीय पार्टी में भाग लेना है, लेकिन यह नहीं पता कि समाज के उस वर्ग से क्या कहना है या कैसे व्यवहार करना है। तुम्हे करना चाहिए

A. बहाना कि आप खुद का व्यवसाय करते हैं
B. धनवान मित्र से कर्ज लें
C. स्वयं की आत्म-छवि रखे
D. पार्टी में शामिल नहीं हो

Q.198 आप भूखे और थके हुए हैं। आप घर आते है, और आप को चाहिए

A. कुछ साधारण गर्म भोजन तैयार करना
B. जो भी नाश्ता अलमारी में पड़ा है उसे खाएं
C. धमाके से फ्रिज का दरवाजा बंद करना जब आपको कोई खाना नहीं मिलता
D. सो जाना

Q.199 आप एक राजा हैं। आपकी रानी अपनी दासी से क्रोधित हो जाती है और आपको उसे दंड देने के लिए कहती है। राजा होने के नाते, आपको चाहिए

A. रानी से क्षमा मांगने के लिए दासी से पूछें
B. दासी को अनुकरणीय दंड
C. आपके न्यायालय में कार्यवाही चलाना
D. केवल अपनी रानी की बात न सुनना

Q.200 आपकी टीम में एक व्यक्ति है जो जानबूझकर टीम की महिला सदस्यों के प्रति अपमानजनक है। आप, के रूप में टीम के नेता पाते है कि इस व्यवहार से काम के परिणाम मे नकारात्मक प्रभाव आ रहा है। तुम्हे चाहिए

A. व्यक्ति का सामना करना
B. महिला सदस्यों से व्यक्ति की अनदेखी करने के लिए कहें
C. उसे पुलिस के हवाले कर दे
D. उसे सलाह देने के लिए एक तरफ ले जाये

// स्मार्ट उत्तर पुस्तिका //

सही उत्तर उन छात्रों के प्रतिशत को इंगित करता है जिन्होंने प्रश्नों का सही उत्तर दिया था।

छोड़ दिया उन छात्रों के प्रतिशत को इंगित करता है जिन्होंने प्रश्नों को छोड़ दिया था।

प्रश्न संख्या	उत्तर	सही उत्तर	छोड़ दिया
1	D	41.69 %	33.9 %
2	B	54.92 %	36.47 %
3	D	58.59 %	40.1 %
4	C	48.53 %	47.78 %
5	B	49.87 %	40.24 %
6	C	46.0 %	35.48 %
7	C	48.88 %	41.38 %
8	C	67.23 %	32.67 %
9	D	67.03 %	32.62 %
10	C	60.04 %	35.91 %
11	B	84.1 %	13.57 %
12	D	43.48 %	33.51 %
13	D	53.99 %	45.69 %
14	A	41.25 %	55.91 %
15	C	86.57 %	12.23 %
16	C	53.57 %	40.19 %
17	C	54.95 %	32.4 %
18	A	66.91 %	31.91 %
19	B	77.51 %	11.62 %
20	B	61.15 %	37.13 %
21	C	40.39 %	49.8 %
22	A	43.14 %	48.8 %
23	C	52.16 %	38.35 %
24	C	58.11 %	40.78 %
25	B	47.1 %	49.25 %
26	A	60.67 %	32.14 %
27	C	55.57 %	40.02 %
28	B	45.11 %	44.25 %
29	D	57.75 %	32.34 %
30	B	58.48 %	33.05 %
31	A	57.14 %	37.4 %
32	D	84.93 %	12.62 %
33	C	43.68 %	48.3 %
34	C	50.38 %	31.6 %
35	A	50.81 %	31.6 %
36	D	66.7 %	31.2 %
37	B	81.13 %	15.23 %
38	A	48.29 %	30.5 %
39	D	67.13 %	30.49 %
40	D	48.8 %	37.19 %
41	D	50.56 %	33.63 %
42	C	57.96 %	34.85 %
43	C	53.61 %	35.92 %
44	A	44.14 %	55.33 %
45	A	68.04 %	30.98 %
46	C	55.82 %	35.46 %
47	C	66.96 %	32.82 %
48	A	53.88 %	38.41 %
49	A	20.79 %	76.1 %
50	D	63.42 %	31.69 %
51	A	63.04 %	36.21 %
52	D	47.96 %	39.83 %
53	D	56.11 %	36.04 %
54	A	67.37 %	31.22 %
55	C	62.78 %	32.62 %
56	A	58.57 %	37.11 %
57	D	63.37 %	33.95 %
58	C	43.02 %	45.94 %
59	C	41.95 %	53.13 %
60	D	40.6 %	44.8 %
61	A	81.96 %	12.58 %
62	C	51.57 %	44.9 %
63	D	69.3 %	30.09 %
64	B	41.3 %	31.57 %
65	B	18.59 %	79.23 %
66	C	62.82 %	32.92 %
67	C	45.84 %	47.54 %
68	B	65.14 %	31.14 %
69	B	50.57 %	44.68 %
70	B	57.86 %	36.54 %
71	B	49.24 %	47.59 %
72	B	62.46 %	33.12 %
73	D	41.38 %	34.98 %
74	D	64.84 %	31.01 %
75	B	84.72 %	11.48 %
76	B	80.39 %	17.49 %
77	D	65.95 %	31.63 %
78	A	42.69 %	34.31 %
79	D	46.32 %	47.59 %
80	A	65.23 %	32.65 %

प्रश्न संख्या	उत्तर	सही उत्तर	छोड़ दिया
81	A	63.04 %	30.91 %
82	A	46.57 %	51.44 %
83	A	43.36 %	34.45 %
84	C	64.3 %	31.33 %
85	B	48.35 %	51.08 %
86	A	42.71 %	53.68 %
87	D	30.33 %	67.46 %
88	D	89.57 %	10.32 %
89	D	63.74 %	35.15 %
90	C	63.07 %	35.36 %
91	C	59.62 %	34.95 %
92	A	64.65 %	34.5 %
93	C	50.04 %	40.55 %
94	A	41.71 %	48.63 %
95	A	66.54 %	31.07 %
96	D	46.33 %	30.24 %

प्रश्न संख्या	उत्तर	सही उत्तर	छोड़ दिया
97	C	59.72 %	30.3 %
98	A	58.14 %	30.68 %
99	A	42.98 %	51.98 %
100	A	51.06 %	47.43 %
101	A	64.53 %	33.01 %
102	B	43.06 %	39.27 %
103	D	66.08 %	30.76 %
104	A	64.21 %	35.13 %
105	C	52.29 %	38.99 %
106	B	57.15 %	35.94 %
107	C	57.46 %	31.68 %
108	A	48.64 %	36.87 %
109	B	87.79 %	10.34 %
110	B	64.74 %	31.84 %
111	C	40.49 %	31.85 %
112	D	53.86 %	32.06 %

प्रश्न संख्या	उत्तर	सही उत्तर	छोड़ दिया
113	B	67.17 %	31.74 %
114	B	55.45 %	36.48 %
115	B	41.37 %	36.9 %
116	D	62.42 %	34.0 %
117	B	54.31 %	44.53 %
118	B	58.86 %	34.98 %
119	A	68.97 %	30.59 %
120	C	55.02 %	36.71 %
121	A	41.77 %	36.97 %
122	B	45.51 %	36.33 %
123	D	59.94 %	30.55 %
124	A	78.6 %	15.47 %
125	C	60.65 %	39.31 %
126	B	57.99 %	31.67 %
127	B	44.94 %	44.0 %
128	A	57.52 %	35.3 %

प्रश्न संख्या	उत्तर	सही उत्तर	छोड़ दिया
129	C	59.65 %	30.97 %
130	D	57.56 %	34.41 %
131	A	52.25 %	40.36 %
132	C	43.05 %	31.43 %
133	D	49.02 %	48.23 %
134	B	54.97 %	34.84 %
135	A	57.34 %	30.49 %
136	C	40.61 %	35.24 %
137	D	69.16 %	30.27 %
138	D	41.27 %	44.17 %
139	D	69.1 %	30.08 %
140	B	51.48 %	46.4 %
141	D	42.72 %	42.17 %
142	A	41.93 %	50.92 %
143	B	59.32 %	31.41 %
144	C	62.39 %	33.27 %

प्रश्न संख्या	उत्तर	सही उत्तर	छोड़ दिया
145	A	45.06 %	48.44 %
146	A	48.99 %	32.28 %
147	D	58.99 %	35.13 %
148	B	54.7 %	39.94 %
149	D	50.0 %	45.31 %
150	B	50.81 %	48.04 %
151	C	81.2 %	16.18 %
152	B	88.2 %	11.4 %
153	B	43.0 %	35.84 %
154	A	48.38 %	31.47 %
155	B	69.33 %	30.08 %
156	A	54.34 %	33.5 %
157	D	61.16 %	30.06 %
158	C	61.76 %	31.38 %
159	D	22.24 %	67.6 %
160	D	46.85 %	47.4 %

प्रश्न संख्या	उत्तर	सही उत्तर / छोड़ दिया
161	C	48.9 % / 50.41 %
162	B	46.25 % / 39.87 %
163	B	55.26 % / 37.46 %
164	A	47.77 % / 34.93 %
165	A	49.75 % / 39.41 %
166	B	50.24 % / 40.51 %
167	D	67.77 % / 30.44 %
168	B	64.87 % / 34.94 %

प्रश्न संख्या	उत्तर	सही उत्तर / छोड़ दिया
169	D	47.98 % / 35.98 %
170	D	52.45 % / 36.84 %
171	C	67.34 % / 30.1 %
172	A	51.06 % / 31.93 %
173	C	50.49 % / 47.31 %
174	A	47.58 % / 51.21 %
175	A	64.24 % / 35.71 %
176	B	59.58 % / 40.2 %

प्रश्न संख्या	उत्तर	सही उत्तर / छोड़ दिया
177	C	52.3 % / 44.99 %
178	B	60.05 % / 30.12 %
179	A	52.99 % / 40.25 %
180	B	52.13 % / 31.0 %
181	D	59.16 % / 39.79 %
182	C	60.78 % / 36.57 %
183	C	65.67 % / 30.58 %
184	C	46.6 % / 44.88 %

प्रश्न संख्या	उत्तर	सही उत्तर / छोड़ दिया
185	D	50.84 % / 30.05 %
186	B	43.83 % / 32.01 %
187	D	64.19 % / 32.6 %
188	B	63.89 % / 30.94 %
189	B	52.16 % / 31.33 %
190	D	40.05 % / 33.59 %
191	A	69.17 % / 30.41 %
192	C	64.36 % / 31.46 %

प्रश्न संख्या	उत्तर	सही उत्तर / छोड़ दिया
193	D	80.13 % / 17.77 %
194	D	40.5 % / 30.49 %
195	A	63.18 % / 34.23 %
196	A	59.91 % / 32.38 %
197	C	67.76 % / 32.05 %
198	A	56.43 % / 37.96 %
199	C	46.29 % / 33.11 %
200	D	58.34 % / 31.62 %

कार्य विश्लेषण	
औसत अंक (%)	52.25%
टॉपर्स स्कोर (%)	64.0%
आपका स्कोर	

मॉक टेस्ट 05

Numerical Ability and Analytical Aptitude

Q.1 संख्या 2017 में 0 के स्थानीय और अंकित मान के बीच का अंतर है:

A. 0 **B.** 99 **C.** 100 **D.** 101

Q.2 17^5+23^5 द्वारा विभाज्य है:

A. केवल 10 **B.** केवल 20
C. दोनों 10 और 20 **D.** न तो 10 और न ही 20

Q.3 रोहन के पास 5 रुपये, 25 रुपये और 20 रुपये के मूल्यवर्ग में 500 रुपये हैं। प्रत्येक मूल्यवर्ग में नोटों की संख्या बराबर है। रोहन के पास कितने नोट हैं?

A. 90 **B.** 10 **C.** 30 **D.** 45

Q.4 26^2+97^2 किसके बराबर है:

A. $57^2 + 62^2$ **B.** $79^2 + 62^2$
C. $27^2 + 82^2$ **D.** $34^2 + 92^2$

Q.5 $\frac{(0.9)^3-(0.1)^3}{(0.9)^2+0.09+(0.1)^2}$ का मान ज्ञात कीजिए।

A. 0.4 **B.** 0.6 **C.** 0.7 **D.** 0.8

Q.6 निर्देश: दशमलव के संदर्भ में निम्नलिखित को व्यक्त करें।

$$28 + 99.9 + \frac{2}{10} + \frac{8}{1000} + \frac{101}{100}$$

A. 129.118 **B.** 118.128 **C.** 129.128 **D.** 118.118

Q.7 24 और 32 का ल.स.प. 96 है। इन दो संख्याओं का म.स.प. ज्ञात कीजिए।

A. 10 **B.** 4 **C.** 8 **D.** 5

Q.8 निर्देश: निम्नलिखित अभिव्यक्ति को हल करें।

$7 \times 10^5 + 2 \times 10^3 + 8 \times 10^1 + 5 \times 10^0 = ?$

A. 705082 **B.** 870208 **C.** 702085 **D.** 735608

Q.9 निर्देश: दी गई अभिव्यक्ति को सरल कीजिए।

$$\frac{\sqrt{433.0625}-\sqrt{75.5625}}{\sqrt{433.0625}+\sqrt{75.5625}}$$

A. $\frac{129}{267}$ **B.** $\frac{26}{275}$ **C.** $\frac{121}{295}$ **D.** $\frac{90}{295}$

Q.10 दो संख्याओं का अनुपात क्या है जिसका अंतर 28 है और जिसके माप $\frac{3}{8}$ हैं?

A. 17.8 : 45.8 **B.** 14.8 : 44.8
C. 15.8 : 43.8 **D.** 16.8 : 44.8

Q.11 कश्मीर घाटी में अमीन मसूद का खूबसूरत बाग था। यदि उसके बाग में 16.66% पेड़ सेब के पेड़ हैं और पेड़ों की कुल संख्या 360 है, तो उन पेड़ों की संख्या ज्ञात करें जिन पर दूसरे प्रकार के फल उग रहे थे।

A. 200 **B.** 140 **C.** 300 **D.** 240

Q.12 प्रकाश और आनंद ने एक छोटे व्यवसाय में 4 : 5 के अनुपात में निवेश किया। यदि कुल लाभ का 4% दान में जाता है और प्रकाश का हिस्सा 950 रुपये है, तो कुल लाभ है:

A. 2209 रु **B.** 2458 रु **C.** 2183 रु **D.** 2351 रु

Q.13 दिल्ली में फलों के निर्यातकों द्वारा एक प्रदर्शनी का आयोजन किया गया। फल विक्रेता, कैलाश, प्रति 5 आम 8 रुपये की दर से 300 आम खरीदता है और उन्हें प्रति 2 आम 5 रुपये की दर से बेचता है। उसके प्रतिफल के बारे में निम्नलिखित में से कौन सही है?

A. 170 रुपये का नुकसान **B.** 270 रुपये का लाभ
C. 300 रुपये का नुकसान **D.** 300 रुपये का लाभ

Q.14 लाल सेब की कीमत 10 रुपये किलो और हरे सेब की कीमत 12 रुपये किलो है। उन्हें 1: 2 के अनुपात में एक साथ मिलाया जाता है। परिणामस्वरूप मिश्रण की औसत कीमत क्या होगी?

A. 11.33 रुपये किलो **B.** 10.33 रुपये किलो
C. 13.33 रुपये किलो **D.** 11 रुपये किलो

Q.15 उस राशि का योग क्या है जिस पर चक्रवृद्धि ब्याज और साधारण ब्याज के बीच का अंतर 2 वर्ष के लिए 4% पर 1 रुपए है?

A. 400 रु **B.** 625 रु **C.** 340 रु **D.** 645 रु

Q.16 मैक्स रोड्स ने क्रिकेट में 52 की औसत के साथ अपनी पहली दस पारियां खेलीं। उन्हें अपनी श्रृंखला को 7 से बढ़ाने के लिए कितने और रन की आवश्यकता है, यह मानते हुए कि अगली पारी उनकी आखिरी है?

A. 152 **B.** 129 **C.** 159 **D.** 329

Q.17 पायल, बिपाशा से दो वर्ष बड़ी है, जो एंजेला से दोगुनी आयु की है। यदि 32, एंजेला, बिपाशा और पायल की आयु का योग है, तो बिपाशा की आयु क्या है?

A. 11 वर्ष **B.** 10 वर्ष **C.** 12 वर्ष **D.** 9 वर्ष

Q.18 निर्देश: दिए गए चित्र में (x + y) का मान ज्ञात कीजिए।

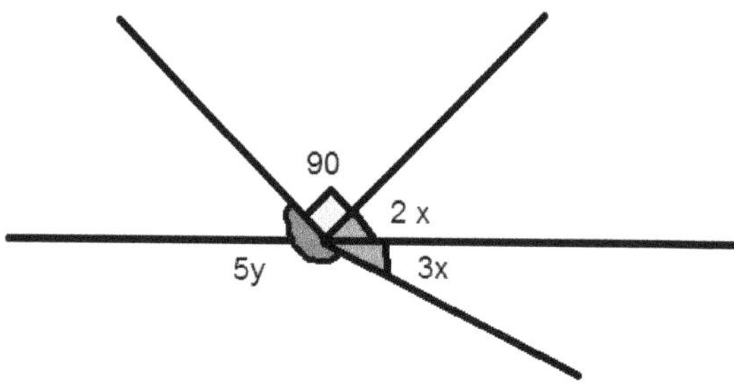

A. 66 **B.** 88 **C.** 45 **D.** 54

Q.19 यदि 2x + 3 और 3x + 2 पूरक कोण हैं, तो x का मान क्या है?

A. 24 **B.** 53 **C.** 35 **D.** 42

Q.20 एक निश्चित बहुभुज के आंतरिक कोण और बाहरी कोण के बीच का अंतर 120° है। इस बहुभुज की भुजाओं की संख्या कितनी है?

A. 9 **B.** 10 **C.** 11 **D.** 12

Q.21 आस्था 4 घंटे में एक निश्चित कार्य करती है, बबलू और चारू एक साथ 3 घंटे में एक ही कार्य कर सकते हैं, जबकि आस्था और चारू 2 घंटे में एक साथ कर सकते हैं। अकेले एक ही कार्य को पूरा करने के लिए बबलू को कितना समय देना होगा?

A. 12 घंटे **B.** 10 घंटे **C.** 8 घंटे **D.** 6 घंटे

Q.22 5-किलोवाट हीटर एक निर्धारित मात्रा में 20 मिनट में पानी उबालता है। 1-किलोवाट हीटर को पानी की समान मात्रा में उबालने में कितना समय लगेगा?

A. 100 मिनट **B.** 80 मिनट **C.** 60 मिनट **D.** 120 मिनट

Q.23 स्तुति ट्रैक का आधा हिस्सा 20 किमी प्रति घंटे और शेष आधा 30 किमी प्रति घंटे की रफ्तार से चलती है। स्तुति की औसत गति क्या है?

A. 24 किमी प्रति घंटा **B.** 25 किमी प्रति घंटा
C. 26 किमी प्रति घंटा **D.** 20 किमी प्रति घंटा

Q.24 यह ज्ञात है कि पाइप 3, पाइप 2 की तुलना में दोगुना है। इसके अलावा, पाइप 2, पाइप 1 की तुलना में दोगुना है। जब शीला ने इन तीन पाइपों का उपयोग करके एक बाल्टी भरी, तो 5 मिनट लगे। बाल्टी को पूरी तरह से भरने के लिए अकेले पाइप 1 द्वारा कितने समय की आवश्यकता होगी?

A. 30 मिनट **B.** 35 मिनट **C.** 45 मिनट **D.** 40 मिनट

Ques (25-28):निर्देश: दिए गए पाई चार्ट का अध्ययन करें और निम्नलिखित प्रश्नों के उत्तर दें।

चार अलग-अलग दोस्तों में चॉकलेट की कुल संख्या का वितरण पाई चार्ट में दिया गया है।

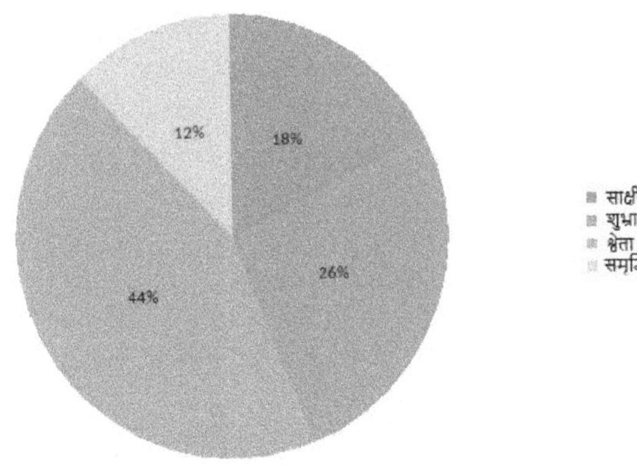

Q.25 यदि चॉकलेट की कुल संख्या 100 है, तो समृद्धि के पास कितनी चॉकलेट हैं?

A. 8 **B.** 10 **C.** 12 **D.** 20

Q.26 श्वेता की चॉकलेट की हिस्सेदारी के अनुरूप क्षेत्र का केंद्रीय कोण क्या है?

A. 150° **B.** 159° **C.** 158.4° **D.** 160°

Q.27 यदि चॉकलेट की कुल संख्या 100 है, तो साक्षी के पास कितनी चॉकलेट हैं?

A. 18 **B.** 20 **C.** 10 **D.** 25

Q.28 साक्षी के चॉकलेट के हिस्से के अनुरूप सेक्टर का केंद्रीय कोण क्या है?

A. 70° **B.** 80° **C.** 64.8° **D.** 90°

Q.29 निम्नलिखित में से कौन सी शताब्दी कभी भी लीप वर्ष नहीं हो सकती है?

A. 3600 **B.** 3200 **C.** 4400 **D.** 4100

Q.30 17 जुलाई 1997 को गुरुवार था। सप्ताह का कौन सा दिन 17 जुलाई 1998 को निहित है?

A. रविवार **B.** सोमवार **C.** शुक्रवार **D.** शनिवार

Reasoning and Logical Deduction

Ques (31-33):निर्देश: निम्नलिखित प्रश्न में, दी गई श्रृंखला से लुप्त संख्या का चयन करें।

Q.31 41, 64, 110, 179, 271, ?

A. 386 **B.** 296 **C.** 367 **D.** 427

Q.32 8, 35, ?, 143, 224, 323

A. 70 **B.** 80 **C.** 65 **D.** 75

Q.33 4, 25, 152, 915, ?

A. 4638 **B.** 5494 **C.** 2568 **D.** 3729

Q.34 पुरस्कार पाने वाले व्यक्ति को दिखाते हुए, नंदू ने कहा, "वह मेरे चाचा की बेटी का भाई है"। नंदू का आदमी के साथ क्या रिश्ता(संबंध) है?

A. चचेरा भाई **B.** भाई **C.** बेटा **D.** बहनोई

Q.35 प्रशांत ने श्याम से कहा, "कल, मैंने अपने नाना के बेटे की इकलौती बहन को हरा दिया"। प्रशांत ने किसे हराया?

A. दादी **B.** मां **C.** बहन **D.** चाची

Ques (36-40):निम्नलिखित कथनों में से कौन सी धारणा/धारणाएं दिए गए कथन में निहित हैं?

Q.36 कथन: लागत को लाभ के अनुपात को अधिकतम करने के लिए, कारखाने के मालिक ने उत्पादों की कीमत बढ़ाने का फैसला किया।

धारणाएं:

1. अनुपात यथास्थिति में रहेगा, जिसमें कोई बदलाव नहीं होगा।
2. लागत यथास्थिति रहेगी, जिसमें कोई बदलाव नहीं होगा।
3. प्रतिस्पर्धी अपने उत्पादों की कीमत भी बढ़ाएंगे।

A. केवल धारणा 1 और 2 निहित हैं
B. केवल धारणा 2 और 3 निहित हैं
C. केवल धारणा 3 निहित है
D. इनमे से कोई भी नहीं

Q.37 कथन: चॉकलेट को अच्छा होने के लिए महंगा होने की आवश्यकता नहीं है।

धारणाएं:

1. कीमत जितनी कम हो, उतनी ही अधिक गुणवत्ता खराब होती है।
2. सस्ती चॉकलेट भी अच्छी हैं।

A. केवल धारणा 1 निहित है
B. केवल धारणा 2 निहित है
C. या तो धारणा 1 या धारणा 2 निहित है
D. 1 और 2 दोनों धारणाएं निहित हैं

Q.38 कथन: वह सरकार सबसे अच्छी होती है जो कम समय के लिए शासन करती है।

धारणाएं:

1. वह सरकार जो अधिक समय के लिए शासन करती है, बुरी सरकार होती है।
2. वह सरकार जो अधिक समय के लिए शासन करती है, सबसे अच्छी सरकार नहीं होती है।

A. केवल धारणा 1 निहित है
B. केवल धारणा 2 निहित है
C. या तो धारणा 1 या धारणा 2 निहित है
D. 1 और 2 दोनों धारणाएं निहित हैं

Q.39 कथन: प्रबंधक अपने कर्मचारियों को बताता है कि इस महीने का वेतन अगले महीने की 5 तारीख को नकद में जारी किया जाएगा।

धारणाएं:

1. अगले महीने की 5 तारीख को कार्यालय खुला रहेगा।

2. कर्मचारियों को अगले महीने की 5 तारीख को उपस्थित होना चाहिए।

A. केवल धारणा 1 निहित है
B. केवल धारणा 2 निहित है
C. या तो धारणा 1 या धारणा 2 निहित है
D. 1 और 2 दोनों धारणाएं निहित हैं

Q.40 कथन: स्वस्थ दिमाग के लिए व्यक्ति को रोजाना योग का अभ्यास करना चाहिए।

धारणाएं:

1. स्वस्थ मन होना वांछनीय है।
2. किसी के पास स्वस्थ दिमाग नहीं है।

A. केवल धारणा 1 निहित है
B. केवल धारणा 2 निहित है
C. या तो धारणा 1 या धारणा 2 निहित है
D. न तो धारणा 1 और न ही अनुमान 2 निहित है

Ques (41-43):निम्नलिखित में से कौन सा निष्कर्ष दिए गए कथनों के लिए सही है?

Q.41 कथन:

सभी भाई पैतृक चाचा हैं।
कुछ पैतृक चाचा जोकर हैं।
कुछ जोकर चचेरे भाई हैं।

निष्कर्ष:

1. कुछ जोकर भाई हैं।
2. कुछ चचेरे भाई पैतृक चाचा हैं।
3. कुछ भाई जोकर हैं।
4. कुछ भाई चचेरे भाई हैं।

A. केवल 1 सही है
B. केवल 2 सही है
C. केवल 4 सही है
D. इनमे से कोई भी नहीं

Q.42 कथन:

कुछ जड़ें मकई हैं।
कुछ मकई ड्रम हैं।
कोई ड्रम छड़ी नहीं है।

निष्कर्ष:

1. कोई छड़ी मकई नहीं है।
2. कोई ड्रम जड़ नहीं है।
3. कुछ मकई जड़ हैं।

A. केवल 1 सही है
B. केवल 1 और 2 सही है
C. केवल 1 और 3 सही है
D. केवल 3 सही है

Q.43 कथन:

सभी पत्तियां पतंग हैं।
सभी पतंग केले हैं।
कुछ मछलियाँ केले हैं।

निष्कर्ष:

1. कुछ केले पत्ते होते हैं।
2. कुछ मछलियां पत्तियां होती हैं।
3. सभी पतंग पत्ते हैं।

A. केवल 1 और 2 सही है
B. केवल 1 सही है
C. केवल 1 सही है
D. केवल 1 और 3 सही है

Q.44 निर्देश: इस प्रश्न में तीन कथनों के बाद चार निष्कर्ष 1, 2, 3, और 4 दिए गए हैं। इन कथनों को ध्यान से पढ़ें और निर्धारित करें कि दिए गए निष्कर्षों में से कौन सा कथन तार्किक रूप से कथनों का अनुसरण करता है।

कथन:

कुछ कंगारू सांप हैं।
कुछ सांप पैंथर हैं।
सभी पैंथर तोते हैं।

निष्कर्ष:

1. कुछ तोते सांप होते हैं।
2. कुछ पैंथर कंगारू हैं।
3. सभी पैंथर कंगारू हैं।
4. कुछ सांप कंगारू होते हैं।

A. केवल 1 और 2
B. केवल 2 और 4
C. केवल 2 और 3
D. केवल 1 और 4

Ques (45-47):A, B की माँ है। B, C की बहन है। D, C का पुत्र है। E, D का भाई है। F, E की माँ है। G, A की पोती है। H के दो बच्चे B और C हैं।

Q.45 परिवार में दो जोड़े कौन हैं?

A. AH और CF
B. AH और BC
C. DE और CF
D. AB और DE

Q.46 B, D से कैसे संबंधित है?

A. मां **B.** चाची **C.** चचेरा भाई **D.** भाभी

Q.47 यदि B, I से विवाह करती है, तो I, C से कैसे संबंधित है?

A. भाई **B.** बहनोई **C.** भाभी **D.** दामाद

Ques (48-52):निर्देश: निम्नलिखित जानकारी को ध्यान से पढ़ें और फिर दिए गए प्रश्न का उत्तर दें।

दस व्यक्ति दो पंक्तियों में बैठे हैं। E, F, G, H और I पांच लड़के हैं जो दक्षिण की तरफ मुख करके हुए एक पंक्ति में बैठे हैं, जबकि M, N, O, P और Q पांच लडकियां हैं जो दूसरी पंक्ति में पहली पंक्ति के समानांतर बैठी हैं और उनका मुख उत्तर की तरफ हैं। प्रत्येक व्यक्ति में बैठे व्यक्ति का मुख दूसरी पंक्ति में बैठे व्यक्तियों में से एक के सामने है।

F, जो H के बाईं ओर है, Q का सामना कर रहा है। G और N एक दूसरे के विपरीत तिरछे बैठे हैं। I, O के विपरीत है, जो 'एम' के दाईं ओर है। P, Q के बाईं ओर है। M पंक्ति के एक छोर पर है।

Q.48 O के दाएं तीसरे स्थान पर कौन बैठा है?

A. N **B.** M **C.** P **D.** Q

Q.49 लड़कों की पंक्ति के अंतिम छोर पर कौन बैठा है?

A. F **B.** E **C.** G **D.** I

Q.50 यदि E, I के साथ अपनी स्थिति बदलता है और Q, M के साथ अपनी स्थिति बदलता है, तो I के विपरीत बैठे व्यक्ति के तत्काल बाएं कौन होगा?

A. M **B.** N **C.** O **D.** P

Q.51 G के समीप बाएं कौन बैठा है?

A. I **B.** E **C.** F **D.** H

Q.52

सही कथन का पता लगाएं।

A. P, N के बाईं ओर दूसरे स्थान पर है
B. N अपनी पंक्ति के अंतिम बाएं छोर पर बैठा है
C. M और N, Q के निकटतम पड़ोसी हैं
D. H, N का सामना कर रहा है

Ques (53-54):निर्देश: उस विकल्प को चुनें जो दिए गए शब्दों के बीच समान संबंध प्रस्तुत करता है जैसा कि दिए गए शब्दों की जोड़ी में है।

Q.53 सांसारिक : आध्यात्मिक

A. सामान्य : भूतिया **B.** लौकिक : अलौकिक
C. दिनचर्या : उपन्यास **D.** धर्मनिरपेक्ष : लिपिक

Q.54 संगीत रचना : संगीतकार

A. पुनर्जागरण : संगीत **B.** फ्रेस्को : पेंटर
C. रंग : रंग-पत्र **D.** कला : प्रशंसा

Q.55 यदि CLARIFY को AJYPGDW के रूप में कोडित किया जाता है, तो OLD को कैसे कोडित किया जाएगा?

A. LOW **B.** MJB **C.** QNF **D.** PME

Q.56 46 की कक्षा में डेविड से 9 रैंक आगे सुरेन है। यदि डेविड की रैंक आखिरी से 22वीं है, तो शुरू से सुरेन की रैंक क्या है?

A. 22 वें **B.** 17 वीं **C.** 15 वीं **D.** 14 वीं

Q.57 45 छात्रों की कक्षा में, राकेश को नीचे से आठवें स्थान पर रखा गया है, जबकि सीनू को शीर्ष से दसवां स्थान दिया गया है। दीप को बिल्कुल दोनों के बीच रखा गया है। दीप से राकेश की स्थिति क्या है?

A. 12 वीं **B.** 15 वीं **C.** 14 वीं **D.** 10 वीं

Q.58 निर्देश: नीचे दिए गए समस्या आकृति (1), (2), (3), और (4) के रूप में नामित हैं। वह आकृति चुनें जो उत्तर आकृति (a), (b), (c), और (d) नाम के उत्तर आकृति से समान प्रतिरूप का अनुसरण करता है।

समस्या आकृति:

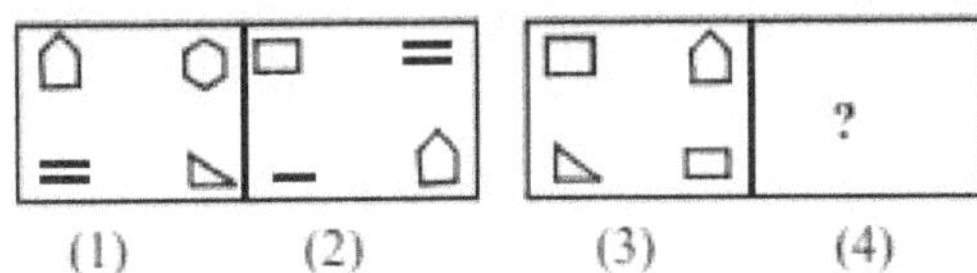

उत्तर आकृति:

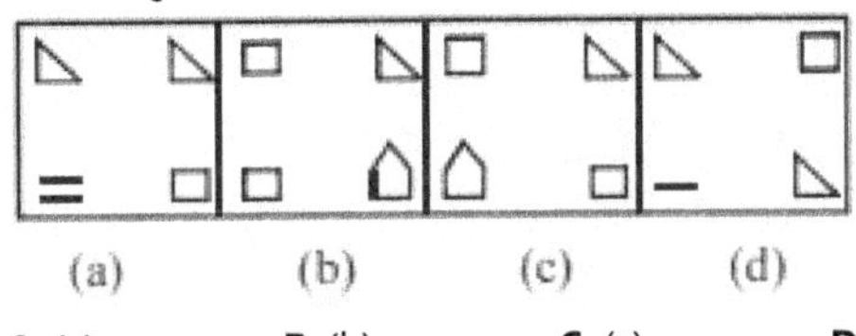

A. (a) **B.** (b) **C.** (c) **D.** (d)

Q.59 निर्देश: इस प्रश्न में, प्रश्न आकृति की दूसरी आकृति का पहली आकृति के साथ एक निश्चित संबंध है। इसी तरह, उत्तर आकृतियों में से एक आकृति तीसरी आकृति के साथ वही संबंध रखती है। आपको उत्तर आकृतियों के समूह से एक आकृति चुननी है जो प्रश्न चिह्न (?) के स्थान पर आएगी।

प्रश्न आकृति:

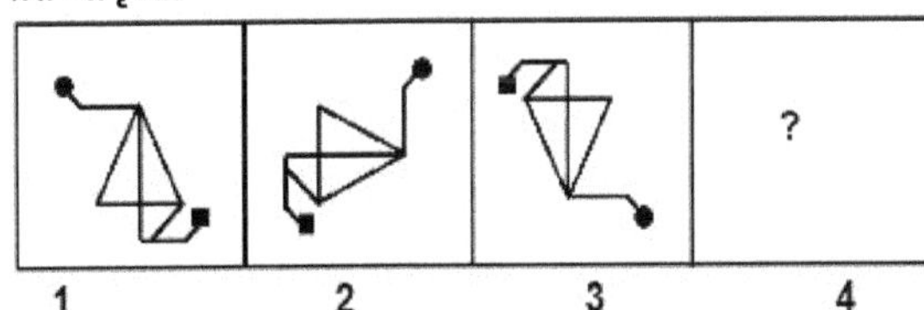

उत्तर आकृति:

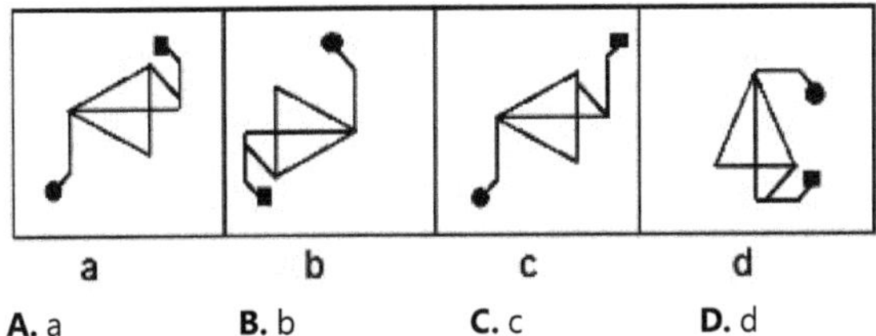

A. a **B.** b **C.** c **D.** d

Q.60 निर्देश: निम्नलिखित आरेख का ध्यानपूर्वक अध्ययन करें और निम्नलिखित बातों पर ध्यान दें।

वृत्त: जो छात्र A से प्यार करते हैं।
त्रिभुज: जो छात्र B से प्यार करते हैं।
आयत: वे छात्र जो C से प्यार करते हैं।
निम्नलिखित में से कौन सा रंग उन छात्रों का प्रतिनिधित्व करता है जो B और C से प्यार करते हैं, लेकिन A से नहीं।

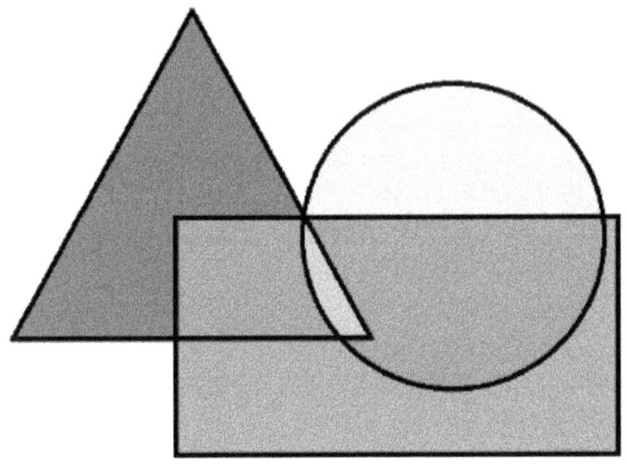

A. लाल **B.** हरा **C.** गुलाबी **D.** नीला

General Knowledge & Current Affairs

Q.61 इंटरनेशनल गर्ल्स इन आईसीटी डे 2022 का विषय क्या था जो हर साल अप्रैल में चौथे गुरुवार को मनाया जाता है?

A. पहुंच और सुरक्षा
B. अगली पीढ़ी को प्रेरणा
C. केस फॉर चेंज, कनेक्टेड वीमेन, IoT और टेक 4 गर्ल्स
D. शक्ति परिवर्तन: नवाचार और रचनात्मकता में महिलाएं

Q.62 अगस्त 2022 में, प्रधानमंत्री नरेंद्र मोदी ने किस राज्य में स्थित दूसरी पीढ़ी (2G) के इथेनॉल संयंत्र को राष्ट्र को समर्पित किया?

A. पंजाब **B.** हरियाणा **C.** गुजरात **D.** ओडिशा

Q.63 विद्यालय नहीं जाने वाले दिव्यांग बालकों को वित्तीय सहायता (18 वर्ष से कम आयु), हरियाणा राज्य सरकार के किस विभाग की वित्तीय सहायता योजना है?

[Haryana Police Constable Commando Wing, 2021]

A. वित्त
B. महिला तथा बाल विकास
C. सामाजिक न्याय तथा अधिकारिता
D. स्वास्थ्य एवं परिवार कल्याण

Q.64 मार्च 2018 तक भारत का सबसे तेज सुपर कम्प्यूटर निम्नलिखित में से कौन-सा है?

[Super TET Paper - I, 2019]

A. समिट **B.** सिएरा **C.** मिहिर **D.** प्रत्युष

Q.65 किस राज्य में, भारत का पहला शुद्ध हरित हाइड्रोजन संयंत्र अप्रैल 2022 में चालू हुआ?

A. असम **B.** कर्नाटक **C.** गुजरात **D.** पंजाब

Q.66 भारतीय रिजर्व बैंक की मौद्रिक नीति समिति में मृदुल सागर की जगह किसने ली है?

A. सौरव सिन्हा **B.** विवेक दीप
C. आर. सुब्रमण्यम **D.** राजीव रंजन

Q.67 2019 में सम्पन्न हुए विधानसभा चुनाव में प्रत्याशी/उम्मीदवार के लिए व्यय की अधिकतम सीमा थी:

[Haryana Primary Teacher (PRT), 2020]

A. 10 लाख **B.** 25 लाख **C.** 28 लाख **D.** 30 लाख

Q.68 विश्व पैरा एथलेटिक्स ग्रां प्री 2022 में देवेंद्र झाझरिया ने कौन सा पदक जीता?

A. स्वर्ण **B.** रजत
C. कांस्य **D.** इनमें से कोई नहीं

Q.69 कॉमनवेल्थ खेलों में स्वर्ण पदक विजेता को हरियाणा सरकार द्वारा दी जाने वाली पुरस्कृत राशि है :

[HTET PGT - Computer Science, 2020]

A. तीन करोड़ **B.** दो करोड़
C. पचहत्तर लाख **D.** डेढ़ करोड़

Q.70 जनवरी 2022 में, निम्नलिखित में से किसे बारबाडोस के प्रधानमंत्री के रूप में फिर से चुना गया है?

A. मिया अमोर मोटली **B.** पाउला-मॅई वीकेस
C. लुइस एबिनेडेर **D.** विलियम ब्लैक

Q.71 निम्नलिखित में से किस वर्ष में वास्कोडिगामा भारत आये थे?

A. 1398 **B.** 1498 **C.** 1598 **D.** 1698

Q.72 कृष्ण राजा वाडियार चतुर्थ के महाराजा थे?

A. मैसूर **B.** तंजौर **C.** मदुरई **D.** विजयनगर

Q.73 निम्नलिखित में से कौन हिंदुस्तानी संगीत का सबसे पुराना रूप है?

A. कर्नाटक **B.** सूफी **C.** ध्रुपद **D.** ग़ज़ल

Q.74 निम्नलिखित में से कौन सा शहर गुलाबी शहर के रूप में जाना जाता है?

A. दिल्ली **B.** जयपुर **C.** पटना **D.** भोपाल

Q.75 भारत का मुख्य विधि अधिकारी है

A. महाधिवक्ता
B. महान्यायवादी
C. प्रधान पब्लिक प्रोसेक्यूटर
D. प्रधानमंत्री

Q.76 निम्नलिखित में से किस वर्ष में भारत में पहली पंचवर्षीय योजना शुरू की गई थी?

A. 1949 **B.** 1950 **C.** 1951 **D.** 1952

Q.77 ____ के कारण तिलहन का उत्पादन बढ़ गया था।

A. पीली क्रांति **B.** हरित क्रांति
C. श्वेत क्रांति **D.** गुलाबी क्रांति

Q.78 किसी भी देश के आर्थिक विकास का सबसे अच्छा संकेत क्या है?

A. आयात में वृद्धि **B.** कृषि विकास
C. प्रति व्यक्ति आय में वृद्धि **D.** रक्षा क्षेत्र में विकास

Q.79 निम्नलिखित में से किस भाषा में 'अर्थशास्त्र' (राज्यकांड, आर्थिक नीति और सैन्य रणनीति पर एक प्राचीन भारतीय ग्रंथ) लिखा गया है?

A. तामिल **B.** हिन्दी **C.** उर्दू **D.** संस्कृत

Q.80 पैडल चालित साइकिल का आविष्कार किसने किया था:

A. किर्कपैट्रिक मैकमिलन **B.** अत्यंत बलवान आदमी
C. सिकंदर **D.** पीटरसन

Q.81 मानव रक्त समूहों द्वारा खोजे गए थे:

A. हार्वे **B.** रॉबर्ट कोच
C. कार्ल लैंडस्टीनर **D.** डाल्टन

Q.82 ब्यूनस आयर्स निम्नलिखित में से किस देश की राजधानी है?

A. एलजीरिया **B.** अर्जेंटीना **C.** अल्बानिया **D.** ऑस्ट्रिया

Q.83 निम्नलिखित में से कौन भारत का पड़ोसी देश नहीं है?

A. पाकिस्तान **B.** भूटान **C.** म्यांमार **D.** वियतनाम

Q.84 निम्नलिखित में से कौन सा भारतीय राज्य म्यांमार (बर्मा) के साथ अपनी सीमा साझा नहीं करता है?

A. अरुणाचल प्रदेश **B.** नागालैंड
C. मिजोरम **D.** असम

Q.85 पुस्तक 'द अलजेब्रा ऑफ इनफिनिटी जस्टिस' द्वारा लिखी गई है:

A. विक्रम सेठ **B.** ऐनी फ्रैंक
C. राहेल कार्सन **D.** अरुंधति रॉय

Q.86 जूड फेलिक्स किस क्षेत्र में प्रसिद्ध भारतीय खिलाड़ी हैं?

A. वॉलीबॉल **B.** टेनिस **C.** फुटबॉल **D.** हॉकी

Q.87 भारत के लौह पुरुष के रूप में किसे जाना जाता था?

A. गोविंद बल्लभ पंत **B.** जवाहर लाल नेहरू
C. सुभाष चंद्र बोस **D.** सरदार वल्लभभाई पटेल

Q.88 हाल ही में भारतीय विज्ञान कांग्रेस, बेंगलुरु में प्रधानमंत्री द्वारा कौन सा पोर्टल लॉन्च किया गया था?

A. I-STEM **B.** I-SCITECH
C. I-SCIENCE **D.** I-SPACE

Q.89 भारतीय अंतरिक्ष अनुसंधान संगठन (ISRO) द्वारा शुरू की जाने वाली नई रिले उपग्रह श्रृंखला का नाम क्या है?

A. भारतीय रिले नेविगेशन सैटेलाइट सिस्टम (IRNSS)
B. भारतीय डेटा रिले उपग्रह प्रणाली (IDRSS)
C. भारतीय रिले उपग्रह प्रणाली (IRSS)
D. भारतीय रिले ट्रैकिंग सिस्टम (IRTS)

Q.90 किस चिप-सेट निर्माण फर्म ने हाल ही में Android स्मार्टफोन के लिए ISRO के NavIC GPS के साथ पहले चिपसेट की घोषणा की?

A. एएमडी **B.** Nvidia **C.** क्वालकॉम **D.** एआरएम

English Language

Ques (91-92):Direction: Read the following passage carefully and answer the question that follows.

Q.91 To understand the central theme of a story or a poem, one should always give it at least two rounds of reading. Since reading more than once helps to collect the words used repeatedly which is a great clue in analyzing and understanding better and deeper.

What does the author highlight in the passage above?

A. The importance of reading in getting the central idea of a text
B. The challenges one may face while getting the theme of a story
C. Various ways of understanding a story or a poem
D. The role of clues and keywords in finding a central theme

Q.92 Peer pressure is one of the emotional challenges a child has to go through in an age when he doesn't exactly know what he wants or which path he should follow. In such a condition, peer pressure plays both the role of a manipulative and an encouraging source. While on one hand, sorted kids go after their instincts; bewildered kids run after what their peers exercise in fashion.

How does peer pressure manipulate a child?

A. By offering him something to eat
B. By encouraging him to follow others
C. By letting him go after his instincts
D. By letting him follow the path he wants to go on

Ques (93-94):Direction: Read the following passage carefully and answer the question that follows.

After several hours of sleep, when I woke up, I found myself surrounded by dozens of unknown staring eyes with unfamiliar faces. I tried hard to remember how I reached there but unfortunately, the effect of the sedative I had last night was stronger than my recalling power. Luckily, from those dozens of staring eyes, one pair came forward with a stretched helping hand and offered me a few pieces of pickle and a cup of warm milk to cut through the effect of the sedative.

Q.93 Why does the author mention 'staring eyes with unfamiliar faces'?

A. He had lost his memory
B. His memory was affected by a sedative
C. His bed was surrounded by the unknown people
D. He had met with an accident

Q.94 How can the effect of a sedative be lessened by using home remedies?

A. By eating something sour like pickle
B. By drinking warm milk mixed with turmeric
C. By sleeping for long hours
D. Both (A) and (B)

Ques (95-96):Direction: Read the following passage carefully and answer the question that follows.

My grandmother has always been a source of inspiration for me. I have hardly seen a woman like her who never fails to get her desires fulfilled. It was because of prevailing traditional rituals perhaps because of which she could not attend school during her early days but she was always determined to get educated at whichever age she got a chance. And to add feathers to her determination, my grandfather, a loving husband to my grandmother hired a personal tutor for her who would come daily to teach her.

Q.95 What quality of the grandmother is reflected in the passage?

A. Indecisive **B.** Innovative
C. Concerned **D.** Resolute

Q.96 What acted as a hindrance in the way of a grandmother getting her education?

A. The lack of schools in her area
B. The financial problems of her husband
C. The social customs prevalent in her time
D. The preference to her family and other interests

Ques (97-101):Direction: Read the following passage carefully and answer the question that follows.

Cell phones, video games, computers, and all other electronic devices have now unfortunately taken the seat of bliss and joy a child used to experience till the late 90s. With the advancement in learning, technologies have developed too and to the harm of children, there are more cons than pros in store for them. During earlier days, children used to play outdoor games which not only helped them with their physical strength but also provided them open and fresh air with natural bliss. But alas! Nowadays most of the children are stuck inside their houses with their eyes, mind, and hands fixed on gadgets; which is surely an alarming call for all the future generations and for our globe too.

Q.97 How is the impact of technology reflected in the passage?

A. It has partly benefitted the children
B. It has adversely affected the children
C. It has helped advancing the learning techniques
D. It has provided modern gadgets as a bliss to the children

Q.98 What was one of the positive sides of the kids of the late 90s?

A. They used to watch informative cartoons
B. They used to have healthier diet than now
C. They used to enjoy the natural surroundings
D. They used to have creative minds

Q.99 Which of the following bests suits as a title for the passage?

A. The role of technology in inclusive growth of children
B. Pros and cons of technology in terms of mental growth of children
C. Comparative study on the impact of technology on children
D. Alarming call for advancement in learning

Q.100 How are the children in today's time differentiated from the children of the late 90s?

A. They are more sophisticated and cultured than those in late 90s.
B. They are more involved in mental activities than physical.
C. They have an access to more developed infrastructure than those in earlier times.
D. They are less active but more enlightened.

Q.101 Find a word in the passage similar in meaning to 'fixed'.

A. Developed **B.** Stuck
C. Helped **D.** Provided

Ques (102-106):Direction: Read the following passage carefully and answer the question that follows.

We are all short-sighted, and very often see but one side of a matter; our views are not extended to all that has a connection with it. From this defect, I think no man is free. We see but in part, and we know but in part, and therefore it is no wonder we conclude not right from our partial views. This might instruct the proudest esteemer of his own parts how useful it is to talk and consult with others, even such as come short of him in capacity, quickness, and penetration; for since no one sees all, and we generally have different prospects of the same thing, according to our different, as I may say, positions to it, it is not incongruous to think, nor beneath any man to try, whether another man may not have notions of things which have escaped him, and which his reason would make use of if they came into his mind.

Q.102 What defect does the author mention in the passage?

A. The defect of making judgements on partial views
B. The defect of eye related to short-sightedness
C. The defect of irrational freedom of a man
D. The defect of having no knowledge

Q.103 Which of the following is opposite in meaning to 'incongruous' as used in the passage?

A. Appropriate **B.** Candid
C. Factual **D.** Reliable

Q.104 Which of the following can be inferred from the passage?

1. Only the low esteemer is free of short-sightedness.
2. Consultation is important for someone affected with short-sightedness.
3. People do not conclude anything if they have partial views.

A. Only 1 **B.** Only 2
C. Both 1 and 3 **D.** Both 2 and 3

Q.105 Why do people have 'different prospects of the same thing'?

A. They act as individuals only and do not form a group
B. They all have contrasting attitudes
C. They have other important matters than those discussed
D. They try to beneath other men

Q.106 Find a word from the passage, similar in meaning to 'judge'.

A. Reason **B.** Beneath
C. Conclude **D.** Instruct

Ques (107-108):Direction: In the following question, find out the alternative that will replace the question mark.

Q.107 Blunt : Sharp :: Spurious : ?

A. Stale **B.** Hasty **C.** Genuine **D.** Bogus

Q.108 Elephant : Elephantine :: ? : Furious

A. Fury **B.** Furrier **C.** Furrow **D.** Furs

Ques (109-113):Direction: In the following question, choose the word which is closest to the opposite in meaning of the underlined word in the sentence.

Q.109 Akbar was a malignant person.

A. Harmful **B.** Sweet **C.** Cruel **D.** Benign

Q.110 My duties are not onerous.

A. Easy **B.** Complex
C. Troublesome **D.** Common

Q.111 The climax of this movie is mawkish.

A. Rational **B.** Certain
C. Carefree **D.** Sentimental

Q.112 There is a plan to amalgamate technicians and electricians.

A. Generate **B.** Separate
C. Materialize **D.** Recruit

Q.113 This book is given to you for your edification.

A. Ignorance **B.** Segregation
C. Annotation **D.** Understanding

Ques (114-120):Direction: In the following question, choose the word which is similar in meaning to the word underlined in the sentence.

Q.114 I abhor injustice against the poor and weak.

A. Relish **B.** Detest **C.** Fancy **D.** Abort

Q.115 The flock of birds flew over the farm to find grains for their families.

A. Flight **B.** Mob **C.** Feather **D.** Troop

Q.116 Mr. Sen is mendacious about his financial status, as he owns a house worth two crores.

A. Melancholy **B.** Honest
C. False **D.** Candid

Q.117 To my disappointment, the teacher chose to repudiate my project.

A. Undertake **B.** Reproach
C. Embrace **D.** Reject

Q.118 The verdant beauty of the Amazon makes it special.

A. Green **B.** Red **C.** Blue **D.** Pink

Q.119 Chandni Chowk offers a replica of all celebrity designers.

A. Retreat **B.** Lookalike
C. Prototype **D.** Referendum

Q.120 Jack spends most of his time lying in the bed, for he is a wastrel.

A. Genius **B.** Sluggard **C.** Miser **D.** Fool

Ques (121-125):Direction: In the given question, choose the alternative that can be substituted for the given sentence/phrase.

Q.121 A person who commits the first act of attack.

A. Conjuror **B.** Bankrupt
C. Aggressor **D.** Legend

Q.122 A person one who makes a scientific study of language

A. Fanatic **B.** Linguist **C.** Literate **D.** Lunar

Q.123 The act of speaking aloud one's thoughts when alone

A. Epilogue **B.** Monologue
C. Soliloquy **D.** Allegory

Q.124 A remedy for all kinds of diseases

A. Maiden **B.** Panacea **C.** Muddle **D.** Muddle

Q.125 Paradise or place where one gets supreme delight and bliss

A. Elysium **B.** Asylum

C. Refuge **D.** Sanatorium

Q.126 Direction: Choose the misspelt word.
A. Henotheism **B.** Revere
C. Perilaus **D.** Diurnal

Q.127 Direction: Choose the misspelt word.
A. Persecute **B.** Ordance
C. Preposition **D.** Appointment

Q.128 Direction: Choose the misspelt word.
A. Exagerate **B.** Beget
C. Inhibit **D.** Engender

Q.129 Direction: Choose the misspelt word.
A. Protest **B.** Quantum
C. Absurdity **D.** Pseudonim

Q.130 Direction: Choose the misspelt word.
A. Rendar **B.** Enthuse
C. Reconcile **D.** Whither

Ques (131-135):Direction: Fill in the blanks.

Q.131 I _____ a gift by mother ____ my birthday.
A. was given, on **B.** will give, at
C. given, in **D.** gave, to

Q.132 The wall ________ break as it ________ its strength.
A. is going to, had lost **B.** is going to, has lost
C. going to, has loss **D.** has gone to, has lost

Q.133 ______ being examined, he ______ interviewed too.
A. For, is **B.** Since, was
C. Besides, was **D.** Beside, is

Q.134 We _____ keep our promises to ______ an example for growing kids.
A. may, have **B.** can, becoming
C. must, create **D.** ought, be

Q.135 Either of the two boys _____ suitable since both of them _____ strong physique.
A. are, has **B.** is, have
C. have, has **D.** have, have

Ques (136-140):Direction: Choose the option which brings out the meaning of the idiom/phrase most appropriately.

Q.136 To turn one's coat
A. To flip the side of coat
B. To help the needy
C. To change the affiliation
D. To get ready for a party

Q.137 To beat the air
A. To struggle in vain
B. To go against someone
C. To fly kite in the air
D. To achieve rank one

Q.138 To gain ground
A. To deceive someone
B. To buy a property
C. To make progress
D. To make a field green

Q.139 To fall flat
A. To lie down on back
B. To produce no effect
C. To wait for someone
D. To recover the loss

Q.140 To bear the brunt of
A. To face the full fury of
B. To get injured by
C. To get burnt of
D. To face the rejection of

Ques (141-145):Direction: Read the sentence to find out whether there is any grammatical or idiomatic error in it. The error, if any, will be in one part of the sentence. The number of that part is the answer. If there is no error, the answer is (d). (Ignore the errors of punctuation, if any).

Q.141 Fortune has (a)/ begin to (b)/ turn in farmer's favour. (c)/ No error (d)
A. (a) **B.** (b) **C.** (c) **D.** (d)

Q.142 I have (a)/ cooked a meal (b)/ to you. (c)/ No error (d)
A. I have **B.** cooked meal
C. to you **D.** No error

Q.143 You left (a)/ your several item (b)/ in the hotel yesterday.(c)/ No error (d)
A. You left
B. your several item
C. in the hotel yesterday
D. No error

Q.144 Mr. Bose was (a)/ one of the strongest (b)/ person of his community. (c)/ No error (d)
A. Mr. bose was
B. one of the strongest
C. person of his community
D. No error

Q.145 Suman was done (a)/ with his project (b)/ when I call him to enquire. (c)/ No error (d)
A. Suman was done
B. with his project
C. when I call him to enquire
D. No error

Q.146 Direction: In the following question, some of the sentences have errors and some have none. Find out which part of the sentence has an error. The number of that part is your answer. If there is no error, the answer would be (D).
The Bhagavad Gita is more than a religious or philosophical text (A)/ its 700 plus verses offer insight into (B)/ every aspect of life and are universal relevant. (C)/ No Error (D)
A. (A) **B.** (B) **C.** (C) **D.** (D)

Ques (147-148):Direction: In the following question a part of the sentence is bold. Below are given alternatives to the part of the sentence given in bold, which may improve the sentence. Choose the alternative which makes the sentence grammatically and contextually correct. In case the sentence is correct as it is, choose 'No Improvement' as your option.

Q.147 Unfortunately, many amongst us may find it difficult to follow values such as honesty, forgiveness in our lives because we have not perceived the subtle gains **which** come to us by following these values.

A. That **B.** When
C. Which will **D.** No improvement

Q.148 I think every one of us know that we have to handle one's suffering first and we have to make the choice right away to pick what is in front of us first.

A. Knew **B.** Knowing
C. Knows **D.** No improvement

Ques (149-150):Direction: Arrange these parts so as to form a complete meaningful sentence/paragraph and then choose the correct combination.

Q.149 1. 1400-1500 CE is traditionally known as the Middle Ages.

W. The Middle ages are now understood as a dynamic period during which the idea of Europe as a distinct cultural unit emerged.

X. To designate the period between their own time and fall of the Western Roman Empire.

Y. The term was first used by 15th- Century scholars.

Z. During the early Middle Ages, the social, economic and cultural structure was profoundly recognized.

6. And new forms of political leadership were introduced.

A. YXZW **B.** XYWZ **C.** YXWZ **D.** ZXYW

Q.150 1. As one might expect, people's happiness levels were positively correlated.

W. However, the two measures were not identical – suggesting that what makes us happy may not always bring more meaning, and vice versa

X. With whether they saw their lives as meaningful

Y. Feeling happy was strongly correlated with seeing life as easy, pleasant, being in good health, and generally feeling well most of the time

Z. To probe for differences between the two, the researchers examined the survey

6. However, none of these things were correlated with a greater sense of meaning.

A. XWZY **B.** WXZY **C.** YZXW **D.** ZXYW

Aptitude for Service Sector

Q.151 आप अपने देश के प्रधानमंत्री हैं। आप देश के कई वीआईपी जानते हैं जो भ्रष्टाचार में शामिल हैं और उन्होंने दुनिया के अंतरराष्ट्रीय बैंकों में बड़ी रकम जमा की है। आपकी कार्रवाई का क्या तरीका होगा?

A. उनसे व्यक्तिगत रूप से बात करें
B. अपने आप को भ्रष्टाचार से बचाएं
C. उन्हें बेनकाब करें
D. उस पैसे को वापस पाने का वादा करें

Q.152 आप एक पेंटिंग ठेकेदार हैं। आप एक अनुबंध के आधार पर पेंटिंग के काम के लिए एक घर लेते हैं, यह वादा करते हुए कि आप एक सप्ताह के भीतर काम पूरा कर लेंगे। उसी के लिए, आपको घर के मालिक से कुछ अग्रिम मिलता है। आप

A. काम के लिए नहीं आया
B. परिष्करण समय से पहले काम पूरा करें
C. काम को समय से पूरा करें
D. परियोजना में देरी होने से आपको अग्रिम राशि मिल गई है

Q.153 आप 10 दिनों के लिए स्टेशन से बाहर जाना चाहते हैं। आपके पास एक पालतू कुत्ता है, जो आपसे बहुत स्नेह और प्यार करता है। आप अपनी अनुपस्थिति में उसकी देखभाल के लिए प्रबंधन कैसे करेंगे?

A. आप उसे अपने साथ ले जाओगे
B. आप उसे बंद करके जाओगे
C. आप कुत्ते को किसी को सौंप देंगे
D. आप उसे सड़क पर छोड़ देंगे

Q.154 पूजा एक कामकाजी महिला है और वह अपने घर के प्रति भी बहुत जिम्मेदार है। वह अपने पति के लिए सब कुछ रखती है और अपने बच्चों से प्यार करती है, लेकिन उसे अपने साथ काम करने वाले लड़के से प्यार हो जाता है। वह फैसला नहीं कर सकती और आजकल वह उदास है। उसे क्या करना चाहिए?

A. पति को तलाक देकर घर छोड़ दिया
B. वह अपने प्रेमी को छोड़ देती है
C. मौजूदा पारिवारिक रिश्तों के महत्व को समझें
D. आत्महत्या कर लेती है

Q.155 आप एक छात्र हैं और निजी कोचिंग कक्षाओं में शामिल हो गए हैं, लेकिन आप कोचिंग और स्कूल की पढ़ाई के होमवर्क का प्रबंधन करने में सक्षम नहीं हैं। आप अपने माता-पिता और शिक्षकों के दबाव में हैं। आप क्या करोगे?

A. कोचिंग छोड़ दो
B. पढ़ाई छोड़ दो और केवल खेल पर ध्यान दो
C. उचित परिणाम के लिए कड़ी मेहनत करने का प्रबंधन करें
D. कम कोचिंग क्लास के लिए माता-पिता को मनाएं

Q.156 आप अपनी कार सड़क पर चला रहे हैं। आपको पीछे छोड़ते हुए, एक महिला ड्राइवर आपकी कार के बम्पर से बस इंच भर पहले डार्ट करती है। आप एक बड़ी दुर्घटना से बचने के लिए ब्रेक लगाते हैं, हालांकि, आपकी कार का बम्पर क्षतिग्रस्त हो जाता है। अपनी गलती को समझते हुए, वह अपनी कार को धीमा कर देती है और अपनी गलती के लिए माफी मांगती है। आप क्या करेंगे?

A. क्षति का भुगतान करने के लिए कहें
B. उसे चेतावनी दें
C. उसे सावधानी से गाड़ी चलाने को कहें
D. आप उसकी माफी स्वीकार नहीं करेंगे

Q.157 आपकी बहन एक जानलेवा बीमारी से पीड़ित है। उसे दूसरों से समर्थन, मदद, इलाज और प्यार की ज़रूरत है। आपकी प्रतिक्रिया क्या होगी?

A. उसके बारे में दयनीय ढंग से बात करें
B. कोमलता से व्यवहार करें
C. उसे उसकी पसंदीदा जगहों पर ले जाएं
D. घर पर उसकी देखभाल करें

Q.158 आप अपने देश के प्रधानमंत्री हैं। एक राज्य में अचानक भूकंप हमला करता है। वह राज्य गंभीर रूप से प्रभावित है और निवासियों के

दैनिक जीवन को प्रभावित करने वाले भूकंप के कारण अधिकांश इमारतें ध्वस्त हो गई हैं। आपकी तत्काल प्रतिक्रिया क्या होगी?

A. चिकित्सा सुविधा उपलब्ध कराएं
B. समाचार देखें और फिर प्रतिक्रिया दें
C. मंत्रियों के साथ चर्चा करें
D. जगह पर जाएँ

Q.159 आप एक स्कूल के हेड मास्टर हैं। एक शिक्षक जानकारी दिए बिना बहुत बार छुट्टी ले रहा है। यह स्कूल और छात्रों को प्रभावित करता है। आपकी कार्रवाई का क्या तरीका होगा?

A. शिक्षक को छुट्टी न लेने की सलाह दें
B. शिक्षक को चेतावनी दें
C. उसे छुट्टी के बारे में सूचित करने के लिए कहें
D. पूछें कि क्या वह किसी व्यक्तिगत समस्या का सामना कर रही है

Q.160 आप कंपनी के प्रबंध निदेशक हैं। आप महाप्रबंधक के साथ कंपनी के उत्पादन के बारे में चर्चा करना चाहते हैं। कैसे करोगे?

A. जीएम को व्यक्तिगत रूप से बुलाएं
B. उसे बताएं कि वह आपको कब कॉल करें
C. क्लाइंट के स्थान पर ड्राइव पर चर्चा करें
D. अपने पीए को सूचित करने के लिए भेजें

Q.161 आप भवन निर्माण के ठेकेदार हैं। आपने एक अनुबंध के आधार पर निर्माण के लिए एक घर लिया। आप घर बनाने के लिए जिस राशि पर सहमत हुए हैं, वह उचित मूल्य से थोड़ी अधिक थी। आपका इरादा क्या होगा?

A. महंगी सामग्रियों से इसका निर्माण करें
B. इसे क्षुद्र ठेकेदारों को दें
C. इससे अधिक लाभ लें
D. दिशा-निर्देशों के भीतर इसका निर्माण करें

Q.162 आप एक समाचार पत्र के संपादक हैं। रिपोर्टर्स शहरों और गांवों में होने वाली घटनाओं की जानकारी देते हैं। कुछ घटनाओं के बारे में अतिरंजित जानकारी दे रहे हैं। आप क्या करेंगे?

A. गलत सूचना देने वालों को निकाल दो
B. सूचना को वैसा ही प्रकाशित करें
C. जानकारी का गहराई से विश्लेषण करें
D. समाचार को सही करें और प्रकाशित करें

Q.163 आप देर रात घर आ रहे हैं। आपका बेटा भी देर से आकर आपके नक्शेकदम पर चल रहा है। आपकी कार्रवाई का क्या तरीका होगा?

A. अपनी गलती का एहसास करें
B. अपनी पत्नी से उसे खाना न देने के लिए कहें
C. अपने आप को ठीक करो
D. अपने बेटे से इसके पीछे का कारण पूछें

Q.164 आप आरक्षित टिकट के साथ ट्रेन में यात्रा कर रहे हैं। छह महीने के बच्चे को लेकर एक गरीब महिला भी बिना सीट के ट्रेन में सफर कर रही है। वह आपकी सीट के पास खड़ी है। आपकी प्रतिक्रिया क्या होगी?

A. आप अपनी सीट पर बैठे रहेंगे
B. उसे सीट साझा करने के लिए कहें
C. उसके बच्चे को सीट देंगे
D. उसे सीट देंगे

Q.165 आप एक सरकारी अस्पताल के डॉक्टर हैं। आप सरकारी अस्पताल के सर्जरी विभाग के प्रभारी हैं, और आप अपने गाँव में एक निजी अस्पताल भी चला रहे हैं। मरीजों के प्रति आपकी क्या प्रतिक्रिया होगी?

A. अपने निजी अस्पताल में शुल्क कम करें
B. मरीजों को विज्ञापन देकर अपने निजी अस्पताल को बढ़ावा दें
C. दोनों अस्पतालों में सही उपचार दें
D. निजी अस्पताल में मुफ्त दवाइयां दें

Q.166 कार्यालय से बाजार जाते समय आपने अपना मोबाइल खो दिया। फोन साइलेंट मोड में था। आप क्या करेंगे?

A. पुलिस से शिकायत करें
B. सभी स्टाफ सदस्यों से खोज करने का अनुरोध करें
C. उसी जगह पर जाएं जहां आपको संदेह है कि इसे खो दिया है
D. परेशान मत हो, एक नया खरीदने की योजना बनाएं

Q.167 आप अपने दोस्त को देखने के लिए अस्पताल जाने के लिए तैयार हो रहे हैं, जो एक गंभीर दुर्घटना के साथ मिला था। चूंकि क्षेत्र में परिवहन के कोई साधन उपलब्ध नहीं हैं, आप अपनी बाइक से जाने का निर्णय लेते हैं। आप अपनी बाइक की चाबियों का पता लगाने में असमर्थ हैं। आप क्या करेंगे

A. जितना संभव हो उतना खोजें
B. बाइक छोड़ें और अस्पताल जाने के लिए अपना रास्ता तय करें
C. डुप्लिकेट कुंजी का उपयोग करें
D. तुरंत डिजाइन करने के लिए प्रमुख निर्माता को कॉल करें

Q.168 आप रसायन विज्ञान की परीक्षा की तैयारी कर रहे हैं। अचानक आपको एक दोस्त से पता चलता है कि कल भौतिकी की परीक्षा है। आप क्या करेंगे?

A. परीक्षा में उपस्थित न हों
B. रसायन विज्ञान की तैयारी जारी रखें, क्योंकि अब आप भौतिकी का अध्ययन करने के मूड में नहीं हैं
C. ज्यादा समय बर्बाद किए बिना बैठकर भौतिकी की तैयारी करें
D. अपने शिक्षक को बताएं कि आपने गलती से रसायन विज्ञान की तैयारी कर ली है

Q.169 एक दिन आप पाते हैं कि एक बकरी आपके आंगन में प्रवेश करती है और अपने सजावटी पौधों और जड़ी-बूटियों को चरती है, एक तरह से आपके बगीचे को लगभग पूरी तरह से लूट लेती है। आप अगले दिन अपने सहयोगियों को बाग दिखाने वाले हैं। आप क्या करेंगे?

A. अगले दिन की योजना को स्थगित करें
B. दोषी बकरी को मारें
C. बगीचे को बहाल करने में समय बिताएं
D. बगीचे के चारों ओर एक फर्म हेज को फिर से खड़ा करें

Q.170 आप एक विशाल संपत्ति के मालिक हैं। आप एक घातक बीमारी के कारण मरने वाले हैं। अपनी संपत्ति का निपटान कैसे करेंगे?

A. बिना निर्णय लिए मर जाएं
B. अपने परिवार के सदस्यों के बीच वितरित करें
C. कुछ हिस्सा दान में दे दो
D. सबसे प्यारे को सौंप दो

Q.171 आप एक संवाददाता हैं और आप एक जगह से लाइव समाचार को रिपोर्ट कर रहे हैं जिसमें कैमरा आप पर केंद्रित है। अचानक आपको लगता है कि मच्छर आपको काट रहे हैं, जिसके कारण आप परेशान हो जाते हैं। आप क्या करेंगे?

A. खड़े होकर बाधा का सामना जारी रखें
B. केवल खबरों पर ध्यान दें
C. समाचार को सुचारू रूप से पढ़ने के लिए प्रबंधित करें
D. उस जगह से चले जाओ

Q.172 आप वार्षिक परीक्षा में असफल रहे। आगे आप क्या करेंगे?

A. पढ़ाई छोड़ दो
B. फिर से मेहनत करें
C. आत्महत्या कर लो
D. किसी और चीज़ पर ध्यान लगाओ

Q.173 कोई आपका पैसा चुराता है, जो वास्तव में महीने का पूरा वेतन है। आप क्या करेंगे?

A. बैठो और रोओ
B. कहीं से पैसे का इंतजाम करो
C. आप किसी और के पैसे चोरी कर लो
D. पुलिस से शिकायत करें और पैसे का इंतजाम करें

Q.174 आप अपने घर के लिए फर्नीचर खरीदने के लिए पैसे बचाते हैं और अचानक आपका नौकर अपने बेटे के मेडिकल इलाज के लिए मौद्रिक मदद मांगता है। आप क्या करेंगे?

A. आप उसे पैसे नहीं देंगे
B. उसके बाद उससे पैसे न माँगने को कहो
C. किसी और से पैसे ले लो और दे दो
D. उसे पैसे दें और उसे ज़रूरत पड़ने पर और उधार लेने का आश्वासन दें

Q.175 आप एक विशिष्ट बीमारी से पीड़ित हैं जिसका इलाज उस डॉक्टर के पास उपलब्ध नहीं है जिसे आप परामर्श कर रहे हैं। आप क्या करेंगे?

A. प्रभाव को कम करने के लिए एक ऋषि के पास जाओ
B. दवाएं लेते रहें
C. डॉक्टर को बदलो
D. संबंधित गलतफहमी के कारण जगह बदलें

Q.176 आप एक टीम लीडर हैं और आपके पास एक महीने के भीतर प्रोजेक्ट सबमिट करने की समय सीमा है, लेकिन आप पाते हैं कि आपके सहकर्मी प्रोजेक्ट के बारे में पूरी तरह से भ्रमित हैं और कार्य शुरू नहीं कर पा रहे हैं। आप क्या करेंगे?

A. सम्मेलन की बैठक बुलायें
B. स्वयं बनाइये
C. किसी व्यक्ति को ग्राहक की साइट पर भेजें
D. उन्हें आपस में संदेह करने दें

Q.177 एक छात्र अपनी परीक्षा लिख रहा है और अचानक उसकी कलम से स्याही बाहर निकल जाती है। उसके पास कोई अतिरिक्त पेन नहीं है। एक शिक्षक के रूप में, आप क्या करेंगे?

A. छात्र की मदद करें
B. उससे कहो कि किसी से कलम उधार ले लो
C. छात्र को बिना पेन के वहाँ बैठने दें
D. उसे अनुपस्थित चिह्नित करें

Q.178 आप खरीदारी और एक फिल्म के लिए बाहर जाना चाहते हैं, लेकिन आपको संदेश मिलता है कि कुछ मेहमान आ रहे हैं और घर पहुंचने वाले हैं। आप क्या करेंगे?

A. बिना परवाह किए बाहर जाएं
B. अपना कार्यक्रम रद्द करें
C. मेहमानों को बुलाएं और उन्हें किसी और दिन आने के लिए कहें
D. उन्हें आने दें और फिर उन्हें घर पर छोड़ने के लिए खुद जाएं

Q.179 आपने एक आयोजन किया है और अचानक बिजली बंद हो जाती है। इस स्थिति में आपकी सबसे पहली कार्यवाही क्या होगी?

A. एक जनरेटर की व्यवस्था करेंगे
B. मोमबत्ती से प्रकाश करेंगे
C. बिजली आपूर्ति बहाल होने का इंतजार करेंगे
D. बिजली बोर्ड को बुलाएंगे

Q.180 कोई आपके देश के झंडे का अपमान कर रहा है। आपकी कार्रवाई का क्या तरीका होगा?

A. पुलिस से शिकायत करें
B. उससे कहो कि इसका सम्मान करो
C. इस मुद्दे को सोशल मीडिया पर पोस्ट करें
D. प्रेस को बुलाओ और एक वीडियो बनाओ

Q.181 यदि आप एक अंतर्राष्ट्रीय क्रिकेट मैच को लाइव देख रहे हैं और आप पाते हैं कि कुछ लोग आपके देश के खिलाड़ियों को गाली दे रहे हैं। आप क्या करोगे?

A. अपने देश के खिलाड़ियों का दुरुपयोग करें
B. मैच पर ध्यान लगाओ
C. पुलिस को सूचना दें
D. स्टेडियम की सुरक्षा की रिपोर्ट

Q.182 आप ऐतिहासिक फिल्मों के विषय पर बहस कर रहे हैं और कोई भी आपका समर्थन नहीं करता है। आप

A. बहस छोड़ो और बाहर चले जाओ
B. अपने आप को सही ठहराना
C. बहस करना बंद करो
D. सहेजे जाने के लिए अपने विचार बदलें

Q.183 यह बारिश का मौसम है और बारिश के कारण आपकी काम की वर्दी गीली हो गयी है, और अगले दिन पहनने की स्थिति में नहीं है। आप क्या करेंगे?

A. छुट्टी ले लेंगे
B. अगले दिन आधे समय के बाद कार्यालय में उपस्थित होंगे
C. अन्य पोशाक में कार्यालय में उपस्थित होंगे
D. इनमें से कोई नहीं

Q.184 आप एक मंत्री हैं। आपका बच्चा वार्षिक परीक्षा में फेल हो गया है। उसे पास करवाने के लिए आपके पास कनेक्शन हैं। आप क्या करेंगे?

A. अपने प्रभाव का उपयोग करें और बच्चे को परीक्षा में पास करें
B. उसे फेल होने दो
C. बच्चे को फिर से परीक्षा लिखने को कहें
D. स्कूल प्रबंधन को रिश्वत दें

Q.185 आप एक सैनिक हैं। आपके एक करीबी दोस्त बंदूक की गोली से बुरी तरह घायल हो गया। आप क्या करोगे?

A. उसे प्राथमिक चिकित्सा प्रदान करें
B. उसे इलाज के लिए ले जाएं
C. दुश्मन से लड़ने में उसका साथ दें
D. उसे वहां से निकालने के लिए अपने कमांड को कॉल करें

Q.186 आप दो अन्य लड़कियों के साथ अपना कमरा साझा कर रहे हैं। दोनों लड़कियां स्टेशन से बाहर हैं और आपको रात में अकेले रहना होगा। आप परिणाम के रूप में बहुत डरे हुए हैं। आप क्या करोगे?

A. पूरी रात बैठकर रोते रहें
B. रात भर आपको सुरक्षित और स्वस्थ रखने के लिए ईश्वर से प्रार्थना करें
C. रुको और टीवी देखो
D. अपने साथ रात के लिए रहने के लिए किसी और दोस्त को बुलाएं

Q.187 रात के खाने के लिए एक रेस्तरां में जाते समय, आपको कुछ गरीब भूखे बच्चे दिखाई देते हैं। वे आपसे पैसे मांगते हैं। आप क्या करोगे?

A. उन्हें पैसे दो
B. उनके खाने के लिए खाना खरीदें
C. उन्हें पैसे न दें
D. उनसे भीख न मांगने के लिए कहें

Q.188 आप अपने कार्यालय में चाय पी रहे हैं और कुछ चाय आपके कपड़ों पर गिर जाती है। आप क्या करेंगे?

A. चपरासी को बुलाकर उसे अपने कपड़ों से चाय पोंछने को कहेंगे
B. स्वयं अपने कपड़ों से चाय पोछेंगे
C. दाग के निशान छिपाएंगे
D. चपरासी को अपने घर से कपड़े लाने को कहेंगे

Q.189 आप एक अच्छे खिलाड़ी हैं जो टीम में चुने जाने के लिए अपने प्रभाव का उपयोग करते हैं। हालाँकि, आपकी टीम मुख्य रूप से आपकी वजह से मैच हारती है। आपको करना चाहिए

A. टीम में बने रहें
B. कठिन अभ्यास करें
C. सार्वजनिक रूप से अपनी गलती स्वीकार करें
D. मुद्दे को अनदेखा करें और खराब खेलते रहें

Q.190 आप मांसाहारी भोजन खाना पसंद करते हैं, लेकिन आपकी पत्नी एक सख्त शाकाहारी है, जिसे ऐसे भोजन की गंध से भी नफरत है। आप क्या करेंगे?

A. अपने पति को मांसाहारी भोजन खाने के लिए मजबूर करें
B. मांसाहारी भोजन का ऑर्डर करें और घर पर खाएं
C. खुद घर पर मांसाहारी भोजन पकाएं
D. अपने घर के बाहर मांसाहारी भोजन करना सुनिश्चित करें

Q.191 पुलिस एक हत्यारे को पकड़ने पर इनाम घोषित करती है, जो आपके घर के पास रहता है। लेकिन वह एक दयालु व्यक्ति है अन्यथा। आप क्या करोगे?

A. पुलिस को सूचित करें
B. उसे पुलिस से बाहर निकालने में मदद करें
C. चुप रहे
D. जाओ और उसे पुलिस के सामने आत्मसमर्पण करने का सुझाव दो

Q.192 आप कॉलेज के छात्रों को एक व्याख्यान दे रहे हैं और अचानक, एक छात्र उठता है और आपसे एक सवाल पूछता है जिसका आप उस क्षण में उत्तर देने में असमर्थ होते हैं। आप क्या करोगे?

A. बीच-बीच में उसे बोलने के लिए फटकारें
B. उसे बताएं कि आपको जवाब मिल जाएगा और उसे बाद में बताएंगे
C. गलत उत्तर दें
D. छात्र को कक्षा से बाहर निकाल दें

Q.193 आप अपने राज्य में एक प्रसिद्ध खिलाड़ी हैं। आप एक मैच के लिए दूसरे राज्य में हैं। जिस होटल में आप रुकने जा रहे हैं, वह रिसेप्शनिस्ट आपको पहचाने बिना आपका आईडी प्रूफ मांगेगा। आप

A. चुपचाप उसे अपना आईडी कार्ड दिखाएं क्योंकि वह अपनी ड्यूटी कर रहा है
B. मैनेजर से बात करें और उसे बताएं कि उसकी वजह से आपको कितनी शर्मिंदगी महसूस होती है
C. उसे अपना आईडी न दिखाकर उसका रवैया बताएं
D. अपने कोच को बताएं कि आप एक अलग होटल में रहना चाहते हैं

Q.194 आप पैथोलॉजी के प्रमुख हैं; आप मूत्र परीक्षण, रक्त परीक्षण आदि करते हैं, और रोगियों को रिपोर्ट देते हैं। एक दिन, आप अपनी प्रयोगशाला में प्रवेश करते हैं ताकि यह पता चले कि किसी कारण से रिपोर्ट खराब हो गई है। आप क्या करोगे?

A. प्रतिशोध के लिए शुल्क
B. फर्जी रिपोर्ट बनाकर मरीजों को दें
C. रोगियों को फिर से आने के लिए सूचित करें
D. अनिश्चितकाल के लिए रिपोर्ट में देरी

Q.195 आप मुंबई की एक कंपनी के लिए काम करते हैं जिसकी मुख्य शाखा दिल्ली में है। आपकी टीम शिकायत करती है कि दिल्ली शाखा में कॉर्पोरेट पार्टियाँ हैं, लेकिन मुंबई शाखा नहीं है। शाखा प्रबंधक के रूप में आप क्या करेंगे?

A. अपनी टीम को आश्वस्त करें कि आप मुंबई शाखा में टीम शुरू करने का प्रयास करेंगे
B. कंपनी के शीर्ष प्रबंधन से बात करें और अपने कर्मचारियों के लिए भी रिफ्रेशमेंट की व्यवस्था करें
C. अपने सदस्यों को एक राजनयिक उत्तर दें ताकि इस मामले को कवर किया जा सके
D. अपनी टीम को समझाएं कि चूंकि यह मुख्य शाखा नहीं है, इसलिए आपको कुछ भी अतिरिक्त मांगने का कोई अधिकार नहीं है

Q.196 यह सर्दियों के मौसम की शुरुआत है और आप एक बाइक की सवारी कर रहे हैं। जब आप शुरू करते हैं, तो धूप होती है, इसलिए आप केवल एक पतली स्वेटर डालते हैं लेकिन जैसे ही सूरज ढल जाता है, यह कड़वा ठंडा हो जाता है। राइडिंग लाइट, आप ब्लेज़र या कोई गर्म कपड़े नहीं ले जा रहे हैं। आपके पास डिनर को छोड़कर, वार्मर खरीदने के लिए ज्यादा पैसे नहीं हैं। आप क्या करेंगे?

A. रात के लिए एक महंगे होटल में रुकें
B. ठंड सहन करो और किसी तरह वापस आओ
C. अपनी बाइक को निकटतम बस स्टैंड पर पार्क करें और बस की मदद से घर वापस जाएं
D. गर्म रखने और घर वापस आने के लिए सस्ते व्हिस्की खरीदने के लिए अपने पैसे का उपयोग करें

Q.197 आप एक गृहिणी हैं और सुबह जल्दी उठती हैं, आपको दोपहर का भोजन, नाश्ता, टिफिन इत्यादि तैयार करना होता है, अपने दैनिक कामों को करते समय, आप नोटिस करती हैं कि आपका गैस सिलेंडर लीक हो रहा है। आप क्या कदम उठाएंगे?

A. खाना बनाते रहे
B. खाना पकाना बंद करो, रेगुलेटर को बंद करो और फिर से जांचें
C. खाना पकाना बंद करें और पड़ोसियों के पास जाएं और उनसे अपनी रसोई का उपयोग करने का अनुरोध करें
D. रिसाव को रोकने के लिए रेगुलेटर के चारों ओर एक कपड़ा बांधें

Q.198 आप एक शीर्ष श्रेणी के होटल में रह रहे हैं जहां आप अपने बॉस और अन्य दोस्तों को नए साल की पार्टी के लिए आमंत्रित करते हैं। फिर, आपके मेहमानों में से कोई शिकायत करता है कि भोजन में एक कॉकरोच पाया गया है। आप क्या करेंगे?

A. प्रबंधक को बताएंगे
B. मेहमानों को भोजन का सेवन करने देंगे
C. स्थिति पर ध्यान नहीं देंगे
D. कार्यक्रम-स्थल बदल देंगे

Q.199 आपका भाई मेडिकल कॉलेज में दाखिला लेना चाहता है लेकिन उसके प्रवेश के लिए 1% अंक कम रह जाते हैं। आप क्या करेंगे?

A. उसकी लापरवाही के लिए उस पर चिल्लाएंगे
B. उसे विश्वास दिलाने की कोशिश करेंगे कि वह अगली बार इसे कर सकता है
C. उसे कुछ और काम करने को कहेंगे
D. उसे डॉक्टर के पास ले जाएंगे

Q.200 आपने ब्रांडेड क्रीम खरीदी है। दुकानदार आपसे अनुरोध करता है कि आप सकारात्मक रूप से विज्ञापन देकर इसे खरीदें। हालांकि, जब आप क्रीम लगाते हैं, तो आपको जलन का अनुभव होता है। आप क्या करोगे?

A. क्रीम को बदल दें
B. इसे लौटा दो
C. उपभोक्ता फोरम को रिपोर्ट करें
D. इलाज के लिए डॉक्टर के पास जाएं

// स्मार्ट उत्तर पुस्तिका //

सही उत्तर उन छात्रों के प्रतिशत को इंगित करता है जिन्होंने प्रश्नों का सही उत्तर दिया था।

छोड़ दिया उन छात्रों के प्रतिशत को इंगित करता है जिन्होंने प्रश्नों को छोड़ दिया था।

प्रश्न संख्या	उत्तर	सही उत्तर	छोड़ दिया
1	A	77.46 %	17.05 %
2	C	43.71 %	51.01 %
3	C	54.89 %	42.29 %
4	B	67.86 %	30.41 %
5	D	51.2 %	38.17 %
6	A	59.96 %	34.69 %
7	C	64.03 %	33.99 %
8	C	42.02 %	41.46 %
9	C	46.54 %	41.78 %
10	D	63.38 %	36.45 %
11	C	68.56 %	31.32 %
12	A	48.98 %	35.1 %
13	B	69.23 %	30.48 %
14	A	62.3 %	35.16 %
15	B	21.89 %	72.02 %
16	B	77.5 %	19.94 %
17	C	87.53 %	10.55 %
18	D	59.89 %	31.08 %
19	C	63.02 %	35.24 %
20	D	57.06 %	30.97 %
21	A	56.16 %	42.45 %
22	A	54.03 %	30.08 %
23	A	55.85 %	37.06 %
24	B	60.26 %	39.06 %
25	C	53.8 %	35.58 %
26	C	41.5 %	56.42 %
27	A	52.76 %	41.88 %
28	C	64.49 %	31.27 %
29	D	78.4 %	14.84 %
30	C	67.06 %	31.96 %
31	A	77.63 %	16.9 %
32	B	79.64 %	19.39 %
33	B	47.9 %	37.63 %
34	A	41.61 %	46.11 %
35	B	69.95 %	30.04 %
36	D	62.94 %	32.68 %
37	B	56.67 %	41.9 %
38	B	46.23 %	53.5 %
39	D	61.12 %	36.86 %
40	A	48.32 %	32.91 %
41	D	54.11 %	30.46 %
42	D	63.25 %	33.5 %
43	B	66.76 %	30.71 %
44	D	44.59 %	42.1 %
45	A	10.3 %	88.91 %
46	B	31.61 %	68.06 %
47	B	14.99 %	71.21 %
48	A	11.24 %	77.75 %
49	B	15.22 %	82.88 %
50	A	27.62 %	67.74 %
51	A	31.7 %	67.64 %
52	A	17.58 %	72.09 %
53	B	67.1 %	31.61 %
54	B	54.3 %	30.51 %
55	B	66.97 %	31.93 %
56	C	56.27 %	32.36 %
57	C	64.58 %	31.35 %
58	A	58.67 %	39.36 %
59	A	69.57 %	30.31 %
60	B	12.13 %	67.08 %
61	A	82.49 %	15.19 %
62	B	49.89 %	30.09 %
63	C	55.21 %	43.31 %
64	D	58.21 %	33.98 %
65	A	49.56 %	32.58 %
66	D	41.3 %	53.68 %
67	B	48.37 %	35.12 %
68	B	87.99 %	10.07 %
69	D	57.07 %	38.52 %
70	A	67.04 %	30.48 %
71	B	43.23 %	52.63 %
72	A	53.14 %	35.08 %
73	A	80.97 %	18.63 %
74	B	89.37 %	10.06 %
75	B	17.39 %	69.31 %
76	C	67.74 %	32.07 %
77	A	51.48 %	48.17 %
78	C	41.26 %	52.0 %
79	D	80.61 %	10.25 %
80	A	60.13 %	33.62 %

प्रश्न संख्या	उत्तर	सही उत्तर	छोड़ दिया
81	C	66.07 %	30.08 %
82	B	67.12 %	30.08 %
83	D	82.9 %	11.73 %
84	D	64.65 %	30.97 %
85	D	58.71 %	39.59 %
86	D	41.36 %	35.91 %
87	D	65.87 %	32.55 %
88	A	53.32 %	37.04 %
89	B	55.91 %	40.73 %
90	C	59.01 %	32.29 %
91	A	57.74 %	30.13 %
92	B	51.88 %	47.27 %
93	B	26.81 %	68.28 %
94	A	15.99 %	75.06 %
95	D	17.35 %	78.91 %
96	C	26.58 %	72.62 %

प्रश्न संख्या	उत्तर	सही उत्तर	छोड़ दिया
97	B	24.82 %	71.62 %
98	C	12.04 %	69.67 %
99	C	28.37 %	67.94 %
100	B	12.17 %	80.92 %
101	B	26.55 %	70.26 %
102	A	19.14 %	68.12 %
103	A	10.13 %	87.96 %
104	B	21.33 %	77.34 %
105	B	31.81 %	67.97 %
106	C	13.15 %	70.29 %
107	C	63.54 %	34.61 %
108	A	51.52 %	41.77 %
109	D	44.0 %	34.58 %
110	A	44.18 %	45.58 %
111	A	63.65 %	32.02 %
112	B	43.49 %	34.07 %

प्रश्न संख्या	उत्तर	सही उत्तर	छोड़ दिया
113	A	40.33 %	40.51 %
114	B	42.92 %	31.12 %
115	A	61.56 %	30.19 %
116	C	65.87 %	31.57 %
117	D	63.82 %	31.68 %
118	A	69.64 %	30.16 %
119	B	43.51 %	40.36 %
120	B	51.18 %	37.77 %
121	C	68.74 %	30.25 %
122	B	67.93 %	31.97 %
123	C	49.6 %	35.94 %
124	B	60.32 %	39.08 %
125	A	52.36 %	35.57 %
126	C	55.18 %	35.96 %
127	B	44.46 %	44.24 %
128	A	56.08 %	35.7 %

प्रश्न संख्या	उत्तर	सही उत्तर	छोड़ दिया
129	D	43.86 %	30.25 %
130	A	84.53 %	12.29 %
131	A	45.85 %	49.86 %
132	B	56.7 %	31.52 %
133	C	61.46 %	30.02 %
134	C	63.42 %	31.42 %
135	B	52.57 %	42.56 %
136	C	55.4 %	34.52 %
137	A	66.13 %	32.74 %
138	C	40.87 %	46.92 %
139	B	49.16 %	32.31 %
140	A	53.27 %	42.68 %
141	B	52.63 %	31.27 %
142	C	67.4 %	32.28 %
143	B	57.62 %	39.35 %
144	C	66.65 %	30.59 %

प्रश्न संख्या	उत्तर	सही उत्तर	छोड़ दिया
145	C	41.96 %	36.09 %
146	C	43.65 %	39.22 %
147	A	48.38 %	32.47 %
148	C	87.03 %	11.36 %
149	C	45.02 %	49.44 %
150	A	55.64 %	30.74 %
151	B	53.39 %	37.0 %
152	C	78.34 %	13.91 %
153	C	46.89 %	44.67 %
154	C	67.7 %	30.15 %
155	D	63.17 %	34.11 %
156	C	62.6 %	34.05 %
157	B	42.3 %	51.49 %
158	D	53.79 %	44.42 %
159	A	48.51 %	42.56 %
160	A	45.91 %	50.81 %

प्रश्न संख्या	उत्तर	सही उत्तर	छोड़ दिया
161	D	41.63 %	45.54 %
162	D	43.37 %	48.53 %
163	C	59.47 %	30.02 %
164	D	59.73 %	39.26 %
165	C	52.11 %	37.66 %
166	A	41.21 %	55.76 %
167	C	25.81 %	71.96 %
168	C	51.05 %	37.73 %
169	A	47.97 %	32.61 %
170	C	68.26 %	31.07 %
171	C	21.41 %	72.38 %
172	B	79.04 %	11.52 %
173	D	62.75 %	32.6 %
174	D	51.45 %	37.95 %
175	C	55.59 %	32.5 %
176	A	51.37 %	37.19 %
177	A	45.32 %	48.2 %
178	B	87.8 %	11.5 %
179	B	62.07 %	30.93 %
180	B	43.07 %	49.35 %
181	B	50.78 %	40.03 %
182	B	66.29 %	31.73 %
183	C	44.26 %	44.89 %
184	B	51.02 %	31.37 %
185	A	46.83 %	37.5 %
186	D	65.13 %	31.62 %
187	B	69.93 %	30.01 %
188	B	76.77 %	19.1 %
189	B	46.18 %	39.78 %
190	D	44.68 %	43.97 %
191	D	65.78 %	31.82 %
192	B	52.22 %	44.29 %
193	A	45.44 %	40.78 %
194	C	55.04 %	42.85 %
195	B	60.25 %	36.66 %
196	C	22.64 %	76.5 %
197	B	58.23 %	36.54 %
198	A	87.85 %	10.55 %
199	B	40.1 %	40.27 %
200	D	56.31 %	30.29 %

कार्य विश्लेषण	
औसत अंक (%)	35.38%
टॉपर्स स्कोर (%)	65.0%
आपका स्कोर	

मॉक टेस्ट 06

Numerical Ability and Analytical Aptitude

Q.1 एक परीक्षा में अंकित को 28% अंक प्राप्त होते हैं और वह 40 अंकों से अनुत्तीर्ण होता है। यदि उसे 40% अंक प्राप्त होते, तो उसे उत्तीर्ण अंकों की तुलना में 32 अधिक अंक प्राप्त होते। परीक्षा के अधिकतम अंक ज्ञात कीजिए।

A. 700 **B.** 750 **C.** 500 **D.** 600

Q.2 20 संख्याओं का औसत 56 है। बाद में यह पाया गया कि संख्या 10 को गलत तरीके से 100 के रूप में लिया गया था। संख्याओं का सही औसत ज्ञात कीजिए।

A. 60.5 **B.** 59.5 **C.** 51.5 **D.** 50.5

Q.3 10 मीटर चौड़ाई की एक सड़क एक आयताकार उद्यान को घेरे (बाहर से) है जिसकी माप 200 मीटर × 180 मीटर है। सड़क का क्षेत्रफल (मीटर^2 में) क्या है?

A. 8000 मी^{2} **B.** 7000 मी^{2} **C.** 7500 मी^{2} **D.** 8200 मी^{2}

Q.4 5% वार्षिक साधारण ब्याज की दर पर 500 रुपए की एक राशि कितने समय में 625 रुपए हो जाती है?

A. 2 वर्ष **B.** 5 वर्ष **C.** 3 वर्ष **D.** 4 वर्ष

Q.5 दो संख्याओं का अनुपात 5: 6 है और उनका लघुत्तम समापवर्तक 60 है। संख्याएँ क्या हैं?

A. 25, 30 **B.** 12, 24 **C.** 10, 12 **D.** 13, 8

Q.6 ΔABC तथा ΔDEF समरूप हैं। यदि समरूप भुजाओं का अनुपात k : 1 है, तो उनके क्षेत्रफलों का अनुपात क्या है?

A. $k^2 : 1$ **B.** $2k : 1$ **C.** $\frac{k^2}{2} : 1$ **D.** $2k^2 : 1$

Q.7 6 महिलाएं और 8 पुरुष 10 दिनों में एक काम पूरा कर सकते हैं जहां एक महिला एक पुरुष से दोगुनी कुशल है। उसी कार्य को पूरा करने के लिए 40 पुरुषों द्वारा लिया गया समय ज्ञात कीजिये।

A. 15 दिन **B.** 20 दिन **C.** 5 दिन **D.** 10 दिन

Q.8 M ने 10% के लाभ पर N को एक प्रिंटर बेचा और N ने इसे 4% के लाभ पर P को बेच दिया। यदि P ने 14,300 का भुगतान किया, तो M का क्रय मूल्य क्या था?

A. 12,500 रुपए **B.** 12,355 रुपए
C. 12,300 रुपए **D.** 12,480 रुपए

Q.9 12, 15, 18 और 27 में से प्रत्येक द्वारा पुर्णतः विभाजित 4 - अंकों की सबसे बड़ी संख्या है:

A. 9690 **B.** 9720 **C.** 9930 **D.** 9960

Q.10 $(48)^2 - (?)^2 = 4694 - 3066$ का सरलीकरण करें।

A. 16 **B.** 26 **C.** 36 **D.** 24

Q.11 सरलीकरण कीजिए: $\sqrt{2025} = ? \times \sqrt{9}$

A. 17 **B.** 19 **C.** 15 **D.** 12

Q.12 0.3 का 5 × [-0.6 (2.8 + 1.2)] का मान क्या है?

A. -1.44 **B.** -1.08 **C.** -1.2 **D.** -3.6

Q.13 48 छात्रों वाली एक कक्षा का औसत वजन 36 किलो है। यदि शिक्षक और प्रधानाध्यापक का वजन शामिल किया जाता है। तो औसत 36.76 किलो हो जाता है। तो शिक्षक और प्रधानाध्यापक के वजन का योग ज्ञात कीजिये।

A. 108 किलो **B.** 112 किलो **C.** 110 किलो **D.** 114 किलो

Q.14 पांच संख्याओं का औसत 10.2 है। पहली दो संख्याओं का औसत तीसरी संख्या का आधा है तथा तीसरी और चौथी संख्या का औसत 12.5 है। यदि चौथी संख्या 13 है। तो पांचवी संख्या ज्ञात कीजिये।

A. 12 **B.** 15 **C.** 14 **D.** 13

Q.15 प्याज की कीमत में 25% की वृद्धि की गई। सरकार को प्याज पर कितना प्रतिशत अनुदान देना चाहिए ताकि उपभोक्ताओं के लिए प्रभावी मूल्य वृद्धि केवल 10% हो?

A. 10% **B.** 12% **C.** 12.5% **D.** 20%

Q.16 यदि B, C से 20% अधिक है और A से 40% कम है, तो A, C से कितने प्रतिशत अधिक है?

A. 60% **B.** 80% **C.** 100% **D.** 120%

Q.17 अगर 9996 रूपए P, Q, R एवं S में $\frac{1}{5}:\frac{1}{4}:\frac{1}{6}:\frac{1}{5}$, के अनुपात में बाँटे जाते हैं, तो R को मिलने वाली राशि क्या है?

A. 7800 रूपए **B.** 5050 रूपए
C. 2040 रूपए **D.** 1600 रूपए

Q.18 एक कक्षा में, लड़कों की कुल संख्या लड़कियों की कुल संख्या से 18% अधिक है। कक्षा में लड़कों की कुल संख्या से लड़कियों की कुल संख्या का अनुपात ज्ञात कीजिए।

A. 50 : 51 **B.** 59 : 50 **C.** 25 : 59 **D.** 50 : 59

Q.19 यदि $\frac{A}{B} = 5$है तो $\frac{A+B}{A-B}$, का मान क्या है?

A. $\frac{3}{2}$ **B.** $\frac{2}{3}$ **C.** $\frac{1}{3}$ **D.** $\frac{7}{8}$

Q.20 दो पाइप, जब एक समय पर एक काम करते हैं तब एक टंकी को क्रमश: 2 घंटे और 3 घंटे में भर सकते हैं जबकि तीसरा पाइप टंकी को 6 घंटे में खाली कर सकता है। जब टंकी $\frac{1}{6}$ भरी हुई थी तब सभी तीनों पाइपों को एक साथ खोला गया। टंकी को पूरा भरने में कितना समय लगेगा?

A. 1 घंटा **B.** 1 घंटा 20 मिनट
C. 1 घंटा 30 मिनट **D.** 1 घंटा 15 मिनट

Q.21 व्यक्ति B, व्यक्ति A से 50% अधिक कुशल है और किसी कार्य को अकेले समाप्त करने में A को B से 6 दिन अधिक लगते हैं, तब यदि A और B मिल कर कार्य को करेंगे तब उन्हें उस कार्य को समाप्त करने में कितना समय लगेगा?

A. 7.2 दिन **B.** 8 दिन **C.** 9.6 दिन **D.** 10.8 दिन

Q.22 वह सबसे बड़ी संख्या क्या है, जिससे 364, 453 और 548 को विभाजित करने पर शेषफल क्रमशः 8, 8 और 14 प्राप्त होता है?

A. 89 **B.** 87 **C.** 83 **D.** 84

Q.23 300 में कौन सा सबसे छोटी संख्या जोड़ी जानी चाहिए, ताकि परिणाम स्वरूप संख्या 13 से पूरी तरह से विभाजित हो?

A. 1 **B.** 12 **C.** 10 **D.** 9

Q.24 400 से कौन सी सबसे छोटी संख्या घटायी जानी चाहिए, ताकि परिणाम स्वरूप जो संख्या मिले वह 7 से पूरी तरह से विभाजित हो जाए?

A. 6 **B.** 1 **C.** 2 **D.** 4

Q.25 चाप AC का मान ज्ञात कीजिए, यदि AB = BC है।

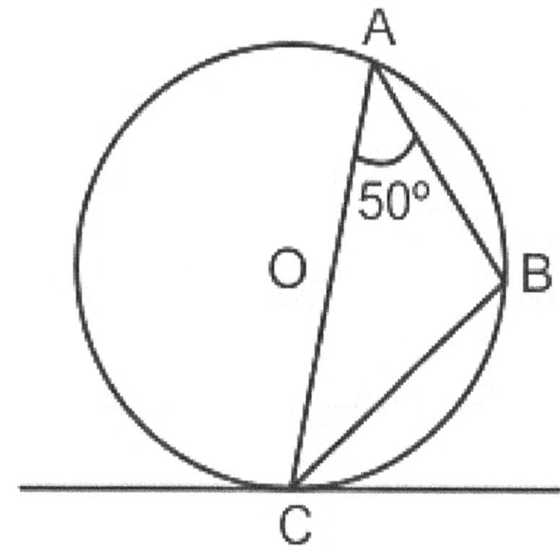

A. 90° **B.** 150° **C.** 160° **D.** 110°

Q.26 एक समचतुर्भुज में, विकर्णों की लंबाई 16 सेंटीमीटर और 12 सेंटीमीटर है। समचतुर्भुज की भुजा क्या है?

[UPTET Paper - I, 2018]

A. 7 सेंटीमीटर **B.** 8 सेंटीमीटर
C. 9 सेंटीमीटर **D.** 10 सेंटीमीटर

Q.27 एक वृत्त में, एक जीवा की लंबाई 24 सेमी है। वृत्त के केंद्र से जीवा 5 सेमी की दूरी पर है। वृत्त का व्यास ज्ञात कीजिए।

A. 12 सेमी **B.** 10 सेमी **C.** 13 सेमी **D.** 26 सेमी

Q.28 एक विक्रेता 4 रुपए में 6 आम खरीदता है और उन्हें 2 रुपए प्रति की कीमत पर बेचता है। 20 रुपए के लाभ के लिए उसे कितने आम बेचने चाहिए?

A. 10 आम **B.** 15 आम **C.** 24 आम **D.** 40 आम

Q.29 एक दुकानदार एक बैडमिंटन रैकेट को बेचता है जिसका मूल्य 15% की छूट पर 400 रुपये अंकित है और वह प्रत्येक रैकेट के साथ 15 रुपये की बैडमिंटन कॉक मुफ्त में देता है। इसके बावजूद भी उसे 25% का लाभ बैडमिंटन रैकेट पर होता है। प्रति रैकेट, उसका क्रय मूल्य क्या है?

A. 280 रुपये **B.** 275 रुपये **C.** 260 रुपये **D.** 250 रुपये

Q.30 एक नाव स्थिर पानी में एक घंटे में 15 किमी चलती है और उतनी ही दूरी को प्रवाह की विपरीत दिशा में तय करने के लिए तीन गुना समय लेती है। धारा प्रवाह की गति(किमी/घंटा में) क्या है?

A. 10 किमी/घंटा **B.** 12 किमी/घंटा
C. 13 किमी/घंटा **D.** 14 किमी/घंटा

Reasoning and Logical Deduction

Ques (31-34):निर्देश: रेखा आलेख एक कंपनी में एकाउंटेंट की रिक्तियों की संख्या को दर्शाता है। आरेख का अध्ययन कीजिए और निम्नलिखित प्रश्नों के उत्तर दीजिये।

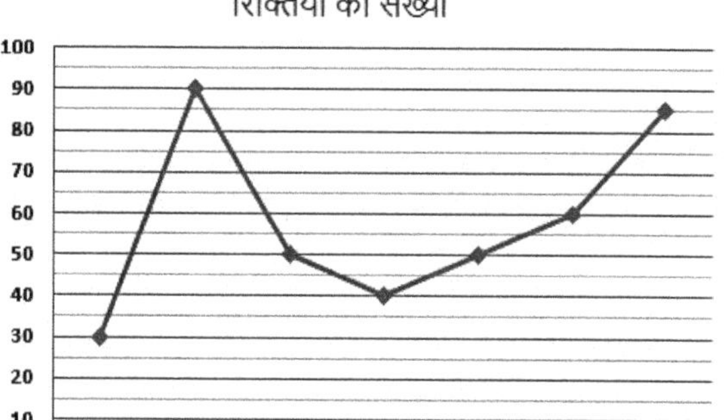

Q.31 वर्ष 2012 और 2014 के बीच की रिक्तियों की संख्या का अंतर क्या था?

A. 40 **B.** 70 **C.** 60 **D.** 50

Q.32 2014 में रिक्तियों की संख्या 2015 से ______ कम थी।

A. 20% **B.** 16.7% **C.** 10% **D.** 8.50%

Q.33 पिछले वर्ष की तुलना में रिक्तियों की संख्या किस वर्ष में कम थी?

A. 2015 **B.** 2014 **C.** 2016 **D.** 2017

Q.34 कंपनी में एकाउंटेंट का वेतन 40,000 रुपये है, तो वर्ष 2014 में रिक्त पदों को भरने पर वेतन का भुगतान करने के लिए व्यय (लाख रुपये में) में कितनी वृद्धि हुई थी?

A. 12 **B.** 14 **C.** 16 **D.** 15

Q.35 उस विकल्प का चयन कीजिये जो तीसरी संख्या से उसी तरह से संबंधित है जिस प्रकार दूसरी संख्या, पहली संख्या से संबंधित है।

54 : 6 :: 42 : ?

A. 5 **B.** 6 **C.** 9 **D.** 7

Q.36 उस विकल्प का चयन कीजिये जो श्रृंखला में सही रूप में प्रश्न चिह्न (?) का स्थान लेगा।

100, 96, 80, 44, ?

A. -24 **B.** 20 **C.** -20 **D.** 16

Q.37 निम्नलिखित प्रश्न में, दिए गए विकल्पों में से संबंधित संख्या का चयन करें।

SAO : 35 :: NPC : ?

A. 40 **B.** 25 **C.** 33 **D.** 41

Q.38 उस विकल्प का चयन कीजिये जो तीसरे पद से उसी प्रकार संबंधित है जिस प्रकार दूसरा पद पहले पद से संबंधित है।

पोंगल : तमिलनाडु :: बिहू : ?

A. छत्तीसगढ़ **B.** महाराष्ट्र **C.** केरल **D.** असम

Q.39 एक निश्चित कूट में, JOY को 150 के रूप में लिखा जाता है। उस कूट में FEED को किस प्रकार लिखा जाएगा?

A. 80 **B.** 90 **C.** 50 **D.** 20

Q.40 एक विशिष्ट कूट भाषा में, दूध को पानी, पानी को जूस, जूस को कॉफी और कॉफी को चाय कहा जाता है। इस भाषा में, निम्न में से फलों से क्या प्राप्त होता है?

A. पानी **B.** जूस **C.** कॉफी **D.** चाय

Q.41 जस्टिन एना का इकलौता भाई है। ब्राउन एना के पिता हैं। वांडा की शादी ब्राउन से हुई है। वांडा जस्टिन से कैसे संबंधित है?

A. बहन **B.** पिता **C.** माँ **D.** पुत्र

Q.42 पार्टी में एक महिला की ओर इशारा करते हुए काजल ने कहा, "उसकी इकलौती बहन के पति के बेटे की बेटी महिला की ग्रेट ग्रैंडडा॑टर है" यदि काजल और रश्मि की एक ही माँ हैं तो रश्मि के पति से वह महिला किस प्रकार संबंधित है?

A. माँ **B.** आन्टी
C. सिस्टर-इन-ला॑ **D.** मदर-इन-ला॑

Ques (43-45):निर्देश: नीचे दिए गए प्रश्न में दो कथन और उसके बाद I और II से अंकित दो निष्कर्ष दिए गये हैं। आपको दिए गये कथन को सत्य मानना है, भले ही वे ज्ञात तथ्यों से अलग प्रतीत होते हों। सभी निष्कर्षों को पढ़िए और निर्धारित कीजिये कि दिए गये निष्कर्षों में से कौन-सा/से निष्कर्ष ज्ञात तथ्यों को नजरंदाज करने पर कथनों का तार्किक रूप से अनुसरण करता/करते /हैं।

Q.43 कथन:
कुछ बुरा खुशी है।
कोई खुशी स्थिर नहीं है।
निष्कर्ष:
I. कुछ बुरा स्थिर हैं।
II. कोई बुरा स्थिर नहीं है।

A. केवल I अनुसरण करता है
B. केवल II अनुसरण करता है
C. या तो I या II अनुसरण करता है
D. कोई भी अनुसरण नहीं करता

Q.44 कथन:
I. सभी मोबाइल, लैपटॉप हैं।
II. सभी लैपटॉप, डेस्कटॉप हैं।
निष्कर्ष:
I. सभी मोबाइल, डेस्कटॉप हैं।
II. कोई डेस्कटॉप, लैपटॉप नहीं है।

A. केवल निष्कर्ष I अनुसरण करता है।
B. केवल निष्कर्ष II अनुसरण करता है।
C. दोनों निष्कर्ष I और II अनुसरण करते हैं।
D. न तो निष्कर्ष I और न ही II अनुसरण करता है।

Q.45 कथन:
I. सभी चाबियां, ताले हैं।
II. कुछ ताले, दरवाजे हैं।
निष्कर्ष:
I. कुछ दरवाजे, चाबियां हैं।
II. कुछ ताले, चाबियां हैं।

A. केवल निष्कर्ष I अनुसरण करता है।
B. केवल निष्कर्ष II अनुसरण करता है।
C. दोनों निष्कर्ष I और II अनुसरण करते हैं।
D. न तो निष्कर्ष I और न ही II अनुसरण करता है।

Q.46 (*) चिह्नों को प्रतिस्थापित करने और दिए गए प्रश्न को संतुलित करने के लिए गणितीय संकेतों का सही संयोजन चुनिए।

18 * 2 * 864 * 24

A. × + = **B.** = ÷ + **C.** × = ÷ **D.** + = –

Q.47 निम्नलिखित समीकरण को सही बनाने के लिए परस्पर बदले जाने वाले दो चिह्नों को ज्ञात कीजिये ?

25 + 5 × 7 – 12 ÷ 3 = 26

A. + और ÷ **B.** + और × **C.** – और ÷ **D.** + और -

Q.48 यदि '+', '×' को दर्शाता है, '-', '+' को दर्शाता है, '×', '÷' को और '÷', '-' को दर्शाता है, तो निम्न व्यंजक का मान ज्ञात कीजिये।

48 ÷ 8 × 4 + 12

A. 36 **B.** 24 **C.** 28 **D.** 32

Q.49 E, C के पूर्व में और D के दक्षिण में है। B, D के पश्चिम में है और A के दक्षिण में है। E के संबंध में A किस दिशा में है?

A. पश्चिम **B.** दक्षिण-पूर्व
C. उत्तर **D.** उत्तर-पश्चिम

Q.50 एक लड़की पश्चिम दिशा में चलना शुरू करती है और 3 किलोमीटर चलने के बाद वह बाईं ओर मुड़ती है और 5 किलोमीटरचलती है। वह फिर से अपनी बाईं ओर मुड़ गई और 10 किलोमीटर की दूरी तय की। फिर वह उसके दाहिनी ओर मुड़ी और 5 किलोमीटर चली। वह अपने प्रारंभिक बिंदु के संबंध में किस दिशा में है?

A. दक्षिण **B.** दक्षिण-पूर्व
C. उत्तर **D.** उत्तर-पश्चिम

Q.51 दिए गए विकल्पों में से कौन सा घन कागज़ की दी गई शीट से बनाया जा सकता है?

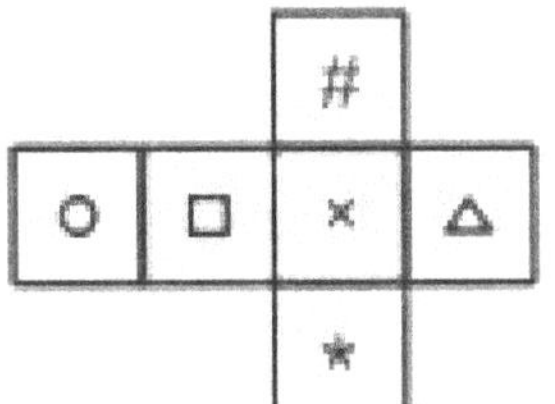

A. 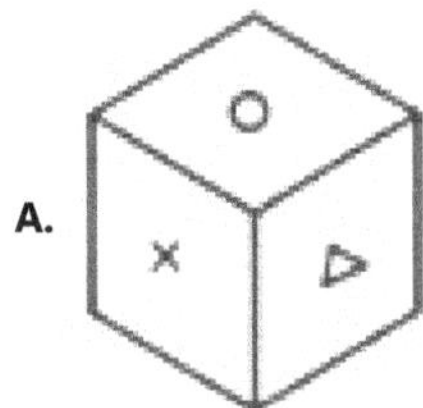 **B.** 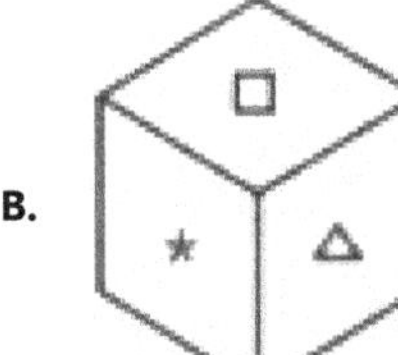

C. 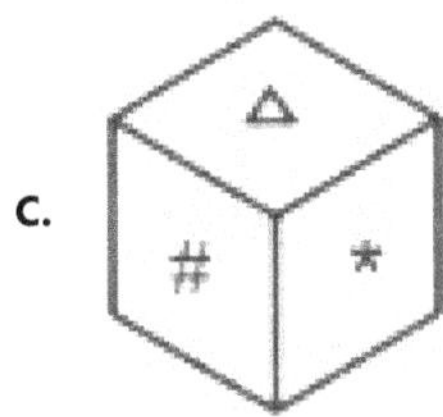 **D.** 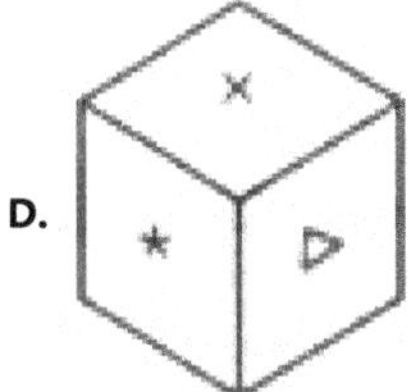

Q.52 उस आकृति का चयन कीजिए जो बाकी से भिन्न है।

A. 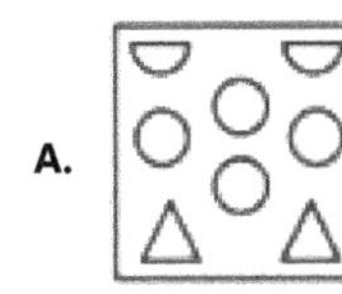 **B.** 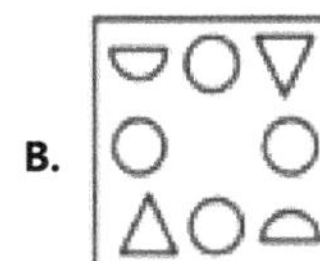

C. 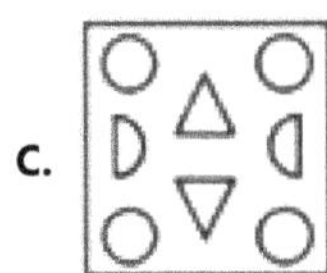 **D.** 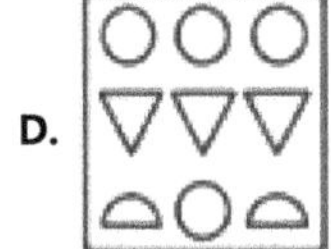

Q.53 चार विकल्पों में से उस आकृति का चयन कीजिए जो आकृति X के रिक्त स्थान (?) में रखे जाने पर स्वरूप को पूर्ण करेगी। (घूर्णन की अनुमति नहीं है)।

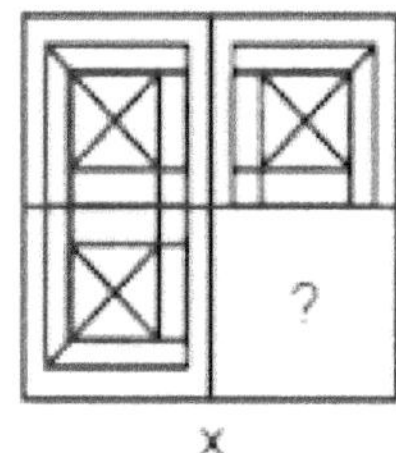

[SSC Constable (GD), 2019]

A. 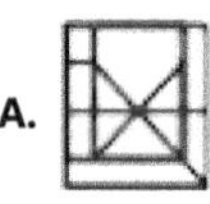 **B.** 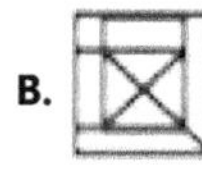 **C.** 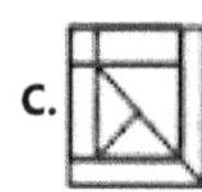 **D.** 

Q.54 एक श्रृंखला दी गई है जिसमें एक पद लुप्त है। दिए गये विकल्पों में से वह सही विकल्प चुनिए, जो श्रृंखला को पूरा करेगा।

D, B, G, E, J, ?

A. G **B.** H **C.** K **D.** L

Q.55 एक श्रृंखला दी गई है, जिसमें से एक पद लुप्त है। दिए गये विकल्पों में से वह सही विकल्प चुनिए, जो श्रृंखला को पूरा करेगा।

V, R, M, G, ?

A. P **B.** Q **C.** Z **D.** Y

Q.56 निम्नलिखित प्रश्न में, दिए गये विकल्पों में से लुप्त संख्या ज्ञात कीजिए।

7, 18, 49, 140, 411, ?

A. 1222 **B.** 811 **C.** 1220 **D.** 981

Q.57 निर्देश: एक श्रृंखला दी गई है, जिसमें से एक पद लुप्त है। दिए गये विकल्पों में से वह सही विकल्प चुनिए, जो इस श्रृंखला को पूरा करेगा।

AC, FH, KM, PR, ?

A. UX **B.** TV **C.** UW **D.** VW

Q.58 निम्नलिखित प्रश्न में, दिए गये विकल्पों में से लुप्त संख्या ज्ञात कीजिए।

5, 11, ?, 47, 95, 191

A. 32 **B.** 21 **C.** 23 **D.** 30

Q.59 एक कूट भाषा में, SUN को NUS के रूप में लिखा जाता है। उस भाषा में MAT को कैसे लिखा जाएगा?

A. MAT **B.** TUM **C.** TAM **D.** MUT

Q.60 अरुण पूर्व दिशा के सम्मुख खड़ा है। वह अपने दाएं से 60 डिग्री मुड़ता है, फिर अपने बाएं से 150 डिग्री मुड़ता और फिर अपने दाएं से 270 डिग्री मुड़ता है। अब वह किस दिशा के सम्मुख है?

A. उत्तर **B.** पूर्व **C.** दक्षिण **D.** पश्चिम

General Knowledge & Current Affairs

Q.61 निम्नलिखित में से कौन मार्च 2021 में उत्तराखंड के मुख्यमंत्री बने?

[SSC CGL, 2022]

A. मदन कौशिक **B.** धन सिंह रावत
C. बी. सी खंडूरी **D.** तीरथ सिंह रावत

Q.62 बिहार के मधुबनी जिले से किस देश के रेलवे लिंक के बीच पहली ट्रेन का सफल परीक्षण किया गया?

A. नेपाल **B.** भोपाल **C.** बिहार **D.** इलाहाबाद

Q.63 जुलाई 2021 में CoWin ग्लोबल कॉन्क्लेव को किसने संबोधित किया?

A. नरेंद्र मोदी **B.** अमित शाह
C. हरदीप सिंह पुरी **D.** नितिन गडकरी

Q.64 हरियाणा का पहला साइबर पुलिस स्टेशन कहाँ स्थापित किया गया था?

A. पंचकुला **B.** अम्बाला **C.** गुरुग्राम **D.** करनाल

Q.65 अप्रैल 2022 में, मझगांव डॉक शिपबिल्डर्स ने प्रोजेक्ट 75 के तहत छह पनडुब्बियों में से अंतिम _______ लॉन्च किया।

A. INS वेला **B.** INS वाग्शीर
C. INS कलवरी **D.** INS वागीर

Q.66 निम्नलिखित में से कौन सी हिमालयन नदी हिमालय से नहीं निकलती है?

A. सिंधु **B.** सतलज **C.** गंगा **D.** ब्रह्मपुत्र

Q.67 भारतीय मानसून वर्षा के संबंध में निम्नलिखित में से कौन सा सत्य है?

1. स्थलाकृतिक विशेषताओं द्वारा काफी हद तक नियंत्रित
2. वर्षा के वितरण में क्षेत्रीय और मौसमी भिन्नता
3. भारी वर्षा जिसके परिणामस्वरूप काफी अपवाह
4. बारिश की शुरुआत और अंत नियमित और समय पर होता है

नीचे दिए गए कूट का उपयोग करके सही उत्तर चुनिये:

A. केवल 1 और 2 **B.** 1, 2 और 3
C. केवल 3 और 4 **D.** 2, 3 और 4

Q.68 गन्ना भारत की महत्वपूर्ण नकदी फसलों में से एक है। इसे क्या प्राप्त करने के लिए उगाया जाता है

A. मंड **B.** ग्लूकोज **C.** फ्रक्टोज **D.** सुक्रोज

Q.69 डांडिया रास _______ का लोक नृत्य है।

A. केरल **B.** उत्तर प्रदेश
C. गुजरात **D.** मध्य प्रदेश

Q.70 हिम सिंह नृत्य _______ से संबंधित है।

A. सिक्किम **B.** मणिपुर **C.** नागालैंड **D.** मिज़ोरम

Q.71 निम्नलिखित में से कौन सा नृत्य रूप जम्मू और कश्मीर राज्य का है?

A. रऊफ **B.** विदेशिया **C.** कर्मा **D.** स्वांग

Q.72 पवन के वेग को मापने के लिए किस उपकरण का उपयोग किया जाता है?

A. एमीटर **B.** बैरोमीटर
C. एनीमोमीटर **D.** एक्टिनोमीटर

Q.73 निम्नलिखित में से कौन सा बाहरी कारण है जो किसी निकाय को इस पर कार्य करके विराम से गति में ले जाता है?

A. द्रव्यमान **B.** बल **C.** समय **D.** तापमान

Q.74 सोडियम सल्फेट और बेरियम क्लोराइड विलयन की प्रतिक्रिया _______ का एक उदाहरण है।

A. दोहरी विस्थापन प्रतिक्रिया
B. ऊष्माशोषी प्रतिक्रिया
C. एकल विस्थापन प्रतिक्रिया
D. उष्माक्षेपी प्रतिक्रिया

Q.75 निम्नलिखित में से कौन सा कथन सोने के बारे में गलत है?

A. सोने के लिए रासायनिक प्रतीक Ag है
B. सोना एक अपेक्षाकृत निष्क्रिय धातु है

C. सोना लचीला और नरम है
D. सभी कथन सही हैं

Q.76 निम्नलिखित में से कौन सा विश्व राइनो दिवस 2020 का विषय था?
A. पांच राइनो प्रजाति हमेशा के लिए
B. सात राइनो प्रजाति हमेशा के लिए
C. तीन राइनो प्रजाति हमेशा के लिए
D. दस राइनो प्रजाति हमेशा के लिए

Q.77 2019 प्रवासी भारतीय दिवस का आयोजन कहाँ किया गया था
A. दिल्ली **B.** वाराणसी **C.** इलाहाबाद **D.** लखनऊ

Q.78 विश्व गर्भनिरोधक दिवस हर साल कब मनाया जाता है?
A. 24 सितंबर **B.** 25 सितंबर
C. 26 सितंबर **D.** 27 सितंबर

Q.79 किस भारत रत्न प्राप्तकर्ता के जन्मदिन को अभियंता दिवस के रूप में मनाया जाता है?
A. अब्दुल कलम आज़ाद **B.** जे.आर.डी. टाटा
C. एम. विश्वेश्वरैया **D.** सी.वी.रमन

Q.80 अंतरिक्ष में जाने वाले पहले भारतीय कौन थे?
A. राकेश शर्मा **B.** रमेश शर्मा
C. सुरेश शर्मा **D.** महेश शर्मा

Q.81 भाषा "डोगरी के जनक" के रूप में किसे जाना जाता है?
A. राम नाथ शास्त्री **B.** पद्म सचदेव
C. प्रेम नाथ डोगरा **D.** गुलाम नबी ख्याल

Q.82 भारत के संविधान का अनुच्छेद 17 _______ के उन्मूलन से संबंधित है।

[SSC CGL, 2020]

A. सती **B.** गुलामी **C.** अस्पृश्यता **D.** उपाधि

Q.83 किस संशोधन अधिनियम के तहत संविधान में मौलिक कर्तव्यों को जोड़ा गया था?
A. 44वां संवैधानिक संशोधन अधिनियम
B. 42वां संवैधानिक संशोधन अधिनियम
C. 51वां संवैधानिक संशोधन अधिनियम
D. 38वां संवैधानिक संशोधन अधिनियम

Q.84 इनमें से कौन सा रोग विषाणु के कारण होता है?
A. डिप्थीरिया **B.** टी. बी. **C.** टाइफाइड **D.** खसरा

Q.85 निम्नलिखित में से कौन एक फूल के केंद्र में मौजूद होता है?
A. पंखुड़ियों **B.** बाह्यदल **C.** कार्पेल **D.** पुष्प-केसर

Q.86 राजकोषीय उत्तरदायित्व और बजट प्रबंधन (FRBM) अधिनियम का मुख्य उद्देश्य _________ है।
A. कानून क्षेत्र में सुधार
B. आर्थिक एकत्रीकरण
C. राज्यों के लिए कर अवमूल्यन
D. बढ़ता हुआ सरकारी खर्च

Q.87 प्रति व्यक्ति आय किसके द्वारा प्राप्त की जाती है?
A. कुल राष्ट्रीय पूंजी को अर्जित लाभ द्वारा विभाजित करने पर
B. देश के नागरिकों की आय का योग करने पर
C. राष्ट्रीय आय को जनसंख्या द्वारा विभाजित करने पर
D. व्यक्तिगत नागरिकों की न्यूनतम आय का अनुमान लगा कर

Q.88 'रेड डाटा बुक' _________ की दुर्लभ और लुप्तप्राय प्रजातियों का प्रलेखन है:
1. पशु
2. पौधे
3. कवक
A. केवल 1 **B.** 1 और 2
C. 2 और 3 **D.** 1, 2 और 3

Q.89 पुस्तक 'फरिश्ता' ______ द्वारा लिखी गई है?
A. वीरेन सोरी **B.** कपिल इशापुरी
C. दीपक नायर **D.** राघव बहल

Q.90 अंग्रेजी कविता का जनक किसे कहा जाता है?
A. चार्ल्स डिकेंस **B.** विलियम टिंडेल
C. शेक्सपियर **D.** जेफ्री चौसर

English Language

Ques (91-95):Direction: There is a sentence with three parts labelled (a), (b) and (c). Read each sentence to find out whether there is an error in any part and if you find no error, your response should be indicated as (d).

Q.91 (a) Rabindranath Tagore,
(b) a Nobel laureate and the author of the national anthem
(c) found Shantiniketan
(d) No error.

[UPSC NDA, 2019]

A. (a) **B.** (b) **C.** (c) **D.** (d)

Q.92 (a) The art of printing was introduced into England
(b) during the reign of Edward IV
(c) by William Caxton, a native of Kent
(d) No error

[UPSC NDA, 2019]

A. (a) **B.** (b) **C.** (c) **D.** (d)

Q.93 (a) From thirty years
(b) he has devoted himself to public affairs
(c) without taking a holiday
(d) No error

[UPSC NDA, 2019]

A. (a) **B.** (b) **C.** (c) **D.** (d)

Q.94 (a) A great part
(b) of Arabia
(c) is a desert
(d) No error

[UPSC NDA, 2019]

A. (a) **B.** (b) **C.** (c) **D.** (d)

Q.95 He had arrived at Cairo (a)/ a few months before (b)/ protests shook the Arab world. (c)/ No error (d)

[UPSC NDA, 2019]

A. (a) **B.** (b) **C.** (c) **D.** (d)

Q.96 Directions: Given below idioms/phrases are followed by four alternatives. Choose the response (a), (b), (c), or (d) which is the most appropriate meaning, and mark your response accordingly.

To fish in troubled waters

A. to borrow money
B. to steal belongings of
C. to get benefit in bad situation
D. to extend a helping hand

Ques (97-100):Direction: Given below idioms/phrases are followed by four alternatives. Choose the most appropriate expression.

Q.97 A dark horse

A. a black coloured horse
B. a person who wins a race or competition although no one expected him to
C. a person who keeps secrets
D. an ignorant person

Q.98 Fight tooth and nail

A. to quarrel with someone
B. to attack someone with a lot of force
C. to try hard to prevent something from happening
D. to try very hard to achieve something

Q.99 Fair and square

A. in an honest way
B. in a critical way
C. neither very good not very had
D. in a foolish way

Q.100 Be over the hill

[UPSC NDA, 2019]

A. To be on a mountain top
B. To travel in the jungle
C. To be too old to do things
D. To do something in the most complete way

Q.101 Direction: Select the word or group of words you consider most appropriate for the blank space.

The cops _____ murder by kin.

[UPSC NDA, 2019]

A. suspect **B.** afford
C. manage **D.** administer

Ques (102-105):Direction: Select the word or group of words you consider the most appropriate for the blank space.

Q.102 The Election Commission on Saturday ____ that the Assembly elections in five states will be held from November 12 to December 7.

[UPSC NDA, 2019]

A. pronounced **B.** announced
C. promulgated **D.** issued

Q.103 The victims were fruit vendors and they were going in an auto when they ____ an accident on the way.

[UPSC NDA, 2019]

A. met with **B.** ran into
C. experienced **D.** heard

Q.104 Scores of villagers are ________ a sit-in protest against the construction of a new underpass.

[UPSC NDA, 2019]

A. performing **B.** sitting
C. staging **D.** standing

Q.105 It is common for patients to stop ____ medicine as soon as they start feeling better.

[UPSC NDA, 2019]

A. eating **B.** gulping
C. swallowing **D.** taking

Ques (106-110):Directions: In this question, you have short passages. After each passage, you will find some items based on the passage. First, read a passage and answer the items based on it and mark your response accordingly. You are required to select your answers based on the contents of the passage and the opinion of the author only.

'Now, ladies and gentlemen," said the conjuror, "having shown you that the cloth is absolutely empty. I will proceed to take from it a bowl of goldfish. Presto I"

All around the hall people were saying, "Oh, how wonderful! How does he do it?"

But the Quick Man on the front seat said in a big whisper to the people near him. 'He-had-it-up-his-sleeve.'

Then the people nodded brightly at the Quick Man and said, 'Oh, of course"; and everybody whispered round the hall, "He-had-it-up-his-sleeve."

'My next trick,* said the conjuror, "is the famous Hindostanee rings. You will notice that the rings are apparently separate; at a blow, they all join (clang, clang, clang)—Presto

There was a general buzz of stupefaction till the Quick Man was heard to whisper, "Hr.must-have-had-another-lot-up- his-sleeve."

Again everybody nodded and whispered, "The-rings-were-up-his-sleeve."

The brow of the conjuror was clouded with a gathering frown.

"I will now," he continued, "show you a most amusing trick by which I am enabled to take any number of eggs from a hat. Will some gentleman kindly lend me his hat? Ah, thank you—Presto !"

He extracted seventeen eggs, and for thirty-five seconds the audience began to think that he was wonderful. Then the Quick Man whispered along the front bench, "He-has-a-hen-up-his-sleeve," and all the people whispered it on. "He-has-a-lot-of-hens-up-his-sleeve."

The egg trick was ruined.

It went on like that all through. It transpired from the whispers of the Quick Man that the conjuror must have concealed up his sleeve, in addition to the rings, hens, and fish, several packs of cards, a loaf of bread, a doll's cradle, a live guinea pig, a fifty-cent piece, and a rocking chair.

Q.106 "The brow of the conjuror was clouded with a gathering frown." The sentence means that the conjuror-

A. was very pleased **B.** was very sad
C. was rather angry **D.** was very afraid

Q.107 "The egg trick was ruined," This means that-

A. eggs were all broken
B. people were unconvinced
C. conjuror was disappointed
D. the trick could not be performed

Q.108 According to the Quick Man, the conjuror-

A. had everything bought for production
B. produced things with the magic he knew
C. had things in the large sleeves of his coat
D. created an illusion of things with his magic

Q.109 The author believes that the Quick Man was really-

A. foolish **B.** clever **C.** wrong **D.** right

Q.110 The conjuror extracted seventeen eggs from the hat of:

A. the Quick Man
B. his own
C. one gentleman from the audience
D. None of the above

Ques (111-115):Direction: In this question, each item consists of six sentences of passage. The first and sixth sentences are given in the beginning as SI and S6. The middle four-sentence in each have been jumbled up and labelled as P, Q, R and S. You are required to find the proper sequence of the four sentences.

Q.111 S1: The British rule in India has brought about the moral, material, cultural and spiritual ruination of this great country.

S6: We are not to kill anybody but it is our dharma to see that the curse of this Government is blotted out.

P: I regard this rule as a curse.

Q: Sedition has become my religion

R: Ours is a non-violent battle

S: I am out to destroy this system of Government.

[UPSC NDA, 2019]

A. S P R Q **B.** P S Q R **C.** Q R P S **D.** S R P Q

Q.112 S1: Mr. Sherlock Holmes and Doctor Watson were spending a weekend in a University town.

S6: It was clear that something very unusual happened.

P: One evening they received a visit from an acquaintance, Mr. Hilton Soames.

Q: On that occasion, he was in a state of great agitation.

R: They were staying in furnished rooms, close to the library.

S: Mr. Soames was a tall, thin man of a nervous and excitable nature.

The proper sequence should be

A. P R S Q **B.** R P S Q **C.** P Q R S **D.** R P Q S

Q.113 S1: The machines that drive modern civilisation derive their power from coal and oil.

S6: Nuclear energy may also be effectively used in this respect.

P: But they are not inexhaustible.

Q: These sources may not be exhausted very soon.

R: A time may come when some other sources have to be tapped and utilised.

S: Power may, of course, be obtained in future from forests, water, wind and withered vegetables.

The proper sequence should be

A. P Q R S **B.** Q P R S **C.** S R Q P **D.** S P Q R

Q.114 S1: The body can never stop.

S6: It comes from food.

P: To support this endless activity, the body needs all the fuel for action.

Q: Sometimes it is more active than at other times, but it is always moving.

R: Even in the deepest sleep we must breathe.

S: The fuel must come from somewhere.

The proper sequence should be

A. P Q R S **B.** P R Q S **C.** Q R P S **D.** S R Q P

Q.115 S1: The Indian Civil Service gradually developed into one of the most efficient and powerful civil services in the world.

S6: though these qualities obviously served British, and not Indian interests.

P: and often participated in the making of policy

Q: independence, integrity and hard work

R: They developed certain traditions of

S: Its members exercised vast power

The proper sequence should be

A. P Q R S **B.** Q R S P **C.** R S Q P **D.** S P R Q

Q.116 Direction: Select the wrongly spelt word.

A. Supporting **B.** Easier
C. Difficult **D.** Optsion

Q.117 Direction: Select the wrongly spelt word.

A. Pupil **B.** Capacity **C.** Teacher **D.** Ablity

Q.118 Direction: Select the wrongly spelt word.

A. Occurring **B.** Exprimant
C. Sediment **D.** Umbrella

Q.119 Select the INCORRECTLY spelt word.

A. Existence **B.** Commitment
C. Distance **D.** Arguement

Q.120 Directions: Choose the word which is spelt correctly:

A. Beegning **B.** Biginning
C. Beginning **D.** Begining

Ques (121-125):Direction: Select the most appropriate one-word substitution for the given group of words.

Q.121 The dates when days and nights are of equal length.

[SSC Sub Inspector (CPO), 2020]

A. Equinox **B.** Solstice **C.** Eclipse **D.** Stellar

Q.122 Something which is considered to be very important.
A. Cardinal **B.** Scanty
C. Meager **D.** Supplementary

Q.123 A Kennel is a place where:
[Haryana Primary Teacher (PRT), 2020]
A. Horses are kept **B.** Dogs are kept
C. Pigs are kept **D.** Cats are kept

Q.124 The life history of a person written by himself.
A. Essay **B.** Biography
C. Travelogue **D.** Autobiography

Q.125 A person of evil reputation.
A. Renowned **B.** Famous
C. Notorious **D.** Icon

Ques (126-130):Direction: In the following question, arrange the jumbled words or phrases to make a meaningful sentence.

Q.126 P. Nobody dared
Q. ask him
R. about his
S. intentions
A. PQRS **B.** QRSP **C.** RSPQ **D.** SPQR

Q.127 P. director of the company
Q. Ramesh, the
R. has gone
S. to Delhi
A. PQRS **B.** QPRS **C.** PRSQ **D.** RSPQ

Q.128 P. those who are rich and poor
Q. high and low
R. and weak and strong
S. visit this temple
A. PQRS **B.** QRSP **C.** RQPS **D.** QPSR

Q.129 P. was walking
Q. slowly along
R. a street one day
S. An old gentleman
A. PQRS **B.** SPQR **C.** RQPS **D.** SRQP

Q.130 P. we cannot
Q. learn swimming
R. merely by reading
S. a book on swimming
A. PQRS **B.** QRSP **C.** RSPQ **D.** SPQR

Ques (131-135):Direction: Select the synonym of the given word.

Q.131 Jovial
A. Genial **B.** Joking
C. Joint **D.** None of the above

Q.132 Incorrigible
A. Reliable **B.** Unwise
C. Intelligible **D.** Unalterable

Q.133 Devious
A. Distinguished **B.** Supreme
C. Honest **D.** Two-faced

Q.134 Haughty
A. Arrogant **B.** Talkative
C. Quiet **D.** Humble

Q.135 Increase
A. Subtract **B.** Create **C.** Raise **D.** Lessen

Ques (136-140):Direction: Select the most appropriate ANTONYM of the given word.

Q.136 Disable
A. Permit **B.** Disapprove
C. Refuse **D.** Disallow

Q.137 Cheap
A. Expensive **B.** Competitive
C. Generic **D.** Fine

Q.138 Allow
A. No **B.** Deny **C.** Detest **D.** Refrain

Q.139 Silent
A. Noisy **B.** Quiet **C.** Anger **D.** Happy

Q.140 Trust
A. Belief **B.** False **C.** Mistrust **D.** Lie

Ques (141-145):Direction: Select the pair which has the same relationship.

Q.141 Ten : Decimal
A. Seven : Septet **B.** Four : Quartet
C. Two : Binary **D.** Five : Quince

Q.142 HOPE : ASPIRES
A. love:elevates **B.** film:flam
C. fib:lie **D.** fake:ordinary

Q.143 Army : Logistics
A. Business : Strategy **B.** Soldier : Students
C. War : Logic **D.** Team : Individual

Q.144 Gravity : Pull
A. Iron : Metal
B. North pole : Directions
C. Magnetism : Attraction
D. Dust : Desert

Q.145 Filter : Water
A. Curtail : Activity **B.** Expunge : Book
C. Edit : Text **D.** Censor : Play

Q.146 Direction: Select the most appropriate option to improve the underlined segment in the given sentence. If there is no need to improve it, select 'No improvement'.

The teacher as well as the students are responsible for losing the Quiz.

A. The teacher also the students are

B. The teacher as well as the students is

C. As the teacher with the students are

D. No Improvement

Q.147 Directions: In the question, a part of the sentence is given in Bold. Below are given alternatives to the Bold part at (A), (B) and (C) which may improve the sentence. Choose the correct alternative. In case no improvement is needed your answer is (D).

Hardly had I reached the station **than** the train came.

A. Then **B.** When

C. Since **D.** No Improvement

Q.148 Directions: In the following question, out of the four alternatives, select the alternative which will improve the underlined part of the sentence. In case no improvement is needed, select 'no improvement'.

The three terminus of the airport are closed because of maintenance work.

A. Termini **B.** Termination

C. Terminal **D.** No improvement

Q.149 In the given sentence the underlined part can be improved by replacing it with one among the four options given. Choose the correct option.

Many a man have died of swine flu.

[Army Public School (PRT), 2019]

A. have died from swine flu

B. has died of swine flu

C. have been dying of swine flu

D. have died of swine flu

Q.150 In the following question, some part of the sentence is underlined. Which of the options given below the sentence should replace the part underlined to make the sentence grammatically correct? If the sentence is correct as it is given then choose option (D) 'No Correction required' as the answer.

The concepts of national sovereiginties was never absolute.

A. Concept of national sovereignty

B. Concepts of national sovereignty

C. Concept of national sovereignities

D. No correction required

Aptitude for Service Sector

Q.151 यदि आपको किसी से शरारतपूर्ण कॉल मिलती है, तो आप:

A. पुलिस को सूचित करेंगे

B. इसे नजर अंदाज करेंगे

C. व्यक्ति को जानने का प्रयास करेंगे

D. उसी रूप में वापस कॉल करेंगे

Q.152 यदि आप एक संगठन में एक दीर्घकालिक प्रगति के लिए आगे देख रहे हैं, तो आपको चाहिए:

A. परिश्रमी बनो **B.** चापलूस बनो

C. विश्वासघाती बनो **D.** चालाक बनो

Q.153 जब आप किसी बच्चे को किसी चीज़ के लिए भीख माँगते देखते हैं, तो आपके दिमाग में क्या आता है?

A. यह उनके पिछले जन्मों के कर्मों का परिणाम है।

B. भीख मांगने पर रोक लगाई जानी चाहिए।

C. इसके लिए उसके माता-पिता जिम्मेदार हैं।

D. वह समाज पर बोझ है।

Q.154 यदि आपका पालतू कुत्ता उस पर हमला करने वाले किसी व्यक्ति द्वारा मारा जाता है, तो आप क्या करेंगे?

A. व्यक्ति पर मुकदमा करेंगे

B. एक माफीनामा भेजने के लिए कहेंगे

C. बदला लेंगे

D. माफी मांग लेंगे

Q.155 आपके आगे सड़क के बीच में एक बाइक सवार गिरता है। जब आप उसके पास जाते हैं, तो आपको पता चलता है कि वह बहुत नशे में है। आप क्या करेंगे?

A. उसे घर जाने को कहेंगे

B. उसे सलाह दें कि वह ज्यादा न पिएं

C. उसके परिवार के संपर्क नंबर प्राप्त करने और उन्हें सूचित करने का प्रयास करेंगे

D. (A) और (B) दोनों

Q.156 आपके प्रबंधक ने आपको ऐसे कार्य सौंपे हैं जो नियमित लोगों से अलग हैं। आप क्या करेंगे?

A. हर मुश्किल काम के लिए अपने मैनेजर की मदद लेंगे।

B. टीम के किसी अन्य सदस्य से मदद लेंगे , जिसने पहले ऐसे कार्यों पर काम किया हो।

C. परीक्षण और त्रुटि विधि द्वारा इसे हल करने का प्रयास करें क्योंकि यह आपका पहला कार्य है।

D. पहले समस्या का विश्लेषण करने की कोशिश करेंगे, फिर सोचेंगे और उसके अनुसार समाधान निकालेंगे ।

Q.157 आपके अधीनस्थ ने एक गलती की है जिसके लिए आपने उसे पहले से चेतावनी दी थी। अब आप कैसे प्रतिक्रिया देंगे?

A. उससे कार्य ले लेंगे

B. उसे चेतावनी दें और जाने दें

C. उसके बारे में शांति से पूछें

D. उसे बिना पूछे सज़ा दें

Q.158 आपको अपने एक मित्र द्वारा एक पार्टी में आमंत्रित किया जाता है, लेकिन आप नहीं जा सकते क्योंकि आप पहले से ही किसी और चीज़ में लगे हुए हैं। आप क्या करेंगे?

A. न आने का कारण व्यक्त करेंगे

B. बहाना बनाएंगे

C. इसके बारे में बात नहीं करेंगे

D. पार्टी खत्म होने के बाद उसे बतायेंगे

Q.159 आपको महत्वपूर्ण काम सौंपा गया है, लेकिन आप निश्चित हैं कि आप इसे दिए गए समय में नहीं कर पाएंगे। आप क्या करेंगे?

A. मालिक को बताएं कि आपको और समय चाहिए

B. सहकर्मियों को बताएं कि यह पागलपन है

C. चुप रहे

D. समय सीमा समाप्त होने दें और फिर बताएं

Q.160 आप एक सौंदर्य प्रतियोगिता में भाग ले रहे हैं। वहां के जज आपसे एक साइकोमेट्रिक प्रश्न पूछते हैं। आप:

A. प्रश्न का उत्तर कूटनीतिक रूप से दें, भले ही उसका मतलब झूठ हो

B. प्रश्न का उत्तर सच्चाई और खुलकर दें

C. जजों को प्रभावित करने के लिए एक मजेदार जवाब बताएं

D. उनसे एक और प्रश्न पूछने का अनुरोध करें

Q.161 आपके सहकर्मी को हर वक़्त ज़ोर-ज़ोर से शोर करने की आदत होती है। आप क्या करेंगे?

A. उसे अपने अनुभव के बारे में बताएं और उससे ऐसा न करने का अनुरोध करें
B. उसे और उसकी आदत को कोसेंगे
C. मालिक से शिकायत करें
D. अपने विभाग को बदलने के लिए कंपनी से अनुरोध करें

Q.162 यदि कोई सहकर्मी किसी सामाजिक घटना के बारे में बात कर रहा है, जिसके बारे में बात करने में आपको असहजता होती है। आप क्या करेंगे?

A. किसी दूसरे विषय पर बात करने की कोशिश करेंगे
B. उसे बताएं कि आप उससे बात नहीं करना चाहते हैं
C. उसे बताएं कि आप इसके बारे में बात नहीं करना चाहते हैं
D. उसे बताएं कि आप बात करने के लिए इच्छुक नहीं हैं

Q.163 आप एक महत्वपूर्ण बैठक के लिए पहुंचने की जल्दी में हैं। आपको पता चलता है कि आपकी बाइक का एक टायर खराब हो गया है। आप क्या करेंगे?

A. बाइक को सर्विस स्टेशन ले जायेंगे
B. मदद के लिए अपने दोस्त को फोन करेंगे
C. ऑफिस में बताएंगे कि आप लेट हो जाओगे
D. दफ्तर के लिए खराब टायर के साथ बाइक की सवारी करके जाएंगे

Q.164 आपने अपने मित्र से रविवार को मिलने का वादा किया था, लेकिन आप बाहर जाने के लिए बहुत थक गए हैं। आपको क्या करना चाहिए?

A. उसे बताएं कि बैठक रद्द हो गई है
B. उसे अपनी जगह पर आने के लिए कहें
C. उसे बताएं कि आप आज नहीं मिलना चाहते हैं
D. उसे बताएं कि आप बीमार हैं

Q.165 कक्षा में 40 छात्र हैं। आपने छात्रवृत्ति परीक्षा के लिए उनमें से दो का चयन करने का निर्णय लिया है। आप उन्हें कैसे चुनेंगे?

A. प्रदर्शन में उनकी वार्षिक प्रवीणता और समग्र स्थिरता के आधार पर
B. एक नमूना परीक्षा की व्यवस्था करें और उस परीक्षा में अच्छा प्रदर्शन करने वालों को चुनें्गे
C. अपने विवेक का उपयोग करेंगे
D. उन छात्रों का चयन करेंगे जिनके माता-पिता का विद्यालय के विकास में निहित स्वार्थ है

Q.166 एक छोटा बच्चा उस सड़क पर खेल रहा है जिससे आप गुजर रहे हैं, आपको चाहिए:

A. उसके अभिभावक की तलाश करें और उन्हें उसके बारे में बताएं
B. बच्चे को सड़क पर नहीं खेलने के लिए कहें
C. सड़क पर खेलने के लिए बच्चे को फटकारें
D. नज़रअंदाज़ करें

Q.167 आपने कुछ बच्चों को माचिस की तीली ले जाते और जलते हुए कागज और कचरे का आनंद लेते देखा। आपको करना चाहिए:

A. उन्हें अनदेखा करें क्योंकि वे आनंद ले रहे हैं
B. इसके बारे में उनसे बात करें और माचिस लेने की कोशिश करें
C. बाद में उनके माता-पिता को बताएं
D. उनसे जुड़ें और दिखाएं कि चीजों को आग लगाना कितना उत्तेजक है

Q.168 आपके पड़ोस में रहने वाला एक दंपति किसी बात को लेकर शोर मचा रहा है। आपको करना चाहिए:

A. इसे नजरअंदाज करो
B. पुलिस को बुलाओ
C. पड़ोसियों से मामले के बारे में पूछें
D. इसके बारे में अन्य पड़ोसियों से बात करें

Q.169 एक नया बंडल खोलने पर योगेश ने पाया की बड़ी संख्या में छपाई के कागजात गायब है। उन्होंने रोहित कुमार राव को रंगे हाथों पकड़ा। हालांकि, रोहित ने योगेश को गंभीर परिणाम भुगतने की चेतावनी दी, यदि वह अपने वरिष्ठ को मामले की रिपोर्ट करता है। यदि आप योगेश होते तो आप क्या सोचते?

A. आप अपने वरिष्ठ प्रबंधक को इस बात से अवगत कराएँगे और चतुराई से उसकी जानकारी में लाएँगे।
B. किसी और से उसके बारे में शिकायत करने के लिए अपने वरिष्ठ से पूछें ताकि आप परिणामों से बच सकें
C. अपने प्रबंधक को समस्या की रिपोर्ट न करने का निर्णय करें क्योंकि आप इसे रिपोर्ट करने के परिणामों से डरते हैं
D. आप निडर होकर इस मुद्दे पर अपने वरिष्ठ प्रबंधक को सूचित करें, भले ही आपको पता हो कि परिणाम गंभीर हो सकते हैं

Q.170 आपने अपने जूनियर सहयोगी से एक महत्वपूर्ण बैठक के लिए विवरण तैयार करने के लिए कहा। अंतिम समय में, आप पाते हैं कि कई गलतियाँ हैं और विवरण सटीक नहीं है। विवरण में बदलाव करने में कई घंटे लगेंगे। आपको कुछ महत्वपूर्ण कार्य भी करने होंगे। आप क्या करेंगे?

A. आप अपने जूनियर सहयोगी से बदलाव करने के लिए कहें जिस तरह से वह सोचती है कि वह सही है।
B. आप रिपोर्ट की अशुद्धि के कारण बैठक को स्थगित करने का अनुरोध करेंगे और एक समय रेखा के भीतर उसके दोषों को सुधारने के लिए अपने जूनियर सहयोगी को सलाह और व्याख्या करेंगे।
C. ग्राहक के महत्व को ध्यान में रखते हुए, आप अपने सहयोगी को नियुक्त करेंगे और छोटी समय-सीमा के भीतर विवरण पूरी करने को प्राथमिकता देंगे।
D. जूनियर के नाम का हवाला देते हुए आप रिपोर्ट वैसे ही भेजेंगे, और उसकी गलती के लिए जूनियर को दोषी ठहराया।

Q.171 आपका कोई मित्र आपसे अनजान मुद्दे पर आपसे नाराज़ है। आपको करना चाहिए:

A. इसे नजरअंदाज करो
B. उसके बारे में उससे बात करें
C. उसे ईमानदार होने के लिए कहें
D. उससे अपनी दोस्ती के बारे में बात करें

Q.172 आप सड़क पर लड़ रहे दो बच्चों के साथ आते हैं। उनमें से एक दूसरे से थोड़ा बड़ा है। आप किसका समर्थन करते हैं?

A. बड़े वाले का
B. छोटे वाले का
C. दोनों को प्रोत्साहित करें
D. इनमें से कोई नहीं

Q.173 गर्मी की चिलचिलाती धूप में पक्षियों के खुशहाली के लिए आपको क्या सबसे अच्छा लगता है?

A. घरों में पक्षियों को पिंजरे में रखना
B. बागवानी को एक आदत बनाना
C. छतों पर पानी रखना
D. उन्हें नियमित रूप से भोजन कराना

Q.174 आप एक कॉल सेंटर में काम कर रहे हैं और अंतिम दो घंटों में आपके तरफ से कोई बिक्री नहीं हुई है। आपको निराशा महसूस होती हैं। आप क्या करेंगे?

A. आप खुद को तनावपूर्ण पाते हैं और विराम चाहते हैं और बिना सूचना के कार्यालय छोड़ देंगे
B. आप यह पता लगाने की कोशिश करेंगे कि आपके तरफ से क्या गलत हो रहा है।
C. आप खुद को बेहतर करने के लिए आशावादी और प्रेरित करने की कोशिश करेंगे
D. आप अपनी जगह अपने सहयोगी से काम करने के लिए सहायता मांगेंगे

Q.175 एक अधीनस्थ आपको उसके तेज मिजाज के बारे में बताता है और इस वजह से उसका जीवन कैसे प्रभावित हुआ है। आपको क्या करना चाहिए?

A. उसे बताएं कि यह एक आम समस्या है और इसे धैर्यवान होने से दूर किया जा सकता है।
B. उसे बताएं कि हर किसी की कोई न कोई कमजोरी होती है।
C. क्रोध प्रबंधन कार्यक्रम में शामिल होने के लिए उसे सलाह दें
D. उसे भगवान में विश्वास करने की सलाह दें

Q.176 आपको संदेह है कि एक सहकर्मी आपकी पीठ के पीछे आपके बारे में बक-बक करता है। आपको क्या करना चाहिए?

A. इससे बचो
B. उसके बारे में उससे बात करें
C. इसके बारे में मालिक को बताएं
D. इसके बारे में अन्य सहकर्मियों से बात करें

Q.177 सड़क पार करते समय, एक बुजुर्ग व्यक्ति आपकी कार के सामने आते है। आप उन्हें बचाने के लिए ब्रेक को तेजी से दबाते हैं। आपको अब क्या करना चाहिए?

A. क्षमा करो और भूल जाओ
B. उसे सबक सिखाएं
C. उसे बताएं कि क्या हो सकता था
D. उसे गाली दें

Q.178 आप सोमवार सुबह 9 बजे कार्यालय पहुँच जाते हैं और आपका दिन दोपहर 3.00 बजे खत्म हो जाएगा। छह घंटे में पूरा करने के लिए आपके पास बहुत सारे कार्य हैं। आप अपने कार्यों को कैसे प्राथमिकता देंगे?

A. लगभग 2 घंटे के लिए अपने रिश्तेदार के साथ फोन पर एक व्यक्तिगत चर्चा में भाग लें
B. कम जरूरी कामों पर पहले काम करें जिन्हें अगले दिन जमा करना होगा।
C. उच्च प्राथमिकता वाले कार्य जैसे कि प्रतिनिधिमंडल का काम करना ताकि दूसरों का काम बाधित न हो।
D. दिन के लिए अपना पसंदीदा कार्य चुनें ताकि आप अन्य कार्यों का भी आनंद लें।

Q.179 आप अपने कार्यस्थल पर देर से पहुंचते हैं। आपके सर आतिफ द्वारा देर से आने का कारण पूछने पर, आपको करना चाहिए:

A. औचित्य देना
B. अपनी गलती स्वीकार करें
C. एक कहानी बनाओ
D. उनसे कहे आप भी कार्यालय में कई बार देर से आते हैं

Q.180 आप अपना आपा खो देते हैं और अपना गुस्सा तब निकालते हैं जब परिवार में कोई व्यक्ति आपके ऊपर कुछ बुरा करने का आरोप लगाता है जो आपकी गलती नहीं है। बाद में, आप मामले को तुच्छ के रूप में देखते हैं और इस योग्य नहीं हैं कि और पाते है ऐसा नहीं करना चाहिए था। आपको क्या करना चाहिए?

A. प्रतिक्रिया के लिए क्षमा याचना
B. अपनी स्थिति को औचित्य दें
C. इसके बारे में बातचीत से बचें
D. ऊपर के सभी

Q.181 आप एक महिला को एक तालाब के पास से गुजरते हुए डूबते हुए देखते हैं। वहां कोई नहीं है और आप तैरना नहीं जानते। आप क्या करेंगे?

A. कुछ मदद लेने के लिए जाएंगे
B. बिना किसी दूसरे विचार के पानी में कूदेंगे
C. उसके पास कोई तैरने योग्य वस्तु फेकेंगे
D. उसके लिए प्रार्थना करेंगे

Q.182 आप एक सुरंग मजदूर हैं। आपका पर्यवेक्षक आपको आपके काम के संबंध में कुछ दिशा-निर्देश देता है, लेकिन आप उसके विदेशी लहजे को नहीं समझते हैं। आप अब क्या करेंगे?

A. निर्देशों को समझने का नाटक करेंगे
B. उसे अपने लहजे को बदलने के लिए कहें क्योंकि वर्तमान उसके अनुरूप नहीं है
C. निर्देशों की लिखित प्रति का अनुरोध करेंगे
D. अन्य सहयोगियों से पूछें जिनके उच्चारण को आप समझ सकते हैं

Q.183 भूकंप के बाद, आप एक गिरी हुई इमारत के मलबे में फंस जाते हैं। यह धूल और गैसीय है, इसलिए साँस लेना मुश्किल है। आप क्या करेंगे?

A. अपने पैरों से मलबे और धूल को हटाएं
B. चारों ओर देखने के लिए माचिस की तीली जलाएं
C. मदद के लिए चिल्लाएं
D. अपने मुंह पर एक कपड़ा रखें और पाइप और दीवारों पर टैप करें

Q.184 सड़क पार करते हुए, आप देखते हैं कि एक कार एक महिला को टक्कर मारती है और तेजी से भागती है। महिला को कुछ चोटें आईं और उसकी बाइक बुरी तरह क्षतिग्रस्त हो गई। आप पहले क्या करेंगे?

A. कार के लाइसेंस प्लेट नंबर को नोट करने की कोशिश करें
B. महिला की मदद करें और उसके वाहन को उठाएं
C. पुलिस को बुलाएं
D. स्थिति को अनदेखा करें क्योंकि आप जल्दी में हैं

Q.185 अपने कॉलेज असाइनमेंट को पूरा करने के लिए आपको कुछ मदद चाहिए। वहाँ कुछ संभावना है कि आपको मदद मिल जाएगी। तो, आप कुछ अन्य विकल्पों के बारे में सोचते हैं। आप क्या करेंगे?

A. इंटरनेट से नोट्स कॉपी करेंगे
B. पुस्तक संदर्भ के लिए लाइब्रेरियन से पूछें
C. बीमारी का बहाना करेंगे और कुछ और समय पाने की कोशिश करेंगे
D. अपने अनुशिक्षक को बताएं कि आपको सहायता की आवश्यकता है

Q.186 शॉर्ट सर्किट के बाद, होटल के एक कमरे में तार सुलगने लगते हैं। आप क्या करेंगे?

A. 'ब्रेक ग्लास' अलार्म को सक्रिय करके अलार्म बजाएंगे।
B. निकटतम सुरक्षा निकास के माध्यम से कमरा खाली करेंगे।
C. मुख्य स्विच को बंद करेंगे।
D. एक एम्बुलेंस और एक सुरक्षा गार्ड को बुलाएंगे।

Q.187 आप घर पहुँचने की जल्दी में हैं। अपनी बाइक की सवारी करते हुए, आपको कुछ अजीब आवाजें सुनाई देती हैं जो आपकी बाइक से आ रही हैं। आप क्या करेंगे?

A. ब्रेक को तुरंत दबाएं
B. घर पहुंचने तक सवारी करते रहें
C. वाहन सड़क किनारे पार्क करें
D. वाहन की गति बढ़ायें

Q.188 आप अपने कार्यस्थल से वापस आ रहे हैं। आप पैदल हैं और आपके बैग में कुछ महत्वपूर्ण दस्तावेज हैं। अचानक, आपको लगता है कि कोई आपका पीछा कर रहा है। यह एक सुनसान सड़क है। आप पहले क्या करेंगे?

A. किसी व्यस्त जगह पर जाएं
B. यह सुनिश्चित करने के लिए कि आपका पीछा किया जा रहा है, यू-टर्न लें
C. पुलिस को बुलाएं
D. क्षेत्र के अन्य लोगों का ध्यान आकर्षित करें

Q.189 आप एक पार्टी में हैं। पहले, सब कुछ सामान्य लगता है, लेकिन फिर आप कुछ लोगों को पेय में कुछ गोलियाँ मिलाते हुए देखते हैं। उनमें से कोई आपको पेय प्रदान करता है। आप क्या करेंगे?

A. प्रस्ताव को अस्वीकार करें और मेजबान को इसके बारे में सूचित करेंगे
B. प्रस्ताव को अस्वीकार करें और आपने जो देखा है, उसके बारे में उनसे पूछताछ करेंगे
C. प्रस्ताव स्वीकार करें लेकिन पिएंगे नहीं
D. प्रस्ताव को ऐसे स्वीकार करेंगे जैसे आप चाहते हैं कि यह क्या है

Q.190 आप तेज गति से चलने वाली गाड़ियो को पसंद करते है, और आप यह देखना चाहते हैं कि तेज ड्राइव करना कैसा लगता है।आपको कार में अकेले ड्राइव करने का मौका मिलता है। गति सीमा 50 है, लेकिन सड़क पर कोई यातायात नहीं है। आप क्या करेंगे?

A. यहां जितनी तेजी से गाड़ी चलाने में कोई बुराई नहीं है, उतनी ही तेजी से गाड़ी चलायेंगे
B. सड़क पर कोई पुलिसकर्मी नहीं होने की स्थिति में स्वीकार्य सीमा से तेजी से गाड़ी चलायेंगे
C. पहले धीमी गति से चले और फिर सड़क की जांच करें और फिर धीरे-धीरे तेज करेंगे
D. सड़क पर स्वीकार्य सीमा तक गाड़ी चलायेंगे

Q.191 आप एक क्रिकेट खिलाड़ी हैं। एक अभ्यास सत्र से वापस आते समय, एक सुबह, आप एक चोर को एक दुकान में घुसने की कोशिश करते हुए देखते हैं। आप क्या करेंगे?

A. अपने बल्ले से चोर को मारेंगे
B. उस जगह से भाग जाएंगे
C. पुलिस को बुलाएंगे
D. डरा कर चोर को भगाएंगे

Q.192 यदि आप एक डिपार्टमेंटल स्टोर में हैं और किसी व्यक्ति को कुछ महंगी चीजें चुराते हुए देखते हैं, तो आप क्या करेंगे?

A. इसके बारे में किसी को नहीं बताएंगे
B. दुकानदार पर नजर रखेंगे
C. व्यक्ति के पास जाएंगे और उसके खिलाफ उसे सलाह देंगे
D. स्टोर प्रभारी को देखेंगे और उसे सूचित करेंगे

Q.193 आप घर में अकेली हैं। एक महिला आपके दरवाजे पर दस्तक देकर मदद मांगने आती है, आप क्या करेंगे?

A. आप उसे अंदर जाने देंगे
B. आप उसकी पहचान और उसकी समस्या के बारे में पूछेंगे
C. आप पुलिस को फोन करेंगे ताकि वे उसकी मदद कर सकें
D. आप उसे बताएंगे कि आप मदद नहीं कर सकते क्योंकि आप अकेले हैं

Q.194 यदि बैंक टेलर ने गलती से आपके खाते में 5000 रुपये जमा किए हैं, तो क्या आप कुछ कहेंगे?

A. हां, मैं उसे धन्यवाद दूंगा।
B. हां, मैं उसे सूचित करूंगा।
C. नहीं, मैं किसी को नहीं बताऊंगा।
D. हां, मैं मैनेजर को बताऊंगा।

Q.195 आप एक दुकानदार हैं। एक ग्राहक आपसे एक ब्रांड मांगता है जो बहुत लोकप्रिय नहीं है और आपके स्टोर में उपलब्ध नहीं है। आप क्या करेंगे?

A. उसकी सलाह लेंगे।
B. उसे बताएंगे कि हर कोई क्या खरीदता है।
C. उसे दूसरे ब्रांड का एक समान दिखाएंगे।
D. उससे उस विशेष ब्रांड की मांग करने का कारण पूछेंगे।

Q.196 अगर आपके किसी दोस्त की सांस से बदबू आ रही है, तो यह आप उससे कहेंगें ?

A. हां, पहले उससे पूछना बेहतर है कि उसने क्या खाया।
B. हाँ, दोस्त इसीलिए तो है।
C. नहीं, यह हमारी दोस्ती के लिए अच्छा नहीं है।
D. नहीं, यह बेहतर है कि उसे न बताएं और उससे दूरी बनाए।

Q.197 आप एक परीक्षा ले रहे हैं और पीछे वाला व्यक्ति आपसे मदद मांगता है। वह जानना चाहता है कि आपने प्रश्न संख्या दो के लिए क्या चिह्नित किया है। आप क्या करेंगे?

A. उसे पूछने के लिए मना करेंगे
B. उसे जवाब बताएंगे क्योंकि वह एक बुद्धिमान छात्र है
C. उसे शांत करने का गलत उत्तर बताएंगे
D. उसे सही उत्तर बताएंगे क्योंकि उसे मदद की ज़रूरत है

Q.198 आपने एक दिन बिना पूछे अपनी बहन के हेडफोन उधार ले लिए और जब आप उनका उपयोग कर रहे थे, तब उन्होंने काम करना बंद कर दिया। आप क्या करेंगे?

A. चुपचाप उन्हें वापस अपने स्थान पर रख देंगे
B. उनके बारे में बात नहीं करेंगे और उसे यह मानने देंगे कि उसने उन्हें खो दिया है
C. उसके बारे में सीधे बता देंगे
D. पुराने जैसा नए हेडफ़ोन खरीदेंगे

Q.199 पार्टियों के लिए आपके दोस्त आपके घर आए। आपका एक दोस्त एक और दोस्त लाया, इसलिए आपके लिए योजनाबद्ध लोगों की तुलना में अधिक लोग हैं। आप पेय को बाँटना चाहते हैं, लेकिन आपके पास सोडा के केवल पांच डिब्बे हैं और हर किसी के पास एक होने के लिए आपको 6 की आवश्यकता है। आप क्या करेंगे?

A. खुद सोडा नहीं लेंगे और सोडा को अपने दोस्तों के बीच वितरित करेंगे
B. अपने दोस्त को लाने वाले को सोडा नहीं देंगे
C. उस व्यक्ति को सोडा नही देंगे, जिसे आपका मित्र लाया था
D. 6 लोगों के बीच 5 डिब्बे की मात्रा समान रूप से वितरित करें

Q.200 आप कुछ ही दूरी पर एक महिला के साथ एक सुनसान सड़क पर चल रहे हैं। वह यात्रा करते हुए लड़खड़ाकर एक ऐसी जगह गिरती है जहा एक तेज धार वाली चीज है जिससे उसकी बांह में गहरी चोट लगती है। रक्त बाहर निकलने लगता है और आप रक्तस्राव को रोकने के उद्देश्य से उसकी ओर दौड़ना शुरू कर देते हैं। लेकिन, जैसे-जैसे आप करीब आते हैं, वह चिल्लाती है कि वह एचआईवी पॉजिटिव है। आप क्या करेंगे?

A. उससे दूर रहें और आपातकालीन सेवाओं को कॉल करेंगे
B. उससे दूर रहेंगे और उससे बात करते रहेंगे
C. उसे किसी कपड़े से मदद करेंगे क्योंकि आपके पास कोई कटा हुआ या एक खुला घाव नहीं है
D. एम्बुलेंस को बुलाएंगे और वह से चले जाएंगे

// स्मार्ट उत्तर पुस्तिका //

सही उत्तर उन छात्रों के प्रतिशत को इंगित करता है जिन्होंने प्रश्नों का सही उत्तर दिया था।

छोड़ दिया उन छात्रों के प्रतिशत को इंगित करता है जिन्होंने प्रश्नों को छोड़ दिया था।

प्रश्न संख्या	उत्तर	सही उत्तर	छोड़ दिया
1	D	85.22 %	10.78 %
2	C	48.07 %	36.63 %
3	A	53.08 %	46.72 %
4	B	53.36 %	38.92 %
5	C	49.65 %	40.98 %
6	A	65.44 %	34.34 %
7	C	22.89 %	67.05 %
8	A	41.99 %	44.79 %
9	B	68.53 %	30.09 %
10	B	60.1 %	37.07 %
11	C	67.56 %	30.86 %
12	D	59.36 %	38.25 %
13	C	56.92 %	38.16 %
14	C	46.23 %	30.98 %
15	B	58.58 %	32.51 %
16	C	46.71 %	52.33 %
17	C	46.33 %	34.2 %
18	B	58.8 %	39.79 %
19	A	41.08 %	39.88 %
20	D	20.23 %	76.65 %
21	A	61.3 %	31.89 %
22	A	41.78 %	36.07 %
23	B	41.88 %	36.1 %
24	B	68.49 %	30.62 %
25	C	14.54 %	79.05 %
26	D	28.17 %	69.1 %
27	D	54.13 %	32.27 %
28	B	59.62 %	36.75 %
29	C	52.8 %	33.14 %
30	A	59.03 %	33.15 %
31	D	59.54 %	37.08 %
32	A	46.57 %	39.02 %
33	B	59.41 %	38.08 %
34	C	64.81 %	31.24 %
35	D	86.82 %	11.83 %
36	C	46.41 %	31.44 %
37	C	60.98 %	34.57 %
38	D	59.49 %	31.25 %
39	A	46.02 %	47.44 %
40	C	68.34 %	30.17 %
41	C	55.16 %	42.24 %
42	D	47.25 %	41.44 %
43	C	46.72 %	31.61 %
44	A	49.72 %	35.41 %
45	B	48.93 %	31.0 %
46	C	48.11 %	41.54 %
47	A	60.98 %	32.81 %
48	B	57.83 %	32.79 %
49	D	63.08 %	30.18 %
50	B	68.34 %	30.16 %
51	D	47.04 %	48.72 %
52	D	47.24 %	45.07 %
53	B	67.86 %	30.86 %
54	B	59.02 %	33.57 %
55	C	55.38 %	36.14 %
56	A	48.56 %	46.96 %
57	C	51.43 %	46.41 %
58	C	64.18 %	33.83 %
59	C	57.54 %	35.75 %
60	D	45.66 %	40.62 %
61	D	48.35 %	38.42 %
62	A	43.94 %	39.96 %
63	A	63.57 %	30.21 %
64	C	68.98 %	30.39 %
65	B	47.48 %	37.99 %
66	D	55.43 %	42.68 %
67	B	57.77 %	34.8 %
68	D	53.69 %	37.82 %
69	C	63.35 %	32.51 %
70	A	56.6 %	30.56 %
71	A	63.3 %	34.67 %
72	C	60.97 %	37.61 %
73	B	59.69 %	38.66 %
74	A	63.94 %	32.1 %
75	A	69.54 %	30.37 %
76	A	46.77 %	45.28 %
77	B	54.25 %	35.28 %
78	C	43.99 %	52.06 %
79	C	45.69 %	44.85 %
80	A	65.29 %	33.05 %

प्रश्न संख्या	उत्तर	सही उत्तर	छोड़ दिया
81	A	40.1 %	40.54 %
82	C	13.21 %	79.27 %
83	B	54.0 %	36.51 %
84	D	67.5 %	30.56 %
85	C	54.59 %	44.26 %
86	B	42.64 %	50.51 %
87	C	40.29 %	31.42 %
88	D	45.07 %	32.0 %
89	B	66.69 %	31.35 %
90	D	44.26 %	54.14 %
91	C	52.21 %	36.66 %
92	A	54.31 %	36.92 %
93	A	59.29 %	39.01 %
94	D	87.1 %	12.14 %
95	A	60.97 %	35.08 %
96	C	44.94 %	42.27 %

प्रश्न संख्या	उत्तर	सही उत्तर	छोड़ दिया
97	B	66.83 %	30.76 %
98	D	43.31 %	35.91 %
99	A	52.64 %	42.93 %
100	D	51.58 %	43.16 %
101	A	44.23 %	46.69 %
102	B	19.29 %	67.09 %
103	A	43.67 %	31.85 %
104	C	45.61 %	39.26 %
105	D	66.36 %	30.82 %
106	C	17.56 %	78.42 %
107	B	26.25 %	70.87 %
108	C	27.02 %	69.06 %
109	A	22.75 %	75.77 %
110	C	12.51 %	79.39 %
111	B	57.69 %	32.27 %
112	B	22.74 %	69.01 %

प्रश्न संख्या	उत्तर	सही उत्तर	छोड़ दिया
113	B	66.64 %	30.95 %
114	C	68.0 %	30.79 %
115	D	69.49 %	30.1 %
116	D	49.36 %	49.68 %
117	D	57.59 %	33.8 %
118	B	43.81 %	36.09 %
119	D	42.65 %	46.17 %
120	C	68.87 %	30.66 %
121	A	65.55 %	33.3 %
122	A	49.89 %	43.45 %
123	B	50.95 %	36.08 %
124	D	63.36 %	31.13 %
125	C	50.74 %	45.36 %
126	A	53.44 %	34.49 %
127	B	60.76 %	34.95 %
128	A	47.91 %	39.51 %

प्रश्न संख्या	उत्तर	सही उत्तर	छोड़ दिया
129	B	67.32 %	30.92 %
130	A	58.66 %	33.04 %
131	A	42.38 %	52.17 %
132	D	66.63 %	32.5 %
133	D	61.69 %	33.87 %
134	A	41.92 %	49.84 %
135	C	51.15 %	30.09 %
136	A	41.72 %	42.45 %
137	A	62.72 %	30.6 %
138	B	60.57 %	35.39 %
139	A	49.64 %	48.54 %
140	C	40.67 %	31.72 %
141	C	40.04 %	47.66 %
142	C	55.94 %	42.7 %
143	A	68.08 %	31.8 %
144	C	57.51 %	38.19 %

प्रश्न संख्या	उत्तर	सही उत्तर	छोड़ दिया
145	D	61.41 %	30.59 %
146	B	43.63 %	53.81 %
147	B	42.78 %	38.22 %
148	A	59.53 %	34.52 %
149	B	51.09 %	33.26 %
150	A	82.64 %	15.92 %
151	C	47.98 %	50.11 %
152	A	66.39 %	33.48 %
153	B	49.54 %	33.71 %
154	D	40.08 %	45.22 %
155	C	58.73 %	35.83 %
156	D	46.62 %	41.83 %
157	C	40.88 %	58.77 %
158	A	55.72 %	32.03 %
159	A	42.87 %	43.07 %
160	B	41.27 %	54.33 %

प्रश्न संख्या	उत्तर	सही उत्तर / छोड़ दिया
161	A	68.42 %
		30.33 %
162	A	57.18 %
		41.01 %
163	B	59.04 %
		35.18 %
164	B	84.27 %
		15.48 %
165	A	45.53 %
		31.31 %
166	A	16.96 %
		72.88 %
167	B	66.72 %
		30.77 %
168	A	68.09 %
		30.97 %

प्रश्न संख्या	उत्तर	सही उत्तर / छोड़ दिया
169	A	40.39 %
		34.09 %
170	C	46.55 %
		36.2 %
171	B	47.93 %
		37.08 %
172	D	76.75 %
		13.15 %
173	C	68.46 %
		30.53 %
174	C	41.45 %
		53.73 %
175	C	61.38 %
		33.55 %
176	A	13.79 %
		75.78 %

प्रश्न संख्या	उत्तर	सही उत्तर / छोड़ दिया
177	A	47.33 %
		42.83 %
178	C	45.66 %
		47.93 %
179	B	43.97 %
		54.8 %
180	A	40.78 %
		56.41 %
181	C	59.94 %
		31.8 %
182	C	49.4 %
		35.55 %
183	D	55.46 %
		30.1 %
184	A	50.19 %
		40.49 %

प्रश्न संख्या	उत्तर	सही उत्तर / छोड़ दिया
185	B	62.65 %
		32.1 %
186	C	55.25 %
		34.31 %
187	C	65.4 %
		30.55 %
188	A	68.94 %
		30.18 %
189	A	48.99 %
		46.77 %
190	D	82.35 %
		17.14 %
191	C	59.89 %
		32.33 %
192	D	56.77 %
		37.7 %

प्रश्न संख्या	उत्तर	सही उत्तर / छोड़ दिया
193	C	48.01 %
		36.86 %
194	B	46.51 %
		45.51 %
195	D	58.91 %
		32.76 %
196	A	59.7 %
		30.69 %
197	A	42.34 %
		45.45 %
198	C	66.17 %
		32.98 %
199	D	44.38 %
		39.97 %
200	C	43.49 %
		44.52 %

कार्य विश्लेषण	
औसत अंक (%)	52.25%
टॉपर्स स्कोर (%)	69.0%
आपका स्कोर	

मॉक टेस्ट 07

Numerical Ability and Analytical Aptitude

Q.1 तीन संख्याओं में से पहली संख्या दूसरी की दोगुनी है और दूसरी संख्या तीसरी की तीन गुनी है। यदि तीन संख्याओ काऔसत 10 है, तो सबसै बड़ी संख्या क्या है?

A. 12 **B.** 15 **C.** 18 **D.** 30

Q.2 यदि p = -0.12, q = -0.01और r = -0.015 तो तीनों के बीच सही संबंध क्या होगा?

A. $p < q < r$ **B.** $p > r > q$ **C.** $p < r < q$ **D.** $q > p > r$

Q.3 एक दुकानदार एक निश्चित मूल्य पर एक वस्तु को बेचता है। उसका लाभ या हानि प्रतिशत क्या है, यदि वह इसे उस मूल्य के 75% पर बेचकर, 10% की हानि उठाता है?

A. लाभ, 20% **B.** लाभ, 25%
C. हानि, 20% **D.** हानि, 25%

Q.4 अनुपात 3: 4 के बराबर बनाने के लिए अनुपात 7: 11 की प्रत्येक अंक में क्या जोड़ा जाए?

A. 8 **B.** 7.5 **C.** 6.5 **D.** 5

Q.5 एक पार्टी में शामिल पुरुषों और महिलाओं का अनुपात 4: 3 है। 42 महिलाएं और शामिल हो जाये तो अनुपात उल्टा हो जायेगा। पार्टी में कितने लोग शामिल है?

A. 130 **B.** 126 **C.** 105 **D.** 168

Q.6 किसी कक्षा में लड़कियां और लड़के 4 : 5 के अनुपात में हैं। लड़कियों में गणित के विद्यार्थियों का भौतिक विज्ञान के विद्यार्थियों से अनुपात 3 : 1 हैं। यदि पूरी कक्षा में गणित और भौतिक विज्ञान के विद्यार्थियों का अनुपात 3 : 2 हो तो पूरी कक्षा में गणित पढ़ने वाली लड़कियों का प्रतिशत हैं?

A. 33.3% **B.** 30% **C.** 25% **D.** 18%

Q.7 यदि 12 कलम की क्रय मूल्य 15 कलम के विक्रय मूल्य के बराबर है तो लाभ प्रतिशत ज्ञात कीजिये।

A. 25% **B.** 20% **C.** 30% **D.** 35%

Q.8 6 सेमी और 8 सेमी विकर्ण वाले एक समचतुर्भुज के क्षेत्रफल की गणना करें।

A. $2636\sqrt{6}$ **B.** 25 **C.** 24 **D.** 28

Q.9 सन्तरों के मूल्य में 20% की कमी होने से एक आदमी 20 रु में 40 सन्तरे ज्यादा खरीद पाता है। मूल्य में कमी होने से पहले सन्तरे का मूल्य क्या था?

A. 20 पैसे **B.** 40 पैसे **C.** 50 पैसे **D.** 60 पैसे

Q.10 सुबह कोहरे में चलती एक कार एक ही दिशा में 4 किमी/घंटा की गति से चलने वाले व्यक्ति के पास से गुजरती है। व्यक्ति 3 मिनट के लिए कार देख सकता है और दृश्यता 130 मीटर की दूरी तक है। कार की गति है:

A. $7\frac{3}{5}$ किमी/घंटा **B.** $6\frac{3}{5}$ किमी/घंटा
C. 7 किमी/घंटा **D.** 5 किमी/घंटा

Q.11 120 मी. कि एक मेट्रो ट्रैन एक पुल पर 40 किमी/घंटा की गति से दौड़ रही है, ट्रैन 20 सेकंड में पुल को पार करती है, तो पुल की लम्बाई क्या है?

A. 102.22 मी. **B.** 60 मी.
C. 52.2 मी. **D.** 150 मी.

Q.12 A , B से दो गुना तेज चलता हैं और B,C से तीन गुना तेज चलता हैं। C यात्रा करने में 54 मिनट का समय लेता है तो B का समय बताइये?

A. 18 मिनट **B.** 27 मिनट **C.** 38 मिनट **D.** 9 मिनट

Q.13 5 बच्चों की आयु का योग 50 वर्ष है, जिनका जन्म प्रत्येक 3 वर्ष के अंतराल पर हुआ है। सबसे बड़े बच्चे की आयु ज्ञात कीजिये?

A. 16 वर्ष **B.** 12 वर्ष **C.** 10 वर्ष **D.** 8 वर्ष

Q.14 A की शादी 8 वर्ष पहले हुई थी। A की वर्तमान आयु, शादी के समय उसकी आयु से $1\frac{1}{4}$ गुना है। A के पुत्र की आयु उसकी वर्तमान आयु का $\frac{1}{10}$ गुना है, तो उसके पुत्र की आयु कितने वर्ष है?

A. 2 **B.** 3 **C.** 4 **D.** 5

Q.15 A अकेले एक कार्य को 14 दिन में पूरा कर सकता है और B अकेले उस कार्य को 21 दिन में पूरा कर सकता है। A और B मिलकर कार्य करना शुरू करते हैं लेकिन A कार्य शुरू होने के 4 दिन बाद कार्य छोड़कर चला जाता है। B अकेले शेष कार्य को कितने दिन में पूरा करेगा?

A. 9 दिन **B.** 16 दिन **C.** 12 दिन **D.** 11 दिन

Q.16 9800 रु. से 6 वर्षों में 4704 रु. साधारण ब्याज प्राप्त होता है। प्रति वर्ष ब्याज की दर क्या है?

A. 9% **B.** 8.55% **C.** 8% **D.** 7.5%

Q.17 2 साल के लिए 5000 रुपये का समान दर पर साधारण और चक्रवृद्धि ब्याज के बीच अंतर 72 रुपये है। ब्याज की वार्षिक दर है?

A. 6% **B.** 8% **C.** 10% **D.** 12%

Q.18 एक निश्चित धनराशि पर अर्धवार्षिक रुप से देय 1 वर्ष के लिए चक्रवृद्धि ब्याज और 1 वर्ष के लिए साधारण ब्याज के बीच का अंतर 64 रुपये है। यदि दोनों स्थिति में दर 8% हो तो धनराशि (रुपये में) क्या होगी?

A. 40000 **B.** 42000 **C.** 44000 **D.** 44800

Q.19 मूलधन 16,500 रुपये को 4 वर्ष के लिए 16% प्रति वार्षिक के दर से साधारण ब्याज पर उधार दिया जाता है। साधारण ब्याज की राशि कितनी होगी ?

A. 11,560 **B.** 10,250
C. 12,500 **D.** इनमें से कोई नहीं

Q.20 $\frac{1}{10}\log_5 1024 - \log_5 10 + \frac{1}{5}\log_5 3125$ का मान क्या है?

[UPSC NDA, 2020]

A. 0 **B.** 1 **C.** 2 **D.** 3

Q.21 यदि $2\log_{10}(x+1) = \log_{10}(7x+1)$ है, तब x का अशून्य मान ज्ञात कीजिये।

A. 4 **B.** 5 **C.** 6 **D.** 7

Q.22 अमन के पांच विषयों का औसत अंक 64 हैं और अन्य दो विषय उसने क्रमशः 84 और 65 अंक अर्जित किये। सभी विषयों में अमन द्वारा प्राप्त औसत अंक ज्ञात करें।

A. 60 **B.** 62 **C.** 67 **D.** 64

Q.23 एक संस्था के 120 सदस्यों की औसत आयु 60.7 वर्ष है। 30 नये सदस्यों के जोड़ने पर, औसत आयु 56.3 वर्ष हो जाती है। नये जुड़ने वाले सदस्यों की औसत आयु (वर्षों में) क्या है?

A. 36.5 **B.** 37.2 **C.** 38.3 **D.** 38.7

Q.24 एक परिवार के 6 सदस्यों की औसत आयु 20 वर्ष है। यदि नौकर की आयु भी शामिल करते है, तो औसत आयु 25% बढ़ जाती है। नौकर की आयु (वर्षों में) क्या है?

A. 30 **B.** 35 **C.** 50 **D.** 55

Ques (25-29):निर्देश: नीचे दी गई तालिका का ध्यानपूर्वक अध्ययन कीजिए और प्रश्नों के उत्तर दीजिए।

निम्न तालिका भिन्न कॉलेजों में भिन्न प्रोग्रामों में अध्ययन करने वाले विद्यार्थियों की संख्या को दर्शाता है।

प्रोग्राम कॉलेज	बी. टेक	एम. टेक	बी. एससी	एम. एससी	पीएचडी
A	752	450	250	120	100
B	800	600	210	160	92
C	1052	420	240	180	108
D	958	640	180	156	110
E	1258	1080	640	220	150
F	550	250	200	140	56

Q.25 सभी कॉलेजों में बी. टेक में अध्ययन करने वाले विद्यार्थियों की औसत संख्या क्या है?

A. 855 **B.** 875 **C.** 895 **D.** 915

Q.26 कॉलेज C में तकनीकी प्रोग्राम (बी. टेक + एम. टेक) में नामांकित विद्यार्थियों की संख्या कॉलेज C में पढ़ने वाले विद्यार्थियों का कितना प्रतिशत बनाता है?

A. 21% **B.** 53% **C.** 61% **D.** 74%

Q.27 दिये गये सभी कॉलेजों में से किस कॉलेज में विद्यार्थियों की संख्या सबसे कम है?

A. B **B.** C **C.** D **D.** F

Q.28 किस कॉलेज में विज्ञान विभाग (बी. एससी + एम. एससी) एवं प्रौद्योगिकी विभाग (बी. टेक + एम. टेक) के विद्यार्थियों का अनुपात सबसे अधिक है?

A. A **B.** C **C.** E **D.** F

Q.29 कॉलेज C और D में पीएचडी पढ़ने वाले कुल विद्यार्थियों एवं कॉलेज E और F में पीएचडी पढ़ने वाले कुल विद्यार्थियों का संबंधित अनुपात क्या है?

A. 107 : 103 **B.** 109 : 103
C. 103 : 107 **D.** 103 : 109

Q.30 अमन किसी काम को 18 दिनों में पूरा कर सकते हैं। राजेश उसी काम को 15 दिनों में पूरा कर सकते हैं। राजेश ने 5 दिनों तक काम किया और फिर काम को छोड़ दिया। अमन अकेले उस शेष काम को कितने दिनों में पूरा करेगा?

A. 10 दिन **B.** 15 दिन **C.** 9 दिन **D.** 12 दिन

Reasoning and Logical Deduction

Q.31 एक निश्चित कूट भाषा में, LOVE को OLEV के रूप में लिखा जाता है। उस कूट भाषा में IRIS को किस प्रकार लिखा जाएगा?

A. IIRS **B.** IRSI **C.** RSII **D.** RISI

Q.32 एक निश्चित कूट भाषा में, AXE को 120 के रूप में लिखा जाता है। उस कूट भाषा में FEE को किस प्रकार लिखा जाएगा?

A. 150 **B.** 80 **C.** 60 **D.** 20

Q.33 दिए गए विकल्पों में से बेजोड़ अक्षर समूह का चयन कीजिए।

A. BIJ **B.** DGJ **C.** EGI **D.** CHI

Q.34 एक वर्ग के आकार वाले पारदर्शी कागज का एक स्वरूप नीचे दिया गया है। बिंदीदार रेखा से पारदर्शी कागज को मोड़ने पर उसका स्वरूप किस प्रकार दिखाई देगा?

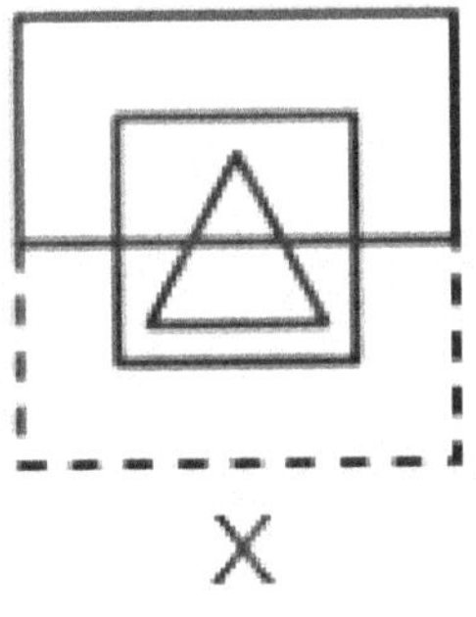

[SSC Constable (GD), 2019]

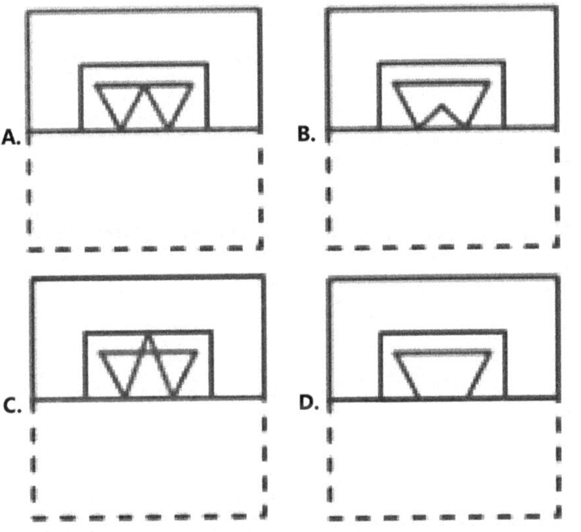

Q.35 उस विकल्प का चयन कीजिए जो तीसरे पद से उसी तरह संबंधित है जिस प्रकार दूसरा पद पहले पद से संबंधित है।

EFG : JLN :: GKM : ?

A. NZY **B.** NVZ **C.** NUZ **D.** KMG

Q.36 उस वेन आरेख का चयन कीजिए जो निम्नलिखित वर्गों के समूह के बीच के संबंध को सबसे बेहतर रूप से दर्शाता है।

फर्नीचर, कुर्सियाँ, गाड़ी

A.

B.

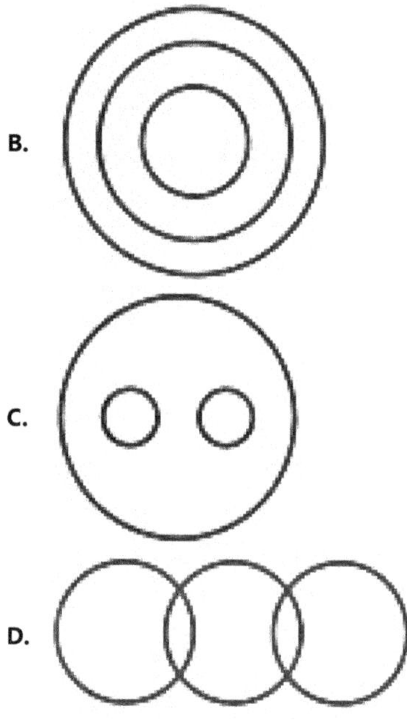

C.

D.

Q.37 आठ दोस्त A, B, C, D, E, F, G और H भोजन के लिए वृत्ताकार मेज़ के चारों ओर एक-दूसरे के सम्मुख बैठे हैं। A, D के विपरीत है और B के दाएँ तीसरा है। G, A और F के बीच में है। H, A के ठीक दाएँ हैं। E, C और D के बीच में है। C के विपरीत कौन बैठा है?

A. B **B.** F **C.** G **D.** E

Q.38 उस विकल्प का चयन कीजिए जो दिए गए स्वरूप में सही रूप से प्रश्न चिह्न (?) का स्थान लेगा।

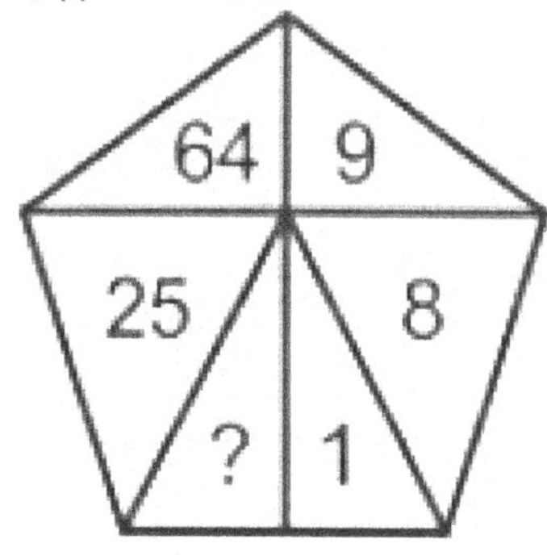

A. 206 **B.** 216 **C.** 6 **D.** 36

Q.39 J, K L, M, N और O छः अध्यापक हैं। प्रत्येक अलग-अलग विषयों अर्थात् हिंदी, अँग्रेज़ी, गणित, विज्ञान, सामाजिक विज्ञान और कला में से एक विषय पढ़ाते हैं, ज़रूरी नहीं कि इसी क्रम में हों। उनमें से प्रत्येक अध्यापक सोमवार से शनिवार के बीच केवल एक दिन पढ़ाता है, ज़रूरी नहीं कि इसी क्रम में हों।
J बुधवार को विज्ञान पढ़ाता है। O, J के दूसरे दिन गणित पढ़ाता है। K सप्ताह के पहले दिन पढ़ाता है, परंतु न तो हिंदी और न ही अँग्रेज़ी पढ़ाता है। M, N से पहले अँग्रेज़ी पढ़ाता है और L, J से पहले कला पढ़ाता है। शनिवार को कौन पढ़ाता है?

A. M **B.** N **C.** K **D.** L

Q.40 दिए गए चार विकल्पों में से उस आकृति का चयन कीजिए जो कि रिक्त स्थान (?) पर रखने पर आकृति X के स्वरूप को पूर्ण करेगी। (आवर्तन मान्य नहीं है)

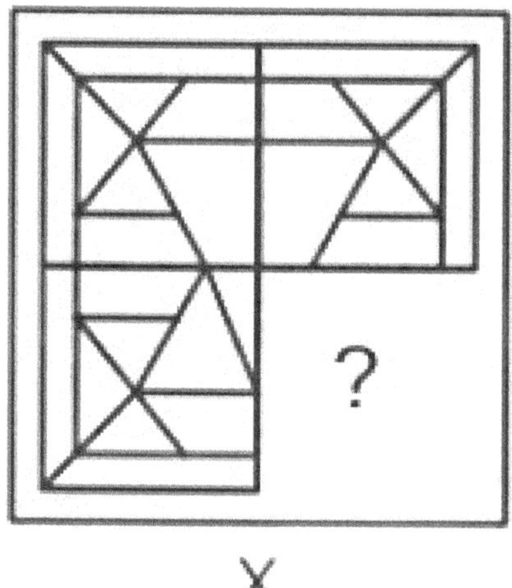

X

[SSC Constable (GD), 2019]

A.

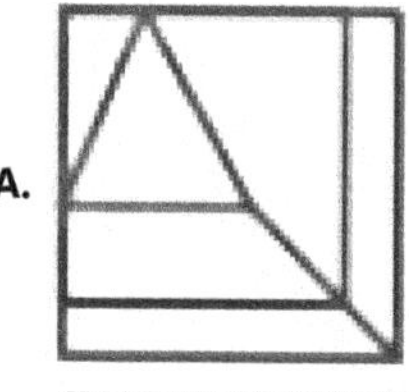

B.

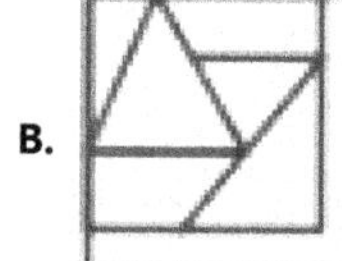

C.

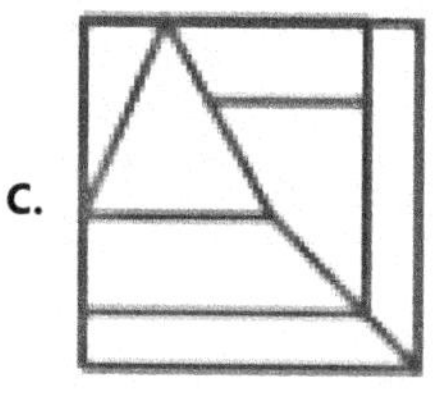

D.

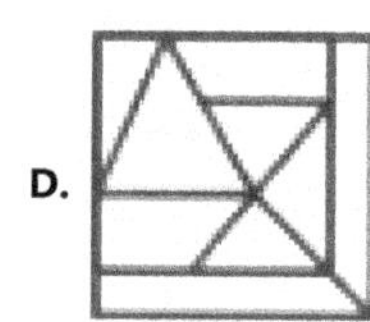

Q.41 उस विकल्प का चयन कीजिये, जो दी गयी आकृति की दर्पण छवि से सबसे निकटम रूप से मेल खाती हो, जब दर्पण को दायीं ओर रखा जाता है।

A.

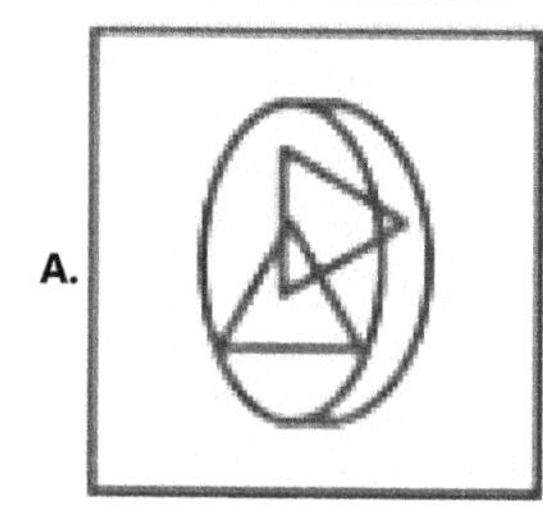

B.

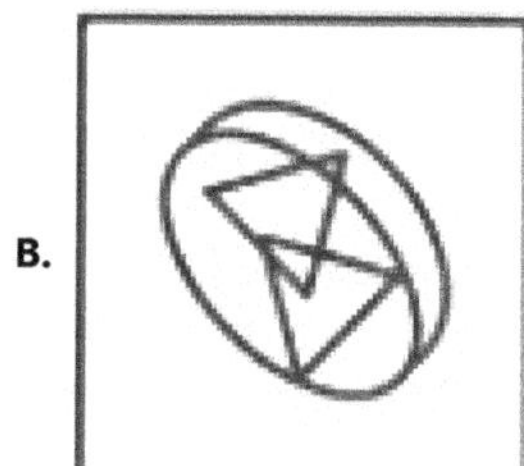

C. 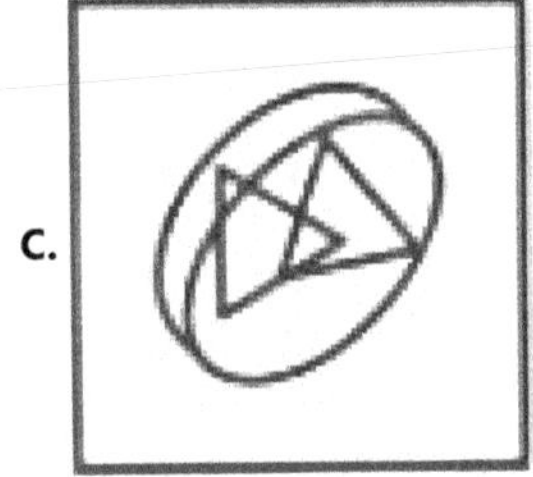 D. 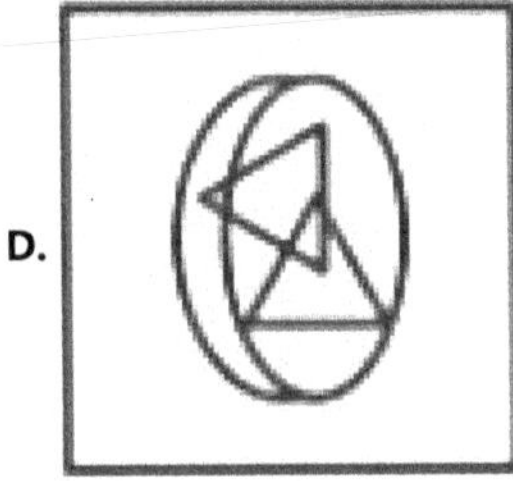

Q.42 सात दोस्त O, P, Q, R, S, T और U एक पंक्ति में बैठकर मूवी देख रहे हैं। P एक अंतिम छोर पर बैठा है। Q, S के ठीक बाएँ बैठा है। P, T के दाएँ दूसरे स्थान पर बैठा है। U किसी अंतिम छोर पर नहीं बैठा है। O, R और T के बीच में बैठा है। P और T के बीच में कौन बैठा है?

A. Q **B.** R **C.** U **D.** O

Q.43 उस विकल्प का चयन कीजिए जो तीसरे पद से उसी तरह संबंधित है जिस प्रकार दूसरा पद पहले पद से संबंधित है।

पैथोलॉजी : रोग :: खगोल विज्ञान : ?

A. भविष्य **B.** मिट्टी **C.** ग्रह **D.** सीप

Q.44 उस विकल्प का चयन कीजिए जो दी गई श्रृंखला में सही रूप से प्रश्न चिह्न (?) का स्थान लेगा।

109, 105, 89, 53, ?

A. 10 **B.** 11 **C.** -10 **D.** -11

Q.45 उस विकल्प का चयन कीजिए जो दी गई श्रृंखला में सही रूप से प्रश्न चिह्न (?) का स्थान लेगा।

TOD, RQB, PSZ, NUX,?

A. LWW **B.** LWV **C.** LVK **D.** LWU

Q.46 दिए गए विकल्पों में से बेजोड़ संख्या का चयन कीजिए।

A. 45 **B.** 75 **C.** 85 **D.** 105

Q.47 निर्देश: निम्नलिखित में कथन के बाद I और II से अंकित दो निष्कर्ष दिए हैं। आपको दिए गए कथनों को सत्य मानना है, भले ही वे ज्ञात तथ्यों से अलग प्रतीत होते हों, निर्णय कीजिए कि दिए गए निष्कर्षों में से कौन-सा/कौन-से निष्कर्ष कथनों का तार्किक रूप से अनुसरण करता है/करते हैं।

कथन:

1) सभी कीलें पिन हैं।

2) सभी हथौड़े पिन हैं।

निष्कर्ष:

I. कोई कील पिन नहीं है।

II. कुछ पिन कील हैं।

A. न निष्कर्ष I और न ही II अनुसरण करता है

B. केवल निष्कर्ष II अनुसरण करता है

C. केवल निष्कर्ष I अनुसरण करता है

D. दोनों निष्कर्ष अनुसरण करते हैं

Q.48 उस विकल्प का चयन कीजिए जो दी गई श्रृंखला में सही रूप से प्रश्न चिह्न (?) का स्थान लेगा।

9, 21, 38, 65, ?

A. 125 **B.** 115 **C.** 105 **D.** 107

Q.49 दिए गए विकल्पों में से बेजोड़ शब्द का चयन कीजिए।

A. जामुनी **B.** पीला **C.** लाल **D.** नीला

Q.50 उस विकल्प का चयन कीजिए जो तीसरी संख्या से उसी तरह संबंधित है जिस प्रकार दूसरी संख्या पहली संख्या से संबंधित है।

24 : 4 :: 45 : ?

A. 5 **B.** 7 **C.** 8 **D.** 6

Q.51 उस विकल्प का चयन कीजिए जो तीसरे पद से उसी तरह संबंधित है जिस प्रकार दूसरा पद पहले पद से संबंधित है।

प्रसिद्ध : अप्रसिद्ध:: पागल : ?

A. समझदार **B.** चतुर **C.** धँसना **D.** मूर्ख

Q.52 निम्नलिखित समीकरण को सही बनाने के लिए परस्पर बदले जाने वाले दो चिह्नों को ज्ञात कीजिए।

15 + 15 × 15 − 15 ÷ 15 = 15

A. − और ÷ **B.** + और − **C.** × और ÷ **D.** + और ×

Q.53 निर्देश: निम्नलिखित कथनों के बाद I और II से अंकित दो निष्कर्ष दिये गए हैं। आपको दिए गए कथनों को सत्य मानना है, भले ही वे ज्ञात तथ्यों से अलग प्रतीत होते हों, निर्णय कीजिए कि दिए गए निष्कर्षों में से कौन-सा/कौन-से निष्कर्ष कथनों का तार्किक रूप से अनुसरण करता है/करते हैं।

कथन:

1) कुछ क्रोध दुःख हैं।

2) कुछ दुःख प्रेम हैं।

निष्कर्ष:

I. कुछ दुःख क्रोध हैं।

II. कुछ प्रेम दुःख हैं।

A. दोनों निष्कर्ष अनुसरण करते हैं

B. केवल निष्कर्ष II अनुसरण करता है

C. केवल निष्कर्ष I अनुसरण करता है

D. न निष्कर्ष I और न ही निष्कर्ष II अनुसरण करता है

Q.54 उस विकल्प का चयन कीजिए जिसमें 'x' द्वारा चिह्नित आकृति निहित है। (आवर्तन मान्य नहीं है)

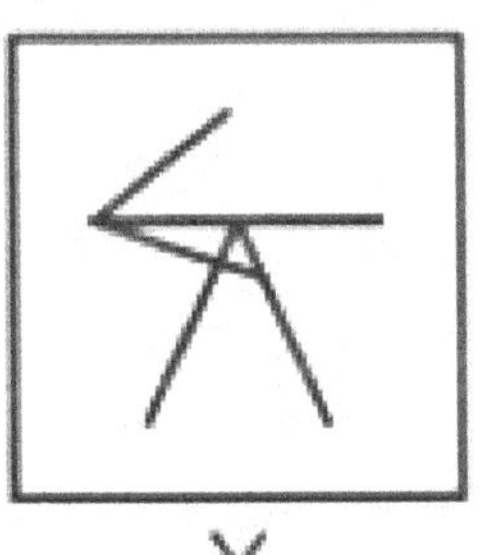

X

A. 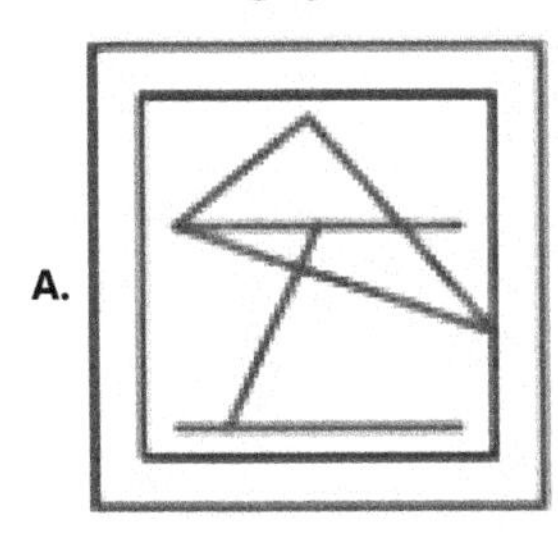 B. 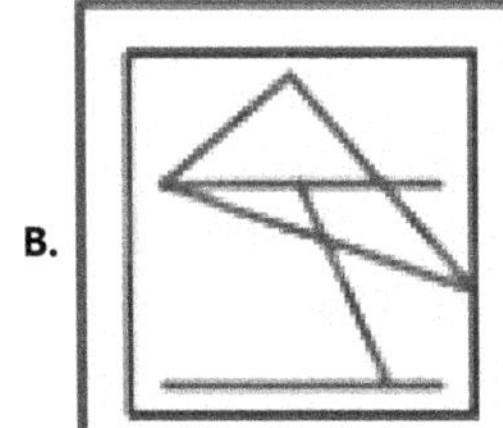

C. 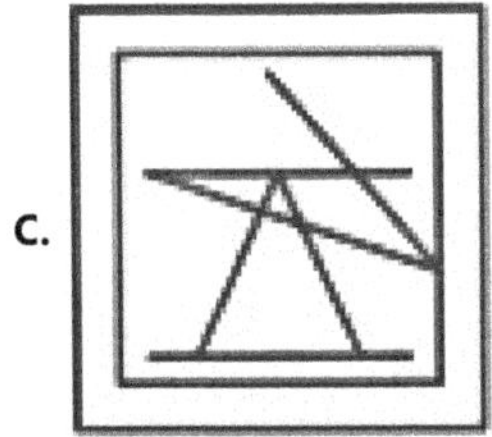 D. 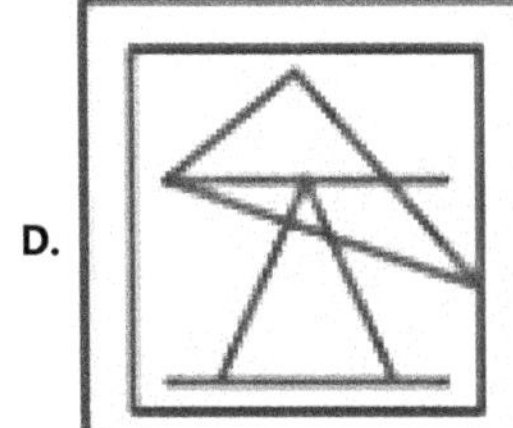

Q.55 शाम के समय निकिता मैदान पर टहल रही है। यदि उसकी परछाई उसके दायीं ओर हो, तो निकिता का मुंह किस दिशा में है?

A. उत्तर **B.** दक्षिण **C.** पूर्व **D.** पश्चिम

Q.56 उस आकृति का पता लगायें जो दी गई श्रेणी का सबसे उपयुक्त सम्बन्ध प्रदर्शित करती है-

कर्मचारी, प्रबंधक, मजदूर

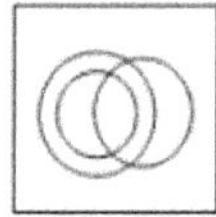
(A)

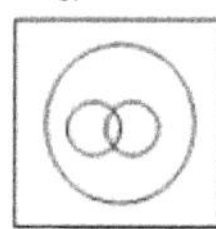
(B)

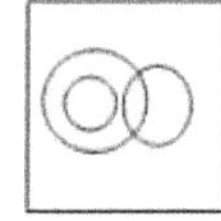
(C)

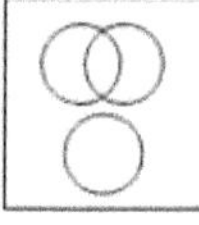
(D)

A. A **B.** B **C.** C **D.** D

Q.57 17 अगस्त 1984 को गुरुवार था। 8 दिसंबर 1984 को कौन सा दिन था?

A. रविवार **B.** शुक्रवार **C.** गुरूवार **D.** शनिवार

Q.58 निर्देश: नीचे दी गई जानकारी को ध्यानपूर्वक पढ़ते हुए उस पर आधारित प्रश्न के जवाब दीजिये:

बिन्दु B, बिन्दु A के पश्चिम में 3 मीटर पर है। बिन्दु C, बिन्दु B से उत्तर में 4 मीटर पर है। बिन्दु G, बिन्दु B और बिन्दु C के ठीक मध्य में है। बिन्दु H, बिन्दु C के दक्षिण में 6 मीटर की दूरी पर है। बिन्दु D, बिन्दु C के पश्चिम में 3 मीटर पर है तथा बिन्दु F, बिन्दु D के दक्षिण में 4 मीटर पर है। बिन्दु E, बिन्दु H के पश्चिम में 3 मीटर पर है।

C और A के मध्य की न्यूनतम दूरी कितनी है?

A. 3 मी.
B. 4 मी.
C. 5 मी.
D. निर्धारित नहीं किया जा सकता।

Q.59 एक श्रृंखला दी गई है, जिसमें एक पद लुप्त है। दिए गये विकल्पों में से वह सही विकल्प चुनिए, जो श्रृंखला को पूरा करेगा।

ALF, GRL, MXR, SDX, YJD, ?

A. EPJ **B.** EQJ **C.** EPD **D.** EPO

Q.60 निम्नलिखित प्रश्न में दिए गए विकल्पों में से बेजोड़ अक्षर को चुनिए।

A. BEHKN **B.** CFILO **C.** DGJMQ **D.** NQTWZ

General Knowledge & Current Affairs

Q.61 उस डिजिटल प्लेटफॉर्म का नाम क्या है जिसका उपयोग भारत में COVID टीकाकरण के लाभार्थियों को ट्रैक करने के लिए किया जाएगा?

A. आत्मानबीर प्रणाली **B.** आरोग्य सेतु प्रणाली
C. COWIN प्रणाली **D.** सीरम सिस्टम

Q.62 निम्नलिखित में से कौन सा रेल कॉरिडोर अदानी पोर्ट्स एंड स्पेशल इकोनॉमिक जोन (एपीएसईजेड) द्वारा अधिग्रहित किया गया है?

A. सरगुजा रेल कॉरिडोर
B. हावड़ा-हल्दिया रेल कॉरिडोर
C. ईस्टर्न डेडिकेटेड फ्रेट कॉरिडोर
D. उत्तर-दक्षिण समर्पित फ्रेट कॉरिडोर

Q.63 निम्नलिखित में से किसने फ्रांस का राष्ट्रपति चुनाव- 2017जीता है? *[UPPSC Staff Nurse, 2017]*

A. मैरीन लि पेन **B.** फ्रैन्कोइस ओलांन
C. एम्मानुएल मैक्रों **D.** जीन-लुक मेलेन्कन

Q.64 भारत का पहला 'अमृत सरोवर' किस राज्य में स्थापित किया गया है?

A. गुजरात **B.** पंजाब
C. ओडिशा **D.** उत्तर प्रदेश

Q.65 हड़प्पा किस नदी के तट पर स्थित था?

A. लूनी **B.** भोगवा **C.** सिन्धु **D.** रावी

Q.66 15 अगस्त 1947 को जब भारत स्वतंत्र हुआ तब भारत के वायसराय कौन थे?

A. लॉर्ड माउंटबेटन **B.** लॉर्ड वेवेल
C. लॉर्ड किंग्सफोर्ड **D.** वारेन हेस्टिंग्स

Q.67 "आधी रात के समय, जब दुनिया सोती है, भारत जीवन और स्वतंत्रता के लिए जागता है," किसके द्वारा कहा गया था?

A. लॉर्ड माउंटबेटन
B. डॉ राजेंद्र प्रसाद
C. पंडित जवाहर लाल नेहरू
D. इनमें से कोई भी नहीं

Q.68 निम्नलिखित में से किसने भारतीय संविधान को बनाने में सबसे अधिक प्रभाव डाला?

A. ब्रिटिश संविधान
B. भारत सरकार अधिनियम, 1935
C. आयरिश संविधान
D. अमेरिकी संविधान

Q.69 किस देश की क्रिकेट टीम ने महिला टी 20 विश्व कप 2020 जीता?

A. भारत **B.** इंग्लैंड
C. ऑस्ट्रेलिया **D.** दक्षिण अफ्रीका

Q.70 भारत का सर्वोच्च न्यायालय ________ को अस्तित्व में आया।

A. 26 जनवरी, 1950 **B.** 28 जनवरी, 1950
C. 15 अगस्त, 1949 **D.** 26 नवम्बर, 1949

Q.71 हमारे देश में निम्नलिखित में से कौन-सा स्थान 'शीत मरुस्थल' है?

A. जैसलमेर **B.** लद्दाख **C.** मेघालय **D.** दार्जिलिंग

Q.72 इथियोपिया कहाँ स्थित है:

A. हॉर्न ऑफ अफ्रीका
B. मध्य अफ्रीका
C. अफ्रीका का केप
D. अफ्रीका के केंद्रीय हाइलैंड्स

Q.73 "चित्रकोट" जल प्रपात निम्नलिखित में से किस नदी पर स्थित है?

A. यमुना नदी **B.** मंदाकिनी नदी
C. इंद्रावती नदी **D.** नर्मदा नदी

Q.74 मंदी को परिभाषित किया जा सकता है-

A. आर्थिक गतिविधियों में गिरावट
B. आर्थिक गतिविधियों में वृद्धि
C. अर्थव्यवस्था में अपरिवर्तनशील स्थिति
D. उपरोक्त में से कोई नहीं

Q.75 एक "बंद अर्थव्यवस्था" वह अर्थव्यवस्था है जिसमें ________।

A. पैसे की आपूर्ति पूरी तरह से नियंत्रित है
B. घाटे का वित्तपोषण होता है
C. केवल निर्यात होता है
D. न निर्यात होता और न ही आयात

Q.76 सकल राष्ट्रीय उत्पाद में शामिल हैं-

A. घरेलू उत्पादन
B. विदेशी उत्पादन
C. घरेलू व विदेशी उत्पादन दोनों
D. उपरोक्त में से कोई नहीं

Q.77 एक पारितंत्र में ______ होते हैं।
A. रासायनिक और भौतिक घटक
B. जैविक और अजैविक घटक
C. भौतिक और सामाजिक घटक
D. जैविक और प्रतिजैविक घटक

Q.78 जैव अपघटक जीवों के एक समूह का गठन करते हैं जो-
A. जीवित जानवरों और पौधों का उपभोग करते हैं
B. जीवित जीवों का उपभोग करते हैं
C. मृत जीवों का उपभोग करते हैं
D. इनमे से कोई भी नहीं

Q.79 किसी क्षेत्र की जैव विविधता का एक अच्छा उपाय है:
A. वहाँ पाए गए जानवरों की संख्या
B. वहाँ पाए जाने वाले पेड़ों की संख्या
C. वहाँ पाए जाने वाले लोगों की संख्या
D. वहां पाई जाने वाली प्रजातियों की संख्या

Q.80 एक कण नियत गति के साथ एक सरल रेखा में गतिमान है तो________ के लिए एक बल की आवश्यकता नहीं होगी ।
A. इसकी गति बढाने के लिए
B. संवेग को कम करने के लिए
C. दिशा को बदलने के लिए
D. इसे एक समान वेग के साथ गतिमान रखने

Q.81 एक तरल का पृष्ठ तनाव किस कारण होता है:
A. अणुओं के बीच गुरुत्वाकर्षण बल
B. अणुओं के बीच विद्युत बल
C. अणुओं के बीच आसंजक बल
D. अणुओं के बीच ससंजक बल

Q.82 ________ के साथ दाब बढ़ जाता है।
A. गहराई में वृद्धि होने पर
B. गहराई का दाब पर कोई प्रभाव नहीं पड़ता है
C. गहराई कम होने पर
D. इनमें से कोई नहीं

Q.83 निम्नलिखित में से कौन विद्युत का कुचालक है?
A. नल का पानी B. आसुत जल
C. खारा पानी D. इनमें से कोई नहीं

Q.84 स्टेनलेस स्टील के बर्तनआमतौर पर तांबे के तल के साथ प्रदान किए जाते हैं। इसका कारण यह हो सकता है कि -
A. तांबे का तल बर्तन को अधिक टिकाऊ बनाता है
B. ऐसे बर्तन रंगीन दिखाई देते हैं
C. तांबा, स्टेनलेस स्टील की तुलना में ताप/ ऊष्मा का एक बेहतर चालक है
D. स्टेनलेस स्टील की तुलना में तांबे को साफ करना आसान है

Q.85 डफला जनजाति ________ में पाई जा सकती है।
A. असम B. सिक्किम
C. अरुणाचल प्रदेश D. मिजोरम

Q.86 बेकिंग सोडा है:
A. $Na_2CO_3.10H_2O$ B. Na_2CO_3
C. $NaSO_4.10H_2O$ D. $NaHCO_3$

Q.87 निम्नलिखित में से कौन सा तब होता है जब कोई जीव अपने शरीर की चयापचय क्षमता से अधिक तीव्र गति से रसायनों को अवशोषित करता है?
A. जैव वृद्धि B. जैव आवर्धन
C. जैव संचय D. जैव क्षरण

Q.88 निम्नलिखित में से कौन-सी भारत की एक प्रतिष्ठित भाषा है?
A. संस्कृत B. तेलगु
C. तमिल D. उपरोक्त सभी

Q.89 'एग्जाम वारियर्स' पुस्तक के नए संस्करण के लेखक कौन हैं?
A. भारत के राष्ट्रपति B. भारत के प्रधानमंत्री
C. इसरो केअध्यक्ष D. डीआरडीओ के अध्यक्ष

Q.90 अंग्रेजी में भारतीय साहित्य के संवर्धन में उनके योगदान के लिए 54 वें ज्ञानपीठ पुरस्कार से किसे सम्मानित किया गया?
A. अमिताव घोष B. विक्रम सेठ
C. अनीता देसाई D. अरुंधति रॉय

English Language

Q.91 Direction: Select the segment of the sentence that contains a grammatical error. If there is no error, mark 'No error' as your answer.

A majority vote of/ (A) 75% are required from shareholders/ (B) for the plan to go ahead./ (C) No error/ (D)

A. A majority vote of
B. 75% are required from shareholders
C. For the plan to go-ahead
D. No error

Q.92 Direction: Select the segment of the sentence that contains a grammatical error. If there is no error, mark 'No error' as your answer.

Trump audience included police officials (A) / and members of Congress and came after he met privately at the White House (B) / with the families of men and women who have been killed in interactions with police. (C) / No error (D)

A. (A) B. (B) C. (C) D. (D)

Q.93 Direction: Identify the segment of the sentence, which contains the grammatical error, If there is no error mark "No Error".

Pollock said since Vernon Philander, Kagiso Rabada (A) and Lungi Ngidi had combined well over the last two years, (B) the pace attack was not lacking on experience. (C) No Error (D)

A. (A) B. (B) C. (C) D. (D)

Q.94 Direction: In the following sentence, some parts have errors and some are correct. Find out which part has an error and mark it as your answer. If there is no error, mark 'No error' as your answer.

Globally, there is research to support the view that (A) /despite of stringent punishments, there is no (B)/ fall in the rate of commission of crimes. (C)/ No Error (D)

A. (A) B. (B) C. (C) D. (D)

Q.95 Direction: In the following question some part of the sentence may have errors. Find out which part of the sentence has an error and select the appropriate option. If a sentence is free from error, select 'No error'.

This soon resulted in an (A)/ manufacture of plates, cutlery, (B)/ and specialized table cloths. (C)/ No error (D)

A. (A) **B.** (B) **C.** (C) **D.** (D)

Ques (96-100):Direction: Fill in the blank with the most appropriate option.

Q.96 Only _____ students had turned up for the art show.

A. A few **B.** Much **C.** Little **D.** A little

Q.97 The screenplay of the movie has been _____ from a novel.

A. Adapted **B.** Adopted **C.** Adept **D.** Attained

Q.98 There was an _________ of bounty on the ships, and yet there were squabbles amongst the sailors.

A. Abundance **B.** Autocracy
C. Absolution **D.** Anarchy

Q.99 One of the most ___________ features of the peace treaty was the complete stop in nuclear weapon production.

A. Silent **B.** Salient
C. Satire **D.** Saturated

Q.100 Though rains have eased over the last two days, vast ______ of land remain under water.

A. Finality **B.** Swathes
C. Nonchalance **D.** Arena

Ques (101-105):Direction: In the following question, the 1st and the last part of the sentence/passage are numbered 1 and 6. The rest of the sentence/ passage is split into four parts and named P, Q, R, and S. These four parts are not given in their proper order. Read the sentence/ passage and find out which of the four combinations is correct.

Q.101 1. Customers of collapsed tour operator Thomas Cook have been getting in touch with the BBC to voice their frustration at delays in processing their refunds for holidays that never took place.

P. Retired teachers Alan and Diane Holmes from Ripon in north Yorkshire booked a two-week holiday in Egypt, but initially thought their money was safe because the booking was made through another firm, Freedom Holidays.

Q. The Civil Aviation Authority (CAA) originally said all valid claims made on the first day of its refund programme would be paid within 60 days, or by Friday 6 December.

R."My wife always wanted to do the Egypt Nile cruise. It's been quite peaceful there these last two years, so we thought we'd best do it before it all takes off again," Mr Holmes told the BBC, referring to the possibility of civil unrest in the country.

S. But now it says only two-thirds will be paid on time.

6. But as they later found out, the cruise itself and the hotel accommodation had been booked through Thomas Cook.

A. PQRS **B.** QSPR **C.** SRPQ **D.** SPRQ

Q.102 1. Carbon-intensive firms are likely to lose 43% of their value thanks to policies designed to combat climate change, a report says.

P. Representatives of fossil fuel companies told the BBC they were already adapting their businesses to take climate change into account.

Q. But the PRI study suggests major winners and losers will emerge between, and within, big sectors. Car-makers with the swiftest transition to electric vehicles (EVs), for instance, are projected to increase in value by 108%, according to the study by Vivid Economics.

R. The forecast was commissioned by the UN-backed Principles for Responsible Investment (PRI).

S. Meanwhile the most progressive companies will see an uplift of 33% in their value.

6. Manufacturers slow to move to EVs will see their value fall, as governments realize that petrol and diesel models must be phased out faster for climate targets to be met.

A. PQRS **B.** RQSP **C.** SRPQ **D.** QSPR

Q.103 1. Women CEOs face more negative backlash over ethics violations compared to male leaders.

P. Thus men are considered more culpable in business failings, and that women are more nurturing than men, which makes them more at fault in actions that harm or disappoint others.

Q. The findings expose some of society's most rigidly ingrained stereotypes — that men are more competent than women.

R. By contrast, the study also found a reverse gender bias in the public's perception of business leadership: women leaders faced less flack for failures of competence than men.

S. The findings are part of a broader slew of recent research focused both on evaluating the performance of male versus female business leaders (women tend to come out on top), as well as the public perception of male leaders v/s female leaders.

6. Perhaps, slowly, we're realizing men should be as responsible for ethical conduct as women — which means we may not be far off from considering women just as competent as men.

A. RPQS **B.** PQRS **C.** SPQR **D.** QRSP

Q.104 1. It is widely known that the use of social media affects mental health, but a new, three-year study has found that it is the lack of sleep from its use and the psychological distress caused by cyberbullying via the platforms that are the main reasons affecting one's state of mind, more than the use of the actual apps.

P. Girls who were checking social media also reported to be less happy and more anxious; however, boys didn't report the same feelings.

Q. In girls, the researchers said, the negative effects were due to disrupted sleep, cyberbullying and to some extent, lack of exercise.

R. Researchers found that girls and boys who checked social media sites more than thrice a day had poorer mental health and greater psychological distress.

S. In boys, the same three factors — disrupted sleep, cyberbullying, lack of exercise — had an effect too, but it was much smaller.

6. Dr. Dasha Nicholls, from Imperial College London, who was also involved in the study added, "It's not the amount of social

media, per se, it's when it displaces real-life contact and activities. It's about getting a balance".

A. PRQS **B.** SPQR **C.** PQRS **D.** RQPS

Q.105 1. Why do some people choke under pressure, while others thrive?

P. Take golfers, for instance, with an audience and a monetary prize, highly skilled golfers were 20% less accurate on close-range putts than they were without the stress of an audience or the promise of reward.

Q. This allows all sorts of worries and details to crowd in, some of which wouldn't normally be on our radar.

R. When stressed, our brains function differently. Our prefrontal cortex, the seat of our working memory and ability to prioritize what's relevant in order for us to focus, becomes overloaded and faulty.

S. It boils down to overthinking to the point we're so self-conscious we don't just perform poorly, we perform worse than we should — worse than our skill level dictates.

6. The solution – think about the journey, not the outcome. One should remind oneself that one has the background to succeed and is in control of the situation.

A. SRQP **B.** PQRS **C.** QRSP **D.** RQSP

Ques (106-110):Direction: Below each of the following underlined idioms or phrases four possible substitutes (words or group of words) are given. Select the one which is most nearly the same as the given idiom or phrase.

Q.106 <u>To talk through one's hat</u>

A. To talk nonsense
B. To talk indirectly
C. To talk to a powerful person
D. To keep quiet

Q.107 <u>To smell a rat</u>

A. To foresee misfortune
B. To suspect foul play
C. To see signs of plague
D. To be in a bad mood

Q.108 <u>A black sheep</u>

A. An unlucky person
B. Disreputable member of a group
C. A lucky person
D. A person who is given no share

Q.109 <u>To have an axe to grind</u>

A. A personal end to serve
B. To have no result
C. To work for both sides
D. To have a lot of work to do

Q.110 <u>Hit the hay</u>

A. Feed the cattle **B.** Go to sleep
C. Burn the hay **D.** Lose the sheep

Q.111 In the following four words are given out of which one word is correctly spelt. Select the correctly spelt word.

A. Obidient **B.** Obediant **C.** Obedient **D.** Obidiant

Q.112 In the following question, a word has been written in 4 different ways out of which only one correctly spelt. Select the correctly spelt word.

A. Prefered **B.** Preferred
C. Preeferd **D.** Preffered

Q.113 In the following question, a word has been written in 4 different ways out of which only one correctly spelt. Select the correctly spelt word.

A. Forseable **B.** Forseeable
C. Forseabel **D.** Foreseeable

Q.114 In the following question, a word has been written in four different ways out of which only one is correctly spelt. Select the correctly spelt word.

A. Prejudise **B.** Pregudise
C. Prejudice **D.** Prajudice

Ques (115-119):Direction: A sentence with an underlined word is given below. Select the most appropriate synonym for the underlined word.

Q.115 The caveman/woman was known for their <u>barbaric</u> nature.

A. Serene **B.** Primitive
C. Sophisticated **D.** Prodigal

Q.116 The actor was <u>slandered</u> for his infamous political comments.

A. Appraised **B.** Defamed
C. Shabby **D.** Applauded

Q.117 Ashley's boss was very <u>shrewd</u> when it came to granting leaves.

A. Humble **B.** Naive **C.** Astute **D.** Dense

Q.118 The entire group of kids was very <u>boisterous</u> every day.

A. Exuberant **B.** Melancholic
C. Restrained **D.** Tedious

Q.119 The entire house was as <u>squalid</u> as it was when Amanda left.

A. Tidy **B.** Transient
C. Grubby **D.** Substantial

Ques (120-125):Direction: A sentence with an underlined word is given below. Select the most appropriate antonyms for the underlined word.

Q.120 The way Daniel was speaking was only <u>aggravating</u> the situation.

A. Admonishing **B.** Abating
C. Assaulting **D.** Absolving

Q.121 Matthew was way too <u>lenient</u> with his child's misbehavior.

A. Stingy **B.** Shallow **C.** Severe **D.** Servile

Q.122 The restaurant was really <u>lavish</u> in every sense of the word.

A. Depraved **B.** Liberal
C. Lunatic **D.** Deficient

Q.123 Mia's behavior at the masquerade was abhorrent.

A. Enchanting
B. Appalling
C. Compliant
D. Ingenious

Q.124 The King was rightly punished for being pompous.

A. Humble **B.** Honest **C.** Harsh **D.** Hideous

Q.125 The arrangement of the entire house was very haphazard.

A. Hampered
B. Hapless
C. Organized
D. Invincible

Ques (126-129):Direction: Read the passage and answer the questions that follow.

"A principal fruit of friendship," Francis Bacon wrote in his timeless meditation on the subject, "is the ease and discharge of the fullness and swellings of the heart, which passions of all kinds do cause and induce". For Thoreau, friendship was one of life's great rewards. But in today's cultural landscape of muddled relationships scattered across various platforms for connecting, amidst constant debates about whether our Facebook "friendships" are making us more or less happy, it pays to consider what friendship actually is. That's precisely what CUNY philosophy professor Massimo Pigliucci explores in Answers for Aristotle: How Science and Philosophy Can Lead Us to A More Meaningful Life (public library), which also gave us this provocative read on the science of what we call "intuition".

Philosophers and cognitive scientists agree that friendship is an essential ingredient of human happiness. But beyond the dry academic definitions — like, say, "voluntary interdependence between two persons over time, which is intended to facilitate socio-emotional goals of the participants, and may involve varying types and degrees of companionship, intimacy, affection and mutual assistance" — lies a body of compelling research that sheds light on how, precisely, friendship augments happiness.

The way friendship enhances well-being, it turns out, has nothing to do with quantity and everything to do with quality — researchers confirm that it isn't the number of friends (or, in the case of Facebook, "friends").

Q.126 Which of these is responsible for debates on 'friendship'?

A. The arrival of social media
B. People getting unhappy frequently
C. Scattering of relationships
D. Inventions of science

Q.127 According to the author, which of these is important for friendship?

A. Quantity of friends
B. Quality of friends
C. Both (A) and (B)
D. Friendship is not related to any of these

Q.128 One of the most important factors of happiness is-

A. Peace of Mind
B. Meditation
C. Friendship
D. Passion

Q.129 One of the rewards of life was friendship for-

A. Thoreau
B. Francis Bacon
C. Massimo Pigliucci
D. Aristotle

Ques (130-135):Direction: Read the passage and answer the question that follow.

The word 'depressed' in common usage means sad, frustrated, fed up, bored up, and pessimistic. The mood of a depressed person is much lower at his or her best moments than the mood of a normal person at his or her worst. Depression is a state of mind. It is specifically a mental disorder characterized by a lowering of the individual's vitality, his mood, desires, hopes, aspirations and of his self-esteem.

Depression arising out of environmental factors is called reactive depression whereas depression arising out of some biochemical changes in the brain is called endogenous depression. If depression is mild or moderate and if the individual is in touch with his surroundings, it is known as neurotic depression. If the individual is severely disturbed and is not able to comprehend what is happening around, such a state is called psychotic depression.

Old age is one of the stages of human development, where a person attains wisdom, maturity, social and economic stability with social recognition and emotional fulfillment. Generally, societies show great respect and consideration for the aged. In ancient times old people were considered as the guiding stars in Indian families since they were symbols of tradition, respect, wisdom, and experience. In primitive, ancient, and medieval cultures, old persons had a recognized social role. They were of great value because they could impart knowledge and skill to youngsters. The old people were considered as repositories of wisdom and traditions and were not perceived as problems.

At present, social structures and values are undergoing a transformation from traditional to modern. There is a rapid stride in urbanization and industrialization leading to the breaking up of joint families and property. This has ultimately weakened the traditional families, social position, and status of the aged in the family. From time to time changes in the institutions of marriage and family have diminished the control of parents over their children.

It has increased the freedom of children and they view the aged as a useless and non-productive entity. Modernization has eventually led to the degradation of their status and authority. Consequently, the integrity of the family and the existence of the elderly as an integral part of the family are being uprooted. The importance of their functional positions thus declines and consequently their authority and much of the respect and prestige that they enjoyed earlier get faded. These changes generally bring about depression in older people.

As old age advances, events at home may also contribute more to their problems. The 'empty nest' feeling arising as a result of the grown-up children leaving the home, daughters departing as a result of wedlock and sons leaving the station in pursuit of higher education or jobs may make the aged more lonely. The loneliness also arises because of the premature loss of a spouse. This would deprive the person of a long-standing emotional bond that had provided plenty of emotional succour and security. The loss wherever it might occur in the later years leaves the individual terribly lonely and at the mercy of the sons and daughters-in-law.

Added to these the increasing gap and interactional stress and strain in the family may leave the elderly without peace of mind. The elderly as a result of these developments feel marginalized, alienated, and left out of the mainstream. The foregoing are the common problems faced by most of the elderly. These either directly or indirectly lead to a state of depression and make aging for many an unwanted and unpleasant event to be abhorred.

Usually, mild depression which is caused due to environmental factors is temporary. The person reconciles within a short time and tries to forget the loss. Kind words and timely support of friends, relatives, and family members help one recover from depression.

Q.130 What is depression called when the patient does not understand what is going on around him?

A. Psychotic depression
B. Reactive depression
C. Endogenous depression
D. Neurotic depression

Q.131 Which word in the passage means the same as 'support'?

A. Mercy
B. Abhorred
C. Reconcile
D. Succour

Q.132 The author has focussed mostly on-

A. Disrespect of old people
B. Depression in old age
C. Old age
D. Depression as a major problem

Q.133 Why were old people greatly valued?

A. They were respectable in the society
B. Children were forced to listen to thim
C. There was no urbanization at that time
D. They could pass on knowledge and skill

Q.134 Which problems are highlighted in the given sentence? "The foregoing are the common problems faced by most of the elderly".

A. Disrespect
B. Loneliness
C. Health problems
D. Depression

Q.135 What does the author mean by "Usually, the mild depression which is caused due to environmental factors is temporary"?

A. Mild depression has an ever-lasting effect
B. Mild depression does has a short-term effect
C. One can control mild depression
D. Environmental factors can be the cause of temporary depression

Ques (136-141):Direction: Read the following passage carefully and answer question numbers:

In terms of labour, for decades the relatively low cost and high quality of Japanese workers conferred considerable competitive advantage across numerous durable goods and consumer electronics industries (eg. Machinery, automobiles, televisions, radios). Then labour-based advantages shifted to South Korea, then to Malaysia, Mexico and other nations. Today, China appears to be capitalizing best on the basis of labour. Japanese firms still remain competitive in markets for such durable goods, electronics and other products, but the labour force is no longer sufficient for a competitive advantage over manufacturers in other industrializing nations. Such shifting of labour-based advantage is clearly not limited to manufacturing industries. Today, a huge number of IT and service jobs are moving from Europe and North America to India, Singapore, and like countries with relatively well-educated, low-cost workforces possessing technical skills. However, as educational levels and technical skills continue to rise in other countries, India, Singapore, and like nations enjoying labour-based competitive advantage today are likely to find such advantage cannot be sustained through the emergence of new competitors.

In terms of capital, for centuries the days of gold coins and later even paper money restricted financial flows. Subsequently, regional concentrations were formed where large banks, industries and markets coalesced. But today capital flows internationally at a rapid speed. Global commerce no longer requires regional interactions among business players. Regional capital concentrations in places such as New York, London and Tokyo still persist, of course, but the capital concentrated it is no longer sufficient for competitive advantage over other capitalists distributed worldwide. Only if an organization is able to combine, integrate and apply its resources (eg. Land, labour, capital, IT) in an effective manner that is not readily imitable by competitors can such an organization enjoy a competitive advantage sustainable over time.

In a knowledge-based theory of the firm, this idea is extended to view organizational knowledge as a resource with at least the same level of power and importance as the traditional economic inputs. An organization with superior knowledge can achieve a competitive advantage in markets that appreciate the application of such knowledge. Semiconductors, genetic engineering, pharmaceuticals, software, military warfare, and like knowledge-intensive competitive arenas provide both time-proven and current examples. Consider semiconductors (e.g. computer chips), which are made principally of sand and common metals. These ubiquitous and powerful electronic devices are designed within common office buildings, using commercially available tools, and fabricated within factories in many industrialized nations. Hence, the land is not the key competitive resource in the semiconductor industry.

Q.136 Which country enjoyed competitive advantages in the automobile industry for decades?

A. South Korea
B. Japan
C. Mexico
D. Malaysia

Q.137 Why labour-based competitive advantages of India and Singapore cannot be sustained in IT and service sectors?

A. Due to diminishing levels of skill

B. Due to capital-intensive technology making inroads
C. Because of new competitors
D. Because of shifting of labour-based advantage in manufacturing industries

Q.138 How can an organization enjoy a competitive advantage sustainable over time?
A. Through regional capital flows
B. Through regional interactions among business players
C. By making large banks, industries and markets coalesced
D. By effective use of various instrumentalities

Q.139 What is required to ensure competitive advantages in specific markets?
A. Access to capital
B. Common office buildings
C. Superior knowledge
D. Common metals

Q.140 The passage also mentions the trend of:
A. Global financial flow
B. Absence of competition in manufacturing industry
C. Regionalisation of capitalists
D. Organizational incompatibility

Q.141 What does the author lay stress on in the passage?
A. International commerce
B. Labour-Intensive industries
C. Capital resource management
D. Knowledge-driven competitive advantage

Ques (142-146):Direction: Select the most appropriate option to improve the underlined segment in the given sentence. if there is no need to improve it, select 'No improvement'.

Q.142 They really appreciated Mike's assistance in looking on matter for them to move their cases along.
A. Looking on the matter
B. Looked into the matter
C. Looking into the matter
D. No improvement

Q.143 The girl who we met yesterday at the exhibition is hosting today's show.
A. Which we met B. Whom we met
C. Whose we met D. No improvement

Q.144 My grandfather was the honest man.
A. An honest B. Honest
C. A honest D. No improvement

Q.145 The old system of management had its flaws, but nevertheless, it was preferable than the new one.
A. Preferable that B. Preferable then
C. Preferable to D. No improvement

Q.146 A quarter of the local workforce are employed under this new electricity project.
A. Has employed
B. Have been employed
C. Is employed
D. No improvement

Ques (147-150):Direction: Select the word which means the same as the group of words given.

Q.147 A movement or action of the hands or face-
A. Action B. Gesture C. Anima D. Posture

Q.148 Action of getting rid of something-
A. Sale B. Disposal
C. Dismissal D. Relief

Q.149 A place where fights take place-
A. Arsenal B. Arena
C. Asylum D. Aquarium

Q.150 An act that makes you feel morally bad or ashamed.
A. Displeased B. Irrational
C. Disgraceful D. Ignorant

Aptitude for Service Sector

Q.151 आपके बुजुर्ग चाचा चाहते हैं कि आपका चचेरा भाई इंजीनियर बने। लेकिन, वह फिल्मों में या थिएटर में अभिनय करना चाहते हैं। अपने चचेरे भाई के मामले को उसके पक्ष में बनाने के लिए आप अपने चाचा से क्या कहेंगे?
A. आपको यह समझाना होगा कि थिएटर अन्य व्यवसायों की तरह ही अच्छा भुगतान करता है
B. आप अपने चाचा को इंजीनियरों या अन्य पेशेवरों के कई उदाहरण दिखाएंगे, जो इस कार्य को करते है।
C. जैसे-जैसे समय बदल रहा है आप अपने चाचा को उसकी मन: स्थिति बदलने के लिए मार्गदर्शन करें
D. आपको अपने चाचा को पुराने जमाने का नहीं बताना चाहिए

Q.152 आपकी बहन एक नवोदित सितार वादक है और वह अपना पहला भजन सुना रही है।उसने आपको अपने सभी दोस्तों के साथ आने के लिए कहा है। परंतु, आपके दोस्त वापस बाहर आ जाते हैं क्योंकि वे ऊबना नहीं चाहते हैं। आप चाहते हैं कि वे सब आपका साथ दें, इसलिए आप
A. उन्हें बताएं कि यदि वे आपके साथ आते हैं, तो आप उन्हें रात के खाना का आमंत्रण देगें।
B. उन्हें बताएं कि यदि वे नहीं आते हैं, तो आप अब दोस्त नहीं होंगे
C. उन्हें बताएं कि यह ठीक है, और आप अकेले ही सब कुछ सुन लेंगे और कभी भी उन्हें किसी चीज के लिए आमंत्रित नहीं करेंगे
D. उन्हें बताएं कि उन्हें कुछ नया करने का मौका नहीं छोड़ना चाहिए

Q.153 एक परीक्षा में उपस्थित होने और अच्छा प्रदर्शन करने के लिए, आपको हमेशा होना चाहिए:
A. सबका आशीर्वाद लें
B. साफ-सुथरे उत्तर लिखना याद रखें
C. वर्ष भर अध्ययन करें
D. स्थिर रहने के लिए ध्यान का अभ्यास करें

Q.154 कई बार अच्छे लोगों के साथ बुरा होता है। क्यों?
A. उनका परीक्षण करना और उन्हें बेहतर और मजबूत बनाना
B. क्योंकि वे सब अच्छे नहीं हो सकते
C. क्योंकि यह उनके पिछले बुरे कर्मों के कारण किस्मत में है
D. क्योंकि वे वैसे ही है

Q.155 आपको समझ में नहीं आता है कि आपने जो पेपर लिखा है, वह आपकी अपेक्षाओं से कम है। आप पेपर के साथ अपने मूल्यांकनकर्ता के पास जाते हैं और

A. आलोचना को सकारात्मक रूप से लें
B. मांग करता है कि वह पूरी तरह से अंक बदल दें
C. उससे सवाल करें कि उस व्यक्ति ने क्या बेहतर लिखा है जिसने आपसे अधिक अंक प्राप्त किए हैं
D. उसके साथ समग्र बिंदुओं पर बहस करें

Q.156 आप अपने संगठन में फ्रंट-ऑफिस का प्रबंधन कर रहे हैं। आपको करना चाहिए:
A. एक मेहनती स्वभाव का हो
B. धैर्यवान स्वभाव का हो
C. सुखद स्वभाव का हो
D. सुंदर और प्रभावशाली

Q.157 बहुत अधिक कॉस्मेटिक सर्जरी एक बुरा प्रस्ताव है क्योंकि
A. यह अप्राकृतिक रूप बनाता है
B. यह ईश्वर की रचना के साथ हस्तक्षेप करता है
C. यह आपके स्वास्थ्य को नकारात्मक रूप से प्रभावित कर सकता है
D. यह अप्राकृतिक चीजों को बढ़ावा देता है

Q.158 आपको कम से कम समय में एक गंतव्य तक पहुंचना है, लेकिन आपको हवाई अड्डे पर सूचित किया जाता है कि आपकी उड़ान में देरी हो रही है। आप
A. टिकट काउंटर पर एक ड्रामा करें, और टिकट की पूर्ण वापसी की मांग करें
B. एयरलाइंस से कहें कि आपको दूसरी फ्लाइट में बिठाएं
C. मांग करें, एयरलाइंस देरी का कारण बताये
D. एयरलाइन के कर्मचारियों की ओर से किसी भी कार्रवाई की प्रतीक्षा किए बिना, वॉकआउट करें

Q.159 आप एक BA स्नातक हैं और अच्छी नौकरी की तलाश में हैं। लेकिन ज्यादातर अच्छी नौकरियां उच्च योग्यता की मांग करती हैं। आप ऐसा कर सकते हैं:
A. एक फर्जी डिग्री प्राप्त करें और बेहतर नौकरियों के लिए आवेदन करें
B. अधिकारियों का चयन करने के लिए रिश्वत दें
C. अंशकालिक काम करें और अपने पेशेवर कौशल को अपग्रेड करने के लिए अध्ययन करें
D. अपनी वर्तमान नौकरी में अपने बॉस के लिए अपनी प्रवीणता साबित करें

Q.160 आप आज दुकान पर सभी ग्राहकों को संभालने के लिए मौजूद एकमात्र कार्यकारी हैं। आप क्या करेंगे?
A. छुट्टी लेकर घर जायें
B. दोपहर के भोजन के बाद अपने ग्राहकों के लिए उपस्थित न हों
C. उस दिन के लिए दूसरे से मदद लें
D. अपनी क्षमता के अधिकतम कार्य करें

Q.161 नीचे दिए गए चार तरीके हैं जिनके द्वारा आप जरूरतमंदों की मदद कर सकते हैं। सबसे अच्छा तरीका बतायें।
A. भिखारियों को कुछ पैसे देकर
B. प्रतिदिन एक गरीब झुग्गी के बच्चे को पढ़ाकर
C. अपने पुराने कपड़ों को दान में देकर
D. निराश्रितों द्वारा बनाई गई अच्छी खरीद करके

Q.162 आमंत्रण को अस्वीकार करने का एक विनम्र तरीका यह है कि-
A. आप बहुत व्यस्त रहते हो
B. आप आमंत्रण में शामिल हो जाते लेकिन पूर्व प्रतिबद्धता के कारण ऐसा नहीं हो सका
C. आप उपस्थित होने की इच्छा नहीं रखते हैं
D. आप अनुपलब्ध हैं

Q.163 आप एक भव्य शादी चाहते हैं लेकिन आपके माता-पिता बहुत सारे विस्तृत कार्य नहीं कर सकते हैं।आप क्या करेंगें?
A. एक बड़ा, और भव्य समारोह हो
B. ऋण लें और एक भव्य शादी करें
C. कोर्ट मैरिज और छोटी रिसेप्शन पार्टी हो
D. केवल कोर्ट मैरिज करें क्योंकि यह आपकी शादी को वैध बनाने के लिए काफी है

Q.164 एक अज्ञात व्यक्ति कॉल करता है और आपके बैंक विवरणों के लिए कहता है कि वे एक राशि ट्रांसफर करना चाहते हैं जिसे आपने लॉटरी में जीता है। तुम्हे करना चाहिए
A. उसे विवरण दें
B. विवरण देने से पहले उससे पूछताछ करें
C. उसे फर्जी विवरण दें
D. अस्वीकार करें और डिस्कनेक्ट करें

Q.165 जब आप किसी दिए गए शोध विषय पर एक लेख या पेपर लिखते हैं, तो आपको अक्सर किसी और के विचारों या विचारों को उद्धृत या विरोधाभास करना पड़ता है। यह कैसे किया जाना चाहिए?
A. मूल स्रोत से शोधित भागों को चुनें और उन्हें अपने पेपर में रखें जैसा कि वे हैं
B. अपनी भाषा में संबंधित भागों को फिर से लिखें और उन्हें अपने काम के रूप में अपने पेपर में रखें
C. उद्धृत विचारों की व्याख्या करें, उन्हें फुटनोट करें, और एक उचित ग्रंथसूची जोड़ें।
D. कुछ शब्दों को यहाँ और वहाँ बदलें और विचारों को अपने पेपर में रखें

Q.166 आप अधिक दर्शकों के सामने बोलने में असमर्थ हैं। इस डर को दूर करने के लिए आपको चाहिए
A. जब भी आपको बोलने के लिए कहा जाए तो एक बहाना बनाएं और गायब हो जाएं
B. दर्शकों से परे देखो और कुछ भी नहीं
C. अपने परिवार के सदस्य के सामने बोलें
D. रिज़ॉर्ट उन लोगों से सुझाव लेने के लिए जो सार्वजनिक नज़र में हैं और निजी तौर पर अभ्यास करते हैं

Q.167
आज आपके सबसे अच्छे दोस्त का जन्मदिन है और आपने उसे याद नहीं किया क्योंकि आप तारीखें याद रखने में बहुत बुरे हैं। आप अक्सर लोगों के जन्मदिन भूल जाते हैं। तुम्हे करना चाहिए
A. याद करने के लिए उसके जन्मदिन को एक नोटबुक में लिखें
B. किसी को हर साल आपको याद दिलाने के लिए कहें
C. अग्रिम में अपने मोबाइल कैलेंडर में तारीख के लिए एक अनुस्मारक सेट करें
D. इसे वैसा ही होने दें जैसा आपका मूल स्वभाव है

Q.168
एक साधारण खेल खेलते हुए, आप का एक दोस्त धोखा देता है। आप चाहते हैं कि यह रुके। आपको करना चाहिए
A. उसे अपने साथ खेलने की अनुमति न दें
B. उसे बताएं कि धोखा देना पाप है
C. इसके अलावा धोखा देना शुरू करें, क्योंकि यह मज़ेदार है
D. उसे जमकर फटकार लगायें

Q.169
आपके चाचा ने एक चुटकुला सुना है जो आपने कई बार सुना होगा। तुम्हे करना चाहिए:
A. आप पहले चुटकुला सुनाएं
B. कहो कि यह सब पहले सुना है

C. पंचलाइन पर हंसें जैसे कि आप इसे पहली बार सुन रहे हैं
D. ध्यान न दे

Q.170 कोई व्यक्ति जिसे आप जानते हैं, सामाजिक समारोह में आपका मज़ाक उड़ाता है। तुम्हे करना चाहिए:

A. इसे गंभीरता से न लें और इसे हंसी में उड़ा दें
B. व्यक्ति को अपनी राय खुद रखने के लिए कहें
C. समारोह को गुस्से में छोड़ दे
D. गुस्से में एक कोने में चले जायें

Q.171 आप अपने परिवार के एकमात्र कमाने वाले सदस्य हैं। दूसरों की मदद नहीं कर रहे हैं। आपको चाहिए

A. कई काम करें
B. सक्षम परिवार के सदस्यों को योगदान देने के लिए प्रेरित करें
C. सक्षम सदस्यों को आलसी होने से रोकने के लिए कहें
D. परिवार के साथ एक मीटिंग करें और हल ढूढें

Q.172 यदि आपका कोई मित्र किसी अन्य धर्म का पालन करता है, तो क्या आप उसे विवाह से पहले होने वाले समारोह में आमंत्रित करेंगे, जो धार्मिक है?

A. हाँ, उसके पास पूर्ण / आंशिक रूप से भाग लेने का विकल्प होगा
B. नहीं, मैं उसे बिल्कुल नहीं आमंत्रित करूंगा
C. हाँ, मैं उसे आमंत्रित करूंगा और उसे उपस्थित होने से पहले रीति-रिवाजों के बारे में जानने के लिए कहूंगा
D. हां, मैं उसे भाग लेने के लिए मजबूर करूंगा

Q.173 आपने अपने अच्छे दोस्त को कई बार स्टोर से सामान चुराते पकड़ा है। आप क्या करेंगे?

A. मदद के लिए उसे काउंसलर के पास ले जाएं
B. उसे अधिकारियों को सौंप दें
C. उससे बात करेंगे
D. उसके माता-पिता को बताएं

Q.174 आप एक ऐसी नौकरी में हैं जो आपको अच्छी तरह से भुगतान करती है, लेकिन यह ऐसा नहीं है जो लोगों से सम्मान प्राप्त करता है। तुम्हे करना चाहिए:

A. नौकरी जारी रखें, अगर यह कानून के अनुरूप है
B. अपने प्रबंधक से एक अंतर-विभागीय स्थानांतरण के लिए कहें
C. दूसरी नौकरी की तलाश
D. केवल पैसे का महत्व है, दूसरों के विचारों का नहीं

Q.175 कुछ छात्रों के अभिभावक उनकी पढ़ाई पर ध्यान नहीं दे रहे हैं, छात्र कक्षा में भी ध्यान नहीं दे रहे हैं। एक शिक्षक के रूप में, आपका पहला कदम क्या होगा?

A. छात्रों को अध्ययन कराएं
B. उनके माता-पिता की सलाह
C. छात्रों को सजा दें
D. प्रिंसिपल से शिकायत करें

Q.176 इलेक्ट्रीशियन एक कारखाने में पानी की आपूर्ति का प्रभारी है और पंप सेटों के संचालन के लिए जिम्मेदार है। टैंक से कुछ घंटों के लिए पानी ओवरफ्लो हो रहा है। आप कारखाने के एक कार्यकर्ता के रूप में क्या करेंगे?

A. जाएं और वाल्व बंद करें
B. मामले को नजरअंदाज करें
C. कारखाने के इंजीनियरिंग विभाग को शिकायत करें
D. इलेक्ट्रीशियन को सूचित करें

Q.177 आप देर रात को अपने कंप्यूटर पर जरूरी काम कर रहे हैं और अचानक बिजली कटौती होती है। आपकी कार्रवाई का क्या तरीका होगा?

A. अपना लैपटॉप बंद करें और सो जाएं
B. लैपटॉप पर तब तक काम करना जारी रखें जब तक उसकी बैटरी समाप्त न हो जाए
C. आपूर्ति की बहाली की प्रतीक्षा करें
D. सो जाओ और अगले दिन एक बहाने के रूप में बिजली कटौती का उपयोग करें

Q.178 आप विदेश जाना चाहते हैं लेकिन आपके पास अपनी प्रारंभिक व्यवस्था को पूरा करने के लिए पर्याप्त धन नहीं है। आप

A. अपने रिश्तेदारों / करीबी दोस्तों से पैसे उधार लें
B. अपनी जमीन बेच दें
C. कुछ समय के लिए भारत में काम करें
D. अपनी यात्रा रद्द करें

Q.179 नवीनतम तकनीक की शुरूआत और हर जगह इसका उपयोग आधुनिक समाज में बच्चों के चरित्र और व्यवहार को खराब करता है। आपके बच्चों की सुरक्षा के लिए आपकी कार्रवाई क्या होगी?

A. उनके लिए कोई गैजेट नहीं खरीदना क्योंकि वे उनका भविष्य खराब कर देंगे
B. उन्हें आधुनिक तकनीक की जानकारी नहीं होने दी
C. उन्हें फायदे और नुकसान समझाएं
D. हमेशा उन पर कड़ी नजर रखकर ऐसे उपकरणों के उपयोग को नियंत्रित करें

Q.180 आप उम्मीद से कम परीक्षा में कम अंक प्राप्त करते हैं, जो आपको ऐसी स्थिति में डाल देता है जहां आप उच्च अध्ययन करने का मौका खो देते हैं। आप क्या करेंगे?

A. पेपर के संशोधित मूल्यांकन के लिए अनुरोध
B. वैकल्पिक करियर बनाने की योजना
C. अपना खुद का व्यवसाय शुरू करने की योजना बनाएं
D. नौकरी लें और अनुरूप पाठ्यक्रम के लिए आवेदन करें

Q.181 आपका दोस्त आपके घर में एक सूटकेस छोड़ रहा है और कह रहा है कि वह अगले दिन वापस आएगा और उसे ले जाएगा। आप

A. उसे बैंक लॉकर में रखने की सलाह दें
B. इसे सुरक्षित रखें
C. इसे स्वीकारे नहीं
D. जिम्मेदारी लेने के लिए उसे पैसे चार्ज करें

Q.182 आप अपने मित्रों से यह कहते हुए पैसे उधार लेते हैं कि आप इसे दो महीने के भीतर लौटा देंगे। पैसा मिलने के बाद आप करेंगे

A. उनसे मिलने से बचें
B. बाद में कही से भी से चुकाएं
C. समय पर इसका भुगतान करें
D. जानबूझकर वापस भुगतान नहीं करें

Q.183 आपकी छोटी बहन ने आपको एक कॉफी शॉप में उससे मिलने के लिए कहा, लेकिन उसे एक घंटे की देरी हो गई। आप

A. कॉफी शॉप को छोड़ दें क्योंकि आप निराश हैं
B. उसे फोन करें और उसे बताएं कि आपको जल्दी जाना है।
C. कॉफी शॉप पर पहुँचने के बाद उस पर चिल्लायें
D. उससे बात करना बंद करो क्योंकि उसने आपको प्रतीक्षा करवायीं

Q.184 आप एक मिष्ठान्न चला रहे हैं और दुकान में एक कार्यकर्ता को किराए पर लेते हैं। आप

A. उसे नकद और यथोचित तरीके से भुगतान करें
B. उससे कम भुगतान दें
C. उसे मुफ्त मिष्ठान्न और कम वेतन दें
D. वेतन के बदले उसे भोजन दें

Q.185 आप एक स्कूल में गणित के शिक्षक हैं और पास में एक ट्यूशन सेंटर भी चला रहे हैं। आप

A. स्कूल में ठीक से पढ़ाया नहीं गया
B. जटिल तरीके से पढ़ाते हैं
C. दोनों स्थानों पर ठीक से पढ़ाएं
D. कोचिंग में मॉडल का उपयोग करना सिखाएं

Q.186 आप एक कंपनी के प्रबंध निदेशक हैं और आपके अधीन काम करने वाले सैकड़ों कर्मचारी हैं। आप

A. उन्हें आंशिक रूप से समझे
B. जिम्मेदारी और अधिकार के क्षेत्रों के अनुसार उनके साथ व्यवहार करें
C. केबिन के बाहर जूनियर्स के साथ बातचीत से बचें
D. उनसे सम्मान की अपेक्षा करें

Q.187 आप किसी अन्य देश में अच्छी तरह से बसे हुए हैं और आपके माता-पिता बूढ़े हो रहे हैं। वे अपने दम पर अब कुछ नहीं कर सकते। आप

A. उनकी सेवा न करें क्योंकि यह आपके लिए संभव नहीं है
B. अपनी आवश्यकताओं का ध्यान रखने के लिए एक नौकर को किराए पर लें
C. उन्हें वृद्धाश्रम में डालें
D. उन्हें मासिक खर्च भेजें

Q.188 आप एक ऐसी लड़की से मिलते हैं जो आपकी पत्नी से ज्यादा खूबसूरत है और वह आपसे प्यार करती है। आप

A. उसे एक दोस्त के रूप में स्वीकार करें
B. उसकी दोस्ती से बचें
C. एक आरक्षित संबंध बनाए रखें
D. अपनी पत्नी को छोड़ दें

Q.189 आप ग्राहकों से मरम्मत के लिए सेल फोन प्राप्त करते हैं, जिसके लिए वे पहले से भुगतान करते हैं, लेकिन आपकी सेवा उनके अनुसार संतोषजनक नहीं है। आप

A. अग्रिम पैसे न लौटाये
B. ग्राहक के साथ बहस करें
C. उन्हें बताएं कि आपने अपना सर्वश्रेष्ठ प्रदर्शन किया
D. अग्रिम पैसे लौटा दें

Q.190 आप एक ऐसे स्कूल में व्यावहारिक परीक्षा आयोजित करने के लिए शिक्षा विभाग द्वारा नियुक्त बाहरी परीक्षक हैं, जहाँ आप पहले काम कर चुके हैं। आपने स्कूल के प्रबंधन के साथ कुछ मुद्दों के कारण स्कूल छोड़ दिया था। आपकी कार्रवाई का क्या तरीका होगा?

A. छात्रों को उचित अंक न दे
B. छात्रों को उचित अंक दे
C. बहुत सख्त हो
D. प्रस्ताव को अस्वीकार करें

Q.191 आप अपने गाँव के एक अमीर आदमी हैं। आपके पास अपने जीवन और अपनी आने वाली पीढ़ियों के लिए सब कुछ है। एक विधवा पास में रह रही है जो अपनी दैनिक जरूरतों को पूरा करने के लिए संघर्ष कर रही है। आप क्या करेगें?

A. उसकी चिंता न करें
B. उसके लिए समर्थन बढ़ाएँ
C. उसे पैसे दे
D. उसे अपने साथ रहने के लिए आमंत्रित करें

Q.192 आप एक राजनीतिक नेता हैं जो बिना किसी शिष्टाचार के सार्वजनिक रूप से बोलते हैं। आप

A. किसी से डरें नहीं
B. अपने तरीके में सुधार करें
C. व्यवहार कक्षाओं में शामिल हों
D. किसी मित्र से सहायता मांगें

Q.193 यदि आपको ऐसी जगह स्थानांतरित किया जाता है जिसे आप पसंद नहीं करते हैं, तो आप करेंगे

A. अपनी पसंद के बारे में भूल जाओ और पूरी ईमानदारी से काम करो
B. अपनी पसंदीदा जगह पर स्थानांतरित होने के लिए अपनी पूरी कोशिश करें
C. काम में रुचि नहीं लेना
D. लंबी छुट्टी लें

Q.194 आप अपने दोस्त के साथ चैट करने के मूड में नहीं हैं, जो एक अनिवार्य बात करने वाला है। आप क्या करेंगे?

A. उसे बताएं कि वह आपको परेशान कर रहा है
B. आप जैसा सुन रहे हैं, वैसा ही बोलिए
C. किसी भी तरह उसकी बात सुनो
D. उसे बताएं कि आप सुनना नहीं चाहते हैं

Q.195 आपके इलाके में एक नई वित्त कंपनी उन ग्राहकों के लिए ब्याज की दोहरे अंकों की दरों की घोषणा करती है जो कंपनी के साथ पैसा या कीमती सामान जमा करते हैं। आपकी पत्नी आपको निवेश करने के लिए मजबूर कर रही है। आपकी कार्रवाई का क्या तरीका होगा?

A. पैसे जमा न करें
B. वित्त कंपनी में पैसे जमा करें
C. कंपनी के बारे में पूछताछ करें
D. अपनी पत्नी की बात नहीं सुनें

Q.196 आप एक जौहरी हो। एक ग्राहक आपकी दुकान पर कुछ स्वर्ण आभूषण बिना किसी स्वामित्व प्रमाण के बेचने के लेकर आता है, और उन्हें सस्ते में बेचने के लिए तैयार है। आप क्या करेंगे?

A. उन्हें खरीद लें क्योंकि आपको यह अवसर नहीं खोना चाहिए
B. उन्हें नहीं खरीदे क्योंकि वे स्वर्ण आभूषण चोरी के हो सकते है
C. उसके खिलाफ शिकायत करें क्योंकि वह एक चोर हो सकता है
D. उनमें सोने की मात्रा का पता लगाने के लिए शुद्धता के लिए सोने की जाँच करें

Q.197 आप एक कंपनी के एकाउंटेंट हैं और कंपनी के सभी नकद सौदे आपके द्वारा किए गए हैं। आपको तत्काल कुछ धन की आवश्यकता है। आप क्या करेंगे?

A. सहकर्मियों से उधार
B. बाद में वापस जमा करने के लिए आपकी हिरासत में कंपनी के नकद रिजर्व से उधार
C. अपने पर्यवेक्षक से अनुरोध करें कि आप इसे शीघ्र ही वापस जमा करने के वादे के साथ रिजर्व से कुछ नकदी उधार ले सकते हैं
D. अपनी कंपनी के नकद रिजर्व से नकद ले लो और एक नकली बिल के खिलाफ मामला दर्ज करायें

Q.198 लंबे समय से निष्क्रिय पड़े एक खाते में बड़ी मात्रा में धनराशि लावारिस पड़ी है। बैंक प्रबंधक के रूप में आपकी कार्रवाई का क्या तरीका होगा?

A. खाते में हेरफेर करें
B. वरिष्ठ अधिकारियों को सूचित करें
C. इसे बैंक के खाते में जमा करें
D. किसी को नहीं बताये

Q.199 एक कारखाने के मालिक को पता चलता है कि आपने एक एकाउंटेंट के रूप में काम करते हुए, कारखाने के खातों में हेरफेर किया है। यह खबर फैक्ट्री के नुक्कड़ तक फैल गई। आप क्या करेंगे?

A. अपने खिलाफ साजिश का मामला बनाने की कोशिश करें
B. मालिक को स्पष्टीकरण दे

C. अपने अतीत की वफादारी के मालिक की याद दिलाएं
D. जिम्मेदारी लें और नौकरी से इस्तीफा दें

Q.200 समाज में आत्मनिर्भरता के लिए पहला कदम क्या है?
A. माता-पिता की मदद से व्यवसाय शुरू करना
B. किसी भी तरह का काम करने की अपनी क्षमता में विश्वास करना
C. एक पेशेवर डिग्री प्राप्त करना और रोजगार प्राप्त करना
D. माता-पिता के भविष्य निधि के साथ एक व्यवसाय शुरू करना

// स्मार्ट उत्तर पुस्तिका //

सही उत्तर उन छात्रों के प्रतिशत को इंगित करता है जिन्होंने प्रश्नों का सही उत्तर दिया था।

छोड़ दिया उन छात्रों के प्रतिशत को इंगित करता है जिन्होंने प्रश्नों को छोड़ दिया था।

प्रश्न संख्या	उत्तर	सही उत्तर	छोड़ दिया
1	C	47.77 %	49.03 %
2	A	77.32 %	16.97 %
3	A	42.67 %	37.45 %
4	D	79.12 %	18.44 %
5	B	11.98 %	71.57 %
6	A	22.21 %	77.64 %
7	A	62.75 %	31.38 %
8	C	68.9 %	31.02 %
9	C	24.18 %	68.7 %
10	B	45.94 %	42.57 %
11	A	62.3 %	33.03 %
12	A	40.83 %	38.6 %
13	A	60.56 %	36.17 %
14	C	56.81 %	34.18 %
15	D	24.37 %	68.46 %
16	C	82.7 %	16.73 %
17	D	24.57 %	72.45 %
18	A	47.74 %	39.29 %
19	D	83.8 %	15.71 %
20	A	66.62 %	30.68 %
21	B	40.04 %	41.66 %
22	C	69.51 %	30.22 %
23	D	61.8 %	37.71 %
24	D	45.29 %	34.16 %
25	C	44.8 %	39.98 %
26	D	58.18 %	39.13 %
27	D	45.15 %	46.01 %
28	D	42.7 %	53.9 %
29	B	64.64 %	33.7 %
30	D	48.75 %	49.83 %
31	D	81.03 %	10.22 %
32	A	10.34 %	88.02 %
33	D	64.65 %	30.63 %
34	A	77.8 %	20.34 %
35	B	13.33 %	76.03 %
36	A	78.52 %	18.46 %
37	B	19.54 %	72.84 %
38	B	68.47 %	30.66 %
39	B	29.94 %	67.57 %
40	D	80.74 %	10.34 %
41	D	78.4 %	10.82 %
42	C	63.77 %	35.31 %
43	C	65.21 %	31.03 %
44	D	59.11 %	39.93 %
45	B	31.73 %	67.9 %
46	C	88.56 %	11.29 %
47	B	62.82 %	31.93 %
48	D	14.55 %	80.89 %
49	A	61.63 %	37.47 %
50	A	68.9 %	30.75 %
51	A	83.56 %	10.89 %
52	A	14.15 %	81.64 %
53	A	67.66 %	31.85 %
54	D	86.01 %	13.66 %
55	A	88.07 %	11.72 %
56	B	64.25 %	30.87 %
57	B	65.63 %	33.61 %
58	C	13.88 %	78.27 %
59	A	63.75 %	35.86 %
60	C	22.82 %	76.03 %
61	C	66.82 %	31.73 %
62	A	22.62 %	72.69 %
63	C	48.9 %	43.91 %
64	D	68.96 %	30.89 %
65	D	65.65 %	33.81 %
66	A	89.33 %	10.24 %
67	C	68.95 %	30.37 %
68	B	77.03 %	22.1 %
69	C	77.58 %	15.18 %
70	B	57.55 %	41.02 %
71	B	64.52 %	30.1 %
72	A	55.85 %	42.25 %
73	C	61.19 %	31.1 %
74	A	43.14 %	49.45 %
75	D	19.92 %	76.24 %
76	C	61.61 %	31.64 %
77	B	31.41 %	68.01 %
78	C	30.48 %	68.22 %
79	D	18.98 %	72.07 %
80	D	84.39 %	11.15 %

प्रश्न संख्या	उत्तर	सही उत्तर	छोड़ दिया
81	D	20.14 %	78.32 %
82	A	56.36 %	30.26 %
83	B	83.16 %	13.04 %
84	C	51.41 %	34.8 %
85	C	48.35 %	43.66 %
86	D	66.16 %	31.75 %
87	C	32.24 %	67.43 %
88	D	31.66 %	67.85 %
89	B	78.26 %	16.86 %
90	A	64.49 %	35.04 %
91	B	50.72 %	41.45 %
92	A	24.04 %	68.97 %
93	C	44.8 %	49.24 %
94	B	84.92 %	11.34 %
95	A	84.91 %	12.35 %
96	A	26.64 %	67.77 %

प्रश्न संख्या	उत्तर	सही उत्तर	छोड़ दिया
97	B	15.0 %	69.89 %
98	A	62.06 %	37.49 %
99	B	80.02 %	12.98 %
100	B	53.02 %	31.68 %
101	B	18.54 %	70.05 %
102	C	43.21 %	54.05 %
103	A	23.49 %	69.05 %
104	D	30.47 %	69.13 %
105	A	68.58 %	31.41 %
106	A	76.41 %	17.92 %
107	B	44.76 %	50.93 %
108	B	25.79 %	72.83 %
109	A	89.74 %	10.07 %
110	B	64.72 %	31.71 %
111	C	45.43 %	42.47 %
112	B	65.92 %	31.23 %

प्रश्न संख्या	उत्तर	सही उत्तर	छोड़ दिया
113	D	28.17 %	71.69 %
114	C	78.19 %	18.97 %
115	B	53.79 %	40.71 %
116	B	24.24 %	67.79 %
117	C	19.22 %	72.71 %
118	A	41.52 %	38.47 %
119	C	89.11 %	10.37 %
120	B	51.08 %	37.91 %
121	C	27.62 %	70.04 %
122	D	61.18 %	34.45 %
123	A	65.18 %	32.43 %
124	A	67.27 %	32.21 %
125	C	69.46 %	30.17 %
126	A	44.22 %	54.58 %
127	B	45.55 %	36.49 %
128	C	63.25 %	34.74 %

प्रश्न संख्या	उत्तर	सही उत्तर	छोड़ दिया
129	A	56.09 %	30.3 %
130	A	27.85 %	70.04 %
131	D	29.48 %	70.21 %
132	B	13.17 %	73.19 %
133	D	18.59 %	69.81 %
134	B	27.04 %	68.74 %
135	B	66.33 %	33.51 %
136	B	50.63 %	48.39 %
137	C	47.16 %	51.31 %
138	D	47.83 %	48.01 %
139	C	68.34 %	30.31 %
140	A	66.6 %	30.64 %
141	D	43.24 %	41.56 %
142	C	63.66 %	34.57 %
143	B	80.9 %	19.08 %
144	A	50.7 %	33.63 %

प्रश्न संख्या	उत्तर	सही उत्तर	छोड़ दिया
145	C	30.11 %	68.8 %
146	C	14.31 %	81.89 %
147	B	64.55 %	33.65 %
148	B	31.55 %	67.7 %
149	B	88.89 %	10.73 %
150	C	48.21 %	39.09 %
151	B	64.22 %	31.68 %
152	D	24.52 %	68.08 %
153	C	61.48 %	37.34 %
154	A	80.73 %	10.17 %
155	A	85.87 %	11.04 %
156	B	32.99 %	67.0 %
157	C	83.55 %	10.06 %
158	B	11.78 %	88.1 %
159	C	79.6 %	17.77 %
160	D	85.48 %	10.42 %

प्रश्न संख्या	उत्तर	सही उत्तर	छोड़ दिया
161	B	44.96 %	36.79 %
162	B	26.81 %	70.82 %
163	C	87.21 %	12.14 %
164	D	83.05 %	10.16 %
165	C	27.73 %	71.76 %
166	D	41.88 %	54.56 %
167	C	40.82 %	39.58 %
168	D	30.25 %	68.26 %

प्रश्न संख्या	उत्तर	सही उत्तर	छोड़ दिया
169	C	54.87 %	44.97 %
170	A	63.6 %	32.54 %
171	D	82.92 %	12.24 %
172	A	20.09 %	73.52 %
173	A	82.99 %	14.81 %
174	A	79.31 %	17.03 %
175	A	15.22 %	79.92 %
176	D	51.47 %	41.09 %

प्रश्न संख्या	उत्तर	सही उत्तर	छोड़ दिया
177	C	20.83 %	69.8 %
178	C	79.18 %	12.05 %
179	C	50.63 %	38.56 %
180	A	85.26 %	12.82 %
181	B	27.81 %	70.09 %
182	C	19.21 %	80.3 %
183	B	17.24 %	75.81 %
184	A	19.77 %	70.06 %

प्रश्न संख्या	उत्तर	सही उत्तर	छोड़ दिया
185	C	88.58 %	10.35 %
186	B	80.88 %	12.19 %
187	B	14.54 %	80.49 %
188	A	54.43 %	33.29 %
189	D	67.85 %	31.38 %
190	B	57.61 %	38.02 %
191	B	49.92 %	36.35 %
192	B	53.57 %	33.09 %

प्रश्न संख्या	उत्तर	सही उत्तर	छोड़ दिया
193	A	31.24 %	68.41 %
194	C	81.55 %	11.95 %
195	A	42.42 %	53.82 %
196	B	66.71 %	31.51 %
197	A	77.93 %	19.92 %
198	B	29.0 %	67.12 %
199	B	68.71 %	30.43 %
200	C	16.96 %	67.7 %

कार्य विश्लेषण	
औसत अंक (%)	62.25%
टॉपर्स स्कोर (%)	63.0%
आपका स्कोर	

मॉक टेस्ट 08

Numerical Ability and Analytical Aptitude

Q.1 5 क्रमिक सम संख्याओं P, Q, R, S और T का औसत 106 है। Q और S का उत्पाद क्या है?

A. 11440 **B.** 11024 **C.** 10608 **D.** 11232

Q.2 संख्या 0.121212.... में $\frac{p}{q}$ के बराबर है:

A. $\frac{4}{11}$ **B.** $\frac{2}{11}$ **C.** $\frac{4}{33}$ **D.** $\frac{2}{33}$

Q.3 अमित और वीरी की वार्षिक आय 3:2 के अनुपात में है, जबकि उनके खर्च का अनुपात 5:3 है। यदि वर्ष के अंत में प्रत्येक 1000 रुपये बचातें है, तो अमित की वार्षिक आय है:

A. 9000 रु **B.** 8000 रु **C.** 7000 रु **D.** 6000 रु

Q.4 एक साथ काम करने वाले 5 पुरुष और 2 महिलाएं एक पुरुष और एक महिला के रूप में कई कार्य कर सकते हैं। स्त्री और पुरुष की कार्य क्षमता का अनुपात क्या है?

A. 2:1 **B.** 3:2 **C.** 3:1 **D.** 1:2

Q.5 एक दूधवाला पानी के साथ मिश्रित दूध को 9 रुपये प्रति लीटर के हिसाब से बेचकर 20% लाभ कमाता है। यदि 1-लीटर शुद्ध दूध की लागत मूल्य 10 रु है, तो मिश्रण में दूध और पानी का अनुपात है:

A. 3:1 **B.** 4:1 **C.** 3:2 **D.** 4:3

Q.6 एक पुस्तक-विक्रेता ने 12,000 के लिए 200 पाठ्यपुस्तकें खरीदीं। वह उन्हें एक लाभ पर बेचना चाहता था ताकि उसे 20 किताबें मुफ्त मिलें। उन्हें किस लाभ प्रतिशत पर बेचना चाहिए?

A. 10% **B.** 11% **C.** 11.5% **D.** 12%

Q.7 एक कार 6 किमी/घंटा पैदल चलने वाले एक व्यक्ति को पार करती है। आदमी 450 मीटर तक की चीजें देख सकता है। कोहरे के कारण केवल एक दिशा में। वह उस कार को देखता है जो 4.5 मिनट के लिए उसी दिशा में जा रही थी। कार की गति क्या है?

A. 9 किमी/घंटा **B.** 12 किमी/घंटा
C. 18 किमी/घंटा **D.** 20 किमी/घंटा

Q.8 स्कीम A में 5 वर्ष के लिए 1500 रुपये का निवेश किया गया था, जिसमें 14% प्रतिवर्ष की दर से साधारण ब्याज मिलता है। 5 वर्ष और कुछ अतिरिक्त धनराशि के बाद प्राप्त राशि को स्कीम B में 2 वर्ष के लिए निवेश किया जाता है, जो 20% प्रति वर्ष की दर से चक्रवृद्धि ब्याज (सालाना चक्रवृद्धि) प्रदान करता है। यदि 2 वर्ष के बाद स्कीम B से प्राप्त चक्रवृद्धि ब्याज 1408 रुपये है। स्कीम A की राशि के अलावा स्कीम B में निवेश की गई अतिरिक्त राशि क्या थी?

A. 450 रु **B.** 550 रु **C.** 500 रु **D.** 650 रु

Q.9 निम्नलिखित में से कौन सा कथन सही नहीं है?

A. $\log_{10} 10 = 1$
B. $\log (2 + 3) = \log (2 \times 3)$
C. $\log_{10} 1 = 0$
D. $\log (1 + 2 + 3) = \log 1 + \log 2 + \log 3$

Ques (10-12):निर्देश: निम्नलिखित तालिका का ध्यानपूर्वक अध्ययन करें और निम्नलिखित प्रश्न का उत्तर दें:

छह अलग-अलग शहरों से प्रवेश परीक्षा में शामिल होने वाले उम्मीदवारों की संख्या (लाखों में) है।

शहर	A	B	C	D	E	F
उम्मीदवारों की संख्या	1.25	3.14	1.08	2.27	1.85	2.73

शहर के भीतर उम्मीदवारों के उत्तीर्ण और असफल होने का अनुपात

शहर	उत्तीर्ण और अनुत्तीर्ण का अनुपात
A	7 : 3
B	5 : 3
C	4 : 5
D	1 : 3
E	3 : 2
F	7 : 5

Q.10 शहर सी से परीक्षा देने वाले उम्मीदवारों की संख्या शहर बी से परीक्षा के लिए आने वाले उम्मीदवारों की संख्या का कितना प्रतिशत है? (निकटतम पूर्णांक तक गोल)

A. 27% **B.** 34% **C.** 42% **D.** 21%

Q.11 शहर E से परीक्षा पास करने वाले उम्मीदवारों की संख्या कितनी है?

A. 13000 **B.** 1110000
C. 113000 **D.** इनमें से कोई नहीं

Q.12 शहर F से परीक्षा पास करने वाले उम्मीदवारों की संख्या सभी शहरों से एक साथ आने वाले उम्मीदवारों की कुल संख्या का कितना प्रतिशत है? (दशमलव के बाद दो अंकों तक गोल)

A. 12.93% **B.** 14.46% **C.** 10.84% **D.** 11.37%

Q.13 3 साल और 4 साल के लिए साधारण ब्याज का अंतर 5% वार्षिक पर 42 है। राशि ज्ञात कीजिए।

A. 210 रु **B.** 530 रु **C.** 420 रु **D.** 840 रु

Q.14 स्कोर के निम्नलिखित सेट का औसत ज्ञात करें:

539, 741, 326, 461, 654, 952, 128, 543

A. 487 **B.** 523 **C.** 608 **D.** 543

Q.15 7 के पहले पाँच गुणकों का औसत है:

A. 20 **B.** 21 **C.** 28 **D.** 30

Q.16 एक कक्षा में, 60% विद्यार्थी लड़कियां हैं और बाकी लड़के हैं। लड़कों की तुलना में 30 अधिक लड़कियां हैं। यदि 30 लड़कों सहित 68% छात्र, एक परीक्षा उत्तीर्ण करते हैं, तो उत्तीर्ण नहीं होने वाली लड़कियों का प्रतिशत क्या है?

A. 20% **B.** 64% **C.** 67% **D.** 72%

Q.17 45% की 15% संख्या 105.3 है। उस संख्या का 24% क्या है?

A. 385.5 **B.** 374.4 **C.** 390 **D.** 375

Q.18 5 पुरुष 6 दिनों में प्रतिदिन 6 घंटे काम करके 10 खिलौने तैयार कर सकते हैं। 12 पुरुष प्रतिदिन 8 घंटे काम करने वाले 16 खिलौने कितने दिनों में तैयार कर सकते हैं।

A. 2 दिन **B.** 4 दिन **C.** 3 दिन **D.** 1 दिन

Q.19 अली, अखिल की तुलना में 30% अधिक कुशल है। एक साथ काम करने में उन्हें कितना समय लगेगा, जो अली अकेले 23 दिनों में कर सकते थे?

A. 11 दिनों **B.** 13 दिनों **C.** 15 दिनों **D.** 20 दिनों

Q.20 दो संख्याओं का ल.स.प. उनके म.स.प. का 12 गुना है। ल.स.प. के बीच म.स.प. का योग 403 है। यदि संख्याओं में से एक 93 है, तो दूसरी संख्या है:

A. 124 **B.** 128 **C.** 134 **D.** 138

Q.21 12, 36 और 20 में से सबसे कम सामान्य गुण कौन सा है?

[Nagaland PSC (NPSC), 2018]

A. 180 **B.** 220 **C.** 120 **D.** 160

Q.22 5, 6, 7 और 8 से विभाजित होने पर सबसे कम संख्या कौन सी होगी जो शेष 3 होगी लेकिन विभाजित होने पर 9 शेष नहीं बचती है?

A. 1674
B. 1692
C. 1683
D. निर्धारित नहीं किया जा सकता है

Q.23 एक वृत्त की त्रिज्या 9 सेमी है और इसके जीवा में से एक की लंबाई 14 सेमी है। तब केंद्र से जीवा की दूरी है:

A. 4 सेमी **B.** 5.7 सेमी **C.** 4.6 सेमी **D.** 6.3 सेमी

Q.24 यदि एक आयत का विकर्ण 17 सेमी लंबा है और इसकी परिधि 46 सेमी है। इस आयत का क्षेत्रफल क्या होगा?

A. 100 वर्ग सेमी **B.** 120 वर्ग सेमी
C. 112 वर्ग सेमी **D.** 125 वर्ग सेमी

Q.25 निम्नलिखित प्रश्न में प्रश्नवाचक चिन्ह (?) के स्थान पर क्या आना चाहिए?

$$\left[x^{\frac{1}{a-b}}\right]^{\frac{1}{c-a}} \times \left[x^{\frac{1}{b-c}}\right]^{\frac{1}{a-b}} \times \left[x^{\frac{1}{c-a}}\right]^{\frac{1}{b-c}} = ?$$

A. 0 **B.** -1 **C.** 1 **D.** -2

Q.26 यदि m और n पूर्ण संख्याएँ हैं और $m^n = 196$ हैं, तो $(m-3)^{n+1}$ का मान क्या है?

A. 2744 **B.** 1 **C.** 121 **D.** 1331

Q.27 सबसे न्यूनतम पूर्ण वर्ग, जो 21, 36 और 66 में से प्रत्येक से विभाज्य है:

[DSSSB TGT Social Science, 2014]

A. 214444 **B.** 213444 **C.** 215444 **D.** 216444

Q.28 निम्नलिखित AB||DC में, ∠DAC का मान ज्ञात करें।

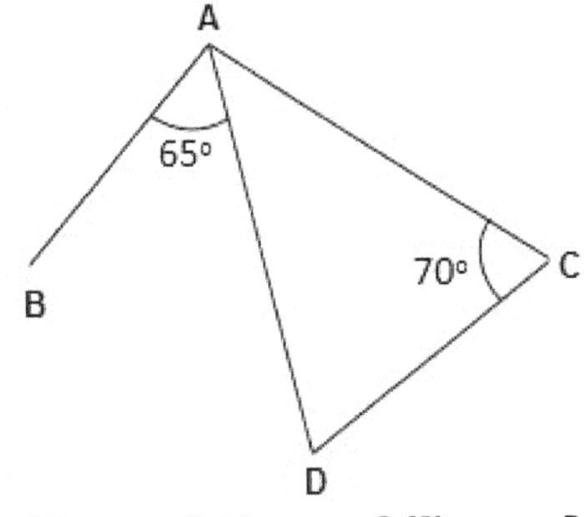

A. 35° **B.** 45° **C.** 65° **D.** 55°

Q.29 यदि समचतुर्भुज PQRS के पक्ष PQ की लंबाई 6 सेमी और ∠PQR = 120° है, तो QS की लंबाई, सेमी में है:

A. 4 सेमी **B.** 6 सेमी **C.** 3 सेमी **D.** 5 सेमी

Q.30 यदि बाहरी कोण और एक समबहुभुज के आंतरिक कोण का अनुपात 1:17 है, तो समबहुभुज के पक्षों की संख्या है:

A. 20 **B.** 18 **C.** 36 **D.** 12

Reasoning and Logical Deduction

Ques (31-33):निर्देश: निम्नलिखित प्रत्येक प्रश्न में, दिए गए विकल्पों में से संबंधित शब्द/अक्षर/संख्या को चुनिए।

Q.31 224 : 817 :: 163 : ?

A. 497 **B.** 563 **C.** 572 **D.** 593

Q.32 REMEMBER : 79 :: ACOUSTIC : ?

A. 91 **B.** 99 **C.** 105 **D.** 109

Q.33 शस्त्रागार : बंदूकें :: सूची : ?

A. लेखक का नाम **B.** शब्दकोष
C. विषय-सूची **D.** सारांश

Q.34 दिए गए विकल्पों में से विषम संख्या ज्ञात कीजिए।

A. 64 **B.** 125 **C.** 225 **D.** 216

Q.35 निम्नलिखित प्रश्न में, उस संख्या को चुनें जो समूह में दूसरों से अलग है।

A. 903 **B.** 729 **C.** 552 **D.** 381

Q.36 निम्नलिखित संख्या श्रृंखला में प्रश्न चिह्न (?) के स्थान पर क्या आएगा?

8, 27, 141, 996, ?

A. 6788 **B.** 8976 **C.** 7650 **D.** 7888

Q.37 यदि एक निश्चित कोड BAG = ICD में, तो TWO के बराबर होगा?

A. QCF **B.** QYV **C.** QAM **D.** QVY

Q.38 एक निश्चित कोड भाषा में, 'RUN' को '50' और 'BUS' को '39' लिखा जाता है। उस कोड भाषा में 'GUN' कैसे लिखा जाता है?

A. 37 **B.** 38 **C.** 39 **D.** 42

Q.39 एक व्यक्ति का परिचय देते हुए, नीरज ने कहा, उसकी पत्नी मेरी पत्नी की इकलौती बेटी है। नीरज उस आदमी से कैसे संबंधित है?

A. पिता **B.** दादा **C.** ससुर **D.** बेटा

Q.40 राजीव, अरुण का भाई है। सोनिया, सुनील की बहन हैं। अरुण, सोनिया का बेटा है। राजीव, सुनील से कैसे संबंधित है?

A. बेटा **B.** भाई **C.** पिता **D.** भतीजा

Q.41 उत्तर की ओर एक बेंच पर चार लड़कियां बैठी हैं। राखी, सुषमा के बाईं ओर है। मधु, सुषमा और रिया के बीच है। रिया, सुषमा के दाईं ओर है। दाईं ओर से तीसरा कौन है?

A. राखी **B.** रिया **C.** मधु **D.** सुषमा

Q.42 उत्तर की ओर एक पंक्ति में पाँच लड़कियाँ - R, S, T, P और Q बैठी हैं। T पंक्ति के ठीक बीच में बैठा है। T और P क्रमशः Q के दाएं और तत्काल बाएं बैठे हैं। S अंतिम छोर पर नहीं बैठा है। R के बाईं ओर तीसरा कौन बैठा है?

A. P **B.** Q **C.** S **D.** T

Q.43 एक शाम रघु और रवि एक दूसरे का सामना करके खड़े थे। यदि रवि की छाया रघु के बाईं ओर होती, तो रघु किस दिशा का सामना कर रहा था?

A. पूर्व **B.** दक्षिण **C.** उत्तर **D.** पश्चिम

Q.44 सरोज दक्षिण की ओर चलना शुरू करती है और 10 किमी तक चलती है। वह फिर बाएं मुड़ती है और 5 किमी चलती है। फिर, वह बाएं मुड़ती है और 10 किमी चलती है। अंत में, वह दाईं ओर मुड़ती है और गंतव्य की ओर 20 किमी अधिक पैदल चलती है। वह मूल बिंदु से कितनी दूरी पर है?

A. 10 किमी **B.** 15 किमी **C.** 30 किमी **D.** 25 किमी

Q.45 दिए गए आकृति में, कितने झोपड़ियां ढकी हुई और कीचड़ में हैं?

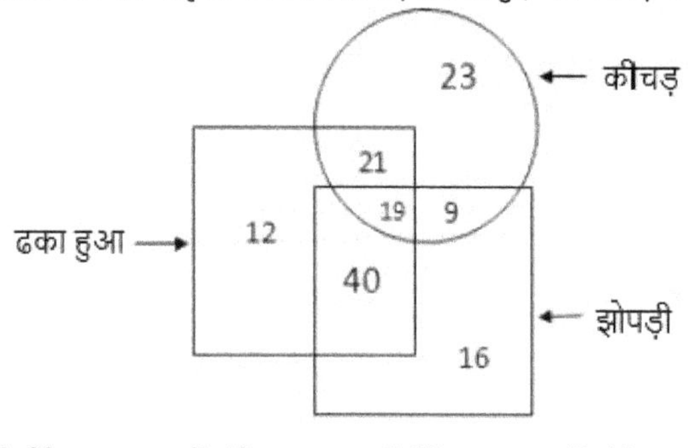

A. 28 **B.** 40 **C.** 33 **D.** 10

Q.46 उस आरेख का चयन करें जो दिए गए वर्गों के बीच संबंधों का सबसे अच्छा प्रतिनिधित्व करता है।

पशु, तेंदुआ, शेर

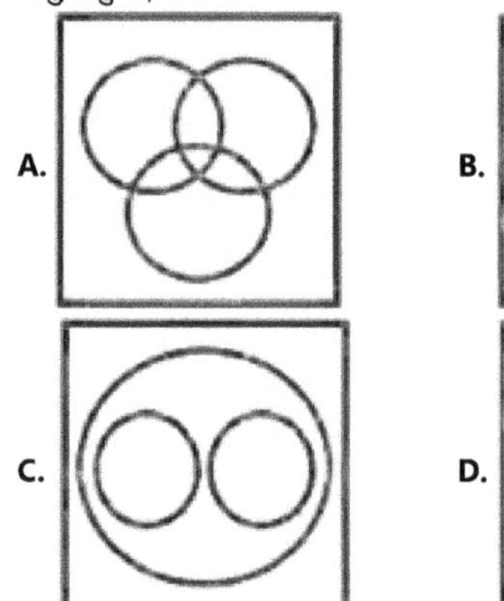

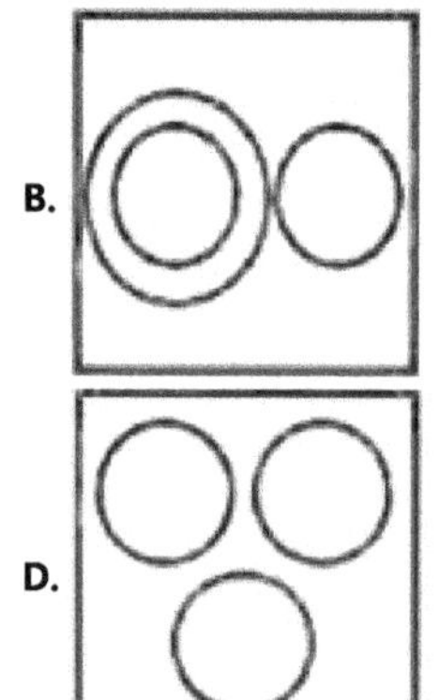

Q.47 निम्नलिखित में से कौन सा शब्द दिए गए शब्द के अक्षरों का उपयोग करके नहीं बनाया जा सकता है।

COMPREHENSION

A. RISE **B.** PENSION
C. PERSON **D.** PRIDE

Q.48 निम्नलिखित प्रश्न में, दिए गए वैकल्पिक शब्दों से, उस शब्द का चयन करें जिसे दिए गए शब्द के अक्षरों का उपयोग करके नहीं बनाया जा सकता है।

ABANDONED

A. BONDED **B.** BANDED
C. BLAND **D.** BANE

Q.49 यदि 5×4 = 36 और 6×3 = 30 है, तो 7×5 बराबर है:

A. 35 **B.** 45 **C.** 55 **D.** 75

Q.50 यदि 5&7#4 = 33, 6&3#4 = 18 है तो 4&7#2 = ?

A. 30 **B.** 18 **C.** 22 **D.** 56

Q.51 दिए गए विकल्पों में से, दिए गए श्रृंखला को पूरा करने वाले विकल्प को खोजें।

a _ _ b _ b c _ a b _ _

A. abcbaa **B.** bccbcb **C.** bcabcb **D.** bcabab

Q.52 दिए गए विकल्पों में से, दिए गए श्रृंखला को पूरा करने वाले विकल्प को खोजें।

a _ c b _ b c _ a b _ b _ b c _ a

A. b a b c a b **B.** a b c a a b
C. b c b a a a **D.** a b a a c

Q.53 निर्देश: नीचे दिए गये प्रश्न में दो कथन और उसके बाद कुछ निष्कर्ष दिए गये हैं। आपको दिए गये कथनों को सत्य मानना है भले ही वे ज्ञात तथ्यों से अलग प्रतीत होते हों। सभी निष्कर्षों को पढ़िए और फिर निर्णय कीजिये कि कौन सा निष्कर्ष ज्ञात तथ्यों को नजरंदाज करने पर कथनों का तार्किक रूप से अनुसरण करता है।

कथन:

कुछ स्थान ऐतिहासिक हैं।
कोई ऐतिहासिक दिलचस्प नहीं है।
कुछ दिलचस्प बुद्धिमान हैं।

निष्कर्ष:

I. कुछ स्थानों के बुद्धिमान होने की संभावना है।
II. सभी ऐतिहासिक बुद्धिमान हो सकते हैं।
III. कुछ स्थान ऐतिहासिक नहीं हैं।

A. केवल निष्कर्ष I और III अनुसरण करते हैं
B. केवल निष्कर्ष I और II अनुसरण करते हैं
C. केवल निष्कर्ष I अनुसरण करता है
D. केवल निष्कर्ष III अनुसरण करता है

Q.54 उस आकृति का चयन कीजिये जो आकृति श्रृंखला में आगे आएगी।

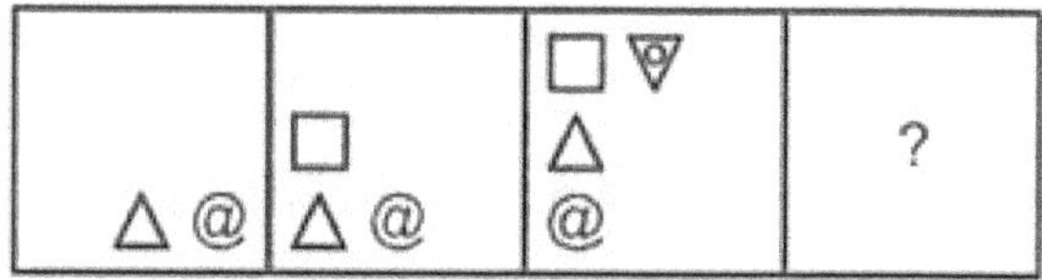

[AFCAT, 2021], [SSC Selection Post Phase IX, 2020], [Delhi Forest Guard, 2020]

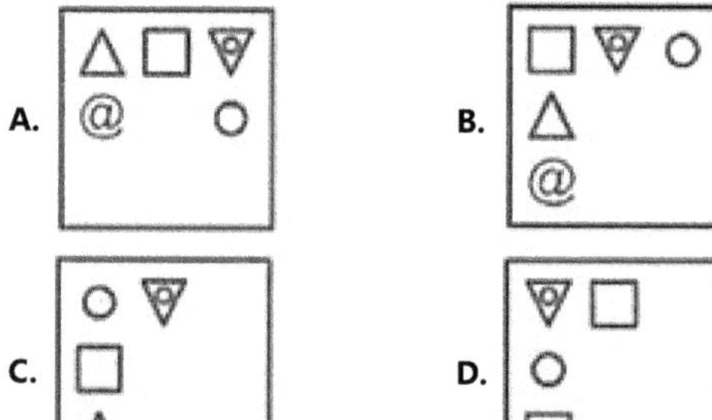

Q.55 दिए गये शब्दों को शब्दकोश क्रम के अनुसार व्यवस्थित कीजिये।

i. Birth
ii. Bread
iii. Brain
iv. Broad

A. i, iv, iii, ii **B.** i, iii, ii, iv
C. ii, i, iii, iv **D.** i, ii, iv, iii

Q.56 निम्नलिखित विकल्पों में से वह शब्द चुनिए, जिसे दिए गए शब्द के अक्षरों का प्रयोग करके नहीं बनाया जा सकता है।

CREATION

A. RATE **B.** NAPE **C.** NOTE **D.** TEAR

Q.57 उस अक्षर-युग्म का चयन कीजिए जो निम्नलिखित श्रृंखला में प्रश्न चिह्न (?) के स्थान पर रखा जा सकता है।

AR, CV, EZ, GD, ?

A. JL **B.** IH **C.** IJ **D.** KM

Q.58 निर्देश: निम्नलिखित प्रश्न में, कुछ कथन प्रत्येक के बाद दो निष्कर्ष I और II दिए गए हैं। आपको बयानों को सत्य मानना है, भले ही वे आम तौर पर ज्ञात तथ्यों से भिन्न हों। आपको यह तय करना है कि दिए गए कथनों में से कौन सा निष्कर्ष, यदि कोई है, का अनुसरण करता है।

कथन:

I. सभी वृत्त वर्ग हैं

II. कोई वर्ग एक आयत नहीं है

निष्कर्ष:

I. कोई वृत्त एक आयत नहीं है

II. सभी वर्ग वृत्त हैं

A. केवल निष्कर्ष I अनुसरण करता है

B. केवल निष्कर्ष II अनुसरण करता है

C. या तो निष्कर्ष I या निष्कर्ष II अनुसरण करता है

D. दोनों निष्कर्ष I और II अनुसरण करते हैं

Q.59 यदि रहीम पूर्व दिशा में 20 मीटर चलता है और फिर अपनी बाईं ओर मुड़ता है और फिर 15 मीटर चलता है और फिर वह अपनी दाईं ओर मुड़ता है और 25 मीटर चलता है। इसके बाद, वह अपने दाईं ओर मुड़ता है और 15 मीटर चलता है। अब, वह प्रारंभिक बिंदु से कितनी दूर है?

A. 40 मीटर **B.** 50 मीटर **C.** 25 मीटर **D.** 45 मीटर

Q.60 प्रश्न चिन्ह (?) के स्थान पर क्या आएगा?

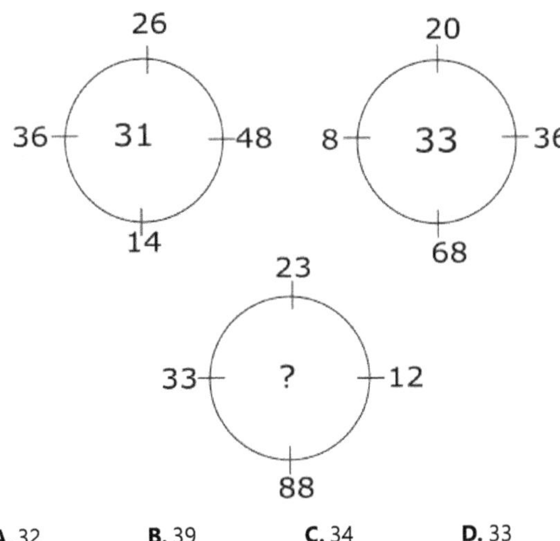

A. 32 **B.** 39 **C.** 34 **D.** 33

General Knowledge & Current Affairs

Q.61 निम्नलिखित में से कौन-से IN पोत/कौन-कौन से I जहाजों ने SIMBEX-19 में प्रतिभागिता की?

1. INS कोलकाता

2. INS शक्ति

3. INS विक्रांत

नीचे दिए गए कूट का प्रयोग कर सही उत्तर चुनिए:

[Officers Training Academy (OTA), 2019], [Indian Military Academy (IMA), 2019]

A. 1, 2 और 3 **B.** केवल 1 और 2

C. केवल 2 और 3 **D.** केवल 1

Q.62 1897 में पुणे के प्लेग कमिश्नर डब्ल्यू सी रैंड की हत्या किसने की?

A. गणेश सावरकर **B.** चापेकर ब्रदर्स

C. वासुदेव बलवंत फड़के **D.** चिपलूनकर ब्रदर्स

Q.63 अक्टूबर 2022 में गेल (इंडिया) लिमिटेड के अध्यक्ष और प्रबंध निदेशक के रूप में किसने पदभार संभाला?

A. धर्मवीर सिंह **B.** रवि कुमार पासवान

C. कृपा शंकर **D.** संदीप कुमार गुप्ता

Q.64 निम्नलिखित में से किसको फिक्शन श्रेणी में पुलित्जर पुरस्कार 2022 मिला?

A. नेतन्याहूस **B.** बुक ऑफ नंबर्स

C. पीपल लव्ड डेड जियूज **D.** फ्रेंच ब्रेड

Q.65 निम्नलिखित हिंद महासागर द्वीप राष्ट्रों में से किस एक ने हाल ही में एक जमीनी जहाज से तेल रिसाव के कारण पर्यावरण आपातकाल की स्थिति की घोषणा की है?

[Indian Military Academy (IMA), 2020], [Officers Training Academy (OTA), 2020]

A. मालदीव **B.** मॉरिशस

C. मेडागास्कर **D.** श्रीलंका

Q.66 निम्नलिखित में से किसने भारतीय संसद में 1950 में "निवारक निरोध बिल" पेश किया?

A. बलदेव सिंह **B.** नरहर विष्णु गाडगिल

C. सरदार पटेल **D.** जवाहर लाल नेहरू

Q.67 केंद्रीय मंत्री सर्बानंद सोनोवाल ने किस शहर में जुलाई 2022 में चाबहार दिवस सम्मेलन का उद्घाटन किया है?

A. चेन्नई **B.** चाबहार **C.** गांधीनगर **D.** मुंबई

Q.68 GE एयरोस्पेस और टाटा एडवांस्ड सिस्टम्स लिमिटेड ने वाणिज्यिक विमान के इंजन के कई पुर्जों के उत्पादन और आपूर्ति के लिए ______ अमरीकी डालर के अपने दीर्घकालिक अनुबंध को विस्तारित किया है।

A. 1 बिलियन **B.** 1.5 बिलियन

C. 2 बिलियन **D.** 2.5 बिलियन

Q.69 आरबीआई ने निम्नलिखित में से किस संस्था के खिलाफ शिकायत दर्ज करने के लिए एक सीएमएस प्रणाली शुरू की है?

A. शहरी सहकारी बैंक **B.** एनबीएफसी

C. वाणिज्यिक बैंक **D.** ऊपर के सभी

Q.70 अंतर्देशीय और तटीय समुद्री प्रौद्योगिकी (CICMT) के लिए पहला केंद्र, निम्नलिखित आईआईटी में से किस में आएगा?

A. आईआईटी दिल्ली **B.** आईआईटी बॉम्बे

C. आईआईटी खड़गपुर **D.** आईआईटी कानपुर

Q.71 निम्नलिखित में से कौन सी नहर को विकसित देशों और विकासशील देशों के बीच एक महत्वपूर्ण कड़ी माना जाता है?

A. पनामा नहर **B.** स्वेज़ नहर

C. कील नहर **D.** ग्रैंड कैनाल

Q.72 निम्नलिखित में से कौन भारत का पेट्रोकेमिकल केंद्र नहीं है?

A. कोयली **B.** जामनगर **C.** मंगलौर **D.** राउरकेला

Q.73 निम्नलिखित में से कौन सा "दक्षिण से उत्तर" तक भारत के बंदरगाहों का एक सही अनुक्रम है?

A. कोचीन → तिरुवनंतपुरम → कालीकट → मंगलौर
B. कालीकट → तिरुवनंतपुरम → कोचीन → मंगलौर
C. तिरुवनंतपुरम → कोचीन → कालीकट → मंगलौर
D. तिरुवनंतपुरम → कालीकट → मंगलौर → कोचीन

Q.74 म्यांमार अपनी अंतरराष्ट्रीय सीमा को _____ के साथ साझा नहीं करता है?

A. लाओस **B.** थाईलैंड **C.** वियतनाम **D.** इंडिया

Q.75 निम्नलिखित में से कौन सा देश प्रशांत महासागर में मेलनेशिया क्षेत्र का हिस्सा नहीं है?

A. वानुअतु **B.** सोलोमन इस्लैंडस
C. फ़िजी **D.** किरिबाती

Q.76 निम्नलिखित में से कौन चेंगिज़ खान का समकालीन नेता था?

A. चंगेज खान
B. मिर्ज़ा मुहम्मद हैदर दुगलत बेग
C. इल्तुतमिश
D. जलालुद्दीन सुरख-पोश बुखारी

Q.77 निम्नलिखित में से किस परिस्थिति में, भारत के प्रधानमंत्री अपनी सरकार के खिलाफ अविश्वास प्रस्ताव पर मतदान में भाग नहीं ले सकते हैं?

A. वह गठबंधन सरकार का नेतृत्व करते हैं
B. वह राज्यसभा में अल्पसंख्यक हैं
C. वह राज्यसभा के सदस्य हैं
D. उसे लोकसभा अध्यक्ष द्वारा मना किया जाता है

Q.78 शिवाजी ने आठ मंत्रियों की एक परिषद बनाई थी, जिन्होंने मराठा साम्राज्य का संचालन किया था। परिषद का नाम इस प्रकार था:

A. न्याय प्रधान **B.** अष्ट प्रधान
C. अष्ट सेना **D.** अष्ट सिद्धि

Q.79 निम्नलिखित में से किस राजा के चांदी के सिक्के में चित्रांकन और द्विभाषी किंवदंतियाँ थीं, जो क्षत्रप के प्रकारों से प्रेरित थे?

A. कुषाण **B.** गुप्त **C.** मौर्य **D.** सातवाहन

Q.80 एक सोने की अंगूठी जो 50% शुद्ध है। इसकी शुद्धता को वैकल्पिक रूप से दिखाया जा सकता है

A. 12 कैरेट **B.** 12 करात **C.** 18 कैरेट **D.** 18 करात

Q.81 निम्नलिखित में से किस बीमारी में, उपचार के लिए आजकल सीड थेरेपी का उपयोग किया जाता है?

A. एड्स **B.** क्षय **C.** कैंसर **D.** श्वास रोग

Q.82 निम्नलिखित में से कौन विश्व व्यापार संगठन (डब्ल्यूटीओ) से संबंधित नहीं है?

A. मल्टी फाइबर समझौता
B. व्यापार और सेवाओं पर सामान्य समझौता
C. निवेश पर बहुपक्षीय समझौता
D. कृषि पर समझौता

Q.83 फेड कप में भारतीय टीम के बीच सर्वाधिक जीत किसने दर्ज की है?

A. सानिया मिर्जा **B.** मनीषा मल्होत्रा
C. निरुपमा संजीव **D.** करमन कौर थांडी

Q.84 किस प्रौद्योगिकी कंपनी ने मैक और विंडोज दोनों प्लेटफार्मों के लिए अपने 'एज क्रोमियम' ब्राउज़र का नया संस्करण लॉन्च किया है?

A. गूगल **B.** मोज़िला
C. एप्पल **D.** माइक्रोसॉफ्ट

Q.85 बिकनी दिवस निम्नलिखित में से किस देश में मनाया जाता है?

A. जापान **B.** संयुक्त राज्य अमेरिका
C. कनाडा **D.** फ्रांस

Q.86 धनु जात्रा वर्तमान में किस राज्य में मनाया जाता है?

A. तेलंगाना **B.** झारखंड **C.** ओडिशा **D.** मध्य प्रदेश

Q.87 स्वतंत्र भारत का पहला भारतीय कौन था जिसने व्यक्तिगत ओलंपिक प्रतियोगिता में पदक जीता हो?

A. ध्यानचंद **B.** के डी जाधव
C. पृथ्वीपाल सिंह **D.** हरिश्चंद्र बिराजदार

Q.88 किसने लोकतंत्र को "जनता की सरकार, लोगों द्वारा और लोगों के लिए" के रूप में परिभाषित किया?

A. अब्राहम लिंकन **B.** प्लेटो
C. अरस्तू **D.** रस्किन

Q.89 अर्जेंटीना में आधिकारिक भाषा कौन सी है?

A. पुर्तगाली **B.** फ्रेंच **C.** स्पेनिश **D.** डच

Q.90 'श्री डिसीड्स इन पार्लियामेंट' नाम की पुस्तक के भाषणों का एक संग्रह है:

A. सोमनाथ चटर्जी **B.** ए. बी. वाजपेयी
C. लालकृष्ण आडवाणी **D.** एन. जी. रंगा

English Language

Ques (91-95):Direction: Read the following passage carefully and answer the questions given below it. Certain parts are given in bold to answer some of the questions based on the passage.

Sometimes to upend entrenched power structures, a revolution is required. Naming and shaming powerful men in the #Metoo campaign is in many ways a revolutionary act. The truth about most was known, spoken in whispers, but not to their face. But now that *omerta has been broken* by some **intrepid** women, there's a palpable sense of power and possibility.

Revolutions are by definition anarchic, as they are aimed against those who make and enforce the rules. So it has been with #MeToo. Men are named, sometimes anonymously, and the naming itself requires punitive action to be taken against them. There isn't really any room for discussion on context or degree of culpability. Some have raised questions about due process, and the response has been, somewhat reasonably, that due process has failed. And it is true, arguing for due process when due process has failed feels a bit like batting for the status quo. So let it be said, #MeToo despite its limitations is unreservedly a good development. However, the question is, what next? The #MeToo movement is more than just outing powerful men, it is about shifting the balance of power between men and women, transferring the punitive aspects — shame, denial of work opportunities — from the victim to the perpetrator. It is about ending impunity embedded in our social construct by shaping new social mores. This is and has to be a collective effort, and it is important for the #MeToo movement to have these discussions.

Let the burden of shame now be shifted to where it is supposed to-the perpetrators and not the women; the victims. It's the woman who has to hide from the world. And by and large, due to this very fact prevailing in Indian society that many women ultimately choose to leave their jobs, or seek employment elsewhere, when they confront inappropriate behavior from their colleagues.

Another very important aspect that should be taken care of is that of equality, where there are no inhibitions, no sense of caution. Women need healthy camaraderie in place of needless caution. Respect, not condescension. They would like colleagues to engage with them, not be patronizing. And the fact that they are still having to demand these are telling.

Q.91 Against whom the writer suggests are revolutions usually aimed at?

A. the guilty men
B. perpetrators
C. against the government agencies
D. those who make and enforce laws

Q.92 Which of the following statements is not true according to the passage?

A. Just naming and shaming the perpetrators does not account for culpability
B. Due process has failed leading to crimes
C. Sexual harassment is anything that makes a woman uncomfortable
D. The campaign has broken the power structures

Q.93 Which of the following options does the author suggest while talking about transferring the punitive aspects?

A. Shame
B. Denial of work opportunities
C. Respect
D. Both (A) and (B)

Q.94 Which one of the following is most similar in meaning to "INTREPID"?

A. Adventurous **B.** Docile
C. Submissive **D.** Fearless

Q.95 What is meant by the phrase 'omerta has been broken'?

A. Crimes against women has stopped
B. Men have started fearing law
C. Silence has been broken and more women are coming up
D. Crime racket has been busted

Ques (96-100):Direction: In the passage given below there are 10 blanks. Every blank has four alternative words or Sentences given in options (A), (B), and (C). You have to tell which word will best suit the respective blank. Mark (D) as your answer if no change is required i.e "No change required".

While there are many refreshing improvements in NITI Aayog's 'Strategy for New India @ 75' from the **(1) Planning Commission's plans**, there are also concerns about some of the strategies recommended. The **(2) to change** the approach to planning from preparations of plans and budgets to the creation of a mass movement for development in which "every Indian recognizes her role and experiences the tangible benefits" is laudable. It will be **(3) for** NITI Aayog to get feedback from stakeholders on whether it has improved the process of consultation substantially or not. The strategy emphasizes the need to improve the implementation of policies and service delivery on the ground, which is what matters to citizens. Its resurrection of the 15 reports of the Second Administrative Reforms Commission and recommendation that they must be implemented **(4) are welcome**. The previous government had taken its eye off the ball. It did not put its weight behind the implementation of these well-thought-out recommendations, which had the **(5) of all political parties**, by a Commission it had supported. Employment and labor reforms, the second chapter in the strategy, have rightly been given the highest priority, which was not the case in the previous plans. The employment-generating capacity of the economy is what matters more to citizens than the overall GDP growth rate. There is no joy for citizens if India is the fastest-growing economy and yet does not provide jobs and incomes. The growth of industry and manufacturing is **(6) to create** more employment and to provide bigger opportunities to Indians who have been too dependent on agriculture so far. Here, too, it is not the size of the manufacturing sector that matters but its shape. Labor-intensive industries are required for job creation. If the manufacturing sector is to grow from 16% to 25% of the GDP, which the strategy states as the goal, with more capital **(7) industries**, it will not solve the employment problem. The strategy does say that labor-intensive industries must be promoted, but the overall goal remains the size of the sector. What one measures, one manages. The strategy **(8) the urgency** of increasing the tax base to provide more resources for human development.

The strategy on labor laws appears pedestrian compared with the ambitious strategy of uplifting the lives of millions of Indians so that they share the fruits of economic growth. It recommends the complete codification of central labor laws into four codes by 2019. While this will enable easier navigation for investors and employers through the Indian regulatory maze, what is required is a fundamental reorientation of the laws and regulations — they must fit **(9) social** and economic realities. First, the nature of work and employment is changing, even in more developed economies. It is moving towards more informal employment, through contract work and self-employment, even informal enterprises. In such a scenario, social security systems must provide for all citizens, not only that informal employment. Indeed, if employers want more flexibility to improve the competitiveness of their enterprises, the state will have to provide citizens the fairness they expect from the economy. The NITI Aayog strategy suggests some **(10) of a universal** social security system. These must be sharpened.

Q.96 The word which suits (1) blank?

A. Bygone **B.** Forgone
C. Erstwhile **D.** No change required

Q.97 Word suits in the blank (2)?

A. Rapt **B.** Intent
C. Attentive **D.** No change required

Q.98 Word suits in the blank (3)?

A. Voluble **B.** Lucrative
C. Worthwhile **D.** No change required

Q.99 Word suits in the blank (4)?

A. Explosively **B.** Lustily
C. Vigorously **D.** No change required

Q.100 Word suits in the blank (5)?

A. Endorsement **B.** Appropriation
C. Condoning **D.** No change required

Ques (101-105):Direction: In the given sentences a blank is given indicating that something is missing. From the given four options (A), (B), (C), (D), a combination of words would fit the blank thereby making it grammatically and contextually correct. Select that option as the answer. If all the given combinations fit perfectly, then select 'All fit' as the answer.

Q.101 Not acknowledging the crimes happening around us howsoever petty they are, kind of _______ them which in itself is a moral crime on our part.

I. excruciate
II. legitimize
III. stymie
IV. validate

A. III, I **B.** II, IV **C.** I, IV **D.** II, III

Q.102 And as Mark twain's _______ goes; Facts are stubborn things but statistics are pliable.

I. paroemia
II. dictum
III. adage
IV. platitude

A. II, III **B.** I, IV **C.** III **D.** All fit

Q.103 In today's scenario, it may not be an overstatement to say that there are many sections of people who feel that their religious _______ is being compromised.

I. aphorism
II. venereal
III. piety
IV. proclamation

A. I, II **B.** III **C.** III, IV **D.** I, IV

Q.104 In the backdrop of shock measures like demonetization and GST, the popular approval from Moody's rating agency somewhat ________ the government.

I. petrified
II. exonerate
III. vindicated
IV. ruled

A. I, III **B.** IV **C.** II, III **D.** III, IV

Q.105 Cow vigilantes need to be better informed and less ________ in their outlook.

I. zealot
II. insular
III. stark
IV. parochial

A. II, IV **B.** I **C.** III, IV **D.** I, II, IV

Ques (106-110):Direction: Read the sentence to find out whether there is any error in it. The error, if any, will be in one part of the sentence. The number of that part is the answer. If there is no error, the answer is (D).

Q.106 You should make your bed always after you get up in the morning.

A. You should make your
B. bed always after you
C. get up in the morning.
D. No Error

Q.107 He is more eligible candidate of the two applicants.

A. He is more
B. eligible candidate
C. of the two applicants.
D. No Error

Q.108 She wants to know the difference among RRB PO, Bank PO and Insurance Exams.

A. She wants to know the
B. difference among RRB PO,
C. Bank PO and Insurance Exams.
D. No Error

Q.109 The government decision is not only expected to improve patient care facilities but also meet shortage of faculty in government medical colleges.

A. The government decision is not only expected to
B. improve patient care facilities but also meet shortage
C. of faculty in government medical colleges.
D. No Error

Q.110 He hardly knows how to send an email, doesn't he?

A. He hardly knows how
B. to send an
C. email, doesn't he?
D. No Error

Ques (111-113):Direction: Fill in the blank, with the correct option given.

Q.111 The Andaman and Nicobar islands ________ terra nullius, or empty space wherein the government would not inscribe their authority.

A. has been historically treated as
B. was historically been treated as
C. have historically been treated as
D. had historically being treated as

Q.112 After falling consistently against the US Dollar for most of the year, the Rupee ________ at the year-end.

A. would have managed to gain some ground
B. had managed to gaining some ground
C. has been managing for gaining some ground
D. has managed to gain some ground

Q.113 Over the last one and a half years, farmers ________ and organizing mass gatherings.

A. has been protesting across the country

B. had to protest across the country
C. had been protesting over the country
D. have been protesting across the country

Q.114 Find out that word, the spelling of which is wrong.
A. Immunity **B.** Immaculate
C. Imminent **D.** Immitate

Q.115 Find out that word, the spelling of which is wrong.
A. Sargeant **B.** Shallot **C.** Shackle **D.** Shellac

Q.116 Find out that word, the spelling of which is wrong.
A. Beetle **B.** Beautician
C. Bearable **D.** Beautifull

Q.117 Find out that word, the spelling of which is wrong.
A. Anxiety **B.** Ankel
C. Accommodation **D.** Allergy

Q.118 Find out that word, the spelling of which is wrong.
A. Recuperate **B.** Pasture
C. Populace **D.** Penence

Q.119 Find out that word, the spelling of which is wrong.
A. Shutter **B.** Silhoutte
C. Shepherd **D.** Shield

Ques (120-125):Direction: Select the most appropriate option to improve the underlined segment in the given sentence. If there is no need to improve it, select 'No improvement'.

Q.120 The cousin <u>who we met</u> at the family reunion is coming to visit.
A. Whom we met **B.** Whose we met
C. Which we met **D.** No improvement

Q.121 My uncle was <u>a honest</u> man.
A. An honest **B.** The honest
C. Honest **D.** No improvement

Q.122 Neither Mike nor his brother <u>play cricket</u>.
A. Plays cricket
B. Are playing cricket
C. Were playing cricket
D. No improvement

Q.123 The police were <u>accused to tamper</u> with the evidence.
A. accused of tampering
B. accusing to tamper
C. No substitution required
D. accused to tampered

Q.124 One morning I went out with my cousin <u>which is the</u> lawyer.
A. who is a
B. who is the
C. which is a
D. No substitution required

Q.125 Everybody <u>who know him agree that</u> he rarely loses his temper.
A. who knows him agrees that
B. No substitution required
C. whom know him agrees that
D. who knows him agrees if

Ques (126-130):Direction: In the following question, out of the four alternatives, choose the alternative which best expresses the meaning of Idiom/Phrase.

Q.126 Life of Riley
A. Tough life **B.** Comfortable life
C. Personal struggle **D.** Shallow life

Q.127 Pandora's Box
A. Futuristic peak
B. A gift yet to be un-boxed
C. A box of wishes
D. Unforeseen Problems

Q.128 I don't know him from Adam
A. Too old a friend
B. Met someone long time back
C. Never known a person
D. None of the above

Q.129 Joe Bloggs
A. A rich person **B.** A poor person
C. An ordinary person **D.** An elite person

Q.130 Achilles' Heel
A. An ordinary person
B. A vulnerable point which leads to one's downfall
C. A strong trait driving one's personality
D. None of the above

Ques (131-135):Direction: In the given question, the first and the last parts of the sentence are numbered (1) and (6). The rest of the sentence is split into four parts and named P, Q, R and S. These four parts are not given in their proper order. Read the sentences and find out which of the five combinations is correct and mark the respective option.

Q.131 1. I was shocked to see
P. unawareness of the fact that
Q. regarding their exams and their
R. the casualty of the children
S. board exams determine a huge
6. part of the future.
A. RQPS **B.** SQRP **C.** RQSP **D.** QSRP

Q.132 1. This is an urgent meeting
P. to switch off your mobile phones
Q. so I request all of you
R. needs to be solved urgently
S. and focus on the issue that
6. as instructed by the Principal.
A. QPSR **B.** PRSQ **C.** RSQP **D.** QRSP

Q.133 1. If you are not willing to
P. but if you are

Q. can stop you and you
R. determined to learn no one
S. learn no one can help you
6. are sure to succeed.

A. SRQP **B.** SQRP **C.** RSPQ **D.** SPRQ

Q.134 1. Esha decided not to tell
P. and handle it herself. She even
Q. anyone about the financial crisis
R. had rejected earlier to
S. applied for all the jobs that she
6. support her family.

A. SQRP **B.** SRPQ **C.** QPSR **D.** QSRP

Q.135 1. Ron was a good football player
P. he was not focused on
Q. his career and often rejected
R. but his problem was that
S. chances that would have helped him
6. to grow his career

A. SRPQ **B.** RSPQ **C.** PSQR **D.** RPQS

Ques (136-140):Direction: Rearrange the following six sentences, (A), (B), (C), (D), (E) and (F), in a proper sequence to form a meaningful paragraph, then answer the questions that follow.

(A) While these disadvantages of biofuels are serious, there are numerous advantages as they are the only alternative energy source of future and the sooner we find solutions to these problems, the faster we will be able to solve the problems we are now facing with gasoline.

(B) This fuel can also help to stimulate jobs locally since they are also much safer to handle than gasoline and can thus have the potential to turnaround a global economy.

(C) These include dependence on fossil fuels for the machinery required to produce biofuel which ends up polluting as much as the burning of fossil fuels on roads and the exorbitant cost of biofuels which makes it very difficult for the common man to switch to this option.

(D) This turnaround can potentially help to bring world peace and end the need to depend on foreign countries for energy requirements.

(E) Biofuels are made from plant sources and since these sources are available in abundance and can be reproduced on a massive scale, they form an energy source that is potentially unlimited.

(F) However, everything is not as green with the biofuels as it seems as there are numerous disadvantages involved which at times overshadow their positive impact.

Q.136 Which of the following sentence should be the THIRD after rearrangement?

A. (A) **B.** (B) **C.** (C) **D.** (D)

Q.137 Which of the following sentence should be the FIFTH after rearrangement?

A. (A) **B.** (B) **C.** (C) **D.** (E)

Q.138 Which of the following sentence should be the SIXTH (LAST) after rearrangement?

A. (A) **B.** (C) **C.** (D) **D.** (E)

Q.139 Which of the following sentence should be the SECOND after rearrangement?

A. (A) **B.** (B) **C.** (D) **D.** (F)

Q.140 Which of the following sentence should be the FIRST after rearrangement?

A. (A) **B.** (B) **C.** (C) **D.** (E)

Ques (141-145):Direction: In the following, the questions choose the word which best expresses the meaning of the given word.

Q.141 Bolster

A. Confuse **B.** Attribute
C. Strengthen **D.** Malign

Q.142 Discursive

A. Rambling **B.** Impolite
C. Methodical **D.** Neglectful

Q.143 Eccentric

A. Usual **B.** Introvert
C. Extraordinary **D.** Unconventional

Q.144 Imposture

A. Claim **B.** Status
C. Charlatan **D.** Deception

Q.145 Sacrosanct

A. Indifferent **B.** Voluble
C. Ineffable **D.** Inviolable

Ques (146-150):Direction: In the following questions choose the word which is the exact opposite of the given words.

Q.146 Niggard

A. Avaricious **B.** Extravagant
C. Miserly **D.** Generous

Q.147 Alight

A. Embalm **B.** Disembark
C. Align **D.** Embark

Q.148 Transience

A. Rest **B.** Shallow
C. Eternity **D.** Transgression

Q.149 Profound

A. Superficial **B.** Special
C. Large **D.** Superfluous

Q.150 Inadvertently

A. Secretly **B.** Overtly
C. Large **D.** Superfluous

Aptitude for Service Sector

Q.151 जब आप गंदी बस्ती से गुजरते हैं, तो आपको लगता है

A. शहरों के पास झुग्गियों को कभी भी अनुमति नहीं दी जानी चाहिए, क्योंकि वे गंदगी और अपराध फैलाते हैं
B. झुग्गियों को शहरों से बहुत दूर होना चाहिए और हमारे द्वारा इसे नजरअंदाज किया जाना चाहिए
C. जो लोग झुग्गियों में रहते हैं, वे भी हमारे समाज का हिस्सा हैं और हमें उनके बहुत सुधार के लिए थोड़ा प्रयास करना चाहिए
D. हमारी सरकार ऐसे क्षेत्रों में रहने की स्थिति में सुधार के लिए पर्याप्त नहीं है

Q.152 यदि आपका कोई करीबी दोस्त अपने बूढ़े माता-पिता की देखभाल नहीं करता है जो उसके साथ रहते हैं, तो आप करेंगे

A. महसूस करें कि बूढ़े लोगों को अपने दम पर जीने के लिए मिला है
B. यह महसूस करें कि कुछ समस्याओं के कारण आपके मित्र के लिए अपने माता-पिता के लिए ज़रूरतमंदों को करना संभव नहीं है
C. अपने दोस्त को दृढ़ता से बताएं कि वह जो कर रहा है वह सही नहीं है
D. इस मुद्दे के बारे में अपने मित्र को गंभीरता से बताएं

Q.153 आप सेवा क्षेत्र में काम करना पसंद करते हैं

A. आपको लगता है कि नौकरी अच्छी तरह से भुगतान की जाती है
B. आपको लगता है कि यह एक प्रतिष्ठित काम है
C. आप वास्तव में नौकरी की कार्य विषय पसंद करते हैं
D. इनमें से कोई नहीं

Q.154 आपकी राय में, आप एक व्यक्ति को एक अच्छा दोस्त मानते हैं यदि

A. वह ज्यादातर समय आपकी तारीफ करता है
B. वह आपको अक्सर पैसे उधार देता है
C. वह प्रतिकूल परिस्थितियों में आपकी मदद करता है
D. वह ज्यादातर आपके साथ रहता है

Q.155 यदि आपकी कंपनी आधुनिकीकरण के लिए नई तकनीक पर स्विच करती है, तो आप करेंगे

A. नई आवश्यकता के अनुसार पूरे स्टाफ को प्रशिक्षित करने की व्यवस्था करें
B. उन सभी कर्मचारियों को हटा दें जो नई तकनीक से परिचित नहीं हैं
C. कुछ कर्मचारियों को जिनसे आपको लगता है कि अधिशेष हैं
D. कंपनी के अन्य स्थानों पर कुछ कर्मचारियों को समायोजित करने का प्रयास करें जिन्हें आप महसूस करते हैं कि वे अधिशेष हैं

Q.156 आपके कुछ दोस्त पीते हैं और वे आपको उनके पीने के दौरान शामिल होने के लिए भी कहते हैं, आप करेंगे

A. उनके साथ शामिल हो और मिल कर पिएं
B. क्रोधित हो जाओ और उन्हें बताओ कि तुम ऐसा कभी नहीं करोगे
C. उन्हें बताएं कि शराब पीना स्वास्थ्य के लिए हानिकारक है
D. उन्हें पीने के सभी दुष्प्रभावों के बारे में सूचित करें और आपको पीने से नफरत क्यों है

Q.157 आपका बॉस अभी सेवानिवृत्त हुआ है और एक नए बॉस ने अभी कार्यभार संभाला है, आप

A. नए बॉस को बताएं कि आपका पुराना बॉस कितना अच्छा था और कोई भी इतना अच्छा नहीं हो सकता
B. उसका गर्मजोशी से स्वागत करें और उसके आचरण का निरीक्षण करें
C. जब आप जानते हैं कि वह भविष्य में आपकी कुछ मदद करेगा, तो कृपया उसे खुश करने के लिए उसके चारों ओर घूमें
D. उसे पूरी तरह से नजरअंदाज कर देंगे

Q.158 आप अपने दोस्तों को पसंद करते हैं जो

A. चतुर और चालाक हैं
B. हमेशा आपकी प्रशंसा करते हैं
C. ईमानदार और विचारशील हैं
D. अच्छी तरह से व्यवहारिक और विनम्र हैं

Q.159 अपने कार्यालय / कारखाने में काम करते समय, यदि आपके सहकर्मी की गलती आपको परेशानी में डालती है और आपके लिए शर्मिंदगी का कारण बनती है, तो आप

A. उसके साथ एक बड़ी लड़ाई उठाओ और उसे बताओ कि भविष्य में ऐसी गलती कभी न करें
B. तुरंत अपने पर्यवेक्षक को सूचित करें
C. समस्या का धैर्य से सामना करें और उसे बाद की तारीख में समस्या के बारे में बताएं
D. बहुत परेशान लग रहा है और उसे इसके बारे में कुछ नहीं बताओ

Q.160 कार्यालय जाने के लिए तैयार होने के दौरान, आप अपने बाथरूम में फिसल जाते हैं और आपके हाथ में हल्की चोट लग जाती है, तो आप करेंगे

A. अपने बॉस को सूचित करें कि आप बुरी तरह से आहत हैं और कार्यालय नहीं आ सकते
B. महसूस करें कि ऐसी परिस्थितियों में कार्यालय जाना बहुत आवश्यक नहीं है
C. लंबित कार्य को पूरा करने या केवल तत्काल समस्याओं से निपटने के लिए कार्यालय जाएं
D. महसूस करें कि कोई व्यक्ति आपके काम में भाग लेगा और आपको इसके बारे में परेशान होने की आवश्यकता नहीं है

Q.161 यदि कोई ज्ञात व्यक्ति तार्किक रूप से आपके कुछ कार्यों की आलोचना करता है, तो आप उस पर विचार करेंगे

A. प्रतिद्वंद्वी
B. एक व्यक्ति जिसके पास शिष्टाचार का अभाव है
C. शुभचिंतक
D. जिसे नजरअंदाज किया जाना चाहिए

Q.162 जो लोग आपको जानते हैं वे सोचते हैं, कि आप हैं

A. ईमानदार और कठोर
B. सहायक और मैत्रीपूर्ण
C. आत्म केंद्रित और एकांत
D. बुरा स्वभाव और स्वार्थी

Q.163 यदि आप किसी दुर्घटना के गवाह हैं, तो आप ऐसा करेंगे

A. किसी भी कीमत पर दुर्घटना के दृश्य से बचें
B. कोशिश करें और घायलों की मदद करें और पुलिस को सूचित करें
C. मदद के लिए सड़क पर दूसरों को बताएं
D. सोचें कि लोग इतने लापरवाह क्यों हैं कि दुर्घटनाएं होती है

Q.164 जब आप सड़क पर किसी विकलांग व्यक्ति को देखते हैं, तो आप सोचते हैं

A. ऐसे लोग समाज पर बोझ हैं
B. आपको ऐसे व्यक्तियों से संपर्क करने का प्रयास करना चाहिए
C. ऐसे लोग दुनिया के हर समाज का हिस्सा हैं
D. ऐसे लोगों की मदद करना चाहिए

Q.165 एक होटल में काम करते समय यदि आप एक ग्राहक के पास आते हैं जो आपके साथ दुर्व्यवहार करने की कोशिश करता है

A. अपने आप शांत को रखें और उसे बताएं कि आप उनकी मदद करने की पूरी कोशिश करेंगे
B. उसे बताएं कि उस फैशन का दुरुपयोग करने के लिए उनके पास कोई व्यवसाय नहीं है
C. तदनुसार अपने वरिष्ठों को सूचित करें और उनके निर्देशों की प्रतीक्षा करें
D. पुलिस को फोन करें और मामले की सूचना दें

Q.166 सामान्यतया, आपको लगता है कि ग्रामीण भारत में चिकित्सा सुविधाएं हैं

A. पर्याप्त से अधिक
B. काफी अपर्याप्त है
C. हमारे लोग क्या चाहते हैं
D. बस पर्याप्त है

Q.167 यह बताया गया है कि भारत ने पिछले तीन वर्षों से पोलियो का उन्मूलन किया है। आपको लगता है

A. यह 10 साल पहले होना चाहिए था
B. यह हमारे राष्ट्र के लिए एक बड़ी उपलब्धि है
C. यह देश के लिए संतोषजनक है
D. देश के लोग इसके लायक नहीं हैं

Q.168 किसी व्यक्ति के निम्नलिखित गुण आपको सबसे अधिक आकर्षित करते हैं?

A. मानसिक शक्तियाँ
B. सुरूप खूबसूरती
C. सहानुभूति
D. आत्मविश्वास

Q.169 आपके अनुसार, एक गरीब आदमी को क्या करना चाहिए?

A. उसकी गरीबी को भूलकर जीवन को ऐसे ही जीने की कोशिश करें
B. रोज अपनी किस्मत को कोसते हैं
C. ज्यादा पैसा कमाने के लिए ज्यादा काम करें
D. किसी भी तरीके को अपनाते हुए पैसा कमाएं

Q.170 जब आप सीमाओं पर किसी सैनिक के मारे जाने की खबर सुनते हैं, तो आपको लगता है

A. उन्हें सरकार द्वारा देश के लिए मरने के लिए भुगतान किया जाता है
B. अपने जीवन का बलिदान करना उसके कर्तव्य का हिस्सा है
C. हमारे द्वारा ऐसे सैनिकों को सम्मानित किया जाना चाहिए
D. हम सभी को अपने देश के लिए कुछ करना चाहिए

Q.171 सेवा के क्षेत्र में काम करने के लिए आप सबसे महत्वपूर्ण व्यक्तित्व विशेषताओं में से किसे मानते हैं?

A. जिम्मेदार होने के नाते
B. वापस ले लिया और खुद को रखने के लिए
C. मदद करने और सामाजिक होने के लिए उत्सुक
D. उच्च शैक्षणिक उपलब्धियाँ

Q.172 आपके अनुसार, आधुनिक जीवन में तनाव के दुष्प्रभाव को नियंत्रित करने के लिए आपको क्या करना चाहिए?

A. आहार नियंत्रण
B. पर्याप्त विश्राम और आराम
C. शारीरिक व्यायाम
D. ऊपर के सभी

Q.173 यदि आप किसी व्यक्ति के साथ मित्रता बढ़ाना चाहते है तो आप उससे व्यवहार सुदृण करने में कितना समय लेंगे?

A. आसानी से व्यवहार सुदृण नहीं करेंगे और संकोच करते रहें
B. कुछ समय पश्चात मित्रता बढ़ाएंगे
C. जल्द से जल्द मित्रता बढ़ाएंगे
D. इनमें से कोई नहीं

Q.174 आपका अच्छा दोस्त गलतफहमी के कारण आपके साथ दुर्व्यवहार करता है, आप करेंगे

A. उसके साथ भी दुष्कर्म करें
B. सबसे पहले, गलतफहमी को दूर करने का प्रयास करें
C. उसके बाद उससे मिलने से बचें
D. गलतफहमी को दूर करने के लिए उसके पास आने की प्रतीक्षा करें

Q.175 आपको लगता है कि निम्नलिखित में से कौन सा एक व्यक्ति का सबसे सराहनीय गुण है?

A. मिलनसार स्वभाव
B. मिलनसार स्वभाव
C. मेहनत करने वाला स्वभाव
D. सुखद शिष्टाचार

Q.176 आपके अनुसार, जीवन की नियमित नौकरियों को निष्पादित करने के लिए, एक व्यक्ति को होना चाहिए

A. अत्यधिक अति आत्मविश्वास
B. थोड़ा अति आत्मविश्वास
C. खुद पर भरोसा
D. अपने आप में विश्वास के तहत

Q.177 यदि आप लोगों की एक टीम की ओर से निर्णय लेने के लिए आवश्यक हैं, तो आपको चाहिए

A. निर्णय लेने के लिए दूसरों की प्रतीक्षा करें
B. स्वयं निर्णय लें और बाद में दूसरों को सूचित करें
C. दूसरों की राय लेने और फिर निर्णय लेने के लिए कुछ साधन खोजें
D. टीम के अन्य सदस्यों पर अपने विचार थोपें

Q.178 आपके पिता को दिल का दौरा पड़ने से होता है, जब आप घर पर अकेले होते हैं, तो आप

A. पड़ोसी की मदद के लिए पूछें
B. बेहद घबराहट और घबराहट महसूस करना
C. अपने भाई को बुलाओ, जो 2 किमी दूर रह रहा है
D. अपने पिता को नजदीकी अस्पताल ले जाएं या डॉक्टर को बुलाएं

Q.179 आप के अनुसार, एक टीम के एक प्रभावी नेता, चाहिए

A. अपनी शैली के अनुसार कार्य करें और दूसरों की राय के बारे में परेशान न हों
B. हमेशा स्पष्टवादी बने रहें
C. हमेशा दूसरों के कहे या सुझाव पर जाएं
D. दूसरों की बात सुनो और फिर स्थिति के अनुसार कार्य करो

Q.180 आम तौर पर, एक कठिन समस्या या स्थिति का सामना करते हुए, आप

A. कुछ निराश हो जाते हैं
B. कम कुशल बनो
C. अधिक आत्मविश्वास हासिल करना पसंद है
D. दूसरों को आपकी मदद करने के लिए कहें

Q.181 जब आप टीम वर्क में हिस्सा ले रहे होते हैं, तो आप करते हैं

A. ऐसी गतिविधियों से बचें
B. काफी मुखर हो
C. टीम के सदस्यों के साथ सहयोग करें
D. अपने हितों को देखते हुए दूसरों की मदद करें

Q.182 यदि आपका बॉस आपको एक अच्छा मूल्यांकन नहीं देता है, तो जैसा आपने सोचा था कि वह होगा, आप करेंगे

A. बॉस का सामना करें और एक तर्क चुनें
B. बहुत परेशान लग रहा है
C. कोशिश करें और अपने व्यवहार में सुधार करें
D. उसके बाद अपने बॉस को अनदेखा करना शुरू करें

Q.183 आपके अनुसार, आपके अधीनस्थों के व्यवहार पैटर्न में कुछ बदलाव लाने के लिए सबसे महत्वपूर्ण तरीका निम्नलिखित में से कौन सा है?

A. विस्तृत सुझाव / सलाह दें
B. कार्य के मौजूदा स्थान से हटाना
C. एक व्यापक चर्चा पकड़ो
D. अधीनस्थ की पूरी तरह उपेक्षा करें

Q.184 अपने नियमित जीवन में, आप निम्नलिखित में से किस पर अधिक बल देते हैं?

A. नैतिकता और आदर्शवाद के अपने सिद्धांतों को बनाए रखना
B. अपने व्यक्तिगत मुद्दों को हल करना
C. अपनी समस्याओं को हल करने के लिए दूसरों की मदद करना
D. अपने परिवार के सदस्यों की सहायता करना

Q.185 यदि आप अपने परिवार के लिए पर्याप्त पैसा नहीं कमा रहे हैं, तो आप ऐसा करेंगे
A. अधिक पैसा कमाने के लिए कोई भी साधन अपनाएं
B. अधिक पैसा कमाने की आवश्यकता को अनदेखा करने का प्रयास करें
C. जरूरत पूरी करने के लिए दोस्तों से पैसे उधार लेते हैं
D. अधिक कमाने के लिए अधिक मेहनत करने की योजना बनाएं

Q.186 एक समयबद्ध परियोजना आवंटित किए जाने पर, आपको लगता है
A. बहुत जोर दिया
B. आत्मविश्वास / समस्या को हल करने में सक्षम
C. इस तरह के तनाव के लिए काफी कुछ नहीं है
D. आपसे बहुत सारी गलतियाँ होने की संभावना है

Q.187 आपके पास पर्याप्त सामाजिक संबंध होने का मतलब है कि आपके कितने करीबी दोस्त हैं?
A. एक बहुत बड़ी संख्या **B.** लगभग 10 या 20
C. केवल कुछ **D.** कोई एक नहीं हो सकता

Q.188 आपके अनुसार, सेवा क्षेत्र में, आरक्षण पर निर्भर होना चाहिए
A. सामाजिक पिछड़ापन **B.** आर्थिक स्थिति
C. लिंग **D.** धर्म

Q.189 एक महत्वपूर्ण विषय पर अपने विचार व्यक्त करते हुए, आप
A. अपनी राय व्यक्त करने से बचना चाहते हैं
B. सत्य उत्तर दें लेकिन कूटनीतिक तरीके से
C. अपने मन में आने वाले पल को व्यक्त करें
D. अन्य लोगों द्वारा व्यक्त की गई राय देखें और फिर बोलें

Q.190 आपकी राय के अनुसार, आपको निम्नलिखित में से कौन सा सबसे आकर्षक लगता है?
A. परिकलित जोखिम लेना
B. सुरक्षित परिस्थितियों में रहना
C. जीवन की विलासिता के साथ रहना
D. किसी भी तरह के जोखिम लेने से बचें

Q.191 शब्दकोश के अनुसार, शब्द 'आतिथ्य' का अर्थ है, दोस्ताना और उदार स्वागत
A. मेहमानों **B.** अनजाना अनजानी
C. नये विचार **D.** इन सभी

Q.192 सेवा क्षेत्र में कुशलता से काम करने के लिए; आपको होना चाहिए
A. निर्णय लेने में निर्णायक या त्वरित
B. अत्यंत विनम्र
C. अपने विचारों में दृढ़ रहें
D. समयनिष्ठ

Q.193 यदि आप एक बहुत ही मांग वाले ग्राहक से मिलते हैं, तो आपको चाहिए
A. उसे बताएं कि उसकी सभी मांगों को पूरा करना असंभव है
B. उसे सूचित करें कि आप उसके लिए बहुत कुछ नहीं कर सकते
C. उसे बताएं कि आप उसके मुद्दों को अपने वरिष्ठ अधिकारियों को बताएंगे
D. अपनी क्षमता के अनुसार उसके मुद्दों को हल करने का प्रयास करें

Q.194 सेवा क्षेत्र में एक अच्छा कार्यकारी बनने के लिए, आपके पास होना चाहिए
A. उचित रूप से अच्छे आयोजन की क्षमता
B. एक अच्छी अकादमिक पृष्ठभूमि
C. विनम्र तरीके से
D. अपने कर्मचारियों को नियंत्रित करने की क्षमता

Q.195 समाज में, आप एक के रूप में जाना चाहते हैं
A. काफी बहिर्मुखी व्यक्ति
B. सच्चा और बुद्धिमान आदमी / औरत
C. आत्म-केंद्रित व्यक्ति
D. मजबूत और स्वस्थ व्यक्ति

Q.196 एक नई परियोजना सौंपे जाने पर, आप
A. शुरू करने से पहले संकोच करते हैं
B. शुरू करने से पहले पर्याप्त योजना बनाएं
C. बहुत जोश के साथ उस पर कूदो
D. प्रस्ताव को अस्वीकार करते हैं

Q.197 यदि आपकी नौकरी के लिए आपको विभिन्न स्थानों की यात्रा करने की आवश्यकता है, तो आप
A. नौकरी से इंकार कर देता
B. दूसरों की मदद लें
C. अपने सीनियर्स से पूछें
D. नौकरी की आवश्यकता को पूरा करने के लिए एक रणनीति बनाएं

Q.198 कठिन परिस्थितियों का सामना करते हुए, आप
A. कार्य पर अधिक ध्यान केंद्रित करें
B. छोड़ देते हैं और असहाय महसूस करते हैं
C. अपने आपको शांत बनाए रखें, लेकिन धीरे-धीरे काम करें
D. आत्मविश्वास खोना

Q.199 अपने काम के समय के दौरान अधिकतम लेनदेन को संभालने के दौरान, आप
A. पूरी तरह से थकान महसूस करना
B. अपने काम की सामग्री से तंग आ जाओ
C. काम से निपटने के लिए खुद को इकट्ठा करना चाहते हैं
D. सक्रिय रहना जारी रखें

Q.200 आप अपने जीवन में निम्नलिखित में से किसे सबसे महत्वपूर्ण मानते हैं?
A. नाम और लोकप्रियता **B.** धन और समृद्धि
C. शानदार जीवन पद्धति **D.** समाज में सम्मान

// स्मार्ट उत्तर पुस्तिका //

सही उत्तर उन छात्रों के प्रतिशत को इंगित करता है जिन्होंने प्रश्नों का सही उत्तर दिया था।

छोड़ दिया उन छात्रों के प्रतिशत को इंगित करता है जिन्होंने प्रश्नों को छोड़ दिया था।

प्रश्न संख्या	उत्तर	सही उत्तर	छोड़ दिया
1	D	41.33 %	46.41 %
2	C	45.57 %	31.47 %
3	D	62.75 %	34.87 %
4	A	60.96 %	32.01 %
5	A	60.26 %	32.82 %
6	A	84.6 %	13.27 %
7	B	48.88 %	33.13 %
8	C	67.22 %	31.91 %
9	B	40.05 %	31.82 %
10	B	48.03 %	50.67 %
11	D	40.15 %	48.78 %
12	A	48.94 %	42.4 %
13	D	47.03 %	45.27 %
14	D	79.09 %	20.46 %
15	B	46.23 %	32.61 %
16	A	57.74 %	35.83 %
17	B	82.71 %	14.26 %
18	C	43.02 %	34.14 %
19	B	42.76 %	35.76 %
20	A	84.63 %	12.36 %
21	A	82.15 %	17.12 %
22	C	62.51 %	34.23 %
23	B	55.53 %	32.63 %
24	B	59.67 %	38.84 %
25	C	46.21 %	37.66 %
26	D	57.86 %	36.96 %
27	B	41.88 %	34.67 %
28	B	57.56 %	30.37 %
29	B	49.91 %	48.32 %
30	C	46.08 %	52.92 %
31	A	68.66 %	30.72 %
32	A	42.74 %	50.32 %
33	C	51.78 %	38.25 %
34	C	52.14 %	45.68 %
35	B	41.52 %	34.67 %
36	B	81.4 %	14.88 %
37	B	67.61 %	30.49 %
38	C	57.87 %	37.98 %
39	C	69.08 %	30.03 %
40	D	66.46 %	30.53 %
41	D	52.91 %	30.79 %
42	B	49.8 %	35.19 %
43	B	45.41 %	52.28 %
44	D	50.33 %	41.6 %
45	D	27.12 %	71.95 %
46	C	84.52 %	13.5 %
47	D	78.35 %	18.13 %
48	C	43.52 %	51.62 %
49	C	44.17 %	34.23 %
50	B	63.05 %	31.97 %
51	C	82.32 %	14.06 %
52	A	58.86 %	35.65 %
53	B	68.38 %	30.92 %
54	A	78.44 %	12.44 %
55	B	84.33 %	15.4 %
56	B	89.89 %	10.08 %
57	B	68.93 %	30.37 %
58	A	67.53 %	31.72 %
59	D	45.17 %	41.91 %
60	B	51.81 %	30.03 %
61	B	29.98 %	69.46 %
62	B	51.6 %	47.36 %
63	D	50.6 %	34.99 %
64	A	41.28 %	43.2 %
65	B	63.08 %	31.45 %
66	C	46.13 %	31.25 %
67	D	63.85 %	30.11 %
68	A	61.99 %	34.7 %
69	D	45.64 %	34.4 %
70	C	61.0 %	33.72 %
71	B	58.52 %	36.44 %
72	D	86.15 %	11.52 %
73	C	16.57 %	70.96 %
74	C	50.94 %	30.85 %
75	D	65.3 %	33.76 %
76	C	58.23 %	35.85 %
77	C	68.01 %	31.48 %
78	B	59.09 %	37.79 %
79	D	13.99 %	82.62 %
80	A	61.64 %	33.97 %

प्रश्न संख्या	उत्तर	सही उत्तर	छोड़ दिया
81	C	10.26 %	69.85 %
82	C	44.77 %	43.46 %
83	C	64.95 %	31.0 %
84	D	61.19 %	37.4 %
85	A	67.0 %	30.98 %
86	C	44.57 %	53.15 %
87	B	54.59 %	31.07 %
88	A	59.33 %	39.38 %
89	C	57.09 %	30.6 %
90	B	61.94 %	32.28 %
91	D	20.41 %	71.73 %
92	A	23.53 %	68.98 %
93	D	23.46 %	74.51 %
94	D	31.06 %	67.43 %
95	C	10.79 %	83.85 %
96	C	32.44 %	67.41 %

प्रश्न संख्या	उत्तर	सही उत्तर	छोड़ दिया
97	B	25.61 %	67.54 %
98	C	12.19 %	76.28 %
99	C	42.45 %	55.69 %
100	A	26.21 %	68.69 %
101	B	55.99 %	36.24 %
102	D	41.64 %	33.05 %
103	B	57.1 %	35.56 %
104	D	46.82 %	51.83 %
105	D	69.83 %	30.07 %
106	B	53.55 %	32.5 %
107	A	45.55 %	48.03 %
108	B	63.74 %	30.19 %
109	A	43.07 %	39.73 %
110	C	57.06 %	34.71 %
111	C	41.17 %	46.42 %
112	D	64.6 %	32.04 %

प्रश्न संख्या	उत्तर	सही उत्तर	छोड़ दिया
113	D	49.82 %	35.01 %
114	D	84.81 %	10.65 %
115	A	51.1 %	35.86 %
116	D	84.88 %	10.86 %
117	B	48.26 %	37.1 %
118	D	50.88 %	33.04 %
119	B	48.57 %	36.26 %
120	A	68.1 %	30.5 %
121	A	68.71 %	30.38 %
122	A	66.06 %	31.45 %
123	A	46.3 %	49.6 %
124	A	60.43 %	32.54 %
125	A	52.77 %	37.11 %
126	B	44.96 %	48.61 %
127	D	54.7 %	31.25 %
128	C	41.47 %	38.05 %

प्रश्न संख्या	उत्तर	सही उत्तर	छोड़ दिया
129	C	49.86 %	37.56 %
130	B	64.33 %	32.09 %
131	A	51.32 %	40.01 %
132	A	57.24 %	38.95 %
133	D	48.05 %	35.39 %
134	C	52.85 %	43.78 %
135	D	58.01 %	38.59 %
136	C	13.65 %	68.99 %
137	B	64.83 %	34.43 %
138	C	26.63 %	67.07 %
139	D	16.48 %	79.55 %
140	D	55.49 %	34.36 %
141	C	62.05 %	32.89 %
142	A	53.9 %	40.91 %
143	D	67.43 %	30.32 %
144	C	56.98 %	30.14 %

प्रश्न संख्या	उत्तर	सही उत्तर	छोड़ दिया
145	D	54.46 %	33.52 %
146	A	54.75 %	40.77 %
147	D	56.31 %	30.1 %
148	C	43.22 %	32.64 %
149	A	40.28 %	53.53 %
150	A	42.21 %	35.99 %
151	C	85.8 %	13.05 %
152	D	49.08 %	31.86 %
153	C	45.57 %	45.45 %
154	C	47.28 %	39.49 %
155	D	61.84 %	31.05 %
156	D	47.71 %	50.24 %
157	B	54.94 %	44.09 %
158	D	78.8 %	14.97 %
159	C	52.34 %	44.6 %
160	A	57.5 %	38.41 %

प्रश्न संख्या	उत्तर	सही उत्तर / छोड़ दिया
161	C	85.08 % / 13.66 %
162	B	85.36 % / 13.97 %
163	B	59.57 % / 31.55 %
164	D	88.37 % / 10.54 %
165	A	63.95 % / 32.92 %
166	B	68.82 % / 30.3 %
167	B	51.82 % / 37.46 %
168	C	49.99 % / 32.62 %

प्रश्न संख्या	उत्तर	सही उत्तर / छोड़ दिया
169	C	26.62 % / 70.54 %
170	C	51.08 % / 31.93 %
171	A	60.27 % / 33.28 %
172	D	54.0 % / 37.12 %
173	C	80.96 % / 13.59 %
174	B	59.9 % / 36.87 %
175	D	54.94 % / 34.15 %
176	C	53.2 % / 33.4 %

प्रश्न संख्या	उत्तर	सही उत्तर / छोड़ दिया
177	C	50.52 % / 40.63 %
178	D	40.71 % / 43.99 %
179	D	87.08 % / 12.7 %
180	C	68.29 % / 30.46 %
181	D	51.85 % / 43.63 %
182	C	69.08 % / 30.22 %
183	C	59.68 % / 35.69 %
184	A	45.13 % / 39.81 %

प्रश्न संख्या	उत्तर	सही उत्तर / छोड़ दिया
185	D	40.18 % / 58.34 %
186	C	44.46 % / 36.98 %
187	C	51.51 % / 42.18 %
188	B	54.61 % / 32.76 %
189	D	50.44 % / 34.38 %
190	A	53.39 % / 41.17 %
191	D	41.03 % / 36.35 %
192	D	64.54 % / 33.63 %

प्रश्न संख्या	उत्तर	सही उत्तर / छोड़ दिया
193	D	64.67 % / 32.11 %
194	A	62.82 % / 31.97 %
195	B	43.66 % / 30.42 %
196	B	84.07 % / 12.24 %
197	D	63.1 % / 30.89 %
198	A	78.47 % / 12.49 %
199	C	57.67 % / 37.09 %
200	D	44.98 % / 35.72 %

कार्य विश्लेषण	
औसत अंक (%)	35.75%
टॉपर्स स्कोर (%)	66.0%
आपका स्कोर	

अनुभागीय टेस्ट 01

Q.1 2022 में किस देश में 10वीं शताब्दी की एक प्राचीन भारतीय मूर्ति की खोज की गई है?

A. फ्रांस **B.** इंग्लैंड **C.** रूस **D.** जर्मनी

Q.2 भारतीय छात्रों को यूक्रेन से निकालने के लिए भारत द्वारा शुरू किए गए ऑपरेशन का नाम बताएं?

A. ऑपरेशन मैत्री **B.** ऑपरेशन गंगा
C. ऑपरेशन अभय **D.** ऑपरेशन सहाय

Q.3 'विश्व स्वास्थ्य शिखर सम्मेलन फॉर प्राइड ऑफ होम्योपैथी' का मेजबान कौन सा देश था?

A. भारत **B.** दुबई **C.** सिंगापुर **D.** चीन

Q.4 संयुक्त राष्ट्र की विश्व आर्थिक स्थिति और प्रत्याशा रिपोर्ट 2019 के अनुसार, 2020 में भारतीय अर्थव्यवस्था का तक विस्तार होने की आशा है।
[SSC CGL, 2020]

A. 7.8% **B.** 7.6% **C.** 7.2% **D.** 7.1%

Q.5 जुलाई 2022 में एसब्बीआई जनरल इंश्योरेंस कंपनी लिमिटेड के प्रबंध निदेशक और मुख्य कार्यकारी अधिकारी के रूप में किसे नियुक्त किया गया है?

A. टी राजा कुमार **B.** परितोष त्रिपाठी
C. विजय शेखर शर्मा **D.** ज्ञानेश भारती

Q.6 रिजर्व बैंक ने किस राज्य के मुधोल सहकारी बैंक लिमिटेड का लाइसेंस रद्द कर दिया है, इस प्रकार इसे जमा के पुनर्भुगतान और नए धन की स्वीकृति से प्रतिबंधित कर दिया है?

A. तेलंगाना **B.** उत्तराखंड **C.** कर्नाटक **D.** असम

Q.7 सितंबर 2022 में कर्मचारी राज्य बीमा निगम (ESIC) का महानिदेशक के रूप में किसे नियुक्त किया गया है?

A. उदय कांबले **B.** राजेंद्र कुमार
C. प्रमोद चौधरी **D.** रामब्रीच सिंह

Q.8 हरियाणा के निम्नलिखित में से किसने वर्ष 2022 में राष्ट्रीय रक्षा अकादमी परीक्षा के पहले महिला बैच में टॉपकिया है?

A. हैयाशी कुमारी **B.** शनन ढाका
C. कीर्तन ढाका **D.** मिशानी गौर

Q.9 'सेमीकॉन इंडिया कॉन्फ्रेंस-2022' का आयोजन स्थल कौन सा था?

A. मुंबई **B.** नई दिल्ली **C.** बेंगलुरु **D.** चेन्नई

Q.10 भारत में मुख्य रूप से पाए जाने वाले लोहे के दो मुख्य प्रकार ______हैं।

A. लिमोनाइट और साइडराइट
B. साइडराइट और मैग्नेटाइट
C. हैमेटाइट और लिमोनाइट
D. हैमेटाइट और मैग्नेटाइट

Q.11 सबसे बड़ा कोयला क्षेत्र ____ है।

A. झरिया **B.** रानीगंज **C.** बोकारो **D.** गिरीडीह

Q.12 निम्नलिखित में से कौन पशु कोशिकाओं में मौजूद नहीं है?

A. कोशिका भित्ति **B.** माइटोकॉन्ड्रिया
C. राइबोसोम **D.** कोशिका द्रव्य

Q.13 किसी वस्तु का वजन न्यूनतम होगा जब उसे रखा जाएगा?

A. उत्तरी ध्रुव **B.** दक्षिण ध्रुव
C. भूमध्यरेखा **D.** पृथ्वी का केंद्र

Q.14 कर्जन वायली, जिसकी हत्या लंदन में मदन लाल ढींगरा ने की थी, वह ___ था

A. भारत के राज्य सचिव
B. भारत के राज्य सचिव के सलाहकार
C. विधि सदस्य
D. बंगाल के राज्यपाल

Q.15 प्रसिद्ध पुस्तक "गुलामगिरी" द्वारा लिखी गई थी:

A. बी आर अंबेडकर **B.** नारायण गुरु
C. ज्योतिबा फुले **D.** एम पी पिल्लई

Q.16 "भूमि तथा भवन पर लगने वाला कर" भारत के संविधान कि सातवीं अनुसूची में दी गयी _______ सूची में सूचीबद्ध है।

A. केन्द्रीय **B.** राज्य **C.** विश्व **D.** समवतरती

Q.17 दिल्ली में कुल कितनी विधान सभी सीटें हैं?

A. 50 **B.** 60 **C.** 70 **D.** 40

Q.18 जब भारत में भयंकर सूखा पड़ेगा, तो इसका जीएनपी (जीडीपी) होगा:

A. जीडीपी से ज्यादा **B.** जीडीपी से कम
C. जीडीपी के बराबर **D.** कहा नहीं जा सकता

Q.19 निम्नलिखित में से कौन सा परिवर्तन मुद्रास्फीति को नियंत्रित करने के लिए आरबीआई करता है?

A. रेपो रेट घटाएं
B. एसएलआर बढ़ाएं
C. सरकारी प्रतिभूतियों को खरीदें
D. बैंक दर में कमी

Q.20 भारत में निम्नलिखित में से किसे 'लीगल टेंडर मनी' माना जाता है:

A. बैंक ड्राफ्ट **B.** चैक
C. सिक्के **D.** उपरोक्त सभी

Q.21 निम्नलिखित में से किस संगठन ने वर्ष 2018 का इंदिरा गांधी शांति पुरस्कार जीता है?

A. शरणार्थियों हेतु संयुक्त राष्ट्र उच्चायुक्त (UNHCR)
B. भारतीय अंतरिक्ष अनुसंधान संगठन (ISRO)
C. विज्ञान और पर्यावरण केंद्र (CSE)
D. अंतर्राष्ट्रीय न्यायालय (ICJ)

Q.22 निम्नलिखित में से किस फिल्म ने भारतीय अंतर्राष्ट्रीय फिल्म महोत्सव (आई.एफ.एफ.आई) 2018 में प्रतिष्ठित गोल्डन पीकॉक अवॉर्ड जीता?

A. डॉनबास **B.** गुड नाइट
C. अकासा कुसुम **D.** द सॉन्ग ऑफ स्पैरो

Q.23 "द एक्साइल" के लेखक कौन हैं?

A. दलीप सिंह **B.** एली अमीर
C. नवतेज सरना **D.** प्रज्वल परजुल

Q.24 "द नेमसेक" के लेखक कौन हैं?

A. अमिताव घोष **B.** अरुंधति रॉय
C. झुम्पा लाहिड़ी **D.** किरण देसाई

Q.25 "द व्हाइट टाइगर" के लेखक कौन हैं?

A. अमिताव घोष
B. अरविंद अडिगा
C. अरुंधति रॉय
D. झुम्पा लाहिड़ी

Q.26 संयुक्त राष्ट्र सुरक्षा परिषद की अध्यक्षता परिषद के सदस्यों के बीच ____ घूमती है

A. प्रत्येक 6 महीने में
B. प्रत्येक 3 महीने में
C. प्रत्येक वर्ष
D. प्रत्येक माह

Q.27 निम्नलिखित में से कौन सा निरस्त्रीकरण से संबंधित नहीं है?

A. SALT
B. NPT
C. CTBT
D. NATO

Q.28 लाल डेड (लल्ला योगेश्वरी) निम्नलिखित में से किस परंपरा के व्यवसायी थे?

A. तिब्बती बौद्ध धर्म
B. कश्मीर शैव धर्म
C. श्री संप्रदाय
D. स्मार्टिज्म

Q.29 त्यौहार बैसाखी या वैसाखी का आयोजन सिख इतिहास की निम्नलिखित महत्वपूर्ण घटनाओं में से एक है?

A. अकाल तख्त की स्थापना
B. खालसा पंथ की स्थापना
C. सिखों के स्थायी गुरु के रूप में गुरु ग्रंथ साहिब की स्थापना
D. अमृतसर में हरमंदिर साहिब (स्वर्ण मंदिर) की स्थापना

Q.30 इसरो को तमिलनाडु में एसएसएलवी के लिए अपना दूसरा लॉन्च पोर्ट स्थापित करना है। एसएसएलवी का क्या अर्थ है?

A. अंतरिक्ष उपग्रह प्रक्षेपण यान
B. स्पीड सैटेलाइट लॉन्च व्हीकल
C. लघु उपग्रह प्रक्षेपण यान
D. सोलर सैटेलाइट लॉन्च व्हीकल

// स्मार्ट उत्तर पुस्तिका //

सही उत्तर — उन छात्रों के प्रतिशत को इंगित करता है जिन्होंने प्रश्नों का सही उत्तर दिया था।

छोड़ दिया — उन छात्रों के प्रतिशत को इंगित करता है जिन्होंने प्रश्नों को छोड़ दिया था।

प्रश्न संख्या	उत्तर	सही उत्तर	छोड़ दिया
1	B	54.37 %	36.41 %
2	B	45.67 %	54.19 %
3	B	63.88 %	35.61 %
4	D	48.41 %	48.39 %
5	B	47.27 %	35.83 %
6	C	48.16 %	30.23 %
7	B	46.75 %	45.54 %
8	B	53.11 %	35.48 %
9	C	47.63 %	52.34 %
10	D	61.84 %	31.14 %
11	A	51.38 %	47.6 %
12	A	44.06 %	36.24 %
13	D	68.1 %	30.61 %
14	B	48.39 %	42.53 %
15	C	60.79 %	35.37 %
16	B	52.94 %	42.24 %
17	C	77.82 %	20.27 %
18	A	41.53 %	53.7 %
19	B	25.13 %	69.92 %
20	C	51.17 %	44.41 %
21	C	60.55 %	37.08 %
22	A	45.11 %	51.03 %
23	C	83.52 %	11.24 %
24	C	64.57 %	34.63 %
25	B	67.5 %	31.1 %
26	D	63.75 %	30.2 %
27	D	50.71 %	40.19 %
28	B	43.79 %	46.94 %
29	B	89.2 %	10.14 %
30	C	58.7 %	38.52 %

कार्य विश्लेषण	
औसत अंक (%)	38.33%
टॉपर्स स्कोर (%)	66.67%
आपका स्कोर	

अनुभागीय टेस्ट 02

Q.1 44वां अंतर्राष्ट्रीय शतरंज ओलंपियाड 28 जुलाई से 10 अगस्त 2022 तक निम्नलिखित में से किस भारतीय राज्य में आयोजित किया जाएगा?

A. कर्नाटक **B.** केरल **C.** तमिलनाडु **D.** तेलंगाना

Q.2 किस राज्य सरकार द्वारा 30 जून, 2022 को 'नारी को नमन' नामक योजना शुरू की गयी है?

A. उत्तराखंड **B.** पंजाब
C. राजस्थान **D.** हिमाचल प्रदेश

Q.3 जून 2022 में सशस्त्र सीमा बल के नए महानिदेशक के रूप में किसे नियुक्त किया गया है?

A. सुजॉय लाल थाओसेन **B.** संजय अरोड़ा
C. संजीव शर्मा **D.** रंजीत सिंह राणा

Q.4 विश्व कुश्ती चैंपियनशिप में चार पदक जीतने वाले पहले भारतीय कौन हैं?

[HSSC Canal Patwari, 2021]

A. विनेश फोगाट **B.** बजरंग पुनिया
C. बबिता कुमारी **D.** गीता फोगाट

Q.5 किस संस्थान ने 'आंगन सम्मेलन 2022' के दूसरे संस्करण का आयोजन किया?

A. भारतीय रिजर्व बैंक
B. ऊर्जा दक्षता ब्यूरो
C. नीति आयोग
D. केंद्रीय अप्रत्यक्ष कर बोर्ड

Q.6 अगस्त 2022 में किस देश ने रूसी राज्य द्वारा संचालित परमाणु ऊर्जा कंपनी 'एएसई' के साथ 2.25 बिलियन डॉलर का समझौता किया है?

[RBI Assistant, 2020], [UPSSSC Rajasva Lekhpal, 2015]

A. भारत **B.** चीन
C. जापान **D.** दक्षिण कोरिया

Q.7 सितंबर 2022 में, डेटा सिक्योरिटी काउंसिल ऑफ इंडिया (DSCI) के नए CEO के रूप में किसे नियुक्त किया गया है?

A. अनुराग ठाकुर **B.** तुषार मेहता
C. सुधा मूर्ति **D.** विनायक गोडसे

Q.8 किस राज्य सरकार ने पांच लाख छात्रों को टैबलेट प्रदान करने के लिए 'ई-अधिगम' योजना शुरू की?

A. नई दिल्ली **B.** हरियाणा
C. पश्चिम बंगाल **D.** उड़ीसा

Q.9 प्रतिष्ठित फ्रांसीसी फिल्म निर्माता ___________ का सितंबर 2022 में निधन हो गया।

A. हम्बर्ट बाल्सान **B.** जैक्स बार
C. क्रिस्टोफ़ बैरेटियर **D.** जीन-ल्यूक गोडार्ड

Q.10 किस भारतीय राज्य ने देश में पहली बार अपने स्थानीय निकाय चुनावों के लिए चेहरे की पहचान सॉफ्टवेयर का उपयोग करने के लिए निर्धारित किया है?

A. तमिलनाडु **B.** तेलंगाना **C.** केरल **D.** आंध्र प्रदेश

Q.11 दूरसंचार विभाग, भारत ने हाल ही में IMEI के आवंटन को जारी करने और प्रबंधित करने की प्रक्रिया को संभाल लिया है। IMEI का मतलब क्या है?

A. भारतीय मोबाइल उपकरण पहचान
B. अंतर्राष्ट्रीय मोबाइल उपकरण पहचान
C. भारतीय मल्टीमीडिया उपकरण पहचानकर्ता
D. अंतर्राष्ट्रीय मल्टीमीडिया उपकरण पहचानकर्ता

Q.12 निम्नलिखित में से किस सार्क (SAARC) सदस्य की जनसंख्या सबसे अधिक है?

A. बांग्लादेश **B.** पाकिस्तान
C. नेपाल **D.** अफ़ग़ानिस्तान

Q.13 सार्क (SAARC) का मुख्यालय कहाँ है?

A. मनीला **B.** काठमांडू **C.** नई दिल्ली **D.** जकार्ता

Q.14 अंतर्राष्ट्रीय परमाणु ऊर्जा एजेंसी (IAEA) का मुख्यालय स्थित है-

A. पेरिस **B.** जिनेवा **C.** रोम **D.** वियना

Q.15 बाबरनामा किस भाषा में लिखा गया था?

A. परा-मोंगोलिक **B.** चगताई तुर्किक
C. चगताई तुर्किक **D.** बहरीन अरबी

Q.16 अकबरनामा मूल रूप से किस भाषा में लिखा गया था?

A. चगताई तुर्किक **B.** फ़ारसी
C. अरबी **D.** उर्दू

Q.17 "अनंत जेस्ट" के लेखक कौन हैं?

A. डेव एगर्स **B.** डेविड फोस्टर वालेस
C. जोनाथन फ्रेंजन **D.** मैरी कर्र

Q.18 "प्लेइंग इट माई वे" के लेखक कौन हैं?

A. कपिल देव **B.** रवि शास्त्री
C. सचिन तेंडुलकर **D.** युवराज सिंह

Q.19 नई दिल्ली में आयोजित 11 वें वैश्विक कृषि नेतृत्व शिखर सम्मेलन 2018 में प्रथम विश्व कृषि पुरस्कार से किसे सम्मानित किया गया?

A. जयंत नार्लीकर **B.** रघुनाथ ए माशेलकर
C. एम एस स्वामीनाथन **D.** नरिंदर सिंह कपनी

Q.20 साहित्य के लिए वैकल्पिक नोबेल साहित्य पुरस्कार 2018 किसने जीता है?

A. मेरीसे कोंडे **B.** बॉब डिलन
C. स्वेतलाना अलेक्सिविच **D.** पैट्रिक मोदियानो

Q.21 बारहवीं पंचवर्षीय योजना का विषय क्या था?

A. तेजी से, टिकाऊ और अधिक समावेशी विकास
B. तेजी से विकास
C. समांवेशी विकास
D. तेजी से, स्थायी और समान विकास

Q.22 ओपन मार्केट ऑपरेशंस के संदर्भ में, सही विकल्प चुनें।

A. वाणिज्यिक बैंकों द्वारा ब्याज दर समायोजन
B. वाणिज्यिक बैंकों द्वारा दिए गए ऋण
C. आरबीआई द्वारा सरकारी प्रतिभूतियों की खरीद और बिक्री
D. आरबीआई द्वारा एनबीएफसी को दिए गए ऋण

Q.23 निम्नलिखित का मिलान करिए:

कॉलम I	कॉलम II
A. सरोजिनी नायडू	(I) पाकिस्तान के संस्थापक
B. महोमेदली जिन्नाभाई	(II) भारतीय राष्ट्रीय कांग्रेस की पहली भारतीय महिला अध्यक्ष
C. सर तेज बहादुर सप्रू	(III) हिंदू महासभा के पूर्व अध्यक्ष
D. वी. डी. सावरकर	(IV) ब्रिटिश समर्थक लिबरल पार्टी के नेता

A. A-I; B-III; C-IV; D-II
B. A-III; B-II; C-IV; D-I
C. A-II; B-I; C-IV; D-III
D. A-III; B-II; C-I; D-IV

Q.24 निम्नलिखित में से किस उद्देश्य के लिए, राजमनार समिति का गठन किया गया था?
A. औद्योगिक लाइसेंसिंग
B. प्रत्यक्ष कर
C. केंद्र राज्य राजकोषीय संबंध
D. अप्रत्यक्ष कर

Q.25 भारत में ब्रिटिश शासन काल के दौरान प्रथक निर्वाचन चुनाव पहली बार किस अधिनियम के तहत कराये गये थे?
A. भारतीय समिति अधिनियम, 1892
B. भारतीय समिति अधिनियम, 1909
C. भारत सरकार अधिनियम, 1919
D. भारत सरकार अधिनियम, 1935

Q.26 जलियांवाला बाग नरसंहार के विरोध में निम्न में से किसने अपना नाइटहुड त्याग दिया?
A. रविंद्रनाथ टैगोर
B. गोपाल कृष्ण गोखले
C. दादाभाई नौरोजी
D. भगत सिंह

Q.27 निम्न में से किस संधि ने द्वितीय आंग्ल-अफगान युद्ध के पहले चरण को समाप्त कर दिया?
A. यंदाबो की संधि
B. गंडमक की संधि
C. सेरिंगपटम की संधि
D. सालबाई की संधि

Q.28 मिलिंदपान्हो क्या हैं?
A. बौद्ध स्थल
B. बौद्ध का एक नाम
C. कला का बौद्ध
D. बौद्ध पाठ

Q.29 गहिरामाथा समुद्री अभयारण्य किस राज्य में स्थित है?
A. पश्चिम बंगाल
B. उड़ीसा
C. आंध्र प्रदेश
D. तमिलनाडु

Q.30 प्रस्तावित सेतुसमुद्रम शिपिंग नहर परियोजना निम्नलिखित में से किसके बीच लिंक करेगी?
A. कच्छ की खाड़ी और खंभात की खाड़ी
B. बैक खाड़ी और माहिम खाड़ी
C. मन्नार की खाड़ी और पाक खाड़ी
D. पालक खाड़ी और माहिम खाड़ी

// स्मार्ट उत्तर पुस्तिका //

सही उत्तर उन छात्रों के प्रतिशत को इंगित करता है जिन्होंने प्रश्नों का सही उत्तर दिया था।

छोड़ दिया उन छात्रों के प्रतिशत को इंगित करता है जिन्होंने प्रश्नों को छोड़ दिया था।

प्रश्न संख्या	उत्तर	सही उत्तर	छोड़ दिया
1	C	41.09 %	30.27 %
2	D	64.24 %	35.43 %
3	A	19.45 %	77.47 %
4	B	43.26 %	38.81 %
5	B	59.98 %	37.44 %
6	D	83.69 %	12.0 %
7	D	45.93 %	34.42 %
8	B	45.88 %	43.16 %
9	D	45.73 %	43.99 %
10	B	65.0 %	30.69 %
11	B	23.11 %	67.36 %
12	B	43.74 %	41.17 %
13	B	67.32 %	30.34 %
14	D	50.77 %	46.34 %
15	B	40.85 %	51.34 %
16	B	47.92 %	34.01 %
17	B	51.77 %	33.92 %
18	C	66.53 %	32.0 %
19	C	46.04 %	45.43 %
20	A	43.24 %	49.57 %
21	A	44.04 %	35.4 %
22	C	60.47 %	37.83 %
23	C	62.08 %	32.71 %
24	C	40.71 %	42.32 %
25	B	13.19 %	73.62 %
26	A	83.5 %	15.68 %
27	B	47.81 %	44.76 %
28	D	61.49 %	33.13 %
29	B	46.59 %	43.78 %
30	C	52.46 %	36.2 %

कार्य विश्लेषण	
औसत अंक (%)	55.83%
टॉपर्स स्कोर (%)	70.0%
आपका स्कोर	

अनुभागीय टेस्ट 03

Q.1 सितंबर 2022 में, यूरोपीय सेंट्रल बैंक (ECB) ने महंगाई पर काबू पाने के लिए ब्याज दरों में अभूतपूर्व _______ आधार अंकों की बढ़ोतरी की है।
A. 25 **B.** 50 **C.** 75 **D.** 100

Q.2 अगस्त 2022 में छात्रों के लिए भारत का पहला वर्चुअल स्कूल किसने लॉन्च किया?
A. अरविंद केजरीवाल **B.** शिवराज सिंह चौहान
C. अमित शाह **D.** जीतेन्द्र सिंह

Q.3 2022 में आयोजित 11वें विश्व शहरी मंच का आयोजन स्थल कौन सा है?
A. स्पेन **B.** पोलैंड
C. ऑस्ट्रेलिया **D.** फ्रांस

Q.4 पोलियो राष्ट्रीय टीकाकरण दिवस 2022 किस दिन आयोजित किया गया ?
A. 26 फ़रवरी **B.** 27 फ़रवरी **C.** 28 फ़रवरी **D.** 25 फ़रवरी

Q.5 2022 में हरियाणा के किस शहर में देश का पहला 'हरित ऊर्जा' संयंत्र स्थापित किया गया है?
A. रेवाड़ी **B.** करनाल **C.** कैथल **D.** हिसार

Q.6 2022 में भारत का कौन सा खिलाड़ी 'डायमंड लीग चैंपियन' बना?
A. पी. वी. सिंधु **B.** नीरज चोपड़ा
C. एच. एस. प्रणय **D.** हिमा दास

Q.7 कौन से देश ने 44 वें FIDE शतरंज ओलंपियाड 2022 की मेजबानी की?
A. रूस **B.** फ्रांस **C.** इटली **D.** भारत

Q.8 अगस्त 2022 में वडोदरा में आईटी-सक्षम सेवा (आईटीईएस) पार्क स्थापित करने के लिए किस कंपनी ने गुजरात सरकार के साथ समझौता ज्ञापन पर हस्ताक्षर किए हैं?
A. आदित्य बिड़ला ग्रुप
B. रिलायंस इंडस्ट्रीज लिमिटेड
C. लार्सन एंड टुब्रो (एल एंड टी) लिमिटेड
D. अदानी ग्रुप

Q.9 6 जून 2022 को अंतर्राष्ट्रीय एल्युमिनियम संस्थान (IAI) के नए अध्यक्ष के रूप में किसे नियुक्त किया गया है?
A. स्वरूप कुमार साहा **B.** माइल्स प्रॉसेर
C. बेन कहारस **D.** सतीश पाई

Q.10 28 और 29 अक्टूबर, 2022 को आयोजित संयुक्त राष्ट्र सुरक्षा परिषद (यूएनएससी) की आतंकवाद-विरोधी समिति की एक विशेष बैठक किस स्थान पर आयोजित की गई?
A. मुंबई **B.** दिल्ली
C. जयपुर **D.** (A) और (B) दोनों

Q.11 निम्नलिखित में से कौन सी जनजाति ओडिशा में पाई जाती है?
A. खारिया **B.** खस **C.** भूटिया **D.** बुक्सा

Q.12 निम्नलिखित पौधों में से किसका उपयोग हरी खाद के रूप में किया जाता है?
A. गेहूँ **B.** सनहेमप **C.** कपास **D.** चावल

Q.13 निम्नलिखित में से किसे "अकादमिक संघ" की स्थापना के लिए जाना जाता है?
A. हेनरी विवियन डेरोजियो **B.** मधुसूदन दत्ता
C. मदन मोहन तारालंकार **D.** सुरेंद्रनाथ टैगोर

Q.14 भारत के राष्ट्रपति कितने राज्यसभा सदस्यों को मनोनीत कर सकते हैं?
A. 6 **B.** 10 **C.** 12 **D.** 15

Q.15 सर्वोच्च साक्षरता पुरस्कार 'एजूथचन पुरस्कारम 2018' के लिए किसका चयन किया गया?
A. मोहम्मद यूनुस **B.** एन.के. सिंह
C. जैक्स डबोकेट **D.** एम. मुकुंदन

Q.16 निम्नलिखित में से कौन सात देशों के समूह (G-7) का सही वर्णन करता है?
A. वे विकासशील देश हैं
B. वे औद्योगिक देश हैं
C. वे परमाणु बम तकनीक धारण कर रहे हैं
D. वे ऐसे देश हैं जो अपने स्वयं के उपग्रह लॉन्च कर सकते हैं

Q.17 निम्नलिखित में से कौन सा देश सार्क (SAARC) का सदस्य नहीं है?
A. म्यांमार **B.** भूटान **C.** नेपाल **D.** मालदीव

Q.18 योग दर्शनशास्त्र के संस्थापक कौन थे?
A. जैमिनी **B.** कपिला
C. अक्षपाद गौतम **D.** पतंजलि

Q.19 सुनील गंगोपाध्याय द्वारा लिखित पहला उपन्यास है:
A. अथमो प्रकाश (स्व-प्रकाशन)
B. प्रोथोम एलो (प्रथम प्रकाश)
C. पूर्बा पस्चीम (पूर्व और पश्चिम)
D. सेई सोमॉय (वे दिन)

Q.20 'व्हाट यंग इंडिया वांट्स' के लेखक कौन हैं?
A. अमीष त्रिपाठी **B.** चेतन भगत
C. दुर्जोय दत्त **D.** रविंदर सिंह

Q.21 किसने फिक्शन के लिए प्रतिष्ठित मैन बुकर 2018 जीता है?
[IBPS SO Law Officer, 2018], [IBPS - SO Rajbhasha Adhikari, 2018]
A. जूलियन बार्न्स **B.** विकास स्वरूप
C. अन्ना बर्न्स **D.** अरविंद अडिगा

Q.22 भारतीय अर्थव्यवस्था उदारीकरण ___ में हुआ।
A. 1947 **B.** 1951 **C.** 1975 **D.** 1991

Q.23 लोक सभा चुनाव लड़ने के लिये निम्नतम आयु क्या है?
A. 18 वर्ष **B.** 21 वर्ष **C.** 28 वर्ष **D.** 25 वर्ष

Q.24 निम्न में से कौन सा आग्नेय चट्टान का एक उदाहरण है?
A. ग्रेनाइट **B.** बलुआ पत्थर
C. चूना पत्थर **D.** शेल

Q.25 एक्स-रे क्रिस्टलोग्राफी मुख्य रूप से विद्युत चुम्बकीय विकिरण के निम्नलिखित गुणों में से किसका उपयोग करता है?
A. परावर्तन **B.** विवर्तन **C.** हस्तक्षेप **D.** अपवर्तन

Q.26 हर्ष के शासनकाल के दौरान, कन्नौज विधानसभा को निम्नलिखित में से किस संप्रदाय के सिद्धांतों को प्रचारित करने के लिए आयोजित किया गया था?

A. महायान **B.** हिनायान **C.** थेरवाद **D.** श्वेताम्बर

Q.27 "गरबा" लोक नृत्य किस राज्य से जुड़ा है?

A. ओडिशा **B.** मध्य प्रदेश **C.** आंध्र प्रदेश **D.** गुजरात

Q.28 किस स्मार्टफोन निर्माता ने भारत में पहला 5G- सक्षम स्मार्टफोन लॉन्च किया?

A. शाओमी **B.** रियलमी **C.** ओप्पो **D.** विवो

Q.29 किस संगठन के पास भारत के सबसे बड़े ऊष्मायन पारिस्थितिकी तंत्र है जिसमें 21 उत्कृष्टता केंद्र हैं?

A. भारत का सॉफ्टवेयर प्रौद्योगिकी पार्क
B. उन्नत कम्प्यूटिंग के विकास के लिए केंद्र
C. शिक्षा और अनुसंधान नेटवर्क
D. राष्ट्रीय सूचना विज्ञान केंद्र

Q.30 वर्ष 2018-19 में भारत द्वारा निर्यात किए गए निर्मित तंबाकू का मूल्य क्या है?

A. 781.33 मिलियन अमेरिकी डॉलर
B. 691.33 मिलियन अमेरिकी डॉलर
C. 831.27 मिलियन अमेरिकी डॉलर
D. 981.33 मिलियन अमेरिकी डॉलर

// स्मार्ट उत्तर पुस्तिका //

सही उत्तर — उन छात्रों के प्रतिशत को इंगित करता है जिन्होंने प्रश्नों का सही उत्तर दिया था।

छोड़ दिया — उन छात्रों के प्रतिशत को इंगित करता है जिन्होंने प्रश्नों को छोड़ दिया था।

प्रश्न संख्या	उत्तर	सही उत्तर	छोड़ दिया
1	C	63.49 %	33.04 %
2	A	57.52 %	41.27 %
3	B	59.36 %	38.63 %
4	B	42.29 %	48.9 %
5	A	56.17 %	33.23 %
6	B	69.88 %	30.0 %
7	D	46.77 %	43.11 %
8	C	61.42 %	36.52 %
9	D	61.19 %	36.21 %
10	D	54.2 %	41.14 %
11	A	51.4 %	35.68 %
12	B	45.24 %	51.81 %
13	A	58.21 %	32.19 %
14	C	45.29 %	38.6 %
15	D	55.76 %	41.7 %
16	B	54.48 %	39.08 %
17	A	59.42 %	33.59 %
18	D	89.07 %	10.59 %
19	A	40.08 %	48.19 %
20	B	42.14 %	49.19 %
21	C	60.08 %	34.01 %
22	D	44.98 %	54.36 %
23	D	80.41 %	14.77 %
24	A	57.67 %	40.19 %
25	B	29.23 %	67.83 %
26	A	64.34 %	30.38 %
27	D	86.39 %	12.06 %
28	B	81.03 %	10.86 %
29	A	69.3 %	30.53 %
30	D	58.88 %	40.07 %

कार्य विश्लेषण	
औसत अंक (%)	35.83%
टॉपर्स स्कोर (%)	60.0%
आपका स्कोर	

अनुभागीय टेस्ट 04

Q.1 एक दिन आप अपने काम में व्यस्त रहते हैं। आप अगली डेस्क पर काम करने वाले अपने मित्र के पास कुछ आधिकारिक सहायता लेने के लिए पहुँचते हैं और आप उसे कंपनी के बैंक खाते के साथ छेड़छाड़ करते हुए पाते हैं। आप क्या करेंगे?

A. उसकी इस हरकत का आनंद लें क्योंकि यह आपके वेतन को प्रभावित नहीं करने वाला है

B. ऐसा जताए कि आपने उसकी कार्रवाई को नोटिस नहीं किया है

C. उसे सलाह दें कि ऐसा काम करना अनुचित है

D. चुप रहें और पूरे मामले की अनदेखी करें

Q.2 ड्राइविंग करते समय आपको गुंडों से भरी एक कार का सामना करना पड़ता है जो अन्धाधुन्ध ड्राइविंग कर रहे हैं। आपको करना चाहिए:

A. ध्यान से ड्राइव करें और उनके साथ किसी भी तरह के विवाद से बचें

B. उन्हें पकड़ें और उन्हें अन्धाधुन्ध ड्राइविंग करना बंद करने के लिए कहें

C. उनका और उनकी हरकतों का वीडियो बनाएं

D. उन्हें ओवरटेक करें, और पुलिस के पास ले जाने की धमकी दें

Q.3 विकलांग व्यक्ति कैसी अपेक्षा रखना पसंद करेगा :

A. अतिरिक्त ध्यान

B. हर समय मदद

C. गतिविधियों में शामिल करने के लिए एक स्पष्ट विकल्प होना

D. अधिकांश शारीरिक गतिविधियों से उनका बहिष्कार

Q.4 आपकी दोस्त एक महंगी ड्रेस खरीदना चाहती है, लेकिन आपको यह काफी बदसूरत लग रही है। वह आपकी राय पूछती है। आपको करना चाहिए:

A. उसे कुछ और खरीदने के लिए कहें

B. जो आपको पसंद है वो खरीदने के लिए कहे

C. उसे बताएं कि आपको यह बिल्कुल पसंद नहीं है

D. उससे कहे की यह आपका निर्णय होना चाहिए

Q.5 हर सुबह आप कुछ फल और दूध दान करने के लिए पास के मंदिर में जाते थे। एक सुबह आपको मंदिर की सीढ़ियों पर एक बच्चा बैठा दिखाई दिया। वह कहता है कि उसने कई दिनों से खाना नहीं खाया है। वह आपसे पैसा मांगता है। इस समय आपको क्या करना चाहिए?

A. उसे डांटे और उससे छुटकारा पाएं

B. उससे कहो कि किसी और से पैसे मांगे

C. उसे अनदेखा करें और मंदिर में प्रवेश करें

D. उसे आपके द्वारा खरीदे गए सभी फल और दूध दें

Q.6 आप का कोई रिश्तेदार ऐसे व्यक्ति से शादी करना चाहता है जो बहुत अच्छा दिखने वाला हो। आप उसे सावधान रहने की चेतावनी देते हैं क्योंकि :

A. चमकने वाली हर चीज़ सोना नहीं होती

B. सिर्फ किसी के अच्छा दिखने से आप उसके साथ गठबंधन नहीं कर सकते

C. अच्छा दिखना ही सब कुछ नहीं है

D. सुंदरता बाहर नहीं अंदर निहित है

Q.7 जब आप एक फिल्म देख रहे होते हैं, तो एक व्यक्ति अपने मोबाइल पर जोर से बोलना शुरू कर देता है। आपको करना चाहिए :

A. थिएटर मैनेजर से उसे बाहर फेंकने के लिए कहें◌ंगे

B. उससे पूछें◌ंगे कि क्या उसकी माँ ने उसे कोई शिष्टाचार नहीं सिखाया है

C. उससे पूछें◌ंगे कि क्या वह हॉल के बाहर अपना कॉल रिसीव कर सकता है

D. उसे शांत रहने के लिए कहें◌ंगे वरना

Q.8 एक दिन आपको खेल के मैदान में एक पर्स पड़ा मिला और आपको याद है कि आपके स्कूल के डिस्प्ले बोर्ड में खोए हुए आइटम खंड में उसी पर्स के बारे में एक नोटिस देखा था। आप पर्स चेक करते और ध्यान देंते कि उसमे 2000 रुपए का नोट है। आप उस पर्स का क्या करेंगे?

A. जैसा आपने पाया है पर्स अपने साथ रखें

B. जैसा की पर्स आप पाए है उसे अपने पास रखें◌ंगे

C. पर्स को अपने व्यवस्थापक को सौंप दें

D. इसे वहीं छोड़ दें क्योंकि आप नहीं जानते कि यह किसका है

Q.9 एक बस में अपने दोस्त के साथ अपने कार्यालय से घर वापस जाते समय आप नोटिस करते हैं कि आप कार्यालय में अपने बटुए को भूल गए हैं और आपको पहले से ही देर हो गई हैं। आप क्या करेंगे?

A. अपने दोस्त से पैसे उधार लें◌ंगे और अगले दिन उसे वापस कर दें◌ंगे

B. किसी अनजान व्यक्ति की मदद लें◌ंगे

C. कंडक्टर को बताएं कि आप उसे कल भुगतान करेंगे

D. कार्यालय वापस जाएं और अपना स्वयं का बटुआ लाएं◌ंगे

Q.10 आप अपने दोस्तों के साथ अपने शहर की सड़क यात्रा पर थे। और अचानक आपको पता चलता है कि आपको प्रकृति की कॉल का जवाब देने की आवश्यकता है। आप क्या करेंगे?

A. प्रकृति की कॉल का जवाब देने के लिए घर वापस जाएं

B. सड़क के किनारे करेंगे

C. निकटतम वॉशरूम को खोजने और उपयोग करने का प्रयास करें

D. अपने गंतव्य तक पहुंचने तक प्रतीक्षा करें

Q.11 सबसे बड़ा होने के नाते, मैं उम्मीद करता हूं कि मेरे छोटे भाई-बहन हमेशा मेरे इशारे और कहे पर चलेंगे । यह गलत है क्योंकि :

A. प्रत्येक को अपना काम खुद करना चाहिए

B. किसी को भी दूसरे के इशारे और आह्वान पर नहीं रहना चाहिए

C. केवल नौकर इशारे और कहे पर रहना चाहिए

D. यहां तक कि एक दुर्बल व्यक्ति भी कभी नहीं चाहेगा कि उसे कोई इशारे और कहे पर चलने वाला कोई हो

Q.12 आप अपनी परियोजना टीम के नेता हैं। आपकी टीम का एक सदस्य निर्धारित कार्य को पूरा करने में असमर्थ है क्योंकि उसकी माँ को अस्पताल में भर्ती कराया गया है। आप क्या करेंगे?

A. उसे टीम से निलंबित कर दें◌ंगे, ताकि वह अपनी बीमार मां के पास जा सके

B. उसकी ओर से काम करेंगे और उसे राहत दें◌ंगे

C. काम न करने के लिए उसे डांटें◌ंगे

D. उसे बाद में काम करने की अनुमति दें◌ंगे

Q.13 आप एक प्रतिष्ठित कंपनी के प्रबंधक हैं। एक महत्वपूर्ण परियोजना में देरी हो रही है। आप अधिक टीम के सदस्यों को लाए हैं, लेकिन परियोजना में अभी भी देर हो रही है। आपकी कार्रवाई का क्या तरीका होगा?

A. ग्राहक से यह सुनिश्चित करने के लिए अधिक समय मांगें कि आप एक बेहतर उत्पाद प्रदान करेंगे।

B. देरी के लिए सभी कर्मचारियों को फटकारें और परियोजना से उन्हें निकालने की धमकी दें◌ंगे

C. उन्हें बताएं कि परियोजना अनिश्चित काल के लिए स्थगित की जा रही है ताकि वे तेजी से काम करेंगे।

D. काम को छोड़ दें◌ंगे क्योंकि आप दबाव नहीं झेल सकते और प्रबंधन

को सूचित करेंगे।

Q.14 बस में यात्रा करते समय आप पॉकेट पिकर को पकड़ते हैं। वह अच्छी तरह से तैयार है लेकिन बुरी तरह से पैसो का जरूरतमंद लगता है। आप क्या करेंगे?

A. उसे बताएंगे कि आप उसे उसकी करतूत के लिए चेतावनी दिए बिना तुरंत पुलिस को सौंप देंगे
B. उसे कुछ पैसे देंगे और उसे ऐसा अपराध न दोहराने की चेतावनी देंगे
C. पुलिस को बुलाएंगे और उन्हें सौंप देंगे
D. उसे बस से उतारने या बस को पुलिस स्टेशन ले जाने के लिए कंडक्टर की मांग करेंगे

Q.15 आपके सहपाठियों में से एक को एक गंभीर बीमारी का सामना करना पड़ा, जिसके कारण वह कक्षा में ठीक से उपस्थित नहीं हो सकी और इसलिए उसे अपनी पढ़ाई में कठिनाई का सामना करना पड़ा। अब वह फिर से कक्षा में उपस्थित होने को तैयार नहीं है, क्योंकि उसे शर्मिंदगी महसूस होने का डर है। आपकी कार्रवाई का क्या तरीका होगा?

A. उसका समर्थन करेंगे और सुनिश्चित करें कि उसके सभी सहपाठी उसकी पढ़ाई में उसकी मदद करेंगे
B. स्थिति को अनदेखा करेंगे क्योंकि वह किसी की नहीं सुनेगी
C. शिक्षकों को सूचित करेंगे और उसे फिर से कक्षा में बुलाने के लिए कहेंगे
D. इतनी बचकानी होने के लिए उसका मजाक उड़ाएंगे

Q.16 आपकी माँ पश्चिमी पोशाक पहनकर फिर से युवा और आकर्षक दिखने की इच्छा रखती है, लेकिन वह इस बात से चिंतित रहती है कि क्या दूसरे उसका मजाक उड़ाएंगे। आप अपनी माँ की मदद कैसे कर सकते हैं?

A. अपनी मां को बताएंगे कि वह अपनी उम्र से परे सोच रही है
B. अपनी मां के साथ चर्चा करेंगे कि उन्हें अपनी वर्तमान पोशाक के साथ क्या दिक्कत आ रही है
C. उसे कुछ कपड़े दिलवाएँ जो आकर्षक लगें और उन्हें सहज महसूस कराएँगे
D. अपनी मां को बताएंगे कि वह अपने वर्तमान आउटफिट पहने हुए ठीक लग रही है और इसके बारे में बुरा महसूस नहीं करना है

Q.17 आपकी बहन और साली (पत्नी की बहन) दोनों आपको एक ही तिथि में रात के खाने के लिए आमंत्रित करते हैं। आपको करना चाहिए :

A. अपनी बहन के निमंत्रण को स्वीकार करेंगे, न कि अपनी पत्नी की बहन का
B. अपनी साली के निमंत्रण को स्वीकार करेंगे, न कि अपनी बहन का
C. विनम्रतापूर्वक निमंत्रण को अस्वीकार करेंगे और अपनी पत्नी के साथ रात्रिभोज के लिए बाहर जाएंगे
D. पहले जो निमंत्रण आया था उसे स्वीकार करेंगे

Q.18 दहेज मांगना गलत काम है क्योंकि :

A. यह एक पुराने जमाने का रिवाज है
B. यह किसी को खरीदने के लिए राशि है
C. यह पुरुषों के अधिकारों के खिलाफ है
D. यह महिलाओं को अपमानित करता है और उन्हें कमजोर स्थिति में रखता है

Q.19 आप कुछ छात्रों को आयातित इलेक्ट्रॉनिक सिगरेट लाइटर का उपयोग करते हुए कक्षाओं के दौरान स्कूल वॉशरूम में धूम्रपान करते हुए पाते हैं। एक प्रधानाध्यापक के रूप में, आपकी कार्रवाई क्या होगी?

A. छात्रों को चेतावनी देंगे
B. उनके माता-पिता को सूचित करेंगे
C. छात्रों को निकाल देंगे
D. उन्हें सिगरेट के दुष्प्रभाव से अवगत कराएंगे

Q.20 एक कर्मचारी अपने विश्वविद्यालय से स्नातकोत्तर की तैयारी पूरी करने के लिए 10 दिनों की छुट्टी का अनुरोध कर रहा है। एक प्रबंधक के रूप में आप क्या करेंगे?

A. उसकी छुट्टी मंजूर करेंगे
B. छुट्टी से इंकार करेंगे
C. उस पर अधिक काम का बोझ डालेंगे
D. उसे वैकल्पिक छुट्टी की अनुमति देंगे

Q.21 आपके क्षेत्र में स्ट्रीट डॉग एक बड़ा खतरा पैदा कर रहे हैं जो रात के समय अधिकांश निवासियों, विशेषकर बीमार लोगों को परेशान करता है। आप क्या करेंगे?

A. लिखित रूप में सभी की स्वीकृति प्राप्त करेंगे और नगरपालिका को एक याचिका प्रस्तुत करेंगे
B. कुत्तों को नुकसान पहुंचाएंगे क्योंकि वे सड़क के कुत्ते हैं
C. विचार नहीं करने के लिए नगर पार्षद के खिलाफ हिंसा का सहारा लेंगे
D. निवासियों को रात के समय सभी दरवाजे और खिड़कियां बंद रखने के लिए कहेंगे

Q.22 आपको अपने कार्यालय के सदस्यों के लिए भारत दौरे के आयोजन की जिम्मेदारी दी गई है। आप क्या करेंगे?

A. जिम्मेदारी लेंगे और यात्रा के लिए एक प्रस्ताव तैयार करेंगे
B. बहाना बनाएंगे कि आप यह नहीं कर पाएंगे
C. इसके लिए ट्रैवल एजेंट से संपर्क करेंगे
D. यात्रा प्रस्ताव तैयार करने के लिए किसी की मदद लेंगे

Q.23 दो व्यापारियों की दुकाने आसपास हैं, और एक जैसा सामान बेच रहे हैं। अपने लाभ को अधिकतम करने के लिए, वे कर सकते हैं :

A. अपने प्रतिद्वंद्वियों के व्यापार को धीमा करने के लिए उनके बारे में गलत अफवाहें फैलाएंगे
B. एक दुकान कहीं और ले लेंगे
C. कुछ और बेचना शुरू करेंगे
D. एक साथ साझेदारी करेंगे और व्यवसाय का विस्तार करेंगे

Q.24 एक बच्चा एक परीक्षा में नक़ल करता है और पकड़ा जाता है। वह अपनी मां से कहता है कि उसने ऐसा इसलिए किया क्योंकि वह उसकी खातिर अच्छे अंक लाना चाहता था। वह उसे क्या बताएगी ?

A. मैं नहीं चाहती तुम नक़ल करो । यह एक बुरी बात है।
B. तुम जो कर सकते हो वो करो।
C. आप मेहनत करेंगे तो मुझे खुशी होगी। नक़ल कभी एक विकल्प नहीं है।
D. मैंने कभी आपको अनुचित चीजों को करने के लिए नहीं कहा। तुमने क्यों किया?

Q.25 सड़क पर यात्रा करते समय, आपने और आपके परिवार ने कचरे से भरा बैग इकट्ठा किया है। आपको चाहिए :

A. डस्टबिन ढूंढेंगे और बैग का निपटारा करेंगे
B. बैग खिड़की से बाहर फेंक देंगे
C. बैग को किसी नदी या नाले में फेंक देंगे
D. बैग जला देंगे

Q.26 हर सुबह आपके पड़ोसी आपके प्रवेश द्वार के सामने अपना सारा कचरा फेंक देते हैं। आपको क्या करना चाहिए?

A. उनकी करतूत के लिए पुलिस को शिकायत करेंगे
B. अपना कचरा उनके घर के सामने फेंक देंगे
C. इतना बेवकूफ और घमंडी होने के लिए उनसे लड़ेंगे
D. विनम्रता से उन्हें समझायेंगे

Q.27 ट्रेन में एक बच्चा लगातार रो रहा है और अन्य यात्रियों को परेशान कर रहा है। उसके माता-पिता को चाहिए :

A. उसे खेलने के लिए एक मोबाइल फोन दें
B. उसे एक खेल में शामिल करें या उसके साथ खेलें
C. उसे व्यस्त रखने के लिए चिप्स का एक पैकेट खरीदें
D. उससे कहे कि वह सो जाए

Q.28 एक ज्योतिषी आपको बताता है कि अगर आप नौकरी करना चाहते हैं तो आपको एक कीमती पत्थर पहनना चाहिए। आप बाहर जाओ और :
A. सबसे बड़ा पत्थर खरीदें और इसे तुरंत पहनें
B. मामलों की पुष्टि के लिए किसी अन्य ज्योतिषी से परामर्श करें
C. नौकरियों की तलाश शुरू करें और अपना रिज्यूमे भेजें
D. एक पेशेवर कौशल में एक सर्टिफिकेट कोर्स के लिए आवेदन करें

Q.29 आप एक दोस्त से उधार लेते हैं और पैसे वापस करना भूल जाते हैं। जब तक आपको पता चलता है कि आपको वापस करने हैं तब तक लगभग एक महीना बीत चुका है। आपको चाहिए
A. तुरंत पैसा वापस कर दें
B. तुरंत माफी मांगें और पैसे वापस कर दें
C. तुरंत भुगतान करें और ब्याज के रूप में थोड़ा अतिरिक्त प्रदान कर दें
D. तुरंत अपने दोस्त को फोन करें और उसे याद न दिलाने के लिए उसे डांटे

Q.30 आपकी दोस्त अचानक इस धारणा पर चिल्लाती है कि आपने उसकी भावनाओं को आहत किया है, जबकि आप वास्तव में निर्दोष हैं। आप क्या करेंगे?
A. आप उसे सच्चाई बताएंगे और गलतफहमी को दूर करेंगे
B. उसे मुंह बंद रखने के लिए कहें◌ंगे
C. उससे दूर रहेंगे
D. अपने दोस्तों को बताएं◌ंगे कि वह पागल है

Q.31 आप अपनी बेटी और उसके तीन सबसे अच्छे दोस्तों को एक पार्क में ले गए। अचानक आपको एहसास होता है कि उसका एक दोस्त गायब है। आप करेंगे :
A. उसके माता-पिता को सूचित करें और उन्हें जल्द से जल्द पार्क में आने के लिए कहें◌ंगे
B. अनुपस्थित बच्चे होने पर पार्क के अधिकारियों को सूचित करें◌ंगे, और देखेंगे की अन्य सुरक्षित हैं
C. दूसरे बच्चों को इधर-उधर जाने के लिए कहें◌ंगे और अपने दोस्त की तलाश करें◌ंगे
D. उसी जगह पर खड़े हो जाएंगे और दोस्त को नाम से पुकारेंगे

Q.32 आप कार्यालय के लिए अपनी कार से जा हैं, लेकिन एक घंटे से अधिक समय तक सभी वाहनों के साथ बुरे ट्रैफिक जाम में फंस जाते हैं। आप करेंगे :
A. गाड़ी में सो जाएंगे
B. एक दोस्त को फ़ोन करेंगे और अगर वह खाली है तो उससे बात करके समय बिताएं◌ंगे
C. आसपास के सवारों की बातचीत सुनें
D. जोर से संगीत बजाना शुरू करें◌ंगे और दूसरों का भी मनोरंजन करेंगे

Q.33 आप अपनी टीम के साथ एक बैठक में होते हैं जब कोई करीबी रिश्तेदार आपको अपने मोबाइल फोन पर कॉल करता रहता है। आप करेंगे :
A. विनम्रता से अपने बॉस को बताएं◌ंगे कि आप कॉल में शामिल होंगे और कुछ मिनटों में वापस आ जाएंगे
B. कॉल को डिस्कनेक्ट करते रहें और चिढ़ जाएं◌ंगे
C. मीटिंग चालू होने के बीच कॉल अटेंड करें◌ंगे
D. मीटिंग खत्म होने तक कॉल से बचने के लिए अपने मोबाइल को स्विच ऑफ कर दें◌ंगे

Q.34 आपका एक गरीब रिश्तेदार काम की तलाश में घर से बाहर चला जाता है। आप उसी शहर में जाते हैं जहां वह रहता है। आज आप उसी शहर में एक होटल में रुकेंगे। आपके द्वारा किया जाना चाहिए
A. उसे आपसे मिलने के लिए आमंत्रित करें◌ंगे
B. उसे भोजन करने और अपने होटल में आपके साथ समय बिताने के लिए आमंत्रित करें◌ंगे
C. उसे एक छोटा, लेकिन उपयोगी उपहार भेंट करें◌ंगे
D. उसे पैसे देने का प्रस्ताव रखें◌ंगे

Q.35 हम कागज को कैसे बचा सकते हैं?
A. डिजिटल रसीदों, बिलिंग, अभिलेखागार, आदि का उपयोग करके
B. इसकी रीसाइक्लिंग करके
C. इसका पुन: उपयोग करके
D. इसे बर्बाद न करके

Q.36 यदि कोई पड़ोसी नियमित रूप से शोर करने वाली पार्टियों को कर रहा है, तो आपको चाहिए:
A. उसे सबक सिखाने के लिए शोर करने वाली पार्टियों को करेंगे
B. उसे बताएं◌ंगे कि रात में ग्यारह बजे के बाद तेज आवाज पर प्रतिबंध लगा है
C. उसे निवेदन करें◌ंगे कि वह आपको असुविधा पहुँचा रहा है
D. पुलिस बुलाएंगे

Q.37 योगेश ने पाया कि बड़ी संख्या में प्रिंटिंग पेपर एक नया बंडल खोलने के बाद गायब हो जाते हैं। उन्होंने रोहित को रंगे हाथों पकड़ा। हालांकि, रोहित ने योगेश को गंभीर परिणाम भुगतने की चेतावनी दी यदि वह अपने वरिष्ठ को मामले की रिपोर्ट करता है। अगर आप योगेश होते तो आप क्या सोचते?
A. आप अपने वरिष्ठ प्रबंधक को इस बात से अवगत कराएँगे और चतुराई से उसके संज्ञान में लाएँगे
B. किसी और से उसकी शिकायत अपने श्रेष्ठ से करने को कहेंगे ताकि आप परिणामों से बच सकें
C. अपने प्रबंधक को समस्या की रिपोर्ट न करने का निर्णय करें◌ंगे क्योंकि आप इसे रिपोर्ट करने के परिणामों से डरते हैं
D. आप निडर होकर इस मुद्दे पर अपने वरिष्ठ प्रबंधक को सूचित करें, भले ही आपको पता हो कि परिणाम गंभीर हो सकते हैं

Q.38 आपने अपने जूनियर सहयोगी से एक महत्वपूर्ण बैठक के लिए रिपोर्ट तैयार करने के लिए कहा। अंतिम समय पर, आप पाते हैं कि रिपोर्ट में कई गलतियाँ हैं और रिपोर्ट सही नहीं है। रिपोर्ट में बदलाव करने में कई घंटे लगेंगे। आपको कुछ महत्वपूर्ण कार्य भी करने को मिले हैं। आप क्या करेंगे?
A. आप अपने जूनियर सहयोगी से कहेंगे कि वह जैसा ठीक समझता है उस हिसाब से बदलाव कर दे
B. आप बैठक को स्थगित करने का अनुरोध करेंगे
C. आप अपने सहयोगी को नियुक्त करेंगे और कम समय-सीमा के अंदर रिपोर्ट पूरी करने को प्राथमिकता देंगे
D. आप रिपोर्ट को वैसे ही भेज देंगे

Q.39 आप जानते हैं कि आपका एक करीबी दोस्त आपकी पीठ पीछे आपको बुरा बोल रहा है। आप इस निंदा पर रोक लगाना चाहते हैं। आपको करना चाहिए:
A. उसे बताएं कि आपको यह पसंद नहीं है और इसे रोकना चाहिए
B. उसे भी बुरा बोलेंगे
C. तीसरे दोस्त के साथ इस मुद्दे पर बात करेंगे
D. इसे जाने देंगे और इसे एक बार की चीज मानकर छोड़ देंगे

Q.40 ईमानदारी सबसे अच्छी नीति है क्योंकि:
A. झूठ बोलना हमेशा काम नहीं करता है
B. सबसे आसान तरीका है बस सच बोल दे
C. यह दर्शाता है कि आपके पास एक भरोसेमंद प्रकृति के है

D. यह आपको समाज में एक बेहतर स्थान देता है

Q.41 आप एक विद्यालय में पर्यवेक्षक हैं और आपको छात्रों को उनके अंकों के आधार पर मूल्यांकन करना चाहिए। आप पाते हैं कि रवि, जो आपके करीबी रिश्तेदार हैं, ने बुरा प्रदर्शन किया है। आप क्या करेंगे?

A. आप मूल्यांकन पत्रक में फेरबदल करेंगे ताकि रवि को अपमान का सामना न करना पड़े।

B. आप शिक्षकों पर अपने स्कोर का पुनर्मूल्यांकन करने के लिए दबाव डालेंगे और उन्हें बताएंगे कि यह जरूरी है कि वह एक अच्छे स्कोर के साथ उभरे।

C. आप निष्पक्ष रहेंगे और अन्य गरीब स्कोररों की तरह उसके खिलाफ भी इसी तरह की कार्रवाई शुरू करके निष्पक्ष रहेंगे।

D. आप खेल और अन्य गतिविधियों में अच्छे होने के लिए उसकी प्रशंसा करके उसे आंशिक रूप से बताएंगे कि पढ़ाई में औसत होना उचित है।

Q.42 आप अपने शरीर का निर्माण करना चाहते हैं। तो आपको चाहिए:

A. बहुत सारे वसायुक्त भोजन खाएं

B. प्रोटीन युक्त आहार का पालन करें और नियमित रूप से जिम जाएं

C. बहुत सारा दूध पिएं और रोजाना केला खाएं

D. रोज एक मील दौड़ें

Q.43 आपका प्रबंधक छुट्टी पर जा रहा है और टीम लीडर के रूप में आपको अपने प्रबंधक द्वारा तैयार किए गए एमआईएस रिपोर्ट को व्यस्त अवधि के अंत में ग्राहक को भेजने की आवश्यकता है। रिपोर्ट से भेजते समय आप एक बड़ी गलती देखते हैं। आप क्या करेंगे?

A. आप अपने प्रबंधक को सूचित करने के बाद रिपोर्ट में सुधार करेंगे और उन्हें भेजेंगे।

B. आप त्रुटि को वैसा ही रहने देंगे जैसा कि आपके प्रबंधक द्वारा किया था।

C. आप रिपोर्ट में सुधार करेंगे और उन्हें अपने प्रबंधक को बताए बिना भेज देंगे।

D. आप अपने प्रबंधक के काम से वापस लौटने का इंतजार करेंगे क्योंकि यह एक बड़ी त्रुटि है।

Q.44 आपको लेखांकन सॉफ्टवेयर से रिपोर्ट लेकर अपनी कंपनी के लिए आयकर रिटर्न तैयार करने के लिए कहा गया है। क्लाइंट ने आपको लेखांकन सॉफ्टवेयर तक पहुंच प्रदान की है। आप पाते हैं कि लेखांकन प्रविष्टियों में कई त्रुटियां हैं जिसके कारण कर रिटर्न गलत है। आप क्या करेंगे?

A. आप लेखांकन प्रविष्टियों में बदलाव करेंगे, कर रिटर्न तैयार करेंगे और इसे जमा करेंगे और फिर ग्राहक को इसके बारे में सूचित करेंगे।

B. आप लेखांकन प्रविष्टियों में परिवर्तन करेंगे और ग्राहक को सूचित करेंगे और उसकी स्वीकृति की प्रतीक्षा करेंगे।

C. आप कर रिटर्न के साथ आगे बढ़ने के लिए लेखांकन सॉफ्टवेयर में आवश्यक परिवर्तन करने की अनुमति मांगते हुए ग्राहक को एक ईमेल भेजेंगे।

D. आप क्लाइंट को डेटा के मुद्दों से अवगत कराएँगे और इसे बदलने की अनुमति लेंगे जिसके साथ आप रिटर्न तैयार करेंगे।

Q.45 आपकी छोटी बहन ने आपको एक कॉफी शॉप में उससे मिलने के लिए कहा, लेकिन उसे एक घंटे की देरी हो गई। आप करेंगे:

A. कॉफी शॉप से चले जाएंगे क्योंकि आप निराश हैं

B. उसे कॉल करें और उसे बताएं कि आपको जल्दी जाना है

C. एक बार जब वह कॉफी की दुकान पर पहुंचती है तो उस पर चिल्लाएंगे

D. उससे बात करना बंद कर देंगे क्योंकि उसने आपको प्रतीक्षा करवाई है

Q.46 कल्पना करें कि आप बस डिपो में हैं, आप पाते हैं कि जिस बस को आप पकड़ना चाहते हैं वह बस जाने वाली है और टिकट लाइन में पहले से ही लंबी कतार है। जैसा कि आप एक आपातकालीन यात्रा पर हैं, आप बस को छोड़ नहीं सकते। आपके लिए सबसे सही विकल्प क्या होगा ?

A. बस में चढ़ें और टिकट और अपनी इमरजेंसी में अपनी असमर्थता के बारे में बस कंडक्टर को सूचित करें।

B. दौड़ो और बस में जाओ और ऐसा दिखाओ जैसे कि आपके पास टिकट था पर आप इसे खो चुके हैं।

C. सबसे पहले, बस टिकट खरीदें और फिर अगली बस का इंतजार करें, भले ही इससे आप काफी देर से पहुंचे।

D. बस को छोड़ देंगे और अभी न जाने का फैसला करते हैं, यह सोचते हुए कि आपातकालीन स्थिति को दूसरों द्वारा नियंत्रित किया जाएगा।

Q.47 आप क्या करेंगे यदि आप अंतिम क्षण में महसूस करते हैं कि आपने अपने बॉस या प्रोफेसर के लिए जो रिपोर्ट लिखी थी, वह सही नहीं थी?

A. उसके साथ मिलेंगे और विस्तार से पूछेंगे

B. इसे ऐसे जाने दें ंगे जैसे वो इस पर ध्यान नहीं देंगे

C. अगर आपसे सवाल किया जाएगा तो बताने के लिए एक कहानी बनाएँगे

D. उसे बताएं कि यह तो होना ही था लेकिन यह सही नहीं है

Q.48 आपके सहकर्मी प्रशांत ने आपके द्वारा की गई गलती के बारे में उपद्रव किया और आपको लगता है कि वह ओवररिएक्ट कर रहा है। आप करेंगे :

A. अपने आपको शांत रखें और उसे बताएं कि आप अपनी गलती स्वीकार करते हैं

B. उसे बताएं कि आप सुपर-कंप्यूटर नहीं हैं

C. उसे उसकी गलतियाँ दिखाएं और उसे चुप रहने को कहें

D. उससे बात न करें और उसे बताएं कि आप केवल बॉस को रिपोर्ट करते हैं

Q.49 आपका सहकर्मी आपके कहे पर ध्यान नहीं देता है और उसके कम्प्यूटरमें देखता रहता है। आप करेंगे :

A. खुद को सुनवाने के लिए जोर से बोलेंगे

B. उससे हाथ मिलाएंगे

C. कुछ देर बात करने के लिए रुकें

D. उससे बात करना बंद कर देंगे

Q.50 आप समर्पण और एकाग्रता के साथ काम करते हैं, लेकिन कार्यालय में आपके कुछ सहयोगी आपके विपरीत सोचते हैं। आप करेंगे :

A. उनका सामना करें और अपने बॉस के साथ भी इस मुद्दे को उठाएंगे

B. उनके साथ एक गर्म तर्क करेंगे

C. निराश हो जाएंगे और इससे अपने काम को प्रभावित होने देंगे

D. प्रतिक्रिया नही करेंगे क्योंकि यह आपके काम को प्रभावित नहीं करता है

// स्मार्ट उत्तर पुस्तिका //

सही उत्तर उन छात्रों के प्रतिशत को इंगित करता है जिन्होंने प्रश्नों का सही उत्तर दिया था।

छोड़ दिया उन छात्रों के प्रतिशत को इंगित करता है जिन्होंने प्रश्नों को छोड़ दिया था।

प्रश्न संख्या	उत्तर	सही उत्तर	छोड़ दिया
1	C	90.85 %	0.65 %
2	A	64.05 %	8.5 %
3	C	43.79 %	7.19 %
4	D	45.1 %	9.8 %
5	D	86.27 %	9.81 %
6	B	54.9 %	8.5 %
7	C	85.62 %	9.15 %
8	C	86.27 %	7.85 %
9	A	83.01 %	10.45 %
10	C	84.97 %	8.49 %

प्रश्न संख्या	उत्तर	सही उत्तर	छोड़ दिया
11	A	60.13 %	7.19 %
12	B	50.98 %	8.5 %
13	A	75.82 %	5.23 %
14	B	76.47 %	9.15 %
15	A	86.93 %	6.53 %
16	C	64.05 %	6.54 %
17	D	57.52 %	13.72 %
18	D	71.9 %	8.49 %
19	D	59.48 %	5.23 %
20	D	44.44 %	5.23 %

प्रश्न संख्या	उत्तर	सही उत्तर	छोड़ दिया
21	A	85.62 %	6.54 %
22	A	73.86 %	8.49 %
23	D	85.62 %	5.88 %
24	C	76.47 %	8.5 %
25	A	87.58 %	10.46 %
26	D	87.58 %	9.15 %
27	B	76.47 %	4.58 %
28	D	28.76 %	13.72 %
29	B	81.7 %	7.19 %
30	A	88.89 %	8.5 %

प्रश्न संख्या	उत्तर	सही उत्तर	छोड़ दिया
31	B	83.01 %	8.49 %
32	B	65.36 %	6.54 %
33	A	79.08 %	6.54 %
34	B	62.75 %	9.15 %
35	A	65.36 %	7.19 %
36	C	81.7 %	7.19 %
37	A	54.9 %	11.11 %
38	B	20.26 %	7.84 %
39	A	75.82 %	11.11 %
40	B	39.87 %	8.5 %

प्रश्न संख्या	उत्तर	सही उत्तर	छोड़ दिया
41	C	71.9 %	5.22 %
42	B	88.24 %	8.49 %
43	A	83.66 %	6.54 %
44	D	38.56 %	10.46 %
45	B	84.31 %	8.5 %
46	A	74.51 %	9.15 %
47	A	80.39 %	9.15 %
48	A	83.01 %	9.8 %
49	C	71.24 %	16.34 %
50	D	73.2 %	8.5 %

कार्य विश्लेषण	
औसत अंक (%)	64.0%
टॉपर्स स्कोर (%)	100.0%
आपका स्कोर	

अनुभागीय टेस्ट 05

Q.1 आप एक होटल में हैं जहाँ एक शादी की पार्टी भी हो रही है। आपको एक कोने में फर्श पर एक कीमती अंगूठी पड़ी हुई मिलती है। आप इसे अपनी जेब में रख लेते है। आपको करना चाहिए:

A. नहीं उठाना चाहिए
B. इसके साथ एक साहूकार की दूकान पर जाएँंगे और इसे बेचेंंगे
C. इसे खोया और पाया कक्ष में जमा करेंंगे
D. इसे खुद पहनेंंगे

Q.2 आप एक अच्छे खिलाड़ी हैं जो एक टीम में चुने जाने के लिए अपनी प्रतिष्ठा का उपयोग करते हैं। हालाँकि, आपकी टीम मुख्य रूप से आपकी वजह से मैच हारती है। तुम्हे करना चाहिए

A. टीम में बने रहें
B. कठिन अभ्यास करें
C. सार्वजनिक रूप से अपनी गलती स्वीकार करें
D. मुद्दे को अनदेखा करें और खराब खेलते रहें

Q.3 आपने पारिवारिक समस्याओं के कारण पूरे साल पढ़ाई नहीं की है। लेकिन आप अपनी परीक्षा में अच्छा प्रदर्शन करना चाहते हैं। आपको करना चाहिए:

A. परीक्षा में शामिल न होने का अनुरोध करेंंगे
B. हंगामा करेंगे
C. कॉलेज से ड्रॉपआउट करेंगे
D. प्राचार्य को एक अर्जी जमा करेंगे

Q.4 यदि आपके पास तीन बच्चे हैं और उन्हें देने के लिए विभिन्न मूल्यों की तीन संपत्ति हैं। आप उनके बीच संपत्ति को कैसे वितरित करेंगे?

A. मूल्य के अवरोही क्रम में सबसे बड़े से सबसे कम उम्र तक संपत्ति का वितरण करके।
B. तीनों संपत्ति को दान करने के लिए छोड़कर।
C. अपने जीवनसाथी को एकमात्र लाभार्थी बनाकर।
D. प्रॉपर्टी बेचने के बाद बराबर पैसा देकर।

Q.5 जब आप काम पर होते हैं, तो एक सहकर्मी जिसे आप विशेष रूप से नापसंद करते हैं, एक अद्भुत प्रस्तुति देता है। आपको भी अच्छा लगता है। आपको चाहिए:

A. काम के बारे में स्पष्ट टिप्पणी करें
B. उसे बधाई दें
C. बॉस को बताएं कि उसने अपने दम पर ऐसा नहीं किया है
D. कमरे से बाहर चले जाएं

Q.6 कुछ दोस्त पार्टी करने बाहर जाते हैं। एक मित्र बिना अनुमति के अपनी कार का उपयोग करने के लिए दूसरे के साथ झगड़ा करता है। आप जानते हैं कि यह आप ही थे जिन्होंने अपने दोस्त को दूसरे दोस्त की कार में आपके साथ जाने के लिए उकसाया था। अब, आपको करना चाहिए

A. भड़काने वाले के रूप में अपनी भूमिका स्वीकार करें
B. चुप रहो और कार के मालिक और अपने दोस्त को लड़ने दो
C. चुपचाप बाहर जाएं और कार का ईंधन भरवाएं
D. अपने दोनों दोस्तों को झगड़ा रोकने के लिए कहें

Q.7 सड़क पर रहने वाले आवारा पिल्लों का एक झुण्ड है। उनमे से एक प्यारा पिल्ला आप अपने फ्लैट ले जाते हैं, उसे साफ़ करते हैं और उसे स्नान कराते हैं। लेकिन वह घबराता और कांपने लगता है। खाना भी नहीं खाता और डरा हुआ लगता है। आपको चाहिए:

A. दूर के कुत्ते कल्याण संघ को दे दें
B. इसे इसके परिचित परिवेश में लौटाएं
C. उसे जबरदस्ती गर्म दूध पिलाएं
D. इसे गर्म कपड़ों के साथ कवर करें

Q.8 आप बेरोजगार हैं। आप अपनी विवाहित बहन के साथ रहते हैं। न तो आप उसे मौद्रिक सहायता दे सकते हैं और न ही आप खाना बनाना या सफाई करना जानते हैं। आप मदद करेंगे:

A. अपने दोस्तों के साथ बाजार में देर तक बाहर रह कर
B. हर दिन अलग-अलग दोस्तों के घरों पर खाना खाकर
C. पड़ोस की लाइब्रेरी में जाकर भोजन के लिए पूरे दिन वहाँ रहकर
D. छोटे-छोटे काम करके और बच्चों की देखभाल करके

Q.9 आपके पास अपने गृहनगर में वृद्ध माता-पिता हैं और आप उनका मुख्य सहारा हैं। आपको विदेश में एक अवसर मिलता है जो बहुत ही आकर्षक है। उसी समय, आपको अपने गृहनगर के पास एक सरकारी नौकरी में शामिल होने के लिए कॉल मिलता है। आप क्या करेंगे?

A. विदेश में आकर्षक प्रस्ताव लेंंगे
B. कोई भी नौकरी नहीं करेंंगे और अभी बेहतर संभावनाओं की तलाश करेंंगे
C. सरकारी नौकरी करेंगे लेकिन अपने माता-पिता को अपने साथ रखने से मना करेंगे
D. अपने माता-पिता से परामर्श लेंंगे

Q.10 आपको एक उच्च स्तरीय पार्टी में भाग लेना है, लेकिन यह नहीं पता है कि समाज के उस वर्ग से क्या कहना है या कैसे व्यवहार करना है। तुम्हे करना चाहिए

A. अपने काम से काम रखें
B. अपने समृद्ध दोस्त से सहजता सीखेंगे
C. वास्तविक बने रहेंंगे
D. पार्टी में शामिल न होंंगे

Q.11 आप भूखे और थके हुए हैं। आप घर आते हैं, और आपको चाहिए

A. कुछ साधारण गर्म भोजन तैयार करें
B. अलमारी में जो भी स्नैक्स पड़ा है उसे खाएं
C. खाना नहीं मिलने पर फ्रिज का दरवाजा बंद कर दें
D. सो जाएं

Q.12 आप एक राजा हैं। आपकी रानी अपनी दासी से क्रोधित हो जाती है और आपको उसे दंड देने के लिए कहती है। राजा होने के नाते, आपको चाहिए:

A. रानी से क्षमा मांगने के लिए दासी से कहे
B. दासी को अनुकरणीय दंड दो
C. अपने न्यायालय में कार्यवाही चलाए
D. केवल अपनी रानी की बात मत सुनो

Q.13 आपकी टीम में, एक व्यक्ति है जो टीम की महिला सदस्यों का प्रति जानबूझकर अपमान करता है। टीम लीडर के रूप में, आप पाते हैं कि यह व्यवहार कार्य परिणाम को नकारात्मक रूप से प्रभावित कर रहा है। आपको चाहिए :

A. व्यक्ति का सामना करें
B. महिला-सदस्यों से व्यक्ति की उपेक्षा करने के लिए कहें
C. उसे पुलिस को सौंप दें
D. उसे एक तरफ परामर्श के लिए ले जाएं

Q.14 आप एक सख्त शाकाहारी हैं। अपने सबसे अच्छे दोस्त की शादी के लिए, आप सभी सिंगापुर में हैं।आप ज्यादा खाने में समर्थ नहीं हो पाए । आप क्या करेंगे?

A. बाहर जाएंंगे और एक भारतीय रेस्तरां में खाएंंगे
B. अपने दोस्त को अपनी स्थिति के बारे में बताएंंगे
C. एक विशाल रांग रचाए और रोएं
D. जो भी उपलब्ध है, उसके साथ समायोजित रहेंगे

Q.15 एक छात्रावास में रहते हुए, आप बुरी संगत, धूम्रपान और जुए में पड़ जाते हैं। आपका एक दोस्त आपके परिवार को बताता है। आपको करना चाहिए:

A. अपने परिवार को बताएं कि दोस्त झूठा है
B. उस दोस्त के साथ सभी संबंध तोड़ दें
C. बुरे लोगो की संगती से बाहर निकले
D. अपना हॉस्टल बदलें

Q.16 समुद्र तट पर रहते हुए, आप किसी को समुद्र में डूबते हुए देखते हैं, लेकिन आप तैर नहीं सकते। तुम्हे करना चाहिए

A. जल्दी से मदद या एक जीवन रक्षक के लिए कॉल करें
B. व्यक्ति को बचाने के लिए कूदें
C. फसे हुए व्यक्ति का वीडियो बनाएं
D. एक सुरक्षित क्षेत्र में दौड़ें

Q.17 एक शिक्षक के रूप में, आप चाहते हैं कि आपके छात्र अनुशासन की आदत डालें। इसलिए आप करेंगे :

A. दुर्व्यवहार के लिए आपत्तिजनक भाषा का उपयोग करेंंगे
B. अनुशासनहीनता के लिए शारीरिक दंड देंगे
C. अपने छात्रों को सहमत समय सीमा तक खुद को बदलने दे
D. उन्हें अनुशासन और समय प्रबंधन पर व्याख्यान में भाग लेने को कहे

Q.18 किसान पानी की कमी की समस्या से जूझ रहे हैं। आप जिले के कलेक्टर हैं। किसानों को पैदावार से समझौता किए बिना आर्थिक रूप से पानी का उपयोग करने के लिए आप क्या सुझाव देते हैं?

A. उन्हें हमेशा एक बाल्टी स्नान करना चाहिए।
B. उन्हें टपक सिंचाई विधियों का उपयोग करना चाहिए।
C. उन सभी को टपकते हुए नल ठीक करना चाहिए।
D. उन्हें केवल उन फसलों को उगाना चाहिए जिन्हें कम पानी की आवश्यकता होती है।

Q.19 आपकी छोटी बहन अपने जन्मदिन की पार्टी में कुछ चचेरे भाइयों के साथ दुर्व्यवहार करती है। आप क्या करेंगे?

A. उसे सबके सामने डांटेंगे
B. उसे अपने दुर्व्यवहार के लिए माफी माँगने के लिए कहेंंगे
C. उसे बताएं कि वह उत्सव के लायक नहीं है
D. पार्टी के बाद उसके अनुचित आचरण के बारे में उसे समझाए

Q.20 यदि आप एक ग़ैर-आबाद द्वीप पर अकेले फंसे हुए हैं, तो आप कैसे रहन-सहन करेंगे?

A. अपनी पूर्ण आवाज में गाने गाएंगे
B. खुद को रोज के कामों में व्यस्त रखेंगे
C. धुएं के संकेतों को भेजने के लिए एक विशाल अलाव जलाएंगे
D. अन्य तटों की ओर तैरना शुरू करेंंगे

Q.21 आपने इस वर्ष अपनी स्नातक की पढ़ाई पूरी कर ली है और नौसिखिया के रूप में नौकरी की तलाश कर रहे हैं। पहली चीज जो आपको करनी चाहिए वह है।

A. एक अच्छा रिज्यूम तैयार करेंंगे
B. अपने माता-पिता और रिश्तेदारों से उनके ताल्लुक़ात द्वारा मदद करने के लिए कहेंंगे
C. स्थानीय मॉल में नौकरी करेंंगे
D. अपने रिश्तेदार से आपको उसकी फर्म में कोई पद दिये जाने के लिए कहेंगे

Q.22 आप कुछ लोगों को सड़कों पर कूड़ा फेंकते और सार्वजनिक स्थानों पर कूड़े का निस्तारण करते देखते हैं। इससे बचाव का सबसे अच्छा तरीका है:

A. जागरूकता फैलाना
B. सुलभ निपटान प्रणाली का निर्माण
C. लोगों को अपने क्षेत्रों को स्वच्छ रखने के लिए प्रेरित करना
D. अधिक स्वीपरों को रोजगार देना

Q.23 आपके पास दो दिन का अवकाश है और आप इसे घर पर आराम से बिताना चाहते हैं; लेकिन, आपका दोस्त समुद्र तट पर जाना चाहता है। आपको करना चाहिए

A. अपने दोस्त से इतना स्वार्थी न बनने को कहे
B. अपने दोस्त को अकेले समुद्र तट पर जाने के लिए कहें
C. अपने दोस्त को अनदेखा करें
D. अपने दोस्त को किसी और दिन उसके साथ जाने का वादा करें

Q.24 सड़क पर साइकिल चलाते समय, आप एक कंकर से टकराकर गिरते हैं, और खुद को चोट पहुँचाते हैं। एक ऑटो-रिक्शा चालक आपको पास के अस्पताल में ले जाता है। जब आप बेहतर हो जाते हैं, तो आप :

A. किसी को चालक को राशि का भुगतान करने के लिए कहेंंगे
B. उसे दिल से धन्यवाद और उसे पुरस्कृत करेंंगे
C. अपने माता-पिता के अस्पताल पहुंचने के बाद उसे तुम्हें छोड़ने के लिए कहेंंगे
D. अस्पताल पहुंचने के बाद चालक की अनदेखी करेंगे

Q.25 आप एक किशोर हैं और इंटरनेट पर आपत्तिजनक सामग्री देख रहे हैं। आपका शिक्षक आपको पकड़ता है और आपके माता-पिता को सूचित करता है। आपको करना चाहिए:

A. क्षमा मांगे
B. छुपकर ऐसी सामग्री देखें
C. बड़ों को बताएं इसमें कुछ गलत नहीं है
D. अपने शिक्षक को भी इसमें शामिल करें

Q.26 आप एक प्रसिद्ध सार्वजनिक व्यक्ति हैं और आप एक अपमानजनक नस्लवादी टिप्पणी कर देते हैं। आपको करना चाहिए:

A. मीडिया में सभी नकारात्मक रिपोर्ट दबाने के लिए अपनी पहुंच का उपयोग करें
B. सार्वजनिक रूप से घोषणा करें कि यह आपके विरोधियों द्वारा आपके प्रति दुर्भावना रखने का एक जानबूझकर किया गया प्रयास था
C. यह आप नहीं है बल्कि कोई है जो आपके जैसा दिखता हैं
D. सार्वजनिक रूप से स्वीकार करें कि आपने इसे कमजोरी के क्षण में कहा है

Q.27 आपने हर महीने अपने वेतन का 20% बचाया। अपनी बचत का सुरक्षित उपयोग करने का एक अच्छा तरीका है:

A. शेयर बाजार में निवेश करके
B. विविध निवेश करने से
C. इसे अपने बचत खाते में डालें
D. क्रिप्टो-मुद्रा खरीदने से

Q.28 जब भी किसी को चुनने के लिए जीवन-पथ के बारे में संदेह हो, तो उसे करना चाहिए:

A. सिक्का उछालें
B. किसी के बुजुर्ग या ज्योतिषी से सलाह लें
C. उसके फायदे और नुकसान की गणना करें
D. आसान रास्ता चुनें

Q.29 जब एक अच्छे दोस्त को ऋण पर एक बड़ी राशि की आवश्यकता होती है, तो आपको चाहिए:

A. उसे कुल राशि तुरंत दे
B. उससे झूठ बोलो कि तुम्हारा पैसा बंधा हुआ है
C. बैंक ऋण प्राप्त करने में उसकी मदद करें
D. उसे तुरंत मना करो

Q.30 खरगोश और कछुए की कहानी में नैतिकता है की धीमी और नियमित दौड़ जीत का कारण बन सकती है। कहानी से अपने क्या सीखा ?

A. किसी पुस्तक के कवर द्वारा उस पुस्तक को जज नहीं कर सकते
B. कप और होंठ कई बार 'फिसल ' जाते है
C. काम ही काम, न कोई मोद न आराम, फिर कैसे चमके चिपटू राम
D. दुर्भाग्य के काले बादलों में आशा की सुनहरी दामिनी भी छिपी रहती है

Q.31 आप क्लाइंट को सबमिट करने के लिए डेटा के एक समूह से गुजर रहे हैं। आपने पाया कि सामग्री साहित्यिक चोरी है। साहित्यिक चोरी गलत है क्योंकि आपने:

A. दूसरों के शब्दों और विचारों को चुराया है
B. अपनी बुद्धि नहीं लगा रहे हैं
C. केवल कॉपी-पेस्टिंग हैं और मूल नहीं हैं
D. कोई शोध नहीं किया है

Q.32 आप एक क्रिकेट टीम के कप्तान हैं। आपका कोच आता है और आपको बताता है कि आपके टीम के साथी आपके नेता के रूप में आपके फैसलों से खुश नहीं थे। आप करेंगे:

A. जाएंगे और उनसे चर्चा करेंगे
B. इस प्रतिक्रिया को पूरी तरह से अनदेखा करेंंगे
C. आलोचना को सकारात्मक रूप से लेंंगे
D. निष्क्रिय-आक्रामक प्रतिक्रिया को विचार के अयोग्य होने के रूप में खारिज करते हैं

Q.33 आपके पास एक पहाड़ी पर एक बड़ा घर है, जो एक तूफान के बाद अछूता रह जाता है जो आसपास के तटीय क्षेत्र को तबाह कर देता है। कई लोगों के सिर पर छत की जरूरत होती है। आप कैसे योगदान देंगे?

A. बेघरों को चीजें दान करेंंगे
B. कुछ मौद्रिक सहायता देंंगे
C. अपनी संपत्ति अस्थायी रूप से बेघरों को देंंगे
D. अपने घर को बंद कर सुरक्षित स्थान पर शिफ्ट करेंंगे

Q.34 आप साथ एक दुर्घटना हुई और आपके मोबाइल फोन की स्क्रीन खराब हो गई। मोबाइल आपके पिता की ओर से आपको एक उपहार था। आप क्या करेंगे?

A. अपने पिता को बताए बिना इसकी मरम्मत करवाएं
B. अपने पिता को बताएं कि स्क्रीन कैसे खराब हो गई
C. अपने पिता को बताएं कि आपका फोन चोरी हो गया है
D. एक नया फोन खरीदें

Q.35 दोपहर के भोजन के लिए बाहर जाने पर, वेटर आपके फोन पर कुछ पानी गिरा देता है। आप कैसे प्रतिक्रिया देंगे?

A. मैनेजर से शिकायत करें
B. उसे अपना फोन साफ करने के लिए कहें
C. नया फोन मांगें
D. बिना पैसे दिए, उग्रतापूर्वक चले

Q.36 आपको अपनी अगली नौकरी के लिए तत्काल आधार पर ड्राइविंग लाइसेंस प्राप्त करना होगा। आपकी कार्ययोजना क्या होगी?

A. अधिकारियों को जल्दी से इसे बनाने के लिए रिश्वत दें
B. ड्राइविंग टेस्ट को बायपास करने के लिए दलाल को भुगतान करें और सीधे लाइसेंस प्राप्त करें
C. फर्जी लाइसेंस प्राप्त करें
D. ड्राइविंग टेस्ट पास करें

Q.37 आप एक राजनेता को एक ठेकेदार को सड़क निर्माण का पुरस्कार देने के लिए रिश्वत मांगते देखते हैं। निम्नलिखित में से किस परिस्थिति में एक आधिकारिक अनुमेय को रिश्वत दे रहा है?

A. अधिकारियों को रिश्वत देना कभी भी स्वीकार्य नहीं है
B. यदि कारण योग्य है, तो रिश्वत का सहारा लिया जा सकता है
C. रिश्वत हमेशा प्रक्रिया को तेज करती है, इसलिए इसका उपयोग किया जा सकता है
D. यदि अन्य सभी तरीके विफल हो जाते हैं, तो रिश्वत आवश्यक हो जाती है

Q.38 आपकी मित्र मंडली लगातार आपके शैक्षणिक प्रदर्शन को नीचे गिरा रही है। आपको क्या करना चाहिए?

A. अनुचित साधनों का उपयोग करना
B. ध्यान का अभ्यास शुरू करें
C. व्यक्तिगत ट्यूशन लें
D. उनके साथ बातचीत कम करें

Q.39 पिछले महीने, आप अपने निरंतर कार्यभार से तनावयुक्त हो गए है। तनाव को पूरी तरह से कम करने का सबसे अच्छा तरीका है:

A. देर रात तक पार्टी करना
B. एक स्वस्थ जीवन शैली की तरफ स्थानांतरण
C. नशे के इस्तेमाल का सहारा लेना
D. अधिक समय अकेले बिताना

Q.40 आप जानते हैं कि आपका दोस्त उसकी पत्नी को धोखा दे रहा है। आपको करना चाहिए:

A. उसकी पत्नी से संपर्क करें और उसे बताएं
B. इसे गुप्त रखें
C. अपने मित्र को समझाए
D. अपने सबसे अच्छे दोस्त की मदद लें

Q.41 समूह परियोजना में सबसे अधिक काम करने के बाद भी, आपको अपनी खराब प्रस्तुति कौशल के कारण कम से कम अंक मिलते हैं। आपको क्या करना चाहिए?

A. अपनी मेहनत के बारे में प्रोफेसर को बताएं
B. अगले प्रोजेक्ट के लिए कड़ी मेहनत करें
C. अगली परियोजना के लिए अपनी टीम के सदस्यों को बदलें
D. अपनी अक्षमता पर काम करते हुए समय बिताएं

Q.42 आपने अभी-अभी नौकरी शुरू की है और कार खरीदने की जरूरत है। मूल्य कारक के बाद आपकी प्रमुख चिंता, होनी चाहिए:

A. बाहरी रूप और रंग
B. इंजन की शक्ति और अन्य आंतरिक विनिर्देश
C. लाभ/ईंधन दक्षता
D. पुनर्बिक्री कीमत

Q.43 कॉलेज में मोटे-शर्मिन्दा होने के बाद, आप आकार में आने का फैसला करते हैं। आप वह कैसे करेंगें?

A. क्रैश डाइट पर जाएं
B. सर्जिकल हस्तक्षेप का प्रयास करें
C. पूरक और स्टेरॉयड का उपयोग करें
D. नियमित रूप से व्यायाम करें

Q.44 आप ऑफिस जाने की जल्दी में हैं। उसी समय, आपकी सास आगरा से चली आई। आपको करना चाहिए :

A. अपने कार्यालय में फ़ोन करो और एक छुट्टी ले लो
B. उन्हें विश्वास दिलाये कि आपको एक जरूरी काम है

C. किसी अन्य रिश्तेदार के यहाँ पर अपनी सास को छोड़ दें
D. उसे अपने कार्यालय में अपने साथ ले जाएं

Q.45 आपका एक पुराना कर्मचारी आपकी कंपनी की स्टेशनरी और अन्य संसाधनों को चुराने की आदत में है। आप इस क्षुद्र चोरी से परेशान गए हैं। आपको चाहिए:
A. उस कर्मचारी को निकाल दें
B. इन घटनाओं को नजरअंदाज करें क्योंकि कर्मचारी एक बुजुर्ग व्यक्ति है
C. बाकी कर्मचारियों के सामने उसका अपमान करें
D. चुपचाप उसे फटकारें

Q.46 आपके दादा आपको एक कहानी सुनाते है जिसे आपने कई बार सुना होगा। आपको करना चाहिए:
A. उसे सुनना बंद करने के लिए कहें
B. ध्यान से सुनें
C. कहानी के दौरान चले जाएं
D. अपने इयरफ़ोन पहनें और संगीत चालू करें

Q.47 एक दंपति जिसे आप अच्छी तरह से जानते हैं कि बच्चे पैदा करना नहीं चाहते हैं। आपको चाहिए:
A. उन्हें जल्द ही एक परिवार शुरू करने की सलाह दें
B. उन्हें अपनी चाची के बारे में बताएं, जिनके बच्चे नहीं थे
C. अपनी सलाह अपने पास रखें
D. उन्हें तीर्थयात्रा पर जाने के लिए समझाए

Q.48 आप अपनी बहन की बालियों को अपने लिए रखना चाहते हैं। जब वह उनके लिए पूछती है, तो आप:
A. उसे बताएं कि आप उन्हें कभी नहीं ले गए
B. कहदे कि वे खो गए हैं
C. उसे एक और जोड़ी दें दें जो आपको पसंद न हो
D. उसे आप बदले में देने के लिए कहे

Q.49 आप और आपकी माँ आँख नहीं मिलाते। वह अभी भी आपसे बात करती है जैसे कि आप दो साल की हैं, जबकि आप बीस साल के हैं। आपको चाहिए:
A. दोनों के लिए परामर्श प्राप्त करें
B. उससे कहे कि वह आपसे बात न करे
C. अपनी माँ का घर छोड़ दें
D. अपने विचारों को लिखिए और उनके बारे में बताएं

Q.50 आपके रिश्तेदार की शादी हो रही है और आप उसे उपहार देने की योजना बना रहे हैं। करीबी रिश्तेदार को देने के लिए सबसे अच्छा उपहार क्या होगा?
A. एक खूबसूरत फोटो एल्बम
B. एक पूरी तरह से सवैतनिक छुट्टी
C. घरेलू उपकरण
D. एक रोचक रेस्तरां में डिनर

// स्मार्ट उत्तर पुस्तिका //

सही उत्तर उन छात्रों के प्रतिशत को इंगित करता है जिन्होंने प्रश्नों का सही उत्तर दिया था।

छोड़ दिया उन छात्रों के प्रतिशत को इंगित करता है जिन्होंने प्रश्नों को छोड़ दिया था।

प्रश्न संख्या	उत्तर	सही उत्तर	छोड़ दिया
1	C	95.83 %	0.0 %
2	B	72.92 %	3.12 %
3	D	83.33 %	1.05 %
4	D	83.33 %	7.29 %
5	B	86.46 %	10.42 %
6	A	64.58 %	1.04 %
7	B	40.62 %	7.3 %
8	D	87.5 %	5.21 %
9	D	82.29 %	8.33 %
10	C	85.42 %	4.16 %

प्रश्न संख्या	उत्तर	सही उत्तर	छोड़ दिया
11	A	82.29 %	-0.0 %
12	C	52.08 %	6.25 %
13	D	67.71 %	0.0 %
14	D	63.54 %	6.25 %
15	C	88.54 %	-0.0 %
16	A	92.71 %	0.0 %
17	C	31.25 %	11.46 %
18	B	76.04 %	6.25 %
19	D	48.96 %	1.04 %
20	B	39.58 %	0.0 %

प्रश्न संख्या	उत्तर	सही उत्तर	छोड़ दिया
21	A	96.88 %	1.04 %
22	B	33.33 %	6.25 %
23	D	96.88 %	1.04 %
24	B	88.54 %	6.25 %
25	A	86.46 %	9.37 %
26	D	82.29 %	7.29 %
27	B	57.29 %	0.0 %
28	C	71.88 %	11.45 %
29	C	86.46 %	1.04 %
30	B	26.04 %	3.13 %

प्रश्न संख्या	उत्तर	सही उत्तर	छोड़ दिया
31	A	51.04 %	1.04 %
32	C	41.67 %	0.0 %
33	C	67.71 %	1.04 %
34	B	72.92 %	6.25 %
35	B	77.08 %	0.0 %
36	D	91.67 %	-0.0 %
37	A	73.96 %	9.37 %
38	D	75.0 %	4.17 %
39	B	82.29 %	8.33 %
40	C	77.08 %	6.25 %

प्रश्न संख्या	उत्तर	सही उत्तर	छोड़ दिया
41	D	68.75 %	0.0 %
42	C	55.21 %	6.25 %
43	D	96.88 %	0.0 %
44	B	46.88 %	7.29 %
45	D	88.54 %	2.08 %
46	B	80.21 %	6.25 %
47	C	67.71 %	2.08 %
48	D	79.17 %	6.25 %
49	A	41.67 %	10.41 %
50	C	47.92 %	5.2 %

कार्य विश्लेषण	
औसत अंक (%)	63.0%
टॉपर्स स्कोर (%)	100.0%
आपका स्कोर	

अनुभागीय टेस्ट 06

Ques (1-2):निर्देश: निम्नलिखित प्रश्न में विकल्प के रूप में चार संभावित उत्तर दिए गए हैं। उत्तर के रूप में सबसे उपयुक्त विकल्प का चयन करें।

Q.1 आपके कार्यस्थल पर, आपका सहकर्मी किसी मुद्दे के बारे में आपकी राय पूछता है। आप क्या करेंगे?

A. उसे एक आदर्शवादी दृष्टिकोण देने की कोशिश करें।
B. पहले दूसरे लोगों की राय सुने, उसके बाद अपनी राय दें।
C. अपने विचार को सरल और यथार्थवादी तरीके से प्रस्तुत करें।
D. उसे एक कूटनीतिक जवाब दें।

Q.2 आपको एक सहकर्मी घमंडी व्यवहार करता है और आपका मजाक उड़ाता है। आप करेंगे:

A. कुछ मत करें और धैर्य रखें
B. उसे बताएं कि आप उसके बारे में कैसा महसूस करते हैं और अपनी अस्वीकृति दर्ज करें
C. उसका ध्यान किसी और चीज़ की तरफ हटाने की कोशिश करें
D. उसे अपशब्द बोले और दूसरों को बताएं कि आप इसे कितना नापसंद करते हैं

Q.3 आप पाते हैं कि जब छात्र छात्रावास के कमरे में नहीं होते हैं तो पंखे चालू रहते हैं। हॉस्टल वार्डन के रूप में आप क्या करेंगे?

A. छात्रों को चेतावनी देंगे
B. मुख्य कनेक्शन बंद करेंगे
C. अधिकारियों को सूचित करेंगे
D. उन्हें उनकी गलती समझाएंगे

Q.4 आप थके हुए हैं लेकिन आपको एक महत्वपूर्ण कार्य पूरा करना है। आपने पहले ही इसमें बहुत समय लगा दिया है, लेकिन इसके लिए कुछ और समय चाहिए। आप करेंगे :

A. काम से बचने के तरीकों के बारे में सोचेंगे
B. उन समस्याओं के बारे में सोचेंगे जो आप सामना कर रहे हैं
C. इस बारे में सोचेंगे कि आपने पहले से कितना काम पूरा कर लिया है
D. इस बारे में सोचेंगे कि यदि आप ऐसा नहीं करते हैं तो क्या हो सकता है

Ques (5-8):निर्देश: निम्नलिखित प्रश्न में विकल्प के रूप में चार संभावित उत्तर दिए गए हैं। उत्तर के रूप में सबसे उपयुक्त विकल्प का चयन करें।

Q.5 मात्र आपको चिढ़ाने के लिए, आप का एक सहयोगी अक्सर आपको एक अलग नाम से पुकारता है। आपको करना चाहिए:

A. उसके साथ भी ऐसा ही करें
B. इस बारे में बॉस से शिकायत करें
C. विनम्रता से जवाब दें और कहें कि आपको केवल अपने नाम से बुलाया जाना पसंद है
D. बाद में बदला लेने के लिए तैयार रहें

Q.6 आपका सहकर्मी आपके द्वारा की गई गलती के बारे में उपद्रव करता है और आपको लगता है कि वह दिखावा कर रहा है। आप करेंगे :

A. अपने आपको शांत रखें और उसे बताएं कि आप अपनी गलती स्वीकार करते हैं
B. उसे बताएं कि आप सुपर-कंप्यूटर नहीं हैं
C. उसे उसकी गलतियाँ दिखाएं और उसे चुप रहने को कहें
D. उससे बात न करें और उसे बताएं कि आप केवल बॉस को रिपोर्ट करते हैं

Q.7 आपके बड़े बेटे ने उसी कंपनी में काम करने वाले अपने सहयोगी से शादी की, जहाँ वह आपकी अनुमति के बिना कार्यरत है। आप क्या करेंगे?

A. लड़की को स्वीकार नही करेंगे
B. उससे संबंध तोड़ लेंगे
C. थाने में शिकायत करेंगे
D. इसे स्वीकार करेंगे

Q.8 आपका सहकर्मी आपके कहे पर ध्यान नहीं देता है और अपने कंप्यूटर में लगा रहता है। आप करेंगे :

A. जोर से बोलेंगे
B. उससे हाथ मिलाएंगे
C. कुछ देर बात करने के लिए रुकेंगे
D. उससे बात करना बंद कर देंगे

Q.9 आपकी टीम के कुछ लोग टीम मीटिंग के बारे में भूल जाते हैं और कॉन्फ्रेंस रूम में नहीं पहुंचते हैं। आप करेंगे :

A. उनके बिना बैठक शुरू करेंगे
B. उनके पास जाएंगे और उन्हें व्याख्यान देंगे
C. वहीं बैठकर उनका इंतजार करते रहेंगे
D. उन्हें आने के लिए कहेंगे और बैठक कुछ मिनट की देरी से करेंगे

Q.10 आपको लगता है कि आपको बहुत अधिक काम दिया जाता है। आप करेंगे :

A. अपने अधीनस्थ को इसके बारे में बताएंगे
B. अपने भाग्य के लिए भगवान को कोसेंगें
C. इसके बारे में सबको बताएंगे
D. अपने बॉस से इसके बारे में बात करेंगे

Q.11 आप अपने ऑफिस के सहकर्मियों को अपने बॉस की पीठ पीछे चुगली करते हैं। आप क्या करेंगे?

A. उनके साथ चुगली करने में शामिल हो जाएंगे
B. अपने बॉस का पक्ष लेंगे और उन्हें चुगली करने के लिए रोकेंगे
C. अपने बॉस को इसके बारे में बताएंगे
D. इसे नजरअंदाज करेंगे

Q.12 गुणवत्ता को प्रभावी ढंग से नियंत्रित करने के लिए, आप करेंगे:

A. उपभोक्ताओं की समस्याओं पर प्रतिक्रिया देंगे
B. उपभोक्ताओं को समस्याओं को पहचानने में मदद करेंगे
C. उपभोक्ताओं का ध्यान समस्याओं से दूर रखेंगे
D. समस्या को दबाने का प्रयास करें

Q.13 आपका एक सहकर्मी प्रशांत मोटा है और अन्य सहकर्मी उसका मज़ाक उड़ाने लगते हैं। आप क्या करेंगे?

A. उसका मजाक बनाने में दूसरों के साथ जुड़ेंगे
B. उसका मजाक बनाने से रोकेंगे
C. उसे एक डॉक्टर से मिलने के लिए कहेंगे
D. इसे नजरअंदाज करें और चले जाएंगे

Q.14 आप कार्यालय छोड़ने ही वाले हैं कि आपका बॉस आपसे उसी दिन एक रिपोर्ट पूरी करने को कहता है। ऐसी स्थिति पर आपकी क्या प्रतिक्रिया होगी?

A. बॉस को बताए बिना चुपचाप ऑफिस से बाहर निकलें
B. बाहरी रूप से वापस रहने से मना करें
C. अपने सहयोगियों को भी अपने साथ वापस जाने के लिए कहें
D. वापस जाएं और रिपोर्ट को पूरा करने की पूरी कोशिश करें

Q.15 आपके होटल के स्टाफ सदस्यों में से एक का कहना है कि उन्हें उनके परिवार से एक फोन आया जिसमें उन्होंने अपनी माँ की स्वास्थ्य समस्या के बारे में बताया और उन्हें तुरंत घर आने के लिए कहा। ऐसी स्थिति में एक प्रबंधक के रूप में आप क्या करेंगे?

A. हाल ही में घर से लौटने के कारण स्टाफ सदस्य को छुट्टी प्रदान नहीं करेंगे।
B. स्टाफ के सदस्य के साथ स्थिति पर चर्चा करें, छुट्टी प्रदान करें और उसे संपर्क में रहने के लिए कहें◌ंगे ।
C. स्टाफ के सदस्य के पास आई कॉल की प्रामाणिकता की पूछताछ करें◌ंगे।
D. अनिश्चित काल के लिए तुरंत छुट्टी देंगे।

Q.16 करंट में ओवरलोड के कारण बिजली के ट्रांसफार्मर में आग लग गई। आप करेंगे:

A. पुलिस को बुलाएंगे
B. बिजली बोर्ड को बुलाएंगे
C. पानी का छिड़काव करके इसे बंद करने की कोशिश करेंगे
D. उच्च तनाव तारों को डिस्कनेक्ट करने का प्रयास करेंगे

Q.17 आप अपने मित्र से बाजार में मिलते हैं। वह आपको बताता है कि वह अपने बटुए को घर पर भूल गया है और उसे अपनी बहन को देने के लिए तत्काल धन की आवश्यकता है। आप करेंगे :

A. बाहरी रूप से उसे पैसे उधार देने से मना करेंगे
B. उसे जितनी राशि की आवश्यकता है पूछे और तुरंत उसे उधार दे देंगे
C. घर पर बटुए को भूलने का कारण पूछेंगे
D. उसे घर वापस जाने और बटुआ लाने को कहें◌ंगे

Q.18 कोई आपको पास के किसी स्थान के बारे में पूछता है। आप शहर में नए हैं। तो आप क्या करेंगे?

A. उसे बताएंगे कि आप शहर में नए हैं
B. उसे बताएंगे कि आपको पता नहीं है
C. आत्मविश्वास के साथ अनुमान लगाएंगे
D. उसे बताएँगे कि आपके पास समय नहीं है

Q.19 आप अपने कुत्ते के साथ अपने दोस्त से मिलने जाते हैं। आप अपने कुत्ते के साथ कार की खिड़की को खुला छोड़ दें। आपका कुत्ता गायब हो जाता है। आप करेंगे :

A. पुलिस को बुलाएंगे
B. अपने परिवार को बुलाएंगे
C. पास के मंदिर के माध्यम से एक घोषणा करेंगे
D. कुत्ते के लौटने का इंतजार करेंगे

Q.20 आप कुछ लोगों को एक बूढ़ी औरत से उसका पर्स छीनकर लूटने की कोशिश करते देखते हैं। आप करेंगे :

A. चिल्लाना शुरू करेंगे और उन्हें डराने की कोशिश करेंगे
B. उन्हें दंडित करने के लिए उनके पास जाएंगे और उन्हें मारेंगे
C. पुलिस को बुलाएं◌ंगे और वही रुकें◌ंगे
D. महिला को पर्स छोड़ने के लिए कहें◌ंगे

Q.21 आपका सहकर्मी किसी विषय पर आपकी राय से सहमत नहीं है। आप करेंगे :

A. विश्वास के साथ अपनी राय देंगे
B. उसे विषय छोड़ने के लिए कहेंगे
C. उससे उसकी राय का आधार पूछें और अपनी राय व्यक्त करेंगे
D. उसे बताएंगे कि वह सच्चाई नहीं जानता है

Q.22 आप स्कूल के अपने सबसे अच्छे दोस्त का नाम भूल जाते हैं। आप उसे किसी पार्टी में आमंत्रित करना चाहते हैं। आप क्या करेंगे?

A. उसके घर जाएँगे और उससे उसका नाम पूछेंगे
B. उसे आमंत्रित करने का विचार छोड़ेंगे
C. एक सामान्य मित्र से इसके बारे में पूछेंगे
D. बिना नाम के निमंत्रण भेजेंगे

Q.23 घंटों तक बारिश होती रही जिससे आप एक महत्वपूर्ण साक्षात्कार के लिए देर से पहुंचते हैं। आप क्या करेंगे?

A. मौसम को दोष देंगे
B. आप पहले से बता पाने में सक्षम नहीं होने के लिए क्षमा मांगेंगे
C. कुछ भी न करेंगे और उम्मीद करें◌ंगे कि कोई भी आपसे इस संबंध में कुछ न पूछे
D. उन्हें बताएंगे कि यह एक संक्षिप्त विलंब था

Q.24 आपके दादाजी ने आपको एक घड़ी दी है। अब, यह पुरानी है और फैशन से बाहर है। आप इसके साथ क्या करेंगे?

A. इसे दूर फेंक देंगे
B. इसे स्मृति के रूप में रखेंगे
C. इसे कबाड़ डीलर को बेच देंगे
D. इसे अपने दादा को लौटा देंगे

Q.25 कल आपकी परीक्षा है। पास के पूजा स्थल का लाउडस्पीकर बहुत तेज आवाज़ें निकाल रहा है और आपको बहुत परेशान कर रहा है। आप करेंगे :

A. बहुत क्रोधित हो जाएंगे और इसके लिए जिम्मेदार लोगों को अभिशाप देंगे
B. चुप रहेंगे और कुछ नहीं करेंगे
C. उन्हें अपनी परीक्षा के बारे में बताएं◌ंगे और पूछें कि क्या वे ध्वनि को कम करके मदद कर सकते हैं
D. पुलिस को फोन करें◌ंगे और पुलिस से उन्हें फटकार लगाने का अनुरोध करें◌ंगे

Q.26 आप कुछ मिनटों के लिए ट्रैफ़िक जाम में फंस गए हैं। आपको ऑफिस के लिए देर हो रही है। आप क्या करेंगे?

A. अपने सामने किसी को भी रोकने के लिए हॉर्न को बजाते रहें◌ंगे
B. अपने वाहन को वहीं छोड़ देंगे और जाम का कारण जानने की कोशिश करेंगे
C. कुछ न करेंगे और धैर्य से प्रतीक्षा करेंगे
D. लोगों को एक तरफ ले जाने के लिए कहेंगे

Q.27 एक बिजली के उत्पाद जिसे आपने पास की दुकान से खरीदा था, जब आप इसे घर पर चेक करते थे तो दोषपूर्ण पाया जाता था। आप करेंगे:

A. गुस्सा हो जाएंगे और दुकानदार पर चिल्लाएंगे
B. उपभोक्ता न्यायालय में शिकायत दर्ज करें◌ंगे
C. दुकानदार की प्रतिष्ठा पर प्रहार करेंगे
D. एक्सचेंज के लिए दुकानदार से पूछेंगे

Q.28 आप कुछ बच्चों को आग से खेलते हुए देखते हैं। आप करेंगे :

A. बच्चों से विनम्रता से पूछेंगे कि वे इसके खतरे के बारे में जानते हैं।
B. उनके माता-पिता के बारे में पता करें और उन्हें शर्मिंदा करेंगे
C. बच्चों पर चिल्लाएं◌ंगे और उन्हें बताएं कि क्या हो सकता है
D. उन्हें पीटेंगे और उन्हें जीवन भर के लिए डरा दें◌ंगे

Q.29 आप और आपका दोस्त एक साथ पार्टी में जाने का फैसला करते हैं, लेकिन आपका दोस्त समय पर नहीं आया। आप करेंगे :

A. उसके बिना चले जाएंगे
B. उससे संपर्क करने का प्रयास करेंगे
C. 15 मिनट तक प्रतीक्षा करेंगे और फिर छोड़ देंगे
D. किसी और को अपने साथ ले जाएंगे

Q.30 पानी आपके पोर्टेबल इलेक्ट्रॉनिक उपकरण में प्रवेश कर गया है। आप करेंगे :

A. बैटरी को बाहर निकालेंगे और सब कुछ सूखने देंगे

B. इसे चालू करने का प्रयास करेंगे
C. यदि यह चालू नहीं होता है तो इसे चार्ज करने का प्रयास करेंगे
D. इसे मैकेनिक के पास ले जाएंगे

Q.31 एक नया अधीनस्थ एक गलती करता है। आप क्या करेंगे?
A. इसके लिए उसे मारेंगे
B. उसे अपने अच्छे काम के बारे में बताएंगे
C. उसका मजाक उड़ाएंगे
D. उसे कार्य करने का सही तरीका दिखाएंगे

Q.32 कोई आपको लगातार अपने मोबाइल फोन पर कॉल कर रहा है लेकिन कुछ बोल नहीं रहा है। आप क्या करेंगे?
A. फोन को स्विच ऑफ कर देंगे
B. व्यक्ति को कसम देंगे
C. व्यक्ति को एक चुटकुला बताएंगे
D. अपने फोन के स्पीकर की जांच करेंगे

Q.33 निर्देश: निम्नलिखित प्रश्न में विकल्प के रूप में चार संभावित उत्तर दिए गए हैं। उत्तर के रूप में सबसे उपयुक्त विकल्प का चयन करें।
बाइक पर सवार एक बच्चा एक महिला को टक्कर मारता है और सड़क पर गिर जाता है। आप वहाँ हैं। यदि आप दुर्घटना के मौके पर हैं तो आप क्या करेंगे?
A. बच्चे को मारेंगे और उसे सबक सिखाएंगे
B. अनदेखा करेंगे और आगे बढ़ेंगे
C. बच्चे से पूछेंगे कि क्या वह ठीक है
D. साइकिल की सवारी के लिए बच्चे को फटकारेंगे

Q.34 आप एक पुलिस वाले को अपने पड़ोसी से मिलते हुए देखते हैं। आप क्या करेंगे?
A. कुछ नहीं करेंगे
B. अपने पड़ोसी के बारे पूछताछ करने के लिए पुलिस स्टेशन जाएंगे
C. अन्य पड़ोसियों को इसके बारे में बताएंगे
D. पड़ोसी से इसके बारे में पूछेंगे

Q.35 निर्देश: निम्नलिखित प्रश्न में विकल्प के रूप में चार संभावित उत्तर दिए गए हैं। उत्तर के रूप में सबसे उपयुक्त विकल्प का चयन करें।
यह आपके सहकर्मी की शादी है और आप आमंत्रित हैं। लेकिन, आप शादी के दिन एक महत्वपूर्ण साक्षात्कार के रूप में नहीं जा सकते। आप क्या करेंगे?
A. कुछ नहीं करेंगे
B. फूल भेजेंगे और सॉरी बोलेंगे
C. उसे बताएंगे कि साक्षात्कार में भाग लेना आपके लिए अधिक महत्वपूर्ण है
D. उसकी अनुपस्थिति का कारण पूछने के लिए उसकी प्रतीक्षा करेंगे

Q.36 आप अपने स्कूल के साथी को फोन पर कॉल करते हैं, लेकिन वह आपको इतने सालों बाद आपकी आवाज और नाम से पहचान नहीं पा रहा है। आप करेंगे :
A. बहुत निराश होंगे और कॉल को काट देंगे
B. इसके लिए उसे गाली देंगे
C. उसे अपने पेशे के बारे में बताएंगे
D. उसे उस समय के बारे में याद दिलाएंगे जो आपने एक साथ बिताया था

Q.37 निर्देश: निम्नलिखित प्रश्न में विकल्प के रूप में चार संभावित उत्तर दिए गए हैं। उत्तर के रूप में सबसे उपयुक्त विकल्प का चयन करें।
आपने अपने घर पर अपने दोस्तों के लिए एक छोटी सी पार्टी की व्यवस्था की, लेकिन खराब मौसम के कारण कोई भी नहीं आ सका। आप करेंगे:
A. कसम खाएंगे और इस बारे में भगवान से शिकायत करेंगे
B. अपने दोस्तों को बर्बाद होने वाली चीजों के लिए बुरा भला कहेगे
C. तय करें कि आप फिर कभी घर पर पार्टी नहीं करेंगे
D. पार्टी को किसी भी नजदीकी तिथि तक स्थगित करेंगे

Q.38 आप काम करने के लिए देर से पहुँचे। यह पूछने पर कि आपको देर क्यों हुई, आप करेंगे:
A. एक बहाना बनाएंगे
B. स्वीकार करेंगे कि आपको देर हो गई
C. कार्य समय के बारे में शिकायत करेंगे
D. अपनी समस्याओं के बारे में बताएंगे

Q.39 आप शाम को घर लौट रहे हैं। कुछ बच्चे सड़क पर खेल रहे हैं। आप करेंगे :
A. धीमे चलें, और धैर्य से उन्हें एक तरफ ले जाने की प्रतीक्षा करेंगे
B. जब तक वे भाग नहीं जाते तब तक हॉर्न बजाएंगे
C. उन्हें तेज करके डराने की कोशिश करेंगे
D. उच्च बीम को चालू करें और तेजी लाएंगे

Q.40 आप एक पार्टी में हैं और आपको एहसास है कि आप पार्टी के बाद देर से घर पहुँचेंगे। आप करेंगे :
A. अपने परिवार को परेशान नहीं करेंगे
B. अपने माता-पिता को आपको कॉल करने की प्रतीक्षा करें ंगे
C. अपना फोन बंद कर देंगे
D. उन्हें पहले से बताएं ंगे

Q.41 आपको चाय पसंद नहीं है, लेकिन आपके दोस्त के पिता आपसे थोड़ी पीने की जिद करते हैं। आप करेंगे :
A. उन्हें बताएंगे कि आपने अभी-अभी चाय पी थी
B. कुछ और पीने के लिए कहेंगे
C. विनम्रता से मना करेंगे और कारण बताएंगे
D. एक घूंट लेंगे और बाकी को सिंक में डाल देंगे

Q.42 आपका बॉस एक बिंदु पर आपसे सहमत नहीं है। आपको लगता है कि आप सही हैं। आप करेंगे :
A. कुछ न कहेंगे और उन्हें शाप देंगे
B. अपने सहकर्मियों को इसके बारे में बताएंगे
C. उसे सुनेंगे और फिर अपनी बात प्रस्तुत करेंगे
D. उन्हें बताएंगे कि वह गलत है

Q.43 आप छुट्टी पर जा रहे है । आप कौन सी वस्तु लेना नहीं भूलेंगे।
A. कैलेंडर **B.** कैमरा
C. योजनाकर्ता **D.** उपकरण बॉक्स

Q.44 एक रेतीले समुद्र तट पर एक साइकिल भ्रमण के लिए, जिस आइटम की आपको सबसे अधिक आवश्यकता होती है वह है:
A. प्राथमिक चिकित्सा किट
B. उपकरण बॉक्स
C. पानी की बोतल
D. मोबाइल फ़ोन

Q.45 आपका काम पर दिन खराब था। आप करेंगे:
A. अपने दोस्त को इसके बारे में बताएंगे
B. कारणों और संभावित समाधानों का आकलन करेंगे
C. इसके बारे में भूल जाएंगे और जाने देंगे
D. अपने बॉस को बताएंगे कि आप बीमार महसूस कर रहे हैं

Q.46 शॉर्ट सर्किट के बाद, होटल के एक कमरे में तार सुलगने लगते हैं। आप क्या करेंगे?
A. 'ब्रेक ग्लास' अलार्म को सक्रिय करके अलार्म बजाएंगे
B. निकटतम सुरक्षा निकास के माध्यम से खाली करेंगे
C. मुख्य स्विच को बंद करेंगे

D. एक एम्बुलेंस और एक सुरक्षा गार्ड को बुलाएंगे

Q.47 जब आप सुबह-सुबह अपने दफ्तर के लिए यात्रा कर रहे होते हैं, तो आप सड़क के बीच में एक बिजली लटके हुए केबल से पास से टकराते से बचते हैं। यह केबल धूमिल है और दूर से पता लगाना कठिन है। अधिकारियों को सूचित करने से पहले आप क्या करेंगे?

A. केबल को वापस उसकी जगह पर रखने की कोशिश करेंगे
B. अपनी कार के बूट से एक परावर्तक लें और इसे केबल के बीच में बाँध लेंगे
C. अपने औजारों की मदद से इसे हिस्सों में काटने की कोशिश करेंगे
D. किसी भी पेड़ की कुछ शाखाएँ लेंगे और उन्हें वहाँ रखेंगे ताकि लोग सतर्क रहें

Q.48 किसान पानी की कमी की समस्या से जूझ रहे हैं। आप जिले के कलेक्टर हैं। किसानों को पैदावार से समझौता किए बिना आर्थिक रूप से पानी का उपयोग करने के लिए आप क्या सुझाव देते हैं?

A. उन्हें हमेशा एक बाल्टी से स्नान करना चाहिए
B. उन्हें टपक सिंचाई विधियों का उपयोग करना चाहिए
C. उन्हें सभी टपकता हुआ नल ठीक करना चाहिए
D. उन्हें केवल उन फसलों को उगाना चाहिए जिनमें कम पानी की आवश्यकता होती है

Q.49 अपने बच्चों द्वारा परित्यक्त एक बूढ़ी औरत है जो आपके पड़ोस में अकेली रह रही है। वह भोजन के लिए भूख से मर रही है। ऐसी स्थिति में आप क्या करेंगे?

A. उसके बच्चों से बात करेंगे
B. एक समय का भोजन देंगे
C. स्थानीय पुलिस स्टेशन में शिकायत दर्ज करेंगे
D. उसे वृद्धाश्रम ले जाएँगे

Q.50 आप काम पर एक ऐसे सहयोगी के साथ कैसे व्यवहार करेंगे जिसके साथ आप एक सफल कार्य संबंध बनाने में असमर्थ प्रतीत होते हैं?

A. केवल ईमेल पर बात करेंगे
B. उससे उसकी समस्या पूछेंगे
C. पता करेंगे कि उसकी क्या रुचि है
D. जितना हो सके कम बात करेंगे

// स्मार्ट उत्तर पुस्तिका //

सही उत्तर — उन छात्रों के प्रतिशत को इंगित करता है जिन्होंने प्रश्नों का सही उत्तर दिया था।

छोड़ दिया — उन छात्रों के प्रतिशत को इंगित करता है जिन्होंने प्रश्नों को छोड़ दिया था।

प्रश्न संख्या	उत्तर	सही उत्तर	छोड़ दिया
1	C	64.38 %	2.74 %
2	B	72.6 %	2.74 %
3	D	89.04 %	2.74 %
4	C	52.05 %	2.74 %
5	C	95.89 %	2.74 %
6	A	90.41 %	2.74 %
7	D	94.52 %	2.74 %
8	C	91.78 %	2.74 %
9	D	91.78 %	-0.0 %
10	D	79.45 %	2.74 %
11	D	52.05 %	2.74 %
12	A	71.23 %	2.74 %
13	B	91.78 %	2.74 %
14	D	97.26 %	2.74 %
15	B	79.45 %	2.74 %
16	B	79.45 %	2.74 %
17	B	93.15 %	2.74 %
18	B	39.73 %	2.74 %
19	C	46.58 %	1.37 %
20	A	72.6 %	2.74 %
21	C	89.04 %	2.74 %
22	C	89.04 %	2.74 %
23	B	84.93 %	1.37 %
24	B	95.89 %	2.74 %
25	C	93.15 %	2.74 %
26	C	63.01 %	2.74 %
27	D	91.78 %	2.74 %
28	A	89.04 %	2.74 %
29	B	87.67 %	2.74 %
30	A	73.97 %	2.74 %
31	D	95.89 %	2.74 %
32	D	83.56 %	4.11 %
33	C	90.41 %	2.74 %
34	A	42.47 %	2.74 %
35	B	89.04 %	2.74 %
36	D	94.52 %	2.74 %
37	D	95.89 %	2.74 %
38	B	71.23 %	2.74 %
39	A	89.04 %	2.74 %
40	D	95.89 %	2.74 %
41	C	94.52 %	2.74 %
42	C	97.26 %	2.74 %
43	B	64.38 %	2.74 %
44	C	64.38 %	2.74 %
45	B	80.82 %	2.74 %
46	C	63.01 %	2.74 %
47	B	35.62 %	2.74 %
48	B	91.78 %	2.74 %
49	D	53.42 %	2.74 %
50	C	67.12 %	2.74 %

कार्य विश्लेषण	
औसत अंक (%)	68.0%
टॉपर्स स्कोर (%)	100.0%
आपका स्कोर	

अनुभागीय टेस्ट 07

Ques (1-5):Direction: Select the most appropriate option to substitute the underlined segment in the given sentence. If there is no need to substitute it, select No improvement.

Q.1 Many successful criminal prosecutions rely largely or entirely on circumstantial evidence, and civil charges are frequently based on circumstantial or indirect evidence.

A. Frequently based at
B. Frequently based from
C. Frequent basis on
D. No improvement

Q.2 Cryptozoology is not a recognized branch of zoology but a pseudoscience because it relied heavily upon anecdotal evidence, stories and alleged sightings.

A. It relied heavily on
B. It relies heavily upon
C. It rely heavily upon
D. No improvement

Q.3 When Benjamin Franklin invented the lightning rod, the clergy condemned it as an impious attempt for defeat of God's will.

A. At defeat of God's will
B. To defeat God's will
C. Of defeating the will for God
D. No improvement

Q.4 However, third-party experts doubted North Korea's claims and contends that the device was probably a less destructive fission bomb.

A. Contend that the **B.** Contended that the
C. Contending that the **D.** No improvement

Q.5 Yes, no sooner did a man gets a little education into his head than he becomes a Don Quixote, and establishes schools on his estate such as even a madman would never have dreamed of.

A. No sooner had a man got
B. No sooner do men gets
C. No sooner does a man get
D. No improvement

Q.6 Select the correctly spelt word.

A. Judgement **B.** Jujment
C. Judgmeant **D.** Judgemant

Q.7 Select the correctly spelt word.

A. Equelibrium **B.** Equilriam
C. Equilibrium **D.** Equillibrium

Q.8 Select the wrongly spelt word.

A. Courtesy **B.** Diffedent
C. Sincerity **D.** Collapse

Q.9 Select the correctly spelt word.

A. Inchantment **B.** Ingagement
C. Installment **D.** Ingrediant

Q.10 Select the correctly spelt word.

A. Magnanemous **B.** Magnanomous
C. Magnanimous **D.** Magnonimus

Ques (11-15):Direction: Choose the segment of the sentence that contains a grammatical error. If there is no error, mark 'No error' as your answer.

Q.11 His blonde long hair (A)/ adds glamour to his looks (B)/ and long beard makes him look like a saint. (C)/ No error

A. A **B.** B **C.** C **D.** No error

Q.12 This table is twice heavier than (A)/ that of yours and (B)/ thrice as cheap as that one. (C)/ No error

A. A **B.** B **C.** C **D.** No error

Q.13 If Rahul had more money, (A)/ he would have bought (B)/ a new house for his parents. (C)/ No error

A. A **B.** B **C.** C **D.** No error

Q.14 It was difficult for Ramesh (A)/ to submit the work on time as he was (B)/ too much weak in data analytics. (C)/ No error

A. A **B.** B **C.** C **D.** No error

Q.15 He does nothing but to watch a movie (A)/ all the time sitting at home (B)/ with his mother and sisters. (C)/ No error

A. A **B.** B **C.** C **D.** No error

Ques (16-20):Direction: Select the option that conveys the meaning of the given idiom most appropriately.

Q.16 Rob Peter to Pay Paul

A. Circulation of blame for holding responsibilty
B. Circulation of files for official stamping
C. Circulation of money for payment of the debt
D. Misplacement of anger

Q.17 To be at home

A. To be at ease **B.** To be casual
C. To be formal **D.** To be perplexed

Q.18 To show the white feather

[Territorial Army Officer, 2017]

A. To show signs of cowardice
B. To seek peace
C. To show arrogance
D. To become polite

Q.19 To ride hell for leather

[Territorial Army Officer, 2017]

A. To adopt false means to succeed
B. To ride with furious speed
C. To work hard for a small accomplishment
D. To earn money by all means

Q.20 To measure swords

A. To push an opponent
B. To argue with someone
C. To confess one's mistake
D. To engage in a competition

Ques (21-25):Direction: Select the most appropriate word for the given group of words.

Q.21 A solution or remedy for all difficulties or diseases

A. Riddle **B.** Panacea
C. Ailment **D.** Dilemma

Q.22 Showing great knowledge that is based on careful study

A. Amateurish **B.** Inexperienced
C. Erudite **D.** Untrained

Q.23 Without risk of punishment

[Territorial Army Officer, 2019]

A. Impudent **B.** Impunity
C. Inexorable **D.** Imperturbable

Q.24 A song embodying religious and sacred emotions

A. Ballad **B.** Lyrics **C.** Ode **D.** Hymn

Q.25 Extreme old age when a man behaves like a child

A. Imbecility **B.** Senility
C. Dotage **D.** Superannuation

Ques (26-30):Direction: In the following question, sentences of a paragraph have been jumbled and labeled as A, B, C and D. You are required to rearrange the jumbled sentences of the paragraph and mark your response accordingly by selecting the correct option.

Q.26 A. The forest and trees filter the air and absorb harmful gases.

B. The environment gives us countless benefits that we can't repay our entire life.

C. Plants purify water, reduce the chances of a flood, maintain a natural balance, and many more.

D. As they are connected with the forest, trees, animals, water, and air.

A. CDAB **B.** BDCA **C.** ABCD **D.** BDAC

Q.27 A: Hence, they are the most useful members of any society.

B: No one can deny that farmers form the backbone of any nation

C: They grow food for the whole country.

D: Yet they don't get the profit and recognition which they deserve.

A. ADCB **B.** CADB **C.** DCBA **D.** BCAD

Q.28 A: For them it is the emotions.

B: For them happiness is not at all proportional to their income but their attitude towards life.

C: Which decide whether the person is happy or unhappy.

D: There are large number of people whose basic physical needs are easily satisfied.

A. DCBA **B.** ABCD **C.** DACB **D.** ACBD

Q.29 A: After inspection the two would stand up.

B: Once a week Pratham led Heera, the elephant, down to river.

C: The elephant lay down on Pratham's side, then he looked at his feet and examined his whole body for sores.

D: The elephant knew it was time to return. So, both the elephant and trainer would return home.

A. BCAD **B.** ADCB **C.** DCBA **D.** ACDB

Q.30 A: We feel deeply hurt when a friend says sharply, "I can't talk to you right now".

B: A friend's rudeness is much more damaging than a stranger's as it hurts us instead of making angry.

C: Or when a friend shows up late for a meeting with no valid reason, we get a little sad.

D: In these situations, we feel that we are being taken for granted.

A. CBDA **B.** BACD **C.** ADCB **D.** DBCA

Ques (31-35):Direction: Fill in the blanks with the most suitable option.

Q.31 If I meet him, I _____ give him the book.

A. Will have **B.** Would have
C. Will **D.** None of these

Q.32 The Dean and the Principal _____ giving a lecture on discipline.

A. Is **B.** Are **C.** Was **D.** Am

Q.33 Spring has spread her mantle of green ______ earth.

A. Across the **B.** Within the
C. Along the **D.** Over the

Q.34 By the time the troops arrive, the stranded travelers ______ several weeks waiting.

A. Will have spent **B.** Would have spent
C. Would have spend **D.** Will spend

Q.35 When I was a child, I ______ sleep whenever I wanted.

A. Can **B.** May
C. Could **D.** None of these

Ques (36-40):Direction: A sentence with an underlined word is given below. Select the most appropriate SYNONYM for the underlined word from the given options.

Q.36 The King was known for his merciful way of forgiving first-time wrongdoers.

A. Brutal **B.** Stubborn **C.** Lenient **D.** Grateful

Q.37 The day-to-day workings of the office had become very mundane for Richard.

A. Spiritual **B.** Monotonous
C. Psychotic **D.** Graphic

Q.38 The tornado wreaked havoc on the citizens of Odisha.

A. Construction **B.** Congregation
C. Development **D.** Devastation

Q.39 The entire debate team was in perfect <u>harmony</u> except for Chris.

A. Remorse **B.** Accord **C.** Discord **D.** Alimony

Q.40 The whole plan to go on a weekend trip was a very <u>impulsive</u> decision.

A. Scheduled **B.** Spontaneous
C. Havoc **D.** Measured

Ques (41-45):Direction: A sentence with an underlined word is given below. Select the most appropriate ANTONYM for the underlined word from the given options.

Q.41 Distance doesn't <u>ruin</u> a relationship. Doubts do.

A. Restore **B.** Destroy
C. Demolish **D.** Wreck

Q.42 The <u>cooperative</u> movement started in Britain in the 19th century.

A. Individual **B.** Combined
C. United **D.** Accommodative

Q.43 Some people <u>pretend</u> to despise the things they cannot have.

A. Regret **B.** Sorrow **C.** Reveal **D.** Trouble

Q.44 Her mother was a <u>brilliant</u> scientist.

A. Intelligent **B.** Smart
C. Shining **D.** Untalented

Q.45 A policeman has the authority to <u>arrest</u> lawbreakers.

A. Capture **B.** Release **C.** Catch **D.** Check

Ques (46-50):Direction: Read the given passage carefully and answer the question that follows.

Pidgins are defined as a type of spoken communication with two or more languages. It has fundamental grammar and vocabulary. It is also meant to facilitate people who do not speak a common language. An example is the "Lingua Franca" which was first created among traders. This is called business language. They are created because traders come from different places and have different tongues; therefore a common language is formed. Creoles, on the other hand, refer to any pidgin language that becomes the first language in a speech community. A creole is "created" when the utterer of a pidgin language gains a stronghold over the utterers of another. This can be in the form of social or political holdover. Therefore, the pidgin language used in speech between these two groups may become the first language of the minority community. One such example is "Gullah (derived from English), spoken in the Sea Islands of the southeastern U.S."

To cope with the consequent expansion of communicative functions the vocabulary is increased and the grammar becomes more complex in pidgins. Where a creole and the standard variety of English coexist, as, in the Caribbean, there is a continuum from the most extreme form of creole to the form that is closest to the standard language. Linguists mark off the relative positions on the creole continuum as the 'basilect' (the furthest from the standard language), the 'mesolect', and the 'acrolet'. In such situations, most creole speakers can vary their speech along the continuum and many are also competent in the standard English of their country.

Q.46 What are creoles?

A. It is a type of American delicacy
B. It is a type of grammar rule that is followed by pidgins
C. It is a pidgin language that becomes the first language of a community
D. None of these

Q.47 What does 'Lingua Franca' mean?

A. Goodbye
B. The common language between people whose native languages are different
C. Creole
D. None of these

Q.48 According to the passage, which of the following statements is true?

A. Pidgins and creoles are languages spoken by different communities in India
B. Creoles coexist with the standard variety of English
C. A creole is created when a person speaks pidgins over a long duration of time
D. Business language is created because traders from the same place end up speaking different languages

Q.49 What is the tone of the passage?

[SBI Clerk, 2020], [IBPS PO, 2019]

A. Cynical **B.** Speculative
C. Analytical **D.** Informative

Q.50 What are pidgins?

A. They are a breed of animals in Antarctica
B. They are a tribe that resides in Africa
C. It is a grammatically simplified form of a language
D. None of these

Ques (51-55):Direction: Read the given passage carefully and answer the question that follows.

Mental health is an integral part of health and is more than the absence of mental illnesses. It refers to a broad array of activities directly or indirectly related to the mental well-being, prevention of mental disorders, and treatment and rehabilitation of people affected by mental disorders. Interventions, focusing on raising awareness of mental health issues and mobilizing efforts in support of mental health, are necessary for addressing the situation.

Mental health, like other aspects of health, can be affected by a range of socio-economic factors that need to be addressed through comprehensive strategies for promotion, prevention, treatment and recovery in a whole-of-government approach. Determinants of mental health and mental disorders include not only individual attributes such as the ability to manage one's thoughts, emotions, behaviors and interactions with others, but also social, cultural, economic, political and environmental factors such as national policies, social protection, living standards, working conditions, and community social supports. Poverty and low education levels are the key factors amongst these. Specific psychological and personality factors also contribute towards vulnerability. Genetic factors also play some role.

Treatment of mental health disorders is of utmost importance. Policymakers should be encouraged to promote the availability of and access to cost-effective treatment of common mental disorders at the primary health care level. Mental health promotion and protection involves creating an environment that promotes healthy living and encourages people to adopt a healthy lifestyle. Mental health promotion will now receive more focus, with its inclusion into the Sustainable Development Goals. National mental health policies must be in place to not only promote the treatment of mental health disorders but provide overarching directions on broader issues for ensuring mental health promotion. This calls for a multisectoral engagement and a life-course approach. In India, WHO estimates that the age-adjusted suicide rate per 100,000 population is 21.1. It is estimated that, in India, the economic loss, due to mental health conditions, between 2012-2030, is 1.03 trillion of 2010 dollars.

Q.51 Which of the following statements is false?

A. Mental health promotion will now receive more focus, with its inclusion into the Sustainable Development Goals

B. Mental health promotion can result in significant economic losses

C. Mental health promotion calls for a multisectoral engagement and a life-course approach

D. Specific psychological and personality factors also contribute towards mental health problems

Q.52 What does the promotion and protection of mental health involve?

A. Creating an environment that promotes healthy living

B. Encouraging people to adopt a healthy lifestyle

C. Both (A) and (B)

D. Neither (A) nor (B)

Q.53 What should policymakers do for the cause of mental health?

A. Penalize poverty

B. Promote the availability of and access to cost-effective treatment

C. Make laws that confine mentally ill people

D. Criminalize suicide

Q.54 What can affect mental health?

A. Individual attributes

B. Socio-economic factors

C. Genetic factors

D. All of the above

Q.55 What is mental health?

A. The diagnosis and treatment of mental illnesses

B. A range of activities related to one's mental well-being

C. The health of those who are mentally ill

D. Social and community support

Ques (56-60):Direction: Read the given passage carefully and answer the question that follows.

The defeat of the Brexit deal — a product of nearly two years of negotiations with the European Union (EU), proposed by British Prime Minister Theresa May — by a margin of 230 votes, makes Britain's impending exit from the EU more difficult and challenging. For emerging economies like India, which are already dealing with **headwinds** such as a slowdown in the European economy and trade tensions between the US and China, the uncertainty over the nature of Britain's exit from the EU presents additional challenges. The large margin of defeat makes clear there is little in the negotiated deal that is acceptable, making May's task a daunting one. The prime minister is expected to survive the no-confidence motion proposed by Labour leader Jeremy Corbyn. This leaves her little time to put together a statement to be delivered on Monday, January 21, outlining how she proposes to put forward a tweaked 'Plan B' Brexit deal for another vote in the House of Commons. Prime Minister May has promised to consult MPs on possible changes to make the Brexit deal 'more acceptable'. However, that will require renegotiating with Brussels, a task that is fraught with challenges given the stance of the EU, which has been reluctant to make bigger changes other than more promises to use the backstop that would avert a 'hard border' in Ireland. Several options are being suggested, such as a second referendum, and a Norway-style economic partnership. But these are still in the realm of debate, and any plan will require the EU's **acquiescence**. The choice might finally be between a no-deal Brexit and a delay in Brexit. And, as some hope, no Brexit.

Q.56 Based on your reading of the passage, which of the following is not a suggested option for alternatives?

A. Re Referendum

B. Economic Partnership

C. Eastern Western Corridor Merge

D. Possible changes to make the Brexit deal more acceptable

Q.57 Choose the word that gives a similar meaning to the word from the passage.

Acquiescence

A. Recession **B.** Precision

C. Accession **D.** None of these

Q.58 What is the passage trying to convey from the following? "Making May's task a daunting one"

A. The Brexit deal has no room for negotiation and hence the ball is out of the court

B. The Brexit deal poses many limitations for the European Union to take the discussion forward

C. The Brexit deal poses many limitations for Britain to take the discussion forward

D. With hardly anything in favor of the British PM, it will be difficult for the PM to get things in her favor

Q.59 Choose a word similar in meaning to the word from the passage.

Headwinds

A. Sesquipedalian **B.** Rancor

C. Rudiment **D.** Updraft

Q.60 What is the author trying to mean from the phrase "makes Britain's impending exit ..."?

A. The Brexit deal is now a dream

B. What was destined to happen for Britain will now happen

C. The exit of Britain which was so obvious to happen is now a failed wish

D. The Brexit deal which was so certain to take place had to take shape with a vote of 230

// Smart Answer Sheet //

Correct Indicates percentage of students who answered questions correctly.

Skipped Indicates percentage of students who skipped questions.

Q.	Ans.	Correct	Skipped
1	D	67.66 %	1.8 %
2	B	54.49 %	4.19 %
3	B	66.47 %	3.59 %
4	B	42.51 %	4.2 %
5	C	45.51 %	3.59 %
6	A	91.62 %	2.39 %
7	C	62.87 %	8.99 %
8	B	72.46 %	4.19 %
9	C	58.08 %	18.57 %
10	C	40.72 %	20.96 %
11	A	25.15 %	7.78 %
12	A	41.32 %	7.78 %

Q.	Ans.	Correct	Skipped
13	B	26.35 %	8.38 %
14	C	62.28 %	7.18 %
15	A	67.07 %	7.78 %
16	C	28.74 %	19.76 %
17	A	50.9 %	19.76 %
18	A	26.95 %	20.36 %
19	B	17.96 %	20.96 %
20	D	45.51 %	19.16 %
21	B	53.29 %	13.18 %
22	C	55.69 %	12.57 %
23	B	24.55 %	14.37 %
24	D	61.08 %	13.77 %

Q.	Ans.	Correct	Skipped
25	B	26.95 %	13.77 %
26	D	45.51 %	11.98 %
27	D	69.46 %	10.78 %
28	C	43.11 %	8.39 %
29	A	63.47 %	11.98 %
30	B	59.28 %	11.38 %
31	C	76.65 %	7.18 %
32	B	74.85 %	6.59 %
33	D	43.71 %	6.59 %
34	A	19.16 %	6.59 %
35	C	70.66 %	6.59 %
36	C	38.32 %	14.37 %

Q.	Ans.	Correct	Skipped
37	B	50.9 %	12.57 %
38	D	58.68 %	16.77 %
39	B	47.31 %	14.97 %
40	B	61.68 %	14.97 %
41	A	77.84 %	4.2 %
42	A	76.65 %	4.19 %
43	C	63.47 %	4.19 %
44	D	80.84 %	3.59 %
45	B	81.44 %	4.19 %
46	C	42.51 %	17.37 %
47	B	43.71 %	18.57 %
48	B	13.77 %	17.37 %

Q.	Ans.	Correct	Skipped
49	D	35.93 %	20.36 %
50	D	13.17 %	19.17 %
51	B	42.51 %	7.79 %
52	C	62.28 %	5.98 %
53	B	63.47 %	5.39 %
54	D	52.69 %	6.59 %
55	B	50.9 %	7.18 %
56	C	28.14 %	4.2 %
57	C	29.34 %	6.59 %
58	D	27.54 %	5.99 %
59	D	24.55 %	5.39 %
60	C	19.16 %	4.79 %

Performance Analysis	
Avg. Score (%)	40.83%
Toppers Score (%)	97.92%
Your Score	

अनुभागीय टेस्ट 08

Ques (1-5):Direction: Select the most appropriate option to substitute the underlined segment in the given sentence. If there is no need to substitute it, select No improvement.

Q.1 The people criticized the terrorist attack.

A. Condoned **B.** Condemned
C. Conceded **D.** No improvement

Q.2 My mother offered me coffee but I denied it.

A. Declined **B.** Rejected
C. Refused **D.** No improvement

Q.3 Poisonous waste from factories is hazardous to the environment.

A. Toxic **B.** Troublesome
C. Effluent **D.** No improvement

Q.4 Due to the close affinity of the host and the wedding planner, the wedding was organized successfully.

A. Termination **B.** Co-operation
C. Collaboration **D.** No Improvement

Q.5 I worked in this institution since 2010.

A. Have worked **B.** Have been working
C. Am working **D.** No improvement

Q.6 Direction: Select the wrongly spelt word.

A. Appellation **B.** Ammunition
C. Anoint **D.** Demurage

Q.7 Direction: Select the wrongly spelt word.

A. Absense **B.** Acquiesce
C. Acquisition **D.** Acquit

Q.8 Select the wrongly spelt word.

A. Ambit **B.** Embarassment
C. Palpable **D.** Flabbergast

Q.9 Select the wrongly spelt word.

A. Argument **B.** Ignorant
C. Conscience **D.** Appearent

Q.10 Select the correctly spelt word.

A. Ilogical **B.** Achieve
C. Appearence **D.** Grammer

Ques (11-15):Direction: Choose the segment of the sentence that contains a grammatical error. If there is no error, mark 'No error' as your answer.

Q.11 The airplane took off (A)/ with its cargo (B)/ on midnight. (C)/ No error

A. A **B.** B **C.** C **D.** No error

Q.12 It's high time we make (A)/ some changes to the campus (B)/ of the university. (C)/ No error

A. A **B.** B **C.** C **D.** No error

Q.13 Some stringent measures (A)/ have been taken with a view to (B)/ increase the company's profits. (C)/ No error

A. A **B.** B **C.** C **D.** No error

Q.14 Scarcely we had started (A)/ our meal when (B)/ the doorbell rang. (C)/ No error

A. A **B.** B **C.** C **D.** No error

Q.15 Shivani urged her parents (A)/ allowing her for a college tour (B)/ to remote countryside. (C)/ No error

A. A **B.** B **C.** C **D.** No error

Ques (16-20):Direction: Select the most appropriate word for the given group of words.

Q.16 A man who is womanish in his habits

[HTET TGT Mathematics, 2019], [HTET TGT Science, 2019]

A. Feminist **B.** Philologist
C. Effeminate **D.** Philanderer

Q.17 An ill-tempered scolding woman

A. Vindicate **B.** Virago
C. Vigour **D.** Vicarious

Q.18 A person who creates disorder in a state

A. Rebel **B.** Fifth Columnist
C. Militant **D.** Anarchist

Q.19 A place where bees are kept

A. A pantry **B.** A nursery
C. An apiary **D.** An aquarium

Q.20 One who makes maps or charts

A. Cartoonist **B.** Cartographer
C. Choreographer **D.** Choirmaster

Ques (21-25):Direction: A sentence with an underlined word is given below. Select the most appropriate SYNONYM for the underlined word from the given options.

Q.21 Despite his illness, he has an indomitable spirit.

A. Justifiable **B.** Changeable
C. Accessible **D.** Invincible

Q.22 The traffic was only creeping along.

A. Spicy **B.** Speck **C.** Plethora **D.** Crawl

Q.23 Sand back has never received the recognition accorded his minimalist peers.

A. Solitary **B.** Aloof **C.** Give **D.** Crowded

Q.24 I certainly don't agree with his assertion that men are better drivers than women.

A. Grow **B.** Reproduce
C. Breed **D.** Declaration

Q.25 A crowd congregated around the entrance to the theatre, hoping to catch a glimpse of the stars of the show.

A. Assemble **B.** Rejection
C. Perfection **D.** Dejection

Ques (26-30):Direction: A sentence with an underlined word is given below. Select the most appropriate ANTONYM for the underlined word from the given options.

Q.26 Cricketers who are able to make hat-tricks have a hectic schedule.

A. Frantic **B.** Relaxing **C.** Feverish **D.** Chaotic

Q.27 A benign substance or process does not have any harmful effects.

A. Harmless **B.** Caring
C. Malignant **D.** Generous

Q.28 He was a gentleman of complete integrity.

A. Reliability **B.** Dishonesty
C. Truthfulness **D.** Dependability

Q.29 The defeat has blemished the team's perfect record.

A. Scrupulous **B.** Deny
C. Enhancement **D.** Commemorate

Q.30 I know it sounds nasty but it will be an experience.

A. Sad **B.** Clean
C. Filthy **D.** Challenging

Ques (31-35):Direction: Fill in the blanks with the most suitable option.

Q.31 The bull rushed _________.

A. Towards the crowd in the morning menacingly
B. Towards the crowd menacingly in the morning
C. Menacingly towards the crowd in the morning
D. In the morning menacingly towards the crowd

Q.32 The woodcutter stirred the fire _______ the flames leaped high and the sparks flew out in the open.

A. Until **B.** Unless **C.** Less **D.** Lesser

Q.33 She picked up the same hairband ______ she had left on the bed.

A. Who **B.** Whom **C.** Those **D.** That

Q.34 They had friends with _____ they could confide and who made them feel cared about.

A. Who **B.** Whom **C.** Which **D.** Whose

Q.35 Roosevelt said that freedom ______ cannot exist apart from some amount of economic liberty.

A. Himself **B.** Oneself **C.** Itself **D.** Herself

Ques (36-40):Direction: Select the option that conveys the meaning of the given idiom or phrase most appropriately.

Q.36 Call a spade a spade

A. To be hypocritical **B.** To lie
C. To snitch **D.** To be frank

Q.37 By hook or by crook

A. By stealing **B.** In complete secrecy
C. By any means **D.** By force

Q.38 To bury the hatchet

A. To put aside differences
B. To put away a weapon
C. To bury a weapon
D. To hide something

Q.39 Let sleeping dogs lie

A. To not talk about things in the past that might cause problems
B. One who lies a lot
C. A lazy person
D. To take care of one's pet really well

Q.40 The elephant in the room

A. An expensive thing
B. A spacious building
C. A major problem or controversial issue
D. A gigantic article

Ques (41-45):Direction: In the following question, sentences of a paragraph have been jumbled and labeled as A, B, C and D. You are required to rearrange the jumbled sentences of the paragraph and mark your response accordingly by selecting the correct option.

Q.41 A. But this drive expresses itself in many different ways.

B. Nietzsche sees the will to power as neither good nor bad.

C. According to him, it is a basic drive found in everyone.

D. The philosopher and the scientist direct their will to power into a will to truth.

A. DCAB **B.** ADCB **C.** CDAB **D.** BCAD

Q.42 A. The element symbol for Plutonium is Pu, rather than Pl.

B. They later withdrew it as they realized it could also be used for an atomic bomb.

C. The researchers submitted the proposed name and symbol to the journal Physical Review.

D. This is because Pu was a more amusing symbol of the two.

A. DCAB **B.** ADCB **C.** CDAB **D.** BCAD

Q.43 A: The opposite of demonetization is remonetization, in which a form of payment is restored as legal tender.

B: Sometimes, a country completely replaces the old currency with a new currency.

C: The current form or forms of money is pulled from circulation and retired, often to be replaced with new notes or coins.

D: Demonetization is the act of stripping a currency unit of its status as legal tender.

A. DCBA **B.** DCAB **C.** DBCA **D.** ADCB

Q.44 A. It also describes how the elements and principles of artwork together in an art form.

B. Form is one of the seven elements of art.

C. It connotes a three-dimensional object in space.

D. Form is also used to describe the physical nature of the artwork.

A. DCAB **B.** ADCB **C.** CDAB **D.** BCAD

Q.45 A. Transporting substances to and from our cells is a major function of blood.

B. Providing immunity and protection against bacteria and viruses is also another function of blood.

C. Blood is a component of the cardiovascular system.

D. It is composed of blood cells and an aqueous fluid known as plasma.

A. ADCB **B.** DCAB **C.** CDAB **D.** BCAD

Ques (46-50):Direction: Read the given passage carefully and answer the question that follows.

Michaelangelo is famous for having successfully interpreted the human body. His great achievement is that of the painting of David whose hands reach out as a sign of human capability and potential. It is assumed that the time he lived was ripe for exchange of knowledge, development in science and matured enough to advance the horizon of investigation in all fields. Renaissance humanism stressed a serious rethink nature of art that focussed on accurate details. In painting and sculpture artists focussed on not so casual but verifiable and minute details. Michaelangelo's paintings are no exception to it. In a study published in the journal of the Royal Society of Medicine, a group of surgeons are of the opinion that the great master was "afflicted by an illness involving his joints'. They have used his portraits as evidence to argue their view. During his life, he complained of what he felt to be gout". Later he complained of his score and stiff hands which the doctors would find to be natural for someone who was engaged in handmade art. The doctors found both degenerative and non-degenerative changes. They attribute the pain not just to arthritis, but to the stress of hammering and chiseling and note that though the matter was seen hammering days before his death at an old age, he did not write or sign his own letters before his death. In recent times there have been attempts to diagnose famous artists with diseases that were not known during their time. The practice has raised many questions especially on the issue of ethics in research. It is also inferred from the authentic analysis that Michaelangelo persisted in his work until his last days. This theory would emphasize that the artistic subject defined his physical infirmities.

Q.46 What generalizations do people subscribe to?

A. Establishing facts by DNA tests

B. Inferring the essence of the character from famous people's handwriting

C. Carbon dating of the hair of celebrities to draw a conclusion on their physical structure

D. To retroactively diagnose famous artists and public figures of conditions that were not prevalent during their time

Q.47 Michaelangelo lived during the time that let us know that-

A. Human aspirations are limitless and open to new vistas of knowledge

B. Cross-cultural exchange in ideas is the only way for human progress

C. It is the progress of science and anatomy that contributes to civilizations exclusively

D. Human beings process which is the only key to knowledge

Q.48 The Controversy that the passage above refers to is whether-

A. Michaelangelo worked under Durex

B. Michaelangelo could contain his physical infirmity by artistic excellence

C. Michaelangelo submitted to disease

D. Michaelangelo survived different diseases before pursuing art

Q.49 What actually may be concluded from the above passage?

A. Physical infirmities dissuade people with capabilities from excelling

B. Excellence in any form triumphs over extraneous factors including physical ailments

C. Michaelangelo's gout and other ailments lessened efficiency

D. The diseases Michaelangelo faced were due to constant hammering

Q.50 Renaissance painting in Europe was skeptical of-

A. The obsessive medieval method of accuracy

B. The classical simplicity and lack of control

C. The case and decorative excess of earlier art

D. Expressionist technique

Ques (51-55):Direction: Read the given passage carefully and answer the question that follows.

India is facing the challenge of sustaining its rapid economic growth while dealing with the global threat of climate change. This threat emanates from accumulated greenhouse gas emissions, generated through long-term industrial growth and high consumption lifestyles. Presently, India is among the top 10 emitters of Greenhouse Gases (GHG) in the world. However, it is in India's interest to ensure that the world moves towards a low carbon future. With changes in key climate variables, namely temperature, precipitation, and humidity, crucial sectors like agriculture and rural development are likely to be affected in a major way. As a developing country, India is closely tied to natural resources and agriculture, and water and forestry are climate-sensitive.

To combat climate change, India's National Action Plan for Climate Change (NAPCC) aims to achieve national growth objectives, along with enhancing ecological sustainability that leads to further mitigation of greenhouse gas emissions. NAPCC endeavors to deploy appropriate technologies, for both adaptation and mitigation of greenhouse gases and to promote sustainable development. NAPCC also plans to extend international cooperation for research, development, sharing, and transfer of technologies enabled by additional funding. India is a member of the United Nations Framework Convention and intends to cooperate with the same on Climate Change. The United Nations Framework Convention on Climate Change (UNFCCC) is an international environmental treaty produced at the United Nations Conference on Environment and Development (UNCED) and is informally known as the Earth Summit. The objective of the treaty is to stabilize greenhouse gas concentrations in the atmosphere at a level that would prevent dangerous anthropogenic interference with the climate system.

Q.51 Suggest an appropriate title for the passage.

A. India and the global threat of climate change

B. National Action Plan for Climate Change

C. Role of United Nations in Global warming

D. Environmental pollution

Q.52 What inference can we draw from this passage?

A. Climate change is a global threat and the entire world must work together to tackle this issue

B. Developed countries are putting all the blames on developing countries for releasing excess carbon dioxide

C. To promote sustainable development, the world needs a clean atmosphere

D. The United Nations Framework Convention on Climate Change (UNFCCC) is an international environment treaty but the member nations are not serious about this treaty

Q.53 Which sector of a developing country is the most vulnerable due to climate change?

A. Climate change is only dangerous for a developed country

B. The sector of agriculture and rural development

C. The sector of Sustainable development is the most vulnerable

D. The sector of the Industrial development

Q.54 Why National action plan was necessary?

A. To control greenhouse gas emissions

B. To save the natural resources of India

C. To eradicate poverty from India

D. To counter The United Nations Framework Convention on Climate Change (UNFCCC)

Q.55 Why it is difficult for India to sustain its economic growth in the long run?

A. The threat of climate change is blocking the rapid economic progress of India

B. International treaties on climate change prohibit India from making rapid economic progress

C. India's National Action Plan for Climate Change (NAPCC) aims to restrict rapid economic and industrial growth

D. India falls in a climate-sensitive zone. So, it can't sustain its economic growth for too long

Ques (56-60):Direction: Read the given passage carefully and answer the question that follows.

To avoid the various foolish opinions to which mankind is prone, no superhuman brain is required. A few simple rules will keep you, not from all errors, but from silly errors.

If the matter is one that can be settled by observation, make the observation yourself. Aristotle could have avoided the mistake of thinking that women have fewer teeth than men, by the simple device of asking Mrs. Aristotle to keep her mouth open while he counted. Thinking that you know, when in fact you do not, is a bad mistake to which we are all prone. I believe that hedgehogs eat black beetles because I have been told that they do; but if I were writing a book on the habits of hedgehogs, I should not commit myself until I had seen one enjoying this diet. Aristotle, however, was less cautious. Ancient and medieval writers knew all about unicorns and salamanders; not one of them thought it necessary to avoid dogmatic statements about them because he had never seen one of them.

Q.56 A 'dogmatic statement' in the context means a statement which is-

A. Unquestionable **B.** Convincing

C. Proved **D.** Doubtful

Q.57 With reference to the passage, which one of the following is the correct statement?

[Army Public School (PRT), 2016]

A. Aristotle thought women have fewer teeth than men

B. Aristotle proved that women have fewer teeth by counting his wife's teeth

C. Aristotle may have thought that women have fewer teeth because he never had a wife

D. Aristotle was able to avoid the mistake of thinking that women have fewer teeth than men

Q.58 The writer believes that-

A. Through observation, we could avoid making many mistakes

B. Aristotle made many mistakes because he was not observant

C. All errors are caused by our own error in thinking

D. Most people could avoid making foolish mistakes if they were clever

Q.59 The writer says that if he was writing a book on hedgehogs-

A. He would think it unnecessary to verify that they ate black beetles

B. He would maintain that they eat black beetles because he had been told so

C. He would first observe their eating habits

D. He would make the statement that they are black beetles and later verify it

Q.60 The writer is of the opinion that:

A. Ancient and medieval writers wrote authoritatively about unicorns and salamanders though they had never seen them

B. Unicorns and salamanders were observed by ancient and medieval writers but were unknown to modern writers

C. Only those who had observed the habits of unicorns and salamanders wrote about them

D. Unicorns and salamanders do not exist

// Smart Answer Sheet //

Correct — Indicates percentage of students who answered questions correctly.

Skipped — Indicates percentage of students who skipped questions.

Q.	Ans.	Correct	Skipped
1	B	56.04 %	6.6 %
2	C	53.85 %	8.79 %
3	A	78.02 %	7.69 %
4	C	21.98 %	7.69 %
5	B	74.73 %	7.69 %
6	D	21.98 %	2.2 %
7	A	48.35 %	10.99 %
8	B	41.76 %	8.79 %
9	D	43.96 %	18.68 %
10	B	43.96 %	17.58 %
11	C	60.44 %	10.99 %
12	A	45.05 %	10.99 %
13	C	25.27 %	10.99 %
14	A	57.14 %	10.99 %
15	B	56.04 %	10.99 %
16	C	51.65 %	16.48 %
17	B	18.68 %	16.48 %
18	D	32.97 %	17.58 %
19	C	72.53 %	17.58 %
20	B	74.73 %	15.38 %
21	D	64.84 %	15.38 %
22	D	58.24 %	15.39 %
23	C	21.98 %	15.38 %
24	D	75.82 %	15.39 %
25	A	76.92 %	15.39 %
26	B	61.54 %	23.08 %
27	C	50.55 %	19.78 %
28	B	67.03 %	18.68 %
29	C	47.25 %	19.78 %
30	B	54.95 %	21.97 %
31	C	49.45 %	13.19 %
32	A	67.03 %	12.09 %
33	D	80.22 %	12.09 %
34	B	76.92 %	12.09 %
35	C	73.63 %	14.28 %
36	D	57.14 %	8.79 %
37	C	78.02 %	8.79 %
38	A	45.05 %	8.8 %
39	A	65.93 %	8.8 %
40	C	63.74 %	9.89 %
41	D	48.35 %	15.39 %
42	B	54.95 %	14.28 %
43	A	28.57 %	16.48 %
44	D	64.84 %	15.38 %
45	C	64.84 %	16.48 %
46	D	38.46 %	3.3 %
47	A	34.07 %	10.98 %
48	B	37.36 %	10.99 %
49	B	29.67 %	9.89 %
50	C	5.49 %	8.8 %
51	A	38.46 %	19.78 %
52	A	45.05 %	18.69 %
53	B	42.86 %	15.38 %
54	A	49.45 %	17.58 %
55	A	40.66 %	19.78 %
56	A	24.18 %	7.69 %
57	A	54.95 %	12.08 %
58	A	58.24 %	9.89 %
59	C	62.64 %	9.89 %
60	D	9.89 %	8.79 %

Performance Analysis	
Avg. Score (%)	43.33%
Toppers Score (%)	100.0%
Your Score	

अनुभागीय टेस्ट 09

Ques (1-5):Direction: Select the most appropriate option to substitute the underlined segment in the given sentence. If there is no need to substitute it, select No improvement.

Q.1 Her new office has no furnitures yet.

A. Have no furnitures **B.** Had no furnitures
C. Has no furniture **D.** No improvement

Q.2 Even when he got into the slightest of trouble, he behaves like a coward.

A. Cowardly
B. In a cowardly manner
C. As if he was a coward
D. No improvement

Q.3 I have presented with a more expensive dress on my birthday.

A. A must **B.** The more
C. The most **D.** No improvement

Q.4 The students are trying to cheat, isn't it?

A. Are they **B.** Aren't they
C. Isn't it **D.** No improvement

Q.5 My uncle lives in nearby apartments whose name I have forgotten.

A. The name of which **B.** Which name
C. Name of which **D.** No improvement

Q.6 Select the wrongly spelt word.

A. Abhorrent **B.** Privarticate
C. Circuitous **D.** Finicky

Q.7 Select the wrongly spelt word.

A. Transgresser **B.** Accommodate
C. Perspicuous **D.** Assassin

Q.8 Select the wrongly spelt word.

A. Specialist **B.** Expecially
C. Specially **D.** Specialization

Q.9 Select the wrongly spelt word.

A. Particular **B.** Impateint
C. Fortunate **D.** Thoroughly

Q.10 Select the wrongly spelt word.

A. Summarize **B.** Reidiculous
C. Receptionist **D.** Inhuman

Ques (11-15):Direction: Choose the segment of the sentence that contains a grammatical error. If there is no error, mark 'No error' as your answer.

Q.11 When the troop finally (A)/ returned, a cloud of disappointment (B)/ hung over them. (C)/ No error

A. A **B.** B **C.** C **D.** No error

Q.12 The number of people lined up (A)/ at the box office for tickets (B)/ were three hundred. (C)/ No error

A. A **B.** B **C.** C **D.** No error

Q.13 A bevy of special guests (A)/ have contributed to the (B)/ project extensively. (C)/ No error

A. A **B.** B **C.** C **D.** No error

Q.14 Let us sing a good (A)/ old song from a Bollywood movie, (B)/ do we? (C)/ No error

A. A **B.** B **C.** C **D.** No error

Q.15 She rarely fed (A)/ on vegetables anymore, (B)/ didn't she? (C)/ No error

A. A **B.** B **C.** C **D.** No error

Ques (16-20):Direction: Select the most appropriate word for the given group of words.

Q.16 The practice or art of choosing, cooking, and eating good food

A. Idolatry **B.** Horticulture
C. Hydrophobia **D.** Gastronomy

Q.17 A person or thing living or existing at the same time as another

A. Cynic **B.** Predator
C. Fanatic **D.** Contemporary

Q.18 Impossible to satisfy

A. Vulnerable **B.** Potable
C. Insatiable **D.** Opaque

Q.19 A child born after the death of its father

A. Posthumous **B.** Theist
C. Notorious **D.** Pedestrian

Q.20 A person hurt or killed in an accident

A. Casualty **B.** Martyr **C.** Patient **D.** Injured

Ques (21-25):Direction: A sentence with an underlined word is given below. Select the most appropriate SYNONYM for the underlined word from the given options.

Q.21 The burglars ransacked the house but found nothing valuable.

A. Plunder **B.** Scarce
C. Vertiginous **D.** Stable

Q.22 Their appalling treatment of their child could only have happened with the connivance of their neighbors.

A. Stable **B.** Lenient
C. Collusion **D.** Strong

Q.23 The judge was reviled in the newspapers for his opinions on rape.

A. Censure **B.** Economical
C. Poor **D.** Depressed

Q.24 The political dispensation to follow will be either stable or colonial, but not both.

A. Bright **B.** Exemption
C. Nervous **D.** Afraid

Q.25 I told you quite explicitly to be home by midnight.

A. Humorous **B.** Amusing
C. Tactful **D.** Specially

Ques (26-30):Direction: A sentence with an underlined word is given below. Select the most appropriate ANTONYM for the underlined word from the given options.

Q.26 The lawyer claimed his client was provoked into acts of violence.

A. Incite **B.** Allay **C.** Alley **D.** Induce

Q.27 Their plan is to fabricate the house out of synthetic materials.

A. Falter **B.** Fluctuate
C. Dismantle **D.** Delusional

Q.28 The first known use of malice was in the 14th century.

A. Malevolence **B.** Magnanimity
C. Lunacy **D.** Goodwill

Q.29 The police said that this was one of the most vicious attacks they'd ever seen.

A. Benevolent **B.** Sneer
C. Friendly **D.** Authentic

Q.30 He was deliberately being obtuse.

A. Lumpish **B.** Dull
C. Imperceptive **D.** Shrewd

Ques (31-35):Direction: Fill in the blanks with the most suitable option.

Q.31 Russians are generally suspicious _______ state hospitals as shown by a public poll.

A. Of **B.** To **C.** With **D.** In

Q.32 The little fellow ran ______ the forest unaware of the imminent danger.

A. In **B.** Into **C.** Onto **D.** On

Q.33 The captains divided the money _______ themselves and the ship sailed on.

A. Between **B.** Across **C.** Amongst **D.** Among

Q.34 The serial blasts took place ______ 3 pm ______ Christmas.

A. At, on **B.** At, by **C.** At, at **D.** On, at

Q.35 He informed me that he was coming ______ with his colleague.

A. By a car **B.** By car
C. By the car **D.** On car

Ques (36-40):Direction: Select the option that conveys the meaning of the given idiom or phrase most appropriately.

Q.36 Fabian policy

A. Policy of delaying decisions
B. Taking instant decisions
C. Policy of warfare
D. Policy of a strong government

Q.37 Hobson's choice

A. A lot of alternatives **B.** No alternatives
C. Best choice **D.** Worst choice

Q.38 Utopian Scheme

A. A visionary scheme though impractical
B. A visionary scheme though practical
C. A strategic partnership
D. A military partnership

Q.39 Don't count your chickens before they hatch

A. Good things come after bad things
B. To describe exactly what is causing a situation or problem
C. Do something without having planned beforehand
D. Don't count on something good happening until it's happened

Q.40 Kith and kin

A. Warriors
B. Enemies
C. Foe
D. Friends and relatives

Ques (41-45):Direction: In the following question, sentences of a paragraph have been jumbled and labeled as A, B, C and D. You are required to rearrange the jumbled sentences of the paragraph and mark your response accordingly by selecting the correct option.

Q.41 A. One of the best-known examples of North Indian sculpture.

B. And hints at the richness and grandeur of the ancient Mauryan Empire.

C. Is the Lion Capital of Ashoka, Sarnath.

D. It is the source for the national emblem of India.

A. ABDC **B.** ACDB **C.** ADCB **D.** ABCD

Q.42 A. Before the 12th century, It is to be identified as Carnatic classical music.

B. And has been evolving since the 12th century.

C. It is a tradition that originated in Vedic ritual chants.

D. Shastriya Sangeet is the classical music of North India.

A. DCBA **B.** DCAB **C.** ABCD **D.** ABDC

Q.43 A. "It is mine. I saw it first," claimed one cat.

B. Suddenly they spotted a loaf of bread lying beneath a tree.

C. Once upon a time, two cats were passing through a street.

D. Both pounced upon it and caught the loaf at the same time.

A. ADBC **B.** BADC **C.** DBCA **D.** CBDA

Q.44 A. It is one of the most popular pastimes.

B. Finding fault with others is the most common human folly.

C. But while railing at others, we hardly realize that we have the same faults in ourselves.

D. We like to sit in idle groups and rail about the shortcomings of others.

A. DBCA **B.** CBDA **C.** BADC **D.** ADBC

Q.45 A. She understood my signs, and I could make her do as I wished.

B. My constant companion was Martha, our cook's daughter.

C. We even helped in feeding the hens which crowded around the kitchen steps.

D. This pleased me greatly and we spent a lot of time together.

A. BADC **B.** CBDA **C.** DCAB **D.** ADCB

Ques (46-50):Direction: Read the given passage carefully and answer the question that follows.

Locals in the Bahamas will tell you the best time for beach-combing is after a big storm. There's a rumor, unconfirmed, that on one such beach trip, people found gold coins. And on one such October day in 2015, in the aftermath of Hurricane Joaquin, three Long Island locals found two human skulls.

The skulls were from Lucayans, the first **indigenous** people of the Bahamas, who lived in the region from about 800 to the early 1500s. The foreheads were purposely flattened, which was a common practice of this group. Additional bones peeked out from a nearby sand dune. The beach explorers finished their walk, headed home, and contacted the Bahamas National Museum's Antiquities, Monuments, and Museum Corporation (AMMC), the governmental agency responsible for archaeology.

Eventually, in 2016, I got a call in my office in Florida. "Can you come to the Bahamas next week?" The voice on the other end of the phone belonged to Keith Tinker, the AMMC's director at the time. He explained that there was a small window of opportunity. This was the first Indigenous sand dune burial ever reported in the Bahamas, and the people who discovered it would only be on the island for another week. We needed their help to relocate the burials.

Hurricane Matthew battered the Bahamian capital of Nassau three days after the call, and I assumed that the trip was off. But at week's end, I was driving from the airport to the AMMC office in Nassau, past broken trees and palm fronds piled on the sides of flooded streets. Power was still out across much of the island of New Providence. The next morning, I joined my friend and colleague Michael Pateman, then chief archaeologist at the AMMC, to take a flight to Long Island.

Q.46 What is the full form of AMMC?

A. Antiquities, Museum and Monuments Corporation
B. Antiquities, Monuments, and Museum Corporation
C. Antiques, Museum and Monuments Corporation
D. Antiques, Monuments and Museum Corporation

Q.47 What did locals find in the aftermath of Hurricane Joaquin in October 2015?

A. Gold coins **B.** Old monuments
C. Two human skulls **D.** Sand dunes

Q.48 According to the passage, who was the chief archaeologist at the AMMC?

A. Keith Tinker **B.** Joaquin
C. Michael Pateman **D.** Matthew

Q.49 What is the synonym of the word 'Indigenous'?

A. Adopted **B.** Native **C.** Alien **D.** Exotic

Q.50 Who were the first Indigenous people of the Bahamas?

A. Nassau **B.** Pateman
C. Keith Tinker **D.** Lucayans

Ques (51-55):Direction: Read the given passage carefully and answer the question that follows.

A cyclone is a violent storm. It never comes alone. Heavy showers of rain, thunder and lightning are its **companions**. When a cyclone blows, it moves round and round in the form of small circles. It always changes its course when it blows. It does not move in the same direction as an ordinary storm. It occurs mostly in warm parts of the world. India is in this region of the world. Hence cyclones often blow over her. There are no cyclones in cold countries.

There are some signs of the blowing of a cyclone. The weather becomes hot. There is not a breath of wind. Patches of dark clouds gradually spread in the sky. At last, the sky becomes dark. A storm sets in. The wind then begins to blow violently. From these, we can understand that a cyclone will begin. Then it rains very heavily. Rashes of lightning are seen. Thunders begin to peal loudly. The wind begins to blow furiously. There is a roaring noise. The wind continues to blow for some hours. Sometimes it continues for a couple of days together.

The effect of the blowing of a cyclone is terrible as big trees fall down. Houses are blown away. It results in damage to life and property. The water of rivers rises as there are huge waves in them. Many boats are drowned. Everywhere dead bodies of men and beasts can be seen. Crops are destroyed. People suffer much. They become homeless and helpless. There is a scarcity of food. A famine can break out after a cyclone. The miserable condition of the people cannot be fully described. Other people then try to help them with money, food and clothes.

Q.51 A cyclone always ________.

A. Comes alone
B. Changes its course
C. Causes hazy conditions caused by ash
D. Moves in the same direction

Q.52 Which of the following is not a sign of blowing of a cyclone?

A. Patches of dark cloud gradually spread in the sky
B. The weather becomes hot
C. The wind begins to blow violently
D. Small changes in heat flow

Q.53 Which of the following is not an effect of a cyclone?

A. Houses are blown away
B. Ground rupture and landslides
C. Damage to life and property
D. Water in rivers rises

Q.54 What is the antonym of the word 'companion'?

A. Rival
B. Complements
C. Comrade
D. Associate

Q.55 In which parts of the world does a cyclone occur more often?

A. In cold parts of the world
B. In humid parts of the world
C. In warm parts of the world
D. In desolate parts of the world

Ques (56-60):Direction: Read the given passage carefully and answer the question that follows.

The state of Meghalaya is a pristine gem in the northeastern part of India. With mesmerizing **misty** hills and untouched natural spots, Meghalaya holds special importance in Indian geography. What's more interesting is to know about the tribes of Meghalaya, whose origin can be traced back to that of the state itself. There are three major tribes of Meghalaya, namely, the Garo people, the Khasi People, and the Jaintia tribe.

The names of these tribes are based on which part of Meghalaya they stay in. The Garo reside in the Garo Hills, the Khasi people reside in the East and West Khasi Hills, and the Jaintia people reside in the Jaintia Hills of the state. There are other tribes in Meghalaya which are the minority, namely, Koch, Hajong, Rabha, Mann, and Boro.

The folk dance and festivities mark an important characteristic of the tribes of Meghalaya. The folk dance is performed on festivals and occasions like birth or marriage. Some common folk dances are Shad Suk Mynseim, Nongkrem, Lahoo dance, and Behdienkhlam. The folk dances and festivals of Meghalaya are different for each tribe and are held in open ground-like areas.

The Nongkrem dance form marks the religious thanksgiving for harvest, prosperity and peace in the tribal community. The Shad Suk Mynseim festival is celebrated in the region of east and west Khasi hills at the time of the Spring season. The Khasis are dressed in colorful dresses and dance with drums and traditional pipes called tangmuri. The Lahoo dance is performed for a frolic by both males and females by holding arms together.

Q.56 According to the given passage, what is 'tangmuri'?

A. A type of folk dance
B. A tribe of Meghalaya
C. A traditional pipe used at festivals
D. Language spoken by tribes of Meghalaya

Q.57 Which of the following is the synonym of the word 'misty'?

A. Mysterious
B. Blurred
C. Gigantic
D. Beautiful

Q.58 Which of the following festivals is celebrated at the time of the Spring season?

A. Behdienkhlam
B. Lahoo dance
C. Nongkrem
D. The Shad Suk Mynseim

Q.59 Which of the following is not a major tribe of Meghalaya?

A. Boro
B. Garo
C. Khasi
D. Jaintia

Q.60 The names of tribes of Meghalaya based ________.

A. On the population of the area
B. On the culture and festivals of Meghalaya
C. On the part of Meghalaya in which they stay
D. On the religious activities

// Smart Answer Sheet //

Correct Indicates percentage of students who answered questions correctly.

Skipped Indicates percentage of students who skipped questions.

Q.	Ans.	Correct	Skipped
1	C	72.22 %	7.41 %
2	B	18.52 %	7.41 %
3	C	79.63 %	9.26 %
4	B	77.78 %	9.26 %
5	A	50.0 %	9.26 %
6	B	44.44 %	1.86 %
7	A	29.63 %	9.26 %
8	B	83.33 %	7.41 %
9	B	66.67 %	14.81 %
10	B	64.81 %	14.82 %
11	A	18.52 %	9.26 %
12	C	42.59 %	9.26 %
13	B	27.78 %	9.26 %
14	C	70.37 %	9.26 %
15	C	33.33 %	9.26 %
16	D	40.74 %	12.96 %
17	D	68.52 %	12.96 %
18	C	66.67 %	12.96 %
19	A	48.15 %	12.96 %
20	A	53.7 %	12.97 %
21	A	51.85 %	7.41 %
22	C	44.44 %	7.41 %
23	A	75.93 %	7.4 %
24	B	59.26 %	7.41 %
25	D	57.41 %	7.4 %
26	B	27.78 %	18.52 %
27	C	55.56 %	16.66 %
28	D	44.44 %	14.82 %
29	A	25.93 %	16.66 %
30	D	27.78 %	16.66 %
31	A	61.11 %	9.26 %
32	B	72.22 %	9.26 %
33	D	48.15 %	9.26 %
34	A	79.63 %	9.26 %
35	B	42.59 %	9.26 %
36	A	24.07 %	7.41 %
37	B	31.48 %	9.26 %
38	A	31.48 %	9.26 %
39	D	77.78 %	9.26 %
40	D	61.11 %	9.26 %
41	B	68.52 %	11.11 %
42	A	35.19 %	9.25 %
43	D	75.93 %	11.11 %
44	C	57.41 %	11.11 %
45	A	66.67 %	11.11 %
46	B	74.07 %	1.86 %
47	C	70.37 %	7.41 %
48	C	42.59 %	7.41 %
49	B	79.63 %	9.26 %
50	D	75.93 %	7.4 %
51	B	57.41 %	16.66 %
52	D	53.7 %	14.82 %
53	B	70.37 %	12.96 %
54	A	62.96 %	14.82 %
55	C	68.52 %	14.81 %
56	C	61.11 %	7.41 %
57	B	40.74 %	9.26 %
58	D	74.07 %	7.41 %
59	A	70.37 %	12.96 %
60	C	72.22 %	11.11 %

Performance Analysis	
Avg. Score (%)	48.33%
Toppers Score (%)	92.08%
Your Score	

अनुभागीय टेस्ट 10

Q.1 A,B,C और D को सकारात्मक पूर्णांक माने जहाँ A < B < C < D और A + B + C + D = X है। X का सबसे छोटा मान क्या है जो A, B, C, D को विशिष्ट रूप से निर्धारित नहीं करता है?

A. 11 **B.** 12 **C.** 7 **D.** 13

Q.2 234 से 849 तक प्राकृतिक संख्याओं के अनुक्रम में कितने नंबर मे '8' शामिल है?

A. 161 **B.** 162 **C.** 163 **D.** 172

Q.3 यदि $\frac{1}{1+\frac{1}{k}} = x$, निम्नलिखित में से 2x किसके बराबर है?

A. $\frac{2}{2+\frac{2}{k}}$ **B.** $\frac{2}{1+\frac{2}{k}}$ **C.** $\frac{1}{1+\frac{1}{2k}}$ **D.** $\frac{1}{\frac{1}{2}+\frac{1}{2k}}$

Q.4 यदि $\frac{3}{4m} = \frac{6}{8}$ m का मान क्या है?

A. 0 **B.** 1 **C.** 4 **D.** 8

Q.5 नीचे दिए गए आरेख में, A = 80° और ABC= 60°। BD और CD क्रमशः कोण B और C को द्विभाजित करते हैं। क्रमशः x और y के मान क्या हैं?

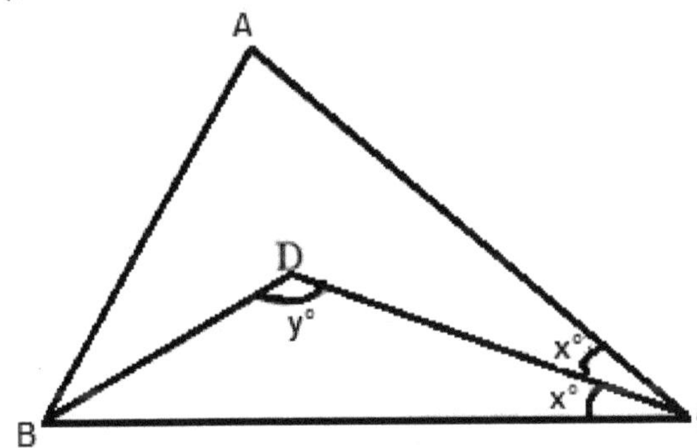

A. 10 और 130 **B.** 10 और 125
C. 20 और 130 **D.** 20 और 125

Q.6 एक त्रिभुज ABC, A पर समकोण है। B का माप B के मध्य बिंदु के रूप में M के साथ 22 ° है। ∠AMC का माप क्या है?

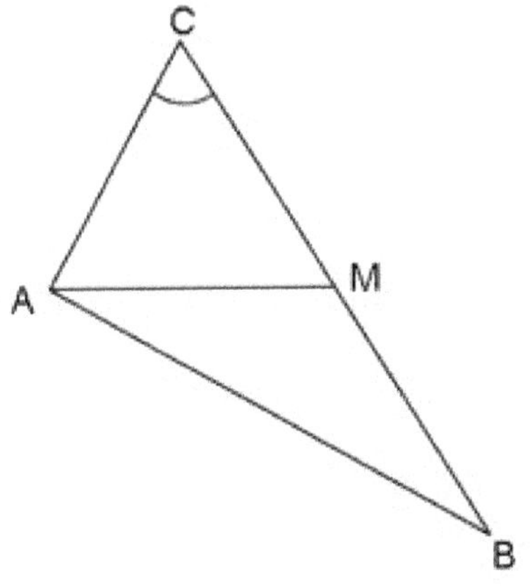

A. 33° **B.** 40° **C.** 44° **D.** 56°

Q.7 तीन छात्रों के बीच कुल 25 पेंसिल हैं। अगर पहले छात्र के पास 32% पेंसिल और दूसरे छात्र के पास 48 % पेंसिल है तो तीसरे छात्र के पास कितनी पेंसिल है?

A. 5 **B.** 6 **C.** 8 **D.** 9

Q.8 100,000 का 20% का 10% का 5% का 3% किसके बराबर है:

A. 3 **B.** 250 **C.** 300 **D.** 400

Q.9 720 छात्रों वाले स्कूल में लड़के और लड़कियों की संख्या का अनुपात 7: 5 है। अनुपात 1: 1 बनाने के लिए कितनी और लड़कियों को प्रवेश दिया जाना चाहिए?

A. 90 **B.** 120 **C.** 220 **D.** 240

Q.10 A, B और C के बीच 735 रुपये की राशि बांटी गई। यदि उनमें से प्रत्येक को 25 रुपये कम मिले होते, तो उनके शेयर का अनुपात 1:3:2 में होते C को कितनी राशि मिली?

A. 245 रुपये **B.** 260 रुपये **C.** 250 रुपये **D.** 270 रुपये

Q.11 एक 100 मीटर लंबा तार दो टुकड़ों में काटा जाता है जिससे एक टुकड़ा दूसरे टुकड़े की तुलना में डेढ़ गुना लंबा होता है। छोटे टुकड़े की लंबाई क्या है?

A. 20 मीटर **B.** 40 मीटर **C.** 33 मीटर **D.** 60 मीटर

Q.12 एक बर्तन में 40 लीटर दूध है। दूधवाला पहले घर में 10 लीटर दूध बेचता है और बराबर मात्रा में पानी मिलाता है। वह दूसरे और तीसरे घरों में बिल्कुल वैसा ही करता है। जब वह तीसरे घर में प्रसव करवाएगा तो दूध का पानी का अनुपात क्या होगा?

A. 27 : 37 **B.** 13 : 19 **C.** 1 : 4 **D.** 27 : 64

Q.13 एक दुकानदार ने 20 किलो चीनी 8.50 रुपये प्रति किलो की दर से और 30 किलो चीनी 9.75 रुपये प्रति किलो की दर से खरीदी। उसने दोनों को मिलाया। लागत मूल्य पर 25% लाभ प्राप्त करने के लिए उसे मिश्रण को किस कीमत पर बेचना चाहिए?

A. 10.00 रुपये **B.** 10.56 रुपये
C. 11.56 रुपये **D.** 12.56 रुपये

Q.14 एक दुकानदार अपने माल को लागत मूल्य से 20% ऊपर चिह्नित करता है, लेकिन नकदी के लिए 10% छूट की अनुमति देता है। वह वास्तव में कितना प्रतिशत लाभ कमाता है?

A. 9 **B.** 10 **C.** 12 **D.** 8

Q.15 एक दुकानदार अगर 5.40 रुपये प्रति किलो की दर से चावल बेचता है तो उसे 10 फीसद का नुकसान होता है। 20% का लाभ कमाने के लिए उसे किस कीमत पर चावल बेचना चाहिए?

A. 6 रुपए /किलो **B.** 6.48 रुपये/किलो
C. 7.02 रुपये/किलो **D.** 7.20 रुपये/किलो

Q.16 सचिन ने हरभजन सिंह से 14% प्रति वर्ष के हिसाब से 1500 रुपये लिए। 5 साल बाद, उन्होंने खाता खोलने के लिए 2100 रुपये और हरभजन सिंह को एक घड़ी दी। घड़ी का लागत मूल्य ज्ञात कीजिए।

A. 450 रुपये **B.** 650 रुपये **C.** 500 रुपये **D.** 900 रुपये

Q.17 6000 रुपये को दो भागों में विभाजित करें ताकि 6% प्रति वर्ष पर 2 वर्षों के लिए पहले भाग पर साधारण ब्याज 3 वर्षों के लिए दूसरे भाग पर साधारण ब्याज के बराबर हो सकता है।

A. 4000 रुपये, 2000 रुपये
B. 3500 रुपये, 2500 रुपये

C. 3800 रुपये, 2200 रुपये
D. इनमें से कोई नहीं

Q.18 अगस्त 2002 के एक सप्ताह के लिए दिल्ली शहर में धूप की अवधि 12:20 घंटे, 12:18 घंटे, 12:17 घंटे, 12:15 घंटे, 12:13 घंटे, 12:12 घंटे और 12:10 घंटे के रूप में दी जाती है तो घंटों में धूप की औसत अवधि का पता लगाएं।

A. 12:00 **B.** 11:50 **C.** 12:15 **D.** 11:18

Q.19 30 छात्रों की औसत आयु 20 वर्ष है और 20 अन्य छात्रों की आयु 30 वर्ष है। कुल छात्रों की औसत आयु है:

A. 20 **B.** 22 **C.** 12 **D.** 24

Q.20 जयनाव का जन्म हुआ तो उनके पिता अपने भाई से 32 साल बड़े थे और उनकी मां अपनी बहन से 25 साल बड़ी थीं। अगर जयनव का भाई उनसे 6 साल बड़ा है और उसकी मां अपने पिता से 3 साल छोटी है तो फिर जयनव की बहन की उम्र कितनी थी जब वह पैदा हुआ था?

A. 10 साल **B.** 12 साल **C.** 14 साल **D.** 15 साल

Q.21 विजेंदर और ऋषि की उम्र 11: 13 के अनुपात में है । 7 साल बाद, उनकी उम्र का संबंधित अनुपात 20: 23 होगा। उनकी उम्र में क्या अंतर है?

A. 10 साल **B.** 8 साल **C.** 6 साल **D.** 4 साल

Q.22 15 पुरुष 16 दिनों में एक काम पूरा करते हैं। यदि 24 पुरुष कार्यरत हैं, तो उस काम को पूरा करने के लिए आवश्यक समय होगा:

A. 7 दिन **B.** 8 दिन **C.** 10 दिन **D.** 12 दिन

Q.23 दो पेट्रोल पाइप X और Y क्रमशः 15 घंटे और 20 घंटे में एक टैंक भर सकते हैं। यदि दोनों पाइपों का उपयोग एक साथ किया जाए तो टैंक को पेट्रोल से भरने में कितना समय लगेगा?

A. $12\frac{1}{2}$ घंटे **B.** $17\frac{1}{2}$ घंटे **C.** $8\frac{4}{2}$ घंटे **D.** $15\frac{4}{7}$ घंटे

Ques (24-25): निम्नलिखित पाई-चार्ट अपनी हालिया बजट योजना में सरकार द्वारा विभिन्न विभागों को आवंटित किए धन के प्रतिशत का प्रतिनिधित्व करता है।

Q.24 यदि कुल 75,800 रु आवंटित धन है तो कृषि विभाग और सिंचाई विभाग के लिए आवंटन में क्या अंतर है?

A. 3500 रु **B.** 3790 रु **C.** 3960 रु **D.** 3990 रु

Q.25 यदि परिवहन विभाग के लिए आवंटित धन 7900 रु, सिंचाई विभाग के लिए आवंटित धनराशि क्या है?

A. 8400 रु **B.** 8690 रु **C.** 8905 रु **D.** 8990 रु

Ques (26-28): निर्देश: निम्नलिखित ग्राफ 1998 - 2004 की अवधि में देश X से ऊन के निर्यात को दर्शाता है। इसे ध्यान से पढ़ें और सवाल का जवाब दें।

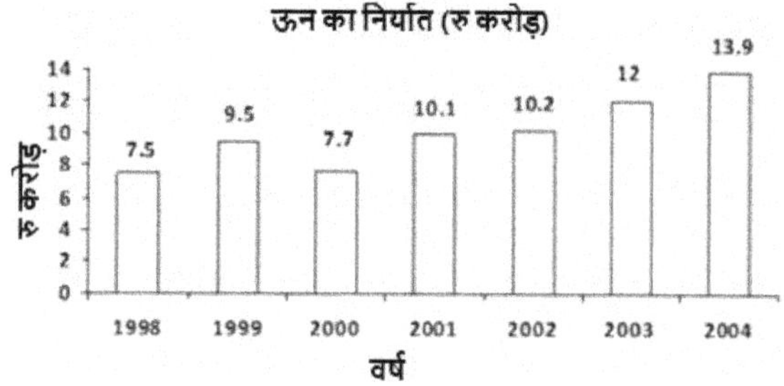

Q.26 ऊन के निर्यात में वृद्धि दी गई अवधि के दौरान निरंतर है सिर्फ इस वर्ष को छोड़कर:

A. 1998 **B.** 1999 **C.** 2000 **D.** 2002

Q.27 निम्न में से किस वर्ष में ऊन के निर्यात में वार्षिक वृद्धि कम से कम है-

A. 1999 **B.** 2002 **C.** 2003 **D.** 2004

Q.28 2002 से 2003 तक ऊन के निर्यात में अनुमानित प्रतिशत वृद्धि क्या है?

A. 12% **B.** 15% **C.** 18% **D.** 21%

Q.29 विकल्प चुनें जो प्रश्न चिह्न (?) को प्रतिस्थापित करेगा।

$(4288 \div 16 \div 4 + 3) \times 3 \div (48 \div 4 \div 2) = ?$

A. 21 **B.** 28 **C.** 30 **D.** 35

Q.30 विकल्प चुनें जो प्रश्न चिह्न (?) को प्रतिस्थापित करेगा।

$$\sqrt{260 \div 3 \times 21 \div 20 + 9} \times 9 - 7 \times 3 = ?$$

A. 52 **B.** 60 **C.** 69 **D.** 75

// स्मार्ट उत्तर पुस्तिका //

सही उत्तर — उन छात्रों के प्रतिशत को इंगित करता है जिन्होंने प्रश्नों का सही उत्तर दिया था।

छोड़ दिया — उन छात्रों के प्रतिशत को इंगित करता है जिन्होंने प्रश्नों को छोड़ दिया था।

प्रश्न संख्या	उत्तर	सही उत्तर	छोड़ दिया
1	B	12.16 %	3.38 %
2	A	10.81 %	22.3 %
3	D	20.95 %	22.97 %
4	B	56.08 %	29.73 %
5	C	35.81 %	27.03 %
6	C	18.92 %	21.62 %

प्रश्न संख्या	उत्तर	सही उत्तर	छोड़ दिया
7	A	50.0 %	27.03 %
8	A	57.43 %	24.33 %
9	B	47.97 %	31.76 %
10	A	38.51 %	21.63 %
11	B	45.27 %	23.65 %
12	A	14.19 %	24.32 %

प्रश्न संख्या	उत्तर	सही उत्तर	छोड़ दिया
13	C	41.89 %	18.92 %
14	D	41.22 %	24.32 %
15	D	48.65 %	20.27 %
16	A	46.62 %	20.95 %
17	A	33.11 %	35.13 %
18	C	49.32 %	23.65 %

प्रश्न संख्या	उत्तर	सही उत्तर	छोड़ दिया
19	D	55.41 %	18.91 %
20	A	41.22 %	19.59 %
21	C	45.95 %	20.27 %
22	C	44.59 %	25.0 %
23	C	51.35 %	21.62 %
24	B	47.97 %	25.0 %

प्रश्न संख्या	उत्तर	सही उत्तर	छोड़ दिया
25	B	47.3 %	26.35 %
26	C	49.32 %	30.41 %
27	B	38.51 %	28.38 %
28	C	30.41 %	27.7 %
29	D	41.89 %	18.92 %
30	C	29.73 %	31.76 %

कार्य विश्लेषण	
औसत अंक (%)	42.5%
टॉपर्स स्कोर (%)	100.0%
आपका स्कोर	

अनुभागीय टेस्ट 11

Q.1 1600 का $6\frac{1}{4}\%$ + 800 का $12\frac{1}{2}\%$ का मान ज्ञात कीजिए।

A. 100 **B.** 200 **C.** 300 **D.** 400

Q.2 $\frac{5}{7}$, $\frac{7}{9}$ और $\frac{11}{13}$ में से कौन-सा सबसे बड़ा भिन्न है?

A. $\frac{5}{7}$ **B.** $\frac{7}{9}$

C. $\frac{11}{13}$ **D.** All are equal

Q.3 सरलीकरण कीजिये:-

42.416 + 36.72 + 5.87 = ?

A. 8.09664 **B.** 8.360 **C.** 85.006 **D.** 185.006

Q.4 20 मापों का औसत 36 सेमी है। किन्तु बाद में पता चला कि, एक त्रुटि के कारण एक माप को 42 सेमी की जगह, 46 सेमी मापा गया, तो सही औसत ज्ञात कीजिये।

A. 32 सेमी **B.** 35.8 सेमी **C.** 42 सेमी **D.** 34 सेमी

Q.5 एक विद्यालय में 55% विद्यार्थी लड़कियां हैं। यदि लड़कों की संख्या 360 है, तो विद्यालय में विद्यार्थियों की कुल संख्या क्या है?

A. 720 **B.** 800 **C.** 1000 **D.** 1200

Q.6 दो संख्याओं का अनुपात 7 : 10 है। यदि उनका अंतर 96 है, तब सबसे छोटी संख्या क्या है?

A. 210 **B.** 224 **C.** 320 **D.** 276

Q.7 यदि a : b = 4 : 3, b : c = 7 : 2 है, तो a : b : c ज्ञात कीजिए।

A. 28 : 21 : 16 **B.** 28 : 21 : 6

C. 21 : 28 : 6 **D.** 21 : 6 : 28

Q.8 8 साल बाद, अजय की उम्र उसके 12 साल पहले की उम्र की पांच गुना होगी, तो उसकी वर्तमान आयु कितनी है?

A. 10 साल **B.** 15 साल **C.** 20 साल **D.** 17 साल

Q.9 15 लीटर मिश्रण में शराब और पानी का अनुपात 1:4 है। यदि इसमें 3 लीटर पानी मिलाया जाता है, तो मिश्रण में शराब की प्रतिशत मात्रा कितनी होगी?

A. 15 **B.** $16\frac{2}{3}$ **C.** 17 **D.** $18\frac{1}{2}$

Q.10 दो संख्याओं का लघुत्तम समापवर्ती 2079 है और उच्चतम समापवर्ती 27 है। अगर एक संख्या 189 है, तो दूसरी संख्या क्या होगी?

A. 293 **B.** 297 **C.** 189 **D.** 213

Q.11 2535 में वह कौन सी न्यूनतम संख्या जोड़ी जानी चाहिए जिससे योग 27 से पूर्णतः विभाज्य हो जाये?

A. 3 **B.** 26 **C.** 10 **D.** 12

Q.12 एक लड़का अपनी यात्रा की दूरी का $\frac{2}{3}$ भाग बस से, $\frac{1}{7}$ भाग रिक्शा से और 8 किमी भाग पैदल तय करता है। आदमी द्वारा यात्रा की गई कुल दूरी कितनी है?

A. 30 किमी **B.** 36 किमी **C.** 42 किमी **D.** 34 किमी

Q.13 यदि एक संख्या 41 से जितनी अधिक है उतनी ही 83 से कम है, तो वह संख्या क्या है?

A. 68 **B.** 49 **C.** 62 **D.** 51

Q.14 यदि एक वस्तु को 270 रुपयों में बेचा जाए तो 10% की हानि होती है। वस्तु का क्रय मूल्य ज्ञात कीजिए।

A. 300 रूपये **B.** 270 रूपये **C.** 320 रूपये **D.** 250 रूपये

Q.15 अमित, बाबू व चंदन ने एक बिजनेस में रु 12000, रु 16000 व रु 25000 लगाए। एक वर्ष बाद, लाभ में अमित का भाग रु 2400 था। चंदन का भाग पता कीजिए।

A. रु 5000 **B.** रु 5600 **C.** रु 5200 **D.** रु 4800

Q.16 एक धनराशि साधारण ब्याज की दर पर 2 वर्षों में 4,480 रुपए और 5 वर्षों में 5,200 रुपए हो जाती है। तो वास्तविक राशि क्या है?

A. 4,000 रुपए **B.** 3,500 रुपए

C. 3,000 रुपए **D.** 2, 500 रुपए

Q.17 एक दुकानदार ने 80 किलोग्राम गेहूँ, रु 13.50 प्रति किलोग्राम की दर से खरीदे। उसने यह गेहूँ, रु 16 प्रति किलोग्राम की दर वाले, 120 किलोग्राम गेहूँ में मिला दिए। तो ज्ञात कीजिये कि, 20% मुनाफे के लिए उसे यह मिश्रण किस दर पर बेचना पड़ेगा?

A. रु 18 प्रति किलोग्राम

B. रु 17 प्रति किलोग्राम

C. रु 16.40 प्रति किलोग्राम

D. रु 15 प्रति किलोग्राम

Q.18 एक ट्रेन 15 मिनट में 20 किमी चलती है, यदि इसकी गति 10 किमी/घंटा बढ़ा दी जाये, तो वही दूरी तय करने में कुल कितना समय लगेगा?

A. 13 मिनट 20 सेकंड **B.** 12 मिनट

C. 11 मिनट 10 सेकंड **D.** 10 मिनट

Q.19 एक नाव 2 घंटे में धारा के अनुकूल 16 किमी चलती है जबकि धारा के प्रतिकूल समान दूरी के लिए यह 4 घंटे लेती है। तो स्थिर जल में नाव की गति ज्ञात कीजिए।

A. 7 किमी/घंटा **B.** 5.5 किमी/घंटा

C. 6 किमी/घंटा **D.** 5 किमी/घंटा

Q.20 दिन में 7 घंटे काम करते हुए, 32 दिनों में 18 व्यक्ति किसी निश्चित कार्य को पूरा कर सकते हैं। यदि 8 घंटे कार्य किया जाए, तब उसी कार्य को 14 व्यक्ति कितने दिनों में पूरा करेंगे?

A. 42 **B.** 30 **C.** 36 **D.** 35

Q.21 यदि 'I', ΔABC का अन्तःकेंद्र है और $\angle B = 70°$ और $\angle C = 50°$, तो $\angle BIC$ का मान है:

A. 130° **B.** 60° **C.** 120° **D.** 105°

Q.22 चित्र में, $\angle A = \angle CED$, तो, x का मान ज्ञात कीजिये?

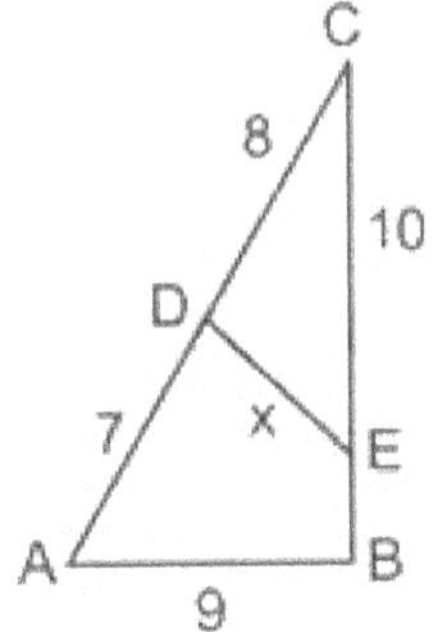

A. 5 **B.** 6 **C.** 7 **D.** 8

Ques (23-26):निर्देश: नीचे दिया गया दंड आलेख वर्ष 2011 से 2015 तक दो कंपनियों X और Y की बिक्री (लाखों में) दर्शाता है।

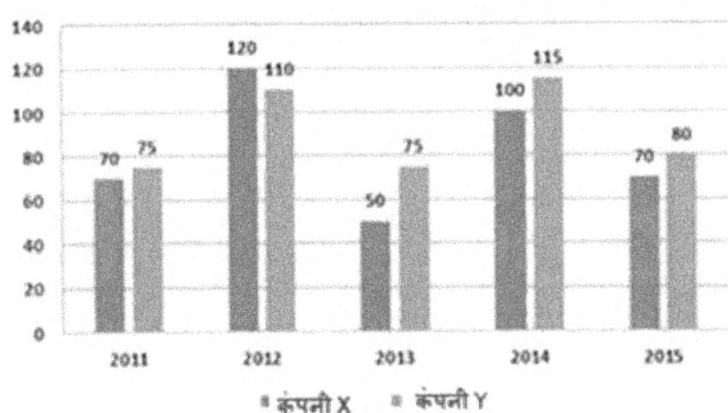

Q.23 कितने वर्षों में कंपनी X की बिक्री कंपनी Y की तुलना में अधिक थी?

A. 2 **B.** 5 **C.** 1 **D.** 3

Q.24 वर्ष 2013 से 2015 तक कंपनी X की बिक्री में बदलाव प्रतिशत ज्ञात कीजिये।

A. 30 **B.** 80 **C.** 40 **D.** 60

Q.25 वर्ष 2011 से 2015 तक कंपनी Y की औसत बिक्री (लाख में) ज्ञात कीजिये।

A. 104 **B.** 91 **C.** 140 **D.** 170.5

Q.26 वर्ष 2015 में कंपनी Y की बिक्री, वर्ष 2014 में कंपनी X की बिक्री के कितने प्रतिशत थी?

A. 80 **B.** 100 **C.** 50 **D.** 75

Q.27 $(1000)^9 \div 100^{\frac{2}{4}}$ के बराबर है-

A. 10^{26} **B.** 10^{18} **C.** 10^{30} **D.** 10

Q.28 एक विक्रेता 3000 रूपये अंकित मूल्य वाली एक वस्तु पर 15% की छूट देने की पेशकश करता है। यदि वह फिर भी 400 रूपये का लाभ अर्जित करता है, तो वस्तु का क्रय मूल्य क्या है?

A. 2100 रूपये **B.** 2050 रूपये
C. 2200 रूपये **D.** 2150 रूपये

Q.29 साधारण ब्याज की वह दर क्या है जिसपर एक राशि 15 वर्षों में स्वयं की दोगुनी हो जाती है?

A. $2\frac{1}{2}\%$ **B.** 5% **C.** $6\frac{2}{3}\%$ **D.** 7.5%

Q.30 एक राशि चक्रवृद्धि ब्याज पर निवेश करने से 2 वर्षों में 1210 रुपये हो जाती है। यदि मूलधन 1000 रुपये है, तो ब्याज दर (% में) क्या है?

A. 10 **B.** 20 **C.** 15 **D.** 12

// स्मार्ट उत्तर पुस्तिका //

सही उत्तर उन छात्रों के प्रतिशत को इंगित करता है जिन्होंने प्रश्नों का सही उत्तर दिया था।

छोड़ दिया उन छात्रों के प्रतिशत को इंगित करता है जिन्होंने प्रश्नों को छोड़ दिया था।

प्रश्न संख्या	उत्तर	सही उत्तर	छोड़ दिया
1	B	60.78 %	4.91 %
2	C	43.14 %	35.29 %
3	C	58.82 %	34.32 %
4	B	38.24 %	37.25 %
5	B	50.98 %	35.29 %
6	B	50.98 %	34.31 %
7	B	52.94 %	35.3 %
8	D	39.22 %	35.29 %
9	B	39.22 %	39.21 %
10	B	50.0 %	35.29 %
11	A	51.96 %	35.29 %
12	C	33.33 %	35.3 %
13	C	44.12 %	31.37 %
14	A	54.9 %	35.3 %
15	A	50.98 %	32.35 %
16	A	31.37 %	32.36 %
17	A	26.47 %	45.1 %
18	A	30.39 %	34.32 %
19	C	46.08 %	28.43 %
20	C	36.27 %	33.34 %
21	C	27.45 %	33.33 %
22	B	22.55 %	36.27 %
23	C	56.86 %	31.38 %
24	C	38.24 %	31.37 %
25	B	56.86 %	31.38 %
26	A	50.98 %	32.35 %
27	A	31.37 %	34.32 %
28	D	40.2 %	39.21 %
29	C	35.29 %	37.26 %
30	A	35.29 %	29.42 %

कार्य विश्लेषण	
औसत अंक (%)	52.5%
टॉपर्स स्कोर (%)	100.0%
आपका स्कोर	

अनुभागीय टेस्ट 12

Q.1 [{-4 + (-3)} × (- 4)] का मान ज्ञात कीजिये।

A. 28 **B.** 16 **C.** -16 **D.** -28

Q.2 $\sqrt[3]{1-\frac{127}{343}}$ का मान क्या है?

A. $\frac{5}{9}$ **B.** $1-\frac{1}{7}$ **C.** $\frac{4}{7}$ **D.** $1-\frac{2}{7}$

Q.3 28 अवलोकनों का औसत 35 है। यदि प्रत्येक अवलोकन से 3 घटा दिया जाता है, तो नया औसत क्या होगा?

A. 30 **B.** 32 **C.** 34 **D.** 36

Q.4 अगर रमेश का वेतन मोहन के वेतन से 10% अधिक है, तब मोहन को कितना वेतन मिलता है?

A. रमेश से 10% कम **B.** रमेश से 10% अधिक
C. रमेश से $9\frac{1}{11}$% कम **D.** रमेश से $9\frac{9}{11}$% अधिक

Q.5 एक कक्षा में छात्रों की संख्या 55 है लड़कों की संख्या का लड़कियों की संख्या से अनुपात 5:6 है। लड़कियों की संख्या क्या है?

A. 11 **B.** 25 **C.** 30 **D.** 35

Q.6 सौरभ और त्रुप्तिल की आय का अनुपात 4 : 5 है और उनके व्यय का अनुपात 3 : 4 है। यदि प्रत्येक 12000 रूपये बचाते हैं, तब सौरभ की आय ज्ञात कीजिये।

A. 48000 रूपये **B.** 45000 रूपये
C. 60000 रूपये **D.** 40000 रूपये

Q.7 एक माँ और उसकी बेटी की आयु का योग 50 वर्ष है, उनके आयु का अंतर 30 वर्ष है। माँ की आयु ज्ञात करें।

A. 40 वर्ष **B.** 45 वर्ष **C.** 50 वर्ष **D.** 55 वर्ष

Q.8 दो मिश्र धातुओं, A और B, में तांबे और जस्ते का अनुपात क्रमशः 1: 3 और 5: 2 है। तीन किलोग्राम A और 2 किलोग्राम B को एक मिश्र धातु C बनाने के लिए पिघलाया जाता है। C मे जस्ते ओर तांबे का अनुपात कितना है?

A. 79 : 61 **B.** 61 : 79 **C.** 103 : 37 **D.** 37 : 103

Q.9 N के किस मान के लिए, 23N7, 9 से पूर्णतः विभाज्य है?

A. 5 **B.** 7 **C.** 6 **D.** 4

Q.10 $\frac{4+3\sqrt{3}}{7+4\sqrt{3}}$ का मान क्या है?

A. $5\sqrt{3}-8$ **B.** $5\sqrt{3}+8$
C. $8\sqrt{3}+5$ **D.** $8\sqrt{3}-5$

Q.11 एक परीक्षा में एक विद्यार्थी ने 20 सवाल सही किये और 60 अंक प्राप्त किये| यदि प्रश्न पत्र में दो प्रकार के प्रश्न थे (1 अंक का और 5 अंक का), तो उसने 1 अंक के कितने प्रश्न किये?

A. 5 **B.** 10 **C.** 20 **D.** 40

Q.12 गैर - शून्य पूर्णांक और उसके व्युत्क्रम के तीन गुना का योग $\frac{13}{2}$ है। तो वह संख्या ज्ञात कीजिये।

A. 6 **B.** 7 **C.** 8 **D.** 9

Q.13 यदि 5 वस्तुओं का क्रय मूल्य 8 वस्तुओं के विक्रय मूल्य के बराबर है, तो हानि प्रतिशत (% में) क्या है?

A. 40 **B.** 37.5 **C.** 50 **D.** 56.25

Q.14 यदि एक व्यापारी किसी वस्तु को उसके अंकित मूल्य के 80% पर खरीदता है और अंकित मूल्य पर 10% की छूट देने के बाद बेच देता है। उसे कितने प्रतिशत लाभ होगा:

A. $12\frac{1}{2}$ **B.** $10\frac{1}{2}$ **C.** 15 **D.** 10

Q.15 कितने रुपयों पर p% की दर से 2p वर्षों के लिए साधारण ब्याज p रुपए होगा?

A. P रुपए **B.** $\frac{50}{p}$ रुपए **C.** $\frac{100}{p}$ रुपए **D.** $\frac{50}{p^2}$ रुपए

Q.16 चक्रवृद्धि ब्याज पर एक धनराशि 3 वर्षो में स्वयं की तीनगुनी राशि हो जाती है। तो कितने वर्षो में यह स्वयं का 27 गुना हो जायेगा?

A. 6 वर्ष **B.** 9 वर्ष **C.** 12 वर्ष **D.** 24 वर्ष

Q.17 एक एम्बुलेंस एक कार से 50 मीटर पीछे है और 30 सेकंड बाद, कार 100 मीटर पीछे हो जाती है और यदि एम्बुलेंस की गति 30 किमी/घंटे है, तो कार की गति ज्ञात कीजिये।

A. 24 किमी/घंटे **B.** 20 किमी/घंटे
C. 18 किमी/घंटे **D.** 12 किमी/घंटे

Q.18 एक व्यक्ति 80 किमी/घंटा की गति से बिंदु J से K तक जाता है और 120 किमी/घंटा की गति से वापस आता है। J से K जाते समय और वापस आते समय व्यक्ति औसत की गति (किमी/घंटा में) क्या है?

A. 90 **B.** 96 **C.** 100 **D.** 104

Q.19 A एक विशिष्ट काम को 24 दिनों में पूरा कर सकता है। B, A से 40% अधिक दक्ष है। तो समान काम को पूरा करने के लिए B द्वारा लिए गए दिनों की संख्या क्या है?

A. $19\frac{1}{7}$ **B.** $17\frac{1}{7}$ **C.** $15\frac{1}{7}$ **D.** $13\frac{1}{7}$

Q.20 राधिका किसी काम को 8 दिन में तथा शामू उसी काम को 12 दिन में कर सकता है। यदि वे एक साथ मिलकर कार्य करते हैं, तो राधिका और शामू को उनका पारिश्रमिक किस अनुपात में प्राप्त होगा?

A. 3 : 2 **B.** 2 : 3 **C.** 1 : 2 **D.** 2 : 1

Q.21 $\triangle ABC$ में, $\angle B = 90°, \angle C = 45°$ और DAC का मध्य बिंदु है। यदि $AC = 7\sqrt{2}$ इकाई हों, तब BD का मान ज्ञात कीजिए।

A. $\frac{7}{\sqrt{2}}$ इकाई **B.** $7\sqrt{2}$ इकाई
C. $\frac{9}{2}$ इकाई **D.** 4 इकाई

Q.22 एक समबाहु त्रिभुज जो कि एक वृत्त के अन्दर स्थित है, का क्षेत्रफल $9\sqrt{3}$ सेमी² है। π के सम्बन्ध में वृत्त का क्षेत्रफल होगा:

A. $12\sqrt{3}\pi$ सेमी ² **B.** $6\sqrt{3}\pi$ सेमी ²
C. 12π सेमी ² **D.** 6π सेमी ²

Q.23 दिया है: ΔABC ~ Δ PQR, यदि (क्षेत्रफल (ΔPQR))/क्षेत्रफल(ΔABC) = $\frac{256}{441}$ व PR = 12 सेमी, तब AC का मान क्या है?

A. 16 सेमी **B.** 15.75 सेमी
C. $12\sqrt{2}$ सेमी **D.** 15.5 सेमी

Ques (24-27):निर्देश: विभिन्न देशों से भारत में रहने वाले अप्रवासियों का प्रतिशत ज्ञात करने के लिए एक सर्वेक्षण किया गया था। वृत्त-आरेख का ध्यानपूर्वक अध्ययन कीजिए और निम्नलिखित प्रश्नों के उत्तर दीजिए।

अप्रवासियों की कुल जनसंख्या 5,00,000 है।

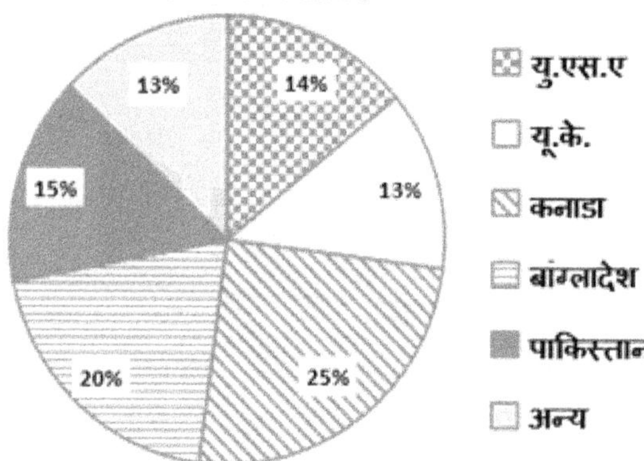

Q.24 भारत में देशों के अप्रवासियों के उच्चतम और न्यूनतम जनसंख्या के बीच क्या अंतर क्या है?

A. 40,000 **B.** 20,000 **C.** 60,000 **D.** 80,000

Q.25 आरेख से अन्य की जनसंख्या ज्ञात कीजिए।

A. 60,000 **B.** 65,000 **C.** 75,000 **D.** 55,000

Q.26 कनाडा के अप्रवासी, बांग्लादेश के अप्रवासियों की तुलना में कितने प्रतिशत अधिक हैं?

A. 20% **B.** 15% **C.** 25% **D.** 35%

Q.27 पाकिस्तान, यू.के. और अन्य को मिलाने पर केंद्रीय कोण क्या होगा?

A. 137.6° **B.** 127.6° **C.** 157.6° **D.** 147.6°

Q.28 ABCD एक वर्ग है जिसकी भुजा 4 सेमी और AO = 4 सेमी है। यदि BO = DO है तो त्रिभुज AOD का क्षेत्रफल ज्ञात कीजिए।

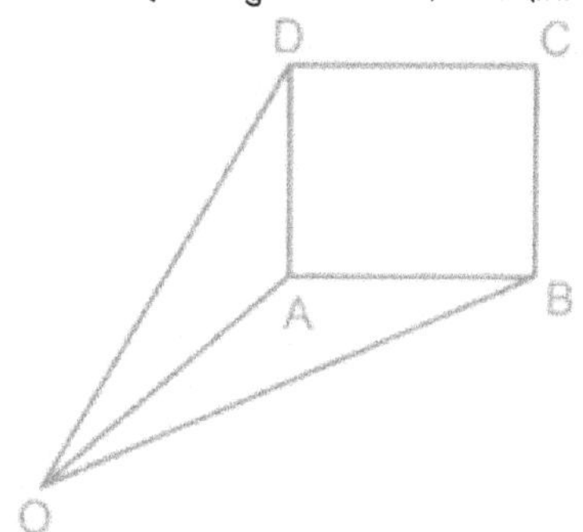

A. $2\sqrt{2}$ सेमी ^{2} **B.** $6\sqrt{2}$ सेमी ^{2}
C. $3\sqrt{2}$ सेमी ^{2} **D.** $4\sqrt{2}$ सेमी ^{2}

Q.29 एक सीधा पेड़ आंधी के कारण टूट जाता है और टूटा हुआ हिस्सा इस तरह मुड़ जाता है कि पेड़ का ऊपरी हिस्सा ज़मीन से 60° माप का एक कोण बनाता है| पेड़ के जड़ और जिस बिंदु पर पेड़ जमीन को छुता है उसके मध्य की दूरी 20 मीटर है| पेड़ की कुल उंचाई क्या है?

A. $\frac{(40\sqrt{3})}{3}$ **B.** $20(\sqrt{3}+1)$
C. $20(\sqrt{3}+2)$ **D.** $20\sqrt{3}$

Q.30 क्रमशः 4 सेमी और 9 सेमी त्रिज्या वाले दो वृत्त एक दूसरे को स्पर्श करते हैं। एक उभयनिष्ठ स्पर्शरेखा उनको क्रमशः बिंदु P और Q पर स्पर्श करती है।PQ भुजा वाले वर्ग का क्षेत्रफल कितना है?

A. 97 सेमी^{2} **B.** 194 सेमी^{2} **C.** 72 सेमी^{2} **D.** 144 सेमी^{2}

// स्मार्ट उत्तर पुस्तिका //

सही उत्तर उन छात्रों के प्रतिशत को इंगित करता है जिन्होंने प्रश्नों का सही उत्तर दिया था।

छोड़ दिया उन छात्रों के प्रतिशत को इंगित करता है जिन्होंने प्रश्नों को छोड़ दिया था।

प्रश्न संख्या	उत्तर	सही उत्तर	छोड़ दिया
1	A	60.0 %	1.54 %
2	B	36.92 %	27.7 %
3	B	52.31 %	29.23 %
4	C	38.46 %	30.77 %
5	C	58.46 %	33.85 %
6	A	47.69 %	27.69 %

प्रश्न संख्या	उत्तर	सही उत्तर	छोड़ दिया
7	A	60.0 %	33.85 %
8	A	15.38 %	29.24 %
9	C	58.46 %	33.85 %
10	A	27.69 %	27.69 %
11	B	55.38 %	27.7 %
12	A	30.77 %	29.23 %

प्रश्न संख्या	उत्तर	सही उत्तर	छोड़ दिया
13	B	50.77 %	27.69 %
14	A	40.0 %	30.77 %
15	B	41.54 %	27.69 %
16	B	43.08 %	27.69 %
17	D	16.92 %	35.39 %
18	B	40.0 %	29.23 %

प्रश्न संख्या	उत्तर	सही उत्तर	छोड़ दिया
19	B	21.54 %	24.61 %
20	A	47.69 %	27.69 %
21	A	10.77 %	26.15 %
22	C	13.85 %	29.23 %
23	B	21.54 %	24.61 %
24	C	55.38 %	29.24 %

प्रश्न संख्या	उत्तर	सही उत्तर	छोड़ दिया
25	B	55.38 %	32.31 %
26	C	43.08 %	32.3 %
27	D	32.31 %	30.77 %
28	D	6.15 %	24.62 %
29	C	6.15 %	35.39 %
30	D	13.85 %	29.23 %

कार्य विश्लेषण	
औसत अंक (%)	35.83%
टॉपर्स स्कोर (%)	100.0%
आपका स्कोर	

अनुभागीय टेस्ट 13

Q.1 निम्नलिखित प्रश्न में दिए गए विकल्पों में से संबंधित संख्या को चुनिए।
95 : 106 :: 87 ?
A. 136 **B.** 113 **C.** 101 **D.** 183

Q.2 निम्नलिखित प्रश्न में दिए गए विकल्पों में से संबंधित शब्द को चुनिए।
शेर : कब :: कंगारू : ?
A. फौन **B.** जोयी **C.** किटेन **D.** बछड़ा

Q.3 दिए गए विकल्पों में से संबंधित अक्षर/संख्या का चयन कीजिये।
XY : 2425 : : ? : 1213
A. LM **B.** NL **C.** ML **D.** LN

Q.4 निम्नलिखित प्रश्न में, दिए गए विकल्पों में से संबंधित शब्द को चुनिए।
सरदार सरोवर बाँध : गुजरात :: टिहरी बाँध : ?
A. उत्तराखंड **B.** ओडिशा **C.** आंध्र प्रदेश **D.** तेलंगाना

Q.5 निम्नलिखित प्रश्न में दिए गए विकल्पों में से बेजोड़ अक्षर को चुनिए।
A. BEHKN **B.** CFILO **C.** DGJMQ **D.** NQTWZ

Q.6 आठ व्यक्ति A, B, C, D, E, F, G और H एक गोल मेज़ के चारों ओर एक-दूसरे के समुख बैठे हैं। C, G के बाईं ओर से दूसरा है और A के दाईं ओर से तीसरा है। F और D तिरछे रूप से एक-दूसरे के विपरीत हैं। C और E, F के पड़ोसी हैं। B, D के बाईं ओर दूसरे स्थान पर बैठता है। H के दाईं ओर दूसरे स्थान पर कौन बैठता है?
A. G **B.** E **C.** A **D.** B

Q.7 निर्देश: निम्न प्रश्न में दिए गये विकल्पों में से सम्बंधित शब्द/वर्ण चुनिए:
THEFT : SUGIDFEGSU : : PULSE : ?
A. OQTVKMRTDF **B.** QOVTKMTRFD
C. OQTVMKRTDF **D.** OQTVKMTRFD

Q.8 उस वेन आरेख का चयन कीजिये जो दिए गए वर्गों के बीच संबंध को सबसे बेहतर दर्शाता है:
दिल्ली, कर्नाटक, भारत

A. 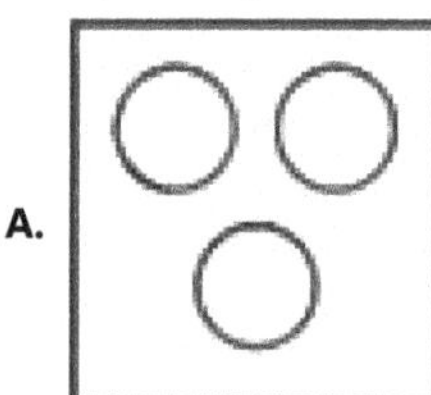

B. 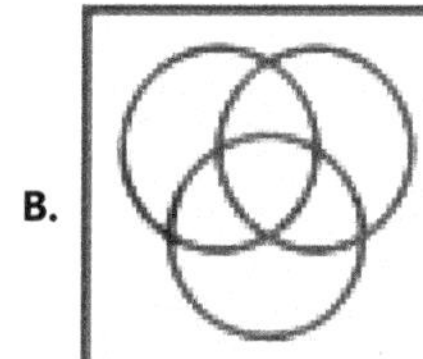

C. 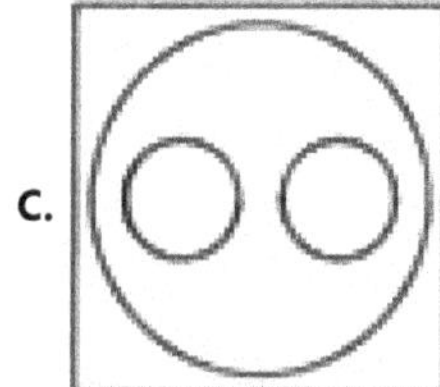

D. 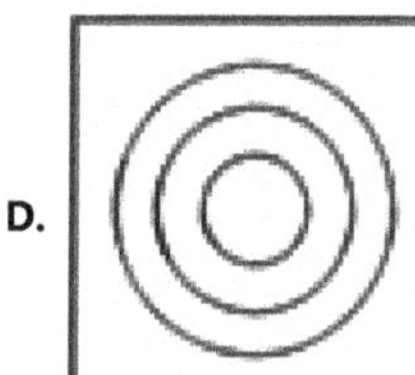

Q.9 निर्देश: आपको दिए गये कथन को सत्य मानना है, भले ही वे ज्ञात तथ्यों से अलग प्रतीत होते हों और निर्णय कीजिये कि कौन-सा निष्कर्ष कथनों का तार्किक रूप से अनुसरण करता है।
कथन:
सभी फ़ोन मोबाइल हैं।
सभी मोबाइल टेलीफोन हैं।
निष्कर्ष:
I. सभी फ़ोन टेलीफ़ोन हैं।
II. कुछ मोबाइल फ़ोन हैं।
A. ना निष्कर्ष I और ना ही II अनुसरण करता है
B. केवल निष्कर्ष II अनुसरण करता है
C. दोनों निष्कर्ष I और II अनुसरण करते हैं
D. केवल निष्कर्ष I अनुसरण करता है

Q.10 17 अगस्त 1984 को गुरुवार था। 8 दिसंबर 1984 को कौन सा दिन था?
A. रविवार **B.** शुक्रवार **C.** गुरूवार **D.** शनिवार

Q.11 निम्नलिखित प्रश्न में, दिए गए विकल्पों में से बेजोड़ अक्षरों को चुनिए।
A. DHQ **B.** GNU **C.** FLR **D.** CFI

Q.12 निर्देश: नीचे दी गई जानकारी को ध्यानपूर्वक पढ़ते हुए उस पर आधारित प्रश्नों के जवाब दीजिये:
बिन्दु B, बिन्दु A के पश्चिम में 3 मीटर पर है। बिन्दु C, बिन्दु B से उत्तर में 4 मीटर पर है। बिन्दु G, बिन्दु B और बिन्दु C के ठीक मध्य में है। बिन्दु H, बिन्दु C के दक्षिण में 6 मीटर की दूरी पर है। बिन्दु D, बिन्दु C के पश्चिम में 3 मीटर पर है तथा बिन्दु F, बिन्दु D के दक्षिण में 4 मीटर पर है। बिन्दु E, बिन्दु H के पश्चिम में 3 मीटर पर है।
C और A के मध्य की न्यूनतम दूरी कितनी है?
A. 3 मीटर
B. 4 मीटर
C. 5 मीटर
D. निर्धारित नहीं किया जा सकता

Q.13 उस शब्द का चयन करें जिसे दिए गए शब्द के अक्षरों का प्रयोग करके नहीं बनाया जा सकता है।
PREDICTABLE
A. DIET **B.** TIDE **C.** DOIT **D.** EDIT

Q.14 दिए गये शब्दों को शब्दकोश क्रम के अनुसार व्यवस्थित कीजिये।
1. Treatment
2. Treacherous
3. Treatable
4. Treasonous
5. Treasure

A. 2, 4, 5, 3, 1 **B.** 3, 2, 5, 1, 4
C. 3, 2, 5, 4, 1 **D.** 2, 4, 3, 5, 1

Q.15 यदि PLEASANT को VRKGYGTZ के रूप में कोडित किया गया है, तो NAME को कैसे कोडित किया जाएगा?
A. TFSK **B.** TGSK **C.** TGLS **D.** TGKS

Q.16 एक श्रृंखला दी गई है, जिसमें एक पद लुप्त है। दिए गये विकल्पों में से वह सही विकल्प चुनिए, जो श्रृंखला को पूरा करेगा।
ALF, GRL, MXR, SDX, YJD, ?
A. EPJ **B.** EQJ **C.** EPD **D.** EPO

Q.17 दिए गये विकल्पों में से बेजोड़ शब्द युग्म का चयन कीजिये।

A. आभा - चमक
B. विराम - अंतराल
C. सुस्त - जीवंत
D. असभ्य - असम्मान

Q.18 दी गई उत्तर आकृतियों में से, उस उत्तर आकृति का चयन कीजिये जिसमें प्रश्न आकृति छिपी/निहित है।

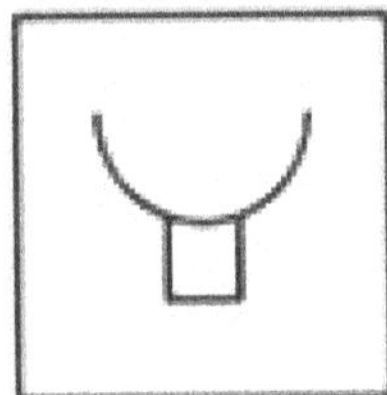

[SSC Stenographer Grade C & D, 2019], [SSC Constable (GD), 2019], [UP Police Constable, 2019]

A. 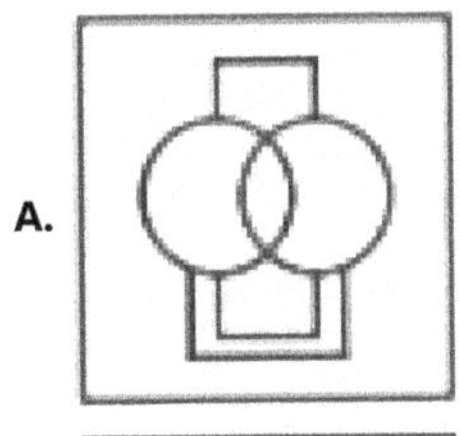
B. 

C. 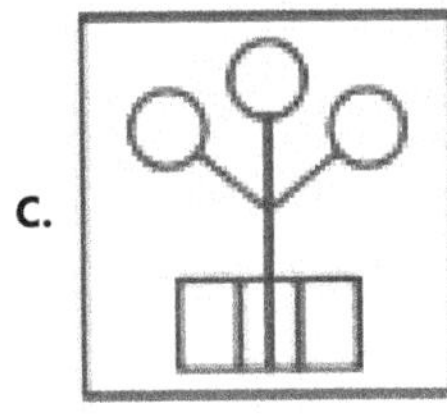
D. 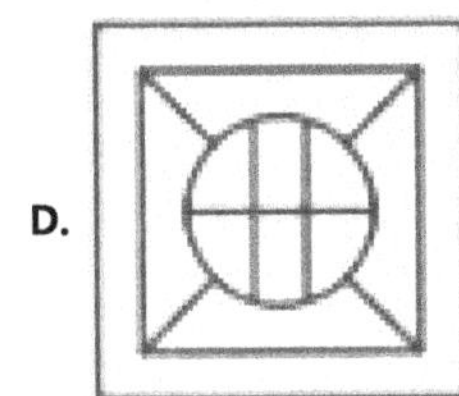

Q.19 निम्नलिखित प्रश्न में, दी गयी श्रृंखला में से लुप्त संख्या को चुनिए।
5, 127, 6, 218, 7, 345, ?, ?

A. 8, 512 **B.** 8, 514 **C.** 8, 500, **D.** 8, 516

Q.20 दी गई उत्तर आकृतियों में से, उस उत्तर आकृति का चयन कीजिए जिसमें प्रश्न आकृति छिपी/निहित है।

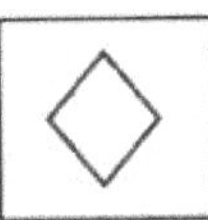

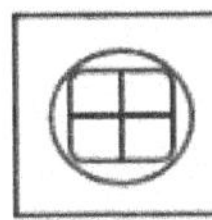
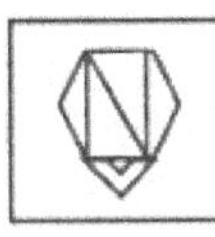

1 2 3 4

A. 2 **B.** 3 **C.** 4 **D.** 1

Q.21 दिये गए प्रश्न में, एक श्रृंखला दी गयी है जिसमें एक पद लुप्त है। दिए गए विकल्पों में से सही विकल्प का चयन कीजिये, जो श्रृंखला को पूरा करेगा।
X, Q, K, F, ?

A. C **B.** D **C.** E **D.** B

Q.22 निर्देश: निम्नलिखित वर्णों की श्रृंखला में, प्रश्न चिह्न से दर्शाया गया एक पद लुप्त है। विकल्पों से लुप्त पद चुनें।
ADP, FIU, ?, PSE, UXJ

A. LNZ **B.** KNZ **C.** KNA **D.** KMZ

Q.23 निर्देश: आपको दिए गये कथन को सत्य मानना है, भले ही वे ज्ञात तथ्यों से अलग प्रतीत होते हों और निर्णय कीजिये कि कौन-सा निष्कर्ष कथनों का तार्किक रूप से अनुसरण करता है।

कथन:
कुछ गीत चलचित्र हैं।
कुछ चलचित्र वीडियो हैं।

निष्कर्ष:
I. कुछ गीत विडियो हैं।
II. सभी वीडियो चलचित्र हैं।

A. ना निष्कर्ष I और ना ही II अनुसरण करता है
B. केवल निष्कर्ष II अनुसरण करता है
C. दोनों निष्कर्ष I और II अनुसरण करते हैं
D. केवल निष्कर्ष I अनुसरण करता है

Q.24 यदि '$' का अर्थ '+', '%' का अर्थ '×', '&' का अर्थ '÷' और '@' का अर्थ '-' है, तो निम्नलिखित में से कौन सा विकल्प सही है?

A. 8 & 2 % 4 @ 2 % 3 = 2
B. 14 & 2 @ 8 $ 2 % 6 = 10
C. 13 @ 7 $ 3 % 3 & 3 = 9
D. 9 @ 5 % 4 $ 28 & 4 = 4

Q.25 छह व्यक्ति - A, B, C, D, E और F एक पंक्ति में समान दूरी पर बैठे हैं। सभी दक्षिण के सम्मुख हैं। D, A के निकटतम बाएँ बैठा है। E, F के दाएँ से तीसरे स्थान पर बैठा है। B, F का निकटतम पड़ोसी नहीं है। ना तो E और ना ही F पंक्ति के किसी छोर पर बैठा है। C का स्थान क्या है?

A. C, B के बाएँ से पांचवें स्थान पर बैठा है
B. C, B के दाएँ से पांचवें स्थान पर बैठा है
C. C, A के दाएँ से तीसरे स्थान पर बैठा है
D. C, D के बाएँ से चौथे स्थान पर बैठा है

Q.26 निम्नलिखित विकल्पों में से प्रत्येक में शब्दों के जोड़ी होते हैं। प्रश्न में जोड़ी के साथ मिलान करने के लिए सबसे अच्छी जोड़ी चुनिए।
ठेकेदार : बिल्डिंग

[UP Police Constable, 2019]

A. गाय : अस्तबल
B. वकील : किताबें
C. कुम्हार : पेंट
D. मोची : जूता

Q.27 एक निश्चित कूट में PLUS को 6275 और ATOM को 4813 के रूप में लिखा जाता है। उसी कूट में PALM को किस प्रकार लिखा जाता है?

[UP Police Constable, 2019]

A. 6423 **B.** 8817 **C.** 3548 **D.** 5708

Q.28 निम्नलिखित आकृति में, वर्ग चित्रकारों का प्रतिनिधित्व करता है, त्रिभुज पुरुषों का प्रतिनिधित्व करता है, वृत्त लेखाकार का प्रतिनिधित्व करता है और आयत अमेरिकियों का प्रतिनिधित्व करती है। अक्षरों का कौन सा समूह अमेरिकियों का प्रतिनिधित्व करता है जो पुरुष नहीं हैं?

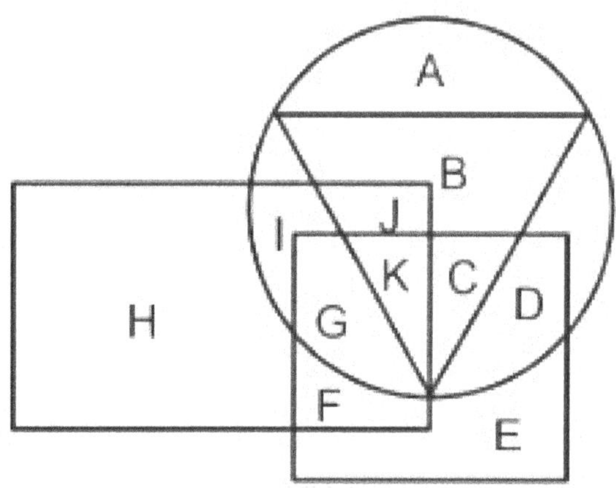

A. CDE **B.** AIGD **C.** JBKC **D.** HIGF

Q.29 एक पंक्ति में, ट्विंकल बायें छोर से 5वें स्थान पर है और तारा दायें छोर से 8वें स्थान पर है। यदि इनके मध्य में सात व्यक्ति बैठे हैं, तो पंक्ति में कितने व्यक्ति बैठे हैं?

A. 21 **B.** 19 **C.** 20 **D.** 22

Q.30 दिए गए कथन को पढ़िए और निर्णय कीजिए कि निम्नलिखित में से कौन सा/कौन से तर्क मजबूत है/हैं?

कथन:

क्या सीबीडीटी को भारत में आयकर को खत्म कर देना चाहिए?

तर्क 1: हां, यह भारत में वेतन पाने वालों के लिए एक अनावश्यक बोझ है।

तर्क 2: नहीं, यह भारत सरकार के लिए राजस्व का एक अच्छा स्रोत है।

A. ना तो तर्क 1 और ना ही 2 मजबूत है

B. केवल तर्क 2 मजबूत है

C. केवल तर्क 1 मजबूत है

D. तर्क 1 और 2 दोनों मजबूत हैं

// स्मार्ट उत्तर पुस्तिका //

सही उत्तर उन छात्रों के प्रतिशत को इंगित करता है जिन्होंने प्रश्नों का सही उत्तर दिया था।

छोड़ दिया उन छात्रों के प्रतिशत को इंगित करता है जिन्होंने प्रश्नों को छोड़ दिया था।

प्रश्न संख्या	उत्तर	सही उत्तर	छोड़ दिया
1	B	23.17 %	3.66 %
2	B	65.85 %	9.76 %
3	A	81.1 %	9.75 %
4	A	54.27 %	13.41 %
5	C	59.15 %	9.75 %
6	B	53.05 %	10.36 %
7	A	50.0 %	13.41 %
8	C	80.49 %	11.58 %
9	C	47.56 %	14.03 %
10	B	33.54 %	10.36 %
11	B	60.37 %	10.97 %
12	C	57.93 %	11.58 %
13	C	83.54 %	10.36 %
14	A	68.9 %	10.98 %
15	B	78.05 %	9.75 %
16	A	71.95 %	10.37 %
17	C	63.41 %	14.64 %
18	B	76.22 %	10.98 %
19	B	50.61 %	9.15 %
20	C	78.05 %	10.36 %
21	D	75.61 %	10.37 %
22	B	70.73 %	12.2 %
23	A	45.73 %	10.37 %
24	C	50.61 %	12.8 %
25	A	40.85 %	14.03 %
26	D	75.0 %	14.02 %
27	A	79.88 %	9.75 %
28	D	69.51 %	14.03 %
29	C	67.07 %	10.98 %
30	B	45.12 %	11.59 %

कार्य विश्लेषण	
औसत अंक (%)	60.0%
टॉपर्स स्कोर (%)	100.0%
आपका स्कोर	

अनुभागीय टेस्ट 14

Q.1 यदि एक दर्पण को MN रेखा पर रखा जाए, तो दी गई उत्तर आकृतियों में से कौन सी आकृति प्रश्न आकृति की सही छवि होगी?

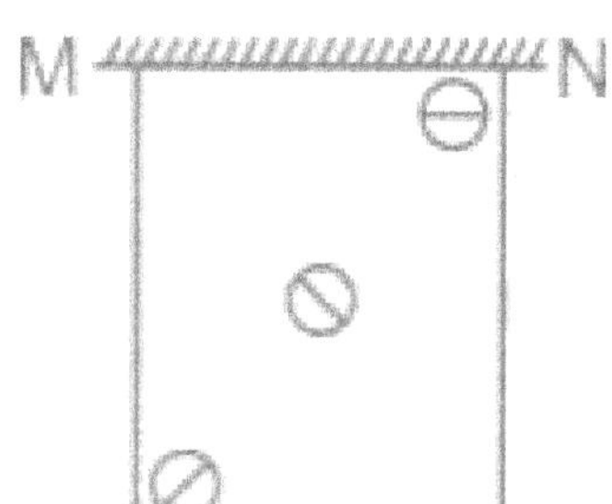

A. 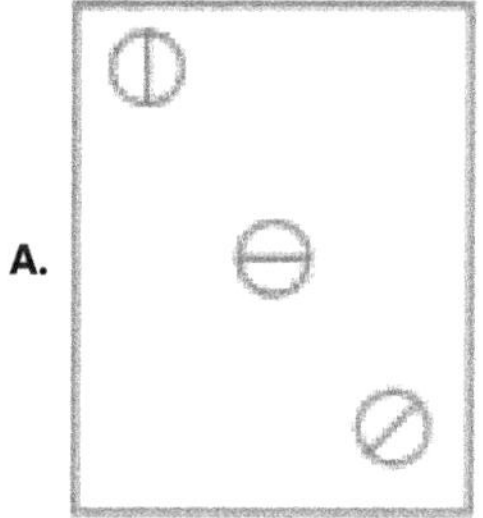

B. 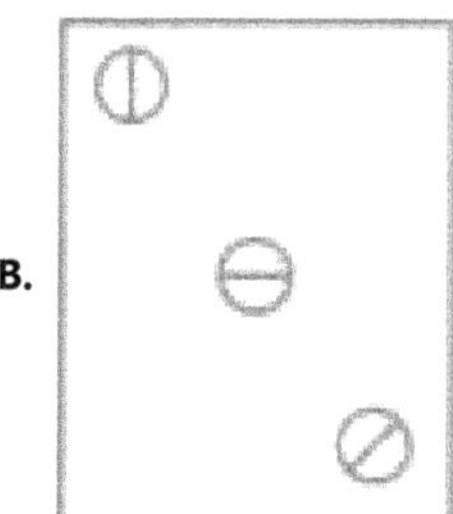

C. 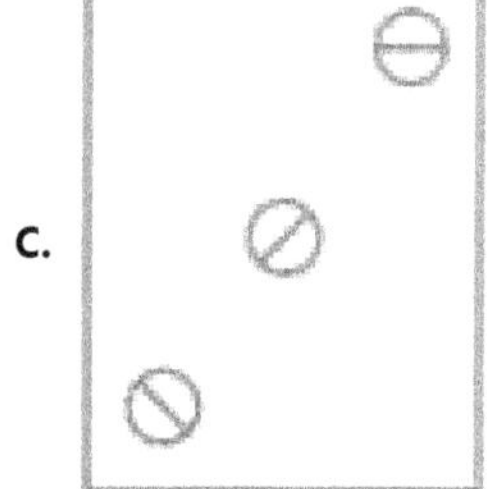

D. 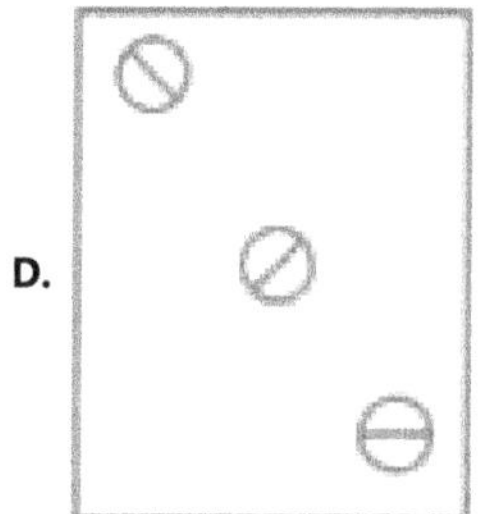

Q.2 कौन-सी उत्तर आकृति, प्रश्न आकृति के स्वरूप को पूर्ण करेगी?

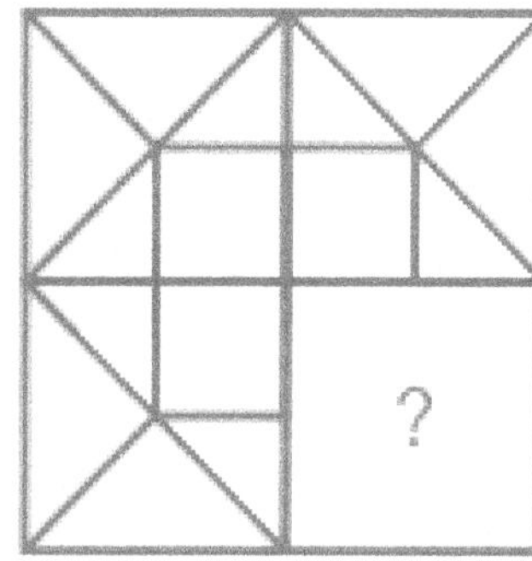

A. 

B. 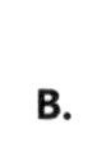 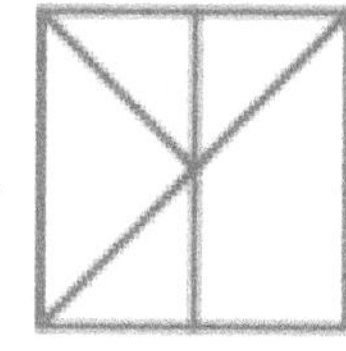

C. 

D. 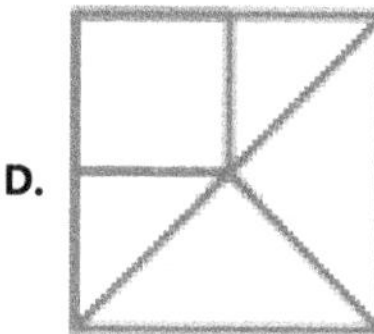

Q.3 एक कागज़ के टुकड़े को प्रश्न आकृति में दर्शाए गये अनुसार मोड़ा और काटा जाता है। खोलने के बाद वह किस उत्तर आकृति के समान दिखाई देगा?

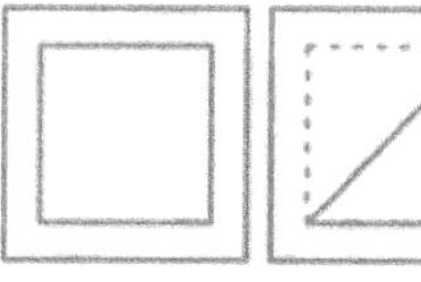 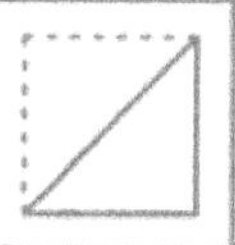 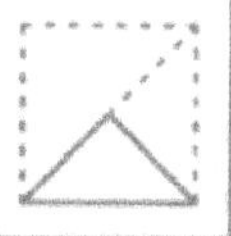 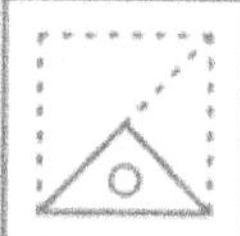

A. 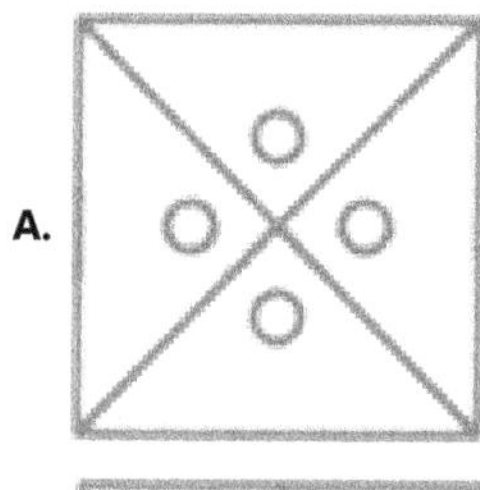

B.  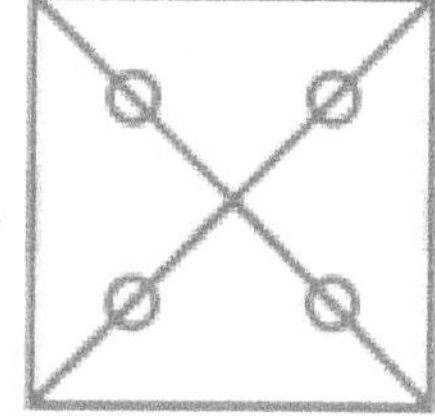

C. 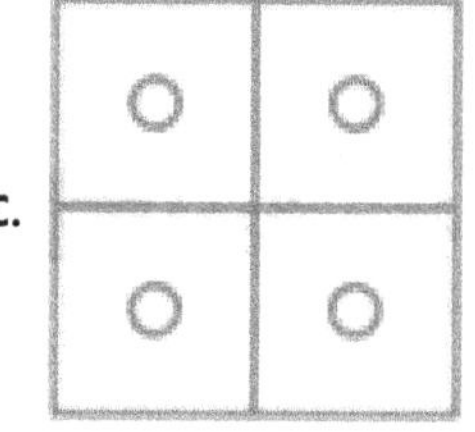

D. 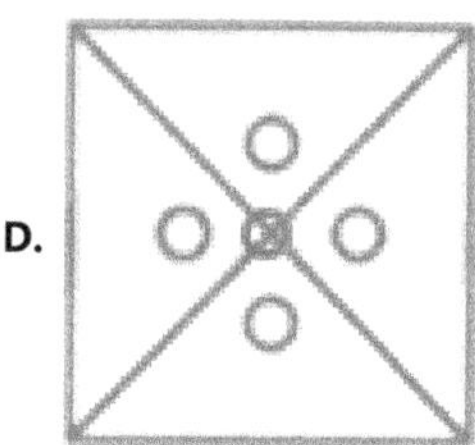

Q.4 दिये गये प्रश्न में, श्रृंखला में एक पद गलत है। गलत संख्या ज्ञात करें।

9, 11, 14, 21, 29, 39, 51

A. 11 **B.** 29 **C.** 14 **D.** 39

Q.5 एक श्रृंखला दी गई है, जिसमें एक पद लुप्त है। दिए गए विकल्पों में से श्रृंखला को पूर्ण करने वाले विकल्प को चुनिए।

BMY, DNW, FOU, ?

A. GHO **B.** HGO **C.** HPS **D.** HPT

[AFCAT, 2021] **Q.6** एक श्रृंखला दी गई है जिसमें एक पद लुप्त है, दिए गए विकल्पों से सही विकल्प चुनिए जो श्रृंखला को पूरा करेगा,

G18, 10O, M12, 16I, ?

A. S6 **B.** 6S **C.** 7S **D.** S7

Q.7 निम्नलिखित श्रृंखला में अगला पद ज्ञात कीजिए।

TE, D, RF, C, XB, ?

A. L **B.** I **C.** K **D.** O

Q.8 निम्नलिखित प्रश्न में, दिए गए विकल्पों से संबंधित शब्द वाली जोड़ी चुनिए।

पक्षी : उड़ना :: मछली : ?

A. तैरना **B.** रेंगना **C.** दौड़ना **D.** चलना

Q.9 दिए गए प्रश्न में विकल्पों में से सम्बंधित अक्षरों का चुनाव कीजिये।

BPTF : ESWI :: ____ : GDRY

A. VAOD **B.** ADVO **C.** DVAO **D.** DAOV

Q.10 एक दिन रमेश ने दोपहर 12 बजे घर आते समय एक खंभे की परछाई को देखने की कोशिश की। तो वह किस दिशा में खंभे की परछाई को देख सकता है?

A. कोई परछाई नहीं बनी **B.** पश्चिम

C. पूरब **D.** दक्षिण

Q.11 एक पंक्ति में, रमीज़ बायें छोर से 20वें स्थान पर है और तुषार दायें छोर से 20वें स्थान पर है। रमीज़ तुषार के बाईं ओर बैठता है। यदि रमीज़ और तुषार के मध्य कोई भी व्यक्ति नहीं बैठा है, तो पंक्ति में व्यक्तियों की संख्या कितनी है?

A. 40 **B.** 41 **C.** 39 **D.** 42

Q.12 निम्न श्रृंखला में से लुप्त संख्या ज्ञात कीजिये|

43, 172, 86, 344, ?

A. 172 **B.** 258 **C.** 129 **D.** 430

Q.13 दिए गये विकल्पों में से बेजोड़ शब्द का चयन कीजिये।

A. रिक्त **B.** त्याग **C.** अनुसरण **D.** परित्याग

Q.14 फल, तरबूज, करेला, चीज़केक के मध्य के संबंध को सटीक तरह से दर्शाने वाला आरेख ज्ञात कीजिए।

A. 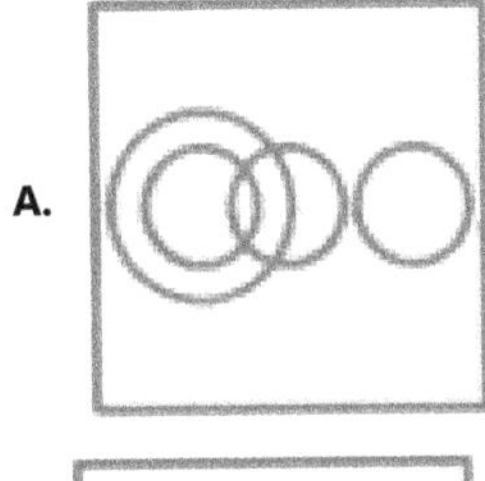

B. 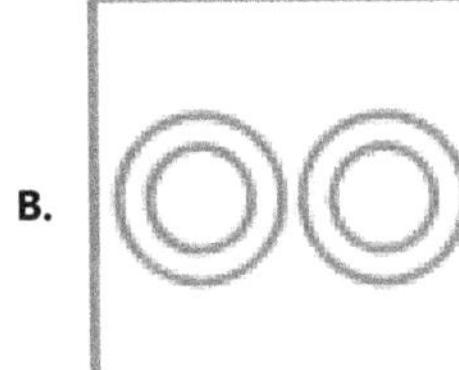

C. 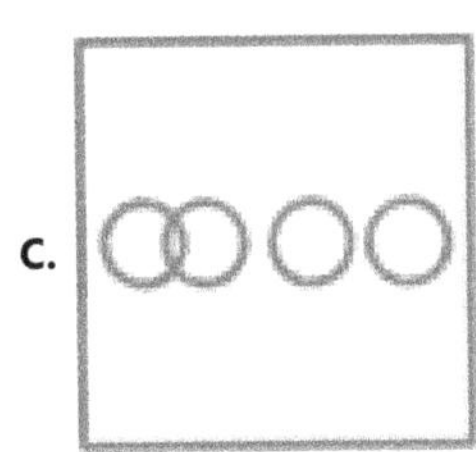

D. 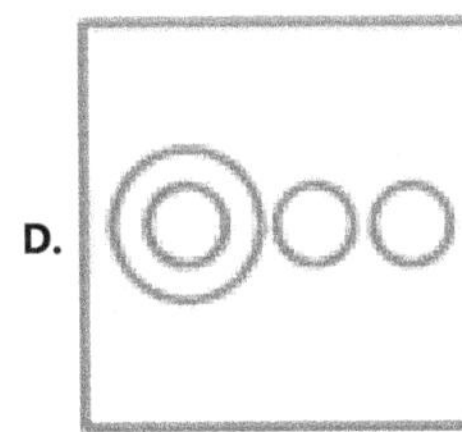

Ques (15-16):निर्देश: दो कथन और उसके बाद I और II से अंकित दो निष्कर्ष दिए गये हैं। आपको दिए गये कथनों को सत्य मानना है, भले ही वे ज्ञात तथ्यों से अलग प्रतीत होते हों। निर्णय कीजिए कि दिये गये निष्कर्षों में से कौन-सा निष्कर्ष कथनों का तार्किक रूप से अनुसरण करता है और तदनुसार अपना उत्तर अंकित कीजिए।

Q.15 कथन:

केवल अच्छे छात्र ही कक्षा में उपस्थित हैं।

शैलेन्द्र कक्षा में उपस्थित था।

निष्कर्ष:

I. जो छात्र नहीं हैं वे कक्षा में उपस्थित हैं।

II. शैलेंद्र एक अच्छा छात्र है।

A. केवल निष्कर्ष I अनुसरण करता है

B. न तो निष्कर्ष I और न ही निष्कर्ष II अनुसरण करता है

C. दोनों निष्कर्ष अनुसरण करते हैं

D. केवल निष्कर्ष II अनुसरण करता है

Q.16 कथन:

कुछ गणित अंग्रेज़ी हैं।

कुछ अंग्रेज़ी हिंदी हैं।

निष्कर्ष:

I. कुछ गणित हिंदी हैं।

II. कुछ अंग्रेज़ी हिंदी नहीं है।

A. कोई भी निष्कर्ष अनुसरण नहीं करता है।

B. केवल निष्कर्ष I अनुसरण करता है।

C. केवल निष्कर्ष II अनुसरण करता है।

D. दोनों निष्कर्ष अनुसरण करते हैं।

Q.17 दिए गये शब्दों को शब्दकोश क्रम के अनुसार व्यवस्थित कीजिये।

1. Journey
2. Judge
3. Jingling
4. Jingle
5. Judgement

A. 32541 **B.** 53142 **C.** 43125 **D.** 15342

Q.18 यदि C = 5 और TIME = 55, तो आप BENJAMIN का कूट कैसे लिखेंगे?

A. 82 **B.** 90 **C.** 84 **D.** 86

Q.19 दिये गए विकल्पों में से विषम संख्या ज्ञात कीजिए।

A. 243 **B.** 264 **C.** 333 **D.** 405

Q.20 मनीष और नरेश भाई हैं। ओंकार, मनीष का पिता है। प्रीतम, किरण का भाई है और किरण, नरेश की पुत्री है। मनीष, प्रीतम किस प्रकार संबंधित है?

A. पिता **B.** अंकल **C.** भाई **D.** कजिन

Q.21 यदि EXERCISE को 94971829 के रूप में कूटित किया जाता है, WISDOM को 680135 के रूप में कूटित किया जाता है। तो उसी कूट में MIXER कैसे लिखा जाता है?

A. 54897 **B.** 58479 **C.** 58497 **D.** 58498

Q.22 पांच लोग - A, B, C, D और E दक्षिण दिशा के सम्मुख होकर एक सीधी पंक्ति में बैठे हैं, लेकिन जरूरी नहीं कि इसी क्रम में। E किसी एक छोर पर बैठा है। A पंक्ति के ठीक बीच में बैठा है। ना तो C और न ही D किसी एक छोर पर बैठा है। C, B के निकटतम बाएँ बैठता है। A के दाएँ दूसरे स्थान पर कौन बैठता है?

A. B **B.** E **C.** C **D.** D

Q.23 निम्न शब्दों को उनके शब्दकोश के क्रम में व्यवस्थित कीजिये और तीसरे आने वाले शब्द का चयन कीजिये।

i) Waive

ii) Waffle

iii) Waist

iv) Wager

A. Waist **B.** Wager **C.** Waffle **D.** Waive

Q.24 जयति 12 किमी उत्तर की ओर जाती है, बाएं मुड़ती है और 6 किमी की दूरी तय करती है, और फिर दाएं मुड़ती है और 7 किमी की दूरी तय करती है और फिर दाएं मुड़ती है और 6 किमी की दूरी तय करती है। वह प्रारम्भिक स्थान से कितनी दूर है (सबसे कम दूरी)?

A. 25 किमी **B.** 13 किमी **C.** 18 किमी **D.** 19 किमी

Q.25 कौन-से दो अंकों को आपस में बदलने पर समीकरण सही होगा?

47 × 3 ÷ 2 + 15 = 33

A. 5 और 4 **B.** 7 और 5 **C.** 7 और 2 **D.** 3 और 4

Q.26 निर्देश: निम्न प्रश्न में दो कथन और उसके बाद I और II से अंकित दो निष्कर्ष दिए गये हैं। आपको दिए गये कथन को सत्य मानना है, भले ही वे ज्ञात तथ्यों से अलग प्रतीत होते हों। सभी निष्कर्षों को पढ़िए और फिर निर्णय कीजिए कि दिया गया कौन सा निष्कर्ष ज्ञात तथ्यों को नजरंदाज करने पर कथनों का तार्किक रूप से अनुसरण करता है।

कथन:

कुछ फाइलें डाटा हैं।

सभी डॉक्यूमेंट डाटा हैं।

निष्कर्ष:

I. कुछ फाइलें डॉक्यूमेंट हैं।

II. कुछ डाटा डॉक्यूमेंट हैं।

A. कोई भी निष्कर्ष अनुसरण नहीं करता है।

B. केवल निष्कर्ष I अनुसरण करता है।

C. केवल निष्कर्ष II अनुसरण करता है।

D. दोनों निष्कर्ष अनुसरण करते हैं।

Q.27 निम्नलिखित में से कौन-सा आरेख दिए गये वर्गों के बीच के संबंध को सबसे बेहतर रूप से दर्शाता है?

पुरुष, डॉक्टर, इंजीनियर

A. 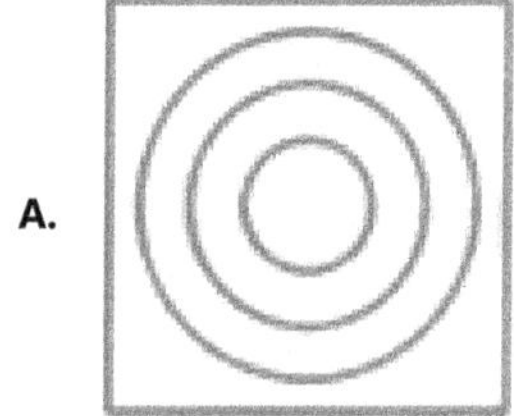

B. 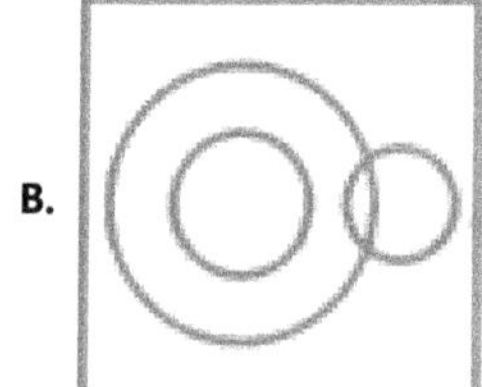

C. 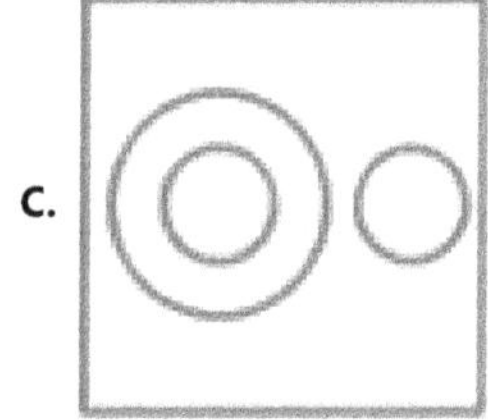

D. 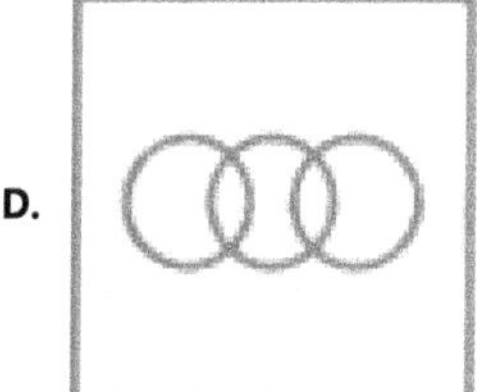

Q.28 एक लड़की अपने घर से 3 किमी पूर्व की ओर चलती है। फिर वह दक्षिण की ओर मुड़ती है और 2 किमी चलती है, वह फिर पश्चिम की ओर मुड़ती है और 7 किमी चलती है, फिर वह अपने दाएं मुड़ती है और 2 किमी चलती है। वह अब अपनी प्रारंभिक स्थिति से कहाँ है?

A. अपने घर से पश्चिम में 10 किमी

B. अपने घर से पूर्व में 4 किमी

C. अपने घर से पूर्व में 10 किमी

D. अपने घर से पश्चिम में 4 किमी

Q.29 दी गयी उत्तर आकृतियों में से उस उत्तर आकृति को चुनिए, जिसमें प्रश्न आकृति छिपी/निहित है?

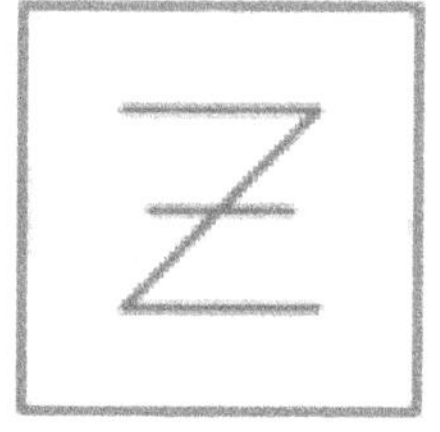

A. 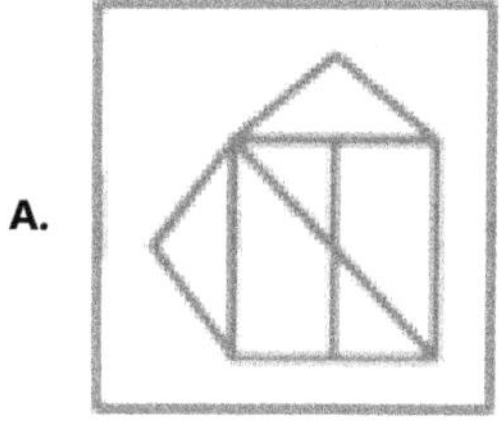

B. 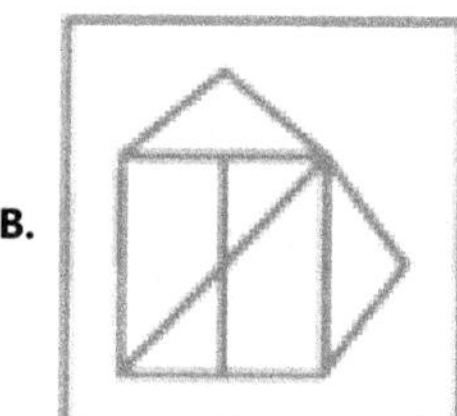

C. 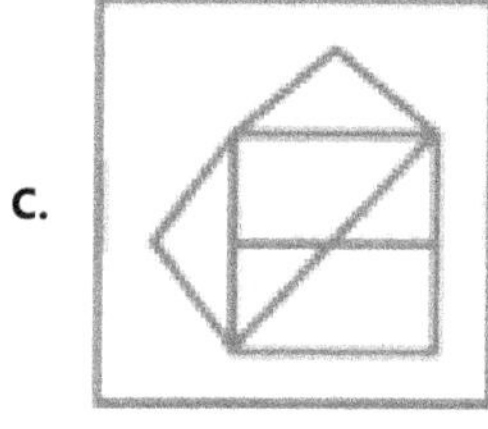

D. 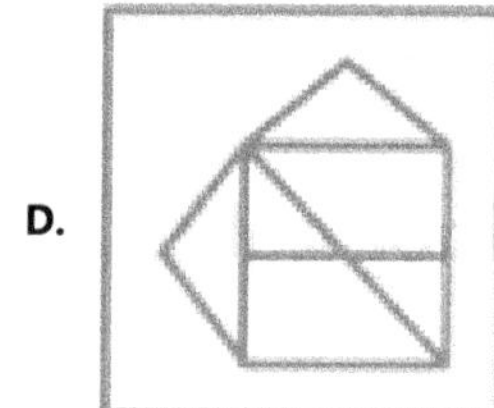

Q.30 Select the related number from the given alternative.

25 : 36 : : ? : ?

A. 9 : 25 **B.** 16 : 25 **C.** 25 : 49 **D.** 81 : 121

// स्मार्ट उत्तर पुस्तिका //

सही उत्तर — उन छात्रों के प्रतिशत को इंगित करता है जिन्होंने प्रश्नों का सही उत्तर दिया था।

छोड़ दिया — उन छात्रों के प्रतिशत को इंगित करता है जिन्होंने प्रश्नों को छोड़ दिया था।

प्रश्न संख्या	उत्तर	सही उत्तर	छोड़ दिया
1	D	52.54 %	0.0 %
2	D	83.05 %	14.41 %
3	A	71.19 %	14.4 %
4	C	40.68 %	15.25 %
5	C	77.12 %	15.25 %
6	A	55.08 %	14.41 %
7	A	22.03 %	14.41 %
8	A	83.9 %	14.41 %
9	D	66.95 %	15.25 %
10	A	59.32 %	14.41 %
11	A	64.41 %	14.4 %
12	A	47.46 %	14.4 %
13	C	59.32 %	13.56 %
14	D	74.58 %	14.4 %
15	D	74.58 %	13.56 %
16	A	27.97 %	13.56 %
17	C	74.58 %	16.95 %
18	C	38.98 %	14.41 %
19	B	56.78 %	14.41 %
20	B	81.36 %	13.56 %
21	C	78.81 %	14.41 %
22	A	65.25 %	14.41 %
23	A	74.58 %	15.25 %
24	D	72.03 %	13.56 %
25	C	48.31 %	15.25 %
26	C	35.59 %	15.26 %
27	D	72.88 %	14.41 %
28	D	58.47 %	16.11 %
29	C	78.81 %	15.26 %
30	B	59.32 %	14.41 %

कार्य विश्लेषण	
औसत अंक (%)	64.17%
टॉपर्स स्कोर (%)	100.0%
आपका स्कोर	

अनुभागीय टेस्ट 15

Q.1 निम्नलिखित प्रश्न में, उस विकल्प का चयन कीजिये जो अन्य तीन विकल्पों से भिन्न है।

A. ZTF **B.** ZOK **C.** ZKO **D.** ZIN

Q.2 दिए गये विकल्पों में से विषम शब्द का चयन कीजिये।

A. शर्मिंदगी **B.** अनुप्रमाणित
C. अपमानित **D.** अवनमित

Q.3 निर्देश: निम्न प्रश्न में, उस विकल्प को चुनिए जो अन्य तीन विकल्पों से अलग है।

A. लॉकेट **B.** बाजूबंद **C.** चूड़ियाँ **D.** कंगन

Q.4 निम्नलिखित प्रश्न में तीन संख्याओं के चार समूह दिये गये हैं। प्रत्येक समूह में, दूसरी और तीसरी संख्या, पहली संख्या से एक तर्क/नियम/संबंध से संबंधित है। इनमें से तीन समान नियम/संबंध/तर्क के आधार पर एक समान हैं। दिये गये विकल्पों में से भिन्न पद को चुनिए।

A. (11, 13, 15) **B.** (15, 17, 19)
C. (21, 23, 25) **D.** (25, 27 31)

Q.5 निम्नलिखित प्रश्न में दिए गए विकल्पों में से संबंधित अक्षरों को चुनें।

GT : KX : : KP : ?

A. OT **B.** MQ **C.** FX **D.** EN

Q.6 निम्नलिखित प्रश्न में दिए गए विकल्पों में से संबंधित शब्द को चुनिए।

अच्छा : बुरा: आना : ?

A. जाना **B.** पूर्ण
C. बाएं **D.** इनमें से कोई नहीं

Q.7 निम्नलिखित प्रश्न में दिए गए विकल्पों में से संबंधित अक्षरों को चुनिए।

LMNO : JKLM :: PQRS :

A. NOPR **B.** MOPQ **C.** NOPQ **D.** NORS

Q.8 निर्देश: संख्याओं के युग्म दिए गए हैं। वह युग्म चुनिए जो उसी संबंध को दर्शाता है, जो दिए गए युग्म में है।

3550 : 1775

A. 9720 : 5720 **B.** 4348 : 2173
C. 5471 : 2700 **D.** 8400 : 4200

Q.9 निम्नलिखित प्रश्न में, दी गयी श्रृंखला में से लुप्त संख्या चुनिए।

23, 29, 24, 30, 25, ?

A. 30 **B.** 31 **C.** 26 **D.** 28

Q.10 एक श्रृंखला दी गई है जिसमें एक पद लुप्त है। दिए गये विकल्पों में से वह सही विकल्प चुनिए, जो श्रृंखला को पूरा करेगा।

O, P, R, U, Y, ?

A. A **B.** D **C.** Z **D.** C

Q.11 निर्देश: विकल्पों का प्रयोग कर रिक्त स्थानों की पूर्ति करें:

_ _ aba _ _ ba_ ab

A. abbbb **B.** baabb **C.** bbaba **D.** abbab

Q.12 एक विशिष्ट कूट भाषा में, "FOUR" को "GPVS" लिखा जाता है। इस कूट भाषा में "NAND" को किस प्रकार लिखा जाएगा?

A. OBOC **B.** OBME **C.** MBOE **D.** OBOE

Q.13 एक विशिष्ट कूट भाषा में, "THIN" को "SGHM" लिखा जाता है। इस कूट भाषा में "JUKE" को किस प्रकार लिखा जायेगा?

A. ITJD **B.** ISJD **C.** IVJF **D.** ITJF

Q.14 सुधा 8 किमी दक्षिण में चलती है। फिर वह दायें मुड़ती है और 4 किमी चलती है। फिर से वह वह दायें मुड़ती है और 8 किमी चलती है। वह शुरुआती बिंदु से कितने किलोमीटर दूर है?

A. 7 **B.** 6 **C.** 4 **D.** 8

Q.15 निर्देश: तीन कथन और उसके बाद I, II और III से अंकित तीन निष्कर्ष दिए गये हैं। आपको दिए गये कथनों को सत्य मानना है, भले ही वे ज्ञात तथ्यों से अलग प्रतीत होते हों। निर्णय कीजिए कि दिये गये निष्कर्षों में से कौन-सा निष्कर्ष कथनों का तार्किक रूप से अनुसरण करता है और तदनुसार अपना उत्तर अंकित कीजिए।

कथन:

कुछ टार्गेट चेसेबल हैं।

सभी चेसेबल पॉसिबल हैं।

कुछ पॉसिबल विन हैं।

निष्कर्ष:

I.कोई टार्गेट विन नहीं हैं।

II. कुछ विन टार्गेट हैं।

III. कुछ पॉसिबल टार्गेट हैं।

A. केवल निष्कर्ष I और III अनुसरण करते हैं
B. केवल निष्कर्ष I और II अनुसरण करते हैं
C. केवल निष्कर्ष I अनुसरण करता है
D. या तो निष्कर्ष I या II और III अनुसरण करते हैं

Q.16 कामिनी अपने घर से 30 मी दक्षिण की ओर चलती है। फिर वह बाएँ मुड़ती है और 40 मी चलती है। वह फिर बाएँ मुड़ती है और एक बुक स्टोर तक पहुंचने के लिए 60 मी चलती है। उसके घर और बुक स्टोर के बीच की न्यूनतम दूरी कितनी है?

A. 50 मी **B.** 60 मी **C.** 40 मी **D.** 80 मी

Q.17 6 वर्ष के बाद ऋतु की आयु, उसकी माँ की आयु की 3/7 है। 10 वर्ष पूर्व, उनकी आयु का अनुपात 1:5 था। वर्तमान में ऋतु की माँ की आयु कितनी है?

A. 40 **B.** 50 **C.** 80 **D.** 60

Q.18 दिए गए विकल्पों में से कौन-सा विकल्प निम्नलिखित का सार्थक क्रम होगा?

1. उत्साह
2. खुशी
3. महत्वाकांक्षा
4. परमानंद
5. हर्ष

A. 1, 4, 2, 5, 3 **B.** 2, 1, 3, 4, 5
C. 4, 1, 3, 2, 5 **D.** 3, 2, 5, 1, 4

Q.19 दिए गये शब्दों को शब्दकोश क्रम के अनुसार व्यवस्थित कीजिये।

1. CRASH
2. CHASE
3. CROWD
4. CHARM

5. CRIME

A. 24153 **B.** 24135 **C.** 41235 **D.** 42153

Q.20 यदि किसी भाषा में REMOTE को ROTEME के रूप में कूटबद्ध किया जाता है, तो PNIICC किस शब्द का कूट होगा?

A. NPIICC **B.** PICCIN **C.** PINCIC **D.** PICNIC

Q.21 निम्नलिखित प्रश्न में, उस संख्या का चयन करें जिसे दिए गए विकल्प में से प्रश्न चिह्न (?) के स्थान पर रखा जा सकता है।

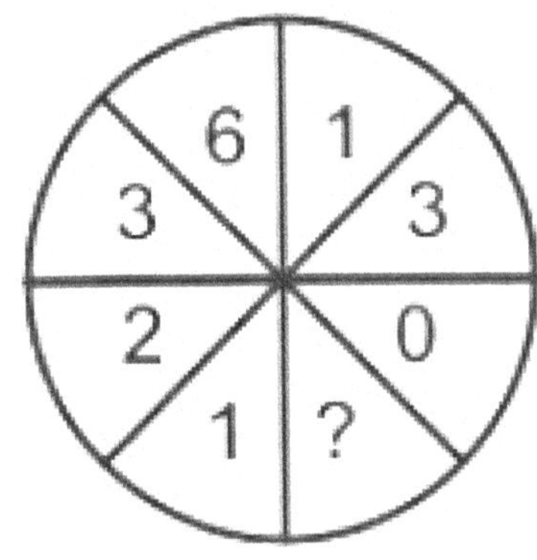

A. 1 **B.** 4 **C.** 3 **D.** 2

Q.22 निम्नलिखित प्रश्न में दिए गए विकल्पों में से संबंधित शब्द को चुनिए।

बीहू : असम :: ? : अरुणाचल प्रदेश

A. उगादी **B.** तमलाडू
C. चोवोथ **D.** साओ जोआ

Q.23 निम्नलिखित में से कौन सा समूह से संबंधित नहीं है?

A. यूनिक्स **B.** एमएस-डॉस
C. विन्डोज़ **D.** फ़ायरवॉल

Q.24 यदि 25$3 = 80, 30$4 = 126 और 15$2 = 34 है, तो 40$5 का मान ज्ञात कीजिए ?

A. 270 **B.** 213 **C.** 207 **D.** 210

Q.25 निम्न में से कौन-सी आकृति डिग्री छात्र, BA के छात्र और B.Tech के छात्रों को दर्शाता है?

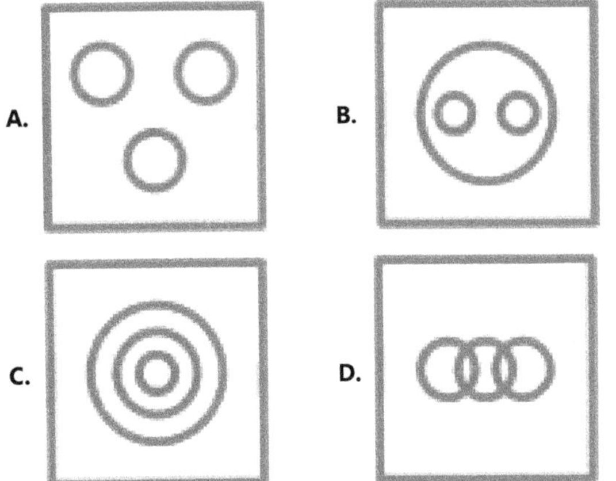

Q.26 निम्न में से कौनसा वेन आरेख आदमी, ऑथर और शिक्षक के बीच सम्बन्ध को सबसे अच्छा दर्शाता है?

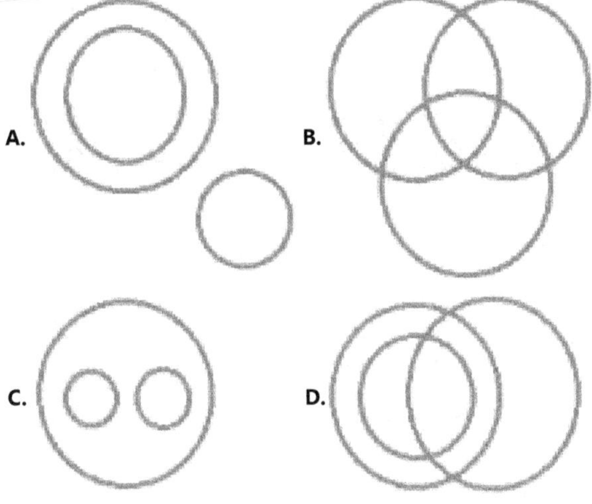

Q.27 दिए गए समीकरण को सही बनाने के लिए किन दो संख्याओं का आपस में आदान प्रदान होना चाहिए?

5 + 23 - 2 × 27 ÷ 3 = 7 + 25 - 3 × 36 ÷ 6

A. 36 और 27 **B.** 23 और 6
C. 6 और 3 **D.** 5 और 7

Q.28 यदि एक दर्पण को रेखा AB पर रखा जाये, तो दी गई उत्तर आकृतियों में से कौन सी आकृति प्रश्न आकृति की सही छवि होगी?

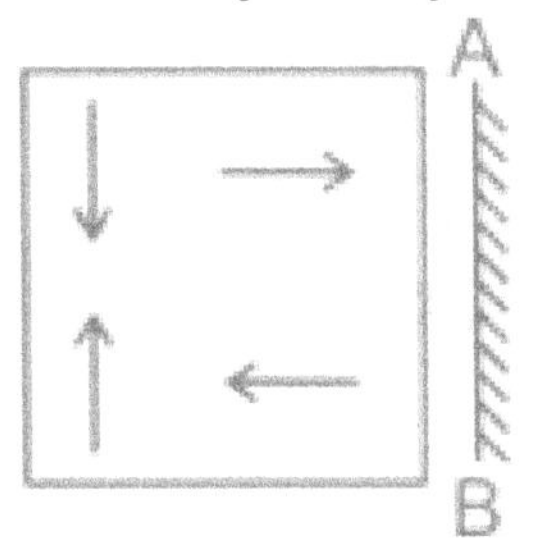

A. 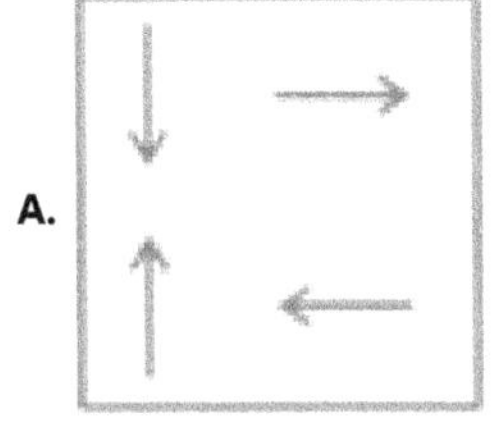

B. 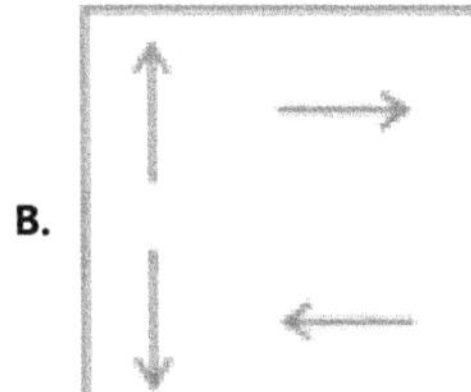

C. 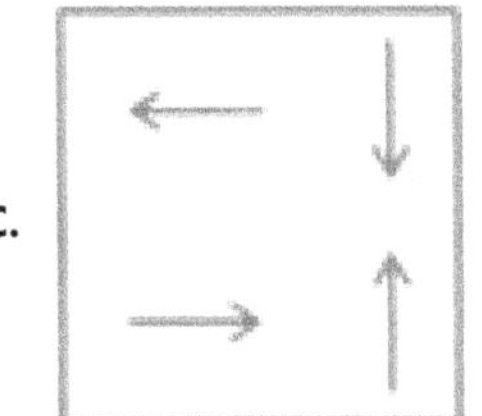

D. 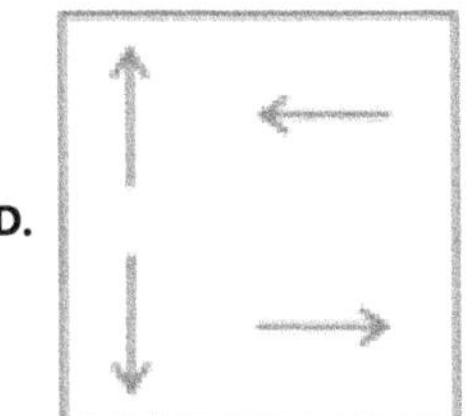

Q.29 नीचे दर्शाए गए चित्र के अनुसार कागज का एक टुकड़ा मोड़ा जाता है और फिर उसमें छेद किया जाता है। कागज खोले जाने पर वह उत्तर चित्रों में से किस जैसा दिखाई देगा?

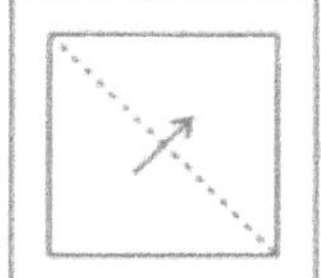 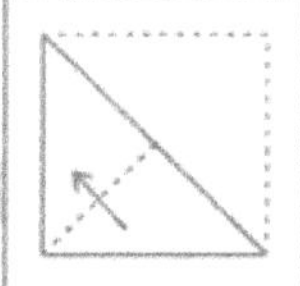 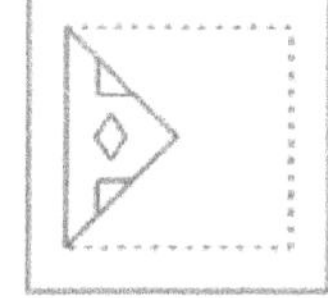

[UP Police Constable, 2019], [SSC MTS, 2019]

A. 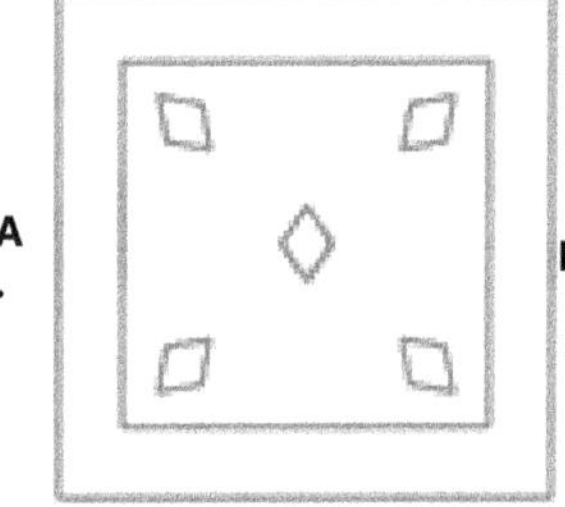 B. 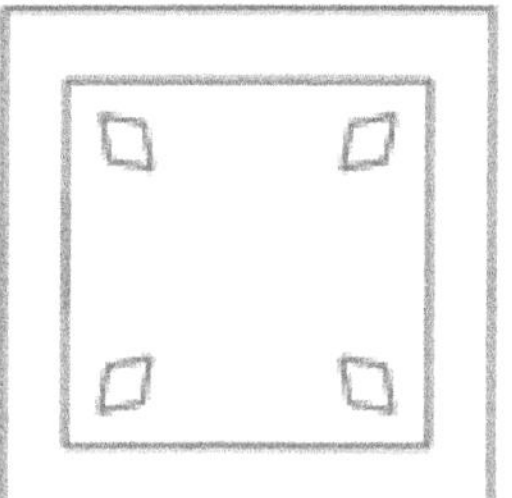

C. 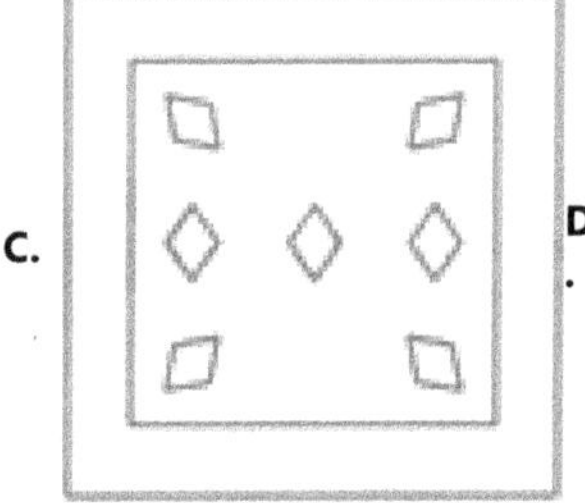 D. 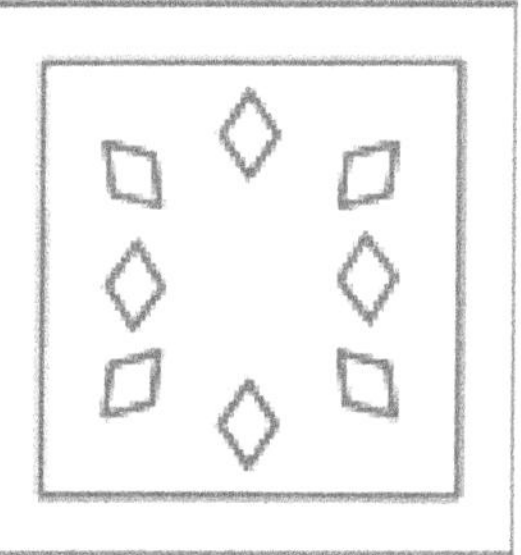

C. D. 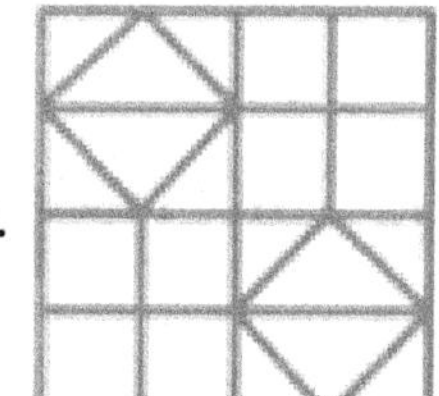

Q.30 दी गई उत्तर आकृतियों में से उस उत्तर आकृति को चुनिए जिसमें प्रश्न आकृति छिपी/निहित है।

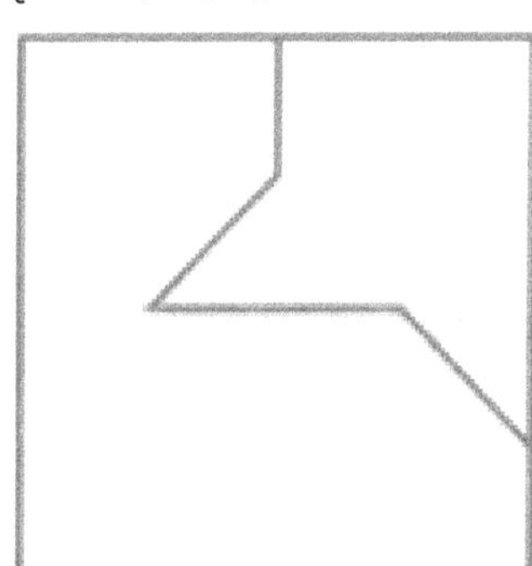

[SSC Constable (GD), 2019], [UP Police Constable, 2019], [SSC MTS, 2017]

A. 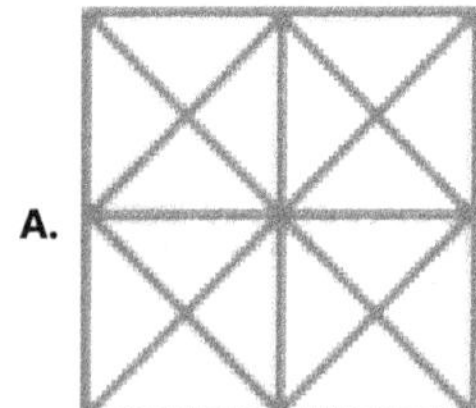 B. 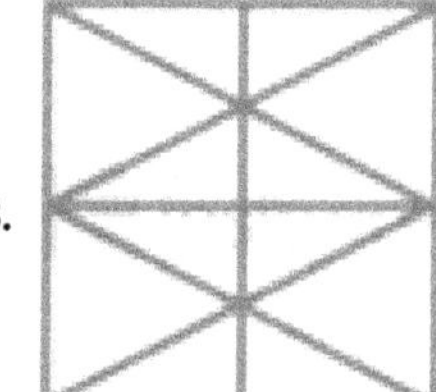

// स्मार्ट उत्तर पुस्तिका //

सही उत्तर — उन छात्रों के प्रतिशत को इंगित करता है जिन्होंने प्रश्नों का सही उत्तर दिया था।

छोड़ दिया — उन छात्रों के प्रतिशत को इंगित करता है जिन्होंने प्रश्नों को छोड़ दिया था।

प्रश्न संख्या	उत्तर	सही उत्तर	छोड़ दिया
1	D	41.76 %	1.1 %
2	B	39.56 %	23.08 %
3	A	67.03 %	23.08 %
4	D	62.64 %	23.07 %
5	A	63.74 %	23.07 %
6	A	73.63 %	23.07 %
7	C	68.13 %	24.18 %
8	D	52.75 %	23.07 %
9	B	73.63 %	24.17 %
10	B	69.23 %	23.08 %
11	D	62.64 %	23.07 %
12	D	58.24 %	23.08 %
13	A	63.74 %	23.07 %
14	C	67.03 %	23.08 %
15	D	38.46 %	23.08 %
16	A	57.14 %	23.08 %
17	B	30.77 %	24.18 %
18	D	20.88 %	23.08 %
19	D	69.23 %	24.18 %
20	D	56.04 %	23.08 %
21	A	10.99 %	23.08 %
22	B	20.88 %	23.08 %
23	D	36.26 %	23.08 %
24	C	40.66 %	24.18 %
25	B	59.34 %	24.18 %
26	B	45.05 %	23.08 %
27	D	40.66 %	23.08 %
28	C	57.14 %	24.18 %
29	D	51.65 %	23.08 %
30	D	41.76 %	23.08 %

कार्य विश्लेषण	
औसत अंक (%)	54.17%
टॉपर्स स्कोर (%)	100.0%
आपका स्कोर	

विगत वर्षीय प्रश्नपत्र 01

Numerical Ability and Analytical Aptitude

Q.1 एक पुस्तकालय में रविवार को औसतन 510 आगंतुक होते हैं और अन्य दिनों में 240 आगंतुक होते हैं। रविवार से शुरू होने वाले 30 दिनों के महीने में प्रति दिन आगंतुकों की औसत संख्या .... है।

A. 250 **B.** 276 **C.** 280 **D.** 285

Q.2 6 से विभाजित होने पर एक संख्या में 3 शेष बचता है। जब संख्या का वर्ग 6 से विभाजित होता है, तो शेष .... होता है।

A. 0 **B.** 1 **C.** 2 **D.** 3

Q.3 75 से कम सभी प्राकृतिक संख्याओं का योग ज्ञात कीजिए।

A. 1410 **B.** 1406 **C.** 1408 **D.** 1412

Q.4 छह घंटियाँ क्रमशः 2, 4, 6, 8, 10 और 12 सेकंड के अंतराल पर एक साथ बजना शुरू होती हैं। 30 मिनट में, वे कितनी बार एक साथ बजती हैं?

A. 4 **B.** 10 **C.** 15 **D.** 16

Q.5 श्री भास्कर एक दौरे पर हैं और उनके पास अपने खर्चों के लिए 360 हैं। यदि वह अपने दौरे को 4 दिनों से अधिक करता है, तो उसे अपने दैनिक खर्चों में 3 की कटौती करनी चाहिए। श्री भास्कर कितने दिनों के लिए दौरे पर हैं?

A. 18 **B.** 19 **C.** 21 **D.** 20

Q.6 यदि $\frac{5+2\sqrt{3}}{7+4\sqrt{3}} = a + b\sqrt{3}$, तब

A. a = -11, b = -6 **B.** a = -11, b = 6
C. a = 11, b = -6 **D.** a = 6, b = 11

Q.7 किसी संख्या के वर्ग का तीन चौथाई 126.15 है, तो संख्या ज्ञात कीजिए।

A. 14.5 **B.** 75.69 **C.** 145 **D.** 210.25

Q.8 दोनों संख्याओं का म.स.प. 8 है। निम्नलिखित में से कौन सा उनका ल.स.प. कभी नहीं हो सकता है?

A. 24 **B.** 48 **C.** 56 **D.** 60

Q.9 सरल करें: $\frac{5.32\times56+5.32\times44}{(7.66)^2-(2.34)^2}$

A. 7.2 **B.** 8.5 **C.** 10 **D.** 12

Q.10 यदि 1.5x = 0.04y है, तो $\left(\frac{y-x}{y+x}\right)$ का मान है?

A. $\frac{730}{77}$ **B.** $\frac{73}{77}$
C. $\frac{7.3}{77}$ **D.** इनमें से कोई नहीं

Q.11 एक आयत के भुजाओं को मापने में, एक भुजा को 5% बढ़ाया जाता है, और दूसरी भुजा को 4% घटाया जाता है। इन मापों से गणना किए गए क्षेत्र में त्रुटि प्रतिशत ज्ञात कीजिए।

A. 1% **B.** 0.9% **C.** 0.8% **D.** 0.85%

Q.12 दो अंकों की संख्या में, दहाई पर दी संख्या इकाई पर दी गयी संख्या का चार गुना है और अंकों का योग 10 के बराबर है। संख्या है?

A. 14 **B.** 41
C. 82 **D.** इनमें से कोई नहीं

Q.13 जब किसी भिन्न का अंश 4 से बढ़ता है, तो भिन्न $\frac{2}{3}$ से बढ़ जाता है। भिन्न का हर .... है।

A. 2 **B.** 3 **C.** 4 **D.** 6

Q.14 P और Q की वर्तमान आयु के बीच का अनुपात 6 : 7 है। यदि Q, P से 4 वर्ष बड़ा है, तो 4 वर्ष के बाद P और Q की आयु का अनुपात क्या होगा?

A. 3 : 4 **B.** 3 : 5
C. 4 : 3 **D.** इनमें से कोई नहीं

Q.15 यदि x मीटर तार की लागत d रुपये है, तो उसी दर पर y मीटर तार की लागत क्या है?

A. $\left(\frac{xy}{d}\right)$ **B.** (xd) **C.** (yd) **D.** $\left(\frac{yd}{x}\right)$

Q.16 दो पाइप A और B क्रमशः 24 मिनट और 32 मिनट में एक टैंक भर सकते हैं। यदि दोनों पाइप एक साथ खोले जाते हैं, तो B को कितने समय बाद बंद किया जाना चाहिए ताकि टैंक 18 मिनट में भर जाए?

A. 7 **B.** 8 **C.** 9 **D.** 10

Q.17 2 किमी प्रति घंटे की गति से चलने वाली धारा में, एक मोटरबोट 6 किमी धारा के विरुद्ध जाती है और फिर से शुरुआती बिंदु पर 33 मिनट में वापस आती है। स्थिर पानी में मोटरबोट की गति का पता लगाएं।

A. 21 किमी प्रति घंटा **B.** 22 किमी प्रति घंटा
C. 24 किमी प्रति घंटा **D.** 23 किमी प्रति घंटा

Q.18 यदि बिक्री कर $3\frac{1}{2}\%$ से घटाकर $3\frac{1}{3}\%$ कर दिया जाता है, तो 8400 के चिह्नित मूल्य के साथ एक वस्तु खरीदने वाले व्यक्ति को क्या फर्क पड़ता है?

A. 13 **B.** 12 **C.** 14 **D.** 15

Q.19 एक आदमी ने 3000 में एक घोड़ा और एक गाड़ी खरीदी। उसने 20% के लाभ पर घोड़ा बेचा और 10% के नुकसान में गाड़ी को बेच दिया, जिससे उसे पूरे 2% का लाभ हुआ। घोड़े की कीमत ज्ञात कीजिए।

A. 1100 **B.** 1200 **C.** 1250 **D.** 1150

Q.20 दो संख्याएँ 3 : 5 के अनुपात में हैं। यदि 9 को प्रत्येक से घटाया जाता है, तो नई संख्या 12:23 के अनुपात में हो जाती है। छोटी संख्या .... है।

A. 27 **B.** 33 **C.** 49 **D.** 55

Ques (21-25):निर्देश: नीचे दिया गया बार ग्राफ 2008-09 से 2015-16 तक किसी देश के विदेशी मुद्रा भंडार (मिलियन अमेरिकी डॉलर में) को दर्शाता है। इस ग्राफ के आधार पर प्रश्नों के उत्तर दें

किसी देश का विदेशी मुद्रा भंडार (मिलियन अमेरिकी डॉलर में)

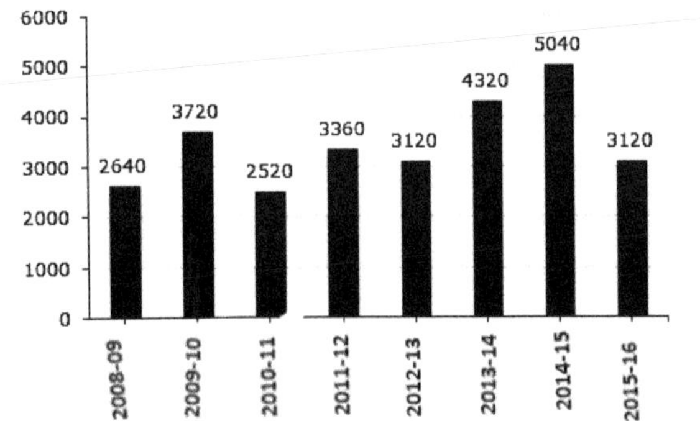

Q.21 उन वर्षों की संख्या का अनुपात जिसमें विदेशी मुद्रा भंडार औसत भंडार से ऊपर है, जिनमें भंडार औसत भंडार से नीचे हैं

A. 2 : 6 **B.** 3 : 5 **C.** 4 : 4 **D.** 5 : 3

Q.22 2014-15 में विदेशी मुद्रा भंडार 2011-12 से कितना अधिक था?

A. 0.7 **B.** 1.2 **C.** 1.4 **D.** 1.5

Q.23 2014-15 में 2010-11 से अधिक विदेशी मुद्रा भंडार में प्रतिशत वृद्धि क्या थी?

A. 100% **B.** 150% **C.** 200% **D.** 620%

Q.24 किस वर्ष के लिए, पिछले वर्ष की तुलना में विदेशी मुद्रा भंडार का प्रतिशत सबसे अधिक है?

A. 2009-10 **B.** 2010-11 **C.** 2011-12 **D.** 2013-14

Q.25 2013-14 में विदेशी मुद्रा भंडार समीक्षाधीन अवधि में औसत विदेशी मुद्रा भंडार का लगभग कितना प्रतिशत है?

A. 95% **B.** 110% **C.** 115% **D.** 125%

Ques (26-30):निम्न तालिका एक परीक्षा में छह अलग-अलग विषयों में सात छात्रों द्वारा प्राप्त अंकों का प्रतिशत देती है। तालिका का अध्ययन करें और उसके आधार पर प्रश्नों के उत्तर दें। कोष्ठक में संख्या प्रत्येक विषय में अधिकतम अंक दिखाती है।

विद्यार्थी	गणित	रसायन विज्ञान	भौतिक विज्ञान	भूगोल	इतिहास	कंप्यूटर विज्ञान
	(150)	(130)	(120)	(100)	(60)	(40)
अदिति	90	50	90	60	70	80
अमन	100	80	80	40	80	70
सपन	90	60	70	70	90	70
राहुल	80	65	80	80	60	60
मुकेश	80	65	85	95	50	90
तन्वी	70	75	65	85	40	60
संजय	65	35	50	77	80	80

Q.26 किस विषय में कुल प्रतिशत सर्वश्रेष्ठ है?

A. गणित **B.** इतिहास
C. भौतिक विज्ञान **D.** रसायन विज्ञान

Q.27 सभी छह विषयों में सपन द्वारा प्राप्त अंकों का कुल क्या था?

A. 409 **B.** 419 **C.** 429 **D.** 449

Q.28 संजय का कुल प्रतिशत कितना है?

A. 52.5% **B.** 55% **C.** 60% **D.** 64.5%

Q.29 भौतिक विज्ञान के सभी सात विद्यार्थियों द्वारा प्राप्त औसत अंक (लगभग) क्या हैं?

A. 77.26 **B.** 89.14 **C.** 91.37 **D.** 96.11

Q.30 सभी विषयों में 60% और उससे अधिक अंक प्राप्त करने वाले विद्यार्थियों की संख्या है

A. एक **B.** दो
C. तीन **D.** इनमें से कोई नहीं

Reasoning and Logical Deduction

Ques (31-32):निर्देश: निम्नलिखित में से विषम चुनें।

Q.31 3, 8, 18, 46, 100, 210, 432

A. 5 **B.** 18 **C.** 46 **D.** 100

Q.32 4, 5, 15, 49, 201, 1011, 6073

A. 5 **B.** 15 **C.** 49 **D.** 201

Ques (33-34):निर्देश: इनमें से प्रत्येक प्रश्न में एक कथन है जिसके बाद दो निष्कर्ष I और II हैं। कथन और निम्नलिखित निष्कर्ष पर विचार करें। तय करें कि कथन से कौन सा निष्कर्ष अनुसरण करता है।

दिया गया उत्तर

(a) यदि निष्कर्ष I अनुसरण करता है

(b) यदि निष्कर्ष II अनुसरण करता है

(c) यदि न तो निष्कर्ष I और न ही II अनुसरण करता है

(d) यदि निष्कर्ष I और II दोनों अनुसरण करते हैं

Q.33 कथन :
किसी समस्या से बचने का सबसे अच्छा तरीका है उसे हल करना।
निष्कर्ष :
I. यदि आप किसी समस्या का सामना नहीं करते हैं तो आपका जीवन सुस्त हो जाएगा।
II. समस्याओं से बचने के लिए, आपको हमेशा कुछ उपाय करने चाहिए।

A. (a) **B.** (b) **C.** (c) **D.** (d)

Q.34 कथन :
भारत की अर्थव्यवस्था मुख्य रूप से वनों पर निर्भर है।
निष्कर्ष :
I. भारतीय अर्थव्यवस्था में सुधार के लिए पेड़ों को संरक्षित किया जाना चाहिए।
II. भारत चाहता है कि आर्थिक स्थितियों में सुधार के लिए केवल वनों का रखरखाव हो।

A. (a) **B.** (b) **C.** (c) **D.** (d)

Ques (35-36):निर्देश: इन प्रश्नों में से प्रत्येक में एक अभिकथन (A) और कारण (R) है।

दिया गया उत्तर

(a) यदि A और R दोनों सत्य हैं और R, A का सही स्पष्टीकरण है

(b) यदि A और R दोनों सत्य हैं लेकिन R, A का सही स्पष्टीकरण नहीं है

(c) यदि A सत्य है लेकिन R गलत है

(d) यदि A गलत है लेकिन R सत्य है

Q.35 अभिकथन (A): बेकिंग सोडा पेट में अम्लता पैदा करता है।
कारण (R): बेकिंग सोडा क्षारीय है।

A. (a) **B.** (b) **C.** (c) **D.** (d)

Q.36 अभिकथन (A): कटे हुए फलों और सब्जियों को लंबे समय तक खुले में नहीं रखना चाहिए।
कारण (R): उनकी विटामिन सामग्री बर्बाद हो गई है।

A. (a) **B.** (b) **C.** (c) **D.** (d)

Q.37 एक निश्चित कोड में TOGETHER को RQEGRJCT लिखा जाता है। उसी कोड में, PAROLE के रूप में लिखा जाएगा

A. NCPQJG **B.** NCQPJG
C. RCPQJK **D.** RCTQNG

Q.38 यदि 'cinto baoli tsi nzro' का अर्थ 'her village is Sarurpur' है; 'mhi cinto Keepi tsi oind 'का अर्थ 'her first love is literature' है और 'oind geit tsi cinto pki' का अर्थ 'literature collection is her hobby' है, किस शब्द का अर्थ 'literature' होगा?

A. cinto **B.** baoli **C.** oind **D.** geit

Q.39 एक तस्वीर की ओर इशारा करते हुए, एक महिला कहती है, "इस आदमी के बेटे की बहन मेरी सास है।" तस्वीर में महिला का पति पुरुष से कैसे संबंधित है?

A. पोता **B.** बेटा **C.** दामाद **D.** भतीजा

Q.40 चार लड़कियां फोटो खिंचवाने के लिए बेंच पर बैठी हैं। शिखा, रीना के बाईं ओर है। मंजू, रीना के दाईं ओर है। रीना और मंजू के बीच रीता है। फोटोग्राफ में बाएं से दूसरा कौन होगा?

A. रीना **B.** शिखा **C.** मंजू **D.** रीता

Q.41 एक बच्चा अपने पिता की तलाश कर रहा है। वह अपने दाईं ओर मुड़ने से पहले पूर्व में 90 मीटर तक गया। वह इस बिंदु से 30 मीटर दूर अपने चाचा के स्थान पर अपने पिता की तलाश करने के लिए अपने दाहिने मुड़ने से 20 मीटर पहले गया। उनके पिता वहां नहीं थे। यहां से, वह अपने पिता से एक गली में मिलने से पहले 100 मीटर उत्तर की ओर गया। प्रारंभिक बिंदु से बेटा अपने पिता से कितना दूर था?

A. 80 मीटर **B.** 100 मीटर **C.** 140 मीटर **D.** 260 मीटर

Q.42 एक सुबह सूर्योदय के बाद, रीता और कविता एक-दूसरे से तिलक स्कायर पर आमने-सामने बात कर रही थीं। यदि कविता की परछाई रीता के तत्काल दाहिने ओर थी, तो कविता किस दिशा में थी?

A. उत्तर **B.** दक्षिण
C. पूर्व **D.** इनमें से कोई नहीं

Q.43 नितिन 32 से नीचे गिन रहा था। सुमित 1 से शुरू होने वाली संख्याओं की गिनती कर रहा था और वह केवल विषम संख्याओं को बुला रहा था। यदि वे समान गति से कॉल कर रहे थे तो वे किस सामान्य संख्या में कॉल करेंगे?

A. 19
B. 21
C. 22
D. वे एक ही संख्या पर कॉल नहीं करेंगे

Q.44 60 की कक्षा में, जहाँ लड़कियां लड़कों से दोगुनी हैं, कमल शीर्ष से सत्रहवें स्थान पर हैं। अगर कमल के आगे 9 लड़कियां हैं, तो रैंक में उसके बाद कितने लड़के हैं?

A. 3 **B.** 7 **C.** 12 **D.** 23

Q.45 एक ऑफिस में बीस लोग काम करते हैं। पांच का पहला समूह सुबह 8 बजे से दोपहर 2.00 बजे के बीच काम करता है। दस का दूसरा समूह सुबह 10.00 बजे से शाम 4.00 बजे के बीच काम करता है। और पांच का तीसरा समूह दोपहर 12 बजे से 6.00 बजे के बीच काम करता है। कार्यालय में तीन कंप्यूटर हैं जो सभी कर्मचारी अक्सर उपयोग करते हैं। निम्नलिखित में से किस घंटे के दौरान कंप्यूटर का उपयोग सबसे अधिक होने की संभावना है?

A. सुबह 10.00 बजे - दोपहर 12 बजे
B. दोपहर 12 बजे - दोपहर 2.00 बजे
C. 1.00 बजे दोपहर - 3.00 बजे
D. 2.00 बजे - 4.00 बजे

Q.46 एक व्यापार सम्मेलन के अंत में, उपस्थित सभी दस लोग एक बार एक दूसरे से हाथ मिलाते हैं। कुल मिलाकर कितने हैंडशेक होंगे?

A. 20 **B.** 45 **C.** 55 **D.** 90

Q.47 एक कारवां में, 50 मुर्गियों के अलावा, कुछ रखवाले के साथ 45 बकरियाँ और 8 ऊँट होते हैं। यदि कारवां में सिर की संख्या की तुलना में पैरों की कुल संख्या 224 अधिक है, तो रखने वालों की संख्या .... है।

A. 5 **B.** 8 **C.** 10 **D.** 15

Q.48 500 मीटर की दौड़ में, दो प्रतियोगियों A और B की गति का अनुपात 3 : 4 है। यदि A की शुरुआत 140 मीटर है, तो A, ... से जीत जाता है

A. 60 मी **B.** 40 मी **C.** 20 मी **D.** 10 मी

Q.49 दो पासे उछाले जाते हैं। क्या संभावना है कि कुल अंक एक अभाज्य संख्या है?

A. $\frac{1}{6}$ **B.** $\frac{5}{12}$ **C.** $\frac{1}{2}$ **D.** $\frac{7}{9}$

Q.50 शब्द 'DAUGHTER' के सभी अक्षरों का उपयोग करके कितने शब्दों का निर्माण किया जा सकता है ताकि स्वर हमेशा एक साथ आए?

A. 720 **B.** 1440 **C.** 2460 **D.** 4320

Q.51 संख्या 857423 में विषम अंकों के योग और सम अंको के योग में क्या अंतर होगा?

A. शून्य **B.** एक
C. दो **D.** इनमें से कोई नहीं

Ques (52-54):निर्देश: इन प्रश्नों के जवाब के लिए निम्नलिखित जानकारी का अध्ययन करें।

एक घन दो विपरीत चेहरों पर लाल, दो आसन्न चेहरों पर नीला और शेष दो चेहरों पर पीला होता है। फिर इसे लाल चेहरों के समानांतर समतल के साथ दो हिस्सों में काट दिया जाता है। एक टुकड़ा फिर चार बराबर क्यूब्स में और दूसरा एक बराबर 32 क्यूब्स में काटा जाता है।

Q.52 कितने क्यूब्स में कोई रंगीन चेहरा नहीं है?

A. 0 **B.** 2 **C.** 4 **D.** 8

Q.53 कितने क्यूब्स में कोई लाल चेहरा नहीं है?

A. 8 **B.** 16 **C.** 20 **D.** 24

Q.54 कितने क्यूब्स में कम से कम दो रंगीन चेहरे हैं?

A. 20 **B.** 24 **C.** 28 **D.** 32

Ques (55-57):निम्नलिखित प्रश्न दिए गए आरेख पर आधारित हैं जिसमें त्रिकोण महिला स्नातकों का प्रतिनिधित्व करता है, छोटा वृत्त स्वरोजगार महिलाओं का प्रतिनिधित्व करता है और बड़ा चक्र बैंक ऋण सुविधा के साथ स्वरोजगार महिलाओं का प्रतिनिधित्व करता है। आरेख के विभिन्न खंडों में संख्याएँ दिखाई जाती हैं। इन नंबरों के आधार पर, निम्नलिखित प्रश्नों के उत्तर दें।

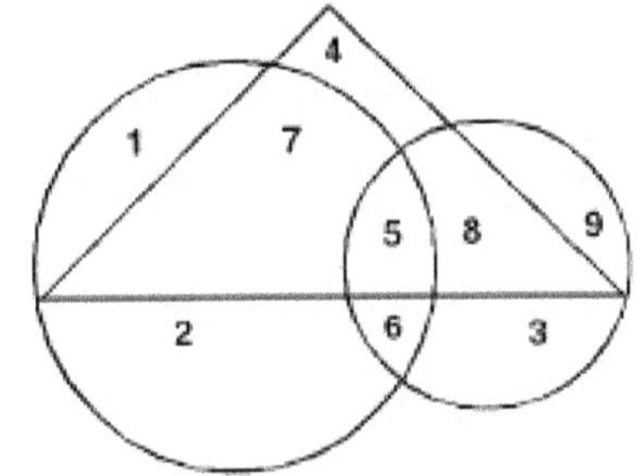

Q.55 कितने महिला स्नातक स्व-नियोजित हैं?

A. 12 **B.** 13 **C.** 15 **D.** 20

Q.56 कितनी महिला स्नातक स्व-नियोजित नहीं हैं?

A. 4 **B.** 10 **C.** 12 **D.** 15

Q.57 कितने गैर-स्नातक महिलाएं स्व-नियोजित हैं?

A. 9 **B.** 11 **C.** 12 **D.** 21

Ques (58-60):निर्देश: इन प्रश्नों के जवाब के लिए निम्नलिखित जानकारी को ध्यान से पढ़ें।

एक विद्यालय में छह शिक्षक A, B, C, D, E और F हैं। प्रत्येक शिक्षक दो विषय, एक अनिवार्य विषय और दूसरा वैकल्पिक विषय पढ़ाता है। D का वैकल्पिक विषय इतिहास था जबकि तीन अन्य अनिवार्य विषय के रूप में है। E और F में उनके विषयों में से एक के रूप में भौतिकी है। F का अनिवार्य विषय गणित है जो C और E दोनों का वैकल्पिक विषय है। इतिहास और अंग्रेजी A के विषय हैं, लेकिन अनिवार्य और वैकल्पिक विषयों के संदर्भ में, वे सिर्फ उन D के विपरीत हैं। रसायन विज्ञान उनमें से केवल एक का वैकल्पिक विषय है। स्कूल में एकमात्र महिला शिक्षक के पास अनिवार्य विषय के रूप में अंग्रेजी है।

Q.58 C का अनिवार्य विषय क्या है?

A. इतिहास **B.** भौतिक विज्ञान
C. अंग्रेज़ी **D.** रसायन विज्ञान

Q.59 समूह की महिला सदस्य कौन है?

A. A **B.** B **C.** C **D.** D

Q.60 निम्नलिखित में से किसके पास F के समान अनिवार्य और वैकल्पिक विषय हैं?

A. D **B.** B
C. A **D.** इनमें से कोई नहीं

General Knowledge & Current Affairs

Q.61 इंटरनेशनल फ्लीट रिव्यू (IFR) 2016, भारत के राष्ट्रपति द्वारा नौसेना के युद्धपोतों के एक औपचारिक और भव्य निरीक्षण फरवरी 2016 ___में हुआ है

A. विशाखापत्तनम **B.** कोलकाता
C. मुंबई **D.** कोचीन

Q.62 निम्नलिखित में से किस लोकप्रिय फास्ट फूड चेन कंपनी ने हाल ही में भारत में अपना 1000 वां रेस्तरां/स्टोर खोला है?

A. मैकडॉनल्ड्स **B.** केएफसी
C. डोमिनो पिज्जा **D.** पिज्जा हट

Q.63 'नेरमहल', 1930 में राजा बीर बिक्रम किशोर देबबर्मन द्वारा निर्मित एक पूर्व रॉयल पैलेस एक प्रसिद्ध पर्यटन स्थल ___ में है

A. त्रिपुरा **B.** अरुणाचल प्रदेश
C. असम **D.** पश्चिम बंगाल

Q.64 निम्नलिखित में से किस राष्ट्र ने हाल ही में संपन्न दक्षिण एशियाई खेलों 2016 में पुरुष फुटबॉल स्वर्ण पदक जीता है?

A. भारत **B.** नेपाल **C.** बांग्लादेश **D.** मालदीव

Q.65 फरवरी 2016 में भारत सरकार द्वारा जारी की गई स्वच्छ सर्वेक्षण रिपोर्ट के अनुसार निम्नलिखित शहरों में से कौन सभी राज्यों की राजधानियों और दस लाख से अधिक आबादी वाले शहरों में सबसे स्वच्छ स्थान पर है?

A. चंडीगढ़ **B.** तिरुचिरापल्ली
C. गंगटोक **D.** मैसूर

Q.66 निम्नलिखित में से किस भारतीय शहर में, विश्व के दूसरे युवा शेफ ओलंपियाड (YCO) 2016 का भव्य समापन फरवरी 2016 में हुआ है?

A. मुंबई **B.** कोलकाता **C.** बेंगलुरु **D.** नई दिल्ली

Q.67 कौन सा पाकिस्तान प्रांत हाल ही में हिंदू विवाह विधेयक, 2015 को अपनाने वाला पहला राज्य बन गया है, जिससे अल्पसंख्यक समुदाय को अपनी शादियां पंजीकृत करने की अनुमति मिल सके?

A. सिंध **B.** पंजाब
C. बलूचिस्तान **D.** इनमें से कोई नहीं

Q.68 'ताज फलकनुमा पैलेस', ताज ग्रुप ऑफ़ होटल्स का एक शानदार होटल ___ में है

A. जयपुर **B.** लखनऊ **C.** भोपाल **D.** हैदराबाद

Q.69 फरवरी 2016 में पेप्सिको इंडिया के साथ भारत के किस फास्ट फूड बहुराष्ट्रीय कंपनी ने अपने नए विशेष पेय और स्रूकर प्रदाता के रूप में भागीदारी की है?

A. मैकडॉनल्ड्स **B.** सबवे
C. पिज्जा हट **D.** डोमिनो पिज्जा

Q.70 स्वतंत्रता सेनानी पं. मदन मोहन मालवीय द्वारा स्थापित निम्नलिखित विश्वविद्यालयों में से कौन सा विश्वविद्यालय फरवरी 2016 में अपनी स्थापना के 100 वर्ष मना रहा है?

A. बनारस हिंदू विश्वविद्यालय
B. इलाहाबाद विश्वविद्यालय
C. दीन दयाल उपाध्याय गोरखपुर विश्वविद्यालय
D. गुरु नानक देव विश्वविद्यालय

Q.71 निम्नलिखित खाद्य और खाद्य तेल कंपनियों में से किसने हाल ही में भारत का पहला मधुमेह देखभाल तेल 'फॉर्च्यून विवो' लॉन्च किया है?

A. अदानी विल्मर लि. **B.** कारगिल
C. एग्रो टेक फूड्स लि. **D.** मैरिको

Q.72 फरवरी 2016 में किस कंपनी ने 'SKINN' नाम का एक बढ़िया फ्रेंच परफ्यूम लॉन्च किया है?

A. आईटीसी **B.** रेमंड
C. टाइटन **D.** इनमें से कोई नहीं

Q.73 'द जीजी कार्निवल', अतुल्य भारत पहल के हिस्से के रूप में तीन दिवसीय मनोरंजन, भोजन और डिजाइन उत्सव फरवरी 2016 ____ में हुआ है।

A. लखनऊ **B.** दिल्ली **C.** चंडीगढ़ **D.** जयपुर

Q.74 लोकप्रिय विरासत 'तारागढ़ पैलेस होटल' भारत के किस हिस्से में स्थित है?

A. कांगड़ा, हिमाचल प्रदेश **B.** नैनीताल, उत्तराखंड
C. जोधपुर, राजस्थान **D.** उदयपुर, राजस्थान

Q.75 'महाराजा एक्सप्रेस', लक्जरी ट्रेन दिल्ली-आगरा-रणथंभौर-जयपुर-दिल्ली मार्ग को 4 दिनों में कवर करती है, जिसे किस नाम से जाना जाता है?

A. भारत के रत्न **B.** भारत का खजाना
C. भारतीय पैनोरमा **D.** भारत की धरोहर

Q.76 फरवरी 2016 में 'मेक इन इंडिया' एक सप्ताह का लंबा आयोजन कहाँ हुआ था?

A. नई दिल्ली **B.** मुंबई
C. अहमदाबाद **D.** बेंगलुरु

Q.77 2016 में भारत सरकार द्वारा दिए गए पहले विश्व संस्कृत पुरस्कार के पहले प्राप्तकर्ता के रूप में किसे चुना गया है?

A. महा चक्रि सिरिंधोर्न **B.** रघुवीर चौधरी
C. खड्ग प्रसाद शर्मा ओली **D.** अनिरुद्ध जुगनौत

Q.78 'ज़हरा' और 'फिलै' मिस्र के दो नील क्रूजर हैं, जिन्हें भारत के किस होटलों के समूह द्वारा ख़रीदा गया है?

A. आईटीसी समूह **B.** ओबेरॉय होटल
C. टाटा समूह **D.** अशोक ग्रुप

Q.79 'उम्मेद भवन पैलेस, जोधपुर' जिसे ट्रिप एडवाइजर के 2016 ट्रैवलर्स च्वाइस अवार्ड्स द्वारा दुनिया के सर्वश्रेष्ठ होटल का नाम दिया गया है, एक विश्व प्रसिद्ध लक्जरी होटल ____ का है

A. टाटा समूह **B.** जेपी ग्रुप
C. द लीला ग्रुप **D.** क्लार्क समूह

Q.80 किस पूर्व भारतीय क्रिकेटर को नए भ्रष्टाचार निरोधक प्रवासी समूह के सदस्य के रूप में नियुक्त किया गया है?

A. अनिल कुंबले **B.** सौरव गांगुली
C. जवागल श्रीनाथ **D.** राहुल द्रविड़

Q.81 छठे संयुक्त राष्ट्र (यूएन) के पूर्व महासचिव'बुतरोस बुतरोस-ग़ाली' ,जिनका हाल ही में 93 वर्ष की आयु में निधन हो गया है, वे ____ के राजनेता और राजनयिक थे?

A. दक्षिण अफ्रीका **B.** ब्राज़िल
C. इंडोनेशिया **D.** मिस्र

Q.82 निम्नलिखित में से किस स्थान पर, दुनिया की प्रमुख होटल कंपनियों में से एक, इंटरकांटिनेंटल होटल्स ग्रुप (IHG) ने फरवरी 2016 में अपने 5000 वें होटल 'द होटल इंडिगो' का अनावरण किया है?

A. मुंबई **B.** दुबई **C.** न्यूयॉर्क **D.** लंदन

Q.83 भारत के प्रसिद्ध शेफ में से किसने जनवरी 2016 में NDTV गुड टाइम्स पर एक टेलीविजन शो 'माई येलो टेबल सीजन 2' शुरू किया?

A. कुणाल कपूर **B.** संजीव कपूर
C. विकास खन्ना **D.** शिप्रा खन्ना

Q.84 निम्नलिखित में से किस कंपनी ने दिसंबर 2015 में एक आयुर्वेद उत्पाद 'रत्नप्रकाश सुगरफ्री' लॉन्च किया है?

A. पतंजलि आयुर्वेद लि. **B.** हिंदुस्तान यूनिलीवर लि.
C. डाबर इंडिया लि. **D.** इमामी लि.

Q.85 सिंहस्थ कुंभ महापर्व (पवित्र डुबकी) 2016 निम्नलिखित में से किस शहर में हो रहा है?

A. हरिद्वार **B.** उज्जैन **C.** इलाहाबाद **D.** नासिक

Q.86 निम्नलिखित में से कौन सा लोकप्रिय फिल्म स्टार ऑनलाइन किराने की दुकान 'बिगबास्केट' का ब्रांड एंबेसडर है?

A. दीपिका पादुकोण **B.** रणबीर कपूर
C. शाहरुख खान **D.** जैकलीन फर्नांडीज

Q.87 निम्नलिखित में से किस कंपनी ने भारत में सुगंधित दूध पेय ब्रांड 'वीआईओ' पीने के लिए तैयार किया है?

A. पेप्सिको **B.** पार्ले
C. कोको कोला **D.** डाबर

Q.88 अप्रैल 2016 से अप्रैल 2018 तक 2 वर्षों के लिए दिल्ली के निम्नलिखित प्रतिष्ठित होटलों में से किसको फेसलिफ्ट के लिए बंद किया जा रहा है?

A. इम्पीरियल **B.** राजदूत **C.** ताज महल **D.** द ओबेरॉय

Q.89 हाल ही में जारी पुस्तक 'लाइफ मंत्र' के लेखक कौन हैं?

A. शत्रुघ्न सिन्हा **B.** सुब्रत रॉय सहारा
C. विजय माल्या **D.** रतन टाटा

Q.90 'CREAM CRACKER' और 'DIGITIVE MARIE' बिस्कुट की लोकप्रिय रेंज हैं

A. ब्रिटानिया **B.** आईटीसी **C.** नेस्ले **D.** पार्ले

English Language

Q.91 They were disappointed to see the armed guards. It .... them from doing anything disruptive.

A. inspired **B.** prevented
C. encouraged **D.** irritated

Q.92 The .... politician thought that all bureaucrats should be polite to him.

A. insolent **B.** merciless
C. civilised **D.** docile

Q.93 Paula was .... as a child, accepting without a question, everything she was told.

A. reticent **B.** taciturn
C. recalcitrant **D.** credulous

Q.94 The route between the two cities has always been known to wind its .... way through steep mountain passes and coarse terrain.

A. easy **B.** smooth **C.** elusive **D.** tortuous

Q.95 As there were not enough seats to .... so many people at the venue of the meeting, they had to put up a big tent outside.

A. entertain **B.** ascertain
C. welcome **D.** accommodate

Q.96 Choose the one which is correct-

A. New words, could be used, if required, to express the full force of exclamation.

B. If necessary, new words should be used to express the full force of exclamation.

C. To express the full force of exclamation, if necessary, new words will be used.

D. New words are used, if required, to express the full force of exclamation.

A. A **B.** B **C.** C **D.** D

Q.97 Choose the one which is correct-

A. Neither he come nor he writes a letter now.

B. Neither does he come nor he write a letter now.

C. Neither he comes nor does he writes a letter now.

D. Neither does he come nor does he write a letter now.

A. A **B.** B **C.** C **D.** D

Q.98 Choose the one which is correct-

A. Emily but saw him turning again to the papers, and she stopped hastily retiring.

B. Emily was hastily retiring; but she saw him turn again to the papers, and she stopped.

C. Emily stopped retiring; but she saw him turn again to the papers.

D. She saw him turning again to the papers, and she stopped, and went again to retire.

A. A **B.** B **C.** C **D.** D

Q.99 Choose the one which is correct-

A. At first, the jury was divided in opinion, but finally it returned an unanimous verdict.

B. At first the jury were divided in opinion, but finally it returned an unanimous verdict.

C. At first the jury was divided, in opinion, but finally they returned an unanimous verdict.

D. At first the jury were divided in opinion, but finally they returned an unanimous verdict.

A. A **B.** B **C.** C **D.** D

Ques (100-104):Directions: In each of the following questions, four words are given, three of which are spelt correctly while one is miss-spelt.

Q.100 Choose the miss-spelt word.

A. Government **B.** Professional
C. Grammar **D.** Introduction

Q.101 Choose the miss-spelt word.

A. Cureable **B.** Currency
C. Campaign **D.** Chronicle

Q.102 Choose the miss-spelt word.

A. Heritage **B.** Ecstasy
C. Glimpse **D.** Discription

Q.103 Choose the miss-spelt word.

A. Numismatics **B.** Nuisence
C. Nucleus **D.** Numerous

Q.104 Choose the miss-spelt word.

A. Retreive **B.** Rheumatism
C. Reprieve **D.** Reverberate

Ques (105-109):Direction: Choose the word which is opposite in meaning of the underlined word.

Q.105 Nourishing food is a necessity for a pregnant woman.

A. Unwholesome **B.** Poor
C. Undercooked **D.** Heavy

Q.106 A feeling of brotherhood should be propagated amongst the masses.

A. disseminated **B.** suppressed
C. dissipated **D.** crushed

Q.107 We must realise the futility of wars.

A. urgency **B.** usefulness
C. value **D.** importance

Q.108 His punctuality and regularity propitiates everyone with whom he deals.

A. depresses **B.** excites
C. enrages **D.** appeases

Q.109 The problem of dowry in our country has assumed gargantuan proportions.

A. negligible **B.** bearable
C. minute **D.** minimal

Ques (110-114):Direction: In each of the following questions, choose the option which can be substituted for the given words/sentence.

Q.110 One who plays a game for pleasure and not professionally

A. Veteran **B.** Player
C. Connoisseur **D.** Amateur

Q.111 A light sailing boat built especially for racing

A. Dinghy **B.** Canoe **C.** Yacht **D.** Frigate

Q.112 A house for storing grains

A. Cellar **B.** Store **C.** Godown **D.** Granary

Q.113 The place where bricks are baked

A. Foundry **B.** Mint
C. Cemetery **D.** Kiln

Q.114 A person pretending to be somebody he is not

A. Imposter **B.** Liar
C. Rogue **D.** Magician

Ques (115-119):Direction: In each of the following questions, find out which part of the sentence has an error. If there is no mistake, the answer is 'No error'.

Q.115 Walking in the park one spring afternoon, (A)/ a dog came running from behind (B)/ and bit him in the right leg. (C)/ No error (D)

A. (A) **B.** (B) **C.** (C) **D.** (D)

Q.116 During their trial in the lower court, (A)/ it was proved that the five accused (B)/ did not carry any espionage activity. (C)/ No error (D)

A. (A) **B.** (B) **C.** (C) **D.** (D)

Q.117 The Minister had requested for booking only two rooms (A)/ one on the third floor for his staff, (B)/ and the other on the ground floor for himself. (C)/ No error (D)

A. (A) **B.** (B) **C.** (C) **D.** (D)

Q.118 Do you want (A)/ that I come with you (B)/ or do you want to go alone? (C)/ No error (D)

A. (A) **B.** (B) **C.** (C) **D.** (D)

Q.119 Unemployment is very high at the moment (A)/ and it's very difficult (B)/ for the people to find work. (C)/ No error (D)

A. (A) **B.** (B) **C.** (C) **D.** (D)

Ques (120-124):Direction: There are four jumbled sentences given below. Select the option that gives their correct order.

Q.120 A: This quantity, called the Long Period Average (LPA), is a mean of monsoon rainfall from 1961-2010.

B: The India Meteorological Department (IMD) has forecast a 'normal' monsoon for this year.

C: The IMD, for over 20 years now, follows a two-stage monsoon forecast system. After the prognosis in April, it gives an updated estimate in late May or early June.

D: In the agency's parlance, normal implies that the country will get 96% to 104% of the 88 cm that it gets from June-September.

A. CADB **B.** BDAC **C.** CBAD **D.** BCAD

Q.121 A: The lion was struggling to get out and started to whimper.

B: They tied him up against a tree.

C: Soon, the mouse walked and noticed the lion in trouble and he helped him.

D: One day, a few hunters came into the forest and took the lion with them.

A. DBAC **B.** DCBA **C.** BACD **D.** DABC

Q.122 A: It is responsible for the issue and supply of the Indian rupee and the regulation of the Indian banking system.

B: RBI is India's central bank and regulatory body under the jurisdiction of Ministry of Finance , Government of India.

C: Its top official is designated as Governor who is a civil servant of the IAS or IES or ISS cadre.

D: It also manages the country's main payment systems and works to promote its economic development.

A. BCDA **B.** BDAC **C.** DCBA **D.** BADC

Q.123 S1: Education has always been

S6: generation to the next.

A: means of transferring

B: the wealth of

C: a tradition from one

D: the most important

A. DABC **B.** ABCD **C.** BDCA **D.** DCBA

Q.124 A. The leader should possess high intelligence.

B. The reasons for this frequent neglect of intelligence as a prerequisite of leadership are complex.

C. It is certainly true to say that this is more commonly underrated than any other aspect of leadership.

D. There is first, a very general misunderstanding of such a phrase as 'of very high intelligence.'

A. ABCD **B.** ACBD **C.** DABC **D.** DBAC

Ques (125-129):Direction: Choose the word/phrase nearest in meaning to the underlined part.

Q.125 The operation was <u>touch and go</u> as new complications arose and were solved.

A. safe **B.** risky **C.** easy **D.** quick

Q.126 My friend <u>got the sack from</u> his first job.

A. got tired of **B.** was demoted from

C. resigned **D.** was dismissed from

Q.127 In these days of rising prices, we are paying <u>through our nose</u>.

A. paying dearly

B. reducing our purchases

C. buying on credit

D. paying in instalments

Q.128 The police fired <u>at random</u> at the violent crowd and several persons lost their lives.

A. pointedly **B.** aimlessly

C. unwillingly **D.** intentionally

Q.129 He resigned the post <u>of his own accord</u>.

A. according to his judgement

B. which he liked

C. voluntarily and willingly

D. according to his convenience

Ques (130-134):Direction: Choose the word which is nearest in meaning to the underlined word.

Q.130 We arrived safely at the <u>quay</u> and went ashore.

A. peninsula **B.** wharf

C. target **D.** island

Q.131 Editors are known to be <u>pernickety</u> about grammar.

A. spiteful **B.** careless **C.** fussy **D.** ignorant

Q.132 I rather like the <u>quaint</u> little house at the end of the street.

A. old **B.** quiet **C.** haunted **D.** unusual

Q.133 Some of the discoveries of modern science are simply <u>marvellous</u>.

A. praiseworthy **B.** commendable

C. amazing **D.** admirable

Q.134 The football coach had a sympathetic presence, <u>albeit</u> a commanding one.

A. although **B.** further more

C. because **D.** not only

Ques (135-139):Direction: Study the passages below to answer the questions that follow passage.

The composer Wolfgang Amadeus Mozart's remarkable musical talent was apparent even most children can sing a simple nursery rhyme. Wolfgang's older sister Maria Anna (whose family called Nannerl) was learning the clavier, an early keyboard instrument, when 3 years old brother took an interest in playing. As Nannerl later recalled, "Wolfgang often much time at the clavier picking out thirds, which he was always striking and his pleasure showed that it sounded good".

Their father Leopold, an assistant concert master at the Salzburg of recognised his children's unique gifts and soon devoted himself to their musical education. But Salzburg, Austria, on 27 th January, 1756, Wolfgang had composed his first original work by age Leopold planned to take Nannerl and

Wolfgang on tour to play before the European courts. Their venture was to nearby Munich where the children played for Maximillian III Joseph elected Bavaria.

Leopold soon set his sights on the capital of the Hapsburg Empire, Vienna. On their way Vienna, the family stopped in Linz, where Wolfgang gave his first public concert. By this Wolfgang was not only a virtuoso harpsichord player, but he had also mastered the violin audience at Linz, was stunned by the 6 years old, and word of his genius soon travelled to Vienna a much anticipated concert, the Mozart children appeared at the Schonbrunn Palace on October 1762.

They utterly charmed the Emperor and Empress. Following this success, Leopold was inundated with invitations for the children to play for a fee. Leopold seized the opportunity and booked as I concerts as possible at courts throughout Europe.

A concert could last 3 hours and the child played at least 2 in a day. Today, Leopold might be considered the worst kind of stage parents at the time, it was not uncommon for prodigies to make extensive concert tours. Even so, it was exhausting schedule for a child who just past the age of needing an afternoon nap.

Q.135 According to the passage, Wolfgang became interested in music because

A. his father thought it would be profitable.
B. he had a natural talent.
C. he saw his sister learning to play an instrument.
D. he came from a musical family.

Q.136 What was the consequence of Wolfgang's first public appearance?

A. He charmed the emperor and empress of Hapsburg.
B. Word of Wolfgang's genius spread to the capital.
C. Leopold set his sights on Vienna
D. Invitations for the miracle children to play poured in.

Q.137 Each of the following statements about Wolfgang Mozart is directly supported by the passage except

A. Mozart's father, Leopold, was instrumental in shaping his career.
B. Maria Anna was a talented musician in her own right.
C. Wolfgang's childhood was devoted to his musical career.
D. Wolfgang preferred the violin then other instruments.

Q.138 According to the passage, during Wolfgang's early years, child prodigies were

A. few and far between.
B. accustomed to extensive concert tours.
C. expected to spend at least six hours in a day practicing their music.
D. expected to play for courts throughout Europe.

Q.139 Based on information found in the passage, Mozart can best be described as

A. a child prodigy.
B. a workaholic.
C. the greatest composer of the eighteenth century.
D. a victim of his father's ambition

Ques (140-145):Direction: Study the passages below to answer the question that follow passage.

Book clubs are a great way to meet new friends or keep in touch with old ones, while keeping up on your reading and participating in lively and intellectually stimulating discussions. If you're interested in starting a book club, you should consider the following options and recommendations.

The first thing you'll need is members. Before recruiting, think carefully about how many people you want to participate and also what the club's focus will be. e.g. some book clubs focus exclusively on fiction, others read nonfiction.

Some are even more specific, focusing only on a particular genre such as mysteries, science fiction, or romance. Others have a more flexible and open focus. All of these possibilities can make of a great club, but it is important to decide on a focus at the outset so the guidelines will be clear to the group and prospective member.

After setting the basic parameters, recruitment can begin. Notify friends and family, advertise in the local newspaper, and hang flyers on bulletin boards in local stores, colleges, libraries, and bookstores. When enough people expresg interest, schedule a kick-off meeting during which decisions will be made about specific guidelines that will ensure the club runs smoothly.

This meeting will need to establish where the group will meet (rotating homes or a public venue such as a library or coffee shop); how often the group will meet, and on what day of the week and at what time; how long the meetings will be; how books will be chosen and by whom, who will lead the group (if anyone); and whether refreshments will be served and if 80, who will supply them. By the end of this meeting, these guidelines should be set and a book selection and date for the first official meeting should be finalised.

Planning and running a book club is not without challenges, but when a book club is run effectively, the experience can be extremely rewarding for everyone involved.

Q.140 Which of the following organizational patterns is the main one used in the passage?

A. Chronological
B. Hierarchical
C. Comparison-contrast
D. Cause and effect

Q.141 According to the passage, when starting a book club, the first thing a person should do is to

A. hang flyers in local establishments.
B. put an ad in a local newspaper.
C. decide on the focus and size of the club.
D. decide when and where the group will meet.

Q.142 Which of the following would NOT be covered during the book club's kick-off meeting?

A. Deciding on whether refreshments will be served
B. Discussing and/or appointing a leader
C. Choosing the club's first selection
D. Identifying what kind of books or genre will be the club's

focus

Q.143 A good title for this passage would be

A. Book Clubs: A Great Way to Make New Friends.

B. Starting a Successful Book Club: A Guide.

C. Five Easy Steps to Starting a Successful Book Club.

D. Reading in Groups: Sharing Knowledge, Nurturing Friendships.

Q.144 Which of the following is NOT something that successful book clubs should do?

A. Focus exclusively on one genre

B. Have guidelines about where and when to meet

C. Have a focus

D. Decide how to choose and who will choose book selections

Q.145 Which of the following inferences can be drawn from the passage?

A. Smaller groups are better for a variety of reasons.

B. The social aspect of book clubs is more important than the intellectual.

C. Starting your own book club is better than joining an existing one.

D. When starting and running a book club, a casual approach is risky.

Ques (146-150):Direction: Study the passages below to answer the question that follow passage.

Today, the import duty on a complete machine is 35% for all practical purposes, whereas the import duty on the raw materials and components range from 40%-85%. The story does not end here. After paying such high duties on components, once a machine is made; it is subjected to excise duty from 5%-10%. At the time of sale, the machine tools are subjected to further taxation, i.e. Central sales taxes and State sales taxes which range from 4%-16%. This much for the tax angle. Another factor which pushes the cost of manufacturing of machine tools is the very high rate of interest payable to banks ranging up to 16%, as against 4%-7% prevailing in other advanced countries. The machine tools industry in India has an enviable record of very quick technology absorption, assimilation and development.

There are a number of success stories about how machine tool builders were of help to the most critical times. It will be a pity, in fact a tragedy, if we allow this industry to die and disappear from the scene. It may be noted that India is at least 6000 km away from any dependable source of supply of machine tools. The Government of India has always given a great deal of importance to the development of small scale and medium scale industries.

This industry has all performed pretty well. Today, they are in need of help from India's machine tool industry to enable them to produce quality components at reduced costs. Is it anybody's case that the needs of the fragile sector will be met from a distance of 6000 km? Then, what is it that the industry expects from the Goyernment? It wants a level playing field. In fact, all of us must have a deep introspection and recognise the fact that the machine tool industry has a very special place in the country from the point of strategic and vital interests of the nation.

Q.146 Consider the following statements:

I. The machine tool industry has a very meagre role to play in India.

II. The performance of the small scale industry can be further improved with the help from the Indian machine tool industry.

Which of the statements given above is/are correct?

A. Only 1 **B.** Only 2

C. Both 1 and 2 **D.** Neither 1 nor 2

Q.147 Which of the following best explains the sentence "It wants a level playing field? The machine tool industry in India

A. needs liberalized policy to import the desired components at a low cost.

B. needs land at subsidized rate.

C. needs electricity at subsidized rate

D. wants to adopt novel marketing strategies for sales promotion.

Q.148 Which one of the following is the correct statement?

A. The Government of India has taken due notice of the problems of the machine tool industry.

B. The Government of India has not taken sufficient measures to help the machine tool industry.

C. India should not waste its precious resources on the production of machine tools.

D. Banks in other countries are running in loss owing to a low interest rate.

Q.149 According to the passage, all the following factors are responsible for high cost of machine tools in India, except

A. sales tax

B. excise duty

C. higher duty on components

D. high profit margin of the manufacturers

Q.150 Why do small and medium scale industries look for help from India's machine tool industry?

I. To compete with the IT sector.

II. To produce components at lower cost without sacrificing quality.

Select the correct answer using the code given below:

A. Only 1 **B.** Only 2

C. Both 1 and 2 **D.** Neither 1 nor 2

Aptitude for Service Sector

Q.151 बाजार में अपनी कार चलाते समय, आपकी अनजाने में एक साइकिल चालक के साथ एक छोटी दुर्घटना हो जाती है। आप करेंगे :

A. गुस्से में साइकिल चालक को गाली देंगे और उसे बताएंगे कि यह उसकी गलती थी

B. कोशिश करेंगे कि दुर्घटना के स्थल से भाग जाएं

C. साइकिल चालक को उठने में मदद करेंगे और आप गलती के लिए माफी मांगेंगे

D. अपनी कार से बाहर निकलेंगे और साइकिल चालक को मारेंगे और एक दृश्य बनाएंगे

Q.152 जब आप आधुनिक शहर के केंद्र में झुग्गियों के समूह का निरीक्षण करते हैं, तो आपको लगता है:

A. आधुनिक शहर में ऐसे गरीब लोगों के लिए कोई जगह नहीं है

B. सरकार को इन गरीबों को कुछ वैकल्पिक स्थान देना चाहिए और फिर उन्हें बिना किसी बल के स्थानांतरित करना चाहिए

C. इन मलिन बस्तियों को तत्काल हटाया जाना चाहिए और क्षेत्र को साफ कर दिया जाना चाहिए

D. इन गरीबों को किसी दूसरी जगह शिफ्ट करने के लिए एक महीने का नोटिस दिया जाना चाहिए

Q.153 जब आप अपनी परीक्षा के लिए अध्ययन कर रहे होते हैं, तो आपके पड़ोसी के बच्चे खेलते समय बहुत शोर करते हैं और आपको बहुत परेशान करते हैं। आप करेंगे :

A. पूरी बात को नजरअंदाज करेंगे और अपनी पढ़ाई पर ध्यान देने की कोशिश करेंगे।

B. अन्य पड़ोसियों को इन बच्चों के बारे में बताएंगे और यह सच है कि वे उपद्रवी बच्चे है।

C. जाएंगे और बच्चों पर चिल्लाएंंगे और उन्हें धमकी दें कि यदि वे जोर से शोर करेंगे तो आप उन्हें मार देंगे।

D. जाएंगे और बच्चों के माता-पिता से अनुरोध करेंंगे कि वे उन्हें इस तरह की गड़बड़ी करने से रोकें

Q.154 जब आप अपने घर के सामने पार्क में टहल रहे होते हैं, तो आप देखते हैं कि पार्क में बहुत कम अच्छे पेड़ हैं। आप करेंगे :

A. अन्य निवासियों से इसके बारे में कुछ करने की अपेक्षा करेंगे

B. कुछ पेड़ स्वयं लगाएंगे और दूसरों से भी ऐसा करने का अनुरोध करेंगे

C. अन्य निवासियों के साथ स्थिति पर चर्चा करेंगे और कुछ कार्रवाई की योजना बनाएंगे

D. इसके बारे में भूलने की कोशिश करेंगे

Q.155 बस में यात्रा करते समय, आप कोक की एक बोतल पीते हैं और फिर करेंगे :

A. एक सह-यात्री के सामान के नीचे खाली बोतल को धकेलेंगे

B. जब तक आपको कूड़ा निस्तारण का स्थान नहीं मिल जाता है, तब तक बोतल को अपने साथ रखेंगे

C. खाली बोतल को सड़क पर फेंक देंगे

D. खाली बोतल फेंकने के लिए कोई खाली स्थान देखेंगे

Q.156 एक ट्रेन में एक लंबी यात्रा पर जाते समय, आप एक सह-यात्री को देखते है की वह ठीक महसूस नहीं कर रहा हैं और कुछ मदद की तलाश में हैं। आप करेंगे :

A. आवश्यकतानुसार अन्य यात्रियों से उसकी सहायता करने को कहेंंगे।

B. अपनी सीट बदलेंंगे और उससे बचेंंगे।

C. अन्य यात्रियों से पूछेंंगे कि क्या कोई डॉक्टर है और उनसे किसी प्रकार की मदद करने के लिए कहेंगे।

D. उसे बताएंगे कि आप डॉक्टर नहीं है इसलिए उसकी मदद नहीं कर सकते हैं।

Q.157 प्राथमिक विद्यालय के शिक्षक के रूप में काम करते हुए, आप पाते हैं कि एक गरीब छात्र अपनी ट्यूशन फीस नहीं दे पा रहा है। आप करेंगे :

A. कड़ी कार्रवाई के लिए उसे प्रधानाचार्य के पास ले जाएंगे।

B. उसके माता-पिता से बात करेंगे और उन्हें शुल्क का भुगतान करने के लिए कहेंगे।

C. शुल्क का भुगतान न करने का कारण ढूंढें और फिर जरूरत पड़ने पर व्यक्तिगत रूप से लड़के की मदद करेंगे।

D. उसे पूरी कक्षा के सामने कड़ी सजा देंगे।

Q.158 जब कोई नया व्यक्ति आपके विभाग के कार्यालय में शामिल होता है, तो आपको लगता है :

A. आपके बॉस को आपको कॉल करना चाहिए और उसे आपसे मिलवाना चाहिए

B. अगर उसको किसी भी तरह की मदद की जरूरत हो, तो आप उससे जाकर मिलें और उसकी मदद करें

C. आप उसे पूरी तरह से अनदेखा करें

D. उसे आना होगा, और अपना परिचय देना होगा

Q.159 आपका ड्राइवर, जिसने 10 से अधिक वर्षों तक ईमानदारी से आपके लिए काम किया है, वह अपनी नौकरी छोड़ना चाहता हैं, आप करेंगे:

A. उसे तुरंत भुगतान करें और उसे छोड़ने के लिए कहेंगे

B. उससे अच्छी तरह से बात करें और उसकी समस्या को खोजने की कोशिश करेंगे और फिर निर्णय करेंगे

C. उसे महीने के अंत तक छोड़ने के लिए कहेंगे

D. उस पर चिल्लाएंगे और उसे धोखेबाज़ कहेंगे

Q.160 आपके कार्यालय में, आपका एक सहयोगी अक्सर उन कामों का क्रेडिट लेता है जो आपने किए हैं, आप करेंगे :

A. उसे स्पष्ट रूप से बताएंगे कि वह एक बेईमान आदमी है

B. अपने बॉस को बताएंगे कि वह किस तरह का आदमी है

C. उससे विनम्रता से बात करेंगे और उसे बताएंगे कि ऐसी चीजें मदद नहीं करती हैं

D. उसकी छवि को नीचे लाने के लिए अन्य सहयोगियों को इसके बारे में बताएंगे

Q.161 व्यस्त बाजार में खरीदारी करते समय, एक 10 वर्षीय बच्चा आपसे संपर्क करता है और कहता है कि वह खो गया है। आप करेंगे :

A. बच्चे को किसी और के पास जाने के लिए कहेंगे , क्योंकि आप व्यस्त हैं

B. कुछ दुकानदार से अनुरोध करेंगे कि अगर वह कर सकते हैं तो वह उसकी मदद करे

C. बच्चे से बात करेंगे और उसे पुलिस को सौंप देंगे

D. उसे अनदेखा करेंगे और अपनी खरीदारी जारी रखेंगे

Q.162 जब आप समुद्र के किनारे टहल रहे होते हैं, तो आप एक आदमी को डूबने और मदद के लिए चिल्लाते हुए देखते हैं। आप करेंगे :

A. दूसरों का ध्यान आकर्षित करेंगे और चलते रहेंगे

B. उसम पड़ना पसंद नहीं करेंगे और चलना जारी रखेंगे

C. तैरना जानते हुए, उसकी मदद करने के लिए पानी में जाएंगे

D. एक अलार्म बजाएंगे और कुछ अन्य तैराक से अनुरोध करेंगे कि वह उसकी मदद करें

Q.163 सड़क पर चलते समय, आपको एक लिफाफा मिलता है जिसमें आधार कार्ड होता है। आप करेंगे :

A. लिफाफे को वहीं छोड़ देंगे और आगे बढ़ जाएंगे

B. आधार कार्ड को उसके मालिक के पते पर पोस्ट करेंगे

C. अपने मित्र को लिफाफा देंगे और उससे निपटने के लिए कहेंगे

D. कार्ड के मालिक को शाप देंगे और उसे बेहद लापरवाह कहेंगे

Q.164 आपके पास जो कार्यालय है, उसने हाल ही में एक नया सॉफ़्टवेयर प्राप्त किया है और कुछ कर्मचारी इसके साथ कुशलता से काम करने में सक्षम नहीं हैं। आप करेंगे :

A. कर्मचारियों को बर्खास्त करेंगे और प्रशिक्षित व्यक्तियों की भर्ती करेंगे

B. उन्हें प्रशिक्षित होने या नौकरी छोड़ने के लिए संक्षिप्त सूचना देंगे

C. इन कर्मचारियों के लिए एक छोटा प्रशिक्षण कार्यक्रम आयोजित करेंगे

D. अक्षमता को स्वीकार करें और उन्हें काम जारी रखने दें

Q.165 अपना वेतन प्राप्त करते समय, आपको पता चलता है कि आपके नियोक्ता ने अतिरिक्त पैसे का भुगतान किया है। आप करेंगे :

A. नियोक्ता को लगता है कि उसने आपके लिए अतिरिक्त पैसे का भुगतान किया है, उसके बाद भी पैसे न देंंगे

B. सोचेंगे कि आप भाग्यशाली हैं और पैसे रख लेंगे

C. नियोक्ता को तुरंत पैसा लौटाएंगे

D. पैसा रखेंगे, लेकिन बाद की तारीख में पैसे वापस करने की योजना

बनाएंगे

Q.166 एक होटल में प्रबंधक के रूप में काम करते समय, आपको सूचित किया जाता है कि आपका कोई मेहमान अचानक बहुत अस्वस्थ हो गया है। आप करेंगे :

A. किसी डॉक्टर के पास जाने के लिए अतिथि से पूछेंगे
B. एक डॉक्टर को बुलाकर और उसे अतिथि के पास भेजेंगे
C. अतिथि से मिलेंगे और फिर तत्काल डॉक्टर को बुलाएंगे और आवश्यकतानुसार रोगी की मदद करेंगे
D. इससे निपटने के लिए अपने अधीनस्थ से पूछेंगे और आपको परेशान न करने के लिए कहेंगे

Q.167 सही मायने में, निम्नलिखित में से कौन सबसे अधिक प्रशंसनीय है?

A. चार्ल्स शोभराज **B.** कपिल देव
C. सूरज पांचोली **D.** मदर टेरेसा

Q.168 आप अपनी बस के लिए बस-स्टॉप पर इंतजार कर रहे हैं, जब एक राहगीर आपकी ओर आता है और पास के एक पते के बारे में पूछता है। आप करेंगे :

A. उसे स्पष्ट रूप से सूचित करेंगे कि आप आसपास के सभी लोगों का मार्गदर्शन करने के लिए वहां नहीं हैं
B. उसे आम तौर पर केवल दिशा में मार्गदर्शन करेंगे
C. मार्ग को धैर्यपूर्वक समझाने की कोशिश करेंगे ताकि वह समझे सके
D. उसे इसके बारे में किसी और से पूछने के लिए कहेंगे

Q.169 जब आप अपने कार्यालय में काम कर रहे होते हैं, तो एक सहकर्मी आपको अपने जरूरी काम को पूरा करने में मदद करने के लिए कहता है। आप करेंगे :

A. उसे बताएंगे कि आप अपने काम में व्यस्त हैं और उसकी मदद करना संभव नहीं है
B. जल्दी से अपना काम पूरा करेंगे और जितना हो सके उसकी मदद करेंगे
C. उसे बताएंगे कि क्या वह नहीं देख सकता है कि आप अपने काम में लीन हैं
D. उसे बताएंगे कि आप कोशिश करेंगे और अगर संभव हो तो उसकी मदद करेंगे

Q.170 ट्रेन में चढ़ने का इंतजार करते समय, आप एक बूढ़े व्यक्ति को उसके सामान के साथ संघर्ष करते हुए देखते हैं। आप करेंगे :

A. बूढ़े व्यक्ति से किसी की मदद लेने के लिए कहेंगे
B. किसी और के आगे आने और उसकी मदद करने की प्रतीक्षा करेंगे
C. स्वेच्छा से उसके पास जाएंगे और उसके सामान के साथ उसकी मदद करेंगे
D. दूसरी तरफ देखेंगे और उसे नज़रअंदाज़ करेंगे

Q.171 रेलवे प्लेटफ़ॉर्म पर प्लास्टिक डिस्पोजेबल कप में एक कप कॉफी पीने के बाद, आप आसपास एक डस्टबिन नहीं देख पा रहे हैं। आप करेंगे :

A. इसे प्लेटफॉर्म पर छोड़ देंगे और दूर चले जाएंगे
B. एक ऐसी जगह ढूढेंगे जहां पर बहुत कुछ पड़ा हो और कप वहां फेंक देंगे
C. इसे तब तक अपने पास रखेंगे जब तक कि आप पास में डस्टबिन न पा लेंगे
D. इसे रेलवे पटरियों पर फेंक देंगे

Q.172 जब आप अपने कार्यालय के लिए जल्दी में होते हैं, तो आपका पड़ोसी आपसे अनुरोध करता है कि आप बैंक में उसका चेक डाल दें, जो आपके कार्यालय से लगभग 500 गज की दूरी पर स्थित है। आप करेंगे :

A. उसे बताएंगे कि यह तुरंत संभव नहीं है, लेकिन आप एक या दो दिन में ऐसा कर सकते हैं
B. उसकी चेक लेंगे और लंच ब्रेक के दौरान डाल देंगे
C. उसे बताएंगे कि आप इस प्रकार की नौकरियों के लिए नहीं हैं
D. स्पष्ट रूप से उसे बताएंगे कि ऐसा करना आपके लिए संभव नहीं है

Q.173 ट्रेन में यात्रा करते समय, आपके सह-यात्रियों में से एक को अचानक पता चलता है कि उसने अपना पर्स और मोबाइल फोन खो दिया है। आप करेंगे :

A. अन्य यात्रियों की प्रतिक्रिया की प्रतीक्षा करेंगे
B. उसे सांत्वना देंगे और कुछ मामूली मदद करेंगे जो आप कर सकते हैं
C. उसे अन्य यात्रियों की मदद लेने के लिए कहेंगे
D. उससे बचने के लिए अपनी सीट बदलेंगे

Q.174 जब आप अपने कुत्ते के साथ सड़क पर चल रहे होते हैं, तो अचानक आपका कुत्ता भौंकता है और सड़क पर एक व्यक्ति को घायल कर देता है। आप करेंगे :

A. उस आदमी को बताएंगे कि आपके कुत्ते पर आपका कोई नियंत्रण नहीं है
B. उस आदमी से कहेंगे कि आपको खेद है
C. आदमी को सांत्वना देंगे और उसे पास के अस्पताल में ले जाने की पेशकश करेंगे
D. घटनास्थल से भागने की कोशिश करेंगे

Q.175 आपके अगले दरवाजे के पड़ोसी अपने बूढ़े माता-पिता की परवाह नहीं करते हैं और लगातार उनकी अनदेखी करते हैं। आप करेंगे :

A. दूसरे पड़ोसियों को कुछ करने के लिए कहेंगे और बूढ़े माता-पिता की मदद करेंगे
B. अन्य पड़ोसियों के साथ इस पर चर्चा करेंगे और कोई रास्ता निकालने की कोशिश करेंगे
C. विनम्रता से पड़ोसी के साथ विषय पर चर्चा करेंगे और आवश्यकतानुसार उसकी मदद करेंगे
D. इसके बारे में परेशान नहीं होंगे

Q.176 जब आप एक 5-सितारा होटल के हाउसकीपिंग विभाग में एक प्रबंधक के रूप में काम कर रहे होते हैं, तो एक दिन आपके एक मेहमान को एक छोटी सी चूक के लिए बहुत गुस्सा आता है और कर्मचारियों पर चिल्लाता है। आप करेंगे :

A. उसे सूचित करेंगे कि गलतियाँ किसी से भी हो सकती हैं और उसके लिए ऐसा व्यवहार करने का कोई कारण नहीं है
B. उसे अपने बॉस से संपर्क करने और मामले को सुलझाने के लिए कहेंगे
C. कर्मचारियों की ओर से माफी मांगेंगे और उसे संतुष्ट करने के लिए संशोधन करेंगे
D. अतिथि को बताएंगे कि आप उससे ज्यादा जोर से चिल्ला सकते हैं और उसे उचित व्यवहार करना चाहिए

Q.177 जब आप दो दिनों के बाद अपने आप को नौकरी के लिए साक्षात्कार के लिए तैयार करने में व्यस्त होते हैं, तो आपकी छोटी बहन आपसे गणित के प्रश्न को हल करने में मदद करने का अनुरोध करती है। आप करेंगे :

A. उसे कुछ दोस्तों से संपर्क करने और उनकी मदद लेने के लिए कहेंगे
B. उसकी माँ से उसकी मदद करने को कहेंगे चूंकि आपके पास अतिरिक्त समय नहीं है
C. रात के खाने के दौरान, आप कुछ समय निकालेंगे और उसकी मदद करेंगे
D. उसे स्पष्ट रूप से बताएंगे कि आपके लिए उसके लिए कुछ समय निकालना संभव नहीं है।

Q.178 आप अपने दोस्त से शाम को मिलने जा रहे हैं तब आपका पड़ोसी उसे मदद करने के लिए कहता है क्योंकि वह अस्वस्थ महसूस कर रहा है। आप करेंगे :

A. उसे किसी और को बुलाने का अनुरोध करेंगे
B. अपने दूसरे पड़ोसी से उसकी मदद करने को कहेंगे
C. अपने दोस्त से मिलने के लिए अपना कार्यक्रम बदलें और इसके बजाय पड़ोसी की मदद करेंगे

D. उसे तब तक इंतजार करने को कहेंगे जब तक आप वापस नहीं लौटते

Q.179 आप दिल्ली से लखनऊ की यात्रा पर एक आरक्षित डिब्बे में यात्रा कर रहे हैं, जब एक बूढ़ा व्यक्ति आपकी मदद के लिए आपसे संपर्क करता है क्योंकि उसके पास कोई आरक्षण नहीं है, लेकिन आपात स्थिति के कारण यात्रा करनी पड़ी। आप क्या करेंगे?

A. उसकी मदद करने के लिए किसी अन्य यात्री से अनुरोध करने के लिए कहेंगे
B. ट्रेन में रेल अधिकारियों से मदद करने का अनुरोध करेंगे
C. उसे बताएंगे कि उसे समायोजित करना आपके व्यवसाय में नहीं है
D. जरूरत पड़ने पर आदमी के साथ अपनी बर्थ साझा करने के लिए सहमत हों जाएंगे

Q.180 जब आपकी कक्षा 12 की बोर्ड परीक्षा की तैयारी चल रही हो, तो आपका एक मित्र आपसे कुछ प्रश्न हल करने में उसकी मदद करने के लिए कहता है। आप करेंगे :

A. उसे बताएंगे कि चूंकि आपको बहुत कुछ संशोधित करना है, इसलिए आपके पास समय नहीं है
B. उससे अनुरोध करेंगे कि वह किसी अन्य दोस्त की जांच करे और उसके पास जाए
C. अपने समय को इस तरह समायोजित करेंगे कि आप उसकी मदद भी कर सकें
D. उससे बात करने से बचेंगे

Q.181 आप और आपके भाई एक संयुक्त परिवार में रह रहे हैं। आपका भाई आपके माता-पिता से दूर रहना चाहता है। आप करेंगे :

A. अपने भाई से अलग न होने का अनुरोध करेंगे, क्योंकि आप दोनों को अपने बूढ़े माता-पिता की देखभाल करनी होगी
B. अपने माता-पिता के साथ रहना जारी रखेंगे, भले ही आपका भाई अलग हो जाए
C. अपने भाई को अलग न करने के लिए मनाने के लिए कुछ अन्य करीबी रिश्तेदारों से कहेंगे
D. अपने भाई के अलग होने से पहले अलग रहने का विकल्प चुनेंगे

Q.182 निम्नलिखित में से किसे सेवा क्षेत्र में काम करने वाले व्यक्ति के लिए सबसे अधिक वांछित गुणवत्ता में से एक माना जाता है?

A. अच्छा स्वास्थ्य **B.** टीम का काम
C. मदद करने वाला रवैया **D.** धैर्य

Q.183 शिक्षक के रूप में काम करते हुए, आप पाते हैं कि एक छात्र पाठों का सामना करने में सक्षम नहीं है। आप करेंगे :

A. उसे प्रिंसिपल के पास ले जाएंगे
B. उसके माता-पिता को उससे निपटने के लिए कहेंगे
C. उससे अलग से बात करेंगे और उसकी समस्या का पता लगाएंगे
D. उसे पूरी कक्षा के सामने कड़ी सजा देंगे

Q.184 ट्रेन में यात्रा करते समय, आप निरीक्षण करते हैं कि एक सह-यात्री सौ रुपये के नोट को गिराता है। आप करेंगे :

A. घटना को अनदेखा करेंगे और अपने व्यवसाय पर ध्यान देंगे
B. नोट ले लेंगे और उस यात्री को सौंप देंगे जिसने इसे गिरा दिया था
C. नोट को अपनी जेब में रखेंगे जैसे कि अपने इसे ढूंढा हो
D. शोर मचाएंगे और यात्री को बताएंगे कि उसने नोट गिरा दिया है

Q.185 जब आप एक प्रमुख क्रॉसिंग पार करने वाले होते हैं, तो आप एक अंधे व्यक्ति को सड़क पार करने के लिए संघर्ष करते हुए नोटिस करते हैं। आप करेंगे :

A. एक युवा लड़के को सड़क पार करने में मदद करने के लिए कहेंगे
B. जाएंगे और उसका हाथ पकड़ कर उसे सड़क पार करने में मदद करेंगे
C. अंधे आदमी को शाप देंगे और कहेंगे कि इतनी व्यस्त सड़कों पर क्यों आते है
D. अपने रास्ते पर जाना जारी रखेंगे और उसकी उपेक्षा करेंगे

Q.186 जब आप शाम को अपने कार्यालय के बाद अपने घर पहुँचते हैं, तो आप पाते हैं कि आपके पड़ोसी ने आपकी कार को आपके लिए रखे गए स्लॉट में पार्क कर दिया है। आप करेंगे :

A. उसे बुलाएंगे और उसे उसकी गलती का एहसास कराने के लिए चिल्लाएंगे
B. उसे कॉल करेंगे और विनम्रता से उसे बताएंगे कि शायद गलती से उसने अपनी कार आपके स्लॉट में पार्क कर दी है
C. अपनी कार को इस तरह पार्क करेंगे कि वह अपनी कार को बाहर नहीं निकाल सके
D. अपने दूसरे पड़ोसियों को बताएंगे कि आपका पड़ोसी कितना मूर्ख है और उसकी पास बिलकुल शिष्टता नहीं है

Q.187 जब आप ईमानदारी से अपने कार्यालय में काम करते हैं और सामान वितरित करते हैं, तो आपका बॉस कभी भी आपके काम की सराहना नहीं करता है। आप करेंगे :

A. अपने बॉस का सामना करेंगे और उसे दूसरों के सामने बताएं कि वह बहुत अन्यायी है
B. काम करना बंद करेंगे और दूसरी नौकरी देखेंगे
C. कड़ी मेहनत करना जारी रखेंगे और बेहतर परिणाम दिखाने के लिए अपना कर्तव्य निभाएंगे
D. उससे अलग से मिलेंगे और उसे बताएं कि आप अपना काम अपनी पूरी क्षमता से कर रहे हैं

Q.188 रोज़ सुबह जब आप अपने कार्यालय के लिए अपना कमरा छोड़ते हैं, तो आप करेंगे :

A. अपने कमरे को अव्यवस्था में छोड़ दें और कार्यालय में जाएंगे
B. अपने छोटे भाई को अपने कमरे की ठीक करने के लिए कहेंगे
C. हमेशा सभी चीजों को उनके सही स्थानों पर रखेंगे
D. परिवार के अन्य सदस्यों से अपने कमरे को ठीक करने की अपेक्षा करेंगे

Q.189 आप देखते हैं कि आपके दो पड़ोसी आपके घर के सामने गर्म बहस कर रहे हैं। आप करेंगे :

A. अपने पड़ोसी के पास जाएंगे और उसे हस्तक्षेप करने के लिए कहेंगे
B. अपने दूसरे पड़ोसियों को बताएंगे कि लड़ने वाले लोग कितने मूर्ख होते हैं
C. घर के अंदर रहेंगे और अपने मुख्य दरवाजे को बंद कर देंगे
D. जाएंगे और उन्हें शांत करने और एक सौहार्दपूर्ण तरीके से मामले को हल करने के लिए कहें ंगे

Q.190 बाजार में, आप देखते हैं कि एक लड़का अपनी कार को तेज चला रहा है और एक गरीब मजदूर को टक्कर मार देता है, जो अपनी साइकिल पर जा रहा है। इसके बाद, लड़का मजदूर को दोषी ठहराते हुए मारना शुरू कर देता है। आप करेंगे :

A. मजदूर को बचाने के लिए लड़के पर चिल्लाना और मारना शुरू करेंगे
B. दुर्घटना को अनदेखा करेंगे और अपने व्यवसाय पर ध्यान देंगे
C. लड़के को मजदूर को मारने से रोकेंगे और उसे उसकी साइकल की मरम्मत और चिकित्सा सहायता की व्यवस्था करने के लिए कुछ पैसे देने के लिए कहें ंगे
D. मजदूर को गाली देने और अपमानित करने के लिए लड़के के साथ जुड़ें ंगे

Q.191 आपकी कंपनी आपको कंपनी के दूसरे विभाग में काम करने के लिए कहती है, जो आपको पसंद नहीं है। आप करेंगे :

A. अपनी घृणा दिखाने के लिए सबसे अक्षम प्रदर्शन करेंगे
B. अपने पुराने विभाग में वापस जाने का प्रयास करेंगे
C. अपने काम से बचना शुरू करेंगे और बार-बार छुट्टी मांगेंगे
D. नए कार्य वातावरण के लिए उपयोग करने की कोशिश करेंगे और समंजन करेंगे

Q.192 अगर आपके सहकर्मी आपको बताते हैं कि आप अक्सर छोटे स्वभाव के होते हैं, आप करेंगे :

A. इसे सुनेंगे लेकिन उन्हें बताएंगे कि लगभग हर कोई अपना आपा खो देता है, इसलिए इसमें कुछ भी गंभीर नहीं है

B. उन्हें अपने स्वयं के व्यवसाय को ध्यान में रखने के लिए कहेंगे और दूसरों के बारे में टिप्पणी न करने को कहेंगे

C. संयम बरतेंगे और स्वभाव को नियंत्रित करने के कुछ तरीकों की तलाश करेंगे

D. उनके साथ बहस करेंगे और दावा करें कि वे गलत हैं

Q.193 एक ग्राहक के साथ व्यवहार करते समय, जो आपके होटल द्वारा प्रदान की जाने वाली कुछ सेवाओं के बारे में बहुत परेशान है, आपको निम्न में से किसकी सबसे अधिक आवश्यकता है?

A. चतुराई **B.** विनम्रता **C.** तर्क **D.** धैर्य

Q.194 आप अनुभव करते है की आपका एक दोस्त आपके साथ अक्सर अनुचित करता है। आप करेंगे :

A. अन्य दोस्तों को इसके बारे में बताएंगे

B. अपने दोस्त को बताएंगे कि आप कैसा महसूस करते हैं और यह स्थिति आपको स्वीकार्य नहीं है

C. उसके साथ दोस्ताना व्यवहार जारी रखेंगे और उसे उसकी गलती का एहसास कराएँगे

D. उससे मिलने से बचना शुरू करेंगे

Q.195 आपकी नौकरानी, जो पिछले दो सालों से आपके लिए काम कर रही थी, अब अपने काम को इतनी गंभीरता से नहीं लेती है और यहाँ तक कि आपको जवाब भी नहीं देती। आप करेंगे :

A. उसके ऊपर जोर से चिल्लाएंगे और उसे बताएंगे कि आप यह सब बर्दाश्त नहीं करेंगे

B. उससे सख्ती से अपने तरीके से संभलने के लिए कहेंगे

C. उससे बात करेंगे और उसकी समस्या को समझने की कोशिश करेंगे और फिर निर्णय करेंगे

D. उसे तुरंत नौकरी से निकाल देंगे

Q.196 आपका एक पुराना मित्र आपसे 20,000 रुपये उधार लेना चाहता है, आप करेंगे :

A. उसे बताएंगे कि आप किसी को भी पैसे उधार देना पसंद नहीं करते हैं

B. प्रयास करेंगे कि उसके साथ कोई बातचीत न करें

C. दूसरों को बताएंगे कि वह अपने वित्त के प्रबंधन में इतना गरीब है

D. उसे निर्धारित समय से पहले पैसा लौटाने के लिए कहेंगे और उसे पैसे दे देंगे

Q.197 यदि आपको अपने कार्यालय में अतिरिक्त कार्य आवंटित किया जाता है, तो आप करेंगे :

A. अपने बॉस से आपको अतिरिक्त श्रमशक्ति प्रदान करने का अनुरोध करेंगे

B. काम के अतिरिक्त भार का सामना करने की पूरी कोशिश करेंगे

C. अन्य सभी को बताएंगे कि आपका बॉस आपके साथ बहुत अन्याय कर रहा है

D. अपने बॉस को बताएंगे कि आप इतना काम नहीं कर सकते

Q.198 जब आप कहीं जाने के लिए अपने फ्लैट को बंद कर रहे हैं, तो आप करेंगे :

A. सभी लाइट्स और पंखों को बंद करने के लिए कुछ परिवार के सदस्य की अपेक्षा करेंगे

B. अपने से कम उम्र के किसी को करने के लिए कहेंगे

C. व्यक्तिगत रूप से सुनिश्चित करेंगे

D. सोचेंगे कि यह आपकी चिंता का विषय नहीं है

Q.199 जब आप पैसे दे रहे होते हैं, तो बूढ़ा रिक्शे वाला आपसे थोड़े अतिरिक्त पैसे के लिए अनुरोध करता हैं,जितने आप सामान्य रूप से देते हैं आपको चाहिए :

A. उस पर जोर से चिल्लाएं और थोड़ा अतिरिक्त पैसे मांगने पर उसका अपमान करें

B. उसे कोई पैसा न दें और उसे जो अच्छा लगे करने को कहें

C. उसे बहुत अधिक उपद्रव के बिना अतिरिक्त पैसे दे

D. उसे बताएं कि आप केवल उसे वही देंगे जो आप सामान्य रूप से देते हैं और अतिरिक्त कुछ नहीं

Q.200 जब कुछ बूढ़े और विकलांग भिखारी आपसे पैसे की भीख मांगते हैं, तो आप सोचते हैं कि

A. हमें किसी कीमत पर भीख नहीं मांगनी चाहिए

B. सरकार को भिखारियों के लिए प्रावधान करना चाहिए ताकि वे भीख न मांगें

C. भीख मांगने को अपराध घोषित किया जाना चाहिए और भिखारियों को जेलों में डाल देना चाहिए

D. आपको ऐसे लोगों की मदद करनी चाहिए आप जिस भी तरह से कर सकते हैं और कुछ पैसे या मदद दे सकते हैं

// स्मार्ट उत्तर पुस्तिका //

सही उत्तर उन छात्रों के प्रतिशत को इंगित करता है जिन्होंने प्रश्नों का सही उत्तर दिया था।

छोड़ दिया उन छात्रों के प्रतिशत को इंगित करता है जिन्होंने प्रश्नों को छोड़ दिया था।

प्रश्न संख्या	उत्तर	सही उत्तर	छोड़ दिया
1	D	19.72 %	14.08 %
2	D	36.62 %	36.62 %
3	B	22.54 %	39.43 %
4	D	16.9 %	40.85 %
5	D	8.45 %	45.07 %
6	C	14.08 %	45.07 %
7	A	22.54 %	46.47 %
8	D	35.21 %	46.48 %
9	C	25.35 %	47.89 %
10	B	18.31 %	47.89 %
11	C	16.9 %	47.89 %
12	D	22.54 %	49.29 %
13	D	11.27 %	49.29 %
14	D	26.76 %	49.3 %
15	D	14.08 %	49.3 %
16	B	19.72 %	52.11 %
17	B	7.04 %	52.11 %
18	C	21.13 %	52.11 %
19	B	12.68 %	52.11 %
20	B	26.76 %	52.11 %
21	B	15.49 %	52.12 %
22	D	21.13 %	54.93 %
23	A	16.9 %	54.93 %
24	A	12.68 %	54.93 %
25	D	14.08 %	54.93 %
26	A	26.76 %	54.93 %
27	D	25.35 %	56.34 %
28	C	9.86 %	56.34 %
29	B	9.86 %	57.75 %
30	B	9.86 %	59.15 %
31	B	7.04 %	36.62 %
32	A	14.08 %	35.22 %
33	B	39.44 %	35.21 %
34	A	39.44 %	36.62 %
35	D	23.94 %	36.62 %
36	B	14.08 %	36.62 %
37	A	54.93 %	36.62 %
38	C	50.7 %	36.62 %
39	A	45.07 %	38.03 %
40	A	42.25 %	36.62 %
41	B	25.35 %	36.62 %
42	A	21.13 %	36.62 %
43	D	38.03 %	36.62 %
44	C	40.85 %	36.61 %
45	B	35.21 %	36.62 %
46	B	16.9 %	36.62 %
47	D	16.9 %	36.62 %
48	C	4.23 %	36.62 %
49	B	22.54 %	36.61 %
50	D	11.27 %	36.62 %
51	B	39.44 %	36.62 %
52	C	7.04 %	38.03 %
53	B	8.45 %	38.03 %
54	B	5.63 %	38.03 %
55	D	18.31 %	38.03 %
56	A	46.48 %	38.03 %
57	D	28.17 %	38.03 %
58	A	26.76 %	38.03 %
59	D	23.94 %	39.44 %
60	D	30.99 %	42.25 %
61	A	16.9 %	30.99 %
62	C	28.17 %	36.62 %
63	A	14.08 %	36.62 %
64	B	11.27 %	40.84 %
65	D	8.45 %	40.85 %
66	B	8.45 %	40.85 %
67	C	7.04 %	42.26 %
68	D	22.54 %	42.25 %
69	B	11.27 %	42.25 %
70	A	16.9 %	42.25 %
71	A	25.35 %	42.26 %
72	C	22.54 %	43.66 %
73	B	14.08 %	43.67 %
74	A	14.08 %	43.67 %
75	B	11.27 %	43.66 %
76	B	9.86 %	43.66 %
77	A	5.63 %	43.67 %
78	B	14.08 %	45.07 %
79	A	9.86 %	45.07 %
80	D	14.08 %	45.07 %

प्रश्न संख्या	उत्तर	सही उत्तर	छोड़ दिया
81	D	11.27 %	46.48 %
82	C	7.04 %	46.48 %
83	A	18.31 %	46.48 %
84	C	15.49 %	46.48 %
85	B	14.08 %	46.48 %
86	C	40.85 %	47.88 %
87	C	16.9 %	47.89 %
88	D	9.86 %	47.89 %
89	B	16.9 %	47.89 %
90	A	32.39 %	47.89 %
91	B	54.93 %	26.76 %
92	A	14.08 %	28.17 %
93	D	23.94 %	28.17 %
94	D	22.54 %	28.16 %
95	D	53.52 %	28.17 %
96	B	33.8 %	29.58 %

प्रश्न संख्या	उत्तर	सही उत्तर	छोड़ दिया
97	D	16.9 %	30.99 %
98	A	4.23 %	32.39 %
99	A	15.49 %	33.81 %
100	A	40.85 %	35.21 %
101	A	40.85 %	35.21 %
102	D	36.62 %	35.21 %
103	B	38.03 %	35.21 %
104	A	25.35 %	35.21 %
105	A	32.39 %	35.22 %
106	C	11.27 %	35.21 %
107	D	15.49 %	33.81 %
108	C	14.08 %	35.22 %
109	D	15.49 %	35.21 %
110	D	39.44 %	35.21 %
111	C	22.54 %	35.21 %
112	D	46.48 %	35.21 %

प्रश्न संख्या	उत्तर	सही उत्तर	छोड़ दिया
113	D	35.21 %	35.21 %
114	A	52.11 %	35.21 %
115	D	7.04 %	35.21 %
116	C	16.9 %	35.21 %
117	A	32.39 %	35.22 %
118	B	38.03 %	33.8 %
119	A	18.31 %	35.21 %
120	B	7.04 %	35.21 %
121	A	39.44 %	36.62 %
122	D	35.21 %	36.62 %
123	A	14.08 %	36.62 %
124	D	9.86 %	36.62 %
125	B	21.13 %	36.62 %
126	D	32.39 %	36.62 %
127	A	25.35 %	36.62 %
128	B	49.3 %	36.62 %

प्रश्न संख्या	उत्तर	सही उत्तर	छोड़ दिया
129	C	35.21 %	38.03 %
130	B	11.27 %	38.03 %
131	C	12.68 %	36.62 %
132	D	9.86 %	38.03 %
133	C	42.25 %	38.03 %
134	A	35.21 %	36.62 %
135	C	35.21 %	36.62 %
136	B	14.08 %	39.44 %
137	D	23.94 %	40.85 %
138	B	19.72 %	42.25 %
139	D	7.04 %	40.85 %
140	D	8.45 %	40.85 %
141	C	30.99 %	43.66 %
142	D	9.86 %	46.48 %
143	D	4.23 %	47.88 %
144	D	5.63 %	47.89 %

प्रश्न संख्या	उत्तर	सही उत्तर	छोड़ दिया
145	B	12.68 %	46.47 %
146	B	18.31 %	47.89 %
147	A	22.54 %	49.29 %
148	B	14.08 %	47.89 %
149	D	19.72 %	50.7 %
150	B	21.13 %	47.88 %
151	C	61.97 %	25.35 %
152	B	56.34 %	29.58 %
153	D	59.15 %	29.58 %
154	B	50.7 %	29.58 %
155	B	61.97 %	29.58 %
156	C	60.56 %	29.58 %
157	C	61.97 %	29.58 %
158	B	57.75 %	29.57 %
159	B	63.38 %	29.58 %
160	C	60.56 %	29.58 %

प्रश्न संख्या	उत्तर	सही उत्तर	छोड़ दिया
161	C	61.97 %	29.58 %
162	C	59.15 %	29.58 %
163	B	61.97 %	29.58 %
164	C	61.97 %	29.58 %
165	C	60.56 %	29.58 %
166	C	59.15 %	29.58 %
167	D	52.11 %	29.58 %
168	C	59.15 %	29.58 %
169	B	50.7 %	29.58 %
170	C	61.97 %	29.58 %
171	C	61.97 %	29.58 %
172	B	42.25 %	29.58 %
173	B	60.56 %	29.58 %
174	C	61.97 %	29.58 %
175	C	59.15 %	29.58 %
176	C	59.15 %	29.58 %
177	C	59.15 %	29.58 %
178	C	57.75 %	29.57 %
179	D	45.07 %	29.58 %
180	C	60.56 %	29.58 %
181	A	43.66 %	29.58 %
182	C	42.25 %	29.58 %
183	C	61.97 %	29.58 %
184	B	59.15 %	29.58 %
185	B	61.97 %	29.58 %
186	B	61.97 %	29.58 %
187	C	57.75 %	29.57 %
188	C	61.97 %	29.58 %
189	D	63.38 %	29.58 %
190	C	61.97 %	29.58 %
191	D	54.93 %	29.58 %
192	C	60.56 %	29.58 %
193	B	49.3 %	29.57 %
194	C	23.94 %	29.58 %
195	C	60.56 %	29.58 %
196	D	57.75 %	29.57 %
197	B	50.7 %	29.58 %
198	C	61.97 %	29.58 %
199	C	53.52 %	29.58 %
200	D	52.11 %	28.17 %

कार्य विश्लेषण	
औसत अंक (%)	30.0%
टॉपर्स स्कोर (%)	84.5%
आपका स्कोर	

विगत वर्षीय प्रश्नपत्र 02

Numerical Ability and Analytical Aptitude

Ques (1-5):निर्देश: निम्नलिखित तालिका का ध्यानपूर्वक अध्ययन करें और नीचे दिए गए प्रश्नों के उत्तर दें।

वर्ष दर वर्ष पाँच राज्यों की जनसंख्या (लाख में)

वर्ष	राज्य				
	A	B	C	D	E
2003	15.6	22.6	18.4	16.6	24.2
2004	16.8	20.8	19.2	18.2	23.8
2005	18.8	24.2	19.8	17.8	25.8
2006	18.4	26.4	20.8	19.8	26.4
2007	20.2	28.2	22.6	22.4	28.2

Q.1 सभी वर्षों में एक साथ राज्य B (लाख में) की औसत जनसंख्या कितनी है?

A. 25.24 **B.** 24.44 **C.** 24.24 **D.** 25.44

Q.2 2003 में राज्य A की जनसंख्या का 2007 में राज्य E की जनसंख्या के साथ अनुपात क्या है?

A. 27:22 **B.** 22:37 **C.** 47:26 **D.** 26:47

Q.3 2004 में राज्य E की जनसंख्या 2006 में राज्य D की जनसंख्या के लगभग कितने प्रतिशत है?

A. 86 **B.** 95 **C.** 110 **D.** 120

Q.4 2005 में सभी राज्यों की कुल जनसंख्या (लाख में) एक साथ क्या है?

A. 106.4 **B.** 98.4 **C.** 96.8 **D.** 102.8

Q.5 2007 में राज्य E की जनसंख्या उस वर्ष में एक साथ सभी राज्यों की जनसंख्या का कितना प्रतिशत है? (निकटतम पूर्णांक तक)।

A. 26 **B.** 25 **C.** 23 **D.** 21

Q.6 10 गेंदों में से कुछ लाल हैं और अन्य गेंद सफेद हैं। सभी गेंदों की औसत लागत 28 रुपये है। यदि लाल गेंदों की औसत लागत 25 रुपये है और सफेद गेंदों की कीमत 30 रुपये है, तो सफेद गेंदों की संख्या है

A. 3 **B.** 5 **C.** 6 **D.** 7

Q.7 A, B और C ने 1800 रुपये की लागत वाला काम पूरा किया। A ने 6 दिन, B ने 4 दिन और C ने 9 दिनों तक काम किया। यदि उनकी दैनिक मजदूरी 5:6:4 के अनुपात में है, तो A को कितनी राशि मिलेगी?

A. ₹ 800 **B.** ₹ 600 **C.** ₹ 900 **D.** ₹ 750

Q.8 110 मीटर लंबी एक ट्रेन, 60 किमी / घंटा की गति से चल रही है। एक समानांतर ट्रैक पर 170 मीटर लंबी एक और ट्रेन को पार करने में कितने सेकंड लगते हैं?

A. 15.6 **B.** 16.8 **C.** 17.2 **D.** 18

Q.9 एक भिन्न का अंश इसके हर की तुलना में 4 कम है। यदि अंश 2 से घटाया जाता है और हर 1 से बढ़ाया जाता है, तो भाजक अंश से आठ गुना हो जाता है। भिन्न ज्ञात कीजिए।

A. $\frac{3}{7}$ **B.** $\frac{4}{8}$ **C.** $\frac{2}{7}$ **D.** $\frac{3}{8}$

Q.10 तीन संख्याएँ 2: 3: 4 के अनुपात में हैं और इनका म.स.प. 12 है। संख्याओं का ल.स.प. है-

A. 144 **B.** 192 **C.** 96 **D.** 72

Q.11 एक निश्चित यात्रा का एक तिहाई 25 किमी/घंटा की दर से कवर किया जाता है, एक चौथाई 30 किमी/घंटा की दर से और शेष 50 किमी/घंटा की दर से कवर किया जाता है। पूरी यात्रा के लिए औसत गति है

A. 35 किमी/घंटा **B.** $33\frac{1}{3}$ किमी/घंटा

C. 30 किमी/घंटा **D.** $37\frac{1}{2}$ किमी/घंटा

Q.12 तीन बार एक प्राकृतिक संख्या के वर्ग में चार गुना की कमी हुई जो संख्या की तुलना में 50 अधिक है। संख्या है

A. 4 **B.** 5 **C.** 10 **D.** 6

Q.13 175 से विभाजित होने पर एक निश्चित संख्या में 132 शेष बचता है। जब समान संख्या को 25 से विभाजित किया जाता है, तो शेष होगा

A. 6 **B.** 7 **C.** 8 **D.** 9

Q.14 दो पाइप A और B क्रमशः 3 घंटे और 4 घंटे में एक गड्ढा भर सकते हैं और एक बेकार पाइप C इसे 2 घंटे में खाली कर सकता है। यदि तीनों पाइपों को खुला रखा जाता है, तो गड्ढा भरेगा-

A. 5 घंटे **B.** 8 घंटे **C.** 10 घंटे **D.** 12 घंटे

Q.15 जब ब्याज अर्ध-वार्षिक रूप से संयोजित किया जाता है, तो कितने समय में ₹ 8000 की राशि 10% प्रति वर्ष चक्रवृद्धि ब्याज पर 9261 हो जाएगी?

A. $3\frac{1}{2}$ वर्ष **B.** $1\frac{1}{2}$ वर्ष **C.** $2\frac{1}{2}$ वर्ष **D.** 2 वर्ष

Q.16 A, 3500 रुपये के साथ एक व्यवसाय शुरू करता है और 5 महीने बाद, B, A के साथ उसके साथी के रूप में जुड़ जाता है। एक वर्ष के बाद, लाभ 2:3 के अनुपात में विभाजित होता है। रकम में B का क्या योगदान है?

A. ₹ 8000 **B.** ₹ 8500 **C.** ₹ 9000 **D.** ₹ 7500

Q.17 A, 15 दिनों में $\frac{7}{10}$ कार्य पूरा करता है, फिर वह 4 दिनों में B की सहायता से शेष कार्य पूरा करता है। संपूर्ण कार्य को पूरा करने के लिए A और B एक साथ आवश्यक समय है

A. $10\frac{1}{2}$ दिन **B.** $12\frac{2}{3}$ दिन **C.** $13\frac{1}{3}$ दिन **D.** $8\frac{1}{4}$ दिन

Q.18 किसी धनराशि पर साधारण ब्याज मूलधन का $\frac{1}{16}$ है और वर्षों की संख्या प्रति वर्ष दर प्रतिशत के बराबर है। प्रति वर्ष की दर है

A. $1\frac{1}{2}$% **B.** $2\frac{1}{2}$% **C.** $3\frac{1}{2}$% **D.** $4\frac{1}{2}$%

Q.19 380 आमों को कुछ लड़कों और लड़कियों के बीच वितरित किया जाता है जो 85 की संख्या में हैं। प्रत्येक लड़के को चार आम और प्रत्येक लड़की को पाँच मिलते हैं। लड़कों की संख्या है

A. 15 **B.** 38 **C.** 40 **D.** 45

Q.20 $\frac{(243)^{0.13}\times(243)^{0.07}}{(7)^{0.25}\times 49^{(0.075)}\times(343)^{0.2}}$ का मान है

A. $\frac{3}{7}$ **B.** $\frac{7}{3}$ **C.** $1\frac{3}{7}$ **D.** $2\frac{2}{7}$

Q.21 एक नारियल व्यापारी को पता चलता है कि 2750 नारियल की कीमत 2500 नारियल के विक्रय मूल्य के समान है। उसका हानि या लाभ होगा

A. 5% हानि **B.** 10% लाभ

C. 15% हानि **D.** 20% लाभ

Q.22 यदि (P+Q) का 20% = (P-Q) का 50% , तो P: Q ज्ञात कीजिए।

A. 7:8 **B.** 7:3 **C.** 7:5 **D.** 5:7

Q.23 जस्ता और तांबा एक मिश्र धातु के 400 ग्राम में 5: 3 के अनुपात में हैं। अनुपात 5: 4 बनाने के लिए कितना तांबा (ग्राम में) मिलाया जाना चाहिए?

A. 72 **B.** 200 **C.** 50 **D.** 66

Q.24 4 वर्ष पहले, A और B की आयु का अनुपात 2: 3 था और 4 वर्ष के बाद, यह 5: 7 हो जाएगा। उनकी वर्तमान उम्र का पता लगाएं।

A. 36 वर्ष और 40 वर्ष **B.** 32 वर्ष और 48 वर्ष
C. 40 वर्ष और 56 वर्ष **D.** 36 वर्ष और 52 वर्ष

Q.25 एक आदमी नाव को 4 घंटे में 18 किमी धारा की दिशा में चलाता है और 12 घंटे में धारा की दिशा के विपरीत लौटता है। धारा की गति (किमी/घंटा में) है

A. 1 **B.** 1.5 **C.** 2 **D.** 2.5

Ques (26-30):निर्देश: नीचे दिए गए दो आकृतियों का अध्ययन करें और दिए गए प्रश्नों के उत्तर दें।

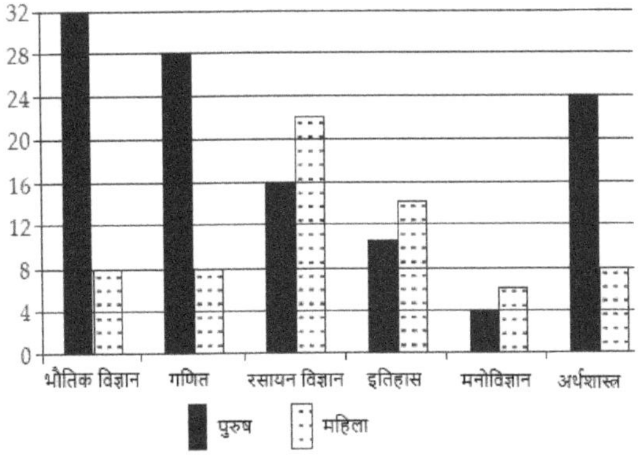

आकृति 1: ग्राफ में विभिन्न विषयों और उम्र के प्रोफेसरों को दर्शाया गया है

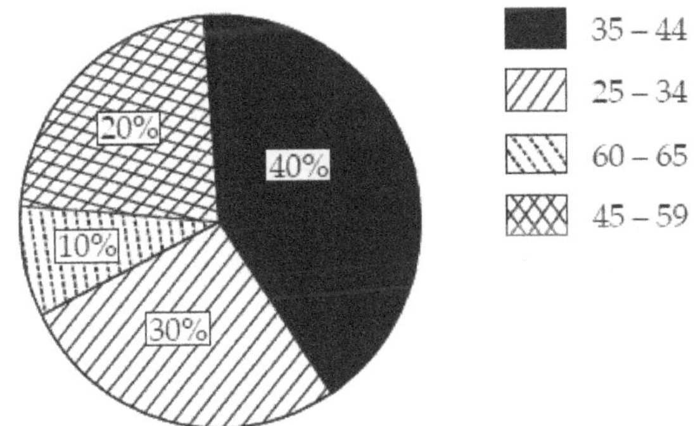

आकृति 2: भौतिक विज्ञान के प्रोफेसरों का प्रतिशत दिखाने वाला पाई चार्ट

Q.26 35-44 आयु वर्ग के कितने भौतिकी के प्रोफेसर हैं?

A. 18 **B.** 16 **C.** 14 **D.** 12

Q.27 निम्नलिखित में से किस एक विषय में महिलाओं के मुकाबले पुरुषों का अनुपात सबसे अधिक है?

A. भौतिक विज्ञान **B.** गणित
C. रसायन विज्ञान **D.** अर्थशास्त्र

Q.28 मनोविज्ञान के सभी प्रोफेसरो में कितने प्रतिशत महिलाएँ हैं?

A. 40% **B.** 50% **C.** 60% **D.** 70%

Q.29 यदि 25-34 आयु वर्ग में महिला भौतिकी के प्रोफेसरों की संख्या उस आयु वर्ग के सभी भौतिकी के प्रोफेसरों के 25% के बराबर है, तो 25-34 आयु वर्ग में पुरुष भौतिकी के प्रोफेसरों की संख्या क्या है?

A. 9 **B.** 6 **C.** 3 **D.** 2

Q.30 यदि विश्वविद्यालय में मनोविज्ञान के प्रोफेसर विश्वविद्यालय में सभी प्रोफेसरों के 2% का गठन करते हैं, तो विश्वविद्यालय में प्रोफेसरों की संख्या क्या है?

A. 400 **B.** 500 **C.** 600 **D.** 700

Reasoning and Logical Deduction

Ques (31-32):निर्देश: नीचे प्रत्येक प्रश्न में I और II दो कथन दिए गए हैं। ये कथन या तो स्वतंत्र कारण हो सकते हैं या स्वतंत्र कारणों या सामान्य कारण के परिणाम हो सकते हैं।

Q.31 I. पिछले कुछ दिनों के दौरान निचले इलाकों में रहने वाले बड़ी संख्या में लोगों को सुरक्षित स्थानों पर पहुंचाया गया है।
II. सरकार ने प्रभावित इलाकों में रहने वाले लोगों को राहत की आपूर्ति की है।

A. कथन I कारण है और कथन II इसका प्रभाव है
B. कथन II कारण और कथन I इसका प्रभाव है
C. I और II दोनों कथन स्वतंत्र कारणों के प्रभाव हैं
D. I और II दोनों कथन कुछ सामान्य कारणों के प्रभाव हैं

Q.32 I. स्थानीय सहकारी ऋण सोसायटी ने किसानों को तत्काल प्रभाव से ऋण देने से रोकने का फैसला किया है।
II. बड़ी संख्या में क्रेडिट सोसाइटी के सदस्यों ने अपनी जमा राशि के बड़े हिस्से को क्रेडिट सोसाइटी से वापस ले लिया है।

A. कथन I कारण है और कथन II इसका प्रभाव है
B. कथन II कारण और कथन I इसका प्रभाव है
C. I और II दोनों कथन स्वतंत्र कारणों के प्रभाव हैं
D. I और II दोनों कथन कुछ सामान्य कारणों के प्रभाव हैं

Q.33 तीस छात्रों की एक कक्षा में, महेश बाएं से 14वें और दाहिने छोर से रमेश 20वें स्थान पर हैं। रमेश और महेश के बीच कितने छात्र हैं?

A. 3 **B.** 2
C. 4 **D.** डेटा अपर्याप्त है

Ques (34-36):निर्देश: निम्नलिखित जानकारी का अध्ययन करें और निम्नलिखित प्रश्नों के उत्तर दें।

A, B, C, D, E, G और I सात मित्र हैं जो तीन अलग-अलग कक्षाओं में अध्ययन करते हैं जैसे कि 5वीं, 6वीं और 7वीं कक्षा में ऐसे दो मित्र एक ही कक्षा में नहीं पढ़ते हैं। प्रत्येक मित्र का एक अलग पसंदीदा विषय भी होता है, जैसे कि इतिहास, नागरिक शास्त्र, अंग्रेजी, मराठी, हिंदी, गणित और अर्थशास्त्र लेकिन जरूरी नहीं कि उसी क्रम में हों।

एक गणित पसंद करता है और 5वीं कक्षा में केवल एक अन्य दोस्त के साथ अध्ययन करता है जो मराठी पसंद करता है।

I दो अन्य दोस्तों के साथ पढ़ाई करता है। दोनों मित्र जो I के साथ भाषाओं की तरह अध्ययन करते हैं (यहाँ, भाषाएँ केवल हिंदी, मराठी और अंग्रेजी शामिल हैं)।

D केवल एक व्यक्ति के साथ 6वीं कक्षा में पढ़ता है और नागरिक शास्त्र को पसंद नहीं करता है। E केवल एक मित्र के साथ अध्ययन करता है। जो इतिहास पसंद करता है, वह 5वीं या 6वीं कक्षा में अध्ययन नहीं करता है। E को भाषाएँ पसंद नहीं हैं। C को अंग्रेजी, हिंदी या नागरिक शास्त्र पसंद नहीं है।

Q.34 कौन सा संयोजन E के पसंदीदा विषय और उस कक्षा का प्रतिनिधित्व करता है जिसमें वह अध्ययन करता है?

A. नागरिक शास्त्र और 7वीं **B.** अर्थशास्त्र और 5वीं
C. नागरिक शास्त्र और 6वीं **D.** इतिहास और 7वीं

Q.35 निम्नलिखित में से कौन सा I का पसंदीदा विषय है?

A. इतिहास **B.** नागरिक शास्त्र
C. मराठी **D.** या तो अंग्रेजी या मराठी

Q.36 7वीं कक्षा में निम्नलिखित अध्ययनों में से कौन है?

A. G **B.** C **C.** E **D.** I

Q.37 एक किसान के पास 1798 भेड़ और 986 मेमना हैं। वह भेड़-मेमनों को अलग रख कर उन्हें झुंडों में बाँट देता है, प्रत्येक झुंड में जानवरों की समान संख्या होती है। यदि झुंड जितना संभव हो उतना बड़ा हो, तो झुंडों की कुल संख्या है

A. 102 **B.** 48
C. 30 **D.** इनमें से कोई नहीं

Q.38 नीचे दिए गए आरेख में सभी ज्यामितीय आकृतियों में कौन सी संख्या सामान्य है?

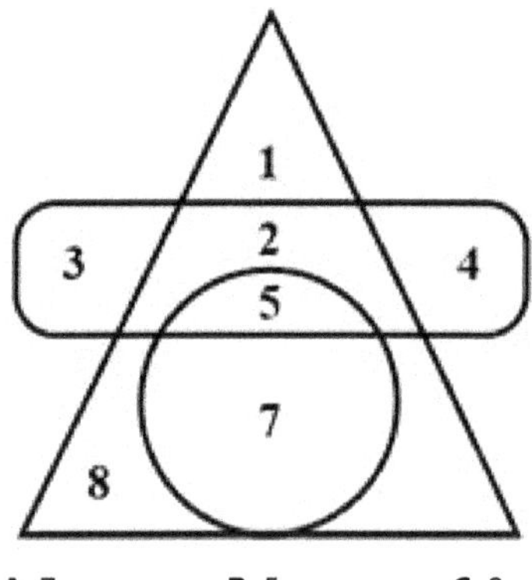

A. 7 **B.** 5 **C.** 2 **D.** 4

Ques (39-41):निर्देश: निम्नलिखित श्रृंखला में प्रश्न चिह्न (?) के स्थान पर क्या आएगा?

Q.39 A, Z, C, X, E, ?

A. U **B.** W **C.** V **D.** Y

Q.40 2, 8, 18, 32, 50,?

A. 64 **B.** 72 **C.** 70 **D.** 68

Q.41 P 1 F, R 2 E, T 6 D, V 24 C, ?

A. X 120 B **B.** Y 100 C **C.** Y 120 B **D.** X 120 C

Ques (42-44):निर्देश: दी गयी जानकारी को ध्यान पूर्वक पढ़ें और निम्नलिखित प्रश्नों का उत्तर दें।

I. रूचि और सुरेश विवाहित जोड़े हैं, जिनके दो बच्चे हैं, मनीषा और दिव्या।

II. दिव्या की शादी अमित से हुई जो गौरी और तरुण का बेटा हैं।

III. निशि अमित की बेटी हैं।

IV. करुणा, जो अमित की बहन है, हरीश से विवाहित है और उसके दो बेटे विजय और परीक्षित हैं।

V. गौरी परीक्षित की नानी हैं।

VI. मनीषा निशि की मामी है।

Q.42 दूसरी पीढ़ी में महिलाओं की संख्या और पुरुषों की संख्या के बीच अंतर क्या है?

A. 5 **B.** 1 **C.** 2 **D.** 3

Q.43 निम्नलिखित में से कौन सा सही है?

A. तरुण, दिव्या के मामा हैं
B. विजय, मनीषा का बेटा है
C. गौरी, हरीश की सास है
D. निशि, करुणा की चचेरी बहन है

Q.44 करुणा, दिव्या से कैसे संबंधित है?

A. चाची/मामी **B.** भाभी **C.** मां **D.** बहन

Ques (45-46):निर्देश: नीचे दिए गए प्रत्येक प्रश्न में पहले एक कथन है फिर उसके नीचे दो पूर्वधारणायें हैं जिन्हें क्रमांक I और II दिया गया हैं। कथन पर विचार करें और तय करें कि दी गई पूर्वधारणाों में से कौन कथन में अंतर्निहित है।

Q.45 कथन: इस ऑपरेशन के बाद रोगी की स्थिति में सुधार होगा।

धारणाएँ:

I. रोगी को इस स्थिति में ऑपरेशन किया जा सकता है।

II. इस स्थिति में रोगी का ऑपरेशन नहीं किया जा सकता है।

A. केवल अनुमान I निहित है
B. केवल अनुमान II निहित है
C. I और II दोनों निहित हैं
D. न तो I और न ही II निहित है

Q.46 कथन: A, B को बताता है "यदि आप कोई विज्ञापन देना चाहते हैं, तो उसे समाचार पत्र 'X' में दें"

धारणाएँ:

I. B अपने उत्पादों का प्रचार करना चाहता है।

II समाचार पत्र 'X' का व्यापक प्रचलन है।

A. केवल अनुमान I निहित है
B. केवल अनुमान II निहित है
C. I और II दोनों निहित हैं
D. न तो I और न ही II निहित है

Q.47 D, K का भाई है। M, K की बहन है। T, R का पिता है जो M का भाई है, F, K की माँ है। कम से कम T और F के कितने बेटे हैं?

A. 2 **B.** 3
C. 4 **D.** डेटा अपर्याप्त है

Ques (48-49):निर्देश: निम्नलिखित गद्यांश को ध्यान से पढ़ें और उस प्रश्न का उत्तर दें, जिसका अनुसरण करें।

नीचे दिए गए नेटवर्क आरेख में आकृति प्रमुख शहरों A, B, C, D, और E (उपयुक्त इकाइयों में) के बीच पाइपलाइनों के माध्यम से प्राकृतिक गैस के प्रवाह का प्रतिनिधित्व करते हैं। मान लें कि आपूर्ति नेटवर्क में मांग के बराबर है (हालांकि व्यक्तिगत नोड्स पर नहीं)।

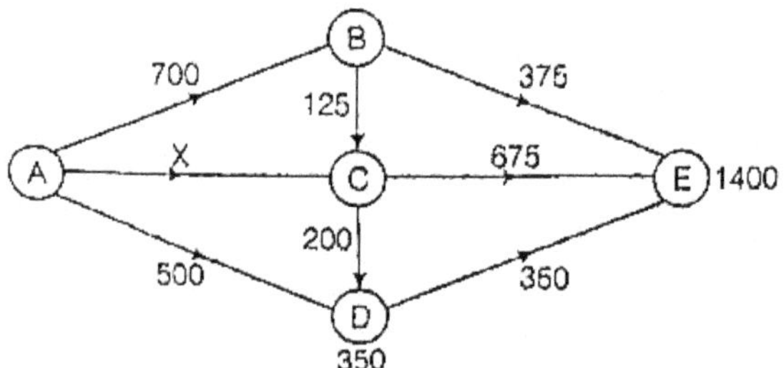

Q.48 B में मांग की गई इकाइयों की संख्या कितनी है?

A. 175 **B.** 200 **C.** 225 **D.** 250

Q.49 यदि C में मांग की गई इकाइयों की संख्या 225 है, तो X का मान क्या है?

A. 975 **B.** 875 **C.** 775 **D.** 850

Q.50 निम्नलिखित में से कौन सा आकृति का संयोजन सबसे अच्छा एथलीट, धावक और मैराथन धावक का प्रतिनिधित्व करता है?

A. 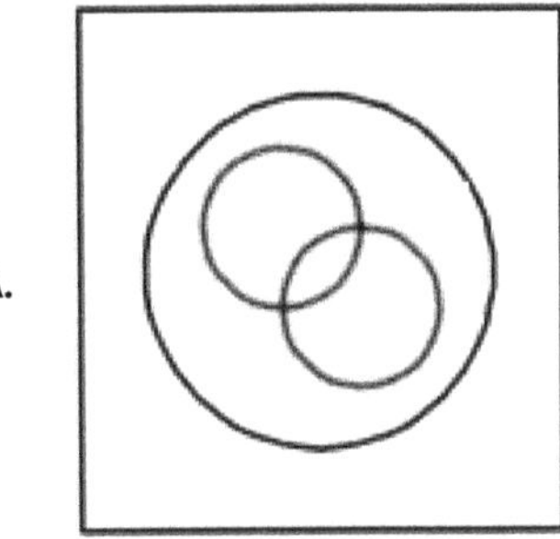

B. 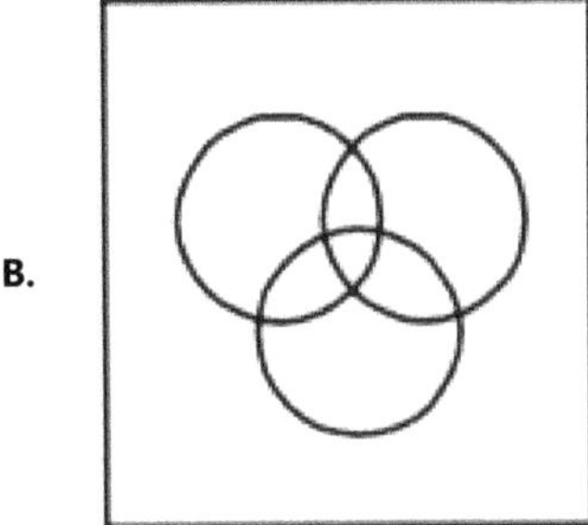

C. 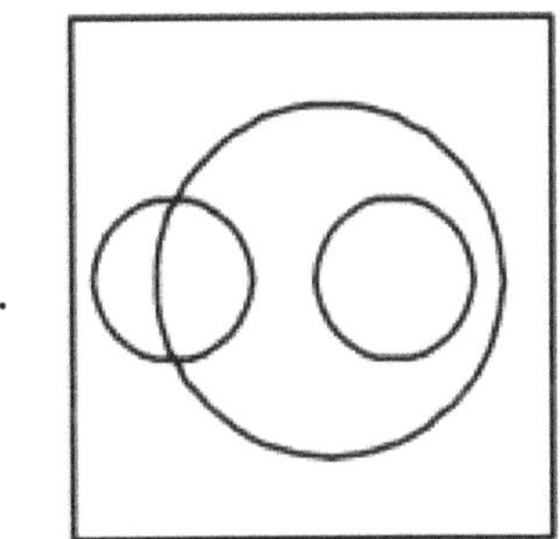

D. 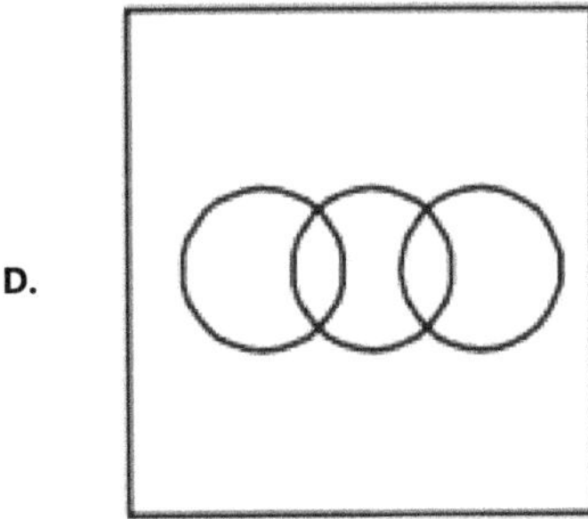

Q.51 यदि एक निश्चित कोड भाषा में 'HONESTY' को '5132468' लिखा जाता है और 'POVERTY' को 7192068 लिखा जाता है, तो उस भाषा में 'HORSE' कैसे लिखा जाएगा?

A. 50124 **B.** 51042 **C.** 51024 **D.** 52014

Q.52 एक निश्चित कोड भाषा में, 'po ki top ma' का अर्थ है 'उषा ताश खेल रही है', 'kop ja ki ma' का अर्थ है 'आशा टेनिस खेल रही है', 'ki top sop ho' का अर्थ है 'वे फुटबॉल खेल रहे हैं' और 'po sur kop 'का अर्थ है' कार्ड और टेनिस '। उस भाषा के किस शब्द का अर्थ है 'आशा'?

A. ja **B.** ma **C.** kop **D.** top

Ques (53-55):निर्देश: इनमें से प्रत्येक प्रश्न में, एक संख्या श्रृंखला दी गई है। प्रत्येक श्रृंखला में, केवल एक संख्या गलत है। गलत संख्या का पता लगाएं।

Q.53 22, 37, 52, 67, 84, 97

A. 52 **B.** 84 **C.** 97 **D.** 67

Q.54 4, 7, 13, 25, 49, 97, 153

A. 25 **B.** 49 **C.** 97 **D.** 153

Q.55 285, 130, 66, 34, 18, 8, 6

A. 130 **B.** 66 **C.** 34 **D.** 8

Q.56 फातिमा ने अपने पति से मुस्तफा का परिचय कराते हुए कहा, "उनके भाई के पिता मेरे दादा के इकलौते बेटे हैं।"
फातिमा, मुस्तफा से कैसे संबंधित है?

A. चाची **B.** बहन **C.** भांजी **D.** मां

Ques (57-58):निर्देश: निम्नलिखित सूचनाओं को ध्यान से पढ़ें और उन सवालों के जवाब दें जो चार महानगरीय शहरों X, Y, Z और W से जुड़े हुए हैं जो विभिन्न मार्गों और विभिन्न परिवहन मार्गों से जुड़े हुए हैं।

(1) X और Y नाव और बस दोनों से जुड़े हुए हैं

(2) Y और W केवल हवा से जुड़े हुए हैं

(3) Y और Z वायु और बस से जुड़े हुए हैं

(4) X और W बस द्वारा जुड़े हुए हैं

(5) X और Z ट्रेन से ही जुड़े हुए हैं

Q.57 Y से W तक कौन सा मार्ग संभव होगा ताकि कम से कम 3 अलग-अलग साधनों का उपयोग किया जा सके?

A. Y-X-Z-W **B.** Y-Z-X-W
C. Y-Z-Y-W **D.** इनमें से कोई नहीं

Q.58 Z से W तक पहुंचने के लिए परिवहन का कौन सा मोड मदद करेगा, जो Z से शुरू होगा लेकिन परिवहन के मोड को बदले बिना?

A. नाव **B.** रेल गाडी **C.** बस **D.** वायु

Ques (59-60):निर्देश: नीचे दिए गए प्रत्येक प्रश्न में दो कथन दिए गए हैं जिनके बाद I और II के रूप में दो निष्कर्ष दिए गए हैं।

यह निर्धारित करें कि दिए गए निष्कर्षों में से कौन सा सामान्यतः ज्ञात तथ्यों की अवहेलना करते हुए दिए गए दो कथनों में से तार्किक रूप से अनुसरण करता है।

Q.59 कथन:

I. सभी लेखक वकील हैं।

II. सभी पाठक वकील हैं।

निष्कर्ष:

I. कुछ वकील पाठक हैं।

II. कुछ पाठक लेखक हैं।

A. केवल निष्कर्ष I अनुसरण करता है
B. केवल निष्कर्ष II अनुसरण करता है
C. या तो I या II अनुसरण करता है
D. I और II दोनों अनुसरण करते हैं

Q.60 कथन:

I. कुछ गियर पहिए हैं।

II. सभी पहिए ब्रेक हैं।

निष्कर्ष:

I. कोई ब्रेक गियर नहीं है।

II. कम से कम कुछ गियर ब्रेक हैं।

A. केवल निष्कर्ष I अनुसरण करता है
B. केवल निष्कर्ष II अनुसरण करता है
C. या तो I या II अनुसरण करता है
D. I और II दोनों अनुसरण करते हैं

General Knowledge & Current Affairs

Q.61 तुलसीदास ने 'राम चरितमानस' ______ के शासनकाल के दौरान लिखा था

A. अकबर **B.** शाहजहाँ
C. कृष्णदेव राय **D.** रामा राय

Q.62 सहायक संधि की शुरुआत किसने की?

A. लॉर्ड डलहौजी **B.** लॉर्ड विलियम बेंटिक
C. लॉर्ड वैलेस्ली **D.** लॉर्ड इरविन

Q.63 सिंधु घाटी सभ्यता के महान स्नान की खोज की गई थी

A. रोपड़ **B.** मोहनजोदड़ो
C. हड़प्पा **D.** कालीबंगा

Q.64 कौन से संशोधन द्वारा 'सोशलिस्ट', 'सेक्युलर' शब्द भारतीय संविधान की प्रस्तावना में पेश किए गए थे

A. 38वां संशोधन **B.** 40वां संशोधन
C. 42वां संशोधन **D.** 44वां संशोधन

Q.65 निम्नलिखित में से विश्व का सबसे संकरा जलडमरूमध्य कौन सा है?

A. टार्टर जलडमरूमध्य
B. बाब-एल-मंदेब
C. डारडेनेल्स जलडमरूमध्य
D. फोवेक्स जलडमरूमध्य

Q.66 भारत की स्थलीय सीमा लगभग 15,200 किलोमीटर है, भारत की सबसे लम्बी स्थलीय सीमा किस देश के साथ है?

A. बांग्लादेश **B.** पाकिस्तान **C.** चीन **D.** नेपाल

Q.67 महाबोधि मंदिर परिसर जो कि यूनेस्को की विश्व विरासत स्थल में शामिल है, भारत के किस राज्य में स्थित है?

A. बिहार **B.** झारखंड
C. पश्चिम बंगाल **D.** राजस्थान

Q.68 निम्नलिखित में से कौन सा पृथ्वी पर सबसे शुष्क रेगिस्तान है?

A. कलहारी **B.** अटाकामा
C. मोजावे रेगिस्तान **D.** तबरनस रेगिस्तान

Q.69 समुद्री जल की औसत लवणता है

A. 3.5% **B.** 2.5% **C.** 4.5% **D.** 8.2%

Q.70 हमारे शरीर की वृद्धि और मरम्मत के लिए निम्नलिखित की आवश्यकता होती है।

A. वसा **B.** कार्बोहाइड्रेट
C. प्रोटीन **D.** विटामिन

Q.71 विश्व पृथ्वी दिवस 2018 का विषय .... है।

A. पृथ्वी को बचाओ
B. प्रदूषण पर नियंत्रण रखें
C. पर्यावरण और जलवायु साक्षरता
D. प्लास्टिक प्रदूषण समाप्त करें

Q.72 नीति आयोग की स्थापना वर्ष _____ में की गई थी

A. 2014 **B.** 2015 **C.** 2016 **D.** 2017

Q.73 'प्लेइंग इट माई वे' किस क्रिकेटर की आत्मकथा है?

A. एम.एस. धोनी **B.** सचिन तेंदुलकर
C. विराट कोहली **D.** युवराज सिंह

Q.74 निम्नलिखित लेखों में से किसके द्वारा वित्त आयोग का गठन किया गया है?

A. अनुच्छेद 282 **B.** अनुच्छेद 250
C. अनुच्छेद 280 **D.** अनुच्छेद 148

Q.75 मई 2018 में भारतीय रिजर्व बैंक के पहले मुख्य वित्तीय अधिकारी (सीएफओ) के रूप में किसे नियुक्त किया गया है?

A. सुधा बालकृष्णन **B.** नसीरुल मुल्क
C. निर्भय शर्मा **D.** सीके प्रसाद

Q.76 65वें राष्ट्रीय फिल्म पुरस्कार 2018 में सर्वश्रेष्ठ अभिनेत्री का पुरस्कार किसने जीता?

A. श्रीदेवी **B.** माधुरी दिक्षित
C. करीना कपूर **D.** काजोल

Q.77 हॉकी के लिए ध्यानचंद पुरस्कार 2017 के विजेता हैं

A. भूपेंद्र सिंह **B.** सैयद शाहिद हकीम
C. हीरा नंद कटारिया **D.** सुमराय टेटे

Q.78 जनवरी 2018 में 6-दिवसीय यात्रा के लिए भारत आए बेंजामिन नेतन्याहू .... के प्रधानमंत्री हैं

A. कनाडा **B.** फ्रांस **C.** इजराइल **D.** इंगलैंड

Q.79 निम्नलिखित में से कौन सा कार्यक्रम भारत में विश्व बैंक की सहायता से लागू नहीं किया जा रहा है?

A. राष्ट्रीय वेक्टर जनित रोग नियंत्रण और पोलियो उन्मूलन
B. राष्ट्रीय ग्रामीण आजीविका परियोजना
C. पीएमजीएसवाई ग्रामीण सड़क परियोजना
D. दिल्ली मुंबई औद्योगिक कॉरिडोर परियोजना

Q.80 वेनेजुएला के अलावा, दक्षिण अमेरिकी देशों में से कौन ओपेक का सदस्य है?

A. अर्जेंटीना **B.** ब्राज़िल **C.** इक्वेडोर **D.** बोलीविया

Q.81 निम्नलिखित में से कौन भारत का सबसे बड़ा परमाणु अनुसंधान रिएक्टर है?

A. पूर्णिमा **B.** सीरस **C.** अप्सरा **D.** ध्रुव

Q.82 निम्नलिखित में से कौन एक प्रसिद्ध सितार वादक है?

A. सुखविंदर सिंह **B.** शुजात खान
C. किशन महाराज **D.** भजन सोपोरी

Q.83 लोकप्रिय रस ब्रांड 'मिनट नौकर' निम्नलिखित में से किस कंपनी से संबंधित है?

A. पेप्सिको इंडिया **B.** आइ टी सी लिमिटेड
C. कोको कोला **D.** डाबर

Q.84 'कार्निवल' प्रसिद्ध सांस्कृतिक त्योहार किस देश में मनाया जाता है?

A. ब्राज़ील **B.** दक्षिण अफ्रीका
C. थाईलैंड **D.** इंडोनेशिया

Q.85 निम्नलिखित में से किस व्यक्ति ने भारत के प्रधानमंत्री के रूप में कार्य नहीं किया है?

A. जाकिर हुसैन **B.** लाल बहादुर शास्त्री
C. इंदिरा गांधी **D.** इंद्र कुमार गुजराल

Q.86 रेडिसन ग्रुप ऑफ होटल्स का मुख्य मुख्यालय किस देश में है?

A. अमेरीका **B.** ब्राजील
C. ऑस्ट्रेलिया **D.** फ्रांस

Q.87 जमशेदजी नुसरवानजी टाटा निम्नलिखित में से किस समूह के होटल के संस्थापक हैं?

A. राजदूत होटल **B.** आई टी सी वेलकम ग्रुप
C. होटल का पार्क समूह **D.** होटल का ताज समूह

Q.88 विश्व में सबसे बड़ी पिज्जा देने वाली फास्ट फूड श्रृंखला कौन सी है?

A. पिज्जा हट **B.** पिज्जा किंग **C.** डोमिनोज **D.** सबवे

Q.89 सार्वजनिक वितरण प्रणाली (पीडीएस) की जिम्मेदारी के तहत संचालित है

1. केंद्र सरकार
2. राज्य सरकार
3. स्थानीय सरकार कोड

A. केवल 1 **B.** 2 और 3 **C.** 1 और 2 **D.** केवल 2

Q.90 भारत में सबसे बड़ा खाद्य और आतिथ्य मेला कौन सा है?

A. अहार
B. बेंगलुरु भोजन उत्सव
C. अन्नपूर्णा वर्ल्ड ऑफ फूड इंडिया
D. इनमे से कोई भी नहीं

English Language

Ques (91-96):Direction: Choose the word which best expresses the meaning of the underlined word in the sentence.

Q.91 Shweta spoke <u>impromptu</u> on the occasion.

A. without preparation **B.** eloquently
C. briefly **D.** forcefully

Q.92 Kashish was a <u>votary</u> of women empowerment.

A. opposer **B.** supporter
C. helper **D.** spokesperson

Q.93 He has an <u>impeccable</u> dressing sense.

A. elaborate **B.** flawless **C.** grand **D.** tight

Q.94 The employees signed the document under <u>coercion</u>.

A. compulsion **B.** confusion
C. supervision **D.** security

Q.95 There is <u>copious</u> supply of water for the crops.

A. considerable **B.** plentiful
C. adequate **D.** sufficient

Q.96 The ascetic lived a very <u>austere</u> life.

A. luxurious **B.** boisterous
C. exciting **D.** strict

Ques (97-102):Directions: Choose the word which is closest to the opposite in meaning of the underlined word in the sentence.

Q.97 The diplomat <u>yielded</u> to temptation.

A. skirted **B.** resisted
C. succumbed **D.** reverted

Q.98 The proposal of fare hike was <u>denounced</u> by one and all.

A. announced **B.** pronounced
C. appraised **D.** commended

Q.99 Some plants look <u>innocuous</u> but are the opposite.

A. harmful **B.** huge **C.** harmless **D.** small

Q.100 The ship sank in the <u>turbid</u> water of the sea.

A. deep **B.** muddy **C.** fresh **D.** clear

Q.101 Ridhima is an <u>amateur</u> bird-watcher.

A. average **B.** experienced
C. professional **D.** skilled

Q.102 One must not <u>pamper</u> a child if he has done something wrong.

A. scold **B.** scorn **C.** neglect **D.** support

Ques (103-108):Directions: In each of the following questions, four words are given, three of which are spelt correctly while one is miss-spelt.

Q.103 Choose the miss-spelt word.

A. fatuous **B.** obituary
C. Mortury **D.** Congress

Q.104 Choose the miss-spelt word.

A. Solidarity **B.** Digress
C. Solemn **D.** Congeniall

Q.105 Choose the miss-spelt word.

A. Impassioned **B.** Abbay
C. Correlation **D.** Tumultous

Q.106 Choose the miss-spelt word.

A. Philately **B.** Philosophy
C. Actuality **D.** Nomancloture

Q.107 Choose the miss-spelt word.

A. Sovereign **B.** Persanage
C. Lucid **D.** Bovine

Q.108 Choose the miss-spelt word.

A. Amicable **B.** Sociable
C. Vulnarable **D.** Malleable

Ques (109-114):Directions: In each of the following questions, an idiomatic expression is followed by four alternatives. Choose the one which best expresses the meaning of the given idiom.

Q.109 A gentleman at large

A. a reliable person
B. a fat person
C. an unreliable person
D. a sophisticated person

Q.110 Like a fish out of water

A. in an easy situation

B. near a beach
C. in a dream state
D. in a very difficult and unsuitable situation

Q.111 To clip one's wings
A. to share one's problems
B. to deprive one of power
C. to criticise someone
D. to support someone

Q.112 To make both ends meet
A. to join two ends
B. to live a lavish life
C. to help someone to survive
D. to live within one's earning

Q.113 To win laurels
A. to win friends
B. to get support of someone
C. to win honour
D. to fail badly

Q.114 To kick the bucket
A. To fall down **B.** To sympathise
C. To show anger **D.** To die

Ques (115-120):Directions: In each of the following questions, choose the most suitable word for the given expression.

Q.115 One who is present everywhere.
A. Omnipresent **B.** Omnipotent
C. Omnivorous **D.** Eternal

Q.116 One who does not believe in the existence of God.
A. Atheist **B.** Agnostic **C.** Arboreal **D.** Acoustic

Q.117 One who has a long experience of any occupation.
A. Amateur **B.** Versatile
C. Veteran **D.** Philanderer

Q.118 A place where dead bodies are kept for identification.
A. Sanatorium **B.** Infirmary
C. Auditorium **D.** Morgue

Q.119 Holding office without any remuneration.
A. tertiary **B.** Honorary
C. Salutary **D.** Potable

Q.120 A list of headings of the business to be transacted at a meeting.
A. Minutes **B.** Propoganda
C. Agenda **D.** Points

Ques (121-126):Directions: In each of the following questions, a sentence is given, part of which has been underlined. Three possible substitutes for the underlined part are suggested as alternatives. Choose the alternative which can most appropriately replace the underlined part to make the sentence grammatically correct. However, if you think the sentence is correct as it is, choose 'No change required' as your answer.

Q.121 We are doing this in the <u>interest of the needys</u>.
A. interest of the needy
B. interest of the needy's
C. interest form the needy
D. no change required

Q.122 The Prime Minister <u>called over</u> the President today.
A. called upon **B.** called off
C. called on **D.** no change required

Q.123 <u>Suppose</u> you are selected, will you join the hotel?
A. Suppose if **B.** Suppose when
C. Supposing **D.** No change required

Q.124 <u>I am waiting</u> for two hours now.
A. I have waiting **B.** I had been waiting
C. I have been waiting **D.** No change required

Q.125 Students find difficult to <u>cope with</u> the tough competition.
A. cope up with **B.** coping with
C. cope on with **D.** no change required

Q.126 By noon Sakshi <u>wrote</u> twelve e-mails.
A. had written **B.** had been writing
C. have written **D.** no change required

Ques (127-130):Directions: Fill in the blanks.

Q.127 One must do .... duties honestly.
A. his **B.** her **C.** ones **D.** one's

Q.128 Naveen ran as fast .... to catch the train.
A. as he can **B.** as he would
C. as he could **D.** as one could

Q.129 Kanishtha is .... to be a model.
A. too fat **B.** so fat **C.** to fat **D.** very fat

Q.130 My father keeps all his .... papers is his briefcase.
A. required **B.** necessary
C. useful **D.** confidential

Ques (131-135):Directions: Read the following passages carefully to answer the questions that follow.

People project their mental processes into their handwriting. They subconsciously shape and organise their letters, words and lines in ways that directly reflect their personalities. This explains why no two handwritings are or even can be alike; the medium is just too personal. Everyday observation confirms the link between handwriting and personality, at least in an elementary way. Precise people construct their words with care, slowly and exactly; dynamic people dash them off. Flamboyant people boldly cover half a page with a few words and a signature, whose siz fittingly reflects their expansive sense of self. Most of us have made such observations. But it takes a practiced eye to discern the scores of variations and interpret the subtle interplay of forces at work in any given handwriting. In fact in Europe, handwriting analysis known as graphology, now enjoys scientific acceptance and common use.

Q.131 If you are a showy and colourful person, your handwriting is likely to be

A. neat and slow
B. dashing and careless
C. bold and large
D. legible but small

Q.132 Graphology is
A. the study of graphs
B. the analysis of handwriting
C. a special branch of phonetics
D. a graphical description of handwriting

Q.133 Handwriting analysis is
A. not useful to us
B. an elementary study
C. an imprecise science
D. a means of studying personality

Q.134 According to the author, people are
A. not conscious of what they write
B. aggressive in the nature of their wiring
C. not conscious of the way they write
D. not used to personal writing

Q.135 The fact that handwriting is related to personality
A. has been noticed by most people
B. is appreciated by dynamic people
C. is restricted to persons who write carefully
D. is known only to graphologists

Ques (136-140):Directions: Read the following passages carefully to answer the questions that follow.

The simplest method of welding two pieces of metal together is known as pressure welding. The ends of metal are heated to a white heat - for iron, the welding temperature should be about 1300°C in a flame. At this temperature the metal becomes plastic. The ends are the pressed or hammered together, and the joint is smoothed off. Care must be taken to ensure that the surfaces are thoroughly clean first, for dirt will weaken the weld. Moreover, the heating of iron or steel to a high temperature cause oxidation, and a film of oxide is formed on the heated surfaces. For this reason, a flux is applied to the heated metal. At welding heat, the flux melts, and the oxide particles are dissolved in it together with any other impurities which may be present. The metal surfaces are pressed together, and the flux is squeezed out from the centre of the weld. A number of different types of weld may be used, but for fairly thick bars of metals, a vee-shaped weld should normally be employed. It is rather stronger than the ordinary butt weld.

Q.136 The simplest way of welding two pieces of metal together is
A. heating the metal
B. holding it in a flame
C. coating the metal with plastic
D. hammering heated pieces

Q.137 Unless the surfaces are cleaned first
A. the metal will not take white heat
B. the resulting weld will be weak
C. the joint will be rough
D. the metal will be less plastic

Q.138 When iron is heated to about 1300 degree centigrade
A. flames turn from white to blue
B. chemical reaction starts
C. oxide film is found on its surfaces
D. it turns into steel

Q.139 The flux is used to
A. make the metal plastic
B. cool the heated metal
C. cover up any dirt
D. dissolve oxide and other impurities

Q.140 For fairly thick bars of metals
A. a vee-shaped wild should be used
B. ordinary butt weld should be used
C. a number of different types of weld may be used
D. a pressure weld may be used

Ques (141-145):Directions: Read the following passages carefully to answer the questions that follow.

Soil scientists have shown that the soil teems with millions of living things, many of them useful, others harmful. The living things which are useful include earthworms and various kinds of bacteria. Earthworms loosen the soil and so enable air and water to enter it. Bacteria, which are microscopic living things break down dead plants and animals and make humus, or take nitrogen from the air and change it into substances that plants use. The living things that do harm include other bacteria and fungi which cause disease. Other harmful things are pest such as wire worms which feed on the roots of grass and other plants. While the farmer can usually keep weeds in check by careful cultivation, this alone may not protect his crops from insects, pests and diseases. Nowadays, however, he is much better able to control these enemies. He may plant specially resistant types of seeds or he may keep the pests and diseases in check with chemicals. With better seeds farmers have been able to increase their crop yields. They can grow crops that ripen more quickly and have a stronger resistance to disease, frost or drought.

Q.141 Scientists who study soil believe that
A. all insects and bacteria are harmful
B. only microscopic living things are useful
C. only earthworms are useful
D. not all worms and bacteria are harmful

Q.142 The living things that do harm
A. break down plants and animals
B. use up the nitrogen from the air
C. cause diseases in the plants
D. loosen up the soil from air and water

Q.143 Farmers are always careful
A. to control insects and fungi that attack plants
B. to encourage pests in the soil
C. to eliminate all bacteria from the soil
D. to foster all kinds of worms in the Earth

Q.144 Nowadays it is possible to reduce the loss caused by pests and harmful bacteria

A. with the use of chemical fertilisers
B. through the development of resistant seeds
C. by using weeds as killers
D. by controlling earthworms

Q.145 The farmers today can also select seeds

A. of slow ripening variety
B. resistant to frost and drought
C. for economy is costs
D. of lower resistance to disease

Ques (146-150):Directions: Read the following passages carefully to answer the questions that follow.

How can you improve your reading speed? By taking off the brakes. You wouldn't think of driving a car with the brake on. Yet as a reader you probably have several brakes slowing you down.

One very common brake is regressing-looking back every now and then at something already read. It is like stepping backwards every few metres as you walk- hardly the way to move ahead quickly. Regression may arise from a lack of confidence, vocabulary deficiency, or actually missing a word or phrase. It makes a long sentence seem even more complex as the eyes frequently regregs, Eyo movement photographs of 12,000 readers in America ahowed that university students regress an average of 15 times in reading only 100 words. The average student of class four was found to look back 20 times. In short, regression consumes one-sixth of your precious reading time. Release this brake and enjoy a spurt in reading speed.

Q.146 In the context of the passage, what does 'regression' mean?

A. Lack of desire to improve the reading speed
B. Looking back at what is already read
C. Lack of proper understanding of what one reads
D. Comparing the reading speed of school and university students

Q.147 According to the author reading with regression is like

A. driving with poor quality brakes
B. stepping backwards while walking
C. using several brakes in order to slow down
D. making sudden spurts in reading speed

Q.148 In order to be a good reader you should

A. regress whenever necessary
B. be like a careful driver
C. not look back frequently while reading
D. test your vocabulary frequently

Q.149 The average student of class 4 regresses

A. 15 times in reading 100 words
B. 10 times in reading 100 words
C. 20 times in reading 100 words
D. 25 times in reading 100 words

Q.150 How much time does regression consume?

A. 1/3rd of your reading time
B. 1/4th of your reading time
C. 1/5th of your reading time
D. 1/6th of your reading time

Aptitude for Service Sector

Q.151 यदि आपको एक अच्छा श्रोता या एक अच्छा संचारक होने के बीच चयन करना था, तो आपकी पसंद क्या होगी?

A. अच्छा श्रोता
B. अच्छा संचारक
C. कभी अच्छे श्रोता, कभी अच्छे संचारक
D. दोनों (A) और (B) एक साथ

Q.152 आप अपने सहयोगियों के साथ कैसे संवाद करना पसंद करेंगे?

A. स्वयं
B. फोन पर
C. ईमेल या संदेश
D. दोनों (B) और (C)

Q.153 आपके अगले दरवाजे के पड़ोसी अक्सर लाउडस्पीकर लगाते हैं और ज़ोर से धार्मिक संगीत बजाते हैं, जो आपके परिवार और आपके भाई-बहनों के अध्ययन को बहुत परेशान करता है। आप करेंगे :

A. जाएंगे और उन्हें बुलाएंगे और संगीत बंद करने के लिए उनसे लड़ेंगे।
B. पुलिस को सूचित करेंगे।
C. मुद्दे को नजरअंदाज करने की कोशिश करेंगे।
D. उससे संगीत को धीरे चलाने का अनुरोध करेंगे ताकि यह आपके परिवार को परेशान न करे।

Q.154 दिल्ली में बड़ी संख्या में गैर-सरकारी संगठन (एनजीओ) सक्रिय हैं, कुछ को सरकारी धन मिलता है और कुछ अन्य व्यावसायिक घरानों से अपना धन जुटाते हैं। उनके बारे में आपकी क्या राय है?

A. गैर सरकारी संगठन आशाहीन हैं।
B. ज्यादातर एनजीओ अच्छा काम कर रहे हैं।
C. कुछ एनजीओ वास्तव में समाज की सेवा करने के लिए बहुत अच्छा काम कर रहे हैं।
D. अधिकांश गैर-सरकारी संगठन धन का दुरुपयोग कर रहे हैं और अपना काम नहीं कर रहे हैं।

Q.155 एक सहकर्मी की कल्पना करें जिसे आप साथ नहीं देते हैं लेकिन आपको एक परियोजना के लिए उसकी मदद की आवश्यकता है, आप स्थिति को कैसे संभालते हैं?

A. आप उससे संपर्क करें और उसकी मदद लें।
B. आप कुछ अन्य स्रोतों से मदद लेने की कोशिश करते हैं।
C. आप अप्रत्यक्ष रूप से एक अन्य सहयोगी के माध्यम से उससे संपर्क करें।
D. आप इस परियोजना को अकेले करने की कोशिश करते हैं।

Q.156 आपका कुक जिसने ईमानदारी से 8 साल से अधिक समय तक आपके लिए काम किया है, अपनी नौकरी छोड़ना चाहता है, आपकी प्रतिक्रिया होगी

A. उस पर चिल्लाओ और उसे धोखेबाज़ कहो
B. उसे दूसरे कुक को बदलने के लिए कहें
C. उसे दूसरे कुक को बदलने के लिए कहें
D. उससे अच्छी तरह से बात करें और उसकी समस्या का पता लगाने और उसके अनुसार कार्य करने का प्रयास करें

Q.157 आपके अधीन काम करने वाला एक सहायक आपको बिना बताए तीन दिनों तक काम के लिए नहीं आता। वापस लौटने पर, वह सूचित करता है कि उसकी माँ को अस्पताल ले जाना था। आप करेंगे :

A. इस भूल को अनदेखा करेंगे और उसे सलाह देंगे

B. उस पर चिल्लाएं और अगली बार ऐसा कदम उठाने के लिए उसे चेतावनी देंगे
C. उसका तीन दिनों का वेतन काट देंगे
D. उसे समझाएं कि उसे आपको अपनी समस्या के बारे में जानकारी देनी चाहिए थी और दोबारा गलती नहीं होनी चाहिए

Q.158 निम्नलिखित में से कौन एक आदर्श प्रबंधक का गुण है/हैं?
A. निर्णय लेने की क्षमता　B. अच्छा संचार कौशल
C. एक सुखद व्यक्तित्व　D. ऊपर के सभी

Q.159 सफल संचार करने के लिए जिस तत्व(ओं) की आवश्यकता होती है, वे है/हैं।
A. प्रतिबिंबित करें और सुधार करें
B. पूछताछ
C. प्रभावी सुनने की योग्यता
D. ये सभी

Q.160 निम्नलिखित में से कौन संचार प्रक्रिया में प्रयुक्त चैनल का उदाहरण है?
A. ईमेल　B. समाचार पत्र
C. टेलीफोन लाइनें　D. ये सभी

Q.161 संचार के अपने मॉडल में शोर की अवधारणा किसने पेश की?
A. विल्बर श्राम
B. जॉर्ज गेरब्रेन
C. चार्ल्स ई. ओसगूड
D. ग्लैंड शैनन और वॉरेन वीवर

Q.162 निम्नलिखित में से कौन सा मौखिक संचार का एक प्रकार है?
A. मुंह-ज़बानी संचार　B. लिखित संचार
C. शरीर की भाषा　D. (A) और (B) दोनों

Q.163 मौखिक संचार के प्रमुख तत्व क्या है/हैं?
A. पिच　B. मात्रा　C. स्पष्टता　D. ये सभी

Q.164 लिखित संचार में शामिल हैं :
A. छपा हुआ और हस्तलिखित मामला
B. भाषण
C. आत्मभाषण
D. संकेत और प्रतीक

Q.165 शब्दावली, व्याकरण, शैली और प्रारूप इसके प्रमुख तत्व हैं
A. मुंह-ज़बानी संचार　B. लिखित संचार
C. मौखिक संचार　D. इनमे से कोई भी नहीं

Q.166 एक अच्छे श्रोता की गुणवत्ता में शामिल हैं
A. ध्यान देना　B. सकारात्मक प्रतिक्रिया
C. उचित रूप से जवाब दें　D. ये सभी

Q.167 गैर-मौखिक संचार शामिल हैं
A. आवाज़ का लहज़ा　B. शारीरिक भाषा
C. आसन　D. दोनों (B) और (C)

Q.168 संचार प्रक्रिया में सही क्रम है
A. चयन, ध्यान, धारणा, अवधारण
B. ध्यान, चयन, अवधारण, धारणा
C. चयन, अवधारण, धारणा, ध्यान
D. धारणा, ध्यान, चयन, अवधारण

Q.169 आपके एक मित्र के पास विशेष आवश्यकता वाला बच्चा है। आपके अधिकांश दोस्त उससे बचने की कोशिश करते हैं। आप क्या करेंगे?
A. उसकी उपेक्षा करने की कोशिश करो
B. उसके साथ संपर्क रखें और बच्चे के साथ संवाद करने की विधि सीखें
C. उसे बच्चे को एक सभागार में रखने की सलाह दें
D. उसके बच्चे के लिए कुछ प्रसिद्ध विशेषज्ञों की सिफारिश करना।

Q.170 अगर आपको अपने सहकर्मियों से कुछ समस्या है, तो आप करेंगे ?
A. उनके खिलाफ अपने बॉस से शिकायत करेंगे।
B. नियोक्ता से नाराज हो जाएंगे।
C. कुछ नहीं करेंगे।
D. चर्चा के माध्यम से इस समस्या को हल करने का प्रयास करेंगे।

Q.171 प्रबंधन के स्तर से मिलकर बनता है
A. शीर्ष स्तर का प्रबंधन　B. मध्य स्तर का प्रबंधन
C. निचले स्तर का प्रबंधन　D. ऊपर के सभी

Q.172 शीर्ष स्तर के प्रबंधन का कार्य क्या है?
A. संगठन के कल्याण और अस्तित्व के लिए जिम्मेदार होना
B. कारोबारी माहौल का विश्लेषण करना
C. समग्र संगठनात्मक लक्ष्यों और रणनीतियों को तैयार करना
D. ऊपर के सभी

Q.173 स्टाफिंग के महत्व से आपका क्या अभिप्राय है?
A. लगातार कर्मियों से मिलना
B. मानव संसाधनों का इष्टतम उपयोग
C. कार्रवाई शुरू करने में मदद
D. (A) और (B) दोनों

Q.174 शीर्ष प्रबंधन द्वारा विकसित योजनाओं और रणनीतियों को लागू करने और नियंत्रित करने के लिए कौन सा प्रबंधन स्तर जिम्मेदार है?
A. मध्य स्तर का प्रबंधन　B. निचले स्तर का प्रबंधन
C. (A) और (B) दोनों　D. इनमे से कोई भी नहीं

Q.175 नियंत्रण, प्रबंधन का एक महत्वपूर्ण कार्य क्यों है?
A. यह संगठनात्मक लक्ष्यों को पूरा करने में मदद करता है।
B. यह मानक की सटीकता को पहचानने में मदद करता है।
C. यह संसाधनों का कुशल उपयोग करने में मदद करता है।
D. ऊपर के सभी

Q.176 आप अस्पताल में एक लिफ्ट के दरवाजे पर हैं। अस्पताल, अस्पताल के अंदर कोई भी खाने पीने का सामान ले जाने की अनुमति नहीं देता है। चौकीदार पूछता है कि क्या आप अपने बैग के अंदर कोई भोजन ले जा रहे हैं।
A. आप खाद्य पदार्थों को सौंप देंगे।
B. आप सच को छिपाओगे।
C. आप चौकीदार से लड़ेंगे और खाने के पैकेट को अंदर ले जाने पर जोर देंगे।
D. आप मदद के लिए पुलिस को फोन करेंगे।

Q.177 एक ग्राहक आपको एक समस्या के साथ कॉल करता है जिसे तुरंत ठीक करने की आवश्यकता होती है। समस्या को ठीक से ठीक करने के लिए, आपको कुछ जानकारी एकत्र करने की आवश्यकता है, लेकिन ऐसा करने के लिए बहुत कम समय है। इस स्थिति में आप क्या करेंगे?
A. जानकारी इकट्ठा करने के लिए जो भी समय की आवश्यकता है, उसे लेंगे।
B. जल्दी से छोटे सुधार करने के लिए जानकारी इकट्ठा करें और बाद में बड़े सुधार करें।
C. मदद के लिए अपने प्रबंधक से संपर्क करें और क्या करना है इसके बारे में निर्देश की प्रतीक्षा करें।
D. सारी जानकारी के बिना समस्या को जल्दी से ठीक करने से जुड़े संभावित मुद्दे को समझेंगे।

Q.178 आप विभागीय प्रबंधक हैं। आपने हाल ही में एक समाचार प्रक्रिया के बारे में सोचा है आपका मानना है इससे कार्य प्रक्रिया में सुधार होगा। आपके कुछ कर्मचारी परिवर्तन से सहमत नहीं हैं और आपका कोई कर्मचारी आपके विचार की निदेशक से खुलेआम आलोचना करता है। आप करेंगे:

A. आलोचकों को जवाब न देने का निर्णय करें ंगे।
B. निर्देशक के पास जाने के लिए कर्मचारी को फटकारें ंगे।
C. किसी बातचीत के लिए कर्मचारी से मिलें और उस नई प्रक्रिया के फायदे बताएं।
D. कर्मचारियों को संतुष्ट रखना आवश्यक है इसलिए अपनी योजनाओं को आगे न बढ़ाने का निर्णय लेंगे।

Q.179 आपके घर के सामने रहने वाला पड़ोसी लगभग हर दिन सीढ़ियों में कचरा बैग को गिरा देता है। यह तब होता है जब स्वीपर पहले ही कचरा एकत्र कर चुका होता है। आप करेंगे :

A. अपने पड़ोसी पर चिल्लाएं और नाटक बनाएं ंगे।
B. इसे आर.डब्ल्यू.ए के अध्यक्ष के संज्ञान में लाएं ंगे।
C. इसको अनदेखा करें लेकिन दूसरे पड़ोसियों के सामने उनका अपमान करने का अवसर देखें ंगे।
D. विनम्रता से पड़ोसी को बताएं कि ऐसा करने से बचें क्योंकि सीढ़ियों का इस्तेमाल सभी करते हैं।

Q.180 ग्राहक द्वारा अत्यधिक मांग और हावी होने पर, आप करेंगे:

A. उसे बताएं कि उसके ऐसा व्यवहार करने का कोई मतलब नहीं है।
B. उसके पास जाना चाहिए और उसे बताना चाहिए कि यह अनुचित है।
C. विनम्रता से उसे बताएं कि वह अनुचित व्यवहार कर रहा है।
D. उसकी समस्या को हल करने की कोशिश करें और अपने वरिष्ठों को सूचित करें।

Q.181 आपका मित्र अपने माता-पिता के साथ काफी तार्किक और असभ्य है। आपने उसे कई बार अपने माता-पिता का अपमान करते देखा होगा। आप करेंगे :

A. उसके व्यवहार की ओर इशारा करके अपने दोस्त को दूसरों के सामने अपमानित करें।
B. आपके मित्र के साथ एक मित्रवत बातचीत करेंगे , और उसे याद दिलाएंगे कि माता-पिता को सम्मान का आवश्यकता है।
C. आप अपने दोस्त के साथ उसके माता-पिता के प्रति उसकी असभ्यता पर झगड़ा करेंगे।
D. उसके माता-पिता से बात करें और यह पता लगाने की कोशिश करें कि वह ऐसा व्यवहार क्यों कर रहा है।

Q.182 पिछले एक महीने में आपके एक कर्मचारी ने प्रदर्शन में बड़ी गिरावट दिखाई है। वह देर से आने लगा है और अपने काम से बहुत चिढ़ा और निराश लगता है। यह व्यवहार कार्यालय में माहौल को प्रभावित कर रहा है क्योंकि वह एक लोकप्रिय कर्मचारी है। ऐसी स्थिति में आप क्या करेंगे?

A. आपको लगता है कि चूंकि वह बहुत लोकप्रिय कर्मचारी है इसलिए यह महत्वपूर्ण है कि उसे अस्थायी रूप से बदल दिया जाए
B. आप कर्मचारी के साथ मिलते हैं और उसे समझाते हैं कि उसका नकारात्मक व्यवहार न केवल उसके प्रदर्शन को बल्कि पूरे कार्यालय को प्रभावित करता है। आप इस शर्त पर कि वह आपके साथ सहयोग करें और अपने दृष्टिकोण में सुधार करे ,उसके बुरे समय के दौरान उनकी मदद करने की ईमानदार इच्छा व्यक्त करेंगे।
C. आप नकारात्मक माहौल के बारे में बात करने के लिए कर्मचारियों की बैठक बुलाते हैं और उस विशेष कर्मचारी की ओर इशारा करेंगे।
D. आप उससे बात करने या उसकी समस्या के कारण को समझे बिना एक समाप्ति पत्र देंगे।

Q.183 आप अपने पिता को अस्पताल ले जा रहे हैं क्योंकि वह ठीक नहीं है। रास्ते में एक दुर्घटना हुई जिसमें एक लड़के को मामूली चोटें आई। इस स्थिति में आप क्या करेंगे?

A. आप घायल स्थिति में लड़के को छोड़ देंगे।
B. आप लड़के के परिवार को सूचित करेंगे, लेकिन उसे उसके परिवार आने तक वही छोड़ देंगे।
C. आप अपने पिता के साथ लड़के को अस्पताल ले जाएंगे और उसका इलाज करवाएंगे और उसके परिवार को सूचित करेंगे।
D. आप दुर्घटना के बारे में पुलिस को सूचित करेंगे।

Q.184 देर रात के शो से वापस आते समय, आपने देखा कि दो लोग एक लड़की से छेड़छाड़ कर रहे थे। आप करेंगे :

A. दृश्य को अनदेखा करें ंगे और अपने घर वापस चले जाएं ंगे।
B. पुलिस को सूचित करें ंगे।
C. लड़की से छेड़छाड़ करने की कोशिश करने वाले उन दो लोगों को रोकने की कोशिश करें ंगे।
D. खुद उस लड़की से छेड़छाड़ करने लगेंगे।

Q.185 आपने और आपके सबसे अच्छे दोस्त ने एक वाद-विवाद प्रतियोगिता में भाग लिया। आपने अपना सर्वश्रेष्ठ दिया लेकिन आपके दोस्त को पहला स्थान मिला और आप हार गए। आप करेंगे :

A. अपने दोस्त से नाराज़ होकर उससे बात करना बंद कर देंगे।
B. अपने दोस्त को बधाई दें ंगे और मान लेंगे कि वह अधिक प्रतिभाशाली और जीत का हक़दार है।
C. न्यायाधीशों के साथ झगड़ा और बहस शुरू कर देंगे।
D. किसी भी प्रतियोगिता में भाग लेना बंद कर देंगे।

Q.186 आप जानते हैं कि पिछले कुछ हफ्तों में बड़ी मात्रा में कंपनी का सामान गायब हुआ है। आपने अपने एक सहयोगी को कई अवसरों पर कार्यालय से उसके बैग में स्टेशनरी और कागजात डालते हुए देखा है और संदेह है कि वह जिम्मेदार है।

A. अधिक सबूत इकट्ठा करें और उसे रंगे हाथ पकड़ें
B. अपने सहकर्मी का सामना करें और उससे पूछताछ करें कि आपने क्या देखा है
C. अपने प्रबंधक को सूचित करें कि आपको संदेह है कि आपका सहयोगी चोरी कर रहा है
D. कुछ मत करो। प्रबंधन से उसे चोरी करते पकड़ने दो

Q.187 काम में व्यस्त दिन के अंत में, आप गलती से किसी गोपनीय ग्राहक की जानकारी गलत व्यक्ति को एक अटैचमेंट के साथ ईमेल कर देते हैं। निम्नलिखित में से कौन सा कथन सबसे सही होगा ?

A. कल कार्यालय छोड़ने और समस्या से निपटने का फैसला करें ंगे।
B. अपनी त्रुटि को नजरअंदाज करने का फैसला करें, सही व्यक्ति को ईमेल भेजें और चीजों को ऐसे ही छोड़ दें।
C. तुरंत 'गलत' व्यक्ति को ईमेल भेजें या यदि संभव हो तो उसे अपनी गलती बताते हुए टेलीफोन करें। फिर सही व्यक्ति को ईमेल भेजें।
D. अपने प्रबंधक को ढूंढें, समझाएं कि उनके साथ क्या हुआ है और उन्हें किसी भी समस्या से निपटने दें।

Q.188 आप एक इलेक्ट्रीशियन हैं। आपके ग्राहक के घर में रात में एक शॉर्ट सर्किट होता है जो कुछ दूरी पर है। आपको तुरंत उसके घर आने का बुलावा मिलता है। इस स्थिति में, आप करेंगे

A. टेलीफोन कॉल को अनदेखा करें
B. रात में जाने से मना करेंगे, सुबह आने का वादा करेंगे
C. तुरंत उठेंगे , ग्राहक के घर जाओ और गलती की ठीक करें ंगे
D. इतने विषम समय में फाल्ट को ठीक करने के लिए बहुत अधिक धन की मांग करेंगे

Q.189 आपको ट्रेन पकड़ने में देर हुई और डिब्बे में देर से प्रवेश किया। गलती से, आप उस डिब्बे में एक गलत बर्थ पर कब्जा कर लेते हैं जो उस समय निर्वासित थी। जब सही यात्री अपनी सीट की मांग करता है, तो आप करेंगे

A. माफ़ी मांगेंगे और बर्थ खाली करेंगे
B. यात्री को बताएं कि आप बर्थ खाली नहीं करेंगे
C. खाली करेंगे लेकिन यात्री के सामने गिड़गिड़ाएं कि वह इसके बारे में

ज्यादा उपद्रव न करें
D. चुपचाप बर्थ खाली करेंगे

Q.190 आपके विभाग में आपके अलावा सभी को एक नई कंप्यूटर प्रणाली प्राप्त हुई है। आप क्या करेंगे?
A. मान लें कि यह एक गलती है, अपने प्रबंधक से बात करेंगे।
B. अपने प्रबंधक का सामना करेंगे और उससे सवाल करें कि आपको नया कंप्यूटर क्यों नहीं मिला।
C. अपने किसी सहकर्मी से नया कंप्यूटर लेंगे।
D. मानव संसाधन विभाग को शिकायत करेंगे।

Q.191 आप एक टीम लीडर हैं, एक निर्णय पर पहुँचने के लिए आप करेंगे :
A. दूसरे को निर्णय लेने देंगे
B. सभी सदस्यों से परामर्श करें ंगे और फिर किसी निर्णय पर पहुँचें ंगे
C. मामले को लंबित रहने दें और बाद में अपना निर्णय लागू करें ंगे
D. निर्णय लें ंगे और फिर दूसरों को सूचित करें ंगे

Q.192 आपके घर पर शाम को एक पार्टी है। हालाँकि, आपकी नौकरानी अचानक बीमार पड़ जाती है। चूँकि आपने अपनी नौकरानी को सूचित किया था, वह आपकी मदद के लिए अपनी 10 वर्षीय बेटी को भेजती है। आप करेंगे:
A. अपनी नौकरानी से बीमार होने पर भी आने को कहेंगे
B. छोटी लड़की को वापस भेजें और अपने दम पर व्यवस्था का प्रबंधन करें ंगे
C. छोटी लड़की को निर्देश देना शुरू करें ंगे
D. उन चीजों के लिए छोटी लड़की की मदद लें ंगे, जिन्हें आप अपने दम पर प्रबंधित करने में सक्षम नहीं हैं

Q.193 एक बूढ़ा व्यक्ति आपसे उस स्थान के लिए लिफ्ट मांगता है जो आपके रास्ते में नहीं पड़ता है, आपको अपने कार्यालय के लिए देर हो रही है। ऐसी स्थिति में, आप करेंगे:
A. वृद्ध व्यक्ति के अनुरोध को न सुनें ंगे और अपने कार्यालय जाएं ंगे
B. अपनी कार में बूढ़े आदमी को ले जाएंगे, उसे उसके घर पर छोड़ देंगे और फिर अपने कार्यालय जाएंगे
C. अपने बॉस को सूचित करें ंगे कि आपको इस स्थिति के कारण देर हो जाएगी और फिर बूढ़े व्यक्ति को छोड़ देंगे
D. बूढ़े आदमी को पास के स्थान पर छोड़ें ंगे जो आपके रास्ते में है

Q.194 एक स्थानीय ठग (बुरा तत्व) ने आपके खाली प्लॉट पर अवैध निर्माण शुरू कर दिया है। यदि आपने उसे सस्ते दाम पर संपत्ति नहीं बेची, तो उसने आपके प्लाट को खाली करने के अनुरोध को अस्वीकार कर दिया है और आपको गंभीर परिणाम भुगतने की धमकी दी है। आप करेंगे :
A. उसे सस्ते दाम पर संपत्ति बेच देंगे
B. अपने पड़ोसियों से मदद मांगें ंगे
C. उच्च मूल्य प्राप्त करने के लिए गुंडे के साथ बातचीत करें ंगे
D. आवश्यक कार्रवाई के लिए पुलिस को सूचित करें ंगे

Q.195 आप एक एक्स कंपनी के टीम लीडर हैं, आप समयबद्ध परियोजना को संभाल रहे हैं। परियोजना की समीक्षा बैठक के दौरान आप पाते हैं कि टीम के सदस्यों के सहयोग की कमी के कारण परियोजना में देरी होने की संभावना है। आप करेंगे:
A. टीम के सदस्यों को उनके असहयोग के बारे में चेतावनी दें ंगे
B. सहयोग का कारण देखें ंगे
C. टीम के सदस्यों के प्रतिस्थापन के लिए पूछें ंगे
D. कारण का हवाला देते हुए समय बढ़ाने के लिए कहें ंगे

Q.196 आपने लंच के ठीक बाद टीम मीटिंग के लिए बुलाया है। लेकिन आपकी टीम के कुछ सदस्य इसके बारे में भूल गए और सम्मेलन कक्ष में नहीं पहुंचे। उस मामले में, आप करेंगे:
A. बैठक के लिए आने तक प्रतीक्षा करें ंगे
B. उनके बिना बैठक शुरू करेंगे
C. किसी को उन्हें बुलाने के लिए भेजें ंगे और उनके आने पर व्याख्यान दें ंगे
D. उन्हें तुरंत आने के लिए कहें और कुछ मिनटों के लिए बैठक में देरी करें ंगे

Q.197 कार्यालय में एक प्रभावी निर्णय लेने का माहौल बनाने के लिए, एक प्रबंधक को निम्नलिखित में से क्या करना चाहिए?
A. निर्णय लेने के लिए उसके अंतर्ज्ञान पर भरोसा करें ंगे
B. निर्णय लेने से संबंधित महत्वपूर्ण रणनीतियों पर शोध करें ंगे
C. उन कर्मचारियों से पूछें ंगे, जिनके पास उच्च शैक्षणिक उपलब्धियां हैं
D. प्रत्येक सदस्य को निर्णय लेने की प्रक्रिया में भाग लेने और निर्णय साझा करने के लिए प्रोत्साहित करें ंगे

Q.198 बताया गया है कि निजी शिक्षण संस्थान किसी न किसी बहाने मोटी फीस वसूल कर एक व्यावसायिक उपक्रम के रूप में स्कूल चला रहे हैं। आपको लगता है
A. वे गुणवत्ता सेवाओं की पेशकश के रूप में उचित कर रहे है
B. वे उचित नहीं हैं क्योंकि यह माता-पिता पर अनावश्यक बोझ पैदा करता है
C. मैं कुछ नहीं कह सकता हूं क्योंकि मेरे पास स्कूल जाने वाला बच्चा नहीं है
D. स्कूल माता-पिता को अपने बच्चे के प्रवेश के लिए बाध्य नहीं करते हैं, इसलिए उनकी कोई जिम्मेदारी नहीं है

Q.199 कार्यस्थल पर, एक सहकर्मी एक ऐसे मामले पर आपकी राय मांगता है जो सीधे तौर पर आपसे संबंधित नहीं है। आप क्या करेंगे?
A. इस में कोई दिलचस्पी नहीं लेंगे क्योंकि यह सीधे तौर पर मुझसे संबंधित नहीं है
B. अपनी ईमानदार राय को स्पष्ट रूप में दें ंगे
C. उसे/उससे बचें ंगे क्योंकि यह नहीं हो सकता
D. कूटनीतिक रूप से प्रश्न का उत्तर दें ंगे

Q.200 आप समर्पण के साथ काम करते हैं लेकिन कार्यालय के कुछ सहयोगी आपके विपरीत सोचते हैं। आप करेंगे :
A. इस मुद्दे को अपने बॉस के सामने उठाएं ंगे
B. उनके साथ तीखी बहस करेंगे
C. प्रतिक्रिया नही करें ंगे क्योंकि यह आपके काम को प्रभावित नहीं करता है
D. निराश हो जाएंगे और इस्तीफा दे देंगे

// स्मार्ट उत्तर पुस्तिका //

सही उत्तर — उन छात्रों के प्रतिशत को इंगित करता है जिन्होंने प्रश्नों का सही उत्तर दिया था।

छोड़ दिया — उन छात्रों के प्रतिशत को इंगित करता है जिन्होंने प्रश्नों को छोड़ दिया था।

प्रश्न संख्या	उत्तर	सही उत्तर	छोड़ दिया
1	B	47.67 %	13.96 %
2	D	39.53 %	41.87 %
3	D	30.23 %	44.19 %
4	A	47.67 %	44.19 %
5	C	37.21 %	45.35 %
6	C	29.07 %	45.35 %
7	B	36.05 %	45.35 %
8	B	29.07 %	46.51 %
9	A	29.07 %	46.51 %
10	A	32.56 %	46.51 %
11	B	22.09 %	46.51 %
12	B	23.26 %	46.51 %
13	B	29.07 %	46.51 %
14	D	33.72 %	46.51 %
15	B	20.93 %	45.35 %
16	C	22.09 %	45.35 %
17	C	15.12 %	46.51 %
18	B	22.09 %	47.68 %
19	D	24.42 %	50.0 %
20	A	11.63 %	51.16 %
21	B	33.72 %	48.84 %
22	B	27.91 %	50.0 %
23	C	30.23 %	51.17 %
24	D	27.91 %	51.16 %
25	B	24.42 %	52.32 %
26	B	26.74 %	53.49 %
27	A	29.07 %	54.65 %
28	C	26.74 %	55.82 %
29	A	18.6 %	56.98 %
30	B	19.77 %	58.14 %
31	D	30.23 %	33.72 %
32	B	32.56 %	37.21 %
33	B	33.72 %	36.05 %
34	C	19.77 %	37.21 %
35	A	13.95 %	37.21 %
36	A	9.3 %	38.37 %
37	B	10.47 %	38.37 %
38	B	56.98 %	38.37 %
39	C	41.86 %	38.37 %
40	B	47.67 %	38.38 %
41	A	53.49 %	39.53 %
42	B	43.02 %	39.54 %
43	C	51.16 %	39.54 %
44	B	53.49 %	39.53 %
45	A	45.35 %	39.53 %
46	B	20.93 %	39.54 %
47	A	25.58 %	39.54 %
48	B	36.05 %	39.53 %
49	A	22.09 %	40.7 %
50	A	37.21 %	39.53 %
51	B	58.14 %	40.7 %
52	A	44.19 %	40.69 %
53	B	51.16 %	40.7 %
54	D	46.51 %	40.7 %
55	D	26.74 %	40.7 %
56	B	43.02 %	40.7 %
57	B	33.72 %	40.7 %
58	D	32.56 %	40.7 %
59	A	36.05 %	40.69 %
60	B	45.35 %	40.7 %
61	A	18.6 %	37.21 %
62	C	17.44 %	44.19 %
63	B	41.86 %	45.35 %
64	C	15.12 %	45.35 %
65	A	16.28 %	46.51 %
66	A	30.23 %	46.51 %
67	A	25.58 %	47.68 %
68	B	23.26 %	47.67 %
69	A	15.12 %	47.67 %
70	C	34.88 %	47.68 %
71	D	16.28 %	47.67 %
72	B	26.74 %	47.68 %
73	B	39.53 %	47.68 %
74	C	8.14 %	47.67 %
75	A	19.77 %	47.67 %
76	A	36.05 %	47.67 %
77	D	8.14 %	47.67 %
78	C	26.74 %	47.68 %
79	D	18.6 %	47.68 %
80	C	11.63 %	48.84 %

प्रश्न संख्या	उत्तर	सही उत्तर	छोड़ दिया
81	D	19.77 %	48.83 %
82	B	9.3 %	48.84 %
83	C	18.6 %	48.84 %
84	A	23.26 %	50.0 %
85	A	26.74 %	50.0 %
86	A	33.72 %	50.0 %
87	D	39.53 %	50.0 %
88	A	17.44 %	50.0 %
89	C	15.12 %	50.0 %
90	A	16.28 %	50.0 %
91	A	47.67 %	38.38 %
92	B	43.02 %	40.7 %
93	B	39.53 %	41.87 %
94	A	19.77 %	41.86 %
95	B	11.63 %	41.86 %
96	D	19.77 %	40.7 %

प्रश्न संख्या	उत्तर	सही उत्तर	छोड़ दिया
97	B	23.26 %	41.86 %
98	D	11.63 %	41.86 %
99	C	20.93 %	43.02 %
100	D	22.09 %	44.19 %
101	C	29.07 %	43.02 %
102	C	13.95 %	44.19 %
103	C	22.09 %	43.03 %
104	D	31.4 %	45.34 %
105	B	22.09 %	45.35 %
106	D	30.23 %	43.03 %
107	B	30.23 %	43.03 %
108	C	34.88 %	43.03 %
109	C	15.12 %	44.18 %
110	D	52.33 %	44.18 %
111	B	33.72 %	45.35 %
112	D	23.26 %	45.34 %

प्रश्न संख्या	उत्तर	सही उत्तर	छोड़ दिया
113	C	25.58 %	45.35 %
114	D	19.77 %	45.35 %
115	A	40.7 %	44.18 %
116	B	6.98 %	45.35 %
117	C	31.4 %	45.34 %
118	D	40.7 %	45.35 %
119	B	20.93 %	45.35 %
120	C	29.07 %	45.35 %
121	A	38.37 %	45.35 %
122	C	15.12 %	45.35 %
123	D	11.63 %	45.35 %
124	C	43.02 %	45.35 %
125	D	8.14 %	45.35 %
126	A	34.88 %	44.19 %
127	D	36.05 %	45.35 %
128	C	38.37 %	46.51 %

प्रश्न संख्या	उत्तर	सही उत्तर	छोड़ दिया
129	A	45.35 %	46.51 %
130	D	31.4 %	46.51 %
131	C	27.91 %	45.35 %
132	C	4.65 %	46.51 %
133	B	8.14 %	46.51 %
134	A	11.63 %	46.51 %
135	D	23.26 %	46.51 %
136	D	25.58 %	46.51 %
137	D	5.81 %	46.52 %
138	B	12.79 %	46.51 %
139	A	4.65 %	46.51 %
140	C	5.81 %	47.68 %
141	D	44.19 %	47.67 %
142	B	5.81 %	47.68 %
143	C	4.65 %	47.68 %
144	A	18.6 %	46.52 %

प्रश्न संख्या	उत्तर	सही उत्तर	छोड़ दिया
145	B	31.4 %	47.67 %
146	B	26.74 %	47.68 %
147	B	26.74 %	50.0 %
148	C	27.91 %	51.16 %
149	C	31.4 %	50.0 %
150	D	36.05 %	51.16 %
151	D	41.86 %	34.88 %
152	A	46.51 %	37.21 %
153	D	58.14 %	39.53 %
154	C	32.56 %	40.7 %
155	A	55.81 %	40.7 %
156	D	59.3 %	40.7 %
157	D	53.49 %	40.7 %
158	D	56.98 %	40.69 %
159	D	53.49 %	40.7 %
160	D	50.0 %	40.7 %

प्रश्न संख्या	उत्तर	सही उत्तर	छोड़ दिया
161	D	9.3 %	40.7 %
162	D	40.7 %	40.7 %
163	D	52.33 %	40.69 %
164	A	53.49 %	40.7 %
165	B	40.7 %	40.7 %
166	D	54.65 %	40.7 %
167	D	52.33 %	40.69 %
168	D	6.98 %	40.69 %
169	B	50.0 %	40.7 %
170	D	58.14 %	40.7 %
171	D	56.98 %	40.69 %
172	D	47.67 %	40.7 %
173	D	52.33 %	40.69 %
174	A	18.6 %	40.7 %
175	C	3.49 %	40.7 %
176	A	56.98 %	41.86 %
177	B	25.58 %	41.86 %
178	C	51.16 %	41.86 %
179	D	56.98 %	41.86 %
180	C	23.26 %	41.86 %
181	B	45.35 %	43.02 %
182	B	53.49 %	43.02 %
183	C	54.65 %	43.02 %
184	C	48.84 %	44.18 %
185	B	54.65 %	44.19 %
186	C	15.12 %	44.18 %
187	C	53.49 %	44.18 %
188	C	53.49 %	44.18 %
189	A	51.16 %	44.19 %
190	B	11.63 %	44.18 %
191	B	50.0 %	44.19 %
192	B	44.19 %	44.18 %
193	D	25.58 %	44.19 %
194	D	52.33 %	44.18 %
195	B	34.88 %	44.19 %
196	D	50.0 %	44.19 %
197	D	50.0 %	44.19 %
198	B	37.21 %	45.35 %
199	B	48.84 %	45.35 %
200	C	50.0 %	41.86 %

कार्य विश्लेषण	
औसत अंक (%)	27.5%
टॉपर्स स्कोर (%)	94.5%
आपका स्कोर	

विगत वर्षीय प्रश्नपत्र 03

Numerical Ability and Analytical Aptitude

Q.1 मयंक किसी काम को 3 दिन में कर सकता है संजय उसी काम को 4 दिन में कर सकता है। इस पूरे काम की मजदूरी रू 350/- हैं। यदि दोनो मिलकर इस काम को करते हैं तो संजय की मजदूरी बताएं यदि कार्य के अनुपात से मजदूरी दी गई हो।

A. 160 रु **B.** 180 रु **C.** 140 रु **D.** 150 रु

Q.2 यदि 50 वस्तुओं का विक्रय मूल्य 40 वस्तुओं के क्रय मूल्य के बराबर है, तो हानि या लाभ % है:

A. 25% लाभ **B.** 20% लाभ **C.** 20% हानि **D.** 25% हानि

Q.3 एक सेकेंड घंटे का क्या भाग है?

A. $\frac{1}{24}$ **B.** $\frac{1}{3600}$ **C.** $\frac{1}{60}$ **D.** $\frac{1}{120}$

Q.4 निम्नलिखित का मूल्य क्या है?

$$\sqrt{10+\sqrt{24+\sqrt{131+\sqrt{153+\sqrt{256}}}}}$$

A. 8 **B.** 4 **C.** 6 **D.** 12

Q.5 दो संख्याओं के मध्य का अनुपात 3: 4 है और उनका योग 490 है। संख्याएँ इस प्रकार हैं:

A. 220 और 270 **B.** 210 और 280
C. 230 और 260 **D.** 200 और 290

Q.6 रु. 7200 का $12\frac{3}{4}\%$ प्रति वर्ष की दर से 9 महिनों के लिए सामान्य ब्याज की गणना करे:

A. 650.5 रु **B.** 680.5 रु **C.** 688.5 रु **D.** 678.5 रु

Q.7 एक विषय में 300 छात्रों द्वारा प्राप्त अंकों का औसत 60 है। शीर्ष के 100 छात्रों का औसत 80 पाया गया और निचले 100 छात्रों का औसत 50 रहा। शेष 100 छात्रों के औसत अंक रहे :

A. 60 **B.** 65 **C.** 70 **D.** 50

Q.8 किसी कंपनी में 30 कर्मचारियों की औसत वेतन रू. 4,000 है। यदि इसमें प्रबंधक का वेतन जोड़ दिया जाए तो औसत वेतन रु. 4,300 हो जाता है। प्रबंधक का वेतन बताएं।

A. 10,000 रु **B.** 13,000 रु **C.** 12,000 रु **D.** 13,300 रु

Q.9 30 और 50 के बीच सभी अभाज्य संख्याओं का औसत बताएं:

A. 39.8 **B.** 39.2 **C.** 39.6 **D.** 39.4

Q.10 यदि a : b = 3 : 4, b : c = 4 : 7, तब $\frac{a+b+c}{c}$ इसके बराबर है:

A. 7 **B.** 1 **C.** 3 **D.** 2

Q.11 एक विद्यालय में 90% छात्र उपस्थित थे और 20 छात्र अनुपस्थित थे। विद्यालय में छात्रों की कुल संख्या ज्ञात करें :

A. 400 **B.** 200 **C.** 100 **D.** 300

Q.12 किसी चुनाव में दो उम्मीदवार चुनाव लड़ रहे हैं। जो उम्मीदवार विजयी घोषित किया गया उसे 62% मत मिले और 144 मतों से विजयी रहा। ज्ञात करें कि कुल कितनी संख्या में मत पड़े। यह मान लें कि कोई भी मत अवैध नहीं था।

A. 700 **B.** 600 **C.** 550 **D.** 750

Q.13 तीन संख्याएँ 3 : 4 : 5 के अनुपात में हैं और उनका एल.सी.एम 2400 है। उनका एच.सी.एफ. है:

A. 40 **B.** 80 **C.** 120 **D.** 200

Q.14 रू 549 की राशि को प्रिया, प्रीति एवं सोनु में इस प्रकार वितरित करना है कि प्रिया का 3 गुणा अंश प्रीति का 4 गुणा अंश एवं सोनु का 7 गुणा अंश सभी बराबर हैं प्रिया का अंश ज्ञात करें।

A. 189 रु **B.** 279 रु **C.** 252 रु **D.** 108 रु

Q.15 1000 व्यक्ति एक घनाकार तालाब में नहा रहे हैं जो 80 मी. लम्बा एवं 50 मी. चौड़ा हैं। इस तालाब की जलस्तर में वृद्ध क्या है यदि एक व्यक्ति की 0.4 $मी^3$ जल की औसत विस्थापन हो ?

A. 10 से.मी. **B.** 40 से.मी. **C.** 20 से.मी. **D.** 30 से.मी.

Q.16 उस संख्या को बताएें जो 457 के निकटतम हो और उसमें 11 से पूरी तरह से भाग दिया जा सके :

A. 462 **B.** 451 **C.** 450 **D.** 460

Q.17 24, 36 और 40 में से सबसे सामान्य गुणनफल ज्ञात कीजिए।

A. 240 **B.** 480 **C.** 120 **D.** 360

Q.18 एक विक्रेता एक रूपए में 5 बटन खरीदता वह उन्हें कितने रूपए मे बेचेगा जिससे उसे 25% का लाभ हो।

A. 3 **B.** 2 **C.** 5 **D.** 4

Q.19 प्रश्न चिह्न के स्थान पर अनुमानित मूल्य क्या आएगा?

23% 6783 का + 8431 का 57% = ?

A. 6366 **B.** 6520 **C.** 6460 **D.** 6420

Q.20 सात वर्ष पहले सोनू एवं सुरेश की आयु का अनुपात क्रमशः 3 : 4 था। 9 वर्षों के बाद उनकी आयु का अनुपात क्रमशः 7 : 8 होगा। सुरेश की वर्तमान आयु बताइएं।

A. 28 वर्ष **B.** 23 वर्ष **C.** 19 वर्ष **D.** 16 वर्ष

Q.21 दो संख्याओं का लघुतम समापवर्त्य (एल.सी.एम) 198 है और उनका उच्चतम समापवर्त्य (एच. सी. एफ) 2 है। यदि एक संख्या 18 हो तो दूसरी संख्या ज्ञात करें

A. 16 **B.** 24 **C.** 22 **D.** 20

Q.22 किसी राशि का 15% प्रतिवर्ष पर 3 वर्षों के लिए सामान्य ब्याज रू. 125 कम है उससे जो उसी राशि का 10% वार्षिक सामान्य ब्याज से 5 वर्षों के लिए आता है। राशि का पता लगाएं :

A. 2200 रू **B.** 2300 रू **C.** 2400 रू **D.** 2500 रू

Q.23 एक व्यक्ति का वेतन रू. 12,500 से रू. 14,375 बढ़ गया। वेतन में हुई वृद्ध का प्रतिशत ज्ञात करें।

A. 15% **B.** 13% **C.** 14% **D.** 12%

Q.24 रू 10,000 का ऋण लिया गया और इसे पाँच बराबर किस्तों में चुकाया गया। यदि सामान्य व्याज दर 20% वार्षिक हो तो कितनी राशि की किस्त बनेगी?

A. 7,000 रू **B.** 2,000 रू
C. 6,000 रू **D.** इनमें से कोई भी नहीं

Q.25 एक लेजर प्रिंटर को 20% के नुकसान से रू. 12000 में बेचा गया उस लेजर प्रिंटर की लागत कीमत क्या होगी?

A. 13,000 रू **B.** 16,000 रू
C. 15,000 रू **D.** 14,000 रू

Q.26 यदि $\sqrt{18 \times 14 \times x}$ तब x किसके बराबर है?

A. 112 **B.** 113 **C.** 115 **D.** 117

Q.27 एक व्यक्ति की वर्तमान आयु उसके पुत्र से 8 गुणा अधिक है। 10 वर्ष के बाद वह अपने पुत्र से 3 गुणा अधिक होगा। बताइए इस समय पुत्र की आयु कितनी है।

A. 4 वर्ष **B.** 16 वर्ष **C.** 12 वर्ष **D.** 8 वर्ष

Q.28 एक मोटर चालक 50 किमी/घंटे की औसत गति से 150 कि. मी दूरी तक यात्रा करता है और वापसी 30 किमी / घंटे से करता है तो पूरी यात्रा की औसत गति का पता लगाएं :

A. 32.5 किमी / घंटा **B.** 39.5 किमी / घंटा
C. 35.5 किमी / घंटा **D.** 37.5 किमी / घंटा

Q.29 $\frac{\sqrt{50}+\sqrt{98}}{\sqrt{18}} = ?$

A. $3\sqrt{2}$ **B.** 4 **C.** 5 **D.** $2\sqrt{3}$

Q.30 दो व्यक्तियों की आयु में 8 वर्षों का अंतर है। 16 वर्ष पहले उनकी आयु का अनुपात 3: 2 था। बड़े व्यक्ति की वर्तमान आयु बताएं :

A. 24 वर्ष **B.** 16 वर्ष **C.** 32 वर्ष **D.** 40 वर्ष

Reasoning and Logical Deduction

Q.31 निम्नलिखित श्रंख्ला में लुप्त पद ज्ञात कीजिए :

AK, EO, IS, ____, QA, UE

A. MW **B.** NX **C.** IW **D.** IV

Ques (32-33)::: के एक भाग में दिए गए दो शब्दों के बीच एक निश्चित संबंध हैं और : : के अन्य भाग में एक शब्द दिया गया है, जबकि दिए गए विकल्पों में से अन्य शब्द ज्ञात किया जाना है। जिसका संबंध दिए गए युग्म से है उपयुक्त विकल्प चुनें।

Q.32 अरक्तता: रक्त : : मोतियाबिंद : ?

A. गला **B.** आंख **C.** कान **D.** त्वचा

Q.33 घोड़ा : हिनहिनाना : : सियार : ?

A. रेंकना **B.** चीख़ना
C. चूँ - चूँ करना **D.** चहकना

Q.34 निम्नलिखित चार में से विषम को ज्ञात कीजिए।

A. देहरादून **B.** भोपाल **C.** लखनऊ **D.** पुणे

Q.35 निम्नलिखित में अगली पद क्या है?

DCXW, FEVU, HGTS

A. LKPO **B.** LMRS **C.** ABYZ **D.** JIRQ

Q.36 : : के एक भाग में दिए गए दो शब्दों के बीच एक निश्चित संबंध हैं और : : के अन्य भाग में एक शब्द दिया गया है, जबकि दिए गए विकल्पों में से अन्य शब्द ज्ञात किया जाना है। जिसका संबंध दिए गए युग्म से है उपयुक्त विकल्प चुनें।

पिघलन : तरल-पदार्थ : : प्रशीतलन : ?

A. ठोस **B.** बर्फ **C.** संघनित **D.** क्रिस्टल

Q.37 दिए गए चार विकल्पों में से एक संख्या का चयन कर श्रृंखला पूरी करें :

6, 25, 62, 123, 214, 341, ?

A. 510 **B.** 511 **C.** 398 **D.** 459

Q.38 निम्नलिखित शृंख्ला में अशुद्ध संख्या का चयन कीजिए।

6, 14, 24, 36, 50, 66, 84, 103, 126

A. 66 **B.** 36 **C.** 126 **D.** 103

Q.39 शीशे में देखकर प्रतीत होता है कि घड़ी में 6.30 बजे का समय है। सही समय क्या है?

A. 5.30 **B.** 11.00 **C.** 6.30 **D.** 1.00

Ques (40-42):निर्देश: रेखा MN पर एक दर्पण रखा जाता है, और फिर कौन-सी उत्तर आकृति दी गई प्रश्न आकृति का सही प्रतिबिम्ब है?

Q.40

M

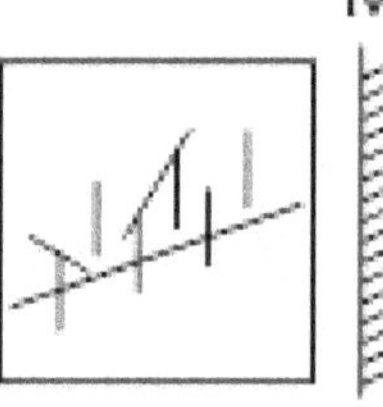

N

A. 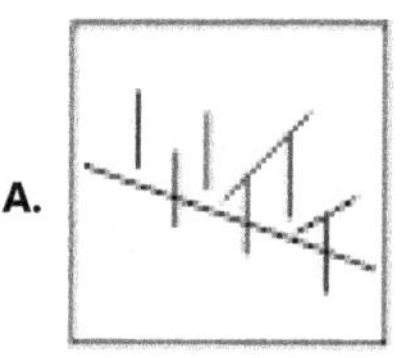 **B.** 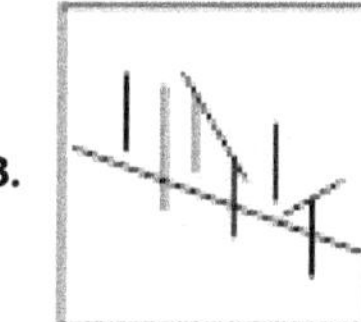

C. **D.**

Q.41

M

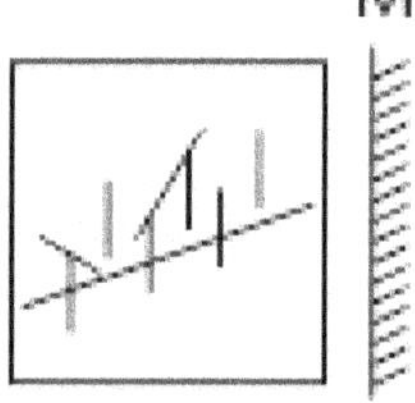

N

A. 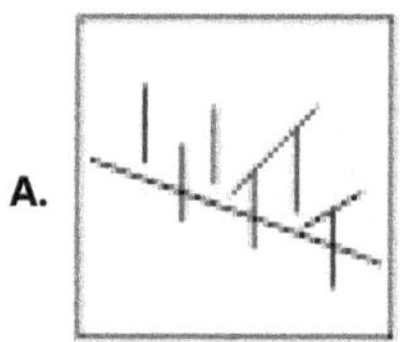 **B.**

C. 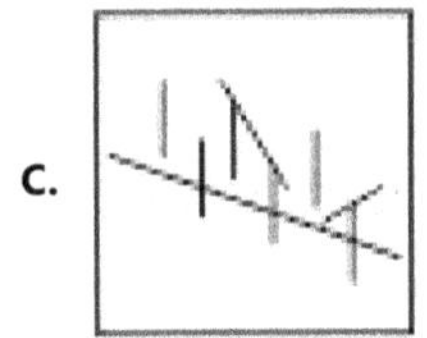
D. 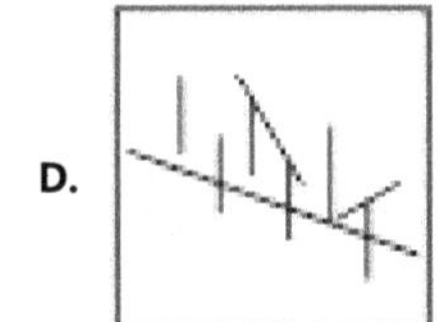

Q.42

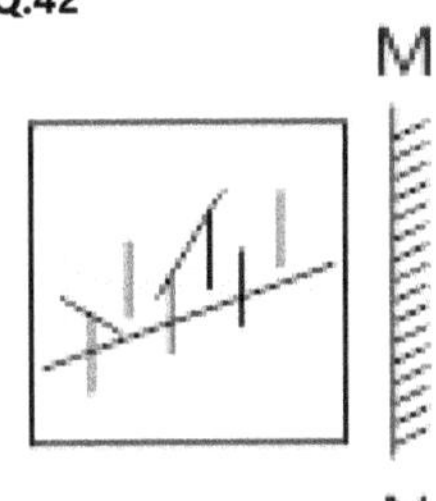

A. 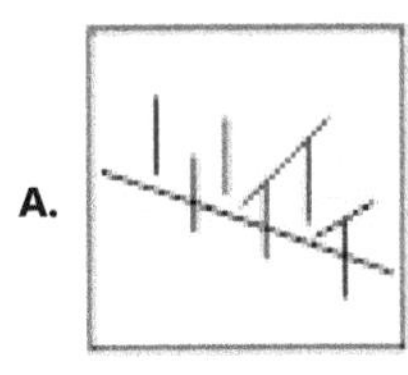
B. 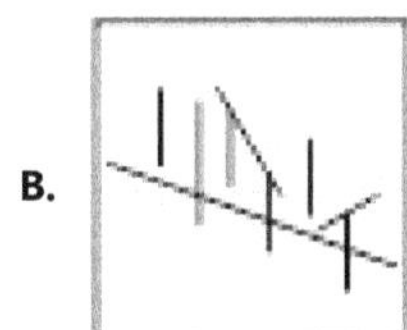

C. 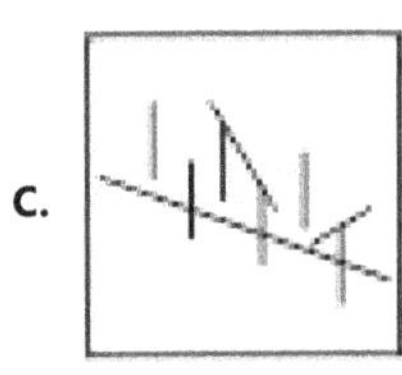
D. 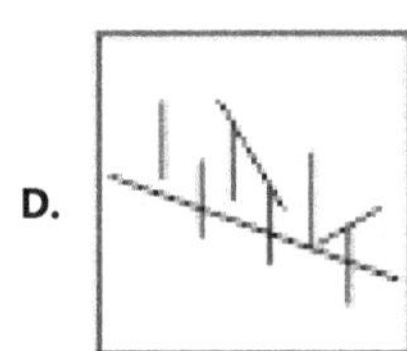

Ques (43-45):निर्देश: नीचे दिए गए आरेख का प्रयोग करते हुए, निम्नलिखित प्रश्नों का उत्तर दीजिए :

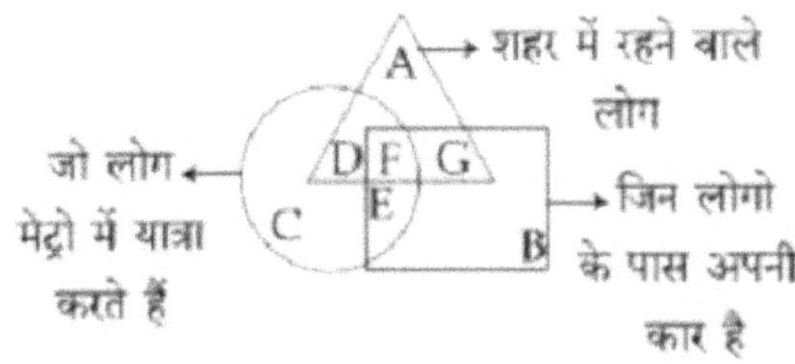

Q.43 कौन-सा स्थान उन लोगों को दर्शाता है जो शहर में नहीं रहते हैं, लेकिन मेट्रो से यात्रा करते हैं और उनके पास अपनी कार भी है:

A. B **B.** E **C.** G **D.** C

Q.44 कौन-सा स्थान उन लोगों को दर्शाता है जो शहर में रहते हैं और उनके पास अपनी कार भी है

A. D **B.** F **C.** F और G **D.** E और F

Q.45 कौन-सा स्थान उन लोगों को दर्शाता है जो शहर के रहते हैं और उनके पास अपनी कार है, लेकिन फिर भी वे मेट्रो में यात्रा करते हैं।

A. F **B.** E **C.** D **D.** G

Ques (46-48):निर्देश: नीचे प्रत्येक प्रश्न में दो वकव्य दिए गए है और उनके बाद दो निष्कर्ष दिए गए हैं जिनकी सं. I और II है। आपको 2 सही वक्तव्यों का चयन करना है चाहे उनमें सामान्य रूप से ज्ञात तथ्यों से भिन्नता हो। निष्कर्षों को ध्यान से पढ़ें और उसके बाद यह चुनें कि दिए गए निष्कर्षों में से कौन सामान्य रूप से ज्ञात तथ्यों पर कोई विचार किए बिना दिए गए दो वक्तव्यों से तार्किक रूप से संगत है। उत्तर दें :

(1) यदि केबल निष्कर्ष **(I)** उपयुक्त हैं

(2) यदि केबल निष्कर्ष **(II)** उपयक्त है

(3) यदि निष्कर्ष **(I)** या **(II)** उपयुक्त है

(4) यदि न तो निष्कर्ष **(I)** और न ही निष्कर्ष **(II)** उपयुक्त है

Q.46 कथन:
समस्त जल पबित्र है। सभी मंदिर पबित्र हैं।
निष्कर्ष:
(I) समस्त जल मंदिर है।
(II) सभी मंदिर जल हैं।

A. 2 **B.** 4 **C.** 3 **D.** 1

Q.47 कथन:
अधिकतर शिक्षक लड़के हैं। कुछ लड़के छात्र हैं।
निष्कर्ष :
(I) कुछ छात्र लड़के हैं।
(II) कुछ शिक्षक छात्र हैं।

A. 1 **B.** 4 **C.** 3 **D.** 2

Q.48 कथन:
कुछ डॉक्टर मूर्ख हैं। कुछ मुर्ख धनी हैं।
निष्कर्ष:
(I) कुछ डॉक्टर धनी है।
(II) कुछ धनी डॉक्टर है।

A. 1 **B.** 2 **C.** 3 **D.** 4

Ques (49-51):निर्देश: इन प्रत्येक प्रश्नों में एक कथन (A) और एक तर्क (R) है। उत्तर पर निशान लगाएं :

(1) क्या (A) एवं (R) दोनों सही हैं और (R), (A) की सही व्याख्या है।

(2) क्या (A) एवं (R) दोनों सही हैं लेकिन (R), (A) की सही व्याख्या नहीं है।

(3) क्या (A) सही है, लेकिन (R) गलत है।

(4) क्या (A) गलत है, लेकिन (R) सही है।

Q.49 कथन (A):
विषुओं (इक्किनॉक्स) में, पूरी दूनिया में दिन और रात बराबर होते है।
तर्क (R):
विषुओं में सूर्य के संदर्भ में पृथ्वी की स्थिति ऐसी होती है कि कोई भी ध्रुव सूर्य की ओर झुका नहीं होता।

A. 2 **B.** 1 **C.** 4 **D.** 3

Q.50 कथन (A):
यूरेनियम में न्यूक्लियर फ्यूश्र अभिक्रिया होती है
तर्क (R):
इसमें एक विशाल, अस्थायी न्यूक्लियस होता है।

A. 4 **B.** 1 **C.** 3 **D.** 2

Q.51 कथन (A):
निगलने के दौरान सामान्य रूप से कोई भी खाद्य सामग्री श्वासनली में प्रवेश नहीं करती।
तर्क (R):
जब हम निगलते हैं, हमारी जिह्वा का पिछला भाग श्वासनली के प्रवेशमार्ग को ढ़क देता है।

A. 4 **B.** 1 **C.** 2 **D.** 3

Q.52 एक निश्चित कोड में, COMMITICATION को OITACINUMMOCN के रूप में लिखा जाता है। इसी कोड में DETERMINATION कैसे लिखा जाता है?

A. NOITANIMRETED
B. OITANIMRETEDN
C. INATIONDETERM
D. OITANMIREDETN

Q.53 शनिवार को गणतंत्र दिवस के कारण छुट्टी थी। अगले मास की 14 तारीख को वेलन्टाइन डे के कारण फिर छुट्टी है। 14 तारीख को कौन-सा वार (दिन) था?

A. गुरूवार **B.** बुधवार **C.** सोमवार **D.** शुक्रवार

Q.54 एक कक्षा में 45 छात्र हैं, जिसमें लड़कियों की संख्या लड़कों से दुगुनी है। शीर्ष से रवि 11 वें स्थान (रेंक) पर है। यदि रवि से 5 लड़कियाँ आगे हैं, तो रैक में उसके बाद कितने लड़के हैं ?

A. 9 **B.** 10 **C.** 15 **D.** 11

Q.55 राहुल ने आनंद से कहा, "कल मैंने अपनी दादी की बेटी के इकलौते भाई को हराया "' राहुल ने किसे हराया ?

A. भाई **B.** बेटा **C.** चचेरा भाई **D.** पिता

Q.56 किसी अतिथि से रेखा का परिचय कराते हुए, प्रिया ने कहा, "उसकी माता उसके पिता की इकलौती लड़की है।" रेखा का प्रिया से क्या संबंध है :

A. भतीजी **B.** माता **C.** बेटी **D.** बहन

Q.57 यदि कल के 2 दिन बाद शनिवार है, तो कल से 4 दिन पहले क्या वार था ?

A. शुक्रवार **B.** रविवार **C.** शनिवार **D.** गुरूवार

Ques (58-60):निर्देश: निम्नलिखित सूचना को पढ़कर दिए गए प्रश्नों के उत्तर दें।

P, Q, R, S, T, U, V और W आठ दोस्त हैं जो एक ऐसे सर्किल में बैठे हैं जिनका चेहरा सर्किल के सेंटर की ओर है।

(i) W,P के एकदम दाईं ओर है, लेकिन T या S का पड़ोसी नहीं है।

(ii) U, Q के एकदम दाई ओर है और V, T का पड़ोसी है।

(iii) R, T और U के बीच है।

Q.58 S की स्थिति क्या है?

A. Q के एकदम बाईं ओर **B.** P के एकदम बाईं ओर
C. Q और U के बीच **D.** U के दाईं ओर दूसरा

Q.59 V की स्थिति क्या है?

A. U की दाईं ओर तीसरा **B.** T और R के बीच
C. S के बाईं ओर दूसरा **D.** W के एकदम दाई ओर

Q.60 निम्नलिखित में से कौन सा कथन सही है?

A. V, W और T के बीच में है।
B. U, V का पड़ोसी है।
C. T, U और Q के बीच है।
D. W, P और S के बीच में है।

General Knowledge & Current Affairs

Q.61 निम्नलिखित में से कौन सा ऑस्ट्रेलिया का राष्ट्रीय खेल है?

A. क्रिकेट **B.** बेसबॉल **C.** कबड्डी **D.** हॉकी

Q.62 किस मुगल सम्राट ने अपने पिता शाहजहाँ को कैद किया और अपने भाइयों को मारने के पश्चात मुगल सम्राट बना ?

A. औरंगजेब **B.** अकबर **C.** हुमायूं **D.** बाबर

Q.63 काझिरंगा राष्ट्रीय पार्क भारत के किस राज्य में है?

A. उत्तर प्रदेश **B.** केरल
C. असम **D.** महाराष्ट्र

Q.64 भारत में प्रथम चीन आगंतुक कौन था ?

A. तेनजिंग नोर्गे **B.** जुन्को तबेई
C. फाह्यान **D.** हुआन त्सांग

Q.65 मानव शरीर में रक्त की मात्रा सामान्य रूप से शरीर वजन के _____ प्रतिशत की समतुल्य होती है।

A. 7 **B.** 18 **C.** 25 **D.** 2

Q.66 बेरोमीटर का उपयोग निम्न में से किसे मापने के लिए किया जाता है?

A. वायुमण्डलीय दबाव **B.** दूध की शुद्धता
C. तापमान **D.** तुंगता

Q.67 ______ क्रांति तिलहन उत्पादन की वृद्धि है।

A. पीला **B.** सफेद **C.** हरा **D.** नीला

Q.68 एंजाइम पेप्सिन एवं रेनिन किसमें पाए जाते है?

A. मुंह **B.** पेट **C.** अंतड़ी **D.** अग्न्याशय

Q.69 यदि किसी यौगिक pH 7 से बड़ा है, यौगिक की प्रापर्टी है :

A. निलंबन **B.** अम्लीय **C.** तटस्थ **D.** बेसिक

Q.70 विजयनगर साम्राज्य की राजधानी कहाँ थी?

A. बोधगया **B.** कन्नौज **C.** हम्पी **D.** अमरावती

Q.71 निम्न में से किसे आम तौर पर 'Fuhrer' के नाम से भी जाना जाता है?

A. एडॉल्फ हिटलर **B.** नेपोलियन बोनापार्ट
C. विलियम शेक्सपियर **D.** महात्मा गांधी

Q.72 फीफा वर्ल्ड कप 2018 में "गोल्डन बॉल" पुरस्कार किसने जीता?

A. डेनिजल सुबासिक **B.** हैरी केन
C. काइलियन बापे **D.** लुका मोड्रिक

Q.73 सौर तंत्र में किस ग्रह का सबसे अधिक गोलार्ध ग्रहपथ (आर्बिट) है?

A. बुध **B.** शुक्र **C.** पृथ्वी **D.** बृहस्पति

Q.74 भारत में संघ राज्य क्षेत्रों की संख्या कितनी है?

A. 7 **B.** 9 **C.** 6 **D.** 5

Q.75 सिक्किम की राजधानी है:

A. गंगटोक **B.** अगरतला **C.** इम्फाल **D.** शिलांग

Q.76 किस देश में लॉड्स, ओवल और लीड्स स्टेडियम हैं?

A. संयुक्त राज्य अमेरिका **B.** स्पेन
C. ब्रिटेन **D.** वेस्ट इंडीज

Q.77 भारत में प्रथम जनरल पोस्ट आफिस की स्थापना 1774 में हुई थी। इसकी स्थापना किस शहर में हुई थी ?

A. कोलकाता **B.** मुंबई **C.** दिल्ली **D.** चेन्नई

Q.78 रात्रि दृष्टिहीनता किस विटामिन की कमी से उत्पन्न होती है?

A. विटामिन C **B.** विटामिन E
C. विटामिन B **D.** विटामिन A

Q.79 प्राणियों और उनके वातावरण के परस्पर अंतर-संबंध के अध्ययन को कहते हैं :

A. एटियलजि
B. भ्रूणविज्ञान
C. एक्सोबायोलॉजी
D. परिस्थितिकी

Q.80 QUANTAS (क्वांटास) किस देश की लोकप्रिय हवाई कंपनी (एअरलाइन) है?

A. ऑस्ट्रेलिया
B. नीदरलैंड
C. कोरिया
D. जापान

Q.81 2020 ओलंपिक की मेजबानी कौन सा शहर कर रहा है?

A. रियो डे जनेरियो (ब्राज़ील)
B. टोक्यो (जापान)
C. लॉस एंजिल्स (यूएसए)
D. पेरिस (फ्रांस)

Q.82 साहित्य में नोबल पुरस्कार प्राप्त करने वाला प्रथम भारतीय कौन है?

A. सरोजिनी नायडू
B. विजयलक्ष्मी पंडित
C. रविंद्रनाथ टैगोर
D. मिहिर सेन

Q.83 विनियामक निकाय 'TRAI' निम्न में से किससे संबंधित है?

A. दूरसंचार
B. तकनीकी शिक्षा
C. पर्यटन
D. परिवहन

Q.84 हीथरों एअरपोर्ट कौन से देश में स्थित है?

A. स्टॉकहोल्म
B. लंडन
C. पेरिस
D. मैड्रिड

Q.85 जंक ई-मेल को निम्न में से किसी एक के नाम से भी जाना जाता है, वह है :

A. स्पैम **B.** स्पूल **C.** स्पूफ **D.** स्निफर

Q.86 "राष्ट्रीय गांधी संग्रहालय और पुस्तकालय" किस शहर में स्थित है:

A. चेन्नई
B. अहमदाबाद
C. नई दिल्ली
D. बैंगलोर

Q.87 'ड्यूस' शब्द का प्रयोग किस खेल गतिविधि में किया जाता है?

A. गोल्फ़ **B.** बैडमिंटन **C.** हॉकी **D.** बेसबॉल

Q.88 प्रसिद्ध भौतिक विज्ञानी "स्टीफन विलियम हॉकिंग" का जन्म किस देश में हुआ था?

A. इंगलैंड **B.** जापान **C.** अमेरिका **D.** रूस

Q.89 H_2SO_4 का अर्थ है :

A. सल्फर डाइऑक्साइड
B. सल्फ्यूरिक एसिड
C. मरक्यूरिक ऑक्साइड
D. सोडियम नाइट्रेट

Q.90 भारत के राष्ट्रपति पद के लिए चुनाव के लिए न्यूनतम आयु आवश्यक है:

A. 30 **B.** 23 **C.** 20 **D.** 35

English Language

Q.91 Direction: The following question consists of a sentence that is divided into four parts numbered (A) to (D). Only one part in each sentence is not acceptable, in standard written English. Identify that part which contains an error.

A. Side with those who
B. and work for other
C. are true and unselfish
D. We should always

Q.92 Direction: The following question consists of a sentence that is divided into four parts numbered (A) to (D). Only one part in each sentence is not acceptable, in standard written English. Identify that part which contains an error.

A. but also the nurses
B. Not only the doctor
C. to the patients
D. is very kind

Q.93 Directions: Each of these questions consists of a sentence that is divided into four parts numbered (1) to (4). Only one part in each sentence is not acceptable, in standard written English. Identify that part which contains an error.

A. Successful
B. In the class
C. been declared
D. A great many student has

Q.94 Directions: Each of these questions consists of a sentence that is divided into four parts numbered (1) to (4). Only one part in each sentence is not acceptable, in standard written English. Identify that part which contains an error.

A. Just when Alfred Nobel's discoveries
B. An anti-Nobel campaign was started inFrance
C. Which were to make him one of the richestman of his day
D. Were beginning to bring him rewards

Q.95 Directions: Each of these questions consists of a sentence that is divided into four parts numbered (1) to (4). Only one part in each sentence is not acceptable, in standard written English. Identify that part which contains an error.

A. But was relieved to see that
B. I went to visit him,
C. Anxious to hear of his illness,
D. He was more better

Ques (96-100):Directions: In each of the following questions, out of the given alternatives, choose the one which is nearest in meaning to the underlined word in the sentence.

Q.96 The flat has been <u>refurbished</u> recently.

A. Constructed
B. Renovated
C. Damaged
D. Plastered

Q.97 During medical emergencies, when a delay of even one minute can cause the death of a patient, the doctor has to be <u>decisive</u>.

A. Deliberate
B. Cruel
C. Clever
D. Firm

Q.98 Graduation day is a <u>momentous</u> day for most students:

A. Sad
B. Important
C. Lactic
D. Disastrous

Q.99 The food served in that Restaurant is <u>Not Fresh</u>.

A. Rotten **B.** Old **C.** Decayed **D.** Stale

Q.100 For a lot of boys in India, becoming a successful cricket star has become an <u>obsession</u>. Earlier, it was a hobby and sometimes, passion:

A. Preoccupation
B. Suspicion
C. Frustration
D. Failure

Ques (101-105):Directions: In each of the following questions out of the given alternatives, choose the one which is most nearly opposite in meaning to the underlined word.

Q.101 The ferocious ruler ruled autocratically, when in power.

A. Gentle **B.** Barbarous
C. Fierce **D.** Dangerous

Q.102 A stubborn professional finds it difficult to survive for longer period of time in his/her job.

A. flexible **B.** adamant
C. obdurate **D.** determined

Q.103 Clarity in speech is helpful for employees of hotel industry because guests can then understand them easily.

A. Boasting **B.** Candour
C. Reserve **D.** Confusion

Q.104 A class in schools of the metropolitan cities, like Delhi and Mumbai, has heterogeneous type of students.

A. Colourful **B.** Standard
C. Homogeneous **D.** Different

Q.105 He was asked to accelerate the pace of work.

A. Rapid **B.** Control
C. Slacken **D.** Supervise

Ques (106-110):Directions: In each of the following questions, choose the option which can be substituted for the given words/sentence.

Q.106 A person who does not express himself freely.

A. Insolvent **B.** Invincible
C. Introvert **D.** Impostor

Q.107 One who specialises in the study of birds.

A. Naturalist **B.** Zoologist
C. Ornithologist **D.** Biologist

Q.108 A person, who always looks at the dark or negative side of life.

A. Pessimist **B.** Philatelist
C. Pedestrian **D.** Philistine

Q.109 A person, who regards the whole world as his country.

A. Contemporaries **B.** Cosmopolitan
C. Cynosure **D.** Cynic

Q.110 A professional rider in horse races:

A. Coach **B.** Jockey
C. Horse cruiser **D.** Rider

Ques (111-115):Directions: Out of four alternatives given for idioms/phrases underlined in the following sentences, choose one which expresses meaning of the Idiom/Phrase.

Q.111 All the residents of the colony painted the town red on the eve of festival.

A. To white wash buildings
B. To celebrate noisily in public places
C. To create nuisance
D. To renovate buildings

Q.112 The teacher turned a blind eye to the mischievous activities of all notorious students in his/her class.

A. punished severely
B. pretended not to notice
C. acknowledged
D. appreciated and loved

Q.113 The Chairman pulled a long face when the house did not accept the suggestion put forth by him.

A. To get annoyed
B. To be agitated
C. To make a quarrel
D. To look disappointed

Q.114 He is very rich, so helping him with money is like "Carrying Coals to Newcastle".

A. To send something where it is plentiful
B. It will be helpful
C. Not asked for
D. Useless

Q.115 Rohan is so spontaneous that he always replies at the spur of the moment.

A. without thinking
B. after few moments
C. without delay
D. after finding logical reason

Q.116 Directions: In the following questions, 4 words are given, one word is spelt correctly, while three words are wrongly spelt. Choose the correctly spelt word.

A. Accommodation **B.** Accomodotion
C. Acommodation **D.** Acomodation

Q.117 Directions: In the following questions, 4 words are given, one word is spelt correctly, while three words are wrongly spelt. Choose the correctly spelt word.

A. Commetee **B.** Comittee
C. Committee **D.** Commitee

Q.118 Directions: In the following questions, 4 words are given, one word is spelt correctly, while three words are wrongly spelt. Choose the correctly spelt word.

A. Beurocracy **B.** Beurocrasy
C. Buerocrasy **D.** Bureaucracy

Q.119 Directions: In the following questions, 4 words are given, one word is spelt correctly, while three words are wrongly spelt. Choose the correctly spelt word.

A. Ocurencee **B.** Ocurrence
C. Occurence **D.** Occurrence

Q.120 Directions: In the following questions, 4 words are given, one word is spelt correctly, while three words are wrongly spelt. Choose the correctly spelt word.

A. Sattellite **B.** Satelite **C.** Sattelite **D.** Satellite

Q.121 Directions: In each of the following questions, four words are given, three of which are spelt correctly while one is miss-spelt. Choose the miss-spelt word.

A. defence **B.** defeciency
C. deficient **D.** defensive

Q.122 Directions: In each of the following questions, four words are given, three of which are spelt correctly while one is miss-spelt. Choose the miss-spelt word.

A. Mystique **B.** Mutten
C. Myth **D.** Mysterious

Q.123 Directions: In each of the following questions, four words are given, three of which are spelt correctly while one is miss-spelt. Choose the miss-spelt word.

A. Ankel **B.** Anxiety
C. Accommodation **D.** Allergy

Q.124 Directions: In each of the following questions, four words are given, three of which are spelt correctly while one is miss-spelt. Choose the miss-spelt word.

A. Messenger **B.** Misterious
C. Miniature **D.** Millennium

Q.125 Directions: In the following questions, 4 words are given, one word is spelt correctly, while three words are wrongly spelt. Choose the correctly spelt word.

A. Encyclopedia **B.** Endenger
C. Endeavour **D.** Endurance

Ques (126-135):Direction: Fill in the blank with the appropriate option given below.

Q.126 She was beaten ________ a bat.

A. on **B.** with **C.** to **D.** of

Q.127 The little girl was scared ________ crossing the busy road, alone.

A. on **B.** in **C.** at **D.** of

Q.128 The little boy stood _______ the tree.

A. within **B.** under **C.** from **D.** off

Q.129 Democracy in any country demands discipline and .... to the rules.

A. Follow **B.** Adherence
C. Agreement **D.** Obligation

Q.130 Columbus .... America.

A. Invented **B.** Discovered
C. Created **D.** Found

Q.131 Fifty rupees .... a large amout fifty years ago.

A. were **B.** was **C.** have **D.** are

Q.132 A second theory about homosapiens agrees that our .... language evolved as a means of sharing information about the world.

A. Fancy **B.** Unique
C. Expert **D.** Melodious

Q.133 The glass .... into small pieces.

A. Disintegrated **B.** Dissolved
C. Crumbled **D.** Shattered

Q.134 He was in a hurry and just glanced .... the letter.

A. through **B.** over **C.** by **D.** at

Q.135 Can you finish the task ____ tomorrow?

A. in **B.** by **C.** with **D.** on

Ques (136-140):Directions: Read the following passages carefully to answer the questions that follow.

Dusk had fallen by the time we all came out of the movie theatre. We ate a few samosas and drank a cup of tea each from a nearby restaurant, after which my friends dropped me off at the bus stop. I was the only one who had to catch a bus to get back home. They left when I was able to find the bus that I was supposed to board.

It had been a great day for me - my first outing with my friends in Sambalpur ! I was happy and excited. However, unlike other days, on that evening, I was boarding a late bus. Usually, by that time, I would be at home. That evening I expected to reach home only by dinner time.

There were only a handful of people inside the bus. Most of the seats were empty. As the first few rows were not so good for long-distance travel, I found myself a seat at the rear of the bus. It was on the right side of the aisle, next to the window. I slid open the window pane ot let the fresh air in, and started to look outside.

The street lights were on and so were the lights in the small shops. Inside the bus, it was close to dark. There were lights installed on the roof of the bus, but since the insides of the lamp shades were full of dirt and dead insects, most of the light was getting blocked, creating a faint glimmer.

Q.136 Where was the author dropped by his friends after the movie and snacks?

A. Sambalpur
B. Close to movie theatre
C. Near to his house
D. At the bus stop

Q.137 What did the author and his friends have after the movie show?

A. Samosas and tea
B. Popcorn and cold drinks
C. Samosa and coffee
D. Popcorn

Q.138 By what time did the author expect to reach home?

A. By evening **B.** By dinner time
C. Late night **D.** Before Dusk

Q.139 "Dusk has fallen by the time" – what is the meaning of "Dusk"?

A. Night
B. Darker stage of twilight
C. Dinty Surface
D. Dust

Q.140 What do you understand by the word "aisle"?

A. Seat behind the driver
B. Next to window
C. Area between rows of seats

D. Rear Row

Ques (141-145):Directions: Read the following passages carefully to answer the questions that follow.

Everybody wants success, but not all achieve it. One of the reasons is that there are people who do not exert themselves, but depend on others. But self-interest is the best incentive to work. If this interest does not prompt us to do our own work for our own good, we cannot expect others to sacrifice their interests to bring that good to us. Moreover, a work done for others is not generally done so well as a work done by a person for himself. Besides, dependence on others destroys selfconfidence and does not allow the faculties to develop. The result is that we fail in life. Indeed, no god or goddess will come to our help if we do not help ourselves.

Q.141 What do you consider to be the central idea of this passage.

A. Self-help is best **B.** Be kind
C. Be religious **D.** Be carefree

Q.142 What is one of the reasons, according to the passage, that people do not achieve success?

A. Not taking help from others
B. Not praying regularly
C. Not making self-motivated efforts
D. Being over-confident

Q.143 What is the best incentive to work?

A. Govt. Schemes **B.** Self-interest
C. Sacrifice of others **D.** Inherited Property

Q.144 Why can we not expect others to sacrifice their interests to bring good things for us?

A. Govt. is responsible
B. People are stupid
C. People have their own interests
D. God is responsible

Q.145 Select the word nearest in meaning to the word 'exert' from the passage.

A. work hard **B.** help others
C. want **D.** demand

Ques (146-150):Directions: Read the following passages carefully to answer the questions that follow.

Organized retail has fuelled new growth categories like liquid hand wash, breakfast cereals and pet food in the consumer goods industry, accounting for almost 50% of their sales, said data from market research firm Nielsen. The figures showed some of these new categories got more than 40% of their business from modern retail outlets. The data also suggests how products in these categories reach the neighbourhood Kirana stores after they have established themselves in modem trade.

While grocers continue to be an important channel, for the new and evolving categories we saw an increased presence of high-end products in modern trade. for e.g. premium products in laundry detergents, dishwashing, car air freshner and surface care.

Q.146 Organized retail here refers to:

A. Petrol pumps **B.** Multiplex
C. Grocery store **D.** Shopping malls

Q.147 An example of a premium product, that is not found in the passage is:

A. Dishwashing **B.** Laundry detergent
C. Car air freshener **D.** Designer clothes

Q.148 An example of a new type of retail product, that reaches local Kirana stores after selling well in organized retail business is:

A. Only breakfast cereal
B. Only pet food
C. Only liquid handwash
D. Liquid handwash, Breakfast cereal and Petfood

Q.149 According to Nielsen, what per cent of total sales for organized retail come from new growth categories

A. Not given **B.** 40%
C. 100% **D.** 50%

Q.150 What does the phrase 'high-end' in the passage mean?

A. Tall **B.** Cheap
C. Expensive **D.** Useful

Aptitude for Service Sector

Q.151 आपके संकाय (फैक्टरी) द्वारा आपकी कक्षा को एक ग्रुप टास्क सौंपा है और आप ग्रुप के सदस्यों को जानते नहीं हैं। आप क्या करेंगे :

A. टास्क में बिना उत्साहित होकर भाग लेंगे।
B. अपने संकाय से अपना ग्रुप बदलने का अनुरोध करेंगे।
C. आप इसे नए समूह में चीजों को सीखने के अवसर के रूप में लेंगे।
D. आप इसे एक अवसर मानकर नए ग्रुप से नई चीजें सीखनें की कोशिश करेंगे।

Q.152 आप अपने 10+2 की अंतिम परीक्षा की तैयारी कर रहे हैं। आपके पड़ोसी के बच्चे खेलते हुए काफी हल्ला-गुल्ला कर रहे हैं जिससे आप सहज नहीं हैं। आप करेंगे:

A. उनके पास जाकर बच्चों को डाटेंगे
B. अन्य पड़ोसियों को उन बच्चों के बारे में बताएँगे कि वे वास्तव में बहुत ही उपद्रवी बच्चे हैं
C. पूरी स्थिति को अनदेखा करेंगे
D. बच्चों के माता-पिता से अनुरोध करेंगे कि उन्हें इस तरह का उपद्रव करने से रोकें

Q.153 आपके बेहतरीन प्रयासों के बावजूद, कभी-कभी आप अपने वरिष्ट अधिकारियों को अपने कार्य की गुणवत्ता से संतुष्ट कराने में विफल रहते हैं, ऐसे में आप करेंगे :

A. इसके लिए अपनी किश्मत को दोष देंगे।
B. समान गुणवत्ता के साथ अपना काम करते रहेंगे, क्योंकि उससे आप पर कोई फर्क नहीं पड़ रहा है।
C. अपने कार्य में दिलचस्पी लेना छोड़ देंगे।
D. अपने पर्यविक्षनों से तब तक बातचीत भी करते रहेंगे, जब तक आप सफल नहीं होते हैं।

Q.154 आप गाड़ी चला रहे एक ऐसी व्यक्ति से मिलते हैं जिसकी गाड़ी के टायर में हवा नहीं है। आप करेंगे :

A. किसी मेकेनिक को बुलाकर उसकी सहायता करेंगे।
B. उसे रोककर उसकी गाड़ी का टायर बदलने का प्रयास करेंगे, भले ही

आप उसमें माहिर नहीं हैं।
C. उसे अपनी कार सड़क की एक ओर खड़ी करने में सहायता करेंगे।
D. स्थिति का नजरअंदाज कर आगे निकल जाते हैं।

Q.155 आप एक छायावास में एक अन्य छात्र के साथ एक कमरा साझाकर ठहरे हुए हैं। जब आप कॉलेज के लिए कमरा छोड़कर निकलते हैं, आप :
A. सभी चीजों को हमेशा उनके सही स्थान पर रखकर जाते हैं।
B. आपने रूम-मेट से कमरा साफ करने की उम्मीद करते हैं।
C. खुद चौधरी बनकर दूसरों को कमरा साफ करने की नसीहत देंगे।
D. कमरे को ऐसी स्थिति में छोड़कर जाते हैं, जहाँ इधर-उधर सामान बिखरा हैं।

Q.156 आपको एक ही समय पर एक अहम परीक्षा तथा एक महत्वपूर्ण प्रोजेक्ट के लिए तैयारी करनी है। आप करेंगे :
A. प्रत्येक के लिए अपेक्षित समय आवंटित कर एक टाइम-टेबल बनाएँगे और उसका अनुपालन करेंगे
B. आप बौखलाना शुरू देंगे जिसके कारण आप संतोषजनक रूप से कोई भी तैयारी नहीं कर पाएँगे।
C. आप केवल एक के लिए ही तैयारी करेंगे।
D. आप परीक्षा की तैयारी करेंगे और अपना प्रोजेक्ट कार्य अपने भाई-बहिन से पूरा करवाएँगे।

Q.157 एक प्रतिष्ठित रेस्तरां में भोजन करते हुए आपने एक शाकाहारी सूप का ऑर्डर दिया, मगर आपको माँसाहारी सूप परोस दिया गया। आप क्या करेंगे?
A. परोसने वाले को बुलाकर उस पर गुस्सा उतारेंगे
B. प्रबंधक को बुलाकर शिकायत करेंगे
C. रेस्तरां तत्काल छोड़ देंगे
D. घटना को भुलाकर उसके बारे में कुछ नहीं करेंगे

Q.158 आपने अपने दोस्तों के साथ दिन में घूमने - फिरने की योजना बनाई है और आप समूह का नेतृत्व कर रहे हैं किसी अन्य नगर से आपका एक दोस्त, जो आपके नगर में एक होटल में ठहरा है, आपको कॉल कर आपकी सहायता माँगता है, क्योंकि उसकी तबीयत ठीक नहीं है। आप करेंगे :
A. उसे अपने ट्रिप से वापस आने तक इंतजार करने को कहेंगे।
B. उसे किसी और को कॉल करने को कहेंगे।
C. पूरे दिन के घूमने-फिरने के कार्यक्रम में फेरबदल करेंगे।
D. अपने कुछ अन्य दोस्तों को बुलाकर अपने बीमार दोस्त की सहायता करने को कहेंगे।

Q.159 छात्रों के समूहों द्वारा आपके महाविद्यालय में एक विदाई पार्टी आयोजित की जानी है। आप करेंगे :
A. कोई दूसरा समूह बनाकर आयोजन के लिए चुनौती देंगे।
B. समूह का हाथ बटाएंगे।
C. कुछ नहीं करेंगे।
D. उसका आयोजन करने की जिम्मेदारी किसी और पर छोड़ देंगे।

Q.160 लीडर्स के लिए एक नई भूमिका है, वे निम्न में से कौन सी जिम्मेदारी निभाएँ?
A. ओवरसियर **B.** केवल मेंटर
C. केवल कोच **D.** कोच और मेंटर दोनों

Q.161 आप किसी अस्पताल के कैश काउंटर पर एक कैशियर हैं। कोई भी भुगतान करने के लिए खिड़की पर नहीं खड़ा है। आप करेंगे :
A. किसी सह-कामगार की सहायता करेंगे।
B. अपनी सीट छोड़कर, कार्यालय के पीछे जाकर आराम फरमायेंगे।
C. काउंटर पर ही बैठकर सतर्क होकर उन लोगों को सहायता देंगे, जो काउंटर पर सहायता के लिए आ सकते हैं।
D. काउंटर पर बैठे हुए एक जोड़े ईअर-फोन के जरिए मोबाइल फोन पर संगीत सुनेंगे।

Q.162 यदि कोई आपकी गलतियों के कारण आपकी निंदा करता है, आप करेंगे :
A. उससे लड़ेंगे।
B. अन्य लोगों से उसकी गलतियों के बारे में बताना शुरू कर देंगे।
C. उस पर कोई ध्यान नहीं देंगे।
D. उसे सुनकर अपने में सुधार लाने हेतु उसे एक प्रतिक्रिया मानेंगे।

Q.163 आप एक समूह के लीडर हैं जिससे एक नया सदस्य जुड़ता है। उसे सहजता प्रदान करने हेतु आप क्या करेंगे ?
A. उसे एक जटिल कार्य सोंपेंगे।
B. उसे अनुदेशों का एक पूर्ण सेट अध्ययन के लिए देंगे और उसके बाद उसे अकेला छोड़ देंगे।
C. उसे भूलकर अपना कार्य करेंगे।
D. कार्य को उसके लिए रूचिकर बनाकर उसकी प्रशंसा करेंगे, जब भी वह अच्छा कार्य करे।

Q.164 आपको एक स्वच्छता परियोजना के लिए तथा उसके बारे में स्थानीय लोगों में जागरूकता लाने के लिए एक ऐतिहासिक संग्रहालय में भेजा गया है। आप जानते हैं कि वहाँ कोई पर्यवेक्षण नहीं होगा। आप करेंगे :
A. अपने छोटे भाई को वहाँ भेजकर अपना कार्य करने को कहेंगे।
B. कोई उत्सुकता दिखाए बिना बेदिल होकर प्रोजेक्ट कार्य करेंगे।
C. प्रोजेक्ट में पूरे दिल से भाग लेकर अपना सब कुछ झोंक देने का प्रयास करेंगे।
D. वहाँ जाएँगे ही नहीं।

Q.165 जब भी आपको कोई ऐसा नया असाइन्मेंट सौंपा जाता है, जो आपकी रोजाना सहजता से परे है, आप क्या करेंगे ?
A. उत्सुकता के साथ उस पर आगे कार्य करेंगे।
B. केवल अपनी सहजता के अनुसार ही कार्य करेंगे।
C. असाइन्मेंट स्वीकार करेंगे, पर विलंबित प्रस्तुतीकरण के लिए बहाने बनाएँगे।
D. उस पर कोई कार्रवाई नहीं करेंगे।

Q.166 आप किसी होटल में कार्य कर रहे हैं और कंपनी द्वारा उपलब्ध कराए गए आधिकारिक आवास में अन्य कर्मचारियों के साथ ठहरे हुए हैं। एक दिन आप बीमार पड़ जाते हैं। आपकी राय में :
A. आप अवकाश के लिए कंपनी की नीति के अनुसार आवेदन देंगे।
B. आप अपने दोस्तों से आपकी ओर से अवकाश हेतु आवेदन देने की उम्मीद करेंगे।
C. अपने बॉस/ अधिकारी से अपनी छुट्टी को मंजूरी देने की अपेक्षा करें।
D. आप अवकाश के लिए आवेदन देना आवश्यक नहीं समझते, क्योंकि आपके बीमार पड़ने के बारे में सबको पता है।

Q.167 आपकी बस्ती के पार्क में एक खुला नाला है। आप करेंगे :
A. अपने पड़ोसियों से धन इकट्ठा कर उस नाले को एक बंद नाले में तब्दील करने का अनुरोध करेंगे।
B. स्थानीय पार्षद को सूचित करेंगे।
C. नाले की स्थिति को उजागर करते हुए एक सूचना-पट्ट लगाएंगे।
D. अपने दोस्तों से उसे ढकने की उम्मीद करेंगे।

Q.168 एक होटल में प्रबंधक के रूप में कार्य करते हुए, आपको सूचित किया जाता है कि होटल में एक गेस्ट बीमार हो गया है। आप करेंगे :
A. किसी डॉक्टर को बुलाकर गेस्ट के पास भेजेंगे।
B. गस्ट पर ही सब कुछ छोड़ देंगे कि वह खुद ही कुछ करे।
C. गेस्ट से मुलाकात कर तत्काल डॉक्टर बुलाएँगे और रोगी को आवश्यक सहायता देंगे।
D. अपने कनिष्ठ प्रबंधक को मामला देखने को कहेंगे।

Q.169 आप शहर की एक भरी बस में सफर कर रहे हैं और आप देखते हैं कि एक वृद्ध व्यक्ति एवं एक महिला एक छोटे बच्चे के साथ बस में चढ़ गए हैं। आप क्या करेंगे ?

A. स्थिति को नजरअंदाज कर अपनी सीट पर बैठे रहेंगे।
B. एक को अर्थात वृद्ध व्यक्ति एवं महिला अपनी सीट दे देंगे और किसी अन्य सवारी से दूसरे व्यक्ति को सीट देने के लिए कहेंगे।
C. स्थिति पर नजर रखकर उपयुक्त व्यक्ति को सीट देंगे।
D. छोटे बच्चे को पकड़ी हुई महिला को अपनी सीट दे देंगे और वृद्ध व्यक्ति को वरिष्ठ नागरिक वाली सीट का इशारा करेंगे।

Q.170 आपको अपने संगठन में एक प्रबंधकीय पद पर कार्य करने का अवसर मिला है। कार्यभार ग्रहण करने के बाद आपको ऐसा प्रतीत होता है कि संगठन में कार्यकारी वातावरण बोझिल है। आपकी प्रतिक्रिया होगी :

A. वातावरण से स्वयं को अलग कर स्टॉफ को दोषी ठहरायेंगे।
B. नौकरी करते रहें और इस बात पर कोई ध्यान न दें।
C. नौकरी छोड़ दें।
D. स्टॉफ से बातचीत कर उन्हें अपने विश्वास में लेकर वातावरण में सुधार लाने की प्रक्रिया की पहल करेंगे।

Q.171 आप किसी प्रतिष्ठित होटल के एक ईमानदार और समर्पित प्रबंधक हैं। आपकी कंपनी आपसे एक ऐसी प्रॉपर्टी को संचालित करने की अपेक्षा करती है, जिसका बिजनेस ठीक नहीं चल रहा है। आप करेंगे :

A. जॉब छोड़कर कोई और जॉब शुरू करेंगे।
B. नए असाइन्मेंट पर कार्य करेगे।
C. पर्यविक्षकों को आश्वस्त करने का प्रयास करेंगे कि बजाय आपके, वे किसी और को भेजें।
D. जॉब छोड़कर कोई और जॉब शुरू करेंगे।

Q.172 आपकी टीम का एक सदस्य आपके कार्य को बार-बार बाधित करने की कोशिश करता है, आप क्या करेंगे?

A. कुछ नहीं करेंगे।
B. आप भी उसके कार्यों में बाधा डालना शुरू कर देंगे।
C. ऐसी बातों को गंभीरतापूर्वक लेंगे।
D. उसकी बाधा पहुँचाने के व्यवहार के बारे में उससे बात करने का प्रयास करेंगे।

Q.173 सेवा उद्योग में दक्षतापूर्वक और प्रभावकारी रूप से कार्य करने हेतु निम्नलिखित में से किसे आप आवश्यक क्षमता(एँ) / गुण(णों)मानते हैं :

A. गुमशुम रहना
B. केवल जिम्मेदारी समझना
C. केवल सहायता देने में तत्पर रहना
D. दोनों जिम्मेदारी समझना एवं सहायता देने में तत्पर रहना

Q.174 परीक्षा भवन में आप यह महसूस करते हैं कि प्रश्न-पत्र काफी कठिन है जिसका उत्तर देना आसान नहीं है। ऐसे में जो आप बेहतर कर सकते हैं, वह है :

A. परीक्षक से प्रश्न-पत्र बदलने की शिकायता करना।
B. नकल करना।
C. परीक्षा छोड़कर परीक्षा भवन से बाहर निकल जाना।
D. उन प्रश्नों को पहले हल करने का प्रयास जो आपको सही ढ़ंग से समझ में आ रहे हैं।

Q.175 आपकी टीम का एक साथी प्रतिभावान और कौशलयुक्त होने के बावजूद क्रिकेट मैचों में बार बार असफल रह रहा है। आप करेंगे :

A. अन्य साथियों से पैसा इकट्ठा कर उसे किसी कोचिंग स्कूल में भेजेंगे।
B. उसे नजरअंदाज कर टीम में नहीं खिलाएंगे और एक अन्य अतिरिक्त खिलाड़ी के लिए जगह बनाएंगे।
C. उसे खेलने का मौका नहीं देंगे।
D. अपने सभी साथियों के साथ एक कोचिंग तथा प्रैक्टस सत्र आयोजित कर उसकी सफलता सुनिश्चत करेंगे।

Q.176 यदि आपकी घर की नौकरानी रात में अचानक गंभीर रूप से बीमार हो जाती है, आप करेंगे :

A. उसकी स्थिति पर कोई ध्यान नहीं देंगे।
B. किसी और को उसकी सहायता करने के लिए कहेंगे और स्वयं वहाँ से चले जाएँगे।
C. उसे किसी नजदीकी अस्पताल में ले जाएँगे।
D. डॉक्टर बुलाने के लिए सुबह होने का इंतजार करेंगे।

Q.177 आप कस्टमर-केयर से एक ही विषय पर लगातार कॉल प्राप्त करते हैं। ऐसे में आप क्या करेंगे?

A. कॉल नहीं उठाएँगे।
B. अपने फोन को साइलेंट मोड में रखकर कॉल को नजरअंदाज करेंगे।
C. कस्टमर केयर के नंबर को ब्लॉक लिस्ट में डाल देंगे।
D. कॉल रिसीव करेंगे, लेकिन उन्हें लगातार कॉल न करने के लिए कहेंगे।

Q.178 आप एक मूवी देखने के लिए सिनेमा हाल जा रहे हैं आपके बैग में कुछ खाने की चीजें हैं। सिनेमा हाल कोई भी खाने की वस्तु भीतर ले जाने की अनुमती नहीं देता। वहाँ तैनात चौकीदार आपसे पूछता है कि आपके बैग में कोई खाने की वस्तु तो नहीं है।

A. आप खाने की वस्तुओं को उसे सौंप देंगे।
B. आप चौकीदार से तर्क-वितर्क कर खाने की वस्तुएँ भीतर ले जाने की बात कहेंगे।
C. लोगों को एकत्र कर सिनेमा हाल पर हंगामा खड़ा कर देंगे।
D. आप उसे कुछ नहीं बताएँगे।

Q.179 आपके बॉस (अधिकारी) ने आपको एक असाइन्मेंट/ कार्य सौंपा है। इसे निष्पादित करने से पहले उसकी योजना बनाई जाती है और उस पर चर्चा की जाती है। आपके विचार में :

A. योजना बनाने का मतलब है की आधा कार्य संपन्न हो चुका है।
B. योजना बनाना मात्र समय की बर्बादी है।
C. योजना बनाना सिर्फ निजी राय है।
D. योजना बनाने की जरूरत ही नहीं है।

Q.180 किसी होटल में रेस्तरां पर्यवेक्षक/सुपरवाइजर के रूप में कार्य करते हुए आपका कोई गेस्ट आपसे बफैट/कीचन से अपने कमरे में खाना भेजने को कहता है, क्योंकि वह अपने कमरे में किसी को पार्टी दे रहा है। इस प्रकार की प्रथा होटल नीति के बिलकुल विरुद्ध है। आप करेंगे :

A. उसे होटल की नीति से अवगत कराकर विनम्रता के साथ अपनी असमर्थता जताएँगे।
B. अभी भी उसके कमरे में भोजन भेजेंगे।
C. भोजन भेजने की एवज में पैसे की माँग करेंगे।
D. उसे अभद्र तरीके से भोजन भेजने से इन्कार करेंगे।

Q.181 यदि आप किसी कार द्वारा किसी व्यक्ति को टक्कर मारते हुए देखते हैं और वह गंभीर रूप से घायल हो जाता है, आप करेंगे :

A. पुलिस केस में फंस जाने की डर से, वहाँ से भाग निकलेंगे।
B. चोटिल व्यक्ति को तत्काल सहायता देंगे।
C. कार चालक को पकड़ने के लिए कार का पीछा करेंगे।
D. भागकर पुलिस बुलाएँगे।

Q.182 आप एक फाइनल परीक्षा की तैयारी कर रहे हैं, जो कल होने वाली है। लेकिन, आपका पड़ोसी ऊँची आवाज में म्यूजिक चलाता है जिससे आपको दिक्कत हो रही है। आप क्या करेंगे :

A. आप भी अपने पड़ोसी से ज्यादा ऊँची आवाज में म्यूजिक चलाना शुरू कर दें।
B. अपने पड़ोसी को अपनी परीक्षा के बारे में बताकर, उससे म्यूजिक की आवाज कम करने का अनुरोध करेंगे।
C. स्थानीय पुलिस को सूचित कर शिकायत करेंगे।
D. स्थिति को नजरअंदाज कर अपनी तैयारी पर केंद्रित रहेंगे।

Q.183 आप किसी डिपार्टमेंटल स्टोर के बच्चों के कपड़े वाले खंड में व्यस्त हैं। आप एक ऐसी वृद्ध महिला को देखते हैं जो पैकेज्ड फूड सेक्शन में सहायता की अपेक्षा कर रही है। आप करेंगे :

A. स्थिति को नजरअंदाज करेंगे।
B. अपने ग्राहकों को छोड़कर अन्य खंड में वृद्ध महिला की शीघ्र सहायता करेंगे।
C. उपयुक्त सेल्स स्टाफ को उसे सहायता देने की सूचना देंगे।
D. अपने काउंटर पर व्यस्त रहने का बहाना बनाएंगे।

Q.184 आपके कॉलेज के प्रवेश मार्ग पर रोजाना कागज और प्लास्टिक का कूड़ा-कचरा पाया जाता है। आप करेंगे :

A. उस क्षेत्र के सफाई-कर्मी की निंदा करेंगे।
B. यथास्थिति रहने देंगे और कुछ नहीं करेंगे।
C. यह मानेंगे कि यह जिम्मेदारी कॉलेज की है।
D. समान विचारधारा वाले दोस्तों का एक समूह बनाकर कॉलेज में जागरूकता लाएंगे।

Q.185 आप एक नौकरी के साक्षात्कार के लिए सड़क पर चल रहे हैं। सड़क पर एक चलती गाड़ी ने आपकी वर्दी पर छीटें डाल दी हैं। आप करेंगे :

A. एक पत्थर उठाकर गाड़ी पर फेकेंगे और उसके चालक से बहस करेंगे।
B. साक्षात्कार में न जाने का निर्णय लेकर घर लौट जाएँगे।
C. जहाँ तक संभव हो स्वयं ही कपड़े साफकर अपने साक्षात्कार पर अपना ध्यान केंद्रित रखेंगे।
D. आप कार के नंबर की फोटो लेकर पुलिस को घटना की सूचना देंगे।

Q.186 आपके एक सहपाठी का मोबाइल खो गया है और आप जानते हैं कि आपके एक अच्छे दोस्त को वह मोबाइल मिला है। आप करेंगे :

A. इस पूरे मामले की अनदेखी करेंगे।
B. अपने दोस्त से मोबाइल को अपने स्कूली सहपाठी को लौटाने को कहेंगे, क्योंकि मोबाइल उसीका है।
C. अपने स्कूली सहपाठी को यह बताएंगे कि आपके किस दोस्त ने उसका मोबाइल चुराया है।
D. अपने दोस्त को मोबाइल नहीं लौटाने का सुझाव देंगे।

Q.187 आपके अनुसार, आधुनिक जीवन-शैली के दबावों के प्रतिकूल प्रभावों को नियंत्रित करने के लिए आपको क्या करना चाहिए ?

A. केवल पर्याप्त आराम करना
B. केवल आहार नियंत्रण
C. केवल शारीरिक व्यायाम करना
D. आहार नियंत्रण, पर्याप्त आराम करना और शारीरिक व्यायाम करना

Q.188 आपके पेट में दर्द हो रहा है और आपको पेचिश लग गए हैं तथा आपके लिए कार्यालय में एक अति आवश्यक कार्य निर्धारित किया गया है। आप सोचते हैं कि :

A. अति-आवश्यक कार्य निष्पादित करने हेतु कार्यालय जाना जरूरी है।
B. कार्यालय जाना जरूरी नहीं है, लेकिन आप कार्यालय में उपस्थित न होने के बारे में बताना आवश्यक मानते हैं।
C. यदि आपकी तबियत ठीक नहीं है, ऐसे में कार्यालय जाना आवश्यक नहीं है।
D. कार्यालयी कार्य के बारे में कोई चिंता नहीं करनी और अनुपस्थिति की सूचना देना भी जरूरी नहीं है।

Q.189 आपका एक कनिष्ठ कर्मचारी, जो आपके साथ लंबे वक्त से कार्य करता आ रहा है, अपने जॉब को गंभीरतापूर्वक नहीं लेता है और कभी-कभी आपसे सवाल-जवाब करता है। आप करेंगे :

A. उसे किसी अन्य विभाग में स्थानांतरित करने की कोशीश करेंगे।
B. उसे डाँटकर उसे सुधरने की सलाह देंगे।
C. उसे बात कर उसकी समस्या को समझने का प्रयास कर, तब कुछ कारवाई करेंगे।
D. उसको सौंपे गए कार्यों को किसी और कर्मचारी को सोंपेंगे।

Q.190 आपके एक सहपाठी को घिनौने कृत्य करने की आदत बन गई है, आप उसके व्यवहार में बदलाव देख पा रहे हैं। आप करेंगे :

A. उससे दूरी बना लेंगे।
B. उसे दंडित करेंगे।
C. कुछ भी नहीं करेंगे।
D. उसे इस आदत को छोड़ने हेतु उसकी कांसिलिंग कर उसकी सहायता करेंगे।

Q.191 कोई गेस्ट उस विभाग की सेवा से संतुष्ट नहीं है, जिसने प्रमुख आप हैं। इस बारे में आपको अपने ही किसी अन्य सहकर्मी से पता चला। आप करेंगे :

A. गेस्ट के पास जाकर स्थिति की जानकारी प्राप्त करने की कोशीश करेंगे और तद्नुसार आगे की कार्वाई करेंगे।
B. किसी अन्य व्यक्ति को कहेंगे कि आप देख लो।
C. इस बारे में कुछ नहीं करेंगे।
D. अपने बॉस/अधिकारी को शीघ्रता से सूचित करेंगे।

Q.192 आपकी नौकरानी/ मेड के पुत्र के साथ एक दुर्घटना हो गई जिसे शीत्र रक्त की जरूरत है। आप करेंगे :

A. धन एकत्र कर उसे अपनी नौकरानी को रक्त के लिए दे देंगे।
B. अपने कुछ दोस्तों को रक्त दान करने के लिए एकत्र करेंगे और स्वयं रक्त दान करने से बचेंगे।
C. तत्काल रक्त-दान करेंगे।
D. आप उससे कोई मतलब नहीं रखेंगे और स्थिति को नजरअंदाज करेंगे।

Q.193 आपके दो अच्चे दोस्तों के बीच एक लड़ाई छिड़ जाती है। आप क्या करेंगे?

A. आप स्वयं भी लड़ाई में कूद पड़ेंगे।
B. उन दोनों को लड़ाई बंद करने के लिए समझाबुझाकर समस्या का समाधान ढूँढने का प्रयास करेंगे।
C. उनकी अनदेखी कर, वहाँ से चले जाएँगे।
D. दोनों दोस्तों में से एक का पक्ष लेंगे, जिसे आप सही समझते हैं।

Q.194 आप अपने विद्यालय में एक ग्रुप असाइन्मेंट का हिस्सा हैं। आप करेंगे :

A. अन्य के विचारों से सहमत होंगे और ज्यादा सहभागित नहीं करेंगे।
B. अन्य पर अपनी बात थोपने का प्रयास करेंगे।
C. अन्य के साथ अपने विचार साझा करेंगे।
D. अन्य लोगों के विचार सुनकर अपने स्वयं के विचार रखेंगे।

Q.195 एक थकानभरे दिन कार्यालय से घर लौटते हुए आप देखते हैं कि बस में आपकी सीट के साथ/पास एक वृद्ध महिला खड़ी है और आपसे बैठने को सीट माँगती है। आप करेंगे :

A. भरी बस में सफर करने के लिए वृद्ध महिला पर गुस्सा करेंगे।
B. उसे अपनी सीट देंगे।
C. उसे कहेंगे कि मैं भी बहुत थका हुआ हूँ और उसे सीर नहीं दे सकता हूँ।
D. उसके अनुरोध को ठुकरा देंगे।

Q.196 आप बिना सीट बेल्ट बांधे एक कार चला रहे हैं। आपको ट्रैफिक पुलिस द्वारा रोका जाता है। आप करेंगे :

A. कार रोककर ट्रिफिक पुलिस से तर्क करेंगे।
B. उसी समय कार रोककर ट्रेफिक पुलिस द्वारा दिए गए अनुदेशों का पालन करेंगे।
C. अपनो कार की गति बढ़ाकर भाग निकलने का प्रयास करेंगे।
D. कार के स्टीरिंग से हाथ हटाकर आप सीट बेल्ट बाँधने की कोशिश करेंगे।

Q.197 मान लीजिए आपका कोई साथी, जिसने साथ आपके अच्छे संबंध नहीं हैं, उसे सौंपे गए किसी महत्वपूर्ण कार्य के लिए आपसे सहायता माँगता है, आप करेंगे :

A. उसे पूरी तरह नजरअंदाज कर देंगे।

B. उसका स्वागत करते हुए अपनी पूरी क्षमता के साथ उसकी सहायता करेंगे।

C. उसे गलत दिशा में भटकाकर उसकी विफलता से प्रसन्न होंगे।

D. उसे किसी और की सहायता माँगने की सलाह देंगे।

Q.198 आपका दोस्त कोई स्पष्ट कारण के चलते आपसे नाराज चल रहा है। ऐसे में आप क्या करेंगे?

A. उसे खुश करने का प्रयास करेंगे।

B. अपने अन्य दोस्तों के बीच उसकी निंदा करेंगे।

C. उससे कभी बात नहीं करेंगे।

D. उससे बात कर गलतफहमी दूर करेंगे।

Q.199 आपका कोई सहपाठी, जिसके साथ आपकी बातचीत कोई खास नहीं है, कॉलेज कोरिडोर में आपके सामने गिर जाता है और आपके दोस्त हँसना शुरू कर देते हैं। आप करेंगे :

A. चुपचाप देखते रहेंगे।

B. हँसने में अपने दोस्तों का साथ देंगे।

C. उसकी सहायता करेंगे और अपने दोस्तों को हँसना बंद करने को कहेंगे।

D. वहाँ से चले जाएँगे।

Q.200 आपके कार्यालय में एक न्यू ईयर पार्टी आयोजित की जानी है। आप करेंगे:

A. शांत बैठकर उसके लिए आमंत्रण की प्रतीक्षा करेंगे।

B. उसका आयोजन अपने सहकम्मियों की सहायता से करेंगे।

C. उसका आयोजन अपने सहकम्मियों की सहायता से करेंगे।

D. किसी और से आयोजन करने की अपेक्षा करेंगे।

// स्मार्ट उत्तर पुस्तिका //

सही उत्तर उन छात्रों के प्रतिशत को इंगित करता है जिन्होंने प्रश्नों का सही उत्तर दिया था।

छोड़ दिया उन छात्रों के प्रतिशत को इंगित करता है जिन्होंने प्रश्नों को छोड़ दिया था।

प्रश्न संख्या	उत्तर	सही उत्तर	छोड़ दिया
1	D	40.0 %	16.0 %
2	C	33.0 %	35.0 %
3	B	51.0 %	35.0 %
4	B	52.0 %	35.0 %
5	B	57.0 %	35.0 %
6	C	45.0 %	34.0 %
7	D	38.0 %	35.0 %
8	D	48.0 %	36.0 %
9	A	39.0 %	37.0 %
10	D	49.0 %	38.0 %
11	B	48.0 %	38.0 %
12	B	33.0 %	39.0 %
13	A	23.0 %	38.0 %
14	C	21.0 %	39.0 %
15	A	17.0 %	41.0 %
16	A	45.0 %	42.0 %

प्रश्न संख्या	उत्तर	सही उत्तर	छोड़ दिया
17	D	49.0 %	42.0 %
18	D	32.0 %	41.0 %
19	A	43.0 %	43.0 %
20	B	26.0 %	43.0 %
21	C	45.0 %	43.0 %
22	D	32.0 %	43.0 %
23	A	45.0 %	43.0 %
24	D	20.0 %	42.0 %
25	C	43.0 %	43.0 %
26	A	19.0 %	43.0 %
27	A	31.0 %	43.0 %
28	D	36.0 %	42.0 %
29	B	32.0 %	43.0 %
30	A	6.0 %	41.0 %
31	A	60.0 %	31.0 %
32	B	50.0 %	34.0 %

प्रश्न संख्या	उत्तर	सही उत्तर	छोड़ दिया
33	B	38.0 %	35.0 %
34	D	43.0 %	35.0 %
35	D	61.0 %	35.0 %
36	A	54.0 %	35.0 %
37	A	34.0 %	35.0 %
38	D	51.0 %	35.0 %
39	A	34.0 %	35.0 %
40	C	55.0 %	35.0 %
41	C	47.0 %	35.0 %
42	C	34.0 %	35.0 %
43	B	59.0 %	35.0 %
44	C	59.0 %	35.0 %
45	A	61.0 %	35.0 %
46	A	4.0 %	35.0 %
47	A	47.0 %	35.0 %
48	D	36.0 %	35.0 %

प्रश्न संख्या	उत्तर	सही उत्तर	छोड़ दिया
49	B	32.0 %	35.0 %
50	A	11.0 %	35.0 %
51	D	9.0 %	35.0 %
52	B	54.0 %	35.0 %
53	A	37.0 %	36.0 %
54	A	36.0 %	36.0 %
55	D	46.0 %	36.0 %
56	C	37.0 %	36.0 %
57	A	28.0 %	36.0 %
58	A	42.0 %	36.0 %
59	A	42.0 %	37.0 %
60	A	39.0 %	38.0 %
61	A	57.0 %	35.0 %
62	A	57.0 %	36.0 %
63	C	51.0 %	36.0 %
64	C	33.0 %	36.0 %

प्रश्न संख्या	उत्तर	सही उत्तर	छोड़ दिया
65	A	41.0 %	36.0 %
66	A	56.0 %	36.0 %
67	A	50.0 %	36.0 %
68	B	36.0 %	36.0 %
69	D	39.0 %	36.0 %
70	C	35.0 %	36.0 %
71	A	38.0 %	36.0 %
72	D	23.0 %	36.0 %
73	B	28.0 %	36.0 %
74	A	46.0 %	36.0 %
75	A	52.0 %	36.0 %
76	C	40.0 %	36.0 %
77	A	45.0 %	36.0 %
78	D	41.0 %	36.0 %
79	D	46.0 %	36.0 %
80	A	33.0 %	36.0 %

प्रश्न संख्या	उत्तर	सही उत्तर	छोड़ दिया
81	B	51.0 %	36.0 %
82	C	48.0 %	36.0 %
83	A	45.0 %	36.0 %
84	B	29.0 %	36.0 %
85	A	56.0 %	36.0 %
86	C	37.0 %	36.0 %
87	B	32.0 %	36.0 %
88	A	45.0 %	36.0 %
89	B	43.0 %	36.0 %
90	D	48.0 %	36.0 %
91	B	19.0 %	32.0 %
92	D	42.0 %	33.0 %
93	D	54.0 %	34.0 %
94	C	26.0 %	35.0 %
95	D	47.0 %	35.0 %
96	B	54.0 %	36.0 %

प्रश्न संख्या	उत्तर	सही उत्तर	छोड़ दिया
97	D	33.0 %	36.0 %
98	B	56.0 %	36.0 %
99	D	45.0 %	36.0 %
100	A	53.0 %	36.0 %
101	A	43.0 %	36.0 %
102	A	40.0 %	36.0 %
103	D	52.0 %	36.0 %
104	C	56.0 %	36.0 %
105	C	45.0 %	36.0 %
106	C	55.0 %	36.0 %
107	C	52.0 %	36.0 %
108	A	42.0 %	36.0 %
109	B	37.0 %	36.0 %
110	B	52.0 %	36.0 %
111	B	40.0 %	36.0 %
112	B	55.0 %	36.0 %

प्रश्न संख्या	उत्तर	सही उत्तर	छोड़ दिया
113	D	50.0 %	36.0 %
114	A	22.0 %	36.0 %
115	C	27.0 %	36.0 %
116	A	56.0 %	36.0 %
117	C	45.0 %	36.0 %
118	D	49.0 %	36.0 %
119	D	30.0 %	36.0 %
120	D	39.0 %	36.0 %
121	B	46.0 %	36.0 %
122	B	46.0 %	36.0 %
123	A	48.0 %	36.0 %
124	B	45.0 %	36.0 %
125	B	39.0 %	36.0 %
126	B	56.0 %	36.0 %
127	D	47.0 %	36.0 %
128	B	58.0 %	36.0 %

प्रश्न संख्या	उत्तर	सही उत्तर	छोड़ दिया
129	B	33.0 %	36.0 %
130	B	55.0 %	36.0 %
131	B	48.0 %	36.0 %
132	B	46.0 %	37.0 %
133	D	49.0 %	37.0 %
134	B	15.0 %	37.0 %
135	B	45.0 %	37.0 %
136	D	56.0 %	37.0 %
137	A	58.0 %	37.0 %
138	B	51.0 %	37.0 %
139	B	34.0 %	37.0 %
140	C	34.0 %	37.0 %
141	A	57.0 %	37.0 %
142	C	54.0 %	37.0 %
143	B	56.0 %	38.0 %
144	C	52.0 %	38.0 %

प्रश्न संख्या	उत्तर	सही उत्तर	छोड़ दिया
145	A	52.0 %	38.0 %
146	D	15.0 %	38.0 %
147	D	53.0 %	38.0 %
148	D	54.0 %	38.0 %
149	D	37.0 %	38.0 %
150	C	52.0 %	38.0 %
151	C	61.0 %	27.0 %
152	D	62.0 %	33.0 %
153	D	55.0 %	35.0 %
154	A	25.0 %	35.0 %
155	A	62.0 %	35.0 %
156	A	62.0 %	35.0 %
157	B	45.0 %	35.0 %
158	C	31.0 %	35.0 %
159	B	57.0 %	35.0 %
160	D	53.0 %	35.0 %

प्रश्न संख्या	उत्तर	सही उत्तर	छोड़ दिया
161	C	58.0 %	35.0 %
162	D	63.0 %	35.0 %
163	D	61.0 %	35.0 %
164	C	63.0 %	35.0 %
165	A	60.0 %	35.0 %
166	A	58.0 %	35.0 %
167	C	15.0 %	35.0 %
168	C	58.0 %	35.0 %
169	D	47.0 %	35.0 %
170	D	61.0 %	35.0 %
171	D	55.0 %	35.0 %
172	D	61.0 %	35.0 %
173	D	62.0 %	35.0 %
174	D	62.0 %	35.0 %
175	D	60.0 %	35.0 %
176	C	61.0 %	35.0 %
177	D	59.0 %	35.0 %
178	A	59.0 %	35.0 %
179	A	59.0 %	35.0 %
180	A	62.0 %	35.0 %
181	B	61.0 %	35.0 %
182	B	61.0 %	35.0 %
183	C	53.0 %	35.0 %
184	D	60.0 %	35.0 %
185	C	61.0 %	35.0 %
186	B	61.0 %	35.0 %
187	D	62.0 %	35.0 %
188	A	22.0 %	35.0 %
189	C	61.0 %	35.0 %
190	D	61.0 %	35.0 %
191	A	61.0 %	35.0 %
192	C	50.0 %	35.0 %
193	B	62.0 %	35.0 %
194	C	29.0 %	35.0 %
195	B	60.0 %	35.0 %
196	B	61.0 %	35.0 %
197	B	61.0 %	35.0 %
198	D	62.0 %	35.0 %
199	C	63.0 %	35.0 %
200	C	53.0 %	32.0 %

कार्य विश्लेषण	
औसत अंक (%)	44.12%
टॉपर्स स्कोर (%)	91.25%
आपका स्कोर	

// टिप्पणियाँ //

// टिप्पणियाँ //

www.ingramcontent.com/pod-product-compliance
Ingram Content Group UK Ltd.
Pitfield, Milton Keynes, MK11 3LW, UK
UKHW061702190726
13853UKWH00008B/2365